岳麓年鉴

2021

长沙市岳麓区档案馆 编

方志出版社
Publishing House of Local Records

图书在版编目（CIP）数据

岳麓年鉴．2021 / 长沙市岳麓区档案馆编．——北京：方志出版社，2021.12
ISBN 978-7-5144-5070-5

Ⅰ．①岳… Ⅱ．①长… Ⅲ．①区（城市）—长沙—2021—年鉴 Ⅳ．①Z526.44

中国版本图书馆 CIP 数据核字（2021）第 265579 号

岳麓年鉴（2021）

编　　者：长沙市岳麓区档案馆
责任编辑：李晓晓
出 版 者：方志出版社
地址　北京市朝阳区潘家园东里 9 号（国家方志馆 4 层）
邮编　100021
网址　http://www.zgfzcb.cn
发　　行：方志出版社图书经销中心
电话（010）67110500
经　　销：各地新华书店
印　　刷：长沙市雅捷印务有限公司

开　　本：889 × 1194　　1/16
印　　张：22
字　　数：636 千字
版　　次：2021 年 12 月第 1 版　　2021 年 12 月第 1 次印刷
印　　数：0001 ~ 1000 册

ISBN 978-7-5144-5070-5　　定价：300.00 元

岳麓年鉴编辑委员会

顾　问　周　凡

主　任　蔡　锋

副主任　雷凌湘　王剑鸣　曾高杰

成　员　万　千　潘雄健　谭　幸

范　璐

岳麓年鉴编辑部

主　　编　周义娟

副 主 编　夏　珊

执行主编　陈志云　周国良

编　　务　石绍祥　李　平　凌　旺

《岳麓年鉴（2021）》组稿人员

石绍祥　谢　思　谭　奥　李永飞　李世雷　禹　德　雷　航
朱　雍　李　平　胡　芳　张　杰　王永周　梁子君　蒋　娟
康利民　周雅洁　王瑞军　黄晓凤　欧阳鑫　张　宇　蒋　博
齐　金　姚红枚　张　康　王　澄　肖　建　彭波静　王吉平
王　俐　欧阳希妍　许　为　周　杰　童大钢　林千又　黄松杰
陈新喆　李　昱　黄琰聪　陈　雯　刘盈志　李嘉欣　易佳稳
刘妍佼　胡　越　邓　望　彭俊英　熊志远　张　骄　王　朵
曾　妍　周　汇　左　乐　陈志柏　易媛悦　余　南　廖心怡
毛世栋　王思怡　张　祥　毛　竹　廖子雅　龚韵卓媛　谭超婷
张　峥　邓　玫　杨运佳　彭　鹏　文双红　徐亚雄　张小龙
刘仲谋　欧阳萍　刘　星　商红红　孙培健　肖向晶　朱　江
黄发军　肖微洛　陈慧婷　余瑞雪　王　静　汤文青　段存权
邓　丹　陈　谨　冯思思　罗　晋　廖俊康　陈　旋　陈　露
段正光

岳麓区行政区划图

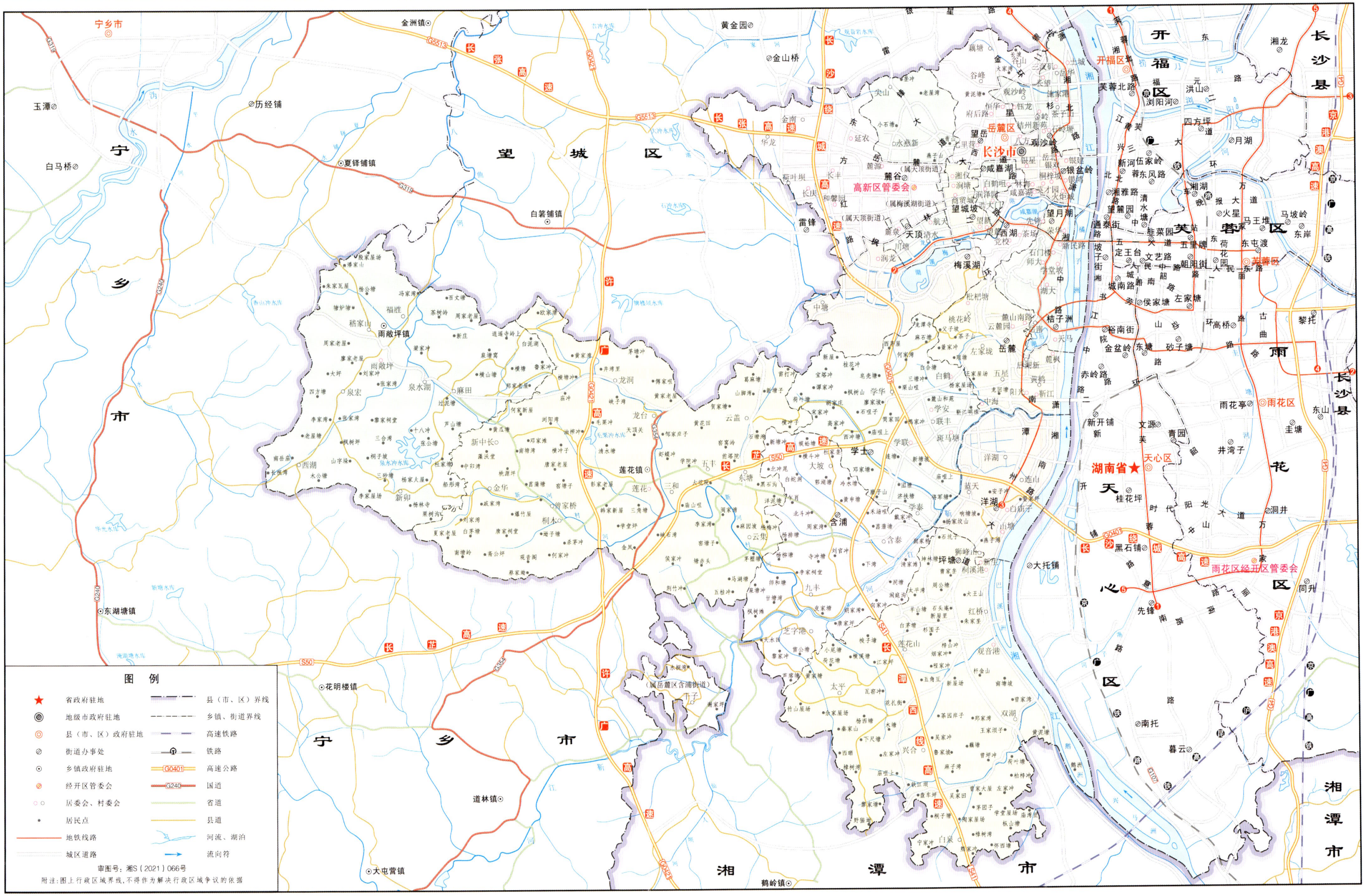

1：140 000
0 1.4 2.8 4.2km
宁乡市
金洲镇
黄金园
金山桥
玉潭
历经铺
白马桥
夏铎铺镇
白箬铺镇
望城区
宁乡市
雨敞坪镇
莲花镇
含浦
学士
坪塘
岳麓区
长沙市
高新区管委会
开福区
芙蓉区
天心区
湖南省
雨花区
雨花区经开区管委会
长沙县
湘潭市
东湖塘镇
花明楼镇
道林镇
大屯营镇
鹤岭镇
大托铺
先锋
南托
暮云
东山
黎托
同升
图例
省政府驻地
地级市政府驻地
县（市、区）政府驻地
街道办事处
乡镇政府驻地
经开区管委会
居委会、村委会
居民点
地铁线路
城区道路
县（市、区）界线
乡镇、街道界线
高速铁路
铁路
高速公路
国道
省道
县道
河流、湖泊
流向符
审图号：湘S（2021）066号
附注：图上行政区域界线，不得作为解决行政区域争议的依据

1月27日,长沙市委常委、秘书长廖建华（中）慰问谢芳、谢海华（坪塘街道供图）

4月16日，湖南省委常委、长沙市委书记胡衡华(前排右四）观摩白沙液有机更新项目（望月湖街道供图）

5月18日，湖南省委组织部副部长蔡建和（前排右二）视察望月湖街道岳龙社区基层党建工作（望月湖街道供图）

7月11日，长沙市委副书记、市长、湖南湘江新区党工委书记郑建新（中）检查督导防汛和地质灾害防范工作（坪塘街道供图）

8月25日，国家发展改革委法规司司长杨洁（前排中）到湘江基金小镇开展调研，深入了解湘江新区关于深化“放管服”改革、优化营商环境情况（融媒体供图）

9月9日，湖南省委常委、常务副省长谢建辉（右）为上海证券交易所资本市场服务湖南基地揭牌（融媒体供图）

10月15日，中国证监会市场监管二部正司长级副主任刘健钧（右二）率队调研湘江基金小镇（融媒体供图）

11月3日，湖南省委书记杜家毫（前排右一）到梅溪湖国际文化艺术中心参观2020创新技术和产品应用成果展示（融媒体供图）

3月18日，“福满星城”岳麓专场——“春天有约·惠聚岳麓”消费季暨汽车消费节活动在阳光100凤凰街帆船广场启幕（商务局供图）

3月19日，湘江欢乐城盛大开园活动现场（坪塘街道供图）

4月29日，产城融合，“爽”心“岳”目——2020岳麓山国家大学科技城区域价值推介暨长沙购房APP发布仪式在岳麓区大科城科创港一楼路演中心盛大揭幕（融媒体供图）

6月29日，岳麓区举行2020产业政策集中兑现暨百日竞赛产业项目集中签约活动（融媒体供图）

9月28日，长沙洋湖水街开街（洋湖街道供图）

10月21日，2020资润岳麓 科创潮涌岳麓区中小企业资本市场训练营在岳麓科创港开营（融媒体供图）

10月23日，湖南大学科技成果转化基地项目签约仪式在岳麓山大学科技城管委会举行（岳麓山大学科技城供图）

10月23日，岳麓区联合京东智联云策划的“岳麓扶贫 京东同行”带货直接在龙山县开播（融媒体供图）

12月20日，西湖街道联合58科创、58小镇入驻企业和本地部分高校，举办以“人才造梦场”为主题的人才双选会暨人才新政交流会（西湖街道供图）

12月30日，粤港澳科创产业园启动仪式在岳麓山大学科技城岳麓科创港举行（橘子洲街道供图）

5月13日，咸嘉湖街道西大门社区在中央美郡小区前坪开展“提升残疾人生活技能 爱护好社区生活环境”主题垃圾分类系列宣传培训活动（咸嘉湖街道供图）

5月17日，2020年全省文化和旅游志愿服务活动在橘子洲举行（橘子洲景区供图）

5月29日，咸嘉湖街道西大门社区联合长沙银行湘江新区支行，共同开展“小小银行家”金融知识进社区活动（咸嘉湖街道供图）

7月17日至8月2日，咸嘉湖街道携手区域化党建、团建共建单位河西王府井Family PARK共同开展“花儿朵朵向太阳”暑期主题夏令营活动（咸嘉湖街道供图）

10月29日，岳麓交警五中队民警在奥克斯幼儿园进行交通安全宣讲（岳麓交警大队供图）

11月11日，共青团岳麓区团委在岳麓区白马实验小学开展“模拟法庭进校园”系列活动（共青团供图）

11月14日，首届岳麓“工会杯”系列健康跑在西湖文化园举行（总工会供图）

12月7日，2020年“文润千家·情满岳麓”第十届社区文化体育节新创文艺作品比赛活动在阳光100凤凰街303剧场拉开序幕（融媒体供图）

12月26日，长沙农商银行“2020长沙红色半程马拉松赛”在橘子洲景区举办（橘子洲景区供图）

金茂社区家居养老康复中心（融媒体供图）

麓小南路（融媒体供图）

湖南妇女儿童医院正式开诊（洋湖街道供图）

岳麓区公共卫生中心项目验收交付（岳麓区公共卫生中心供图）

岳麓山大学科技城（东核）安置小区一期项目（惟泽园安置小区）实现竣工分房（岳麓山大学科技城供图）

1月31日，岳麓区委召开全区新冠病毒肺炎疫情防控工作调度会（融媒体供图）

2月29日，省委改革办派驻组到荷叶塘社区指导开展防疫工作（咸嘉湖街道供图）

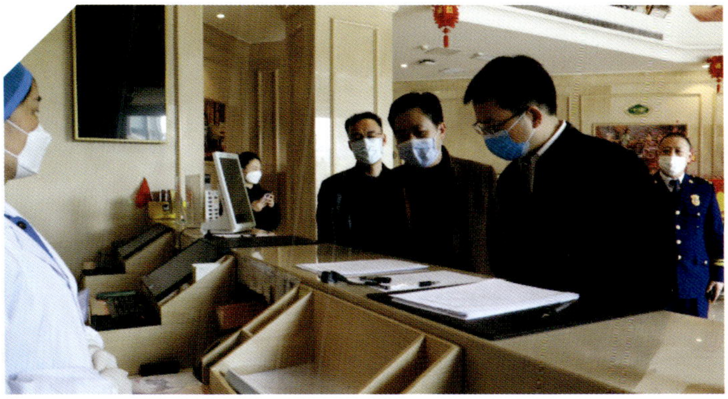

3月10日，区委书记周志凯（右一）暗访集中隔离点（咸嘉湖街道供图）

1月28日，岳麓交警大队、卫生、城管、街道等部门在学士收费站疫情防控点检查过往车辆（岳麓交警大队供图）

2月11日，岳麓蓝天救援对小区进行消杀工作（融媒体供图）

2月14日，志愿者在天顶街道航天社区开展疫情防控工作（区自然资源和规划分局供图）

11月30日上午，湖南省抗击新冠病毒肺炎疫情表彰大会在长沙举行（融媒体供图）

含浦街道刘家湾（农业农村局供图）

原潘家山村村民服务中心（雨敞坪镇供图）

望月公园（望月公园供图）

长沙大王山朗豪酒店（融媒体供图）

长沙市岳麓区雅礼洋湖小学（融媒体供图）

中南大学科技园研发总部（融媒体供图）

湘江时代商务楼（融媒体供图）

处理强化版村道（融媒体供图）

丰田渡改桥延长线（融媒体供图）

地铁6号线建设（融媒体供图）

双塘路北段（银双路—岳麓大道）建成通车图（融媒体供图）

长韶娄互通（融媒体供图）

编辑说明

一、《岳麓年鉴（2021）》以马克思列宁主义、毛泽东思想、邓小平理论、“三个代表”重要思想、科学发展观、习近平新时代中国特色社会主义思想为指导，坚持辩证唯物主义和历史唯物主义的立场、观点和方法，力求全面系统记载岳麓区国民经济和社会发展的基本情况与重大事件。

二、《岳麓年鉴（2021）》是系统记述岳麓区自然、政治、经济、文化、社会、生态建设等方面的年度资料性文献，2016年出版第1卷，每年出版一卷。

三、《岳麓年鉴（2021）》记述时限为2020年1月1日至12月31日。

四、《岳麓年鉴（2021）》采用分类编辑法，设类目、分目、条目3个层次，以条目为记述单位。

五、《岳麓年鉴（2021）》所载内容均由各部门各单位专人撰写、领导审核，岳麓年鉴编辑部整理编辑，经编委会审定付印。岳麓区领导班子成员及各单位副科级实职（含副科级）以上领导名单，由各单位办公室提供，并经区委组织部审定。

六、《岳麓年鉴（2021）》彩页由区委宣传部提供，文内图片由各单位提供。

七、《岳麓年鉴（2021）》中有关全区国民经济和社会发展的主要数据由区统计局提供，行业数据由各部门提供。由于统计口径不同，引用数据时请读者以岳麓区统计公报为准。

八、《岳麓年鉴（2021）》行文使用规范语体文、记述体。数字用法、标点符号、计量单位分别执行国家标准《出版物上数字用法》（GB/T 15835—2011）、《标点符号用法》（GB/T 15834—2011）、《国际单位制及其应用》（GB 3100—1993）和《有关量、单位和符号的一般原则》（GB 3101—1993）。

目　录

特载

大事记

区情概览

中国共产党长沙市岳麓区委员会

长沙市岳麓区人民代表大会

长沙市岳麓区人民政府

政协长沙市岳麓区委员会

纪检监察

群众团体

法　治

军　事

人民武装

经济管理

发展和改革

统计

审计

市场监督管理

工　业

园区建设

农　业

城乡建设

环境保护

财政·税务

金　融

文化·旅游·体育

教育·科技

医疗·卫生

社会生活

街道·镇

人　物

附　录

索　引

特 载

迈上新起点　开启新征程
谱写全面建设社会主义现代化新岳麓华美篇章

——在区委五届十次全体（扩大）会议暨经济工作会议上的讲话

周志凯

（2021年1月15日）

一、历经大战大考之年，建设现代化新岳麓奠定坚实基础

2020年是极不平凡、极具挑战、极富成效的一年，更是刻骨铭心、勠力同心、鼓舞人心的一年。面对严峻复杂的外部环境和艰巨繁重的发展任务，全区上下坚持以习近平新时代中国特色社会主义思想为指导，深入贯彻中央和省、市决策部署，统筹推进疫情防控和经济社会发展，在风雨中前进，在坚守中奋起，高质量发展迈出坚实步伐。

这一年，我们共克时艰、投身战场，在重大考验前诠释使命担当。回望大战、回顾大考，在一场场没有硝烟的战场上，我们尽锐出战、众志成城，春季战疫复工，夏季大干快上，秋季全力冲刺，冬季圆满收官，展现了“了不起的岳麓人”的精气神。在疫情防控阻击战中逆行出征。面对百年不遇的疫情，我们第一时间进入战时状态，2000余名白衣战士挺身而出，3000余名党员干部冲锋在前，2.4万名志愿者守望相助，仅20天实现新增病例“零增长”，45天实现在院确诊病例清零，在中心城区面积最大、人口最多的情况下率先形成了稳控有力的良好局面，在门户地位突出、外来人口密集的形势下做到了疫情不反弹。一个个义无反顾的身影，一幕幕感人至深的场景，5名省级先进个人是岳麓抗疫群体的缩影，许多平凡人成了这个时代的英雄，让这座城市再焕活力、重现繁华、始终安全。在百日竞赛荣誉战中逆境突围。面对百日竞赛的比拼，我们争分夺秒、全员上阵，区级领导示范引领、街镇部门条块联动，工作专班常态调度、竞赛分队你追我赶，全力稳投资、促消费、活资金、强帮扶，荣获竞赛活动中心城区组优胜集体。82个市重大项目全部开工，湘江鲲鹏、人工智能科技城一期等76个重点产业项目竣工达效，项目建设跑出加速度；政府搭台、企业唱戏，8大活动火爆全城，助力消费回补；麓山控股集团、智谷集团转型稳步推进，“三资”效益持续放大；353名干部化身“驻企服务员”，帮扶解决各类问题861个，减税降费15亿元，与企业共渡难关。在经济发展保卫战中逆势上扬。面对百年变局的挑战，我们同时间赛跑、向困难宣战，以超常规的举措抓创新、兴产业、增活力，在规模体量大、转型任务重的背景下实现了经济迅速回暖，主要经济指标增幅居全市中心城区前列，新增市场主体2.69万户，税收过亿元楼宇达9栋，地区生产总值迈上1300亿元台阶，综合实力、绿色发展、投资潜力、科技创新、新型城镇化、营商环境等全国百强区花落岳麓，区域发展“风景这边更好”。

这一年，我们共抓产业、集聚气场，在转型升级上厚植发展动能。自2016年以来，区委五年磨一剑，一以贯之开展

“产业发展年”活动，一体推进产业项目引培、产业链条打造、产业生态优化，我们迈过了起步阶段，经历了成熟阶段，进入了重点突破阶段，升腾起岳麓发展的强大气场。产业项目量质齐升。大力开展“入规、升高、上市”行动，促推101家企业跻身规模以上企业、135家企业获批高新技术企业、16家企业进入省市重点拟上市企业名录，发展质量更加优化。创新方法抓招引，新引进投资亿元以上项目52个，其中10亿元以上项目12个，进驻楼宇企业680家、总部企业30家，落户世界500强企业9家，发展后劲越来越强。产业链条聚能攀升。科创经济蓬勃发展，岳麓山大学科技城迈入发展新阶段，7个院士项目就近转化，科创企业总数突破4500家，获批国家首批科技成果转化和技术转移示范基地。现代金融集群发展，建成金融楼宇28栋，新入驻金融机构112家，成为全区财源支柱产业。文化旅游全域发展，岳麓书院、橘子洲等红色文化资源焕发活力，湘江欢乐城冰雪世界、阳光100凤凰街、洋湖水街等都市休闲项目开门迎客，人气商气加速汇聚。检验检测、人工智能特色发展，累计入驻检验检测企业145家，成功引进人工智能关联企业38家，岳麓高新区获批国家级车联网先导区。产业生态优化跃升。岳麓高新区企业（党群）服务中心正式揭牌，湖南金融中心政务服务超市、岳麓科创港高效运营，率先在全市开通24小时政务自助服务区，“放管服”“一件事一次办”改革持续深化，一条龙、全方位的专业服务体系日益完善，获评全国“互联网+政务服务”先进，企业、群众办事更为便捷。

这一年，我们共绘画卷、营造磁场，在宜居城市里彰显品质形象。岳麓山有魂、水有灵、洲有诗、城有情，是一座魅力无穷的城市。我们坚持以人为本、生态优先，把群众对美好生活的向往，践行到城乡治理、生态治理、社会治理全过程，充分展现“山水洲城”的独特禀赋，岳麓这座城市的磁吸效应加速释放。城乡治理更增亮色。从建设“四精五有”品质城区，到推动“五个振兴”乡村发展；从市府北、湘雅附三医院周边等重点区域提质，到莲雨含片区基础设施完善；从交通主干道、断头路的拉通，到一批“四好农村路”的建设；从市容环境、市政设施的维护，到美丽屋场、美丽庭院的打造；从生活垃圾分类落细落小，到农村“厕所革命”见实见效，始终彰显的是为民情怀，不变的是服务初心。生态治理更显底色。狠抓省级环保督察“回头看”问题整改，坚决打赢污染防治攻坚战。蓝天保卫战三年行动计划圆满完成，创新点位与片区协同治理，大气污染防治十大专项行动深入实施，空气质量优良率显著提升，“岳麓蓝”成为城市靓丽名片。河湖长制工作深入推进，龙王港流域全线整治，农村小微水体管护成效显著，“一江两河”水质稳定达标。社会治理更见暖色。以“五篇文章、十项举措”为抓手，解决了一批群众关切的“急难愁盼”问题，12345市民服务热线满意率稳居全市中心城区首位；办好了一批群众关心的身边事，43项市对区重点民生实事高质量完成，新建改造中小学和幼儿园32所，区“两馆一中心”高标准建成，农贸市场、停车场加快建设，成功创建全国健康促进区；化解了一批积压多年的遗留难题，连续6年未发生较大及以上生产安全事故，荣获全省安全生产和消防工作优秀单位，群众获得感、幸福感、安全感不断增强。

这一年，我们共筑堡垒、坚守立场，在从严治党中砥砺优良作风。2020年9月，习近平总书记考察湖南，亲临岳麓书院，每一句问候、每一句叮嘱，都体现了民本情怀、务实作风和关切之情，是一次触动灵魂的党性教育。我们传承红色基因，汲取精神力量，推动全面从严治党向纵深发展。理论武装走深走心。拧紧思想建党“总开关”，引领全区上下学好用好《习近平谈治国理政》第三卷，深入学习党的十九届五中全会精神，推动新思想特别是习近平总书记考察湖南重要讲话指示精神落地见效。落实意识形态工作责任制，守牢网络、宗教、学校等阵地，把握领导权和话语权。突出以文化人，大力开展“岳麓楷模”评选，8个单位（家庭）获评全国精神文明建设先进典型。基层基础筑牢筑实。深化区域化党建，区街两级双向认领621个共建项目，实现重心下移、资源下沉。发挥小区党支部引领作用，累计建设“美丽楼道”699个，赢得广大群众点赞。圆满完成村（社区）党组织换届工作，切实选优配强基层组织队伍。以党建护航经济发展，把支部建在产业前沿，把党旗插在项目现场，把力量聚在招商一线，彰显岳麓干部的政治本色。政治生态纯化净化。把主体责任扛在肩上、抓在手上，运用“四种形态”处理311人次，贯彻中央八项规定精神，推进纪检监察体制改革，监察工作有效向基层延伸。深化政治巡察，启动4轮常规巡察和2次村级党组织交叉巡察，提前实现巡察高质量全覆盖。

艰难方显勇毅，磨砺始得玉成。盘点2020年，“奋斗”一词贯穿始终，一切成绩都是撸起袖子干出来的。正如习近平总书记在新年贺词中指出的，征途漫漫，惟有奋斗。迈上新起点，奋斗“十四五”，我们更加坚信：只有保持“学思践悟新思想”的钻劲，才能化理论为实践。我们深入学习习近平新时代中国特色社会主义思想，坚持强化政治忠诚、政治定力，把新发展理念贯彻各项工作始终，不折不扣落实中央和省、市决策部署，积极推进党的建设、三大攻坚战、营商环境优化、乡村振兴等工作，营造了良好的政治生态、自然生态和产业生态。实践证明，找准了信仰的“指南针”，把好了思想的“方向盘”，就能赢得先机、笃定前行。只有保持“咬定青山不放松”的韧劲，才能化压力为动力。无论是产业发展，还是社会治理，我们始终发扬钉钉子精神，一年接着一年干，做到了持续抓、反复抓。特别是面对疫情冲击，我们不为形势复杂所干扰，不因压力空前所困惑，始终瞄准工作目标不动摇，坚定不移打好疫情防控阻击战、复工复产主动战、经济发展保卫战，以确定的努力对冲不确定的外部环境，确保了各项经济指标企稳向好。实践证明，认准的事情，只要保持自己的节奏，一步一个脚印地加以推进，就能厚积薄发、行稳致远。只有保持“办法总比困难多”的巧劲，才能化挑战为机遇。针对一季度经济下行的走势，我们一手抓疫情防控、一手抓复工复产，全力以赴保运行、保稳定；针对二季度经济企稳回升但部分指标走低的态势，我们统筹做好“六稳”工作，落实“六保”任务，极大促进了全区经济加快复苏；针对三季度经济运行总体平稳的趋势，我们聚焦产业链条建设、市场主体培育、楼宇平台招商等工作，主要指标实现了稳中有升；针对四季度全年工作临近收官的局势，我们既围绕年度目标任务抓调度，又围绕来年工作抓谋划，牢牢把握工作主动权。实践证明，无论困难有多大、挑战有多大，只要因时而变、因势而动，就能危中寻机、化危为机。只有保持“众人拾柴火焰高”的干劲，才能化被动为主动。一年来，岳麓各项事业风风火火、风生水起的背后，得益于我们始终把党的领导贯穿于各项事业中，充分发挥区委总揽全局、协调各方的领导作用，人大依法履职，政府依法行政，政协民主监督，调动了各方积极性，压实了主要领导的主体责任、分管领导的主抓责任、党员干部的主攻责任，形成了同心同德、群策群力的良好氛围。实践证明，只要全区上下心往一处想、劲往一处使，就能战胜各种艰难险阻，以全员上阵之功，谋取全局发展之效。

凡是过往，皆为序章。在充分肯定成绩的同时，我们也要清醒地认识到，过去一年的工作，纵比有进步，横比有差距。在经济发展上，新的增长点和好项目有待进一步培育，科技创新对产业发展的驱动作用需要进一步加强。在社会民生上，城市建设和管理精细化程度有待进一步提高，疫情暴露出的应急管理、公共卫生等方面的短板亟需补齐。在工作推进上，少数干部的能力和作风与新形势、新任务还不相匹配，党风廉政建设还需常抓不懈。对此，我们必须扬长补短、加以解决，在新的起点谋求更大突破。

二、准确把握新特征新要求，更加坚定建设现代化新岳麓的奋斗方向

“十四五”时期是我国全面建成小康社会、实现第一个百年奋斗目标之后，乘势而上开启全面建设社会主义现代化国家新征程、向第二个百年奋斗目标进军的第一个五年。习近平总书记考察湖南，作出系列重要指示要求，勉励湖南打造“三个高地”、践行“四新”使命。省委十一届十二次全会提出实施“三高四新”战略，动员全省上下奋力建设现代化新湖南。市委十三届十一次全会提出，当好实施“三高四新”战略领头雁，奋力建设现代化新湖南示范区。置身中央和省、市发展大局，立足岳麓资源禀赋、发展基础和阶段特征，区委在研究“十四五”规划建议时，提出开启“三强四融”发展新征程，构建“三平台、六组团、九小镇”的总体布局，谱写全面建设社会主义现代化新岳麓华美篇章。

——三强四融。“三个强区”就是加快建设具有核心竞争力的科创强区、具有辐射带动力的金融强区、具有全域吸引力的文旅强区；“四个融合”就是促进现代服务业与先进制造业联动共兴的产业融合，新兴产业与现代教育聚变共生的产教融合，强产业与建新城同频共振的产城融合，城市与乡村协同共进的城乡融合。

——三平台、六组团、九小镇。“三大平台引领”就是建好岳麓山大学科技城、湖南金融中心、岳麓高新区，打造引领区域发展的产业引擎；“六大组团联动”就是突出错位发展、一体发展，将泛岳麓山组团建设成具有全球影响力的大学科技城和代表湖南科技创新水平的标志性区域，市府滨江组团建设成区域金融中心和城市更新典范，环梅溪湖组团建设成城市新核和康养名城，洋湖大王山组团建设成都市休闲文旅高地和总部经济发展基地，岳麓高新区组团建设成产城融合和高技术服务业发展的示范，莲雨含组团建设成现代都市农业和城乡融合的样板；“九个小镇支撑”就是集中力量建设坪塘融城小镇、大王山通航小镇、国家级车联网小镇、人工智能小镇、梅溪湖康养小镇、湘江基金小镇、西湖互联网58小镇、后湖创意小镇、莲花漫谷小镇，为区域发展提供重要支撑。

目标指引方向，路径引领未来。区委将“三强四融”作为全面建设现代化新岳麓的总牵引，这是深刻领会上级精神、立足发展需要和顺应民心民意作出的重大决策，是我区在危机中育先机、于变局中开新局的行动路线，必将推动岳麓“十四五”高质量发展。

（一）从发展背景看，开启“三强四融”发展新征程，体现了新发展阶段、新发展理念、新发展格局的实践要求。“三个强区”是岳麓进入新发展阶段、构建新发展格局的新目标，“四个融合”是岳麓践行新发展理念的新路径。开启“三强四融”发展新征程，这是区委在深刻分析宏观发展大势、总结岳麓发展实践的基础上，集众人之智形成的。这是对落实习近平总书记考察湖南重要讲话精神和省委全会精神、市委全会精神的细化和实化。习近平总书记考察湖南与省委全会、市委全会召开，时间上虽有前后，但精神上有机贯通，构成了“十四五”乃至更长时期湖南与长沙发展的指导思想和行动纲领。作为省会中心城区，岳麓区科教、平台、空间、生态优势得天独厚，理应彰显更大担当作为。开启“三强四融”发展新征程，在综合研判岳麓阶段特征、自身定位、区域优势的基础上，科学确定“十四五”时期的发展目标、发展动力、发展方向，完全符合贯彻“三高四新”战略的基本要求，必将有力推动习近平总书记重要讲话精神和省委全会、市委全会精神在岳麓落地生根、开花结果。这是对区第五次党代会精神的继承和拓展。区第五次党代会以来，岳麓始终坚持推动“三融共进”，着力“五化同步”，率先建成更高水平的全面小康社会，“十三五”规划目标任务胜利完成。“三强四融”和“三融共进、五化同步”内涵要求一致、目标指向相同，都是着眼于贯彻新发展理念、推动高质量发展。区委提出开启“三强四融”发展新征程，在递进跃升中联通过去、现在和未来，既坚持和继承区第五次党代会精神，又深化和发展新阶段新要求，有利于保持工作的连续性、稳定性、创新性，使全区发展的战略落点更精准、路径更清晰、构想更饱满。这是对“四个三”发展战略的延续和升华。“十三五”时期，岳麓创新推进“四个三”高质量发展战略，各项事业蓬勃发展，建设“三个强区”具备了坚实基础，推进“四个融合”成了广泛共识。在《建议》文稿起草、征求意见中，大家一致认为，开启“三强四融”发展新征程，把握了服务中心大局与发挥岳麓优势的紧密结合，彰显了谋事和谋势、谋当下和谋未来的有机统一。同时，提出建设现代化新岳麓，与开启全面建设社会主义现代化国家新征程有机衔接，必将成为引领全区上下团结奋斗的强劲号角。全区各级各部门要把思想和行动统一到中央和省委、市委、区委决策部署上来，增强历史责任感和现实紧迫感，步调一致沿着正确方向砥砺奋进。

（二）从发展动力看，开

启“三强四融”发展新征程，将催生更多高质量发展的新引擎、新活力、新动能。回顾岳麓发展历程，我们通过连续开展“产业发展年”活动，持续培育“六大主导产业”“四大经济”，产业分量越来越重、动能越来越强，极大推动了全区经济社会发展，也更加坚定了大抓产业、抓大产业的信心和决心。立足“十四五”的新起点，我们从产业维度，提出建设科创、金融、文旅“三个强区”，就是要牢固树立产业兴区、产业强区的鲜明导向，做大做强最有基础、最有优势、最有前景的三大产业，让要素更加聚集、重点更加聚焦、力量更加聚合，厚植建设现代化新岳麓的产业根基。在建设具有核心竞争力的科创强区上，创新是引领发展的第一动力。岳麓区拥有中南大学、湖南大学、湖南师范大学等20多所高校院所，集聚36位“两院”院士、57个国家和省部级重点实验室，被誉为“湖南硅谷”。特别是近年来，我们举全区之力推进大科城建设，搭建了中南大学科技园（研发）总部、岳麓中建智慧谷、岳麓科创港等平台，形成了政务服务、科技金融、知识产权、场景应用、活动展示等全方位服务链。可以说，我们的科教资源、科创平台、创新生态在全省都是独一无二的。把这些优势用好用足，建设科创强区，必将使创新这个“动力引擎”更加强劲，引领全区经济迈向更高层次，为全省打造“具有核心竞争力的科技创新高地”作出岳麓贡献。在建设具有辐射带动力的金融强区上，金融业具有很强的规模效应，集聚度越高，能级就越大，同时还有消耗低、产值高、见效快的特点。从2017年至今，湖南金融中心涌现了楷林国际、湘江财富金融中心等一大批高品质楼宇，产业格局由传统金融为主升级到“传统金融＋基金＋金融科技”三足鼎立，金融机构数量由13家增加到454家，金融行业税收贡献率由4.9%提高到28%，成为全区第二大税源。短短几年时间，岳麓现代金融的发展实现了从无到有、从小到大，正在从大到强，潜力无限、前景光明。通过建设金融强区，湖南金融中心品牌优势将更加彰显，为全省、全市、全区优势产业链注入“源头活水”，必将成为岳麓未来产业发展的更大增长极。在建设具有全域吸引力的文旅强区上，文旅行业是消费新蓝海，涉及面广、带动性强、开放度高，具有一业兴百业旺的成熟效应。岳麓区是传统的文化大区、旅游大区，资源优势突出，既有以岳麓山、橘子洲、岳麓书院、新民学会旧址等为代表的岳麓山湖湘文化旅游区，又有以湘江欢乐城、华谊兄弟电影小镇、洋湖湿地公园等为代表的大王山国际旅游度假区；既有以梅溪湖国际文化艺术中心、后湖艺术园、李自健美术馆等为代表的城市文艺地标，又有望得见山、看得见水、记得住乡愁的乡村旅游精品，融合传统和现代，遍布都市与乡村。同时，立足省内，长沙人游长沙、湖南人游省会，首选地就是岳麓区；放眼全国，长沙作为著名的“网红城市”，每年都会吸引上亿人次的外来游客，岳麓也是必到的“打卡地”。可以说，市场需求十分旺盛。随着文旅强区的建设，将产业要素植入文化旅游消费系统，就一定能变人气为商气财气，真正把市场潜力转化为增长动力。

（三）从发展前景看，开启“三强四融”发展新征程，是岳麓未来发展的出路所在、希望所在、潜力所在。“十三五”时期，立足特殊区情，我们坚持产业融合、产城融合、城乡融合，推动高质量发展走在前列，为岳麓发展创造了有利条件、积蓄了强大力量。五年实践充分证明，“三个融合”的发展路径符合实际、行之有效。畅想“十四五”，在看到发展成绩的同时，也要清醒认识客观面临的系列不平衡不充分问题，这更加决定了我们在推进工作中，必须坚持坚守、创新推进。产业融合方面，虽然岳麓产业体系正在由“一业独大”向“多点支撑”转变，但无论是经济总量还是财税收入，房地产业占比仍然最大，除金融产业以外，其他产业的贡献度都比较低，“多点”还未形成全面开花之势。同时，全区规模以上企业、高新技术企业、上市公司等骨干、龙头企业数量偏少，纳税2000万元以上的非房地产企业仅51家，200万元以上的仅339家，产业发展的微观“支撑”还比较薄弱。产教融合方面，岳麓区高校院所密集，岳麓山大学科技城蕴含丰富的科技成果“宝藏”，但我们的跟踪对接、深度对接还有差距，科研成果“墙内开花墙外香”现象还未得到根本扭转，就地转化、产业化比例亟待提高，科教资源、人才资源尚未完全转化成发展优势。未来几年，我们抢抓转型发展的窗口期，实现由“投资拉动”向“创新驱动”转变，仍面临较大压力和挑战。产城融合方面，与“十二五”末相比，目前岳麓城市建成区面积、常住人口数量均实现了翻番，城市框架拉开，人气越来越足。但高楼林立背后，是沉甸甸的社会责任。城市快速发展的同时，伴随而来的是公共服务需求的升级、民生刚性支出的增加、社会治理难度的加大。如果产业发展、财源培育跟不上，人、产、城三者的和谐共进就难以实现，各类风险隐患就极有可能增多，成为岳麓持续健康发展的制约和困扰。城乡融合方面，岳麓区涉农板块占全区总面积的四分之三，这既是区域发展的广阔腹地，也是大有前景的价值洼地。与此同时，经过多年的开发建设，旧城板块大片征拆的成本日益攀升，新城板块的开发空间逐渐接近上限。如何以城带乡、以乡促城，既推动城市发展由“粗放经营”向“精明增长”转变，又带动乡村建设从“城乡二元”到“城乡一体”，这是未来我们必须破解的现实课题。可以说，这些差距和问题，既有共性特征，也有基于区情实际和发展基础的特殊因素。按照到2035年“实现人均国内生产总值达到中等发达国家水平”的目标要求，我们稳定经济增长和提高发展质量的任务都很重。差距就是潜力、压力就是动力。放眼未来，岳麓要在“十四五”乃至更长时期走在前列，“三强四融”是出路所在、希望所在、潜力所在。只要坚定不移推进“三强四融”，把握好“变”与“不变”，深层次思考、系统性谋划，想在前、干在前，就一定能开辟岳麓发展生机勃勃的新局面。

三、瞄准重点目标任务，为建设现代化新岳麓开好局起好步

2021年是全面开启现代化建设新征程的第一年，是“十四五”开局之年，也是中国共产党建党100周年。做好今年经济工作，我们既要看到各种潜在风险，更要看到面临系列重大机遇。国家宏观政策总体稳定带来新机遇。今年，国家宏观政策将保持连续性、稳定性、可持续性，中央在科技创新、扩大内需、改革开放等方面谋划部署了系列政策举措。这为我们推进产业转型，提升市场主体活力，持续扩大有效投资，提供了新的空间。省委战略部署带来新机遇。省委十一届十二次全会确定了“三高四新”战略，明确提出要建好用好岳麓山大学科技城等重大平台。立足全省战略布局，岳麓有底气、有信心争当打造“具有核心竞争力的科技创新高地”排头兵，这为我们把“资源好牌”打成“发展赢牌”创造了有利条件。长株潭一体化发展带来新机遇。习近平总书记考察湖南，明确指出“长株潭一体化发展要继续抓下去，抓出更大成效”。省委达哲书记在多个场合强调了长株潭一体化发展这项工作。建新市长在市委全会上明确要求，长沙作为长株潭的龙头，要加快推进长株潭一体化发展。岳麓处于关键节点、核心区域，这项工作的深入推进，必将带动全区产业升级、城乡建设等领域发展，形成新的增长点。谋划新一年的工作，我们要强化机遇意识，充分用好一切积极因素和有利条件，加快推动全区高质量发展。

2021年全区工作总体要求是：以习近平新时代中国特色社会主义思想为指导，全面贯彻党的十九大和十九届二中、三中、四中、五中全会精神，坚决落实习近平总书记关于湖南工作系列重要讲话指示精神和中央、省委、市委经济工作会议精神，坚持稳中求进工作总基调，立足新发展阶段，贯彻新发展理念，构建新发展格局，以推动高质量发展为主题，以深化供给侧结构性改革为主线，以改革创新为根本动力，以满足人民日益增长的美好生活需要为根本目的，统筹发展和安全，践行省委“三高四新”战略，强化省会中心城区担当，紧扣“产业发展、社会治理”主线，构建高质量的现代产业体系，激发高效能的经济内生动力，打造高水平的宜居都市新区，共创高品质的幸福美好生活，开启“三强四融”发展新征程，为“十四五”开好局、起好步，以优异成绩庆祝建党100周年。

区委考虑，今年经济社会发展的主要预期目标是：地区生产总值增长8.5%，规模工业增加值增长8.5%，固定资产投资增长9%，社会消费品零售总额增长9%，地方一般公共预算收入增长6%，研究与试验发展经费占地区生产总值比重达3.5%，城镇居民收入稳步增长，生态环境质量进一步改善，城镇调查失业率、税占比、能耗“双控”等指标完成市定目标。确定这样的预期目标和约束性指标，主要是贯彻新发展理念，体现高质量发展要求，既充分展现省会中心城区的担当，又有利于稳信心、稳预期。围绕上述目标，我们将重点抓好以下工作：

（一）加快建设“三个强区”，构建高质量的现代产业体系。科创、金融、文旅“三个强区”的建设，是基于岳麓当前发展阶段的现实选择，也是岳麓高质量发展的重要支撑，可以说其时已至、其势已成。全区上下要以对发展负责、对未来负责的态度，强化项目思维、链条思维、生态思维，保持定力、久久为功地抓下去，为加快建设“三个强区”担当作为。

一是聚力推动科创强区建设。要坚持“四区”联动，以岳麓山大学科技城、岳麓高新区为主阵地，以特色楼宇为重要载体，促进创新链、产业链、服务链深度融合，实现科技成果就近孵化转化产业化，打造全国一流的科创强区。要突出岳麓山大学科技城的重要引擎作用。着力打造一批标志性平台，依托驻区高校优势学科，加快建设湘江科创基地、湖南大学成果转化基地等项目，精心运营中南大学科技园（研发）总部、后湖创意小镇等平台，促进各类创新要素集聚，形成核心竞争优势。着力引育一批标志性企业，紧盯“四新经济”领域，引进和培育更多专精特新“小巨人”企业、独角兽企业，扶持新云网、云中再生科技、中南天使等重点企业做大做强，努力打造新的经济增长点。着力集聚一批标志性人才，培育良好创新生态，加强知识产权运用和保护，出台专项人才政策，引进一批高水平的科技领军人才、青年科技人才和创新团队，激发人才创新活力。要突出岳麓高新区的重要承接作用。着力打造国家级车联网小镇、人工智能小镇，加快智能网联汽车检验检测总部、长沙智能驾驶研究院等项目建设，持续推进鲲鹏生态和硬件产线建设，强化重点意向企业的对接落地，确保全年引进关联企业40家以上。依托湖南省检验检测特色产业园，完善产业链体系，提速中国计量科学研究院长沙基地、国网电科院二期等项目建设，引进检验检测企业40家以上，更加唱响“岳麓检测”品牌。加快调规扩园，拓展承载空间，构筑更加完整的城市配套、自然生态，实现以产促城、以城带产，打造产城融合示范区。要突出特色楼宇的重要载体作用。围绕创新链部署产业链，聚焦高技术服务业发展，瞄准软件信息、大数据、云计算、科技服务等新兴领域，加快京东云、腾讯云、海信智能等行业领军企业发展，吸引上下游企业入驻，形成规模效应、集聚效应。继续推行“楼长制”，做实楼宇工作站，围绕市场拓展、法律援助等方面开展精准服务，不断提升楼宇入驻率、工商注册率、税收贡献率、企业满意率。

二是聚力推动金融强区建设。要促进空间格局优化升级，打造湘江财富金融中心、潇林国际、湘江基金小镇等金融地标，促成招商银行大楼等金融楼宇投入使用，实现要素集聚、空间集约、机构集中。要促进规模能级再上台阶，围绕传统金融、基金、中介服务机构等业态，加强精准招商、以商招商，大力招引行业内有影响力的金融总部企业，培育本土标杆龙头企业，力争全年新引进相关机构80家以上。要促进金融科技特色凸显，加快推进国内顶尖金融科技企业聚集发展，积极培育优质主体，推动金融科技广泛应用，率先创建以科技为鲜明特色的普惠金融示范区。要促进服务功能全面提升，围绕全区优势产业链，增强金融供给的精准性、有效性，开展新型融资服务，让金融活水更多浇灌科技型企业、中小微企业。要促进片区环境提标进档，不断强化交通路网、停车场等公共设施建设，完善高端商务、滨水景观等功能配套，加强对外交流合作，高水准办好湘江金融发展峰会等品牌活动，实现品质与美誉并进。

三是聚力推动文旅强区建设。要大力发展“文化旅游+”产业，丰富消费场景，推出精品线路，开展精准营销，优化“吃住行游购娱康养学”全要素供给，实现“游玩在岳麓、消费在岳麓、满意在岳麓”。要做强湖湘文化旅游品牌，以岳麓山风景名胜区为龙头，提质岳麓书院、肖劲光故居等周边环境，发挥岳麓山、橘子洲、白沙液街等人文景点的品牌效应，把湖湘文化弘扬好、把红色基因传承好。要做强都市体验旅游品牌，重点发力大王山国际旅游度假区，提升湘江欢乐城、华谊兄弟电影小镇等整体运营水平，加快推进欢乐海洋、恒大童世界建设，升级周边服务设施，让每个游客都能留下长久记忆、美好回忆。要做强文化创意旅游品牌，串联梅溪湖国际文化艺术中心、李自健美术馆、谢子龙影像馆等文艺地标，打造“网红”景点，赋予城市独特文化魅力。要做强田园休闲旅游品牌，探索“田园+康养+研学+亲子”等新模式，建设一批新型休闲绿色农场，进一步擦亮“五谷”品牌，真正成为长沙市民“慢生活”的首选之地。

（二）积极扩大有效需求，激发高效能的经济内生动力。当前的岳麓，近200万人口的内需市场前景看好，城市快速发展带来的投资空间广阔，扩大有效需求大有文章可做。要坚持扩大内需这个战略基点，把加强需求侧管理同深化供给侧结构性改革有机结合起来，着力促消费、扩投资、激活力，为区域发展提供强大动力支撑。

一是发挥消费的基础作用。消费是经济增长的主引擎，也是融入“双循环”新发展格局的重要抓手。要启动桐梓坡中央商务区建设，加快卓伯根、绿地湖湘中心等项目建设，培育望城坡、市府滨江、洋湖、梅溪湖等商圈，打造特色鲜明、多元发展的长沙消费“西中心”。要提档升级云栖路汽车走廊，支持王府井、凯德壹中心、24品等商业综合体发展，提高服务质量和服务效率，稳定汽车、商贸等传统消费，巩固回升态势。要依托梅澜坊、洋湖水街、阳光100凤凰街、渔人码头等特色商街，突出差异化打造、品牌化经营，优化消费业态，浓厚商业氛围，擦亮河西消费名片。要推动望城坡环球家居、郁金香等家居市场提质升级，促进宜家、红星美凯龙等品牌家居加快发展，做大专业市场集群，充分转化新入住群体的家居消费需求，全面激发巨大潜能。要依托梅溪湖康养小镇、西湖互联网58小镇，培育医疗康养、教育培训、家政服务等产业，壮大宅经济、在线教育等体验消费、网络消费，有序发展首店经济和夜间经济，形成消费升级“引爆点”。要科学绘制岳麓消费全景图，精心举办精品节会，优化消费环境，保护消费者权益，让市民群众消费更加舒心、放心、安心。

二是发挥投资的关键作用。扩大有效投资，稳当下、谋未来，仍然是当前全区稳增长的压舱石。今年铺排项目投资计划522个，计划投资近890亿元。盘子已定，关键在于落实。要突出高效建设，围绕“两新一重”（新型基础设施建设，新型城镇化建设，交通、水利等重大工程建设）、产业发展、民生保障等领域，倒排工期、挂图作战，做好新建项目开工保障，强化在建项目协调服务，推动签约项目尽早启动，维护良好建设环境，为经济增长夯实项目支撑。征拆交地是项目建设的前提。今年，我们铺排新拆项目56个，扫尾项目18个，征拆面积万亩以上。要突出严格执行，聚焦岳麓高新区、坪塘、望岳、观沙岭等重点征拆区域，强化政策、安置、调度保障，有序启动新增项目，全力攻坚项目扫尾，为区域发展腾出更多空间。要突出质量导向，围绕强链补链延链，精心绘制产业招商路线图，梳定行业、排定区域、锁定企业，开展精准招商、以商招商，引进一批投资量大、关联度高、带动力强的好项目，确保全年新增“三类500强”项目15个以上、投资过10亿元项目10个以上、过亿元项目30个以上，不断催生经济活力。

三是发挥市场主体的支撑作用。岳麓发展的动力在市场主体，活力在市场主体，潜力也在市场主体。要大力开展“个转企、小升规、规改股、股上市”行动，推出“一企一策一团队”服务，强化政策扶持和专业指导，助推110家企业成为规模以上企业，提速达嘉维康、赛恩斯环保等重点企业上市步伐，形成梯次成长、量质齐升的良好局面。要实施创新型企业倍增计划，建立重点培育企业库，扶持优质科创企业，力争全年培育高新技术企业130家以上。要恪守亲清新型政商关系，当好企业发展的“店小二”，持续开展“一对一”“一对多”联点帮扶、对口服务，落实好减税降费等惠企政策，做到既雪中送炭，又扶上马、送一程。要大力弘扬企业家精神，支持企业家以恒心办恒业，扎根岳麓、深耕产业，锻造一支具有岳麓特色的企业家队伍。

（三）推动城乡深度融合，打造高水平的宜居都市新区。

贯彻“四精五有”理念，提质城乡建设，擦亮生态底色，实现“精致城市”与“田园乡村”交相辉映，描绘现代化都市新区美好图景。

一是争当城市精明增长的典范。要突出片区精致建设，推动大王山通航小镇、坪塘融城小镇建设，高品质开发谷山——青山片区，提速市府北、新湘雅健康城等片区城市更新，加快洋湖片区提质改造，增强城市综合承载能力。要深化区域互联互通，服务地铁6号线、2号线西延二期等项目建设，加快麓景路南延线、梅浦联络线、长望路西延线等主干道建设，拉通观沙路、谷岳路等断头路、瓶颈路，打通“大动脉”、畅通“微循环”。要提高精细管理水平，加强市政设施、园林绿化、市容秩序的常态维护，提质改造一批老旧小区、农安小区，提升城市净化、绿化、美化、亮化水平，管出城市新面貌新形象。要加快数字城市打造，统筹推进智慧市政、智慧交通、智慧电网建设，科学布局5G网络、数据中心等新型基础设施，让市民生活更美好。要提升物业管理品质，根据新建小区、老旧小区、农安小区等实际分类施策，压实物业公司责任，积极引导居民自治，真正实现管起来、运转好、全覆盖。要坚持“房住不炒”，规范市场秩序，持续擦亮教育、生态、品质的招牌，推动房地产业平稳健康发展。

二是争当乡村全面振兴的典范。要推动都市农业提质增效，充分发挥“都市里的乡村、乡村里的都市”的优势，开展“一村一品”培育工程，精耕韭黄、油菜、花卉、鲜蔬、果林“五个万亩”农业基地，增强体验教育、乡村民宿、休闲旅游等新兴业态的市场吸引力，打造更多的特色农业品牌。要推动美丽乡村清爽秀美，突出“小规模、微田园、生态化”，构建“一村一景”的美丽格局，着力抓好农村人居环境整治，全面提升农村建房品位和质量，巩固“厕所革命”“美路行动”成果，推进小微水体管护示范片区建设，推出更多“美丽屋场”“美丽庭院”，打造依山就势、错落有致的特色村落集群。要推动乡风民风淳朴文明，注重党员示范、榜样带动，推出一批新乡贤，深入推进移风易俗，实现既塑形、更铸魂。要推动城乡深度融合发展，加快公共服务向莲雨含片区有效覆盖，着力打造莲花漫谷小镇，新建一批“四好农村路”，布局更多公交线网、自来水管网等设施，让农村成为安居的幸福家园。

三是争当生态文明建设的典范。要一体推进精准治气和科学治气，深化点位片区协同治理，开展渣土扬尘、餐饮油烟、汽车尾气等专项整治，确保空气质量优良率稳定提升，让蓝天白云常驻。要一体开展水环境整治和水生态涵养，以河湖长制为抓手，认真落实长江经济带“十年禁渔”重大任务，加快推进龙王港流域综合治理、片区雨污分流改造，实现绿水绕城、碧波荡漾。要一体落实土壤污染治存量和控增量，抓好山体保护，加强固体废物处理，整治农村面源污染，守卫家园净土。要一体构建绿色生产方式和生活方式，刚性执行环保“负面清单”管理，大力发展低碳经济，广泛倡导绿色出行，推动形成崇尚生态文明的新风尚。

（四）倾力把牢民生脉搏，共创高品质的幸福美好生活。民之所望，施政所向。岳麓人民的期盼是我们工作最大的牵挂，最足的动力。要把让群众过上高品质生活，作为一切工作的出发点和落脚点，满怀真情办好群众最关心、最需要的实事，让岳麓的发展更有温度、市民的幸福更有质感。

一是提升社会治理实效。社会治理，说到底是做群众的工作。要组织好群众，把基层治理同基层党建结合起来，深化区域化党建、小区党建，以党组织的战斗堡垒和党员的先锋模范作用，带动驻区单位、群团组织、社会组织，激发群众共治的积极性。要凝聚好群众，发挥教育引导“润物细无声”作用，持续开展道德模范、岳麓好人、最美家庭等先进典型评选，认真组织“麓山汇讲·百人千场大宣讲”等群众性活动，凝聚向上、向善、向美的力量，不断增强群众的认同感、归属感。要服务好群众，做实做优网格化管理，巩固完善社区“坐班”转“值班”机制，全面推进问题清单化、流程化、规范化的分级分类处理，加快实现重心下移、职能下沉，做到小事不出单元、大事协同处置，不断提升群众的满意度。

二是提升公共服务实效。顺应人民群众对高品质生活的追求，既尽力而为又量力而行，集中财力办好一批民生实事。

要秉持“教育兴城”理念，普惠化推动学前教育，均衡化发展义务教育，规范化抓实民办教育，培育更多名师、名校，持续唱响“读书在岳麓”的品牌，实现教育与城市共成长。要深化健康岳麓建设，推进医联体建设，提档升级基层医疗卫生机构，确保区公共卫生服务中心投入使用，让群众在家门口享受优质医疗服务。要实施文化惠民工程，全面整合公共文化资源，大力开展群众性文化活动，如期开放区文化馆、图书馆，更好满足群众精神文化需求。要完善养老服务体系，大力发展居家和社区养老，实现区社会福利中心正式运营，持续扩大养老服务高质量供给。要强化社会保障，做好民生兜底特别是特殊困难群体的帮扶工作，兜牢群众基本生活底线。

三是提升安全发展实效。安全稳定，一头连着经济社会发展，一头连着千家万户，必须警钟长鸣、坚守底线。常态化疫情防控要毫不放松，坚持“外防输入、内防反弹”和“人物同防”，巩固防疫成果。安全生产要常抓不懈，健全应急管理体系，持续开展危险化学品、建筑施工、消防等重点行业和领域专项整治，扎实抓好食品药品安全、森林防火、防汛抗旱等工作，努力实现“三个坚决、两个确保”的目标。扫黑除恶斗争要常态开展，以“三零”社区（村）创建为抓手，坚决打击各类违法犯罪活动，建设更高水平的平安岳麓。信访维稳要闭环管理，抓实“七项机制”，做好初信初访、积案化解等工作，着力去存量、控增量，切实把矛盾处早处小。

四、弘扬百年建党精神，汲取建设现代化新岳麓强大精神力量

今年是建党100周年。中国共产党立志于中华民族千秋伟业，百年恰是风华正茂。岳麓作为一方红色热土，是一个具有光荣革命传统的地方。全区上下要把做好庆祝建党100周年相关工作与建设现代化新岳麓结合起来，传承红色基因，继承优良传统，在定力上、本领上、意志上、作为上做到全面过硬，迸发干事创业的磅礴力量。

一要在复杂形势面前保持好定力。政治素质是第一素质，政治能力是第一能力。习近平总书记指出，旗帜鲜明讲政治，既是马克思主义政党的鲜明特征，也是我们党一以贯之的政治优势。2020年，面对突如其来的全球疫情和深刻变化的世界经济形势，我国疫情防控取得重大战略成果，成为全球唯一实现经济正增长的主要经济体，在极不平凡的年份创造出极不寻常的辉煌，根源就在于坚持和加强党的全面领导。我们每一个人都能切身感受到，党的力量、制度的优势、祖国的强大。当前，形势越是严峻复杂，越要加强党的全面领导和党的建设。要坚持把政治建设放在首位，善于用政治眼光观察和分析岳麓经济社会的问题，不断提高政治判断力、政治领悟力、政治执行力，增强“四个意识”，坚定“四个自信”，做到“两个维护”，不折不扣抓好中央和省、市决策部署的贯彻落实。

二要在大好机遇关口提升好本领。一个地方的发展，总有一些关键的节点、关键的时期，需要我们做出选择、做出改变。是徘徊不前、因循守旧，还是提升能力、开拓进取？最近，省委达哲书记亲自到长沙进行党的十九届五中全会精神宣讲，包括在省委经济工作会议上，还有建新市长近期在接受媒体采访时，都谈到了人这个关键因素。我也一直在思考，岳麓区到底从哪些地方突破？怎么才能开启新征程、谱写新篇章？我感觉关键在人、关键在干部，这是目前全区最紧迫、最现实、最需要解决的根本问题。如果干部的思想观念、能力本领跟不上，高质量发展就会打折扣，驾驭好经济工作更是空谈。要增强补课充电的紧迫感，自觉赶上时代潮流，带头学经济、懂经济、抓经济，干什么学什么、缺什么补什么，不断提高科学决策水平，努力成为抓产业、优治理的行家里手。

三要在矛盾凸显时期锤炼好意志。我始终认为，往往在逆境中、在挫折面前，在矛盾和挑战比较集中的时候，最能体现一个干部的担当，最能显示一个干部真正的素质。当前的岳麓，身处发展黄金期、社会转型期、矛盾易发期“三期叠加”的特殊阶段，群众诉求多、期盼高，统筹各方利益、维护大局稳定的任务越来越重、压力越来越大。当自己的工作推进有问题、有阻力时，一定要反问自己在不在状态，有没有迎难而上的担当？有没有一抓到底的激情？有没有常抓不懈的执着？之所以问这几个问题，因为担当彰显干事的胆识，激情折射干事的气魄，执着反映干事的韧劲，这些都源自于坚定的信仰和意志。具备了良好精神状态，没有办法可以找到办法，没有能力也能提高能力，落实也就有了内在动力和基本前提。要保持昂扬状态，拿出“舍我其谁”的勇气和气概，不说“不能办”，先想“怎么办”，创造性推进、高标准落实。区委将树立重实干、重实绩的用人导向，坚持严管和厚爱相结合，坚持“三个区分开来”，让敢担当、善作为的干部有机会、有舞台。

*四要在重大任务当头展示好作为。*这次全会，我们提出开启“三强四融”发展新征程，“新征程”不是用“老套路”、凭“老经验”、翻“老皇历”，而是要有新突破、新格局、新气象。我经常跟大家讲，经济工作是实打实的，一深入就具体，一具体就深入，特别是要结合一地一域的实际，找准优势、认清差距，绝不能人云亦云、盲目跟风。今天全会审议的《建议》，经过区委反复研究、反复讨论，也凝聚了上上下下、方方面面的智慧，是对“十四五”发展的科学谋划。这绝不是空对空，不是今天在这里审议一下文件、举一举手就万事大吉了，而是要一个项目一个项目用心去抓、一个节点一个节点奋力去推。千里之行，始于足下。今天我们参会的每一名干部，都要清楚“十四五”干什么，2021 年干什么，2021 年的第一季度干什么。希望大家层层压实责任，实施台账管理和清单制度，全面梳理经济社会发展重点工作，细化分解任务，明确时间表、路线图、责任人，谁主管谁协调，谁牵头谁负责，确保事事有人管、人人有专责。

政府工作报告

——在长沙市岳麓区第五届人民代表大会第七次会议上

长沙市岳麓区区长　周　凡

（2021年2月2日）

一、“十三五”和2020年工作回顾

“十三五”时期，是岳麓经济发展波澜壮阔、高歌猛进的五年，是干事创业心齐气顺、勠力共举的五年，是城乡面貌绽放新姿、华丽蝶变的五年，是民生改善硕果累累、幸福满满的五年。五年来，我们坚持以习近平新时代中国特色社会主义思想为指导，在省、市和区委的坚强领导下，坚持产业融合、产城融合、城乡融合，推动经济实力跨越式增长、产业结构历史性变革、城乡面貌全域化改善，积极回应人民群众对美好生活的向往，稳健步入了高质量发展的“快车道”，成功谱写了建设“知识岳麓、创新岳麓”的壮丽篇章。

“十三五”时期，预计地区生产总值年均增长8.4%，总量由中心城区靠后跃升至第二，规模工业增加值年均增长9%，固定资产投资年均增长12.7%，社会消费品零售总额年均增长9%，地方一般公共预算收入年均增长8.2%，主要经济指标年均增速均居全市中心城区前列，城镇居民人均可支配收入达6.2万元，较“十二五”末增加2万元。我区稳居全国综合实力、绿色发展、投资潜力、科技创新、新型城镇化五个百强区行列，荣获首批国家学前教育改革发展实验区等国家级荣誉38项，收获湖南省真抓实干成效明显地区等省级荣誉41项，“秀美气质更迷人、创新气势更磅礴、发展气场更宏大、国际气息更浓郁”的新岳麓闪耀三湘、崛起中部、享誉全国。

（一）五年来，我们高举产业发展旗帜，经济实力持续跃升。保持定力、精准发力、持续用力，连续五年开展“产业发展年”活动，传统动能与新兴动能接续迸发、迭代升级。

产业地标节节拔高。岳麓山大学科技城创新潮涌，获批国家首批科技成果转化和技术转移示范基地，建成中建智慧谷东区、岳麓科创港等项目12个，新增科创承载空间150万平方米，进驻科技型企业超4500家，7个院士领衔项目扎根落地，中南大学科技园（研发）总部跻身税收5000万元以上楼宇，湖南大学科技创新中心正式起航，湖南师范大学“长沙市技术转移转化基地”应运而生，后湖艺术园写意湖湘匠心，西湖文化园互联网经济方兴未艾，合作共创催生技术交易合同2300件、成交额42.5亿元，孵化优质企业340家，“创业在岳麓”引领时代风潮。湖南金融中心拔地而起，确认为唯一省级金融中心，建成楷林国际等楼宇28栋，进驻长沙银行、财信金控等金融机构454家，落户中金科技等金融科技企业55家，湘江基金小镇资产管理规模达1806亿元，湘江金融发展峰会品牌唱响，金融业产值占GDP比重突破8%，行业税收占全区税收比重达28%，金融生态林拔节生长、枝繁叶茂。岳麓高新区生机勃发，叠加“国家检验检测认证公共服务平台示范区”“国家级车联网先导区”等五个“国字号”平台，建成产业承载空间98.6万平方米，进驻瑞士SGS、苏州苏试等检验检测企业127家，引进德国舍弗勒、百度阿波罗等人工智能企业68家，园区高新技术产业产值年均增长超30%，特色园区扬帆远航、行稳致远。

产业项目纷纷落子。招大

引强成果丰硕，五年引进产业项目968个，合同引资3238亿元，建成产业项目677个，完成投资2988.5亿元。壳牌石油、华为等26家世界五百强企业纷至沓来，百度、浙江大华等12家全国五百强企业落子岳麓，中南控股、神州数码等10家民营五百强企业纷纷进驻。主导产业蓬勃发展，建成宜家家居、凯德壹中心等大型商贸综合体7个，渔人码头等夜间经济街区特色彰显；爱尔医疗健康城、亿达健康科技城等康养项目稳步建设，社会养老机构稳健发展，健康养老全产业链加快舒展；湘江欢乐城、华谊电影小镇一期投入运营，建成梅溪湖文化艺术中心、谢子龙影像馆等城市地标，沿江都市休闲文化长廊声名鹊起。楼宇经济扩容提质，建成湘江时代等优质商务楼宇64栋，引进楼宇企业4200家，其中中铁城建、腾讯云计算等区域以上总部企业164家，打造金茂双子塔等税收过亿元楼宇9栋，特色和重点楼宇总量位居全市第一。

产业根基竞相壮大。微观主体活力迸发，五年登记市场主体超10万个，其中企业4.5万家，存续企业较“十二五”末增加3.5万家，新设企业增长率稳居全省前列。优质企业潜力释放，中大检测等434家企业跻身规模以上企业，湘电试验研究院等283家企业获批高新技术企业，达嘉维康等16家企业进入省、市拟上市后备库；五年新增外贸实绩企业109家，完成进出口总额16.9亿美元，为“十二五”期间的8倍。长效税源实力增长，年度纳税过千万、过五千万、过亿元非房地产企业分别达71家、23家、13家，建安房地产业税收占总体税收比重由“十二五”末的75%下降至60%，税源结构实现历史性调整。

（二）五年来，我们紧扣统筹融合主题，城乡建设如火如荼。统筹新城、老城、乡村三大板块，完善基础设施，丰富功能供给，促进城乡互联，融合发展开启新篇章。

空间格局持续优化。攻坚克难拓延建设空间，五年实施征拆项目300个，举全区之力腾地3.5万余亩，梅溪湖一期、滨江新城基本建成，城市布局更加疏密有度。全力以赴支持新区发展，完成长沙锌厂、蜂巢化工、麓山水泥等污染企业征收腾地，空间利用更加集约高效、绿色环保。内畅外联拉升交通格局，地铁2号、3号、4号线如期通车，长株潭城际铁路投入运营，岳宁大道、潇湘大道全线拉通，半小时“两岸生活圈”“城际交通圈”“城乡融合圈”全面建成；完成湘府路快速化改造、西二环拓改，建成玉赤大道、联江路等骨干道路53条，打通麻园路等瓶颈路15条，成环成网、纵横通达的交通格局基本成型。

城市建设内涵发展。梳理城市空间，完成老咸嘉湖路两厢等棚改16个，改造面积超41万平方米，服务9529名群众实现住房以旧换新，桐梓坡大板房棚改获评全国货币化安置经典案例。推进城市微建设，完成路面“白改黑”42.3万平方米、屋面防水改造30.6万平方米，优化交通微循环20处，龙王港社区、岳银三村等50个小区焕发新活力。畅通城市血管，疏浚地下管网1438公里，整治易渍点51个，新建排水管56公里，完成茶场村等区域雨污分流改造，地下空间韧性更强。留存城市记忆，完成麓山南路、白沙液街、牌楼路等城市更新，历史文脉延续和公共空间建设互生互荣。

乡村振兴全面推进。完善基础设施，新（改）建桥梁26座、农村公路329条，建成“四好农村公路”34条，通村通组公路里程达1570公里；建成东山湾泵站等水利项目280个、湘江和靳江河城市防洪圈等堤防工程5处，2017年抗击特大洪水取得全面胜利。整治人居环境，新（改）建户用厕所3.5万余个，旱厕全面清零，31个行政村实现垃圾分类全覆盖，拆除“空心房”“一户多宅”385户、大棚房1.6万平方米，基本实现小微水体精细管护，“新乡贤”等精神文明品牌释放感召力，成功打造含泰社区、学华村、曾家桥村等省级美丽乡村建设示范社区（村）。发展都市农业，莲花漫谷、雨敞坪五彩谷、坪塘绿谷、学士农趣谷、含浦乡韵谷“五谷辉映”，建成爱格花卉、果趣谷等示范项目15个，圣峰果业、众益农业获评国家级标准化生产基地，唱响含浦油菜花节、莲花新春花会等节会品牌，农业发展提质提效。推进农村改革，完成集体产权制度改革，消除经济薄弱村21个，培育集体收入100万元以上强村27个，“四型”村集体经济蓬勃发展，农村居民腰包更鼓、生活更美。

（三）五年来，我们健全建管并举体系，大美岳麓绽放新颜。抓实大城智管、大城细管、大城众管，突出精准治污、科学治污、依法治污，“宜居在岳麓”成为广泛共识。

山水洲城生机盎然。推进碧水保卫战，整治湘江排口9处，完成湖大北院水系治理、西湖汇水区控污截污等治污项目，提质莲花污水处理厂等治污设施6处，消除黑臭水体7处，保护城市饮用水源，柏家洲综合整治树立全国环保搬迁标杆，后湖生态修复取得圆满成效，“一江两河”流域河畅水清、岸绿景美。推进蓝天保卫战，落实“六控十严禁”和“一站一策”举措，全面规范渣土运输“两点一线”管理，完成在建工地扬尘治理全覆盖，加装餐饮油烟处理装置4.3万台，空气质量优良率由“十二五”末的65.2%提升至85%，蓝天白云、繁星闪烁成为常态。推进净土保卫战，严控农村面源污染，规模养殖单位、绿心工业企业、非煤矿山全部退出，修复玉江矿业等受损山体18处，推进铬盐厂污染治理，青山原野、田园沃土留住美好乡愁。

河西靓城秩序井然。提升序化水平，保持最严城管态势，消除城市斑点60处，拆除违法建设90.4万平方米，整治户外广告19.5万平方米，实施大王山、西二环两厢、龙泊湾街区等区域综合整治，城市界面更加清爽。提升维护水平，加大主次干道深度保洁和立面清洗力度，增加背街小巷常态化清扫频次，大科城、滨江、梅溪湖等区域市政、环卫、园林“三位一体”维护提升至历史最高水准。提升管理水平，实现628个小区垃圾分类全覆盖，加强共享单车管理，分区分段规范占道经营行为，打造新民路等“门前三包”示范街区5条，市容街貌更加规范、有序。

国际新城光彩焕然。描绘城市天际线，建成328米高湘江财富金融中心，实现300米以上建筑零的突破，重点片区高楼大厦鳞次栉比，岳麓更具国际气息、新城魅力。塑造城市风景线，优化岳麓山风景名胜区管理服务，洋湖湿地晋级国家级湿地公园，提质改造金星大道等道路4条，打造岳麓大道等花化示范道路5条，建成金峰公园等公园13处，建成区绿化覆盖率达49.5%，“所见皆景、四季赏绿”让人心旷神怡。点亮城市景观线，完成岳麓山、橘子洲等区域景观亮化提质，改造潇湘大道等城市主干道路灯亮化，通透明亮、溢彩流光的河西夜景加快呈现。成功协办世界计算机大会、中国民营企业合作大会、互联网岳麓峰会等重大活动，湖南——非洲企业合作中心、中德创新交流中心国际交流日益频繁，大美岳麓海纳百川、喜迎宾客。

（四）五年来，我们秉承人民至上理念，民生福祉日益增进。坚持以人民为中心，尽力而为、量力而行改善民生，人民群众拥有更多可触可及的获得感、幸福感、安全感。

综合配套提档。五年完成省、市涉及我区的民生实事133项。便民服务设施均衡布局，建成“十五分钟生活圈”69个、农贸市场19个、停车场55个，提质人行道103.8公里、自行车道188.7公里、历史文化步道11.8公里，居民生活更加便利。文化体育设施覆盖扩面，区“两馆”主体竣工，建成市级标准化社区（村）综合文化服务中心32家，增设体育阵地300余处，群众精神生活更加丰富。公共基础设施日趋完善，建成电网“630”攻坚项目24个、配电网项目436个，电网扩容45万千瓦；建成5G基站3406个，大科城在全省率先实现5G信号全覆盖；建成农村自来水管网322公里，新增农村自来水用户2.6万户。

民生事业提质。落实就业优先政策，新增城镇居民就业4万人，完成政府补贴性职业技能培训1.4万人次，劳动者合法权益得到有效保护。办好人民满意教育，教育投入由“十二五”末的7亿元增加至17亿元，新增金茂悦幼儿园等公办园17家、金色山庄幼儿园等普惠园65家，建成西雅中学等学校18所，区属学校在校生总数达11万人，全面消除大班额，师德师风建设有力推进，“读书在岳麓”保障孩子们茁壮成长。筑牢健康岳麓基底，区公卫中心主体竣工，建成西湖等社区卫生服务中心5家，提质改造卫生阵地40处，区属公卫医疗队伍增员至1353人，城乡居民医疗保险普及率达96.8%，完成妇女“两癌”筛查5.1万人、新生儿疾病筛查4万人，获评全国健康促进区。完善综合保障体系，新增日间照料中心52家、养老床位2300张，多元化养老服务体系不断完善；加大残疾人等弱势群体关爱力度，保障基本生活，救助临时困难，将温暖送到了群众心坎上；全面完成国有企业退休人员社会化管理移交，惠及9731人；建成金溪湾二期等保障性住房1036套，分配农民安置房1.4万套、廉租房595套，房地产市场保持平稳健康发展；深化民兵调整改革，健全退役军人保障体系，完成1492名退役军人社保接续。

社会治理提效。全面保民安，加强道路交通、建筑施工、特种设备、消防、饮食用药等重点领域隐患排查整治，消除隐患11万余个，我区较大以上安全生产事故发生数稳居全市低位，获评省食品安全先进区、省安全生产和消防工作优秀单位。强力推进扫黑除恶专项斗争和禁毒人民战争，八类恶性案件破案率达100%，“一村一辅警”配备到位，我区稳居省平安区行列。全力顺民心，维护群众合法权益，妥善化解信访问题500余个，闲置楼宇盘活稳步推进，社会大局和谐稳定。全心解民忧，深化网格化管理服务，推广社区（村）“坐班”转“值班”改革，解决民生问题20万余个，善治善为的治理格局更加生动。涌现出谢海华夫妇等道德楷模135人，精神文明建设取得新进展。我区获评第四次全国经济普查省级先进单位，圆满完成第七次全国人口普查阶段任务。

（五）五年来，我们砥砺施政为公初心，自身建设卓有成效。加强政府治理体系和治理能力现代化建设，将制度优势转化为治理效能，建设更高水准的人民满意政府。

自觉做到高效勤政。优化组织结构，完成新一轮机构改革，政府机构设置更加科学、权责更加协同。深化政务改革，向街道（镇）下沉审批事项140项，“一件事一次办”事项达185项，新设“一窗通办”综合窗6个，在全市率先开设“24小时政务自助服务区”，建成“1+3+17+22”政务服务体系，办事证明事项较“十二五”末减少53%，新设企业审批时长控制在1个工作日以内，最快2小时办结，政务事项办理实现流程缩短、手续简化。强化智慧管理，实现智慧岳麓、12345等平台信息互通，“互联网+政务服务”平台办结事项24.5万个，“岳麓政策通”实现查询与申报“指尖一点通”，涌现出学士“小安大爱”、梅溪湖“智慧梅溪”、咸嘉湖“咸嘉里手”等智慧管理品牌。

坚决做到依法行政。形成遵法自觉，健全政府依法决策机制，落实“三重一大”决策制度，推进重大行政决策合法性审查，重要决策事项、政府公文法制审核率为100%；依法强化行政执法监督，全面推行行政执法“三项制度”，依法行政水平持续提升。完善普法体系，圆满完成“七五”普法，完善政府法律顾问制度，区、街道（镇）、社区（村）三级公共法律服务体系基本建成。依法接受监督，接受人大和政协监督，认真听取建议和意见，办结人大代表建议372件、政协委员提案462件，办复率达100%。

严实做到廉洁从政。严厉正风肃纪，认真落实中央“八项规定”精神，深入开展整治群众身边腐败和作风问题，持续纠治形式主义、官僚主义，累计查处各类案件348起，处理620人次。严格审计监督，加强对公共资金、国有资产、国有资源等重点领域监管和财政资金审计，完成政府投资审计项目190个，核减金额1.2亿元。严控行政成本，牢固树立“过紧日子”思想，“三公”经费较“十二五”末下降70%，财政资金使用效益稳步提升。

各位代表，2020年是“十三五”规划的收官之年。这一年极不平凡、值得铭记。我们进行了一场惊心动魄的抗疫大战，经受了一场艰苦卓绝的历史大考，付出巨大努力，取得了抗击新冠肺炎疫情斗争重大战略成果，实现了经济社会发展稳中有进、稳中提质。预计全年地区生产总值增长4.5%，规模工业增加值增长8%，固定资产投资增长8%，社会消费品零售总额良性发展，地方一般公共预算收入增长3.7%，税占比为83.8%。过去一年，我们主抓了以下四个方面的重要工作。

（一）众志成城，谱写抗击疫情的英雄赞歌。我们坚持人民至上、生命至上，以坚定果敢的勇气和坚忍不拔的决心，统筹有力、科学有序打好疫情防控阻击战，仅用20天实现本地新增病例清零，群众对我区抗疫工作的满意率排名全市第一。构建坚强的人民防线，2000余名医护人员白衣执甲、逆行参战，3000余名党员干部挺身一线、坚守战线，2.4万余名志愿者火线请缨、冲锋在前，值守266个住宅小区，排查管控重点地区来（返）长人员2.6万余人，核酸筛查10.9万人次，免费发放中药11万份，有力维护了人民群众的生命安全，同心必胜、合力必赢的信念激荡岳麓。释放强劲的复苏态势，统筹打好经济发展保卫战，353名干部深入一线，推进复工复产复商复市，帮助企业解决各类问题861个，新增减税降费9.8亿元，区本级兑现政策扶持资金1.3亿元，减免企业租赁国有物业租金1467万元，促进了经济迅速复苏、持续发展。我区在全市“大干一百天，实现双过半”竞赛中勇夺中心城区优胜集体。锤炼顽强的抗疫精神，沧海横流方显英雄本色，风雨同舟更见患难真情，在大战大考中，岳麓干群万众一心、舍己为人、不辞辛劳，诠释了“生命至上、举国同心、舍生忘死、尊重科学、命运与共”的伟大抗疫精神，许多平凡人挺身而出，成为时代的英雄，我区共有5名先进个人荣获省级表彰。抗击疫情积累的宝贵精神财富，也将永远激励岳麓人自强不息、勇毅前行。

（二）乘风破浪，保持高质发展的强劲态势。落实“六保”“六稳”，加力项目招引和建设，延续高质量发展的良好态势。壮大科创引擎，大科城管委会正式获批，进驻科技型企业1300余家，引进京东智联云等标志性企业35家、树图区块链等标志性平台10个，大科城公共法律服务中心挂牌成立。做大产业集群，引进投资亿元以上项目52个，其中10亿元以上项目12个，进驻楼宇企业680家、总部企业30家、金融机构112家，湘江鲲鹏等76个重点产业项目竣工达效。扩大有效投资，完成41个项目征拆腾地，启动青山路等25条道路建设，拉通坦山路等道路6条，互联互通迈上新台阶。放大消费引力，阳光100凤凰街、洋湖水街投入运营，四季消费节会火热开展，实现旅游收入超百亿元，消费人气持续激增。

（三）攻坚克难，收获决战决胜的丰硕成果。污染防治攻坚战成效明显，第二次全国污染源普查涉区工作获国务院表彰，龙王港流域综合治理经验获《人民日报》推介，大气污染防治十大专项行动深入实施，我区在省纪委“洞庭清波”督察中收获好评，“一江两河”水质稳定达标，全区空气质量优良率为五年来最高。防范化解重大风险攻坚战纵深推进，年度化解隐性债务4.9亿元，麓山控股信用等级跻身AA+，区属平台公司迈出市场化转型坚实步伐，争取13亿元政府专项债用于刚需项目建设，化解非法集资陈案7起，守住了不发生系统性区域性风险底线。对口扶贫攻坚战取得决定性胜利，建成洗洛卫生院等帮扶项目17个，助推龙山百合、田溪水果等农产品触网营销，服务龙山物流边贸产业发展，促推龙山县整体“脱贫摘帽”，岳麓担当充分彰显。

（四）用心尽力，传导发展为民的民生温度。回应民生关切，提质科学村等老旧小区10个，建成停车场16个、社区门店和农贸市场各2个，创建物业管理标准化小区13个，为既有多层住宅加装电梯202台，居民生活便利度稳步提升。提质公共服务，新建提质雅礼洋湖小学等学校27所、璞丽景园幼儿园等公办园5家，新增中小学学位6315个、幼儿园园位1620个，教育强区内涵更加丰富；提质改造市级标准化社区（村）综合文化服务中心5家，为17家卫生服务中心配备全科医生96名，群众身心健康更有保障；新建社区养老服务设施14处，提质改造村级儿童之家5家，“一老一小”得到有效照护。完善乡村设施，新（改）建农村公路100公里，改造户用厕所2万余座，建成水利项目57个，农村生产生活条件持续改善。

与此同时，工会、共青团、妇联、科协、文联、侨联、红十字会、残联、社科联、慈善会、关工委、老龄委等为岳麓发展作出新贡献。民族宗教、人防、对台、档案、机关事务管理等工作取得新成绩。

各位代表，过往成绩的取得，是党中央、国务院和省、市、区委坚强领导的结果，是区人大、区政协监督支持的结果，是全区干群团结奋斗的结果。在此，我代表区人民政府，向全区人民，向区人大代表和政协委员，向各民主党派、工商联、无党派人士、新的社会阶层人士、各人民团体和社会各界人士，表示衷心的感谢和崇高的敬意！

在总结成绩的同时，我们也清醒地看到发展和工作中存在的不足：新旧动能转换尚需时日，“消费在岳麓”质效有待提升，现代服务业集群的竞争力有待增强。城市建管离“四精五有”要求仍有差距，生态环境保护有待加力。公共卫生应急管理体系还不健全，民生领域的短板有待补齐。社会治理与广大群众的期盼还有差距，政府服务效能有待提升。对于以上问题，我们将采取有效措施，务实加以解决。

二、“十四五”时期目标任务和2035年远景目标

“十四五”时期是我国全面建成小康社会、实现第一个百年奋斗目标之后，乘势而上开启全面建设社会主义现代化国家新征程、向第二个百年奋斗目标进军的第一个五年。综合分析发展形势，外部机遇和挑战同在，内部活力与压力并存。从宏观大局来看，国家经济发展长期向好的基本面没有变，已转向高质量发展阶段。习近平总书记考察湖南提出的“三个高地”“四新”要求，为湖南发展提供了根本遵循，必将指引长沙加快现代化进程，为岳麓发展提供更优的整体环境。从自身发展来看，“十三五”期间，岳麓开辟了鲜明的高质量发展战略路径，形成了发展新支撑、拓展了发展新空间、积蓄了发展新动能。过去五年，我们解决了许多长期想解决而没有解决的问题，办成了许多过去想办而没有办成的大事，取得了历史性的成就，岳麓发展势头强劲、前景光明，为“十四五”规划顺利实施奠定了坚实基础。

“十四五”时期的总体要求是：高举特色社会主义思想伟大旗帜，深入贯彻党的十九大和十九届二中、三中、四中、五中全会精神，坚持以习近平新时代中国特色社会主义思想为指导，全面贯彻党的基本理论、基本路线、基本方略，认真贯彻习近平总书记关于湖南工作系列重要讲话指示精神，统筹推进“五位一体”总体布局，协调推进“四个全面”战略布局，坚定不移贯彻新发展理念，坚持稳中求进工作总基调，以推动高质量发展为主题，以深化供给侧结构性改革为主线，以改革创新为根本动力，以满足人民日益增长的美好生活需要为根本目的，统筹发展和安全，推进治理体系和治理能力现代化，大力践行湖南“三高四新”战略，主动担当长沙中心城区使命，深度融入湖南湘江新区发展，加快建设具有核心竞争力的科创强区、具有辐射带动力的金融强区、具有全域吸引力的文旅强区，促进现代服务业与先进制造业联动共兴的产业融合，新兴产业与现代教育聚变共生的产教融合，强产业与建新城同频共振的产城融合，城市与乡村协同共进的城乡融合，开启“三强四融”发展新征程，谱写全面建设社会主义现代化新岳麓华美篇章。

今后五年，全区将实现经济发展更添活力、创新动能更加强劲、改革开放更趋深化、城乡发展更具品质、人民生活更为舒爽、社会治理更富效能。为实现上述目标，必须坚持党的全面领导、坚持以人民为中心、坚持新发展理念、坚持深化改革开放、坚持系统观念，重点抓好以下工作。

（一）提升产业经济竞争力，打造迭代升级产业高地。突出现代服务业、高技术服务业发展主线，内育外引、扩容增量，打造在全省乃至中部具有竞争力的产业集群。聚力发展现代金融、文化旅游，协同发展健康养老、高端商贸、软件与信息技术等主导产业，实现要素富集、特色彰显、链条舒展。坚守“一主一特”定位，提升智能网联汽车先导性，增强人工智能带动力，做强检验检测规模化，促进岳麓高新区高端化发展。实施招才引智工程、畅通金融赋能渠道、完善科创服务体系、强化知识产权保护，打造宜业高地、创新胜地。畅通双循环，以消费升级促进供给升级，以新供给促进新消费，融入高层次开放平台，引领“消费在岳麓”风尚。

（二）释放科技创新驱动力，打造产教融合宜创热土。依托大学科技城建设“三地”。建设自主创新策源地，促进产业链、创新链有机衔接、深度融合，完善科研基础设施，集成校企创新资源，攻关前沿科技、突破瓶颈制约、促进融合创新。建设科技成果转化地，搭建多元化转化平台，供给综合化双创服务，浓厚宜创氛围，打造创新创业优质项目集群、领先企业矩阵。建设高端人才集聚地，创新产教融合制度和模式，打造“一库一网三平台”，完善人才公寓、基础教育等配套设施，优化引才营智环境。

（三）激活城乡联动生命力，打造协同发展示范样板。坚持以人民为中心推进城市建设和乡村振兴。提升新城承载力，形成空地衔接、城际互融、城乡对接、交互换乘的综合交通体系，践行配套设施完备、信息通信发达、智能服务齐全的现代化城市发展路径，建设具有都市气息的国际新城。建强便民生活圈，实施居住社区建设补短板行动、未来社区建设行动，科学布局基层便民设施，打造以人为本的生活空间。推进乡村振兴，发展更高效益的都市农业，拓延美丽乡村示范村建设范围，推进乡村建设，深化农村改革，发展集体经济，促推行政腹地崛起为宜居高地、产业高地。

（四）彰显岳麓新城吸引力，打造都会形象首善之区。践行“绿水青山就是金山银山”理念，建设全国生态文明示范区。抓实“两型”社会建设，推动绿色低碳理念落实于各行各业。擦亮宜居新城名片，统筹亮化、绿化、洁化、序化、美化，提升城市管理精细化水平，构建更高密度的生态廊道与网络，优化新开发片区城市规划与设计，让“四精五有”理念落实在细节当中。推进生态环境保护，系统推进清霾、碧水、静音、净土“四大行动”，强化常态监管和问题整治，让山更秀、水更清、洲更靓、城更美。

（五）增强民生改善保障力，打造宜居宜业幸福家园。扩大就业容量、提升就业质量，保障劳动所得。强化全链条教育综合保障，弘扬良好师德师风，筑牢教育强区基底。强化托底兜网，健全社会保险和社会救助体系，让每个岳麓人都感受到温暖。完善疫情防控体系，提质基层医疗卫生服务，保障居民身体健康。建设儿童友好、老年友好型城区，丰富“一老一小”保障服务供给。加强精神文明建设，推动公共文化服务创新发展，积极开展对外交流。保持房地产市场平稳健康发展，健全多渠道房屋供给体系，让城与人和谐共处。促进治理体系和治理能力现代化，加强政府、社会、公众协同治理，提升城乡本质安全水平，为高质量发展提供更优环境保障。

与此同时，展望2035年的远景目标，我区将在“十四五”发展的基础上，再奋斗十年，基本建成社会主义现代化新岳麓，实现区域经济实力、科技实力、综合竞争力大幅跃升，经济总量和城乡居民人均收入迈上新的大台阶。建成现代化经济体系，成为全国创新型城区、区域金融中心、世界文化旅游目的地，营商环境和创新生态达到全国一流水平。建成更加宜居宜业的品质城市，综合交通、基础设施显著改善，绿色生产生活方式广泛形成，生态环境巩固提升，城市综合承载能力、城乡融合发展水平全面提升。建成法治岳麓、法治政府、法治社会，基本实现治理体系和治理能力现代化。建成文化名城、人才高地、教育强区、健康岳麓，市民素质和城市文明程度达到新高度，文化软实力显著增强。建成更有温度的民生保障体系，中等收入群体显著扩大，基本公共服务实现均等化，城乡居民生活质量显著提高，人的全面发展、全体人民共同富裕取得更为明显的实质性进展。

三、2021年工作重点

2021年是中国共产党成立100周年，是实施“十四五”规划的开局之年。全年经济社会发展主要预期目标是：地区生产总值增长8%，规模工业增加值增长8.5%，固定资产投资增长8%以上，社会消费品零售总额增长8%以上，地方一般公共预算收入增长6%，税占比完成市定目标，城镇居民人均可支配收入稳步增长，城镇调查失业率控制在市定目标以内，“能耗双控”完成市定目标。围绕上述目标，我们将重点抓好以下工作：

（一）着力构建“外防输入、内防反弹”的疫情防控新防线。保持思想不松、机制不变、队伍不散，突出抓好新形势、新环境下的疫情防控工作，坚决守护人民群众的生命安全和身体健康。

抓好常态防控。统筹抓好重点场所、重点人群、重大活动、重要时段疫情防控，加强入境人员和进口货物防控管理，防范化解疫情输入风险。落实基层医疗机构发现报告制度，推进联防联控、群防群治，加强农村疫情防控，引导公众保持良好卫生习惯，严防聚集性疫情。

做足应急准备。精准开展疫情监测研判，及时发布预警信息，有序做好人员、技术、物资、场所等应急准备。完善应急预案，强化应急演练，全面提升紧急医疗救援保障能力。

强化基础保障。大力加强疾病防控和公共卫生体系建设，增强应对突发公共卫生事件能力。深入开展爱国卫生运动，有序开展疫苗接种，提高全民身体素质，筑牢疫情防控基底。

（二）着力形成“重点突破、

协同推进”的现代服务业发展新态势。重点发力现代金融、文化旅游、人工智能、检验检测等主导产业，整体提升经济质量效益，打造更具竞争力的现代服务业集群。

做大做强湖南金融中心。加快复星湖南金融科技城等项目建设，促成招商银行大楼等金融楼宇投入使用，提升产业承载力。围绕“传统金融、基金、中介服务机构”等领域，开展精准招商，全年引进相关机构80家以上，做强金融集聚区。大力发展科技普惠金融，启动产业、科技、金融融合创新发展先导工程，探索建立新型产业金融实验基地，建成金融孵化器2个，支持财信金控、湘江国投等入驻机构向区域优势产业链拓展业务版图，释放辐射带动力。

培育壮大文化旅游产业。提质岳麓书院、肖劲光故居周边环境，加强曾国藩墓等文物保护，升级岳麓山风景名胜区基础设施，讲好湘江西岸革命军旅故事，促进红色基因与湖湘底蕴赓续厚植。加快推进欢乐海洋、恒大童世界建设，实现映客龙湖、和光传媒主体竣工，促成文艺地标、文旅综合体、精品民宿、乡村景点串珠成线，推出一批经典旅游线路，促进城市旅游与乡村旅游联合共荣。加快无形文化资源向有形产业资产转化，促推文化创意要素向文旅产业渗透，鼓励岳麓文化元素实体化、产品化，加快数字文旅建设，联合互联网服务平台共建文旅产品旗舰店，促进文化传承与产品创新深度融合。

巩固提升岳麓高新区支柱地位。加快打造智能网联汽车高地，建设“湘江智谷”，推进人工智能科技城、智能网联汽车检验检测总部、长沙智能驾驶研究院等项目建设，推进智能装备、智能医疗等智能产品核心硬件技术研发，服务智慧高速和智慧社区等应用场景打造，导入精密仪器制造、高技术智能制造相关企业，确保全年引进产业链企业40家以上。加快打造检验检测高地，推进中国计量科学研究院长沙基地、国网电科院二期、电都云物联网研发智造中心等检验检测项目建设，着力引进上游智能检测设备制造企业，确保全年引进产业链企业40家以上，实现产值79亿元。加快打造品牌价值高地，推动国家智能网联汽车质量监督检验中心、省部共建检验检测学院、国家级标准创新基地等平台挂牌，在高端人才培养、行业标准制定等方面增添“岳麓分量”。加快打造产城融合高地，推进园区调规扩园，启动东山湾国际新城建设，支持湖南大学创意园选址落地，联动推进基础设施配套完善，彰显更高区域价值。

突出彰显区域产业特色。聚焦产业基础高级化、产业链现代化，整合区内各主体招商资源，开展靶向招商、联动招商，引进“三类五百强”项目15个、投资10亿元以上项目10个以上、亿元以上项目30个以上，以高质量项目支撑高质量发展。聚焦打造长沙消费“西中心”，启动桐梓坡中央商务区开发，加快京东超级体验店建设，促成卓伯根投入运营，提质金星北路、云栖路、岳麓大道三条“汽车商贸轴带”，打通区域房地产市场与本土家居商贸市场联动链条，鼓励无接触交易服务发展，繁荣夜间经济、网红经济，丰富“消费在岳麓”内涵。聚焦龙头教培机构引领，规范发展梅溪湖、火炬城、佑母塘路、五星村“四大教培产业区”，唱响岳麓教培品牌。聚焦健康养老全产业链建设，促成长沙华大医学检验所、泰康之家·湘园一期投入运营，引进连锁型社会化养老机构2家以上，促进普惠型和互助性养老稳健发展。

（三）着力涵养“合作共创、服务集成”的科创新生态。坚持以自主创新为策源，以成果转化为主线，以人才聚集为助力，推动大科城加快崛起为“具有核心竞争力的科技创新高地”。

建强科创平台。深化“医校战略合作”工程，支持驻区高校“双一流”和交叉学科建设，促成中南大学科技园（研发）总部跻身亿元楼宇，加快湖南大学成果转化基地、湖南师范大学文化创意基地和二里半科技广场建设，构建“一城四基地”合作共创格局。开展“名企满楼、名家满园”工程，推进湘江科创园等项目建设，实现中建智慧谷西区投入运营，全年引进科技型企业1500家、实现后湖艺术园民居使用率超80%。实施“影响力提升”工程，整合知名高校湖南校友会资源，组织开展科技创新交流互动活动，夯实“岳麓·创讲堂”等双创活动平台，高标准举办“一带一路”长沙科技合作交流会等国际双创活动，放大大科城影响力。

提升创新能力。丰富科研基础设施，积极导入高端科研资源，新增省级以上重点（工程）实验室及工程（技术）研究中心共10个以上，服务岳麓山工业创新中心高质量发展。强化企业创新主体地位，服务特种玻璃国家工程研究中心、金刚石研究院等研发机构开展科技攻关，支持航天集团、矿冶研究院、矿山研究院等驻区科技研发企业“揭榜挂帅”，引进湖南省智能运载创新中心等新型研究机构5家，集成优势力量进军科技前沿。实施高新技术企业“量质齐升”行动，推动科技创新共享服务平台建设，支持中小企业成长为创新发源地，促推130家企业升级高新技术企业。

强化双创服务。汇聚高端人才，实行更加开放的人才政策，建立高层次人才服务绿色通道和服务专员制度，构筑集聚国内外优秀人才的科研创新高地。供给综合服务，搭建全生命周期服务体系，加强知识产权保护，争创国家知识产权强区，统筹2亿元大科城成果转化基金，提高科技成果转移转化成效，全年实现技术合同成交额25亿元以上。丰富应用场景，推进“软件业再出发”，做强“一城四区”产业集聚区，在智能网联汽车、人工智能、大数据、区块链等领域，为科创主体提供用武之地。完善综合配套，推进5G加速港和大科城智轨电车建设，打造以品牌书店为代表的公共交流空间，浓厚宜学宜创氛围。

（四）着力塑造“便捷高效、公平可期”的营商新环境。对接高标准市场规则体系，全面深化改革、优化服务，营造更加稳定、公平、透明、可预期的营商环境。

推动改革走深走实。落实改革举措，深化“放管服”和“一件事一次办”改革，进一步简化审批事项、再造审批流程、压缩审批时限，打造全区统一的“宽进、快办、严管、便民、公开”审批模式，实现不动产登记平均2个工作日、工业投资房建项目审批38个工作日内完成。延伸服务边界，完善“1+3+17+N”政务服务体系，推广24小时政务自助服务，为企业办事降成本、缩距离、减流程，确保全年新增市场主体2.5万个，其中企业1.2万家。破除数据壁垒，推进数字政府建设，深化“互联网＋政务服务”改革，提高跨层级、跨系统、跨部门业务协同能力，推动数据依法依规向个人和企业有序开放、有效供给、综合利用，提升网上办事便捷度、安全性。

服务企业做大做强。构建城市高能集聚空间，推动楼宇经济空间格局明晰、产业生态成型、特色楼宇崛起，深化“两站三单四制”模式，建立“网上办、掌上办、自助办、邮寄办、帮代办”相结合的楼宇服务体系，全年引进楼宇企业650家以上，新增亿元、5000万元楼宇各2栋以上。构建优质市场主体梯队，健全“个转企、企升规、规改股、股上市”工作链条，开展“一企一团队、一企一方案”精准服务，大力培育单项冠军、小巨人企业，助推110家企业成为规模以上企业，促成赛恩斯等2家企业在创业板或科创板上市。构建多元开放贸易格局，依托湘江新区开放发展优势，积极对接湖南自贸试验区建设，大力发展外贸新业态，推动生产型、贸易型、供应链型外贸企业协同发展，全年新增外贸实绩企业20家，完成进出口总额10亿美元。

实现环境更优更好。为企业去难点，夯实“资润岳麓”等金企互动平台，落实减税降费等政策，搭建互联网就业供需对接平台，将岳麓打造成为创业圆梦的优质舞台。为企业消痛点，规范开展执法检查“双随机一公开”，重拳打击破坏营商环境的违法违纪行为，促进企业家以恒心办好恒业。为企业通堵点，在市场准入、政府采购、信贷支持等方面一视同仁、平等对待，打造“倾力支持、立说立行、精心呵护”的亲清新型政商关系，争创全国民营经济示范城市。

（五）着力展示“和谐共生、城景交融”的都会新形象。落实“四精五有”理念，推进全要素品质化城市建设、全方位精细化城市管理，促进人与自然和谐共生、人与城市良性互动。

推进“以人为本”的城市建设。拓延发展空间，推进岳麓高新区、望岳、坪塘等重点区域征拆，全年征拆万亩以上，实现融城小镇等74个项目如期腾地。织密交通路网，加力梅浦联络线、双塘路、岳华路等道路建设，实现麓景路南延线、长望路西延线等道路通车，拉通观沙路、谷岳路等瓶颈路10

条。发展轨道交通，服务地铁6号、2号线西延二期、城际轨道西环线一期等重大项目建设，改善过江通行状况，提升城际交通能力。提质片区开发，推进谷山－青山片区高品质开发，启动市府北片、新湘雅健康城等高标准城市更新工程，完善梅溪湖一期交通体系，加快洋湖片区提质改造，推进归国人才小镇建设，增强湖南金融中心综合配套，提升大王山片区规模和品质，让城市建设更加人性化、更具人情味。

展现“内外兼修”的新城形象。改善街区形象，坚持功能优先、形象并重，推进枫林路、咸嘉湖路、金星北路“两横一纵”及阜埠河路综合提质，分区域推进雨污分流改造，探索街道空间一体化机制，实现从“城市道路”向“精美街道”转变。完善社区功能，深入推进“完整社区”建设，提质改造老旧小区40个，为既有多层住宅加装电梯200台，升级公共垃圾站除臭设备，着力打造精美社区样板。强化全域治理，整治高校周边、城乡接合部、农贸市场等重点区域城管乱象，对违法建设保持“零容忍”，推进人行道清障、桥下空间整治、广告招牌规范，完善城市管理“管监养”体制，全域提升市容环境维护精细化水平。促进数据赋能，加快智慧城市建设，构筑“城市大脑”，推进智慧景区、智慧交通、智慧社区联合共进，促进网络融合、信息共享，加快实现“一脑赋能，数惠全城”。

擦亮“山水洲城”的生态底色。守护蓝天白云，加强细颗粒物和臭氧协同控制，保持“六控十严禁”力度，加强工地和运输车辆扬尘治理，缓解汽车尾气污染，长效治理餐饮油烟，确保空气优良天数达到市定目标。守护碧水清波，以“河（湖）长制”为抓手，完成金星路污水管网完善工程、咸嘉湖路水系排口治理工程等龙王港流域综合治理项目，全面整治建成区生活污水直排口，推进岳麓高新区管网改造和罗家湖泵站重建，确保“一江两河五湖”水质稳定达标；落实长江“十年禁渔”要求，保护水生生物多样性。守护青山沃土，推广建筑垃圾资源化利用，实现生活垃圾“全量焚烧”，加强白色污染治理；落实“林长制”，抓好山体保护和土壤污染治理，整治农村面源污染，释放更多生态福利。与此同时，加强主干道周边、校园周边等声敏感区域噪声污染治理。着力推广绿色技术、发展绿色建筑，推动能源清洁低碳安全高效利用，创建节水型城市，涵养绿色生活习惯。

（六）着力打造“全面推进、全域提质”的乡村振兴新格局。落实产业兴旺、生态宜居、乡风文明、治理有效、生活富裕总体要求，加快推进农业农村现代化，致力实现乡村全面振兴。

大力发展都市农业。优化农业发展布局，完成种植结构调整6478亩，建设万亩韭黄、万亩油菜、万亩花卉、万亩鲜蔬、万亩果林，深化“一村一品”培育，打造市级以上标准化生产基地5个，提升韭黄、小龙虾等农产品市场吸引力。塑优区域农业品牌，实施“品牌强农”行动，完善农产品质量检测和可追溯体系，新增“三品一标”农产品19个，促进农超衔接，实现农业价值链整体提升。拓宽农民增收途径，发展农村金融、推广农业保险，培育农业社会化服务组织、家庭农场等新型经营主体，因地制宜新增现代农庄、精品民宿10个以上，多元拓宽集体经济组织增收渠道，新增集体收入超100万元强村3个。

加力推进乡村建设。加大基础设施投入，实施八曲河河道整治等水利项目55个，推进许广高速莲花互通建设，提质通村通组公路100公里，改建麻田村向东桥等桥梁3座，完善农村生产生活设施。加力网络体系建设，着力推进农村电网、给排水设施、通信网络等基础设施建设，完成含浦220千伏等95个智慧电网项目建设，新增农村自来水用户2000户，新建5G基站2238个，推动农村基础设施网络化升级。加快便民设施完善，推动快递网点、农贸市场、金融站点向农村布局，丰富公交线路，让农村居民享受更加便利的生活服务。

全力改善农村环境。纵深推进农村“五治”，开展“美路行动”，提质改造长韶娄硝道、莲善公路两厢乡村环境，推进云集村、九丰村小微水体管护示范片区建设，严防占用农田违法建设行为，健全农村垃圾分类回收处理链条，促进农村人居环境更加洁净、靓丽、舒爽。精心推进美丽乡村建设，统筹城镇和村庄规划建设，有序开展集镇综合提质和村容村貌提升，建设含浦、莲花、雨敞坪、坪塘4个美丽乡村连片示范区，创建美丽屋场5个，建设更加秀美的“长沙后花园”。全面推进乡村精神文明建设，强化自治、法治、德治相结合，完善乡村治理机制，推广乡贤文化、挖掘乡土好人，弘扬邻里守望、互帮互助、文明和谐的淳朴乡风，促进乡村治理现代化转型。

（七）着力彰显“优质均衡、托底兜网”的民生保障新成效。全力保障民生，重点办好十个领域的民生实事，促进人的全面发展和社会全面进步，不断提升全区人民幸福指数。

升级治理体系。共治共享促和谐，完善基层民主协商制度，实现政府治理同社会调节、居民自治良性互动，构建社会治理共同体；落实领导干部下沉接访和包案责任制，及时解决群众合理诉求，加强“三零”街道社区建设，维护社会和谐稳定。严防严控保平安，建设平安岳麓、法治岳麓，推进禁毒人民战争，健全社会治安防控体系，严厉打击各类违法犯罪活动；坚持生命至上，推进道路交通、建筑施工、特种设备、消防、饮食用药等重点领域隐患排查整治，确保不发生较大以上安全生产事故，积极创建国家食品安全示范城市、省安全生产示范区。遵德守礼倡文明，推进公民道德建设，提倡讲私德、守公德，建设新时代文明实践中心30个，进一步弘扬主旋律。

发展民生事业。高质量完成省、市涉及我区的民生实事任务。建设更高品质的教育强区，新改扩建莲花实验中学、岳麓一小等学校5所，建成湘江中学、巡抚小学等学校6所，新增学位6000个，新增公办幼儿园6家、普惠性幼儿园10家，为中小学教师减负，试点推进智慧教育、智慧校园建设，扩大优质教育资源覆盖面。建设更加惠民的“十五分钟社区文体生活圈”，建成市级标准化社区（村）综合文化服务中心5家，推进全民健身中心、智慧健身中心建设，常态开展文化下乡，更好满足群众精神文化需求。建设更强保障的健康岳麓，新改建岳麓、学士、坪塘等社区卫生服务中心，加强基层全科医生人才队伍建设，完善乡村卫生服务一体化管理，推进医联体建设，发展中医事业，加快优质医疗资源均衡布局。建设更有温度的全龄友好社会，提质莲花、雨敞坪、坪塘敬老院，新建日间照料中心8家，实现区社会福利中心投入使用，提质改造儿童之家5家，妥善解决“一老一小”难题。推进一年“两征两退”改革，保障退役军人合法权益，提升军人的尊崇感和荣誉感。

增强社会保障。强化就业保障，完成职业技能培训3500人次，新增城镇就业8000人以上、失业人员再就业5000人以上，坚决保障劳动者权益。强化弱有所扶，加大对残疾人、孤寡老人等群体的帮扶力度，做到城乡低保应保尽保、稳定提标，坚决兜住民生底线。强化安居保障，坚持房住不炒定位，保持房地产市场平稳健康发展，推进岳华村等城中村改造，完成惟泽园、翰林苑等安置房建设，让更多岳麓人拥有温馨家园。强化医疗保障，优化医保报销审批流程，推进异地就医联网结算，加大药品耗材集中采购改革力度，实现特殊病种门诊药店街道（镇）全覆盖，减轻群众就医负担。

各位代表，2021年，区人民政府将从以下三个方面着力，促进政府职能转型、效能升级。一是抓好政治建设。深入落实习近平总书记考察湖南重要讲话精神，进一步增强“四个意识”，坚定“四个自信”，做到“两个维护”。坚持不懈锤炼党员干部忠诚、干净、担当的政治品格，让实干担当成为政府的鲜明底色，让抓落实重实效成为工作主旋律。二是抓实法治建设。深入落实行政执法“三项制度”，加强规范性文件、政府合同的合法性审查。认真执行区人大及其常委会决议决定，依法接受人大法律监督、工作监督，自觉接受政协民主监督，主动接受群众监督和舆论监督，让权力在阳光下运行。广泛听取人大代表、政协委员及社会各界意见，高质量办好建议提案。拓展政务公开广度与深度，形成政务公开的“岳麓经验”。注重运用法治思维、法治方式破解改革发展稳定中的难题，推广公共法律服务。三是抓牢廉政建设。严格落实全面从严治党主体责任，深入开展党风廉政建设和反腐败工作，一体推进不敢腐、不能腐、不想腐。落实中央“八项规定”精神，持续纠治形式主义、官僚主义，切实为基层减负，关爱基层干部。树牢“过紧日子”思想，大力压减一般性支出。推进审计全覆盖，强化重点领域、关键环节廉政风险防控。

名词解释

1.“白改黑”：水泥路面改为沥青路面。

2.“四好农村公路”：建好、管好、护好、运营好农村公路。

3.“四型”村集体经济：土地合作型、资源开发型、物业经营型、乡村服务型村集体经济。

4.“六控十严禁”：“六控”，即控尘、控煤、控车、控油、控排、控烧；“十严禁”，即严禁渣土车、混凝土搅拌车、运砂车等各类车辆带泥上路，严禁违法倾倒渣土，严禁工地裸露黄土，严禁重污染天气下土石方施工，严禁燃烧散煤，严禁燃放烟花爆竹，严禁露天焚烧垃圾，严禁露天烧烤，严禁露天焚烧秸秆，严禁拖拉机等高排放车辆进城。

5.“一站一策”：一个国控站点一个治理对策方案，因地制宜，因势利导。

6. 渣土运输“两点一线”：渣土车从工地装载至消纳场卸载。

7.“门前三包”：临街单位、经营户和住户等各责任单位、责任人在各自的责任区内包环境卫生、包绿化、包秩序的一项制度。

8.“十五分钟生活圈”：以社区为单位，在社区居民15分钟步行可达范围内，配齐日常生活所需的基本公共服务设施与公共活动空间。

9. 区“两馆”：区文化馆、区图书馆。

10. 大班额：城区义务教育学校班级人数超出额定人数的现象。

11.“一村一辅警”：每个村配备一名专职辅警，负责协助民警在村内开展警务工作。

12.“坐班”转“值班”改革：推进社区（村）工作去机关化、行政化，变社区（村）“坐班制”为“值班制”，设立“值班岗”和“走访岗”，让社区（村）干部主动进小区、进楼栋、进项目、进企业，实现群众诉求“第一时间发现、第一时间受理、第一时间化解、第一时间确认、第一时间反馈”的制度改革。

13.“1+3+17+22”政务服务体系：1，即区政务服务中心；3，即大科城科创港、湖南金融中心政务服务超市、岳麓高新区企业服务中心；17，即17个街道（镇）政务服务中心；22，即22栋重点楼宇工作站。

14.“三重一大”决策制度：重大事项决策、重要干部任免、重要项目安排、大额资金的使用，必须经集体讨论作出决定的制度。

15. 行政执法“三项制度”：行政执法公示制度、行政执法全过程记录制度、重大行政执法决定法制审核制度。

16.“三公”经费：财政拨款支出安排的因公出国（境）费、公务车购置及运行费、公务接待费。

17.“四精五有”：“四精”，即精准规划、精美建设、精致管理、精明增长；“五有”，即有颜值、有气质、有内涵、有格调、有品位。

18.“三高四新”：打造国家重要先进制造业、具有核心竞争力的科技创新、内陆地区改革开放的高地，在推动高质量发展上闯出新路子，在构建新发展格局中展现新作为，在推动中部地区崛起和长江经济带发展中彰显新担当，奋力谱写新时代坚持和发展中国特色社会主义的湖南新篇章。

19.“三强四融”：“三强”，即科创强区、金融强区、文旅强区；“四融”，即产业融合、产教融合、产城融合、城乡融合。

20.“一主一特”：“一主”，即以检验检测产业链为主导产业；“一特”，即以智能网联汽车为主线的人工智能产业链为特色产业。

21.“一库一网三平台”：“一库”，即大科城高层次人才数据库；“一网”，即智慧人才官网；“三平台”，即人才管理平台、人才服务平台、人才求职平台。

22.“三类五百强”：世界财富五百强、中国企业五百强和民营企业五百强。

23.“双一流”：世界一流大学和一流学科建设。

24.“一城四区”：“一城”，即岳麓山大学科技城；“四区”，即梅溪湖集聚区、洋湖集聚区、滨江集聚区、岳麓高新区。

25.“两站三单四制”模式：“两站”，即楼宇服务站和党群服务站；“三单”，即需求清单、资源清单、服务清单；“四制”，即定期走访制度、联席会议制度、台账对接制度、前置审核制度。

26. 单项冠军、小巨人企业：单项冠军，即长期专注于某些特定细分产品市场，生产技术或工艺国际领先，单项产品市场占有率居世界前列的企业；

小巨人企业，即专注于细分市场、创新能力强、市场占有率高、掌握关键核心技术、质量效益优，实施“专精特新”发展的中小企业。

27.“双随机一公开”：在监管过程中随机抽取检查对象，随机选派执法检查人员，抽查情况及查处结果及时向社会公开。

28.“完整社区”：教育、医疗、购物、娱乐、健身等生活配套完善的社区。

29.“河（湖）长制”：落实地方党政领导河湖管理保护主体责任、解决复杂水问题、维护河湖健康生命的一项制度。

30.“一江两河五湖”：湘江、龙王港、靳江河、桃子湖、后湖、梅溪湖、洋湖、西湖。

31.长江“十年禁渔”：从2020年1月1日0时起实施长江十年禁渔的计划。

32.生活垃圾“全量焚烧”：进入终端的生活垃圾能够实现全部焚烧。

33.“一村一品”：以村为基本单位，按照国内外市场需求，充分发挥本地资源优势，通过大力推进规模化、标准化、品牌化和市场化建设，使一个村（或几个村）拥有一个（或几个）市场潜力大、区域特色明显、附加值高的主导产品和产业。

34.“三品一标”：无公害农产品、绿色食品、有机农产品和农产品地理标志。

35.农村“五治”：农村治厕、治垃圾、治房、治水、治“风”。

36.“美路行动”：对部分干线公路进行提质、绿化和美化。

37.“三零”街道社区：零上访、零事故、零发案街道社区。

38.“十五分钟社区文体生活圈”：社区周边步行15分钟范围内，有基层文化体育设施，城市图书馆、文化馆等公共设施免费向群众开放。

政协长沙市岳麓区委员会常务委员会工作报告

——在政协长沙市岳麓区第五届委员会第六次会议上

袁精华

（2021年2月1日）

2020年工作回顾

2020年是全面建成小康社会决胜之年，是实施“十三五”规划收官之年。一年来，区政协常委会高举习近平新时代中国特色社会主义思想伟大旗帜，在中共岳麓区委的坚强领导下，坚持发扬民主和增进团结有效贯通、建言资政和凝聚共识双向发力，加强专门协商机构建设，认真履行职责职能，为推动全区经济社会高质量发展作出了积极贡献。

一、加强政治引领，始终把牢政治方向

*一是深入学习贯彻习近平新时代中国特色社会主义思想。*坚持把习近平新时代中国特色社会主义思想作为推动政协各项工作的行动指南。认真制定年度学习计划，健全以党组理论学习中心组学习为引领，以党组会议、常委会议、主席会议和机关党支部集体学习为重点，以专家辅导、政情通报为补充的理论学习制度体系。重点传达学习习近平总书记在中共十九届五中全会、中央统筹推进新冠肺炎疫情防控和经济社会发展工作部署会议和全国“两会”等会议上的重要讲话精神，引导广大政协委员不断增进政治认同、思想认同、理论认同、情感认同，进一步巩固团结奋斗的共同思想政治基础。共组织党组理论学习中心组学习10次，主席会议集中学习14次，举办常委会议、政情通报会议专题讲座4次。积极参与省、市政协理论征文活动，不断深化对习近平总书记关于加强和改进人民政协工作的重要思想的学习研究，努力形成数量更多、质量更高的理论成果。组织委员提交理论研究成果8篇，其中《加强和改进区县政协界别工作的思考》和《基层政协与基层协商民主有效衔接的路径探析》分别获评省政协理论研究优秀论文二等奖、三等奖。

*二是认真学习贯彻习近平总书记考察湖南重要讲话指示精神。*把学习宣传贯彻习近平总书记考察湖南重要讲话指示精神作为政协工作的重中之重。在区政协党组、主席会议带头学，区政协常委会议专题学的基础上，组成三个小组，分别由区政协领导同志带队，深入各街（镇）政协联络组广泛宣讲，组织政协各界别座谈讨论，带动全区各级政协组织和广大政协委员切实用习近平总书记重要讲话指示精神武装头脑、指导实践、推动工作，努力把习近平总书记的亲切关怀和殷切期望转化为政协工作创新发展的强大动力，转化为政协委员履职尽责的实际行动。

*三是坚决贯彻执行中共中央和省委、市委、区委决策部署。*全面落实新时代党的建设总要求，旗帜鲜明地坚持中国共产党的领导。自觉坚持在区委领导下开展工作，严格执行请示报告制度，凡是年度协商计划、重要会议、重大活动、重点工作，都及时报请区委批准后实施，确保政协工作始终与区委同心同向。严格落实意识形态工作责任制，加强党组成员、主席会议成员对分管领域意识形态工作的领导，管好用好微信公众号等新媒体平台，严把政治关，传播正能量，确保意识形态工作不落空、有实效。严格执行党组工作规则和议事规则，

认真落实民主集中制，凡属“三重一大”事项都经集体研究决定，充分发挥区政协党组把方向、管大局、保落实的领导核心作用，确保中共中央和省、市、区委各项决策部署在政协落地见效。

二、坚持双向发力，忠实履行政协职能

一是深入调查研究，助推社会治理能力提升。4月——9月，区政协集中时间、集中精力，认真落实区委常委会议部署要求，围绕“社区干部‘坐班制’转‘值班制’工作”开展重点调研。按照“立足当前、着眼长远”的工作思路，坚持“眼睛向内、双腿向下”和“发扬民主、集思广益”的工作方法，通过问卷调查、实地走访、交流座谈、话题讨论等方式，摸清现实情况、分析问题原因，听取各方意见、提出对策建议，形成了较高质量的调研报告，为创新岳麓社会治理工作贡献了政协智慧和力量。区委高度重视政协调研工作，区委书记周志凯对“调研报告”及时作出重要批示，区委常委会议专题听取调研情况汇报，对“调研报告”提出的意见建议进行了认真研究，对落实有关意见建议作出部署、提出要求，明确由区委办公室印发全区各级各部门研究学习，并由区民政局作为牵头部门制定具体方案、细化落实举措。“调研报告”得到省、市政协的充分肯定，获评省政协优秀调研报告一等奖。

二是认真协商议政，助推经济社会高质量发展。充分发挥专门协商机构作用，聚焦我区高质量发展的重大问题，精心议政、深度协商，为党委政府集众智、谋良策、抓落实搭建平台、汇聚力量。民主协商促发展。先后对科创经济培育发展、幼儿教育发展、公共卫生服务、公共法律服务、重点提案办理等工作开展主席会议专题协商；组织引导政协各界别重点围绕加强财税建设、推进基层社会治理、加强校园安全建设、推进“儿童友好型”城区建设等8个协商议题，扎实有效地开展界别协商活动。专题视察聚共识。围绕全区重大产业项目建设、龙王港流域综合治理项目建设、小微水体建设管理、农村环境综合整治、公安基层基础建设等工作进行主席会议专题视察；政协各界别、各街（镇）政协联络组紧扣岳麓区情，结合自身实际，发挥特色优势，开展视察活动80多次，组织委员深入岳麓发展建设现场，体察新变化，感受新成就，促进新发展。议政建言献良策。坚持把大会发言作为政协参政议政的重要形式，突出界别声音，完善遴选机制，发言质量和社会影响进一步提升。在本次大会中，全区政协组织和政协委员围绕经济社会发展建设中的热点难点问题，精心选题、广泛调研、深入思考，共提交大会发言材料38篇。

三是加强民主监督，助推民生福祉持续增进。认真践行人民政协为人民的初心、使命，在认真开展专项民主监督的同时，坚持把加强提案办理和反映社情民意作为增强民主监督实效的重要途径，协助党委政府不断增进民生福祉。认真开展专项民主监督。聚焦人民群众“急难愁盼”问题，组成2个专项民主监督小组，重点围绕老旧小区提质改造落实情况、城区生活垃圾分类推进情况等开展专项民主监督，务实提出批评性、建设性意见建议20多条，有力助推了相关工作的落实和改进。不断提升提案工作质量。设立“提案公开立案日”，加大重点提案督办力度，加强提案办理协商，提案工作整体水平不断提升。区政协五届五次会议以来，共收到提案119件，审查立案84件。其中，区委书记周志凯、区人民政府区长周凡等区党政领导领衔办理10件重点提案，一批关系群众生活的教育医疗、社会保障、城市管理等方面问题得到有效解决，委员满意率为100%。积极反映社情民意信息。召开工作推进会议，开展专题辅导培训，完善特邀信息员工作机制，进一步拓宽社情民意信息反映渠道。共收集社情民意信息110多条，全国、省、市政协共采用22条，其中《关于加强村级卫生室建设的建议》等6篇信息被全国政协采用，《加强机动车维修行业挥发性有机物污染治理的建议》等信息得到省、市领导重视和批示，相关意见建议转化为加强工作的具体举措。反映社情民意信息工作继续保持全市前列。

三、发挥优势作用，倾力服务中心大局

一是主动参与疫情防控工作。面对突如其来的新冠肺炎疫情，区政协闻令而动，积极作为，奋力投身疫情防控工作。区政协党组、主席会议切实加强组织领导，迅速召开专题会

议，研究制定《关于认真开展“听党指挥，尽职尽责，助力打赢疫情防控总体战和经济发展保卫战”活动的通知》，组织引导全区各级政协组织和广大政协委员主动参与疫情防控的大战大考。根据区委统一安排，区政协党组成员、主席会议成员率先垂范，靠前指挥，深入防控一线，深入联点街道，调研走访企业，切实加强疫情防控工作的检查指导。广大政协委员和政协工作者积极响应号召，或坚守一线、英勇奋战，或发挥优势、积极驰援，或主动发声、传播共识，或同舟共济、守望相助，凝聚起众志成城、共克时艰的强大力量，以实际行动充分展现了在重要关头的担当作为。疫情防控期间，全区政协系统累计捐赠防疫物资600多万元。

二是积极投身经济社会发展。全区各级政协组织和广大政协委员，认真落实区委统筹推进疫情防控和经济社会发展的部署要求，积极投身于全区“大干一百天、实现双过半”竞赛活动，为努力实现全区年度经济社会发展目标任务贡献政协力量。按照区委统一安排，区政协主席会议成员深入基层一线，联系楼宇企业，服务项目建设，2位副主席分别参与人工智能科技城、大科城科创服务中心等重点项目征拆建设工作，推动和促进所联项目相关工作的顺利进行。广大政协委员胸怀发展大局，坚守本职岗位，扎实有效工作，特别是企业家委员践行社会责任、彰显企业担当、积极复工复产，在稳就业、促生产中发挥了重要作用。

三是助力巩固脱贫攻坚成果。积极响应中共中央号召，按照省、市政协工作要求，深入开展“助力巩固脱贫成果帮扶行动”。召开专题推进会议，制定具体工作方案，采取集中与分散相结合的帮扶方式，全区政协委员和政协机关全体工作人员组成68个帮扶小组，分赴浏阳、怀化等地结对帮扶68户建档立卡贫困家庭，通过谋划致富路径、对接产品销路、提供就业岗位、捐赠助学资金等途径，用心用情帮助结对家庭解决生产生活实际困难，彰显了政协组织助力脱贫攻坚的为民情怀。共开展各类扶贫帮困活动100多次，累计扶贫资金800多万元。

四、注重强基固本，全面加强自身建设

一是强化委员责任担当。认真落实“懂政协、会协商、善议政，守纪律、讲规矩、重品行”的总体要求，研究制定实施方案，定期编发学习资料，持续增强委员的政治把握能力、调查研究能力、联系群众能力、合作共事能力，不断提高委员协商议政、建言献策的履职水平。优化委员履职服务，主动对接省、市政协关于信息化建设的相关部署，组织召开推进会议，不断深化“政协云”应用工作，创新履职方式方法，为委员履职提供更加高效便捷的信息化平台。建立委员履职档案，细化委员履职台账，完善考评激励机制，进一步加强委员履职管理工作。深化“争当‘六好’委员、建设美丽岳麓”主题活动，推选“六好”委员56名。

二是深化基层基础作用。定期召开界别召集人、街（镇）政协联络工作负责人工作会议，组织开展年度政协工作专题调研，切实加强主席会议成员、各专门委员会对政协界别和街（镇）政协联络组的工作联系和具体指导，全区政协系统整体合力进一步增强。研究出台《关于加强委员工作室建设的意见》，推进委员工作室的标准化建设，做好“线上”“线下”结合文章，创新委员值班工作，政协委员联系服务基层群众更加密切。咸嘉湖街道政协委员工作室被授予“湖南省示范性政协委员工作室”称号。

三是改进机关工作作风。坚持政协组织是政治组织、政协机关是政治机关的性质定位，始终坚持党建引领，大力弘扬一线精神，切实做到从严教育、从严要求、从严管理、从严监督，努力打造一支政治坚定、本领过硬、作风优良的机关干部队伍。高度重视党风廉政建设工作，积极配合区委巡察组对区政协机关的巡察工作。坚决防止和克服形式主义、官僚主义，以更严、更实的工作作风不断提升机关工作的整体效能。

各位委员，同志们，这些成绩的取得，得益于中共岳麓区委的坚强领导，得益于区人大常委会和区人民政府的大力支持，得益于全区各部门各单位的积极配合，得益于各级政协组织、政协各参加单位和广大政协委员的忠诚履职，凝聚着各位老领导、老同志的深切关怀。在此，我代表区政协常委会向大家表示衷心的感谢和崇高的敬意！

在肯定成绩的同时，我们也清醒地认识到工作中存在的差距和不足。如双向发力的制度机制还需要进一步完善，政协委员联系服务界别群众工作还需要进一步加强，等等。区政协常委会将高度重视，认真研究，切实加以改进。

2021年工作部署

2021年是全面开启现代化建设新征程的第一年，是实施“十四五”规划的开局之年，也是中国共产党建党100周年。今年区政协工作的总体要求是：以习近平新时代中国特色社会主义思想为指导，深入贯彻中共十九大，十九届二中、三中、四中、五中全会精神和习近平总书记考察湖南重要讲话指示精神，紧紧围绕全省“三高四新”战略，认真落实区委五届十次全体（扩大）会议暨经济工作会议精神，充分发挥好专门协商机构作用，不断提高政治协商、民主监督、参政议政水平，广泛凝聚社会共识，努力为开启我区“三强四融”发展新征程，全面建设社会主义现代化新岳麓贡献政协智慧和力量。

（一）持续深化理论武装，更加自觉坚持党的全面领导。坚持中国共产党的领导，是人民政协成立时各党派团体和各族各界人士的共识，也是政协章程规定的根本政治原则。要始终把坚持党的领导作为最高政治原则和最大政治规矩，切实把党的领导贯穿于政协工作各方面、全过程。把深入学习贯彻中共十九届五中全会精神和习近平总书记考察湖南重要讲话指示精神作为当前和今后一个时期的首要政治任务，持续推动理论学习往深里走、往心里走、往实里走，进一步增强“四个意识”，坚定“四个自信”，做到“两个维护”。充分发挥政协党组理论学习中心组的引领作用，通过专题辅导、座谈交流、理论研讨等形式，切实推动政协委员深入学习党的创新理论，进一步筑牢团结奋斗的共同思想政治基础。创新学习形式、丰富学习载体，不断开拓线上学习平台，充分运用省内红色资源，推动各党派团体和各族各界人士实现思想上的共同进步。坚持以党的政治建设为统领，全面提升新时代政协系统党的建设水平。探索开展具有政协特点的党建工作新方式、新路径，充分发挥中共党员委员模范带头作用，不断强化政协党组织在政协工作中的政治领导力、思想引领力、群众组织力、社会号召力，更好推动政协工作干在实处、走在前列。

（二）切实聚焦协商主业，更加高效助推岳麓高质量发展。专门协商机构既是人民政协的职能定位，也是人民政协的工作定位。要认真落实习近平总书记对湖南工作的指示精神，把助力开启我区“三强四融”发展新征程作为工作主线，始终坚持围绕中心服务大局的工作要求，自觉践行人民政协为人民的价值理念，更好释放专门协商机构的潜能和效能。精心组织协商建言。围绕我区“十四五”规划实施过程中的重点难点问题开展广泛协商，围绕湘江基金小镇机构引进、新型村级集体经济培育发展和重点提案办理工作等议题开展主席会议专题协商，围绕科技企业孵化平台建设、医联体建设、社区戒毒和律师参与化解涉法涉诉信访等工作组织界别协商。扎实开展专题视察。坚持把专题视察的过程作为知情明政、建言资政的过程，作为汇聚智慧、凝聚力量的过程。围绕岳麓山大学科技城产业发展、全区重大产业项目建设、水利工程建设、公共文化建设、配套学校建设和未成年人检察工作、宗教团体“五进五好”工作等议题开展主席会议专题视察，努力为推动岳麓高质量发展提出有见地、有价值的意见和建议。切实改进提案工作。进一步做好提案信息公开、提案办理协商等工作，召开提升提案质量现场交流会，出台提高提案质量实施办法，不断提升政协提案工作的质效和水平。

（三）准确把握中心环节，更加广泛凝聚团结协作强大合力。人心是最大的政治，共识是奋进的动力。认真贯彻落实全国政协《关于加强和促进人民政协凝聚共识工作的意见》要求，坚持把加强思想政治引领、广泛凝聚共识作为中心环节，充分发挥人民政协“重要阵地、重要平台、重要渠道”作用。务实做好政协组织凝聚共识工作，探索建言资政和凝聚共识双向发力的程序机制，把凝聚共识有机融入视察考察、调查研究、协商议政等各项履职活动中，在建言成果、思想收获上一体设计、一体落实，做到建言资政有分量、凝聚共识有力量。继续做好面向社会传播共识工作，组织引导委员深入基层、深入群众，积极宣传党和国家方针政策。建立健全委员联系服务界别群众工作制度，研究出台委员联系服务界别群众工作实施办法，切实加强委员联系服务界别群众工作。深入开展“争当‘六好’委员、建设美丽岳麓”主题活动，组织引导广大政协委员自觉投身凝心聚力、决策咨询、协商民主、国家治理第一线的具体实践，做实做细协调关系、化解矛盾、理顺情绪、凝聚人心的工作，努力为党委政府推动工作凝聚最广泛的共识，团结最广泛的力量。

（四）不断夯实履职基础，更加有力推动政协工作提质增效。全面加强自身建设是人民政协事业高质量发展的基础和保障。坚持把制度建设、队伍建设、机关建设摆在重要位置，努力推动政协工作与时俱进、提质增效。不断深化机制制度建设。建立健全以协商制度为骨干，覆盖政协党的建设、履职工作、组织管理、内部运行等各项制度，更好适应新时代对人民政协的发展要求。认真回顾五届区政协履职实践，全面总结经验，继续深化认识，切实推进人民政协的理论创新、实践创新、制度创新。突出抓好委员队伍建设。加强委员学习培训，不断涵养协商民主精神，提升协商民主专业能力，教育引导广大政协委员切实担负起人民政协制度参与者、实践者、推动者的政治责任。持续强化政协机关建设。加强政协机关思想政治建设和党风廉政建设，抓好区委巡察反馈问题整改工作，打造过硬的政协机关干部队伍，进一步提升政协机关服务水平；深化政协信息化建设，丰富微信公众号内容，推动“政协云”履职运用全覆盖，进一步提升政协机关履职能力现代化水平。认真落实区委部署要求，精心组织，周密安排，扎实有序做好政协换届相关工作。

各位委员，同志们，立足新起点，奋进新征程，人民政协使命光荣、责任重大。让我们更加紧密地团结在以习近平同志为核心的中共中央周围，在中共岳麓区委的坚强领导下，同心同德，锐意进取，为开启我区“三强四融”发展新征程，全面建设社会主义现代化新岳麓作出新的更大贡献，以实际行动和优异成绩迎接中国共产党建党100周年！

名词解释

1.“三高四新”：“三高”，即打造国家重要先进制造业、具有核心竞争力的科技创新、内陆地区改革开放的高地，“四新”，即在推动高质量发展上闯出新路子，在构建新发展格局中展现新作为，在推动中部地区崛起和长江经济带发展中彰显新担当，奋力谱写新时代坚持和发展中国特色社会主义的湖南新篇章。

2.“三强四融”：“三强”，即加快建设具有核心竞争力的科创强区、具有辐射带动力的金融强区、具有全域吸引力的文旅强区；“四融”，即促进现代服务业与先进制造业联动共兴的产业融合，新兴产业与现代教育聚变共生的产教融合，强产业与建新城同频共振的产城融合，城市与乡村协同共进的城乡融合。

长沙市岳麓区人民代表大会常务委员会工作报告

——在长沙市岳麓区第五届人民代表大会第七次会议上

胡杰夫

（2021年2月3日）

各位代表：

我受区第五届人民代表大会常务委员会委托，向大会报告工作，请予审议。

2020年的主要工作

2020年是极不平凡的一年，面对新冠肺炎疫情冲击和各种严峻风险挑战，在区委的坚强领导下，区人大常委会紧扣全区工作大局、紧扣人民群众重大关切、紧扣全面推进依法治区，认真执行区五届人大六次会议各项决议，聚焦三大攻坚战、乡村振兴、产业发展、民生实事和基层治理五大工作重点，全年共召开35次主任会议、9次常委会会议，听取和审议36项工作报告，作出9项决议、决定，对3部法律法规的实施情况进行检查，开展10次集中视察、1次专题询问、2次专项评议、1次工作评估、1次代表约见，各项工作取得了新成效。

一、坚定不移，忠诚履职，确保人大工作正确方向

政治建设摆在首位。把学习贯彻习近平新时代中国特色社会主义思想作为首要政治任务，深入学习贯彻习近平总书记关于坚持和完善人民代表大会制度的重要思想和习近平法治思想，认真学习贯彻习近平总书记考察湖南重要讲话精神，不断增强“四个意识”，坚定“四个自信”，做到“两个维护”，自觉对标对表，提高政治站位，融入人大工作实践。常委会党组全年向区委请示报告重大事项、重点工作10件次，提请区委常委会审议议题4项，参加区委专题调研2次，高标准完成人事任免62人次，组织向宪法宣誓5批次。常委会党组切实履行管党治党政治责任，自觉做到坚持党的领导、人民当家做主、依法治国有机统一，自觉将区委的重大决策部署在人大全面贯彻落实，全年共开展理论学习中心组集体学习12次、组织专题讲座3次，严格落实了党风廉政建设和意识形态工作责任制。

抗击疫情彰显担当。常委会坚持人民至上，生命至上的理念，适时调整工作部署和工作时序，专题听取全区新冠肺炎疫情防控工作情况报告，按照区委统一安排，依法支持政府采取应急管控措施和应急预算资金抗击疫情；常委会主任、副主任第一时间进驻街道、社区、站点、院场，一线督导、一线调研、一线解难，及时帮助解决基层单位防疫物资紧缺、人员返岗复工难等问题；人大常委会机关全体党员干部下沉社区网格，与基层干部、志愿者共同开展防疫工作；常委会两次就抗击疫情向全区各级人大代表发出倡议，全区广大代表积极响应，立足本职岗位和行业优势参与抗疫，捐款捐物、建言献策，涌现出了一大批抗疫先进代表，何庆南等医务战线代表，夜以继日奋战在临床一线，成为最美逆行者；王清、刘文胜、金平、彭国球等基层代表，用坚守构筑起社区（村）防疫的安全屏障；尹小波等企业代表，发挥自身行业优势，奔波调度筹集抗疫物资。全区各级人大代表捐款捐物共计1600余万元，汤国华、王毅清、何庆南、苏新平等代表获省级各类表彰。积极投身全市“大干一百天、实现双过半”竞赛活动，常委会主任会议成员分别带队到各联系单位走访调研、了解情况、统筹抗疫、提振信心，助推复工复产复商复市复学百日攻坚。机关还派出14名科级干部驻点企业，在统筹常态化疫情防控和复工复产百日攻坚中展现人大担当。

法治保障贯穿始终。持续推进“司法公正岳麓行”活动，主任会议成员集体调研人民法院多元化纠纷解决机制，推动审判机关与基层自治组织、仲裁机构、行业协会等社会力量的协调联动，形成纠纷化解的合力；集体调研人民检察院未成年人保护工作，关注未成年人检察专业化力量和对未成年人的司法保护，为未成年人健康成长撑起法治的蓝天；从法定程序上支持检察机关反贪反渎的转隶改革；开展《人民警察法》执法检查，支持人民政府及公安机关加大投入、完善警力资源配置，进一步提高保障能力；以国家宪法日为契机，举办广场宪法宣传、民法典系列讲座、开设社区普法超市、建设法治楼道等活动。加强备案审查制度建设，接收、审查、登记区人民政府报备的规范性文件8份。配合省、市人大常委会开展《长沙市农村村民住宅建设管理条例（草案）》立法调研和《野生动物保护法》《传染病防治法》等9项执法检查，调研全区《宗教事务条例》贯彻落实情况，督促政府依法规范指导管理宗教事务，用法治思维和法治方式深化改革、推动发展、维护稳定，不断提升依法治理的智慧和能力。

二、坚实有力，依法行权，切实提高人大监督实效

紧盯“三大攻坚战”全程监督。助力防范化解重大风险，听取和审议全区债务工作情况报告，督促区人民政府优化规范债务管理，化解债务存量，置换转化隐性债务。开展“民族团结进步行”扶贫助学活动，组织代表赴怀化溆浦山背瑶族小学慰问师生，捐赠12.5万元教学设备及体育器材、捐款20万元。听取和审议区环境状况和环境保护目标完成情况报告，持续围绕蓝天碧水净土治理，督促各级政府和部门加强法律宣传，明晰责任，强化监督，形成治理合力。视察全区水污染治理工程，大力推进污水处理设施及项目建设，形成常态化治理机制。开展《固体废物污染环境防治法》执法检查，督促政府加大普法力度，加强工业垃圾、医疗垃圾、建筑垃圾、生活垃圾的分类、回收、运输、处理等工作，切实提高治理能力。

聚焦高质量发展重点监督。紧密结合预算审查、审计整改和国有资产管理等监督工作，强化对支出预算和政策的全口径审查，听取和审议预算调整报告，支持政府合理安排使用中央直达资金和重点项目债券资金。跟踪督办同级审计查出的21个问题，问题整改满意率95%以上。听取和审议国有资产管理报告，强化国有资产监管。听取和审查“十四五”规划编制工作。开展优化营商环境专题询问，有效推动全区诚信体系建设，惠企政策落实落地，行政审批效率和企业家权益保护等各项工作的再提升。开展了财政资金绩效监督，随机抽取2个政府重点项目，依法开展第三方绩效评价，督促相关部门提高财政专项资金使用绩效。紧扣市委、区委“产业发展年”活动，视察全区中小微企业、高新技术企业和科创企业孵化转化培育情况，助推岳麓山大学科技城建设及科创经济、园区经济、楼宇经济发展壮大，常委会调研报告《推动区域科创经济高质量发展的思考》在《湖南工作》刊发。

改善民生事业持续监督。民生始终是监督的重点，常委会围绕教育、医疗、养老等问题，采取执法检查、专题询问、专题调研相结合的方式，推动民生事业持续改善。视察博才梅溪湖小学、含浦中学等学校和幼儿园建设情况，推动岳麓教育优质资源均衡发展。视察区社会福利中心建设，助推早日投入运营。视察全面取消以药养医、健全药品供应保障制度落实情况，加强医疗监管，促进医疗、医保、医药互动融合。组织加快全区居家养老发展的调研、座谈、考察。视察长沙HSE体验培训中心、蓝天应急救援队，指导提升全区应急管控水平。视察社区提质改造及老旧小区增设电梯工作，实地查看老旧小区综合改造施工进度和整改效果。开展全区垃圾分类专项评议，从规范选址、设施设备、运营管理等环节推动垃圾分类体系提升。视察社区矫正工作，督促政府落实监督管理、教育矫正和社会适应性帮扶。开展《旅游法》执法检查，督促各级政府和各部门加大普法力度，提升规划、保护、建设、管理水平，打造旅游品牌、做强旅游产业、建设文旅强区。

立足乡村振兴精准监督。

开展农村“五治”工作专项评议，完善管护、投入和参与机制，充分发挥村民主体作用，确保乡村振兴战略基础性工程落到实处。出台《区人大常委会评估水利建设三年行动试行办法》，首次引入第三方评估机构，对2018年至2020年水利项目建设进行专项评估，重大涉险问题得到切实解决，重点污水治理得到有效改善，龙王港、靳江河、莲花河、八曲河等河流治理有序有效，但仍需各级人民政府和相关部门优化规划，加大投入，提升标准，持续发力。督促落实《公路法》执法检查整改工作，着重开展“四好农村路”建设，不断优化布局，提升管理水平。

三、坚持不懈，强化保障，不断提升代表工作水平

保障代表主体地位。常委会组成人员直接联系区人大代表232名，邀请38名代表列席常委会会议，组织176名区人大代表参加视察调研、执法检查、工作评议等活动。组织代表参加长沙市及岳麓区“一府两院”半年度工作通报会。组织25名区人大代表参加常委会专题培训3次。选送27名各级人大代表参加省、市人大常委会举办的学习培训。组织85名区人大代表参加优化营商环境、居家养老工作座谈会。组织67名区人大代表参加法院多元化纠纷解决机制、检察院未成年人保护工作调研。组织58名省市人大代表集中视察湘江欢乐城、湘江智谷　人工智能科技城等重点项目建设，从人工智能产业发展、科研成果转化、人才培养等方面为岳麓经济发展建言献策。

完善代表平台机制。完善人大代表履职服务平台以及手机客户端建设，积极推动“互联网＋代表履职”。按照常态化疫情防控形势要求，采取“小规模线下＋线上”的形式，完善代表学习机制。开展“双联”“三讲三做当表率”活动，组织各级人大代表进社区、进站室，接待群众6千余人次，收集群众意见1000余条，推动一大批群众关注的问题得到有效解决。出台《区人大代表活动经费使用管理暂行办法》，加强代表履职经费的保障等各项工作。组织57名代表向选民述职，接受选民评议和满意度测评，代表在选民中的满意率均在95%以上。全面推进乡镇人大“民生实事代表票决制”，自来水工程建设、公路建设、小流域治理等一批民生项目得以顺利实施，带动全区各级人大代表履职更接地气，更贴民心。

提升建议办理质效。常委会对代表建议提出交办意见，并向代表及原选举单位逐一通报。区五届人大六次会议以来，区人大代表提出的59件建议均已办理完毕和答复，其中确定13件建议，由常委会主任会议成员领衔督办，区人民政府正、副区长领办，7个专门委员会跟踪督办。周凡区长亲自领办的《关于在岳麓山大学科技城加强优质中小学建设，以吸引锁住高端人才的建议》，纳入全区“十四五”规划，从2021年起分步组织实施，还有一批人民群众关注的民生实事建议全部得到有效办理，其中龙王港治理成效获《人民日报》推介。常委会评选出19件优秀代表建议、10个建议办理先进单位、3个建议管理优秀单位。

四、坚韧不拔，守正创新，持续强化人大自身建设

探索制度创新。制定《区人大常委会预算绩效监督办法（试行）》《区人大代表约见本级国家机关负责人暂行办法》等5项办法，进一步完善人大工作制度。依法及时处理群众来信来访，全年受理来信来访及上级批转信访件36件，接待来访群众158人次，认真办理代表反映或转递的信访事项，有效维护人民群众合法利益。

加强内外联动。参加省市人大常委会业务培训15次，承办全市教科文卫委联系交流会议，召开基层人大工作会议6次，加强对街镇人大工作的联系指导。组织代表全员参与野生动物保护、垃圾分类等监督工作，做到上下联动。赴银川、重庆、甘肃等地考察调研，就养老事业、预算联网监督、文旅产业发展等方面学习交流；接待北京、上海、郑州、南京、贵阳等21批次省内外人大考察学习交流。

增强队伍活力。继续推行“四型”人大常委会机关建设，成立并指导机关党组开展了相关工作，自觉接受了区委巡察，持续开展巡察整改，常委会机关成功创建市级文明单位。举办区人大系统第四届“健康杯”运动会，组织20支参赛队伍，320名代表及人大工作者参赛，营造了积极向上、朝气蓬勃的良好氛围，展现了团结协作、创先争优的精神面貌。传递人大声音，讲好人大故事，全年省市媒体报道区人大工作48次，《长沙人大》采用稿件7篇，区人大公众号及网站发布信息142篇。

各位代表，回首2020年，我们深刻认识到，以习近平同志为核心的党中央集中统一领导是我们战胜一切艰难险阻的根本保证，中国特色社会主义制度具有显著优越性和强大生命力。必须坚定坚持党对人大工作的全面领导，坚持根本政治制度自信。我们深刻认识到，始终坚持人民至上，坚持把人民生命安全和身体健康放在第一位，就能凝聚起坚不可摧的磅礴力量。必须坚持以人民为中心的思想，把一切为了人民、依靠人民、服务人民作为人大工作根本价值追求。我们深刻认识到，越是在艰难的时候，越要发挥法治固根本、稳预期、利长远的作用。必须深入贯彻习近平法治思想，在法治轨道上扎实推进人大各项工作，把制度优势更好转化为治理效能。

各位代表，过去一年取得的成绩，是区委坚强领导、上级人大、湘江新区、高新区、驻区高校关心指导的结果，是全体区人大代表、常委会组成人员和区人大常委会机关工作人员依法履职、辛勤工作的结果，是区人民政府、区监察委员会、区人民法院、区人民检察院和全区各级人大密切配合、共同努力的结果。在此，我代表区人大常委会表示崇高的敬意和衷心的感谢！

回顾过去一年的工作，我们也清醒地认识到，常委会工作还存在一些不足和薄弱环节，主要是：常委会审议的水平和质量有待进一步提升；正确监督有效监督的方式方法有待进一步改进；常委会同代表和人民群众联系有待进一步紧密。对这些问题和不足，常委会将虚心听取代表和各方面的意见建议，认真研究，积极改进。

2021年的主要任务

2021年是中国共产党建党100周年，也是“十四五”规划实施的开局之年，更是“两个一百年”历史交汇点。区人大常委会工作的总体思路是：以习近平新时代中国特色社会主义思想为指导，全面贯彻党的十九大和十九届二中、三中、四中、五中全会精神，精准把握习近平总书记关于坚持和完善人民代表大会制度的重要思想，认真落实习近平总书记考察湖南重要讲话精神和省市区委经济工作会议精神，在区委的坚强领导下，紧紧围绕实施“三高四新”战略目标，坚持以人民为中心的发展思想，突出抓好人大换届选举，巩固提升监督工作成效，为全面开启“三强四融”新征程，奋力谱写全面建设社会主义现代化岳麓新篇章贡献人大力量。重点抓好以下四个方面工作：

一、增强自觉自信，在强化政治站位上彰显新境界

始终忠诚于党。不断加强政治建设，自觉与党中央保持高度一致，及时传达学习党中央和习近平总书记重要讲话精神，认真贯彻落实党中央和各级党委关于加强人大工作的重要精神，坚决树牢“四个意识”，坚定“四个自信”，坚决做到“两个维护”，及时把“党言党语”转化为“法言法语”。贯彻省委十一届第十二次、市委十三届第十一次和区委五届第十次全会精神，围绕区委全会确定的“三强四融”工作思路，自觉将党的领导贯穿到常委会各项工作的全过程，自觉围绕区委工作大局部署人大常委会各项工作，不断加强常委会党组建设，增强党组政治学习、理论学习、法制学习的自觉性。

始终忠诚于法。坚定不移地担当起宪法和法律赋予的各项职责，依法讨论决定重大事项，依法开展人事任免工作，确保人大工作与党委同心、与政府同力、与大局同步、与人民同声。弘扬宪法精神，加强宪法宣传，做好《民法典》普法工作，调研“八五”普法工作规划，配合市人大常委会做好地方性法规的制定、修改、调研等工作，担当依法治区的维护者、实践者、推动者，充分发挥人大在法治建设中的保障作用。

始终忠诚于民。始终保持高昂的斗志和热情，圆满完成本届最后一年的各项工作，在区委的坚强领导下，严格依法开展换届选举工作，依法产生新一届各级人大代表和地方国家机关组成人员。推动人大代表更加密切联系群众，使人民当家作主更加具体地、现实地、有效地落实到全区政治生活之中。

二、聚焦提质提效，在强化依法监督上彰显新成效

促进岳麓高质量发展。加强全口径预决算，强化财政资金支出绩效监督，完善预算联网监督。紧盯“三个强区”战略实施，综合运用人大监督方式，通过视察调研、执法检查、专项评议等，持续推动楼宇经济、园区经济、科创经济、开放经济迈向更高层次。开展人工智能、智能网联汽车产业发展情况视察，推动打造全国领先的智能网联汽车产业集群。听取区人民政府关于优化营商环境整改落实情况报告。

提升基层高效能治理。立足人大职能作用，全力助推常态化疫情防控。视察农村村民住宅建设管理工作、开展《退役军人保障法》执法检查，听取促进大学生就业工作情况报告，调研龙山县洗洛镇和浏阳市张坊镇乡村振兴工作，对垃圾分类专项评议的整改情况进行跟踪督办，听取和审议区人民政府年度环境状况和环境保护目标完成情况的报告，听取和审议农村人居环境整治情况报告，在助推基层社会治理体系和治理能力现代化进程中担当作为。

推进法治高水平实施。开展《固体废物污染环境防治法》《人民警察法》和《旅游法》执法检查跟踪整改。听取“一府一委两院”规范性文件备案审查情况汇报，视察岳麓山风景名胜区资源保护与利用工作，配合市人大常委会开展对《岳麓山风景名胜区保护条例》修订工作调研，推动条例的顺利实施。开展智慧教育、公共卫生基础设施调研，开展《湖南省乡镇人民代表大会工作条例》执法检查。

三、着力聚心聚力，在更加密切人民群众上彰显新作为

优化代表服务保障。强化常委会组成人员同人大代表的双向互动机制，完善专委会对口联系代表机制。充分发挥代表服务中心作用，完善代表履职动态登记、开展代表述职评议工作。加快推进信息化建设，为加强和改进代表工作提供有力支撑。

确保代表依法履职。坚持组织代表列席常委会会议，制定常委会主任与列席代表座谈制度，扩大代表对常委会和专委会工作的参与。提升代表议案和建议办理质量，强化沟通协调、督促检查、重点督办和效果评价。探索建立代表履职考评机制，代表履职情况接受选民监督，代表履职成效向选民反馈。

做实代表主题活动。推进“双联”、“三讲三做当表率”活动，引导人大代表积极投身岳麓高质量发展建设。及时举办初任人大代表培训班，组织新任代表对宪法、监督法、组织法、代表法等法律法规进行履职培训。结合“十四五”规划开局，树立和宣传一批履职成效明显、社会贡献突出、自身形象良好的人大代表。

四、坚持从严从实，在强化自身建设上彰显新水平

强化政治建设。坚持以习近平新时代中国特色社会主义思想统领人大工作，不断提高政治判断力、政治领悟力、政治执行力。以中国共产党成立100周年为契机，加强和改进区人大常委会党组工作，开展党建系列主题活动，发挥党组织战斗堡垒作用和党员先锋模范作用。持之以恒抓好政治理论、宪法法律学习，落实意识形态工作责任制。

加速能力提升。提升人大“三会”审议实效，改进审议方式，确保审议质量。加强各专门委员会的专业能力建设，健全与“一府一委两院”的沟通协调机制。加强人大工作上下联动，指导街镇人大开展监督工作。开展人大制度理论研究，总结提升经验做法上升为制度机制。办好第五届“健康杯”运动会，巩固机关文明创建成果，拓展“四型人大”建设，打造更具岳麓辨识度的人大工作品牌。

突出作风锤炼。认真落实中央八项规定精神，锲而不舍抓好党风廉政建设，积极培育廉政文化，开展警示教育活动，切实防止和克服形式主义、官僚主义，激励机关党员干部保持在一线、在状态、在路上的精气神。严格执行各项规章制度，做好领导干部个人重大事项报告工作。

各位代表，新征程赋予新使命，新使命激发新担当。“两个百年”历史交汇，“两个五年”承前启后。让我们更加紧密地团结在以习近平同志为核心的党中央周围，在区委的坚强领导下，牢记初心使命，强化履职担当，凝聚奋进力量，为全面开启“三强四融”新征程，建设现代化新岳麓贡献人大力量，以优异的成绩庆祝建党100周年！

大事记

1月

3日　岳麓区召开2019年度绩效考核述职测评大会。

是日　岳麓区召开区委、人大、政府、政协工作联席会议，区委书记周志凯，区委副书记、区长周凡，区委副书记刘亮，区人大常委会主任胡杰夫，区政协主席袁精华，常务副区长蔡锋，区委常委、区委办公室主任杨利成，区委常委、岳麓高新区党委书记屈志峰等出席会议。

7日　岳麓区副区长王剑调研老旧小区提质改造工作。区住建局局长杨军、副局长曾向阳、湖南大学设计研究院设计人员及区相关街道主要负责人陪同调研。

8日　岳麓区政协召开中共党员会议，区委书记周志凯出席并讲话，区委副书记、区长周凡主持会议。区领导刘亮、袁精华，区政协全体委员中的中共党员参加会议。

是日　区政协五届五次会议举行界别活动组、街（镇）联络组召集人会议。区政协主席袁精华出席会议并讲话，副主席曾高杰主持会议，副主席刘平、卜茂荣、彭首志，秘书长杨国春出席。

是日　岳麓区副区长王海朝带队到天顶街道检查安全生产工作，区市场监督管理局、住房保障服务中心、应急局、街道相关负责人参加检查。

9日　政协长沙市岳麓区第五届委员会第五次会议开幕。

是日　政协长沙市岳麓区第五届委员会第五次会议举行委员观摩活动。区委副书记、区长周凡，区委副书记刘亮，区政协主席袁精华，区委常委、常务副区长蔡锋，区委常委、区委办主任杨利成，区委常委、统战部部长潘旺明，区政协副主席曾高杰、喻英姿、刘平、卜茂荣、彭首志，秘书长杨国春参加活动。

10日　政协长沙市岳麓区第五届委员会第五次会议第二次大会（闭幕）。

是日　岳麓区五届人大六次会议举行代表观摩活动。区委书记周志凯，区委副书记、区长周凡，区人大常委会主任胡杰夫，区政协主席袁精华，区委常委、纪委书记李雪龙，区委常委、组织部部长彭利芝，区委常委、区委办主任杨利成，区人大常委会副主任王剑鸣、林俐俐、曾跃平、江南、张淳等参加活动。

13—14日　区委召开书记专题会议，研究全区项目计划编制工作和2020年全区项目征拆计划，研究全区房地产业发展和全区楼宇经济发展工作，周志凯、周凡、刘亮、蔡锋、杨利成、王剑、李舜等区领导出席会议。

15日　岳麓区召开全区离退休干部区情通报会，周志凯、周凡、刘亮、胡杰夫、袁精华、彭利芝、杨利成等区领导出席会议。

16日　岳麓区举行“奋斗追梦新岳麓”2020年社区群众迎春文艺晚会，600余名领导干部，驻区高校、文艺团队、群众代表现场观看，吸引87万余人线上观看，节目种类丰富，现场反响热烈，获得干部群众一致好评。

17日　区委书记周志凯率队到观沙岭街道检查安全生产并走访慰问困难群众。区领导张永久、张帅、刘志敏参加。

是日　副区长刘雄辉率队到莲花镇敬老院、东塘村、桐木村、曾家桥村走访慰问，向敬老院老人及村民们送上新春祝福，并对敬老院的安全工作进行检查指导。

19日　区人大常委会主任胡杰夫率队到梅溪湖街道、望城坡加油站、桃花岭景区进行安全生产检查，梅溪湖街道工委书记罗勇刚、主任程勇及相关负责人参加。

是日　长沙市住房和城乡建设局党组书记、局长王伟胜到岳麓区公租房小区走访慰问困难群众并检查安全工作。

21日　区委书记周志凯率队看望慰问坚守工作岗位的一线工作人员，张铁炎、杨利成、张永久等区领导参加慰问活动。

22日　区委书记周志凯率

队看望慰问全区道德模范，罗予武、杨利成等区领导参加活动。

23日　长沙市委书记胡衡华一行到麓山景区，看望坚守岗位的景区干部职工，并致以新春祝福。岳麓区委书记周志凯，岳麓山风景名胜区管理局党委书记喻中文，麓山景区管理处主任周竹平，党委书记高春波等陪同。

是日　岳麓区召开新冠肺炎疫情防控工作调度会，周志凯、周凡、杨利成、王海潮等区领导出席会议。

27日　区委召开常委（扩大）会议，专题研究部署全区新冠肺炎疫情防控工作，全体区委常委、区人大常委会主任、区政协主席出席会议。

28日　区委书记周志凯、区长周凡督查港湾宾馆疫情防控工作情况，望城坡街道办事处主任吴静波陪同。

29—30日　岳麓区召开每日常态化疫情防控工作领导小组会议，研究部署全区新冠肺炎疫情防控工作。

30日　区委书记周志凯，区委常委、区委办主任杨利成一行到橘子洲街道督导疫情防控工作。

31日　区人大常委会主任胡杰夫到梅溪湖街道督导疫情防控工作。

2月

1日　区委书记周志凯到坪塘街道看望慰问奋战在疫情防控一线的干部群众，并就疫情防控工作进行再调度、再部署。

2日　岳麓区专案民警在邵东市某小区抓获犯罪嫌疑人张某求。破获制售假劣口罩案，涉案假冒医用口罩85万只，犯罪嫌疑人张某求被依法刑事拘留。

3日　国家统计局长沙调查队党组成员、纪检组组长聂根深率队到观沙岭街道协助开展疫情防控工作。

是日　副区长王剑带队检查金科东方大院、新城小区、金峰北苑和宜居莱茵城疫情防控工作。

4日　区委书记周志凯率队到雨敞坪镇督导疫情防控工作。

5日　湖南省委书记杜家毫督查湘江新区交通枢纽疫情防控和复工复产工作。

是日　省委常委、市委书记胡衡华率队督导岳麓区疫情防控工作，实地督导望月湖街道荣龙社区等地疫情防控。周志凯、杨利成等区领导参加。

7日　区委书记周志凯率队督导疫情期间市场供应工作。杨利成、李舜等区领导参加。

是日　区人大常委会主任胡杰夫到梅溪湖街道督导疫情防控工作，巡查梅岭、云溪湾、华茂社区疫情防控工作。

11日　区委副书记、区长周凡带队督察指导洋湖街道疫情防控和复工复产工作。

是日　区委书记周志凯率队督导全区疫情防控查人控人工作落实情况。区委常委、区委办公室主任杨利成参加活动。

13日　岳麓区召开全区复工复产联系服务和核酸检测调度会，周志凯、周凡、彭利芝、杨利成、屈志峰等区领导出席会议。

14日　长沙市副市长彭楠调研指导长沙西中心企业复工和防疫工作，岳麓区区长周凡，副区长李舜陪同。

是日　区人大常委会主任胡杰夫率队检查西湖建筑集团、金枫大酒店、茶悦餐饮三家企业帮扶工作情况，督导落实帮扶工作。

是日　区政协主席袁精华一行到观沙岭街道楷林国际商业楼宇督导复工企业防疫工作。

15日　长沙市委书记胡衡华督查岳麓区望城坡街道疫情防控工作。

17日　副区长刘雄辉带队走访雨敞坪镇、莲花镇、含浦街道、学士街道，指导农业企业疫情防控及复工复产工作。

18日　区委书记周志凯走访观沙岭街道观裕社区湘江财富金融中心、凯德壹中心，督查指导楼宇、社区疫情防控工作。

20日　区人大常委会主任胡杰夫走访梅溪湖街道阳明山庄、梅园、润龙、骑龙、嘉顺社区和中塘村，慰问防疫一线工作人员。

21日　区委书记周志凯率队督导全区疫情防控和岳麓山大学科技城科创企业复工复产工作。区委常委、区委办公室主任杨利成参加活动。

25日　岳麓区召开统筹推进疫情防控和经济社会发展工作部署视频会议。

27日　区委书记周志凯率队调研全区房地产发展工作。杨利成、王剑等区领导参加活动。

28日　岳麓区举行区四大家班子成员支持新冠肺炎疫情防控志愿捐款活动。区四大家班子成员出席活动。

29日　省委改革办三处副处长周嘉一行3人到岳麓区咸嘉湖街道荷叶塘社区指导开展

防疫工作。

3月

2日 区委组织调研岳麓高新区，全体区委常委、区人大常委会主任、区政协主席参加调研。

是日 省水利厅、省河长办领导督查龙王港流域排口问题并召开调度会。龙王港区级河长、副区长张永久参加并专题汇报。

3日 区委组织调研区城建投资公司，全体区委常委、区人大常委会主任、区政协主席参加调研。

是日 岳麓区召开全区促推房地产健康发展工作会议。周志凯、周凡、杨利成、王剑等区领导出席。

是日 区人大常委会主任胡杰夫到梅溪湖街道调研项目建设，了解复工复产及疫情防控情况，走访慰问学雷锋志愿者家属。

是日 岳麓公安分局召开全区公安工作视频会议，传达全国、全省、全市公安工作会议精神，总结成绩，分析形势，研究部署全年公安工作任务。

7日 岳麓区召开“大干一百天，实现双过半”竞赛活动动员视频会议。

11日 湘江新区住建环保局和岳麓区政府召开工作对接会，落实陈澎副市长3月4日龙王港流域综合治理会议精神，岳麓区龙王港段区级河长、副区长张永久以及区相关部门负责人参加会议。

16日 区人大常委会主任胡杰夫参加梅溪湖街道“大干一百天 实现双过半”大竞赛活动动员会并讲话。

17日 岳麓区召开第五届纪委第五次全会。

是日 长沙市副市长彭楠带队到岳麓区国家智能网联汽车（长沙）测试区，调研智能网联汽车产业发展情况。

18日 岳麓区举行“春天有约 惠聚岳麓”消费季暨汽车消费节开幕式，周志凯、周凡、刘亮、胡杰夫、袁精华、蔡锋、罗予武、杨利成、李舜等区领导出席活动。

19日 区委书记周志凯带队视察全区防汛备汛工作，杨利成、刘雄辉等参加调研。

是日 长沙市政协副主席、市工商联主席彭继球率队到岳麓区，开展“民企大走访、同心促发展”暖企活动。区政协副主席、区工商联主席卜茂荣、区工商联党组书记李学军参加调研。

20日 岳麓区召开创建省级安全生产示范区动员大会暨2020年安委会第1次例会。

23日 省委常委、市委书记胡衡华带领市委、市人大常委会、市政府、市政协领导班子成员中的党员和法院、检察院负责人到橘子洲头，在中国共产党“赶考”初心的重要起源地重温入党誓词，寄语广大党员领导干部牢记和践行“赶考”初心。

是日 市委副书记、代市长、湖南湘江新区党工委书记郑建新到岳麓区调研督导疫情防控和经济社会发展工作。实地考察岳麓高新区、国家智能网联汽车（长沙）测试区、赛恩斯环保和阳光100凤凰街，听取岳麓区工作情况汇报。区四大家领导班子成员参加汇报会。

25日 长沙市政协主席文树勋率队到岳麓区调研企业复工复产情况，看望慰问政协委员，征求意见建议，为企业发展鼓劲加油。市政协秘书长谭志，湘江新区管委会副主任（兼）、区委书记周志凯，区政协主席袁精华，副区长李舜等参加。

是日 岳麓区召开培育和发展住房租赁市场工作领导小组会议。

是日 湖南省政协主席李微微率队到岳麓区坪塘街道华谊兄弟电影小镇考察调研复工复产情况。岳麓区委书记周志凯参加调研。

是日 区委副书记、区长周凡带队督查防汛备汛工作，先后到区防汛物资仓库（洋湖垸）、应急救援仓库、蓝天救援队驻地、湘江干堤坪塘段处险工程检查。

27日 岳麓区举行24小时政务自助服务区开通仪式，区委、人大、政府、政协班子成员出席活动。

28日 岳麓山国家大学科技城举行软件产业生态圈共建计划启动仪式，省委常委、市委书记胡衡华以及中南大学、湖南大学、湖南师范大学、湖南工商大学、湖南中医药大学校长，岳麓区委、人大、政府、政协负责人参加活动。

30日 岳麓区召开区委农村工作暨对口帮扶、防汛抗旱工作电视电话会议，对2020年全区农村工作及对口帮扶工作进行动员部署。

31日 岳麓“湘江智谷”

电信5G+战略合作签约仪式。湖南湘江新区党工委委员、管委会副主任凌勤杰、岳麓区委常委、岳麓高新区党工委书记屈志峰、岳麓高新区管委会主任罗政、碧桂园集团副总裁兼湖南区域总裁张志远、中国电信湖南分公司副总经理万鹏现场见证签约。

4月

1日　区委常委、宣传部部长罗予武带队到大王山旅游度假区，实地调研湘江欢乐城、恒大童世界、华谊小镇（二期）建设进度，召开座谈会听取企业负责人意见，帮助解决实际困难。副区长王海潮等参加调研。

2日　岳麓区召开第一批中央财政支持住房租赁奖补项目评审会议。

3日　区委书记周志凯带队视察全区非住宅去库存工作，杨利成、王剑等区领导出席活动。

是日　区委副书记、区长周凡率队督查潇湘陵园、桃花岭公园、桃花墓园清明期间的森林防火工作。

7日　区委书记周志凯率队调研岳麓区2020年春季开学工作，杨利成、王海潮等区领导参加活动。

8日　区委召开全区党（工）委书记抓基层党建暨落实意识形态工作责任制述职评议会议。

是日　港湾宾馆结束湖北籍旅客定点安置为期一个月的封闭隔离，运行期间累计安置湖北籍旅客272人，未产生确诊及疑似病例，圆满完成安置任务。

9日　区委召开书记专题会议，研究“入市、升高、上市、扩面”工作和全区非住宅去库存工作，周志凯、周凡、刘亮、蔡锋、杨利成、李舜、王剑等区领导参加会议。

11日　区委书记周志凯带队调研白沙液街有机更新项目建设工作，罗予武、杨利成、张永久等区领导出席调研。

14日　区政协召开社区干部“坐班制”转“值班制”调研工作动员会。区政协党组书记、主席袁精华出席并讲话，区政府副区长刘雄辉，区政协副主席曾高杰、刘平、卜茂荣、彭首志，秘书长杨国春等参加会议。

是日　区委常委、区纪委书记、监委主任李雪龙带队到观沙岭街道观裕社区调研落实全面从严治党主体责任工作。

15日　区政协召开街（镇）联络工作负责人会议。区政协党组书记、主席袁精华出席会议并讲话，副主席曾高杰、喻英姿、刘平、彭首志，秘书长杨国春等参加会议。

16日　省委常委、市委书记胡衡华，市委副书记、代市长、湖南湘江新区党工委书记郑建新一行到岳麓区，实地观摩白沙液项目。

是日　区人大常委会主任胡杰夫率队到梅溪湖街道，了解“大干一百天、实现双过半”活动开展情况，走访相关企业人大代表。区人大常委会副主任江南、相关委办主任及梅溪湖街道负责人陪同走访。

17日　区委召开全面深化改革委员会2020年第一次会议，周志凯、周凡、刘亮、胡杰夫、袁精华、李雪龙、彭利芝、蔡锋、罗予武、张铁炎、杨利成、潘旺明等区领导出席会议。

是日　岳麓区召开区直机关党组织书记述职评议暨2020年区直机关党的工作会议，周志凯、刘亮、彭利芝、杨利成等区领导出席会议。

是日　在全省法院“审判质量、效率和公信力巩固年”活动第一次视频会上，岳麓区人民法院党组书记、院长张帅以《抓源头、补短板，创新三项机制，助推审判质效稳步提升》为题作典型经验发言。

18日　区委书记周志凯带队调研后湖综合整治工作，刘亮、杨利成、喻中文等参加调研。

是日　隆回县副县长宁玉光率队到岳麓区学习考察城市有机更新工作。区相关部门负责人陪同考察。

20日　岳麓区召开双府国际相关事宜调度会，周志凯、周凡、蔡锋、张铁炎、杨利成、王剑区领导出席会议。

21日　区政府召开全区基层社会治理创新工作推进大会。

是日　湖南省住房城乡建设厅副巡视员彭国安带领省防汛指挥部防汛检查组到岳麓区检查防汛备汛工作。

22日　岳麓区与中建国际投资集团有限公司举行工作对接，周志凯、周凡、刘亮、蔡锋、杨利成、张永久、王剑等区领导出席活动。

是日　省政协理论研究会副会长，省委党校科社教研部副主任王蔚带领省政协课题组一行到岳麓区调研“人民政协应对突发公共事件中发挥的优势和作用”。区政协党组副书记、副主席曾高杰，秘书长杨国春，部分政协委员参加调研，梅溪湖街道工委书记罗勇刚、梅溪湖街道政协联络工作负责人许伟陪同考察。

23日　岳麓区召开宣传贯彻《中华人民共和国国务院保障农民工工资支付条例》及建筑工地质量安全工作会议，区监项目、建设单位、施工企业、监理企业70余人参加会议。

是日　岳麓区2020年知识产权宣传周主场活动在中南大学科技园研发总部举行。副区长王海潮，区市场监督管理局党组书记李季，区科技局、岳麓高新区、17个街道（镇）负责人、重点企业代表、17个市场监管所所长等参加会议。

是日　“麓山公证处驻岳麓区人民法院司法辅助中心”在岳麓区人民法院诉调对接中心挂牌成立。

是日　副区长张永久带领区市政、城管、环卫、住建等部门及17个街镇负责人，到岳麓区咸嘉湖街道白鹤咀社区，参加垃圾分类现场观摩活动。

24日　区委召开2020年一季度经济形势分析暨“大干一百天、实现双过半”大竞赛活动讲评会议，区委、人大、政府、政协成员出席会议。

25日　岳麓区举行“花开四季 畅享岳麓”2020年长沙市岳麓区文旅消费节启动仪式，区委、人大、政府、政协主要负责人出席活动。

26日　岳麓区召开蓝天保卫战第一季度工作讲评会，周志凯、周凡、杨利成、张永久等区领导出席会议。

是日　岳麓区残联、区文明办、坪塘街道工委携手长沙市上善助残服务中心举办“同心农场”助残服务项目开锄仪式。

27日　区政协主席袁精华率主席会议成员视察全区小微水体管理保护工作。副区长刘雄辉、副调研员戴德泉，部分区政协委员参加视察。

是日　腾讯云启产业基地（长沙）启动仪式暨腾讯生态项目签约仪式在岳麓区洋湖总部经济区柏宁地王广场举行。长沙市委副书记、市长、湖南湘江新区党工委书记郑建新，副市长彭楠、湖南湘江新区管委会副主任（兼）、岳麓区委书记周志凯等领导出席。

是日　岳阳市华容县委宣传部副部长、文明办主任谭国铭率队到岳麓区咸嘉湖街道荷叶塘社区学习参观“扫黄打非”工作。

是日　岳麓区“春暖花开乡约岳麓——2020岳麓区都市田园旅游节”活动在莲花镇开幕，长沙市副市长李蔚宣布开幕，区委副书记、区长周凡致辞。

29日　岳麓区举行2020产城融合“爽”心“岳”目岳麓山国家大学科技城区域价值推介暨长沙购房App发布仪式，周志凯、周凡、杨利成、王剑等区领导出席活动。

是日　副区长、副总河长、靳江河区级河长刘雄辉率队巡查靳江河，组织召开相关部门、17个街、镇河湖长制暨防汛工作调度会，部署全区河湖长制工作及防汛工作。

是日　市政协副主席、市检验检测产业链链长龚振湘带领市市场监管局、市发改委相关负责人到岳麓区调研国网湖南电科院项目。

5月

4日　江苏省南通市崇川区政协副主席王学平率队到岳麓区调研考察科技园区、高新技术企业创新、培育发展情况。区政协副主席刘平，区政协经济科技和外事委主任盛文硕，区科技局局长余亚锋陪同考察。

6日　区人大常委会主任胡杰夫、副主任王剑鸣到梅溪湖街道督察防汛工作。

7日　区委书记周志凯带队调研中南天使湖南文化传播有限公司，杨利成、李舜等区领导参加调研。

是日　区政协召开老旧小区提质改造民主监督动员会。区政协副主席曾高杰、秘书长杨国春，办公室主任范璐，区城市人居环境局、城市管理和综合执法局负责人，部分政协委员参加会议。

是日　醴陵市人民法院党组副书记易祖斌一行到岳麓区人民法院考察交流两个“一站式”建设工作。

8日　区委书记周志凯率队督导城区防涝排渍工作，杨利成、王剑等区领导及区住建、水务、市政等相关部门负责人参加。

是日　区政协主席袁精华率主席会议成员专题视察全区农村人居环境整治工作，区政府副调研员戴德泉，部分政协委员参加视察。

9日　区政协主席袁精华率重点课题组成员到学士街道调研“社区干部‘坐班制’转‘值班制’”工作开展情况。区政协副主席曾高杰、彭首志，秘书长杨国春，区直机关相关负责人参加调研。

是日　长沙市文旅广电局局长杨长江率队到岳麓区调研文旅产业发展工作，区委书记周志凯，区委副书记刘亮，区委常委、宣传部部长罗予武，岳麓山风景名胜区管理局党委书记喻中文，副区长王海潮参加。杨长江一行首先到湘江财富金融中心，了解湖南金融图书馆筹建事宜。随后召开座谈会，长沙城发集团负责人就湖南金融图书馆的定位、功能、发展方向作情况介绍。

是日　岳麓区召开物业小区生活垃圾分类工作推进大会，全区 270 家物业小区项目负责人分两批次参加。

13 日　岳麓区在岳麓街道王家湾步步高商业广场举行以“提升基础应急能力，筑劳防灾减灾救灾的人民防线”为主题的大型安全宣传活动。

是日　区政协主席袁精华率政协主席会议成员视察龙王港流域综合治理项目建设工作。区政府副区长张永久、副调研员彭又沙、区直相关部门负责人和部分政协委员参加。

是日　区委副书记刘亮调研指导师大社区工作。

14 日　岳麓区召开“大干一百天、实现双过半”竞赛活动讲评暨市对区绩效考核工作会议。

15 日　岳麓区残联联合长沙市残联共同举办“复工复产、自强脱贫”——残疾人自强脱贫风采展示活动。此次活动由长沙市上善助残服务中心承办，全市九区县（市）残联理事长、市五个专门协会主席、助残机构代表、各爱心企业及新闻媒体共 160 余人参加活动。

是日　区委常委、宣传部部长罗予武到桔子洲街道走访调研湖南安恒信息技术有限公司工作。

18 日　省委组织部副部长蔡建和视察望月湖街道岳龙社区基层党建工作。

是日　副省长陈飞带队到岳麓区防汛物资仓库、区蓝天救援队驻地、区防汛调度中心检查防汛工作。省政府副秘书长易佳良，省、市防汛指挥部有关领导参加。

19 日　区委副书记、区长周凡到龙王港检查防汛工作。

20 日　岳麓区举行中国计量院开工仪式。周志凯、周凡、杨利成、屈志峰等领导出席活动。

是日　区政协社会福利和社会保障界专题视察岳麓区“智慧警务”工作。

21 日　岳麓区召开食品安全委员会 2020 年第一次全体会议暨创建国家食品安全示范城市工作推进会，会议由区委副书记、区长周凡主持，区委书记周志凯参加会议并讲话。区食安委、区创建工作领导小组成员单位、各街镇共计 130 人参加会议。

是日　省纪委省监委驻省高院纪检监察组组长、高院党组成员粟志远，市纪委市监委驻市监委驻市中院纪检监察组组长、市中院党组成员陈立民一行到岳麓区人民法院调研政治监督工作。

是日　区人大常委会主任胡杰夫率队到雨敞坪镇新卯村，调研乡村振兴美丽屋场示范点。区人大常委会副主任江南，区人大相关委办主任参加调研。区人民政府副区长刘雄辉、区相关部门负责人及雨敞坪镇负责人陪同调研。

是日　区政协召开“政协云”二期应用培训推进大会。区政协主席袁精华，副主席曾高杰、喻英姿、刘平、秘书长杨国春出席会议。各界别召集人、街（镇）政协联络工作负责人及工作人员参加会议。

22 日　区人大常委会主任会议成员调研区人民法院。区人大常委会主任胡杰夫，区人大常委会副主任王剑鸣、林俐俐、曾跃平、江南、张淳，常委会二级调研员肖志贤、宁伟豪及区人大相关委办主任参加调研。

是日　区委召开书记专题会议。研究岳麓高新区东山湾片区 ABO 开发模式和教育综合体土地出让相关事宜。

是日　区人大常委会主任胡杰夫一行到区人民法院视察，现场观看司法警察演练，视察法院立案大厅、新诉讼服务中心以及诉调对接中心。

24 日　岳麓区“智慧政协大讲堂”在望城坡街道涧塘社区开讲。省政协常委、经济科技委员会主任吴金明作题为《传统文化与湖湘精神——从湖湘文化“三十幅画”说起》辅导报告。区政协副主席曾高杰主持讲座。部分区政协委员，街道社区负责人，党员群众代表 70 余人聆听讲座。

26 日　区委书记周志凯，区委常委、政法委书记张铁炎，区委常委、区委办主任杨利成一行到岳麓公安分局调研督导落实全国“两会”维稳安保信访和县城警务工作精神。

是日　区委书记周志凯率区发改局、区金融事务中心、区现代服务业发展中心、区卫健局负责人到岳麓高新区湖南达嘉维康医药集团调研，了解企业上市情况。

是日　区政协召开反映社情民意信息工作推进暨专题培训会。区政协党组书记、主席袁精华，副主席刘平、卜茂荣、彭首志，秘书长杨国春出席会议。各委（室）主任、各街（镇）政协联系工作负责人及区政协社情民意信息员参加会议。

是日　区人大常委会主任会议成员调研天顶街道。区人大常委会主任胡杰夫，区人大常委会副主任王剑鸣、林俐俐、曾跃平、江南、张淳，区人大相关委办主任参加调研。

27日　省委常委、市委书记胡衡华率队调研岳麓区经济社会发展情况，实地调研中南天使（湖南）文化传媒有限公司，听取岳麓区工作情况汇报。区委、人大、政府、政协主要负责人及相关负责人参加调研。

是日　衡阳市政协副主席汪维率队到岳麓区考察调研基层社会治理创新工作。长沙市政协社会法制和民族宗教委员会主任梁粮、副主任袁治伟，岳麓区政协副主席彭首志及相关街镇负责人陪同。

28日　湖南省军区副政委郝先维调研望城坡街道武装工作，实地考察指导基层武装部全面建设“星级达标”工作。

29日　区委书记周志凯带队进行“六一”儿童节慰问，杨利成、王海潮等区领导参加慰问。

是日　区人大常委会主任胡杰夫率区人大常委会主任会议成员视察区社会福利中心建设情况。区人民政府副区长刘雄辉及相关部门负责人陪同视察。

是日　区政协主席袁精华率重点课题组到咸嘉湖街道调研社区干部“坐班制”转“值班制”工作开展情况。区政协副主席曾高杰、刘平、彭首志，秘书长杨国春，区直机关相关负责人和部分课题组委员参加。

30日　区委副书记、区长、区总河长周凡带队巡查龙王港。

6月

2日　湖南省委党校机关党委副书记伍赳鸠带领党校党员和青年干部志愿者及党校社区工作人员一行40余人，到岳麓区咸嘉湖街道荷叶塘社区参观社区党建工作。

是日　区人大常委会主任会议成员调研莲花镇。区人大常委会主任胡杰夫，副主任王剑鸣、林俐俐、曾跃平、江南、区人大相关委办主任参加调研。

3日　岳麓区召开依法治区委员会会议。周志凯、凡凡、张铁炎、杨利成等区领导出席会议。

4日　长沙市人民政府副市长陈澎和长沙市政协副主席、长沙市市场监管局局长张庆和一行到岳麓区望月湖市监所，调研基层监管工作。

是日　区人大常委会主任会议成员调研麓谷街道。

是日　副区长刘雄辉率区残联、区公益医疗项目负责人到咸嘉湖街道润泽园社区调研居家养老及医养结合工作。

5日　长沙市第十批国家级、省级农业标准化示范区建设启动仪式暨培训班在岳麓区学士街道举行。长沙市、岳麓区、望城区、浏阳市、宁乡市市场监管局及承担农业标准化试点示范项目的企业负责人参加。

6日　岳麓区举行“激情夏日、网红岳麓”2020年长沙市岳麓区文旅消费推介会，区四大家主要负责人出席活动。

8日　长沙市首家社区垃圾分类科普体验馆——岳麓区梅溪湖街道阳明山庄社区新时代文明实践站垃圾分类科普体验馆正式开馆。

9日　区人大常委会主任会议成员调研含浦街道，区人大常委会主任胡杰夫，区人大常委会副主任王剑鸣、林俐俐、江南、张淳，区人大相关委办主任参加调研。

是日　岳麓山国家大学科技城公共法律服务中心挂牌成立。该中心设有公证服务、知识产权、法律援助与咨询、行业与人民调解、司法鉴定咨询、知识产权仲裁等服务窗口。

10日　长沙市公安机关快速反应能力建设现场推介会在岳麓公安分局召开，市局各部、支队相关负责人以及市、县、区分管巡逻防控的副局长、特巡警大队长参会。

是日　区防汛抗旱指挥部发布在全区范围内落实防汛Ⅳ级应急响应通知。

是日　区人大常委会主任会议成员调研东方红街道。

是日　副区长刘雄辉带队调研坪塘街道太平村。区农业农村局局长张献文、水利局局长谢茂华、街道办事处主任吉文斌等参加调研。

11日　岳麓区召开全区防汛工作电视电话会议，按照防汛Ⅳ级响应要求，部署各项具体工作。

是日　区人大常委会主任胡杰夫率队赴溆浦县，开展“民族团结进步行”扶贫助学活动，在北斗溪镇九溪江中心小学、葛竹坪镇山背村小学进行捐赠活动。溆浦县人大常委会主任刘生礼出席捐赠仪式。

11—13日　区委书记周志凯带队调研观沙岭、西湖、望岳街道，杨利成、张永久等区领导参加调研。

12日　郴州市园林绿化服务中心到岳麓区园林绿化中心考察调研城市绿化管理工作。

13日　区长周凡率区住建、市政、水务等部门负责人实地调研咸嘉湖街道白鹤咀社区、沁园春御院小区、岳麓街道兰亭社区防涝排渍工作，街道及社区负责人参加。

15日　岳麓区召开省委脱贫攻坚考察组进驻岳麓区见面会，周志凯、周凡、杨利成、刘雄辉等区领导参加会议。

是日　岳麓区在咸嘉湖街道咸嘉新村社区广场举办“守住钱袋子 护好幸福家”岳麓区2020年防范和打击非法集资宣传日活动。

16日　区人大常委会主任会议成员调研区人民检察院。区人大常委会主任胡杰夫，区人大常委会副主任王剑鸣、林俐俐、曾跃平、江南，区人大常委会二级调研员肖志坚、宁伟豪，区人大相关委办主任参加调研。

17日　岳麓区人大常委会主任胡杰夫率队视察应急管理工作，了解全区应急救援以及志愿者服务情况。

18日　区委召开新冠肺炎疫情防控工作领导小组会议，周志凯、周凡、刘亮、李雪龙、蔡锋、杨利成、李舜、刘雄辉、王海潮等区领导出席会议。

是日　区委书记周志凯带队调研龙王港岳麓段综合治理工作，杨利成、张永久、王剑等区领导出席。

是日　区人大常委会主任胡杰夫率执法检查组就《中华人民共和国旅游法》贯彻落实情况进行调研。

19日　岳麓区在湖南工商大学开展禁毒宣传进高校活动，区委、区政府、区禁毒委成员单位以及街道、镇分管领导，工商大学学生一同参加“你我同参与，共建无毒家园”活动。活动现场有“禁毒签名”“禁毒宣誓”“小品”“歌曲”等形式普法。区委书记周志凯向中国工程院院士、全国政协委员、湖南工商大学校长陈晓红颁发岳麓区禁毒公益宣传大使证书。

是日　区委书记周志凯带队调研梅溪湖街道工作，胡杰夫、杨利成等区领导出席调研。

是日　区委召开退役军人事务工作领导小组会议，周志凯、周凡、蔡锋、刘雄辉等区领导出席会议。

是日　区委召开审计委员会第三次会议，周志凯、周凡、蔡锋、杨利成等区领导出席会议。

20日　岳麓区防汛指挥部成员单位、各街道（镇）主要负责人观看湖南省抗洪抢险应急演练电视直播。

21日　岳麓区防汛抗旱指挥部发布关于在全区范围内落实防汛Ⅳ级应急响应通知。

是日　区委常委、区人武部政委伍少林，区人大常委会副主任曾跃平到天顶街道指导开展森林防火、防汛抗旱应急演练。

22日　岳麓区召开防汛会商电视电话会议。区领导刘雄辉、胥海、戴德泉、宋德雄，麓山景区、区防指相关成员单位负责人在主会场参会。

是日　区委书记周志凯带队调研咸嘉湖街道工作，彭利芝、杨利成等区领导参加调研。

是日　岳麓区文化旅游体育安全专业委员会召开2020年第一次全体会议，就《长沙市岳麓区文化旅游体育安全专业委员会工作规则》展开讨论并提出意见和建议。

23日　省委常委、政法委书记李殿勋到岳麓区调研岳麓山大学科技城建设工作，周志凯、刘亮、张铁炎等区领导参加调研。

是日　省委常委、宣传部部长蔡宏森到岳麓区调研后湖国际艺术园建设工作，周志凯、罗予武等区领导陪同调研。

是日　区委书记周志凯率队与湘雅附三医院进行工作对接，周凡、蔡锋、杨利成、谭应林等区领导参加。

是日　区政协主席袁精华率主席会议成员视察区公安分局基层基础建设工作。部分政协委员、区政协相关委（室）负责人参加视察。

24日　中国经济体制改革研究会常务理事、公众意见调查部主任冯楚军一行到长沙市两型示范宣教基地——岳麓区望岳街道恒华社区调研两型社区建设工作。长沙市两型中心副主任李新华及岳麓区委常委、常务副区长蔡锋陪同调研。

是日　区政协主席袁精华率主席会议成员就区公共卫生服务工作开展专题协商。区政府副区长王海潮，部分政协委员，区政协相关委（室）负责人参加。

28日　岳麓区2020年食品安全宣传周活动暨食品安全网格常态化管理启动仪式在桔子洲街道通程商业广场举行。副区长王海潮，区市场监管局党组书记李季，长沙市市场监管局食品安全综合协调处处长符中华，桔子洲街道工委书记肖弘、工委副书记、办事处主任钟昭华参加活动。

是日　区委书记周志凯率队调研网格化社会治理暨安全生产工作，蔡锋、杨利成等区领导参加活动。

是日　区人大常委会主任胡杰夫到梅溪湖街道督查安全生产工作，走访慰问街道老党员、优秀党员、生活困难党员。

29日　区委书记周志凯率队调研银盆岭街道经济社会发展情况。

是日　区政协主席袁精华率队到西湖街道调研指导安全生产和防汛、防疫工作，区政府调研员戴德泉，街道党工委书记沈毅陪同调研。

30日　省生态环境厅、省水利厅、省发改委组队到岳麓区，现场督查肖河赏月路排口整治工作，湘江新区住建环保局、市河长办、市直相关单位负责人，岳麓区副区长张永久参加督查。

是日　岳麓区召开社区（村）警务工作会议。区委书记周志凯，市公安局副局长欧益科，区委常委、政法委书记张铁炎，副区长、公安分局局长谭应林，区直部门负责人，分局班子成员、各科室（队）负责人在主会场参加会议；全区街道（镇）党工委书记、派出所所长、分管政法工作副职、社区（村）书记、民警在街道（镇）分会场参加。谭应林作《2020年岳麓区社区（村）政治安全和社会稳定风险报告》；张铁炎就深入推进区域警务特别是社区（村）警务工作进行安排部署，周志凯、欧益科作重要讲话。

7月

1日　区人大常委会机关党支部在韶山党性教育基地开展主题党日暨常委会党组书记讲党课活动。

2日　岳麓区举行防汛综合应急救援演练。

3日　岳麓区出台《岳麓区行政事业单位国有资产管理实施办法》，从配置、使用、处置等方面对国有资产管理进行进一步规范。

3—8日　区委书记周志凯带队调研天顶、洋湖街道、莲花、雨敞坪镇工作，杨利成、伍少林等区领导参加调研。

6日　区人大常委会组织召开优化营商环境专题询问工作部署会。区人大常委会主任胡杰夫，区委常委、区人民政府常务副区长蔡锋，区人大常委会副主任张淳，二级调研员肖志贤出席会议。区人民法院、区人大相关委室、区政府相关部门负责人参加会议。

7日　湖南省人民政府副省长陈文浩一行100余人，到岳麓区望岳街道八方小区现场观摩生活垃圾分类。区委副书记、区长周凡及望岳街道八方社区相关负责人陪同观摩。

是日　省委统战部常务副部长、省人大常委会委员徐克勤率队到岳麓区达嘉维康走访调研。

7—8日　区人大常委会主任胡杰夫率区人大常委会主任会议成员调研岳麓街道、桔子洲街道经济社会发展及基层人大工作开展情况。

9日　区委副书记、区长周凡主持召开防汛调度会，贯彻省、市防汛视频调度会精神，部署全区防汛工作。

是日　市委副书记、市长、湖南湘江新区党工委书记郑建新到中南大学湘雅三医院调研，并就医院发展相关问题进行现场办公。

是日　省委党校常务副校长曹健华、省委党校副校长李巍、张思京、吴传毅、胡凯波，市委党校常务副校长陈芳辉一行到岳麓区考察党校工作。岳麓区委书记周志凯，区领导刘亮、罗予武及省、市、区委党校负责人陪同考察。

10日　区人大常委会主任胡杰夫率执法检查组成员对《中华人民共和国人民警察法》在全区的贯彻实施情况集中调研。

是日　湖南调查总队劳动力调查处处长陈志率队到岳麓区天顶街道川塘社区调查月度劳动力入户陪访工作。

11日　湖南首个世界级大型综合旅游产业项目——湘江欢乐城开业，省委常委、长沙市委书记胡衡华，省委常委、宣传部部长张宏森，长沙市委副书记、市长、湖南湘江新区党工委书记郑建新，副市长、市公安局党委书记、局长唐向阳等领导参加开业仪式。

是日　长沙市委副书记、市长郑建新到岳麓区检查湘江干堤坪塘段、坪塘红桥村皂角冲地质灾害点、湘江柏家洲等地防汛工作。

13日　区委书记周志凯率队督导全区防汛备汛工作，杨利成、刘雄辉等区领导参加督导。

13日　区长周凡带队走访调研银盆岭街道杏林小区、熊海花园小区工作。

14—15日　区委书记周志凯带队调研望月湖、含浦、望城坡、望月湖、学士街道工作，罗予武、杨利成等区领导参加调研。

14—15日　区人大常委会主任胡杰夫率区人大常委会主任会议成员一行调研观沙岭、银盆岭街道经济社会发展及基层人大工作开展情况。

16日　区委书记周志凯率队调研全区城市管理工作。

是日　区人大常委会主任率队对全区中小学校、幼儿园所建设工作进行视察，区人大常委会副主任林俐俐、曾跃平、江南，二级调研员肖志贤、宁伟豪等参加视察。区人民政府副区长王海潮及相关部门负责人陪同视察。

17日　河南省焦作市山阳区人民法院党组书记、代院长裴永胜一行4人到岳麓区人民法院考察交流"一站式"多元解纷和诉讼服务机制建设工作。

是日　在湖南省文化馆组织开展的"艺抗疫情·云游湖南"——守护春天"疫战而胜"活动中，岳麓区有41件作品获优秀文艺作品奖。

19日　副区长张永久带领区住建局、天顶街道负责人视察达美美立方、金科世界城垃圾分类工作。

20日　区委书记周志凯率队调研白沙液街棚改项目建设工作，罗予武、张铁炎、杨利成、谭应林等区领导参加调研。

21日　长沙市副市长朱东铁，市政协副主席、市市场监管局局长张庆和，市政府副秘书长卢兴映一行到岳麓区调研锦尚滨江农贸市场提质改造和食品安全工作。

22日　岳麓山大学科技城管委会揭牌仪式。

23日　岳麓区政协召开第五届常务委员会第二十一次（扩大）会议暨"助力巩固脱贫成果帮扶行动"工作推进会。

24日　区政协主席袁精华率主席会议成员，对岳麓区科创经济培育发展工作开展专题视察。副区长李舜陪同视察。

26日　区政协主席袁精华带队赴浏阳市张坊镇田溪村开展"走访慰问送温暖结对帮扶暖人心"活动。副主席刘平、卜茂荣，区扶贫办、区政协机关干部及部分政协委员参加。

27日　长沙市政协党组书记、主席文树勋到岳麓区长华社区退役军人服务站，慰问参战一等功臣、烈士家属、高龄退役军人、残疾军人及困难退役军人，岳麓区委书记周志凯陪同慰问。

是日　区委书记周志凯率队进行"八一"慰问，杨利成、王剑等区领导参加活动。

是日　区人大常委会主任胡杰夫率队对全区水污染治理工程建设情况进行现场视察。区人大常委会副主任王剑鸣、林俐俐、曾跃平、江南、张淳，二级调研员肖志贤、宁伟豪等参加视察。区人民政府副区长张永久、王剑及相关部门负责人陪同视察。

29日　位于长沙市岳麓区潭州大道的湖南妇女儿童医院正式开诊。省、市领导，中国工程院院士马丁教授等医疗专家、医药合作单位负责人等500余位嘉宾参加开诊庆典。

是日　岳麓区召开基层社会治理创新工作半年度讲评会议，周志凯、刘亮、彭利芝、张铁炎、杨利成、刘雄辉等区领导出席会议。

是日　区政协提案委联合区政协致公党开展运用网格化手段推进基层社会治理工作界别协商。区政协副主席刘平出席，党派部分政协委员及区直相关部门及相关街道负责人参加活动。

30日　区委召开上半年经济形势分析暨"大干一百天、实现双过半"竞赛活动总结会议，区四大家班子成员出席会议。

31日　长沙市残联、长沙市上善助残服务中心在岳麓区滨江戴斯酒店举办长沙市第11次"全国肢残人"活动日暨全市第二届残疾人专职委员动态更新知识竞赛主题活动。

是日　岳麓区召开2020年上半年政情通报会暨集中学习

会议。会议由区政协党组书记、主席袁精华主持。全体区政协委员、区政协机关工作人员以及各街（镇）政协工作者参加会议。

8月

11日　区委书记周志凯带队慰问区城管系统一线职工。

12日　区委书记周志凯率队到岳麓高新区调研重点项目观摩工作，就项目建设及观摩筹备工作进行现场办公。

是日　副区长王剑带队到银盆岭街道慰问省市重点工程地铁六号线、湘雅过江隧道项目的一线施工建设者。

14日　岳麓区某公寓发生一起持刀入室抢劫案，岳麓公安分局接警后，迅速启动“125”大要案侦破机制，组织攻坚专班，于8月14日晚23时在浏阳市官渡镇将犯罪嫌疑人姜某文抓获，快侦快破这一恶性案件。

18日　省委常委、统战部部长黄兰香率民主党派省委班子成员，全省党外人士代表共75人，到岳麓区开展谈心暨“看巨变·凝共识·谋发展”学习考察，参观湖南新云网科技有限公司、中南大学科技园（研发）总部、长沙湘江欢乐城和华谊兄弟（长沙）电影小镇。

20—21日　区委书记周志凯率队调研中建智慧谷，重点企业，刘亮、蔡锋、杨利成、李舜等参加调研。

21日　岳麓区与长沙市城市发展集团进行工作对接，周志凯、周凡、刘亮、胡杰夫、袁精华、蔡锋、杨利成、屈志锋、李舜、张永久、雷凌湘等区领导出席活动。

是日　广东省阳江市民政局党组书记、局长冯奕成率队到岳麓区咸嘉湖街道咸嘉新村社区，调研社区党建和基层治理工作，市、区民政局负责人及咸嘉湖街道工委书记李群素参加。

25日　长沙市委副书记、市长、湖南湘江新区党工委书记郑建新到岳麓区咸嘉湖街道咸嘉新村社区督访基层工作，召开座谈会。区委副书记、区长周凡，副区长王海潮及咸嘉湖街道相关负责人参加。

26日　岳麓区举行区直机关青年党员成长营启动仪式，周志凯、周凡、刘亮、胡杰夫、袁精华、李雪龙、彭利芝、杨利成等区领导出席活动。

29日　区委书记周志凯带队调研推进“一江两河”流域治理工作，杨利成、张永久、王剑、王海潮等区领导参加调研。

31日　区委书记周志凯带队调研全区电网“630攻坚”暨现代化智慧电网建设推进工作，杨利成、李舜、张永久等区领导参加调研。

9月

1日　湖南湘江新区管委会主任钟钢带队调研岳麓区工作，周志凯、周凡等区领导陪同调研。

2日　常德市两级法院一行5人到长沙市岳麓区人民法院考察交流宣传信息工作。

3日　岳麓区组织集中收看纪念中国人民抗日战争暨世界反法西斯战争胜利75周年敬献花篮仪式，区四大家班子成员出席观看。

是日　岳麓区召开深化文明创建工作推进大会，周志凯、周凡、刘亮、杨利成、刘雄辉、张永久、王剑、王海潮等区领导参加会议。

是日　全省首个有害垃圾收运处置项目在岳麓区投入运行，岳麓区率先建成“4+X”生活垃圾分类体系。

是日　区人大常委会主任胡杰夫率队调研《宗教事务条例》贯彻落实情况。区人大常委会副主任王剑鸣、林俐俐、江南、张淳，二级调研员肖志贤、宁伟豪等参加调研。区人民政府副区长李舜、四级调研员唐士秀及相关部门负责人陪同调研。

7日　长沙市委副书记、市长、湖南湘江新区党工委书记郑建新到岳麓区长华社区督导社区文明城市建设工作。

8日　岳麓区召开教育工作会议暨庆祝第36个教师节，周志凯、周凡、刘亮、彭利芝、杨利成、李舜等区领导出席会议。

是日　区委书记周志凯带队考察中医药文化产业园项目，杨利成、李舜、张永久等区领导参加调研。

9日　湖南省委常委、常务副省长谢建辉为上海证券交易所资本市场服务湖南基地揭牌并调研湘江基金小镇。

10日　山东省德州市人大常委会组团到岳麓区桔洲景区、岳麓书院学习考察。区人大常委会副主任曾跃平，相关部门负责人陪同考察。

是日　桔子洲街道湖大社区73岁退休老师鄢益之勇救落水女孩的事迹在社交媒体上广为传播，其勇敢行为得到广泛赞誉。

11—12日　江西省党政代表团到湖南交流学习，参观岳麓区岳麓山国家大学科技城、橘子洲景区、湘江欢乐城。岳麓区委书记周志凯参加接待。

12日　岳麓区举行“岳麓·京东之夜”嘉年华现场活动，区四大家主要负责人出席活动。

14日　区人大常委会主任胡杰夫到梅溪湖街道督导文明创建工作，现场查看阳明山庄社区、岳麓区实验小学、长郡梅溪湖中学及校园周边文明创建工作。

是日　区委副书记、区长周凡率队调研长沙·锦秀拾光项目。

是日　岳麓区举行2020年国家网络安全宣传周活动启动仪式。区委常委、宣传部部长刘雄辉，区政法、公安分局、区网信办负责人参加活动。

15日　岳麓区召开“领导接访下访 推动矛盾化解”攻坚年活动推进会，区委、区政府领导班子成员出席会议。

16日　省文化和旅游厅副厅长、省文物局局长陈远平到岳麓区调研，主持召开曾国藩墓保护利用工作推进会。长沙市人民政府、长沙市文化旅游广电局、岳麓区人民政府、湘江新区管委会、湘江新区投资集团公司等单位相关负责人参加会议。

18日　区人大常委会主任胡杰夫带队视察中小微科技及高新技术企业培育情况，区人大常委会副主任王剑鸣、林俐俐、曾跃平、江南，二级调研员宁伟豪等参加视察。区人民政府副区长雷凌湘，岳麓山大学科技城管委会副主任、区科技局党组书记曹成文陪同视察。

是日　区政协主席袁精华带队检查西湖街道安全生产工作。区民政局、统计局、应急管理局相关负责人参与检查。

是日　由湖南省市场监督管理局举办，长沙市市场监督管理局、岳麓区人民政府承办的湖南·长沙电梯综合应急演练活动在岳麓区王府井商业广场举行。湖南省市场监督管理局一级调研员潘志刚，长沙市市场监督管理局副局长李有富、宋小军，岳麓区人民政府副区长李舜及长沙市各区（县）市场监管局、岳麓区安委会成员单位、各街（镇）、电梯维保企业维保单位相关负责人及群众代表参加现场观摩。

22日　区人大常委会主任胡杰夫率区人大常委会主任会议成员调研西湖街道经济社会发展及基层人大工作开展情况。

是日　南京市人大常委会组队到岳麓区考察基层人大工作。

27日　岳麓区召开楼宇经济发展推进会，周志凯、杨利成、王剑、雷凌湘等区领导出席会议。

是日　岳麓区举办“秋之颂·赏长沙”文旅季暨“新青年·新文旅·新长沙”人文艺术节开幕式，周志凯、周凡、刘亮、杨利成、雷凌湘等区领导出席活动。

是日　区人大常委会主任胡杰夫率队对全区垃圾分类、固废防治及农村“五治”工作进行视察，了解现阶段生活垃圾分类体制机制运行、《中华人民共和国固体废物污染环境防治法》贯彻落实、农村“五治”工作情况。

28日　区委书记周志凯带队调研网格化社会治理工作，刘亮、杨利成、王海潮等区领导参加调研。

是日　岳麓区举行点亮夜经济版图湖南站＆“寻湖湘记”大V行暨洋湖水街开街启动仪式，周志凯、周凡、杨利成、刘雄辉等区领导出席活动。

是日　副区长王剑带队督查坪塘街道安全生产工作，区相关部门负责人参加。

是日　岳麓区首家法官联点工作室“长沙市岳麓区人民法院驻咸嘉湖街道法官联点工作室”揭牌成立。区委常委、政法委书记张铁炎与岳麓区法院党组书记、院长张帅出席揭牌仪式并共同为工作室揭牌。

是日　区委书记周志凯一行到谷山乐园小区，了解小区住房管理维护过程中存在的困难和问题，现场听取区住保中心主任付烈山汇报工作情况。

是日　区人大常委会主任胡杰夫带队检查梅溪湖街道安全生产工作。区生态环境分局、工业和信息化局、应急管理局相关负责人以及第三方技术机构湖南潇湘郡安全科技有限公司负责人参加，梅溪湖街道相关负责人陪同检查。

29日　湖南省市场监督管理局局长向曙光带队检查岳麓区安全生产工作，长沙市政协副主席、长沙市市场监督管理局局长张庆和，长沙市人民政府副秘书长卢兴映，岳麓区人民政府调研员唐士秀，岳麓区市场监管局副局长沈建明、张健陪同检查。

是日　区政协召开重点提案办理工作协商会议。区政协党组书记、主席袁精华，区委常委、常务副区长蔡锋，区政协副主席喻英姿、刘平出席。重点提案委、区委办、政府办及相关承办单位负责人参加会议。

30日　区委书记周志凯带队调研重点商贸企业，杨利成、雷凌湘等区领导参加调研。

是日　区委副书记、区长周凡现场调度全区“三无”船舶整治工作，区领导王剑及相关部门负责人参加。

10月

10日　区委书记、第一总河长周志凯带队巡河，喻中文、杨利成、胡德强、张永久、王剑、彭又沙等区领导及区委办、住建局、水利局、市政设施维护中心、生态环境分局主要负责人参加。

是日　区人大常委会召开第三季度基层工作会议。区人大常委会主任胡杰夫，副主任王剑鸣、林俐俐、曾跃平、江南、张淳，二级调研员肖志贤、宁伟豪出席会议。区人大常委会委办主任、各街道人大工委主任、各镇人大主席参加会议。

是日　桃江县人民法院副院长刘怡中一行5人到长沙市岳麓区人民法院考察交流一站式多元解纷及诉讼服务体系建设工作。

12日　市人大常委会党组书记、主任谢卫东率常委会主任会议成员到岳麓区西湖派出所调研，听取关于整治天峰名苑无证家庭旅馆和辖区养犬管理工作汇报，参观执法办案区、综合警务指挥室，现场观摩禁养犬只抓捕演示，对西湖派出所坚持政治建警、严格规范执法予以充分肯定。

是日　全国人大代表和省人大代表（部分）组队视察岳麓区岳麓科创港和中南大学科技园（研发）总部等单位。区委书记周志凯参加接待。

是日　副市长、市公安局党委书记、局长唐向阳，党委副书记、副局长李湘江一行到岳麓区望岳街道藕塘村了解分局执法办案中心用地建设情况。区委副书记、区长周凡，副区长、分局局长谭应林，分局常务副局长佘朝晖陪同。

是日　区委副书记、区长周凡调研城区老旧小区改造工作，副区长张永久、住建局局长杨军和街道相关负责人陪同。

12—13日　区委书记周志凯带队调研咸嘉湖街道、岳麓高新区重点企业，杨利成、王海潮、喻中文、屈志峰等区领导参加调研。

14日　区人大常委会主任胡杰夫率队视察全区全面取消以药养医、健全药品供应保障制度落实情况。区人大常委会副主任王剑鸣、林俐俐、曾跃平、江南，区人大常委会二级调研员肖志坚、宁伟豪等参加视察。区人民政府副区长李舜及相关部门负责人陪同视察。

是日　区委书记周志凯率队调研岳麓高新区赛恩斯环保、赛哲集团和智能驾驶研究院等重点企业。

是日　长沙市开福区政协党组副书记、副主席杨艳，民政局局长张检一行8人到岳麓区咸嘉湖街道白鹤咀社区参观考察湘腾琴岛小区居家养老工作。岳麓区政协副主席彭首龙等陪同参观。

15日　岳麓区住建局、市场监管局、城管局、消防大队联合组织召开物业管理行业培训会议，全区街道（镇）物管办主任、380家物业项目负责人参加培训，长沙市住建局、岳麓区人民政府、区直有关部门负责人参加会议。

15日　中国证监会市场监管二部副主任刘健钧率队调研湘江基金小镇。湖南证监局副局长于星星、中国证券投资基金业协会私募管理部副总监黄筛成、湖南湘江新区管委会财政局局长邱兵东等领导参加调研。

16日　岳麓区举行岳麓高新技术产业开发区与长沙市长郡中学合作建校签约仪式，周志凯、周凡、屈志峰、李舜等区领导出席仪式。

是日　岳麓区召开产业招商座谈会，周凡、刘亮、杨利成、刘雄辉、李舜、王剑、雷凌湘等区领导出席座谈。

17日　洪湖市人大常委会组队到岳麓区考察学习优化营商环境专题询问工作。

19日　区委书记周志凯带队视察坪塘街道鹅洲岛，专题调研生态环境保护及岛上居民生产生活相关工作。杨利成、王剑、王海潮等区领导参加调研。

20日　长沙县区委、人大、政府、政协领导到岳麓区考察湘江鲲鹏项目。周志凯、杨利成等区领导陪同考察。

是日　长沙市副市长邱继兴到岳麓区梅溪湖街道进行督访工作，在岳麓区梅溪湖街道智慧中心主持召开办公会议，研究处理有关问题。

是日　银川市人大常委会组队到岳麓区考察社区治理相

关工作。

21日　市委常委、湖南湘江新区党工委副书记、管委会主任钟钢调研岳麓高新区“一主一特”产业发展，管委会副主任罗社辉、岳麓区委书记周志凯等领导参加调研。

是日　在湘江智谷人工智能科技城工业一期，岳麓区举行涉市重大项目集中竣工活动，周志凯、周凡、蔡锋、杨利成、雷凌湘等区领导出席活动。

22日　江西省萍乡市园林局到岳麓区园林中心考察调研园林绿化维护工作。

是日　区委召开2020年三季度经济形势分析暨全区优化营商环境工作推进会议。

22—23日　长沙公安“2020·星城之剑”特巡警警务技能大比武在特巡警支队樊塘训练基地举行，岳麓公安分局巡警大队获得团体总分第二名。

23日　岳麓区举行湖南大学成果转化基地项目签约仪式，周志凯、周凡、刘亮、罗予武、杨利成等区领导出席会议。

是日　岳麓区人大系统第四届“健康杯”迷你马拉松、气排球赛闭幕。区人大常委会机关和各街（镇）共20支队伍、320名队员参赛。

26日　区委书记周志凯带队调研重点软件企业，杨利成、雷凌湘等区领导参加调研。

27日　张家界市委组织部副部长郑昭峰一行8人到岳麓区荷叶塘社区考察小区党建工作，长沙市委组织部副部长杨俊陪同。

29日　岳麓区举行2020年区四大家县级实职离退休干部视察重点项目暨区情通报座谈会，区四大家主要负责人出席活动。

30日　区政协党组书记、主席袁精华率队视察全区重大产业项目建设工作。

是日　岳麓区召开蓝天保卫战第三季度工作讲评暨总河长工作会议，区委、人大、政府、政协成员出席会议。

10—11月　岳麓区组织2020年第五届“岳麓杯”篮球赛，历时10天，共66场比赛，全区31支篮球代表队、500余名运动员、领队、教练员参与。

11月

2—3日　岳麓区召开2020年驻区学校（幼儿园）和大型社会餐饮单位食品安全工作部署和疫情防控培训会议。驻区高校饮食中心学生食堂负责人，中小学食品安全、托管公司负责人，幼儿园法人代表及各大型及以上社会餐饮店店长共计700余人分别参加培训。

2日　区委、人大、政府、政协召开联席会议，周志凯、周凡、刘亮、胡杰夫、袁精华、蔡锋、杨利成、屈志峰、喻中文等区领导出席会议。

3日　浙江省湖州市建设局组队到岳麓区银盆岭街道铜盆湖社区调研景秀江山家园党群服务中心工作。

是日　2020世界计算机大会开幕式在岳麓区梅溪湖国际文化艺术中心举行。省委书记杜家毫出席开幕式并致辞，省委副书记、省长许达哲主持，中国科学院院士、军事科学院院长杨学军出席并作主题报告。工业和信息化部副部长王志军致辞，岳麓区委书记周志凯、区长周凡参加开幕式。

是日　岳麓区第三次国土调查统一时点更新成果通过国家级内业核查和数据库质量检查。

是日　岳麓规划分局、湘江新区国土规划局、岳麓区编制领导小组成员单位及省、市专家召开省级试点村庄规划成果审查会，对莲花镇云盖村、东塘村、五丰村和雨敞坪镇泉水湖村、新卯村、麻田村6个省级试点村“多规合一”的规划编制成果进行评审，原则通过审查。

4日　杭州市萧山区人大常委会组队到岳麓区考察学习。

4—6日　马鞍山市雨山区人大常委会组队到岳麓区考察学习应急管理体系建设经验和做法。

是日　副区长张永久带队检查青山路项目安全生产工作。

5日　区人大常委会召开评议全区垃圾分类、农村人居环境“五治”工作会议。区委书记周志凯、区委副书记秦梅耷宗、区人大常委会主任胡杰夫出席会议。区人大常委会副主任王剑鸣、林俐俐、江南、张淳，副区长王剑、王海潮及相关部门负责人参加会议。

是日　全国第三届两新党建主题研讨岳麓峰会在长沙召开。有24个省（市、区）及重点市的组织部门和部分非公有制企业负责人参加会议，共同交流两新领域党建创新实践和工作成效。

9日　市委副书记、市长、湖南湘江新区党工委书记郑建新到梅溪湖街道岳麓区实验小学调研教育均衡发展工作。

10日　区委书记周志凯带队调研重点金融企业，周凡、蔡锋、杨利成、雷凌湘等区领导参加调研。

是日　区人大常委会主任胡杰夫带队调研望城坡街道工作，区人大常委会副主任王剑鸣、林俐俐、曾跃平、江南参加调研，望城坡街道工委书记肖健，工委副书记、办事处主任吴静波陪同调研。

是日　绵阳市涪城区人大常委会组队到岳麓区考察债券资金使用管理、项目绩效管理和预算审查监督工作。

11日　长沙市委组织部部长张宏益到岳麓区调研白鹤咀社区湘腾琴岛小区党支部工作，区委书记周志凯，区委常委、组织部部长彭利芝及咸嘉湖街道负责人参加。

12日　区人大常委会主任胡杰夫率人大常委会主任会议成员，调研望月湖街道经济社会发展及基层人大工作开展情况。

是日　区政协主席袁精华率主席会议成员，就全区公共法律服务工作开展专题视察。

是日　岳麓区召开食品安全应急处置暨食品安全协管员培训会，区直有关部门食品安全专干，17个街道（镇）食品安全办公室主任，各社区（村）食品安全协管员，区市场监督管理局各业务科室、各市场监管所所长共215人参加培训。

14日　国家市场监督管理总局党组成员、副局长唐军到岳麓高新区调研检验检测产业和国家智能网联汽车产业发展情况。

16—17日　区人大常委会机关党支部组织全体党员到郴州“半条被子”故事发生地、第一军规纪念馆等红色教育基地开展“学党史践初心、为民履职当先锋”主题党日活动。

18日　湖南省人大代表、岳麓区坪塘街道红桥村党总支书记、村委会主任曾志高受邀视察坪塘人民法庭工作。

18—19日　广西壮族自治区党政代表团到湖南交流学习，参观岳麓区橘子洲景区、湘江欢乐城项目等地，区委书记周志凯参加接待。

19日　区人大常委会主任胡杰夫率队调研梅溪湖街道，听取社区换届选举和信访工作。

是日　贵阳市人大常委会组队到岳麓区考察文明城市建设经验做法。长沙市岳麓区人大常委会相关负责人陪同考察。

20日　岳麓区召开绩效考核调度会，区委、区政府领导班子成员出席会议。

是日　省、市、区领导以及各市州、县市区单位政务公开工作分管领导共100余人到岳麓区梅溪湖街道学习考察。

23—28日　区人大常委会主任胡杰夫率队赴银川市金凤区、酒泉市肃州区考察养老服务工作。

24日　区委书记周志凯率队调研岳麓高新区重点项目，就项目建设及相关工作现场办公。

25日　区委书记周志凯带队调研岳麓山风景名胜区管理局，全体区委常委、区人大、区政府、区政协相关领导参加调研。

是日　湖南省政协提案委办公室主任唐鸿君率队到岳麓区咸嘉湖街道政协委员工作室调研，区政协、咸嘉湖街道相关负责人陪同调研。

是日　岳麓区召开2020年度燃气安全工作调度会。

27日　区政协教育界别组织委员开展校园安全建设工作界别协商会。区政协副主席喻英姿、秘书长杨国春出席。

是日　区委召开统一战线工作领导小组会议，周志凯、刘亮、蔡锋、潘旺明、雷凌湘等区领导出席会议。

是日　岳麓区召开基层社会治理创新工作讲评会。周志凯、周凡、刘亮、秦梅耇宗、胡杰夫、袁精华、彭利芝、蔡锋、张铁炎、杨利成、刘雄辉、张永久、王剑、王海潮等区领导出席会议。

是日　湘潭大学法学院调解方向班师生一行15人到岳麓区调研学习人民调解事务。

12月

1日　市人民政府副市长邱继兴率队调研长沙市重点项目湘江智谷·人工智能科技城，就项目建设、企业入驻情况进行视察。

是日　岳麓区组织开展河长制进社区、进校园宣传活动，长沙市河长办主任江山一行参加活动。

2日　区委书记周志凯率队调研文化旅游产业发展工作，杨利成、刘雄辉、李舜等区领导参加调研。

是日　区人大常委会就代表提出的《在岳麓山大学科技城加强优质中小学建设，以吸引锁住高端人才》重点建议办理情况进行专题调研督办。区人大常委会主任胡杰夫、副主任江南参加调研。区委副书记、区长周凡，副区长李舜及相关部门负责人陪同调研。

3日　区委召开机构编制委员会会议，周志凯、周凡、彭利芝、蔡锋、杨利成等区领导参加会议。

是日　长沙市岳麓区税务局举行“税收体验日”活动。湖南财政经济学院2020级税收班156名学生分四批参观岳麓区税务局办税服务大厅，学习税收知识、体验新办企业纳税人事项，在自助办税区“零距离”体验网上办税厅办税便利。

是日　区人大常委会对优化营商环境工作开展专题询问。区人大常委会党组书记、主任胡杰夫，副主任王剑鸣、林俐俐、曾跃平、江南、张淳出席会议。区委副书记、区长周凡，区委副书记、西藏自治区琼结县委副书记、县人大常委会主任秦梅鸯宗，常务副区长蔡锋列席会议，区人民政府副区长雷凌湘及相关部门负责人到会应询。

是日　区委副书记秦梅鸯宗调研桔子洲街道经济社会发展情况。

是日　浙江省湖州市住建局副局长陈明法、住建局房管处处长赵建峰一行到岳麓区银盆岭街道铜盆湖社区实地调研景秀家园党群服务中心工作。

4日　岳麓区召开村（社区）党组织和村（居）民委员会换届工作动员部署会议。

同日　区委书记周志凯率队调研望月湖公园管理处，秦梅鸯宗、喻中文、李舜等区领导参加调研。

是日　岳麓区举行中国（长沙）首届岳麓山青年戏剧节开幕式，全体区级领导参加活动。

7日　南京市秦淮区人大常委会组队到岳麓区考察学习双联活动开展情况。

8日　区人大常委会主任胡杰夫率队对全区水利建设三年行动进行视察。区人大常委会副主任王剑鸣、林俐俐、江南、张淳，区政府副区长王剑参加。

是日　岳麓区组织学习《长沙市生活垃圾管理条例》暨生活垃圾分类工作集中培训。

是日　全省市州人大科教文卫系统干部、省人大代表培训班学员到岳麓区实地考察。

是日　西安市人大常委会组队到岳麓区考察社会建设工作。

9日　湖南省人居环境厅组队到岳麓区现场检查棚改项目工作。

是日　湖南高院党组书记、院长田立文一行到岳麓区人民法院调研指导工作、看望慰问干警。

是日　全省建设垃圾资源化利用现场推进会议在长沙召开，副省长陈文浩出席会议并讲话，省住建厅党组书记、厅长鹿山，长沙市副市长谭勇参加会议。会上，岳麓区、桃江县作典型发言。

是日　在岳麓区建筑垃圾资源化利用处置基地召开全省建筑垃圾资源化利用现场观摩会。

10日　湖南湘江新区管委会主要领导到岳麓区调研西湖文化园58小镇，周志凯、蔡锋、雷凌湘等区领导参加调研。

是日　区人大常委会主任胡杰夫率队视察全区社区提质改造工程及老旧小区增设电梯工作。

是日　区委副书记、区长周凡率队对湘江欢乐城开展安全检查。区领导蔡锋、谭应林，区应急管理局、交通运输局、坪塘街道等相关部门负责人参加检查。

是日　区总工会、区建筑行业工会联合开展“工会送健康，温暖农民工”体检活动，为建筑行业150余名农民工会员送去免费体检。

16日　原广州军区民兵营现场观摩学习岳麓区望城坡街道基层武装部星级达标试点工作。

是日　岳麓区召开“三冬”工作动员会。区委副书记、区长周凡出席会议，副区长王剑作全区“三冬”工作动员报告，区领导彭首志、戴德泉、宋德雄等参加。坪塘街道、含浦街道、莲花镇、雨敞坪镇相关负责人作表态发言。

17日　区委召开书记专题会议，研究长沙市政府机关北片区整治建设、新湘雅健康城规划建设以及湖南大学新校区选址工作。

18日　湖南省政协常委、经济科技委员会主任吴金明一行到湖南长峰电力集团股份有限公司调研制造业发展工作。省政协经济科技委员会副主任杨晓晋、学习联络委员会副主任郑安生，岳麓区政协主席袁精华参加调研。

是日　市委常委、政法委书记廖建华，政法委副书记周琼芝一行到岳麓区人民法院调研涉法涉诉信访工作。

是日　西藏自治区琼结县委副书记陈敬率县政法系统考察团到岳麓区人民法院考察交流。

19日　省委统战部组队到岳麓区调研梅溪湖街道阳明山庄社区同心工程，周志凯、杨利成等区领导参加调研。

21日　区人大常委会主任胡杰夫调研梅溪湖街道社区党组织和居民委员会换届工作，梅溪湖街道相关负责人参加调研。

23日　中央政法委法治局局长（中央司改办主任）段农根、财政部行政政法司司长王瑛、最高人民法院司法行政装备管理局局长黄文俊、最高人民检察院计划财务装备局局长于洪滨一行到岳麓区人民法院调研法院办公办案条件及基础设施建设情况。

是日　岳麓区召开实施乡村振兴工作推进会，现场观摩美丽乡村示范点建设情况，交流经验，查找问题，研究部署下一阶段工作。区委书记周志凯出席。区委副书记、区长周凡主持会议。

是日　区委书记周志凯率队督导全区乡村振兴工作，实地调研坪塘街道兴合村年婆塘美丽屋场、含浦街道含浦好人馆、莲花镇美丽河湖、雨敞坪镇泉水湖村美丽屋场，并召开会议。周志凯、周凡、刘亮、秦梅骞宗、胡杰夫、袁精华、杨利成、江南、王剑、彭首志等区领导参加调研。

25日　中国关工委常务副主任张玉台率队到湖南调研关心下一代工作，实地调研岳麓区长沙实验小学梅溪湖学校。周志凯、彭利芝等区领导参加调研。

26日　2020长沙红色半程马拉松赛在橘子洲景区举办，来自全国各地4500名选手参赛。

28日　团省委组队到岳麓区观沙岭街道观裕社区宣讲党的十九届五中全会精神，区委书记周志凯参加宣讲。

是日　区人大常委会主任胡杰夫带队检查梅溪湖街道安全生产工作。区生态环境分局、工业和信息化局、应急管理局相关负责人以及湖南潇湘郡安安全科技有限公司、梅溪湖街道相关负责人陪同检查。

29日　省人大常委会副主任王柯敏率队到岳麓区法院调研信访工作。长沙市人大常委会副主任黄佳惠、岳麓区人大常委会主任胡杰夫陪同调研。

29—30日　长沙市举行重大产业项目流动观摩会，实地观摩岳麓区人工智能科技城项目。周志凯、周凡等区领导参加观摩。

31日　区委、区人大、区政府、区政协四大家领导慰问岳麓区税务局干部，并召开财税工作座谈会。

区情概览

建置区划

【建置沿革】岳麓区境域，春秋时期属楚地。秦朝属长沙郡。自汉至民国初期属长沙、荆州、潭州等地域。民国23年（1934年）设区，民国26年（1937年）撤区设太平、黄兴两镇。民国33年（1944年）撤镇改区。1949年10月成立城西区人民区公所，1951年9月撤区公所设西区人民政府。1956年水上区并入西区。1975年原岳麓区并入西区。1996年撤西区设岳麓区。2008年原望城县坪塘镇、含浦镇、莲花镇、雨敞坪镇划归岳麓区。

【行政区划】2020年，岳麓区辖岳麓、橘子洲、望月湖、银盆岭、观沙岭、西湖、望城坡、望岳、咸嘉湖、梅溪湖、天顶、坪塘、洋湖、学士、含浦15个街道办事处，莲花、雨敞坪2个镇，共17个乡级政区；有120个社区居民委员会、49个村民委员会（不含二三管区）。

自然地理

【区域位置】岳麓区因境内国家AAAAA级旅游景区岳麓山而得名，位于长沙市湘江西滨，北纬27°58′30″~28°27′65″、东经112°36′17″~112°57′21″。东与长沙市开福区、天心区隔湘江相望，南与湘潭县九华乡、龟头镇相连，西与宁乡市道林镇、花明楼镇、夏铎镇相接，北与望城区白箬铺镇、黄金镇、星城镇毗邻。辖区东西最大直线距离35.3千米，南北最大直线距离33.5千米，总面积558平方千米，其中陆地480.9平方千米，占86.2%；水域77.1平方千米，占13.8%。区治位于金星北路一段517号。

【地形地貌】境内大部分为岗地丘陵区，地势略为西高东低、南高北低，地面高程一般在海拔60~80米，最高点位于雨敞坪镇稽家山，海拔474.9米，最低点位于洋湖街道洋湖垸，海拔21.6米。

【自然资源】境内已探明地下矿藏资源有灰岩、花岗岩、硅石、磷矿、硅、玻璃沙、石英岩、砂岩、黏土、铁矿、锰矿、煤矿，主要分布在含浦、学士、坪塘街道及莲花、雨敞坪镇。境内森林植被主要为常绿阔叶混交林、针叶林及毛竹林，主要树种为马尾松、杉木、湿地松、樟树、栎类等；经济林木主要有油茶、柑橘、梨、核桃、板栗、桃等；药用植物有杜仲、厚朴、黄檗等。

【水文气候】境内有4条主要河流：湘江、靳江、龙王港、八曲河。湘江是湖南省最大河流，为流经长沙的主要河流。发源于广西兴安县南部白石乡境内海洋山脉的近峰岭，干流全长856千米，流域面积9.47万平方千米，流经岳麓区境内34.2千米。靳江为湘江下游一级支流，发源于宁乡县白鹤山寨子冲，于岳麓区柏家洲注入湘江。干流全长85千米，平均坡降0.55‰，全流域面积781平方千米，流经岳麓区境内长26.5千米，流域面积320平方千米。龙王港为湘江下游一级支流，发源于望城区南角岭，流经岳麓区溁银桥汇入湘江。全流域面积17.3平方千米，河长31.0千米，主河道坡降0.84‰，岳麓区境内长11千米，流域面积75平方千米。八曲河是一条防洪排涝的骨干河道，属湘江二级支流，发源于岳麓区雨敞坪镇甑皮岭，于望城县高塘岭胜利村与沩水河汇合后流入湘江，流域总面积331平方千米，干流全长53千米，岳麓区境内长12.7千米。岳麓区属亚热带季风性湿润气候，特点是气候温和，四季分明，热量充足，雨热同期。2020年年平均气温17.5℃，年内最高气温38.6℃（8月4日），最低气温-3.4℃（12月31日），年降雨量1502.9毫米，较上年增加24.41毫米。年平均日照时数1302.5小时，较上年偏少155.8小时。

人口民族

【人口】2020年11月1日零时，全区常住总人口152.66万人。其中男性人口为75.65万人，占49.55%；女性人口为77.01万人，占50.45%。总人口性别比（以女性为100，男性对女性的比例）为98.23。

全区常住人口中，0~14岁人口为25.84万人，占16.93%；15~69岁人口为109.15万人，占71.50%；60岁及以上人口为17.67万人，占11.57%，其中，65岁及以上人口为12.23万人，占8.01%。全区共有家庭户46.50万户，集体户9.93万户，家庭户人口为152.67万人，集体户人口为152.67万人。

全区常住人口中，拥有大学（指大专及以上）文化程度的人口为63.09万人；拥有高中（含中专）文化程度的人口为27.32万人；拥有初中文化程度的人口为29.33万人；拥有小学文化程度的人口为20.15万人（以上各种受教育程度人口包括各类学校的毕业生、肄业生和在校生）。

【民族】岳麓区境内人口以汉族为主，占总人口的96.7%；土家族、苗族、侗族、回族、布依族、黎族、壮族、仡佬族、白族、瑶族等45个少数民族共计3万余人。其中少数民族流动人口1万余人，主要有维吾尔族、藏族、撒拉族、回族等。

国民经济和社会发展

【概况】2020年，初步核算，全年地区生产总值1360.0亿元，同比增长4.6%。其中第一产业增加值11.1亿元，同比下降0.1%；第二产业增加值382.3亿元，同比增长6.0%；第三产业增加值966.6亿元，同比增长3.8%。

第一产业增加值占地区生产总值的比重为0.8%，第二产业增加值比重为28.1%，第三产业增加值比重为71.1%。一、二、三产业分别拉动地区生产总值0、2.1、2.5个百分点，三次产业对经济增长的贡献率分别为0、46.0%、54.0%。

全年地方一般公共预算收入55.0亿元，同比增长3.75%，其中税收收入46.1亿元，非税收入8.9亿元。一般公共预算支出75.8亿元，同比增长16.1%，区本级一般公共预算支出60.6亿元，同比增长9.5%。

完成省市年度重点民生实事43项，在促进就业、扶贫解困、教育助学、社会保障、医疗卫生、百姓安居、道路畅通、环境治理等领域效果显著。

【农业】全年农林牧渔业总值16.9亿元，同比下降0.2%。其中农业产值12.7亿元，同比下降3.3%；林业产值4946万元，同比下降7.9%；畜牧业产值1.9亿元，同比增长23.4%；渔业产值1.1亿元，同比增长20.0%；农林牧渔专业及辅助性活动产值7108万元，同比下降4.0%。全年粮食总产量4.2万吨，出栏肉猪1500吨，肉禽出笼67.49万羽，水产品产量6722吨。

【工业和建筑业】全年全部工业增加值246.7亿元，同比增长7.5%，其中规模以上工业实现增加值同比增长8.0%。全区建筑业增加值136.1亿元，同比增长1.3%。全年具有建筑业资质等级的独立核算企业共118家，完成建筑业总产值589.0亿元，同比增长5.2%；房屋建筑施工面积3579万平方米，同比下降7.6%；房屋建筑竣工面积945万平方米，同比增长10.6%。

【服务业】全年批发和零售业增加值119.8亿元，同比增长4.8%；交通运输、仓储和邮政业增加值40.3亿元，增长1.8%；住宿和餐饮业增加值30.1亿元，下降4.7%；金融业增加值100.7亿元，增长8.5%；房地产业增加值110.8亿元，增长4.5%；信息传输、软件和信息技术服务业增加值48.1亿元，增长13.7%；租赁和商务服务业增加值57.6亿元，下降0.2%。全年规模以上服务业企业营业收入增长6.6%。

【固定资产投资】全年固定资产投资（不含农户）同比增长7.4%。分经济类型看，国有投资下降2.6%，非国有投资增长10.2%。分投资方向看，民生工程投资增长61.4%，生态环境投资下降6.9%，高新技术产业投资下降4.3%。

全年房地产投资495.3亿元，同比增长13.1%；商品房销售面积493.03万平方米，同比增长2.0%，其中住宅销售面积为434.43万平方米，同比增长9.6%；商品房销售额574.4亿元，同比增长0.2%，其中住宅销售额为501.9亿元，同比增长9.8%。

【国内贸易】 全年社会消费品零售总额547.6亿元，同比下降0.2%。按行业分，批发业实现零售额40.8亿元，同比下降12.9%；零售业实现零售额457.3亿元，同比增长2.2%；住宿业实现零售额5.8亿元，同比下降14.6%；餐饮业实现零售额43.7亿元，同比下降8.1%。

【对外经济和旅游】 全年进出口总额（海关口径）56.3亿元，同比增长43.0%，其中出口总额33亿元，同比增长50.0%；进口总额23.3亿元，同比增长35.0%。

全年共实施内联引资项目35个，其中新投产项目10个；新审批外资项目40个，协助办理外资项目25个。全年实际到位省外境内资金144.0亿元，同比增长45.2%；实际利用外资6.5亿美元，同比增长25.7%；完成外商直接投资5255万美元。

全年接待国内外旅游者1439.45万人次；旅游总收入160.72亿元。接待国内旅游者1439.42万人次；国内旅游收入160.72亿元。接待入境旅游者246人次；入境旅游收入4.71万美元。

【教育和科学技术】 全区共有区属中学18所，在校学生22226人；小学73所，在校学生87307人；幼儿园207所，其中公办园62所，局属公办园53所；在园幼儿55122人。小学适龄儿童入学率100%，小学升初中入学率100%。全区共投入学生免费入学和资助经费1.2亿元，所有义务教育阶段21.2万人次学生全部享受免杂费入学，执行公办教育收费标准的21.2万人次学生全部享受“一费制”（含课本费、教辅资料费和作业本费）全免入学。全年共接收外来务工人员子女20858名，占全区中小学生人数的19.0%，全部享受免杂费、免“一费制”入学，全年补助5758人次农村家庭经济困难寄宿学生生活费。全年建成开学学校1所，在建学校4所，新启动建设学校2所，扩建学校4所，提质建设维修改造100余所中小学运动场及校园，城区62所学校进行厕所改造。

全区共有省部级以上科学研究开发机构189个，认定高新技术企业135家。全年技术合同认定登记1214项，登记额35.5亿元，同比增长107.0%。授权专利数达10543件，同比增长42.7%，其中授权发明专利3721件，同比增长39.6%。

全年高新技术企业完成总产值1616.7亿元，同比增长6.3%，实现增加值499.6亿元，占地区生产总值的比重为36.7%。

【文化、体育和卫生】 全区拥有群众艺术表演团体240个，文化馆9个（含8个文化馆分馆），公共图书馆21个（含20个图书馆分馆），博物馆（纪念馆）1个，街道、镇文化站17个，社区（村）综合文化服务中心153个；全民健身工程点250余处。共有晨晚练点92处，健身驿站6个，健身步道3条。公共文化服务不断完善，已建成95个市级标准化社区（村）综合文化服务中心。

全区共有各类医疗卫生机构902个，新增98个，其中一级及以上医院57个，疾病预防控制机构1个。卫生技术人员15260人，床位11548张，新增2036张。

全年全区出生人口14408人，出生婴儿男女性别比为109.7 ∶ 100，计划生育免费技术服务到位率达100%。

【环境保护和安全生产】 全年空气质量优良率以$PM_{2.5}$计为84.7%。湘江饮用水源保护区水质稳定达标，6个地表水监测断面地表水达标率达100%。区域环境噪声平均为54.3分贝（dB），稳定达标。全区建成区绿地面积达3914.8公顷，全年新增8公顷，其中公园绿地1788.6公顷，全年新增0.5公顷。全区绿化覆盖率达49.6%。

全年共发生安全生产事故21起，各类安全生产事故死亡21人，其中经营性道路交通事故死亡16人，建筑工地机械伤害事故死亡2人，建筑工地高处坠落事故死亡3人。

【交通】 全区农村公路里程1380.2千米，已硬化里程1220.2千米。其中国省道14.4千米，已硬化14.4千米；县道158.5千米，已硬化158.5千米；乡道114.0千米，已硬化114.0千米；村道1093.3千米，已硬化933.3千米。共有农村公路桥梁187座，桥梁长度2853.3延米，其中大中桥40座，长度为1360.4延米；小桥147座，长度1492.9延米。全区拥有客运站1个，其中一级客运站1个。

【人民生活和社会保障】全区城镇居民人均可支配收入61835元，同比增长4.9%。其中工资性收入37912元，经营净收入8102元，财产净收入5685元，转移净收入10136元。城镇居民人均消费支出45485元，其中食品烟酒消费12173元，衣着消费2587元，居住消费8225元，生活用品及服务消费2945元，医疗保健消费4793元，交通通信消费5614元，教育文化娱乐服务消费8220元，其他用品和服务消费928元。城镇住户平均每百户家庭拥有家用汽车61.4辆，计算机101.4台，其中接入互联网的计算机98.6台，城镇居民人均自有现住房面积41平方米。

全区共有公办敬老院5家，有床位582张，入住老人238人。拥有各类社区服务设施540个，街道社区服务中心17个，社区公共服务中心120个。全年发放城乡居民最低生活保障金3473.1万元，居民得到政府最低生活保障70487人次，其中城市居民最低生活保障27551人次，农村居民最低生活保障42936人次。城市和农村低保对象月人均发放保障金分别达575.6元和439.5元。

年末城镇登记失业率为3.60%；全年城镇新增就业人员7978人，失业人员再就业7596人，就业困难人员就业3513人，新增农村劳动力转移就业389人；城镇零就业家庭实现动态清零。

全区参加企业职工基本养老保险人数达20.36万人，基本养老金社会化发放率达100%；参加城乡居民养老保险人数达12万人。参加区本级城镇职工基本医疗保险人数达21.05万人，参加区本级城乡居民医疗保险人数达29.74万人，基本医疗保险覆盖率达96.7%。

中国共产党长沙市岳麓区委员会

综　述

【概况】中共长沙市岳麓区委下辖25个区属党（工）委（党组），党支部1010个，党员31001人。2020年，面对严峻复杂的外部环境和艰巨繁重的发展任务，岳麓区以习近平新时代中国特色社会主义思想为指导，深入贯彻中央和省、市决策部署，统筹推进疫情防控和经济社会发展，在高质量发展道路上迈出坚实步伐。

众志成城抗击疫情。坚持人民至上、生命至上，统筹有力、科学有序做好疫情防控工作，仅用20天实现本地新增病例清零，群众对岳麓区抗疫工作的满意率排名全市第一。2000余名医护人员白衣执甲、逆行参战，3000余名党员干部挺身一线、坚守战线，2.4万余名志愿者火线请缨、冲锋在前，值守266个住宅小区，免费发放中药11万份，有力维护人民群众的生命安全，同心必胜、合力必赢的信念激荡岳麓。统筹打好经济发展保卫战，353名干部深入一线，推进复工复产复商复市，帮助企业解决各类问题861个，新增减税降费9.8亿元，区本级兑现政策扶持资金1.3亿元，减免企业租赁国有物业租金1467万元，促进经济迅速复苏、持续发展。岳麓区在全市“大干一百天，实现双过半”竞赛中勇夺中心城区优胜集体。在大战大考中，岳麓干群万众一心、不辞辛劳，诠释“生命至上、举国同心、舍生忘死、尊重科学、命运与共”的伟大抗疫精神，全区共有5名先进个人荣获省级表彰。

保持高质发展的强劲态势。落实“六保”“六稳”，加力项目招引和建设，延续高质量发展的良好态势。大科城管委会正式获批，进驻科技型企业1300余家，引进京东智联云等标志性企业35家、树图区块链等标志性平台10个，大科城公共法律服务中心挂牌成立。引进投资亿元以上项目52个，其中10亿元以上项目12个，进驻楼宇企业680家、总部企业30家、金融机构112家，湘江鲲鹏等76个重点产业项目竣工达效。完成41个项目征拆腾地，启动青山路等25条道路建设，拉通坦山路等道路6条，互联互通迈上新台阶；阳光100凤凰街、洋湖水街投入运营，四季消费节会火热开展，实现旅游收入超百亿元，消费人气持续激增。

收获决战决胜的丰硕成果。污染防治攻坚战成效明显，第二次全国污染源普查涉区工作获国务院表彰，龙王港流域综合治理经验获《人民日报》推介，大气污染防治十大专项行动深入实施，在省纪委“洞庭清波”督察中收获好评，“一江两河”水质稳定达标，全区空气质量优良率为五年来最高。防范化解重大风险攻坚战纵深推进，年度化解隐性债务4.9亿元，麓山控股信用等级跻身AA+，区属平台公司迈出市场化转型坚实步伐，争取13亿元政府专项债用于刚需项目建设，化解非法集资陈案7起，守住不发生系统性区域性风险底线。对口扶贫攻坚战取得决定性胜利，建成洗洛卫生院等帮扶项目17个，助推龙山百合、田溪水果等农产品触网营销，服务龙山物流边贸产业发展，促推龙山县整体“脱贫摘帽”，岳麓担当充分彰显。

传导发展为民的民生温度。回应民生关切，提质科学村等老旧小区10个，建成停车场16个、社区门店和农贸市场各2个，创建物业管理标准化小区13个，为既有多层住宅加装电梯202台，居民生活便利度稳步提升。提质公共服务，新建提质雅礼洋湖小学等学校27所、璞丽景园幼儿园等公办园5家，新增中小学学位6315个、幼儿园园位1620个，教育强区内涵更加丰富；提质改造市级标准化社区（村）综合文化服务中心5家，为17家卫生服务中心配备全科医生96名，群众身心健康更有保障；新建社区养老服务设施14处，提质改造村级儿童之家5家，“一老一小”得到有效照护。完善乡村设施，新（改）建农村公路100千米，改造户用厕所2万余座，建成水利项目57个，农村生产生活条件持续改善。

重要会议

【区委常委会会议】 1月20日，区委召开第五届第106次常委会会议。会议传达学习习近平总书记发表的2020年新年贺词精神，研究全区2020年建设项目和市重大项目投资计划编制工作、全区2020年项目征拆计划和2019年度绩效考核相关问题，研究审议《关于对区委五届九次全体会议暨经济工作会议主要任务进行责任分解的通知》。

1月27日，区委召开第五届第107次常委会（扩大）会议。会议传达学习中共中央政治局常务委员会会议精神和省委常委会、市委常委会会议精神，听取全区新型冠状病毒肺炎疫情防控工作情况汇报，研究部署下一步疫情防控工作。

2月6日，区委召开第五届第108次常委会（扩大）会议。会议传达学习2月3日中共中央政治局常务委员会会议精神，传达学习《中共湖南省委办公厅关于学习贯彻习近平总书记在中央政治局常委会会议上的重要讲话精神坚决打赢疫情防控阻击战的通知》和《中共湖南省委办公厅关于集中精力打赢疫情防控阻击战的通知》文件精神，传达学习2月4日市委常委会会议精神和省委常委、市委书记胡衡华督导岳麓区疫情防控工作指示精神，传达学习2月5日市委疫情防控领导小组调度会议精神，研究部署全区疫情防控及企业复工复产工作。

2月13日，区委召开第五届第109次常委会（扩大）会议暨区委疫情防控工作领导小组会议。会议传达学习习近平总书记在北京市调研指导新型冠状病毒肺炎疫情防控工作时的重要讲话精神和习近平总书记在2月12日中共中央政治局常务委员会会议上的重要讲话精神，重点调度全区加强新型冠状病毒肺炎核酸检测工作和应对疫情强化企业帮扶工作，研究部署全区下阶段疫情防控工作。

2月24日，区委召开第五届第110次常委会会议。会议传达学习2月21日中共中央政治局常务委员会会议精神和2月23日统筹推进新冠肺炎疫情防控和经济社会发展工作部署电视电话会议精神，研究会议精神落实工作；研究审议《2020年岳麓山国家大学科技城建设实施方案》和《岳麓区2020年产业发展年实施方案》。

3月6日，区委召开第五届第111次常委会会议。会议传达学习习近平总书记近期系列重要讲话精神（在中央财经委员会第六次会议上的重要讲话、在中央全面依法治国委员会第三次会议上的重要讲话、在中央全面深化改革委员会第十二次会议上的重要讲话、在2月26日中共中央政治局常务委员会会议上的重要讲话、在北京考察新冠肺炎防控科研攻关工作时的重要讲话、在3月4日中共中央政治局常务委员会会议上的重要讲话）；研究审议《区委常委会2020年工作要点》《区委会2020年工作要点》《区政协2020年工作要点》《区政协2020年协商与监督工作计划》；传达学习中央及省委、市委纪委全会精神，听取全区党风廉政建设和反腐败工作情况汇报；研究部署“大干一百天、实现‘双过半’”大竞赛活动，研究干部违纪情况处理。

3月12日，区委召开第五届第112次常委会会议。会议传达学习习近平总书记在湖北省考察新型冠状病毒肺炎疫情防控工作时的重要讲话精神，研究全区疫情防控工作；传达学习习近平总书记在决战决胜脱贫攻坚座谈会上的重要讲话精神；传达学习中央及省委、市委组织工作会议精神，听取全区组织工作情况汇报；传达学习中央、省委、市委政法工作会议精神，听取全区政法工作和信访工作情况汇报；传达学习习近平总书记对生态环境工作的重要指示批示精神，听取全区生态环保工作情况汇报。

3月20日，区委召开第五届第113次常委会会议。会议传达学习习近平总书记在3月18日中共中央政治局常务委员会会议上的重要讲话精神，研究部署全区疫情防控和经济社会发展相关工作；传达学习全国、全省宣传部长会议精神及全市宣传网信工作会议精神，听取全区宣传思想、网络安全和信息化工作情况汇报；传达学习全国、全省、全市统战部长会议精神，听取全区统战工作情况汇报；传达学习省委常委、市委书记胡衡华在市委常委会会议上对市委办公厅工作的指示精神，听取全区办公室工作情况汇报；研究全区防汛备汛及岳麓区河长制工作委员会组成成员调整工作。

3月26日，区委召开第五届第114次常委会会议。会议传达学习《中共湖南省委关于深入学习贯彻党的十九届四中全会精神为加快建设富饶美丽幸福新湖南提供有力制度保障的决议》精神；传达学习市委副书记、市长郑建新调研岳麓区的指示精神，研究市长指示精神责任分解工作；传达学习习近平总书记在中央政治局第十九次集体学习时的重要讲话精神，听取全区安全生产工作情况汇报；研究乡村振兴工作、2020年对口帮扶脱贫攻坚工作、推进软件信息产业发展工作以及区级领导联系街镇调整工作。

4月9日，区委召开第五届第115次常委会会议。会议传达学习3月27日中共中央政治局会议精神、4月8日中共中央政治局常委会会议精神、习近平总书记考察浙江时的重要讲话精神、中共湖南省委十一届十次全会精神；研究基层社会治理创新工作、“大干一百天、实现双过半”竞赛活动考评方案；传达学习中共中央办公厅印发的《党委（党组）落实全面从严治党主体责任规定》文件精神，研究区直机关党建工作；传达学习《中国共产党党校（行政学院）工作条例》，听取区委党校工作情况汇报；研究干部违纪问题处理和干部人事问题。

4月30日，区委召开第五届第117次常委会会议。会议传达学习省委书记杜家毫在调研大科城及座谈会上的讲话精神和市委常委会会议精神；研究公务员职务与职级并行制度实施工作；听取全区中小学校复学疫情防控工作情况汇报，研究区域智慧教育发展工作；研究全市“领导接访下访推动矛盾化解”攻坚年活动落实工作以及当前几项重点工作。

5月15日，区委召开第五届第118次常委会会议。会议传达学习4月17日中央政治局会议精神、4月29日中央政治局常委会会议精神、5月6日中央政治局常委会会议精神和5月14日中央政治局常委会会议精神，传达学习习近平总书记在陕西考察时的重要讲话精神、习近平总书记在山西考察时的重要讲话精神；传达学习中央纪委国家监委网站发布的《响水疫情期间公款聚餐饮酒事件剖析》精神和省纪委下发的《党风政风监督工作简报（以案促改专刊第2期）》精神；研究全区绩效考核相关问题；传达学习全省新时代县域警务工作会议精神，研究加强县域政治安全和社会稳定风险防控工作。

6月8日，区委召开第五届第120次常委会会议。会议传达学习习近平总书记在专家学者座谈会上的重要讲话精神；传达学习省委办公厅关于健全落实防范和惩治统计造假弄虚作假责任制的文件精神；研究审议《关于深化区纪委区监委派驻机构改革的实施意见》《长沙市岳麓区监察委员会向岳麓高新区派出监察机构的实施方案》《长沙市岳麓区监察委员会向镇（街道）派出监察办公室的实施方案》；研究审议《2019年度区委书记向市委述职基层党建工作有关问题整改方案》《2019年度区委书记向市委述职意识形态工作有关问题整改方案》；听取全区基层公共服务（一门式）全覆盖相关工作情况汇报；研究审议《长沙市岳麓区营商环境优化工程2020年行动方案（送审稿）》和《长沙市岳麓区优化营商环境指标长工作机制（送审稿）》；研究干部人事问题。

7月2日，区委召开第五届第121次常委会会议。会议传达学习习近平总书记在中央政治局第二十次集体学习时的重要讲话精神；传达学习中共中央政治局常委、国务院副总理韩正在

7月2日，区委第五届第121次常委会会议（融媒体供图）

长沙调研时的讲话精神；传达学习赵乐际和杨晓渡在全国巡视工作会议暨十九届中央第五轮巡视动员部署会上的讲话精神，传达学习王鸿津在市县巡察工作中南片区调研座谈会上的讲话精神；研究全区推进特色农业产业和新型村级集体经济发展工作；研究全区深化整治形式主义官僚主义工作；研究审议《2020年度岳麓区绩效考核工作目标考核体系》和《长沙市岳麓区领导班子绩效考核管理实施办法》；研究全区交通保畅工作；听取2020年上半年环保工作情况汇报，研究部署下半年环境保护工作；研究干部人事问题。

7月21日，区委召开第五届第122次常委会会议。会议传达学习省委办公厅关于进一步严明政治纪律相关要求的文件精神，听取公务员职级晋升工作情况汇报，听取市管干部人选推荐工作情况汇报，听取区政协委员增补情况汇报。

7月31日，区委召开第五届第123次常委会会议。会议传达学习7月17日中共中央政治局常委会会议精神，传达学习习近平总书记关于防汛工作的重要指示精神；传达学习省纪委关于干部违纪问题的警示情况通报；传达学习《关于规范政商交往推动构建亲清新型政商关系的意见》文件精神；传达学习全国、全省民（宗）委主任、全市统战部部长（民宗局局长）会议精神，听取全区民族宗教工作情况汇报；传达学习习近平强军思想，听取人民武装工作情况汇报。

8月26日，区委召开第五届第124次常委会会议。会议传达学习习近平总书记在中央政治局第二十一次集体学习时的重要讲话精神；传达学习习近平总书记在企业家座谈会上的重要讲话精神；传达学习习近平总书记关于制止餐饮浪费行为的重要指示精神；研究文明创建工作、常态化疫情防控工作、教育工作，研究麓山控股集团党委设立和纪检监察组织设立相关工作。

9月11日，区委召开第五届第125次常委会会议。会议传达学习习近平总书记在经济社会领域专家座谈会上的重要讲话精神、习近平总书记在中央第七次西藏工作座谈会上的重要讲话精神、习近平总书记在纪念中国人民抗日战争暨世界反法西斯战争胜利75周年座谈会上的重要讲话精神、习近平总书记在全国抗击新冠肺炎疫情表彰大会上的重要讲话精神，传达学习习近平总书记在学校思想政治理论课教师座谈会上的重要讲话精神；传达学习省委书记杜家毫在县委书记抓党建促决战决胜脱贫攻坚培训班开班式上的讲话精神；研究岳麓区加强村级组织建设和村党支部书记队伍建设工作；听取全区群团组织工作情况汇报；传达学习习近平总书记向中国人民警察队伍授旗时的重要指示精神及政法领域全面深化改革推进视频会议精神，传达学习全国、全省、全市公安系统教育整顿工作相关会议精神，听取全区公安系统教育整顿工作情况汇报；研究干部人事问题。

9月29日，区委召开第五届第127次常委会会议。会议传达学习习近平总书记在中央财经委员会第八次会议上的重要讲话精神、习近平总书记在科学家座谈会上的重要讲话精神、习近平总书记在基层代表座谈会上的重要讲话精神、习近平总书记在教育文化卫生体育领域专家代表座谈会上的重要讲话精神、习近平总书记在第三次中央新疆工作座谈会上的重要讲话精神、习近平总书记对新时代民营经济统战工作作出的重要指示精神和对“十四五”规划编制工作网上意见征求活动作出的重要指示精神；传达学习省纪委关于贪腐案件查处情况通报精神，通报区内有关案件处理情况，研究干部违纪问题处理工作；传达学习习近平总书记关于长江流域“十年禁渔”工作的重要指示精神，听取全区禁捕退捕工作情况汇报；研究增补区人大代表问题；研究部署国庆、中秋两节相关工作。

10月21日，区委召开第五届第128次常委会会议。会议传达学习习近平总书记在中央党校（国家行政学院）中青年干部培训班开班式上的重要讲话精神、习近平总书记在深圳经济特区建立40周年庆祝大会上的重要讲话精神、习近平总书记在广东考察时的重要讲话精神，传达学习《中共湖南省委关于深入学习贯彻习近平总书记考察湖南重要讲话精神奋力谱写新时代坚持和发展中国特色社会主义湖南新篇章的决定》文件精神；通报市委组织部对岳麓区2019年度选人用人工作民主评议结果；学习观看《生命重于泰山——学习习近平总书记关于安全生产重要论述》电视专题片，听取全区安全生产工作情况汇报；听取迎接第二批省级生态环境保护督察“回头看”工作情况汇报。

11月10日，区委召开第五届第129次常委会会议。会议传达学习中国共产党十九届五中全会精神；传达学习习近平总书记在纪念中国人民志愿军抗美援朝出国作战70周年大会上的重要讲话精神；研究《中国共产党政法工作条例》贯彻落实工作，传达学习中央及省、市关于扫黑除恶相关会议精神，研究防范和处理邪教工作；研究全区2020年党支部建设工作；研究审议《区委落实全面从严治党主体责任清单》和《区委常委会成员履行全面从严治党主体责任清单》；听取《关于社区干部“坐班制”转“值班制”工作的调研报告》的起草情况汇报；研究干部违纪问题处理工作和干部人事问题。

11月26日，区委召开第五届第130次常委会会议。会议传达学习习近平总书记在浦东开发开放30周年庆祝大会上的重要讲话精神、习近平总书记在江苏考察时的重要讲话精神、习近平总书记在全面推动长江经济带发展座谈会上的重要讲话精神、习近平总书记在中央全面依法治国工作会议上的重要讲话精神、习近平总书记对川藏铁路开工建设的重要指示精神、习近平总书记对平安中国建设的重要指示精神、习近平总书记对做好关心下一代工作的重要指示精神；传达学习全省领导干部会议和全市领导干部会议精神；听取全区村、社区换届选举相关工作情况汇报；研究十九届五中全会精神宣传贯彻落实工作，听取意识形态、公民道德建设及文联改革相关工作情况汇报；研究岳麓山大学科技城管理体制机制相关问题；听取省级生态环境保护督察“回头看”交办问题整改落实情况汇报。

12月16日，区委召开第五届第131次常委会会议。会议传达学习习近平总书记在全国劳动模范和先进工作者表彰大会上的重要讲话精神和习近平总书记在中共中央政治局常务委员会上的重要讲话精神；传达学习中国共产党湖南省第十一届委员会第十二次全体会议精神；学习观看《2020年长江经济带生态环境警示片》，研究生态环境保护工作；听取全区村（社区）两委换届选举工作情况和村（社区）党组织书记调整情况汇报；听取区“两会”筹备工作情况汇报；听取区科协第三次代表大会筹备工作情况汇报；研究审议《岳麓区贯彻落实习近平总书记视察湖南重要讲话指示精神责任分工清单》。

12月31日，区委召开第五届第132次常委会会议。会议传达学习中央经济工作会议精神和省委经济工作会议精神；传达学习习近平总书记在中央政治局第二十六次集体学习时的重要讲话精神，听取全区维护国家安全工作情况汇报；研究房地产办证遗留问题化解工作；研究食品安全工作；研究审议五届区委第十次全体（扩大）会议暨区委经济工作会议筹备工作；部署元旦期间重要工作。

工作纪要

【牵头服务】 2020年，区委办公室发挥党办运转中枢作用，制定《月工作安排》和《周工作安排》，打好提前量，为区委各项活动科学铺排提供依据。坚持抓好办文办会办活动，服务保障区委主要领导各项活动500余次。落实重要会议计划清单，提高会议效能，服务保障各类会议300余次。树立“机要保密无小事”意识，推进机要保密工作规范化建设。做好党委信息工作，高质量办理红网问政留言回复456条，数量和质量均居全市首位。

【参谋辅政】 2020年，区委办公室紧扣大科城建设、产业发展、乡村振兴、基层社会治理等全区重点工作开展调查研究，在《人民日报》《湖南日报》等权威刊物发表文章32篇。撰写和审核、把关各类材料300余篇，高质量完成区委五届十次全会，区人大、政协“两会”，十四五规划建议等重要材料撰写，获得区委领导高度肯定和各界一致好评。

【督查督导】 2019年，区委办公室树立“党委工作部署到哪里、督促检查就延伸到哪里”的理念，聚焦湘江智谷·人工智能科技城、市府北片区建设等重点工作开展督查，形成督查专报38期，调查报告19份，确保各项工作落细落实。把办理上级和区委主要领导批（指）示交办事项作为严肃的政治任务，坚持批则必查、查则必清、清则必办、办则必果。全年下发专项查办、督查通知、督办函共计41次，对19件省市专项督办件和128件书记批示件落实情况进行跟踪督促、限期办结和回访复核，确保了事事有着落，件件有回音。区委督查室连续四年获评全省党委督查工作先进单位。

【队伍建设】2020年，区委办公室围绕习近平总书记提出的“七种能力”，从严从实抓好机关党建，落实支部“五化”建设要求，组织开展分享抗疫家书、集体过政治生日、《半条棉被》观影、党风廉政建设知识竞赛等系列主题党日活动，组织生活的政治性、时代性、丰富性不断增强。配合区委第二巡察组完成政治“体检”，党员干部政治意识、责任意识、大局意识进一步提升。

【统筹协调】2020年，在疫情防控中，区委办公室统筹做好区委有关疫情防控重要会议活动的服务保障工作100余次，常态化开展疫情防控专项督查，编辑简报、纪要49期，为全区做好疫情防控工作和复工复产提供了服务保障。完成党和国家领导人接待17批次，做好全市重大项目观摩、市委主要领导调研等重大活动保障。牵头整治形式主义官僚主义，得到《人民日报》、市委办公厅简报专题推介。统筹打赢蓝天保卫战，实现全市考核中进入一类。

组织工作

【概况】区委组织部内设办公室、组织科、干部科、研究室、公务员科、老干部管理科，下辖区委基层办、区委非公有制经济组织和社会组织工委办、区绩效考核办、区委组织部党员教育中心、区党代表联络办、区老干部服务中心、区老干部大学管理办等7个二级事业单位，有在编干部职工29人。2020年，区委组织部对标对表，履职尽责，着力推动岳麓组织工作高质量发展，为建设“知识岳麓”“创新岳麓”提供坚强组织保障。“美丽楼道”建设入选“湖南基层改革探索100例”（党建领域只有8个案例入选，长沙内五区仅岳麓入选）。区委组织部获评湖南省文明单位。

【基层党建工作】全年共举办各类培训班21期次，为党员干部思想“充电”、能力“加油”。用好岳麓山、橘子洲、新民学会旧址、肖劲光故居等红色资源，开发12堂岳麓红色文化党史课程，组织全区3500余名党员“打卡”红色教育基地，面向4.6万余名游客免费宣讲，做好红色基因和红色血脉的传承工作。组织参选全市“名师名课”活动，获评“名牌讲师”1人、获评“名牌课程”3个，获奖数位居全市首位，区委组织部获得“名师名课”竞赛活动优秀组织奖。《谁主沉浮——在橘子洲领略一代伟人毛泽东仰天长问的永恒魅力》荣获全省“党课开讲啦”活动精品党课一等奖。开展党员分类管理试点，推进基层公共服务“一门式”全覆盖，实现17个集体经济薄弱村“清零”目标，创建16个市级示范“五化”基层党组织，完成支部“五化”建设收官工作。累计建成245个小区党支部、699个“美丽楼道”。16家区级区域化党建联席会议成员单位双向认领120个共建项目，开展183场共建服务活动。立足岳麓专业资源丰富的优势，组建科技、卫生和教育3个区级区域化特色分会，精准服务经济社会发展。

【干部队伍建设】科级领导干部政治建设考核做到全覆盖。开展公务员职务职级晋升工作，晋升三级主任科员及以上职级257人，激发干部担当作为的内生动力。落实年轻干部刚性配备要求，新提拔干部中35岁以下年轻干部占比35.7%。面向社会公开选调10名重点院校研究生，安排到中南大学研发总部等产业发展前沿从事招商、企业服务等工作。落实“凡提四必”要求，开展“一报告两评议”，三项指标均列全市第一档次。做好干部因私出国（境）“一人多证”专项清理和证照集中收缴工作，全区四级主任科员及以上人员因私出国（境）证照全部纳入组织部门统一管理。依托大科城、岳麓高新区、金融中心三大承载平台，打造吸纳人才的主阵地，做优人才服务的主战场，兑现青年人才奖补1400余万元，在落户、住房、医疗、配偶就业、子女就学等多方面开辟“绿色通道”。

【两新党建工作】指导成立58小镇党委，打造58小镇党群服务中心，完成全国互联网党建大会现场观摩任务，协办全国第三届两新党建主题研讨岳麓峰会。新组建10个两新党组织，新发展两新党员59名，比上年新增8%。举办两新党组织书记示范培训班，落实党支部“五化”建设要求，基层支部“五化”建设全面达标，市级“五化”示范党组织1个。统筹推动180余名党建工作指导员担任两新组织、商务楼宇防疫联络员，指导督促企业和楼宇做好疫情防控、复工复产和关心关爱员工等工作。号召全区两新党组织和党员在疫情防控工作中发挥战斗堡垒作用和先锋模范作用，累计捐赠口罩、酒精、消毒液、隔离衣、呼吸机等防疫物资达2100余万元。依托区域化党建平台，整合优质资源，服务两新组织，开展优质党课、心理健康服务、人才新政讲座、健康义诊、金融服务、相亲联谊等服务进楼宇党群服务活动共计20余场次。

岳麓区村（社区）“两委”换届工作动员部署暨业务培训会（区委组织部供稿）

【离退休干部工作】 调整局党委下设党组织设置，完成下设7个退休干部党支部的换届选举工作。3个支部获评全市示范化“五化”党支部。选定3个支部开展离退休党员分类管理试点工作。推选长华社区离退休干部党支部获评“全省示范离退休干部党支部”，老党员范志明获评“全省离退休干部工作先进个人”。按政策落实离退休干部生活医疗待遇，全年走访慰问老干部及遗孀遗属240余人次。组织各涉老协会开展活动15次。征集疫情防控主题作品100余幅，中心管理的老干部捐款7万余元。3支团队获评市最佳“五老红”志愿服务组织，10位“五老”获评全市最美“五老红”志愿者。30位区级“五老”金牌讲师全年宣讲80余场次。挂牌成立1个长沙市关心下一代教育基地，培植9个关心下一代特色项目。指导创建14个市、区级老年教育基层教学点，13个市、区级网络课堂站点。

【绩效考核】 全区完成市委、市政府下达的年度各项指标任务，以绝对优势斩获中心城区第一，总成绩遥遥领先，创造全市绩效考核史上的最佳纪录。创新考核模式，延伸考核范围，紧扣市、区中心工作，加强全区绩效考核工作。通过考核，全区68个区直部门、17个街镇评出优秀单位62个（占72.9%），良好单位23个（占27.1%），垂直管理单位评出优质服务单位4个。

【社区（村）党组织换届选举】 采取“区级公开招聘一批、街道择优比选一批、员额选拔充实一批”举措选优配强“两委”班子。换届后，全区168个社区（村）调整党组织书记67人，占比40%；共选举产生1154名“两委”成员，其中新进人员413名，占比幅度为35.8%，换出新气象。社区（村）党组织班子平均年龄由43.4岁下降至37.7岁，大专以上学历占比由81.4%上升至89.2%，书记主任“一肩挑”比例98.2%，实现学历大幅度提升，而年龄大幅度下降。

【新冠肺炎疫情防控】 下拨抗疫专项党费138万元，募集党员捐款293万元，组织发放中药汤剂2.4万份，紧急选派353名科级领导干部担任驻企防疫联络员，疫情危急时坚持问题日汇总、日调度、日交办，帮扶解决问题861个，护航企业复工复产。

宣传工作

【概况】 区委宣传部加挂区新闻出版局（区版权局）、区精神文明建设指导委员会办公室牌子，内设办公室、意识形态科、新闻宣传科3个科室，下设区文化产业发展办公室、区融媒体中心、区未成年人思想道德建设工作办公室3个二级事业单位，核定编制19名（行政编

岳麓区党（工）委（党组）书记抓基层党建和意识形态工作责任制述职评议会议（区委组织部供图）

制6名，事业编制13名），实有18人。

2020年，全区宣传思想文化战线聚焦学习宣传贯彻中共十九届五中全会精神这个首要政治任务，坚持围绕中心、服务大局，强化使命担当、锐意创新作为，扎实推进各项工作，为加快建设“知识岳麓”“创新岳麓”提供强大精神文化力量。

【意识形态引导】 以制度建设为抓手促进意识形态工作规范化、系统化、效果化，坚持“六个纳入”，区委常委会专题研究意识形态工作4次，召开全区宣传思想工作、述职评议、形势分析研判、专题调度会议30次，印发《岳麓区意识形态工作正面清单和负面清单》等文件8个，对157个区属单位和村（社区）开展区委巡察意识形态工作专项检查，推动意识形态工作责任落实落细。开展增强“四力”建设活动，全面提升党员干部意识形态工作能力，举办全区性意识形态主题培训班5期，各街镇、区直单位面向机关干部、基层一线自主组织意识形态专题培训近100场。

【强化思想引领】 以学习贯彻习近平新时代中国特色社会主义思想为主线，开展区委理论学习中心组学习12次，组织学习《中国共产党宣传工作条例》90余次，征订理论书籍2万余册，开展“麓山汇讲·百人千场大宣讲”、“就认这个理 打造三高地”微宣讲活动进机关、进企业、进社区、进农村、进新时代文明实践站（所），深受听众欢迎，选派2名选手参加市微宣讲决赛获“优秀组织奖”，《魅力后湖》等调研文章获评全市优秀调研文章等，“学习强国”平台学习使用工作位居全市前列。成功举办长沙首届“岳麓山青年戏剧节”，上演《原野》《哈姆雷特》等35场剧目，吸引线上线下1400万人次关注，写进长沙市十三届十一次全会暨全市经济工作会议报告；创作出版长沙首部原创音乐歌碟《遇见岳麓》，网易等主流音乐平台播出；编辑出版《我和我的国——疫往情深日记》笔记本，获得钟南山院士、张文宏教授题词支持；创作报告文学《先声》获长沙市“五个一工程”优秀作品奖、《三湘网事》获湖南省“梦圆2020”主题文学征文二等奖，举办文化节会、文艺作品征集、群文活动，联动发力形成以文化人大合唱。

【推进文明创建】 贯彻落实《新时代公民道德建设实施纲

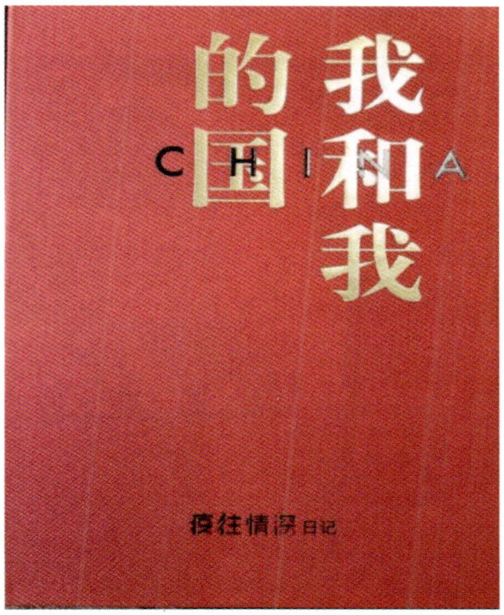

《我和我的国——疫往情深日记》笔记本

音乐歌碟《遇见岳麓》

要》《新时代爱国主义教育实施纲要》要求，制订具体实施方案，以社会主义核心价值观引领主流意识形态形成岳麓样本。将主流价值观有机融入活动，承办全国道德模范故事汇示范巡演长沙专场、长沙市志愿服务文化节闭幕式等活动，精心策划第二届“礼赞岳麓红·岳麓楷模”评选。坚持立德树人，开展“从小学劳模，争做好少年”活动，中小学校思政教育经验被人民网等主流媒体推介。推荐阳明山庄社区、博才小学、刘习明家庭、黄杰生家庭获评全国精神文明建设先进典型，推荐“唐果之家”获评优秀学雷锋志愿服务项目，胡巧萍、李秀芳在全市学雷锋志愿服务故事分享会上获一等奖，“国字号”荣誉数量位列长沙九个区、县（市）第一。

【加强舆论宣传】 全年在中央主流媒体上稿790余篇，在省市主流媒体上稿3390篇，在“学习强国”平台上稿205篇，其中《岳麓战“疫”24小时》在新华网首页首屏单平台点击量近100万次、全网点击量24小时突破200万人次，人民网《岳麓区莲花镇：“三包一”机制保障特困群体“疫”期生活》和新华社、人民日报客户端《“保姆式”服务护航医疗企业复工复产》等报道从不同侧面展示全区上下防控疫情、帮助复工复产的不懈努力，雨敞坪镇新卯村乡村治理经验在《半月谈》刊发。围绕服务产业发展等中心工作，区融媒体中心采编发稿件4610篇，推出一系列有岳麓特色的原创专题报道，打造具有全国影响力的100万+融媒体作品11个，“爽在岳麓”专题全网阅读量超3000万人次，“见证岳麓”专题全网阅读量超500万人次，“‘十’佳拾美”“美遇·可见”全网阅读量超100万人次，成为新晋网红IP。联合新浪网成功举办洋湖水街开街仪式，网络阅读量突破8.9亿人次。

网络安全和信息化工作

【概况】 2020年，全区网信工作以习近平总书记关于建设网络强国的重要思想为指导，认真贯彻落实上级网信工作部署，牢牢把握网信工作高标准、严要求，充分认识其重要性，在凝聚网络正能量、处置突发敏感舆情、营造清朗网络空间、全力维护网络安全等方面积极作为，坚决执行网络意识形态和网络安全两个责任制。

【网络宣传】 唱响网上传播主旋律。严格对标对表，及时推送中央主要媒体和重点新闻网站稿件，确保有关习近平总书记的讲话或活动的重要报道牢牢占据岳麓新闻网、指尖岳麓等网络平台的头条首屏。全年共接收指令100多条，推送到广大干部职工和全区居民群众的朋友圈、微信群。指导、协同区融媒体中心在中央媒体上稿 192篇，在省、市主流媒体上稿1099篇，在“学习强国”平台上稿187篇。构建网络力量同心圆，统筹各类网络传播资源，畅通政务类网络平台、非政务类自媒体账号、属地网络大V、基层千个圈群以及中央、省、市主流网络媒体五大传播渠道，形成多平台发布、全覆盖宣传、立体化传播的网络宣传格局。打造网络爆款更吸睛，主动策划“爽在岳麓”“点亮夜经济”等宣传主题，推出网红文案100余篇，摄制短视频1000余条，原创《区长为你导游》《网红杜甫回长沙》《岳麓畅行本》等一批“10万+”“100万+”网络宣传精品刷爆网络。推进网红岳麓高流量。把准“五一、夜经济、十一”等宣传节点，策划

全国道德模范故事汇示范巡演（区委宣传部供稿）

推出“嗨爽岳麓”“长沙红了岳麓醉红”等重磅话题，“洋湖水街开街”话题阅读量超过8.9亿人次，“点亮湖湘夜经济”“放价了！快来岳麓薅羊毛”等冲上热搜榜，收获网友留言点赞超1000万人次，话题阅读量累计超12亿人次。

【网络安全】提升网络安全意识。进校园、进企业、进社区、进机关，累计开展网络安全宣讲84次，组织网络安全培训3场，普及网络安全知识，增强网络安全风险防范意识和技能，营造文明上网、健康上网、安全上网良好氛围。健全网络安全机制。探索建立由区委网信办牵头，区公安分局、区数据资源中心配合，社会技术力量做补充的网络安全保障队伍，一月一巡查，一事一专项，协同守牢网络安全底线。开展网络安全检查。联合区公安分局、区数据资源中心等单位，将日常检查和专项检查相结合，搭建“云先知”监管平台，将人防和技防相结合，查找网络安全领域存在的突出问题和薄弱环节。通过对全区网络资产进行网络安全检查，共发现网络安全问题645个，下发整改通报35份，所有问题均已督促整改到位，筑牢全区网络安全屏障。

【体系建设】进一步细化网络意识形态和网络安全工作考核办法，制定《关于新形势下推进全区网络评论队伍建设实施方案》等制度文件，健全联席会议等工作机制，确保各项工作有章可循。进一步明确各街道（镇）和区直部门的网信工作分管副职和专干的在职在编党员身份，扩充一支300余名的网评信息员队伍。聘请省委网信办、省工商大学等单位专家教授，为全区网信干部专题培训8次，系统学习网络意识形态、网络宣传及网络评论、网络安全和大数据、互联网法律法规及对抗演练等业务知识，切实提高全区网信系统干部知网、管网、用网能力，打造一支讲政治、懂网络、敢担当、善创新的网信队伍。

【网络安全宣传周活动】9月14—20日，以“网络安全靠人民，网络安全为人民”为主题的第七届国家网络安全宣传周在全国范围内广泛开展。区委网信办进校园、进企业、进社区、进机关，多措并举在全区范围内开展网络安全宣传周系列活动，累计发放网络安全小折页超过80000册，制作展板120余块，超6万人次参与网络安全答题，发布提醒短消息30万条，10多所高校把防范网络电信诈骗等专题网络安全课程作为入校第一课，岳麓山下近10万名高校学生接受网络安全教育课。人民网、网信湖南、新湖南、红网等对活动情况推介报道。

【网络减负行动】岳麓区开展网络减负行动，通过工作群集中清理整治行动，共关停128个政务新媒体，保留21个，合并、解散工作群2000余个，保留工作群614个，全区工作群数量压缩了59%，基层工作人员手中的工作群数量大大减少，“指尖”上的工作负担大大减轻。1月14日，《人民日报》刊登题为《政务微信公号过滥，关！》的文章，推介岳麓区开展网络减负整治指尖上的形式主义工作经验。

【新冠肺炎疫情防控】重点盯紧属地近千个微信圈群，及时辟谣不实信息29条，发布新型冠状病毒肺炎舆情专报39期，每日发挥信息参谋作用，对全区防疫工作及时提出加强工作信息报送、统一口径发声、规范圈群文件传输等建议52条

2020年国家网络安全宣传（网络安全信息化事务中心供图）

持续做好疫情舆论引导。统筹全区“一中心两矩阵五大平台”，联动本地有影响力的网络大V，协同46家自媒体，聚焦岳麓防疫集体发声，共发布信息1800余条，自制《居民录播〈倡议书〉街道防疫宣传忙》《花鼓戏防疫抗毒》等6个微视频，受到网友大量关注和点赞，全网点击量破千万人次，引导网络舆论走向，传递岳麓防疫声音。

【网红岳麓新媒体采风活动】 10月30日，长沙市新媒体协会一行在岳麓区召开第一届第一次理事会议并举行网红岳麓新媒体采风活动。长沙市委副秘书长、市委宣传部副部长、市委网信办主任、市新媒体协会会长莫小佳，岳麓山大学科技城党工委副书记、管委会主任罗予武，岳麓区委常委、宣传部部长刘雄辉，以及长沙市新媒体协会其他理事会成员参加活动。活动中，新媒体大咖先后参观岳麓书院、岳麓山大学科技城展厅、后湖文化艺术园区、华谊兄弟（长沙）电影小镇、洋湖水街等地，领略岳麓区的文化底蕴，并对网红岳麓城市宣传提出建议。

10月30日，长沙市新媒体协会第一届第一次理事会议暨网红岳麓新媒体采风活动（网络安全信息化事务中心供图）

统战工作

【概况】 区委统战部是区委工作机关，为正科级，作为区委主管统一战线工作的职能部门，领导和管理区民族宗教事务局（简称区民宗局）、区归侨侨眷联合会（简称区侨联），对外加挂长沙市岳麓区人民政府侨务办公室（简称区侨办）牌子。区委统战部内设办公室、综合业务科。有工作人员16人。主要工作领域是民主党派和无党派人士工作、党外知识分子工作、民族工作、宗教工作、非公有制经济领域统战工作、新的社会阶层人士统战工作、港澳台统战工作、海外统战工作和侨务工作。

【坚持政治引领】 区委统战部坚持以习近平新时代中国特色社会主义思想为指导，始终把广泛凝聚政治共识作为首要任务。牢牢抓住学习贯彻习近平新时代中国特色社会主义思想这条主线。团结带领全区统一战线深入学习贯彻中共十九届五中全会精神和习近平总书记考察湖南重要讲话精神，认真学习宣传贯彻习近平总书记关于加强和改进统一战线工作的重要思想，贯彻落实中央及省委、市委及区委关于统筹推进疫情防控和经济社会发展工作的重大决策部署，广泛开展形势政策宣传教育，把全区广大统战成员的思想统一到党中央关于当前国际国内的形势判断上来。有的放矢做好思想政治引导，帮助解决问题，提振发展信心。紧紧围绕“大团结大联合”这一主题。支持各民主党派和无党派人士开展“两学一助”学习教育和“不忘合作初心，继续携手前进”主题教育，不断巩固学习教育成果。组织全区统一战线前往龙山县洗洛镇，就助力构建防止返贫长效机制，巩固脱贫攻坚成果开展考察调研，并走访慰问困难群众。推动落实区党政领导固定联系党外代表人士制度，持续加强联谊交友工作。

【服务中心大局】 区委统战部把围绕中心服务大局作为履职重点，充分发挥统一战线独特功能和重要作用，在助力打赢疫情防控总体战、复工复产攻坚战和经济发展主动战上，形成最广泛合力。疫情期间，成立区委统战部新型冠状病毒感染的肺炎疫情联防联控工作领导小组，动员组织各级统战干部和广大统战成员做好联防联控工作，捐资累计近200万元，捐赠口罩超过20万个，向湖北疫情一线医院捐赠物资超175万元。组织民主党派、无党派人士、党外知识分子和新的社会阶层人士围绕疫情防控积极建言献策，多篇建言通过“直通车”报区委供决策参考。疫情期间，率先落实暂停开放宗教活动场所和民间信仰场所、暂停举办人员密集的各类活动等措施，筑牢安全屏障。广泛开展基层走访调研。持续开展“民企大走访、同心促发展”暖企活动，共走访430余家民营企业，发放《应对疫情支持企业发展政策汇编》500本，除现场解决的问题外，召开涉企部门联席会及时交办落实问题56个。组织召开同心创建工作推进会，制定区委统战部班子成员联点同心创建示范点制度，通过调研走访、现场指导等方式，及时解决创建工作中的困难和问题。积极助推民营经济高质量发展。认真贯彻落实全国民营经济统战工作会议和党中央关于加强新时代民营经济统战工作文件精神，强化与民营经济人士常态化沟通机制。区委、区政府主要领导坚持对民营企业开展常态化走访。10月29日召开全区民营企业家座谈会，认真听取民营企业家对经济社会发展、营商环境优化和编制“十四五”规划的意见和建议。

【坚持凝心聚力】 区委统战部坚持突出“争取人心、凝聚力量”这个根本，在民族宗教、侨务、党外知识分子和新的社会阶层人士等统战领域持之以恒、久久为功，广泛团结各方面力量。规范管理民族宗教工作。进一步压实宗教工作“区、街道（镇）、社区（村）三级网络和街道（镇）、社区（村）两级责任制”。报请区委统战工作领导小组召开两次专题会议，研究部署宗教工作。根据区委常委会安排和区委统战工作领导小组部署，由区委统战工作领导小组办公室开展为期20天的宗教工作专项督查，并向区委统战工作领导小组报告督查情况，督促相关责任单位落实整改。做好海外统战和侨务工作。加强与港澳台海外统战人士的联络交往，对外使用区政府侨务办公室名称管好侨务行政性事务，加强侨胞之家建设，率先在全省建立涉侨纠纷多元化解机制，凝聚侨心、汇聚侨智、发挥侨力，维护侨益。疫情期间，引导海外侨胞加强自身防护，向区内重点侨资企业捐赠防疫物资。为岳麓区新侨创新创业基地授牌并提供服务，定期举办“侨海沙龙”等活动，为新侨分享资源、交流经验提供平台。党外知识分子、新的社会阶层力量不断聚合。推荐区党外知联会常务理事戴小望、成员何婷作为岳麓统一战线“抗击疫情”典型人物上报省委统战部，不断扩大岳麓统战宣传影响。打造湖南金融中心新的社会阶层人士统战工作“融谊聚”实践创新基地，成立金融中心新的社会阶层人士联谊会，率先在全省将新阶联建在产业链上，天地人律师事务所率先在全省中介组织中成立新阶联，受到上级肯定和社会关注。成立实践创新基地《中华人民共和国民法典》宣讲服务团，开展民法典宣讲进社区、进机关、进企业活动上百余场次，开设网络讲堂，交流互动人次突破35万。

【打造“同心”品牌】 区委统战部深入挖掘并打造特色品牌，着力形成一批亮点突出、成效显著、具有推广价值的基层统战工作品牌。“同心创建”不断深化。统筹推进统战各领域资源转化、品牌打造，着力培育一批新的“同心创建”工作点，2020年2月，中共湖南省委统战部授予长沙市岳麓区民主党派之家“省级同心项目”称号，12月9日，中央统战部研究室副主任何文格、省委统战部常务副部长徐克勤一行到现场调研考察。12月中共湖南省委统战部授予岳麓区咸嘉湖街道荷叶塘社区“省级同心社区”称号。区校统战合作不断深化。加强与驻区高校统战部门的联系沟通，建立联席会议机制，与高校共同开展好民族宗教工作，打非抵渗工作取得明显成效。党外知识分子作用进一步发挥，湖南大学党外知联会会长潘安练教授等领办的湖南光电集成创新研究院取得系列研发成果并有力支持地方发展。9月7日，中央统战部副部长邹晓东、无党派人士和党外知识分子工作局局长一行专题考察。产业发展服务不断增色。8月18日，省委常委、统战部部长黄兰香率包括民主党派省委班子成员在内的全省党外代表人士共75人，深入岳麓区开展暑期谈心暨“看巨变·凝共识·谋发展”学习考察，先后参观湖南新云网科技有限公司、中南大学科技园（研发）总部、长沙湘江欢乐城和华谊兄弟（长沙）电影小镇。

【**组织统战干部到龙山县洗洛镇走访调研**】9月27—29日，全区统一战线相关单位代表46人到龙山县洗洛镇就助力构建防止返贫长效机制，巩固脱贫攻坚成果开展考察调研，走访慰问困难群众。推动落实区党政领导固定联系党外代表人士制度，持续加强联谊交友工作。

【**举办统一战线培训班**】11月2—3日，长沙市岳麓区举办统一战线培训班。区委统战部、区民宗局、区工商联全体工作人员，各街道（镇）分管副职，民主党派成员、无党派人士、新的社会阶层人士、归侨侨眷、民营经济人士、民族宗教界代表人士约90人参加培训。

机构编制

【**概况**】区委机构编制委员会办公室（简称区委编办），为区委工作机关，归口区委组织部管理。2020年，有在编干部9人。内设综合科、机构编制科、事业单位登记管理科，下设机构编制电子政务中心1个，属全额拨款事业单位。区委编办贯彻落实党对机构编制工作的集中统一领导，负责全区各级党政群机关和事业单位的机构编制管理；指导协调全区各级机构改革工作；审核全区各级机构的职能配置、内设机构、人员编制和领导职数等；负责全区机构编制实名制管理和事业单位登记管理。在全区年度绩效考核中评为一类单位。

【**学习贯彻条例**】学习《中国共产党机构编制工作条例》（以下简称《条例》），牢牢把握机构编制工作政治属性，把学习贯彻习近平总书记关于机构编制工作的重要指示批示精神和《条例》作为一项极端重要的政治任务，以高度的政治自觉抓好学习贯彻；学习传达习近平总书记在深化党和国家机构改革总结会议上的重要讲话、全省机构改革总结大会精神、周祖翼到湘调研讲话，将《条例》纳入区委理论学习中心组学习1次、区委编委会集体学习2次，纳入区委党校主体班次教学；通过制作宣传展板、发放书籍手册、观看学习视频、组织专题讲座等形式，推动全区各级各单位自觉站在践行“两个维护”的政治高度学习《条例》，形成明《条例》、守《条例》、用《条例》的思想自觉和行动自觉，凝聚党管机构编制共识。贯彻执行机构编制党内法规，完善配套制度，以《条例》为准则，以编委名义重新制定《中共长沙市岳麓区委机构编制委员会工作规则》《中共长沙市岳麓区委机构编制委员会办公室工作细则》，细化《长沙市岳麓区机构编制审批程序》，明确凡涉及部门职能调整、机构调整和编制数增减事项，一律按照规定权限和程序办理，把规矩立起来、严起来。明晰决策流程，严格落实《条例》规定的“动议、论证、审议决定、组织实施”基本环节，凡涉及机构编制调整事项，均按照“五个是否”进行论证，切实做到“不研究、不决策、先研究、后决策”，持续推动机构编制工作规范性、科学性。树牢“红线”意识，通过集中学习和会签传阅的方式，传达省纪委、省委编办《关于8起机构编制等违规违纪典型案例的通报》，进一步提高纪律意识，树牢“编制就是法制”理念；加强编办与纪检监察、巡察、审计等部门协作配合，建立健全情况通报、信息共享等工作机制，形成督促检查工作合力。开展监督检查，对全区各单位机构编制工作规定贯彻落实情况进行监督检查，清理少数错挂、增挂等内设机构挂牌情况，提升各单位严格执行机构编制规章制度的责任意识；强化机构编制刚性约束，严禁区直各单位对街镇机构编制事项进行“条条干预”。

【**巩固机构改革成果**】根据形势任务变化，持续完善优化机构设置、职能配置和运行机制，推动机构改革实现“物理变化”到“化学反应”的转变。开展机构改革调研评估，以本轮机构改革制定的67个单位“三定”规定或机构编制调整文件为依据，上半年开展机构改革“回头看”，下半年开展机构编制监督检查，要求各单位严格执行经批准印发的“三定”规定或机构编制调整文件，紧盯教育、卫生、应急、住建、市场监管等重点领域开展调研，坚定不移巩固和深化机构改革成果。稳妥完成经营类事业单位改革，清理规范以公司名称命名机构，将区城市建设开发公司更名为区人居环境事务中心，剥离相关经营职能，承担人居环境相关公益职能；厘清住建、住保、人居环境3个单位管理机制和职责分工，确保住建系统平稳有序、工作高效。持续深化综合行政执法改革，落实上级统筹各类执法队伍编制资源的具体措施办法，重点理顺市场监管体制机制，整合市区6类机构人员编制，设置区市场监管执法大队和17个基层监管所，推进市场监管基层阵地全覆盖和职能大整合；指导做好生态环境保护、文化市场执法部门机构划转和人员转隶工作，切实解决多头执法、多层执法和重复执法问题。全力推动岳麓山大学科技城管委会成立和发展，深刻把握省市统筹“两山”发展新机遇，争取省市编委支持，成立岳麓山大学科技城管委会，协同研究“三定”规定，为推动大科城科创成果就地孵化、转化和产业化注入新动能。

【优化配置机构编制资源】 坚持“瘦身”与“健身”相结合的原则，按照“严控总量、统筹使用、有减有增、动态平衡、保证重点、服务发展”的思路，全年召开区委编委会议2次，审议通过机构编制事项70项，持续提升机构编制资源使用效益。把好源头管控和动态调整，制定《党政群机关及事业单位人员入编手续办理流程图》，按照“市管干部和区管干部调动，区内人员流动，区外人员调入，部门内部人员交流轮岗”4个类别，积极推行编制审批线上办理，全年实现线上办理业务807人次，核验校对完善信息1100余条，动态完善420家机关事业单位和7200余人详细信息，切实做到机构清、编制清、职数清、职责清、人员清。统筹优化机构设置，按照“撤一建一”原则，新设区民族宗教事务中心、区健康促进委员会服务中心等事业单位，完成区河西交通枢纽综合事务中心、区河长制工作事务中心、区数据资源中心等22个事业单位更名，通过调整优化机构设置，有力保障全区事业发展需要；明晰议事协调机构审核流程，制定《区级议事协调机构设立调整办理流程图》，全年审核把关11个议事协调机构设立，健全设在部门与成员单位协调配合机制，有效发挥议事协调机构谋大事、议大事、抓大事作用。挖潜盘活编制资源，全年调剂389名编制用于公开招考、选调高层次人才、中小学教师、军转安置和事业单位人员等，以编制资源的“流动”带动优秀人才的“聚集”，为保证重点、服务发展提供坚实的机构编制保障；按照“区级所有、专编专用、人编对号”原则，建立区级高端人才编制“周转池”，调剂10名编制用于遴选大科城高端人才；核增区纪检监察信息中心、区巡察事务中心、区文化馆等6个单位事业编制16名；收回因职能萎缩的区住房保障服务中心节余编制；在区人居环境事务中心人员编制的基础上，明确编制控制数；通过准确把握用编规律和配置编制存量，做好编制“加减法”，确保机构编制资源用在刀刃上。

下发机构编制规定相关通知（区委办公室供稿）

【事业单位法人年检】 为有效应对新冠肺炎疫情挑战，扎实做好事业单位法人年度报告工作，区委编办坚持一手抓防疫、一手抓业务，推行“一件事情一次办”，顺利完成事业单位法人年度报告工作。“不见一次面”应对疫情影响，为贯彻落实中央和省市区关于疫情防控的部署要求，最大限度减少办事人员聚集，将事业单位法人年度报告网上提交时间延期至5月31日前；对全区事业单位登记、党政群机关统一社会信用代码赋码及事业单位年度报告等业务，实行线上“不打烊”、线下“不见面”办理；分批次通知事业单位法人网上提交资料，待审核通过后，再将纸质资料以邮寄方式报送办结。“只进一次门”推进极简审批，设置“受理、审核、核准”三个连体台席，指派专人在线答疑、电话沟通、远程协助，“线下”及时审核存档，开启“一门式受理、一站式服务、一体化办结”服务模式，最大限度方便开展年报工作；疫情进入缓和期后，对现场提交完整资料的单位，实现“只进一次门，最多跑一次”；截至6月，224家事业单位法人全部完成年度报告工作，并在区政府门户网站向社会公示。“一次都不跑”上门集中代办，针对个别偏远地区单位办理难，推出“主动上门、集中代办”服务，前往事业单位法人所在地进行代办；通过现场走访座谈、专题业务培训、宣讲政策法规、介绍操作流程等，现场指导其完成年度报告网上报送，并代办相关后续事宜；通过主动上门代办，对事业单位运行情况进行监督，有力提升年度报告工作的规范化水平。

【疫情防控】全办党员干部积极响应组织号召，下沉望城坡街道老虎岭社区开展疫情防控，协助社区守住疫情联防联控第一线；2名党员作为志愿者到黄泥塘社区参与排查管控、巡逻巡防和文明劝导，切实发挥党员干部的先锋模范作用。

【服务基层群众】以网格化服务、结对帮扶、在职党员进社区等为载体，组织全办党员干部在基层一线调查研究、谈心谈话、宣讲政策、结对帮扶，切实解决好事关群众切身利益的烦心事操心事揪心事；全年慰问困难家庭11户，慰问困难大学生4位，送去慰问金和物资，切实为群众排忧解难和帮扶助困，赢得社区居民群众的信任和好评。

党校教育

【概况】2020年，区委党校坚持党校姓党，聚焦主责主业，紧扣“四精”目标，落实《中国共产党党校（行政学院）工作条例》（以下简称《条例》）精神，真抓实干，开拓创新，实现了新形势下城区党校的新作为。区委党校作为典型代表在市委五年一度的全市党校（行政学院）校（院）长会议上作现场交流，6人次在市级赛课活动中获奖。落实《条例》和党员干部教育培训经验在《湖南党校工作通讯》《长沙组工通讯》推介，多项课题成果在《半月谈》《新湘评论》等权威刊物刊发。

【干部教育培训】统筹疫情防控与教学工作，充分发挥党校干部培训、思想引领作用，全年共举办各类培训班21期，理论宣讲进网格30余场，培训轮训4123人。教学布局优化，主业主课地位更加突出。以培养造就忠诚干净担当的高素质专业化干部队伍为主要目标，全年开设“《习近平谈治国理政》第三卷导读”“马克思主义是与时俱进的科学理论”等理论教学专题20余个，理论教育和党性教育两类课程占到教学总课时70%以上，其中，党性教育内容达25%以上。坚持教学服务干部成长和区域发展，做到“干部成长需要什么，就宣讲什么；区委、区政府部署决策什么，就开讲什么”，全年高质量举办“网格化干部培训班”“党建引领物业治理培训班”等班次，确保学员学得进、用得上。方式方法不断创新，课程岳麓特色更加凸显。在主体班中常态化开设体验式教学、案例式教学，加大现场教学力度，3天及以上的培训班均安排半天以上的现场教学课程，组织入党发展对象培训班、非公和社会组织书记培训班学员到韶山、郴州汝城沙洲村、湖南党史陈列馆、岳麓山大学科技城、58小镇等地学习，通过理论+现场，历史+现实的模式，进一步提升了教学的感染力和说服力。邀请省市委党校领导班子集体调研岳麓区，大科城成为省市委党校主体班现场教学点；创新青干班培训方式，与机关工委联合举办“青年党员成长营”，每月定期集中学习，通过“思想淬炼、学习锻炼、实践历练、成果提炼”四个步骤锻造积极向上、奋发有为、堪当重任的优秀青年党员队伍。基层基础不断强化，基层党校建设有序推进。深挖本土教学资源，根据年初“一个班子成员，一名教学骨干，一个现场教学基地，一堂党性教育课程”的安排，打造了新民学会旧址、岳麓山、橘子洲

古塘湾现场教学（区委党校供图）

头、古塘湾支部党史陈列厅、肖劲光故居等6堂现场教学课程，促进区内党员干部党性教育就近就便开展。明确推进街（镇）基层党校建设的15条具体举措，召开示范性基层党校建设会议，打造桔子州街道、洋湖街道和雨敞坪镇3所示范性基层党校，引领基层党校稳步发展。依托基层党校兜底培训党员群众万余人，让《条例》精神得到落细落实。通过“麓山汇讲·百人千场大宣讲”“共建红色堡垒 共享精品党课”结对共建活动，将优质精品党课送到基层，深受党员群众好评。

【科研资政】决策咨询功能进一步发挥。围绕“岳麓山大学科技城”撰写《长沙市岳麓区：科创高地的“加减乘除”》，刊载于2020年《半月谈》19期，展示岳麓区贯彻落实习近平总书记考察湖南时关于“着力打造具有核心竞争力的科技创新高地”指示的担当作为；突出“产业发展和社会治理”两项中心工作，撰写系列调研报告，其中《做好“五篇文章”探索基层治理路径》在2020年《新湘评论》18期刊发，推介岳麓创新社会治理的典型经验。科研成果层次进一步提升。“就创新思想教育引导路径 提升基层社会治理水平”“创新‘产业岳麓’力促‘四个走出来’”2个省级课题结项，1个省级课题立项，近10人次获得省、市委党校理论研讨会奖项，其中《坚持科技创新引领 推动岳麓经济高质量发展》荣获全省党校系统理论研讨会二等奖，《岳麓山风景名胜区红色旅游发展对策探讨》《推进社区治理现代化的实践与启示》等5篇理论文章在《文化产业》《管理学家》等国家级、省级刊物公开发表。科研体制机制进一步健全。落实《党校教师教学科研量化管理标准》，以启动教师职称评审为契机，激发教师科研内驱力。强化联动机制，按照“区委、区政府出课题，党校做文章”的思路，紧扣区委、区政府中心工作，高举大学科技城建设和社会治理两面大旗，邀请两办政研室到党校指导精准选题，实施课题蹲点研究，加大成果推介力度，实现课题“选得准、写得实、推得出、用得上”。组织教师深入联点网格开展调查研究，撰写《共治共建 互动双赢——洋湖街道金线巷社区与物业公司联动共治的经验与启示》调研报告，提升和推介基层社会治理经验。

【队伍建设】引进人才，优化队伍结构。在保持编制总数不变的情况下，调优编制结构，增加1名教师编制，增设1个内设机构，从高校引入1名高素质骨干教师。通过岗位竞聘方式，选优配强3位中层干部，进一步优化教师职责分工，党校发展迸发新活力。培训引导，提升队伍自信。组织教师赴北京学习十九届五中全会精神、参加省委党校师资培训，夯实队伍理论基础。实施青年教师成长工程，利用省市委党校优质师资结对培养骨干教师，为年轻教师成长搭建平台。5位教师参加市委组织部“名师名课”评选活动，其中1人获评“名牌讲师”（全市10人），“岳麓山的红色印迹”“长沙河西的红色火种”成为“名牌课程”（全市10堂），1人荣获“优秀讲师”称号，获奖人数位居各区县前列，名课“岳麓山的红色印迹”在学习强国、先锋潮网站展播。在市委党校组织的第十四次教学比赛和市委宣传部组织的长沙市“就认这个理”微宣讲中，选派教师分获党校区县组第二名和微宣讲经济类专场第一名。党建引领，彰显队伍活力。利用“三会一课”“主题党日”等活动，组织全体党员学习习近平治国理政思想、党史、党章等内容，赴陈树湘纪念馆、许光达故居、田汉故居等地开展党性教育。创新开展以日打卡、周荐学、月测试、季分享、年评比为内容的“五个一”领学行动，根据学习情况评选支部“尚学之星”3人，形成你追我赶的全员学习氛围。积极参加抗疫行动，开展“上善助残”等4次志愿服务活动，气排球比赛获全市党校系统城区组第一名。

【规范管理】深化制度治校。以迎接审计和巡察为契机，对原有规章制度进行全面清理、查漏补缺，重点针对压实意识形态工作责任、“三重一大”议事制度、干教培训、财务管理、物资采购等方面，建立健全制度5项，进一步扎紧制度笼子，构建严密、规范的党校工作管理体系，管党治校主体责任全面落实，审计和巡察问题全部按要求整改到位，营造了风清气正的良好氛围。理顺管理体制。完成党校教师岗位设置，开展教师设岗定级和职称申报评审工作，解决因历史原因而停滞的党校教师职称评审问题，大力激发教师教学科研积极性。做好后勤服务。更新完善习近平谈治国理政校园文化长廊，添置移动音箱、蓝牙耳麦等现场教学设备，优化升级一批教学和办公电脑，协同区机关事务中心启动党校新址建设，大力推进办学条件提升。

【举办统一战线干部培训班】12月2—3日，区委党校举办岳麓区统一战线干部培训班。区委统战部、民宗局、区工商联全体工作人员，各街道（镇）分管副职，各民主党派区工委主委、年内初任副主委，各民主党派支部（支社）主委，无党派人士、新的社会阶层人士、归侨侨眷代表、民营经济人士、民族宗教界代表人士共计100余人参加。

岳麓区委高度重视此次培训班，区委常委、统战部部长潘旺明出席开班仪式，要求参训学员：注重学习，提升统一战线能力；发挥优势，展现统一战线担当；严肃纪律，展现统一战线风貌。

此次培训安排了中共十九届五中全会精神、习近平总书记考察湖南重要讲话精神、提高统一战线应急动员能力的方法与途径等专题辅导，既有中央最新理论学习，又有解决实际问题方法的传授。培训时间安排紧凑、学习内容丰富、密切联系工作实际，进一步拓宽做好统战工作的视野和思路，为推动岳麓区经济社会高质量发展凝聚共识、汇聚力量。

接待服务工作

【概况】2020年，区接待服务中心全体成员以严谨高效的工作作风以诚实和谐、文明热情、自然大方地细抓工作，服务发展、服务决策、服务落实，为岳麓高质量发展作出积极贡献。

【坚持理论学习】坚持制度化常态化理论学习，参加以区委办理论学习中心组为龙头、支部学习为主体、党小组学习为基础的多层次学习活动；创新学习载体，用好“学习强国”App，依托机关党员大讲堂，把深入学习习近平新时代中国特色社会主义思想、习近平总书记在湖南的重要讲话精神作为重中之重，贯穿理论学习始终，以学懂弄通做实党的创新理论为重点提升思想建设质量。深入贯彻落实习近平总书记“三个表率、一个模范”重要指示精神，把绝对忠诚作为首要政治品格，把政治标准和政治要求贯穿接待工作全过程，确保接待系统坚守政治信仰、提高政治能力、晴朗政治生态。

【抗击新冠疫情】1月29日至3月17日，全中心人员投身抗击新冠肺炎疫情。与桔子洲街道、石门楼社区工作人员一起走街串户，发宣传资料，送口罩和消毒酒精，对外来人口进行摸底排查，为隔离人群送生活用品，检查并督促物业公司和经营门店做好日常消毒及测温登记，陪同社区医院医护人员上门给新入境的外籍人士做核酸检测，并督促其按要求做好居家隔离，为抗击疫情作出了积极有效的努力。服务经济，积极推动餐饮行业回暖。积极响应省市接待服务中心号召，在全区各具特色的米粉店中，择优选出2家参加全省“米粉大擂台”。为支持长沙参赛企业，扩大活动影响力，与区委宣传部、区网信办联合制定宣传方案，由区级媒体对活动进行深度报道，在自有平台上发起投票宣传，为活动造势。主动为2家参赛企业做好服务工作，参赛期间全中心人员全程参与，协助企业做好就餐引导，督促企业按要求做好防疫措施，每天做好3次卫生检查，监督企业做好食品安全和消防安全。参赛企业分获“经典米粉”和“风味米粉”荣誉称号。

【提升服务水平】进一步完善接待工作流程及相应的规章制度体系，明确工作纪律、工作职责，规范接待工作流程、接待标准，全面推动接待管理向科学化、规范化、专业化、精细化发展；加大对制度的贯彻执行力度，强化督查，明确奖惩，确保制度不折不扣地执行。科学管理接待资源库。全年对辖区内的接待资源进行科学整合，结合来宾考察岳麓的需求，全面掌握重点热点接待场所的运营情况，充分发挥岳麓的接待资源优势，打造独具岳麓特色的考察线路。为省市重大活动对接联系提供坚实保障，圆满完成国务院农民工工作督查组下基层督查、长沙市政协十二届四次会议特邀港澳组委员及海外华侨华人代表的考察调研等活动的接待任务。抓好细节服务。接待工作的重点是责任心，接待工作的品质靠细心。每次接待任务通过细化接待流程，强化细节服务，培养接待人员细心做事的良好习惯，尽量做到事前想细，事中做细，事后谋细，努力提高接待工作的质量和水平。

【保持风清气正】贯彻落实习近平总书记提出的“中央和国家机关要持之以恒正风肃纪、建设风清气正的政治机关”的讲话精神，全面落实党风廉政建设各项制度，健全岗位廉政风险防控机制，严格坚守党纪、政纪、法纪“三条红线”，集中组织学习省市区违反中央八项规定的情况通报，深入开展“关爱教育谈心提醒”活动，在全中心营造风清气正的良好氛围。贯彻落实习近平总书记关于制止餐饮浪费行为的重要指示批示精神，遵循快捷、健康、节约的原则，餐饮安排以本地家常菜为主，科学合理安排饭菜数量，让“文明餐桌”“光盘行动”成为自觉行动。全年接待活动全部符合中央八项规定精神，在机关食堂的接待中推行分餐制，既保障健康卫生，又做到厉行节约，就餐形式得到来宾一致好评。

【名优米粉品鉴会】4月13日至24日在省委九所举办“全省名优米粉品鉴会”。岳麓区接待服务中心积极响应，迅速组织，广泛搜集岳麓区名优品牌米粉信息；仔细筛选，优中选优，挑选历史渊源、口味上乘、人气居高的米粉企业参与；精心制作米粉企业的特色简介。经过不懈努力，两家米粉企业入围，其中和记米粉入围全省“米粉大擂台”比赛，三百碗米粉店进入长沙米粉专场比赛。在比赛过程中，区接待服务中心按照组委会要求，全程参与，赛前做好米粉企业有关资质和参赛队员操作资格和健康信息的收集，赛中随着进场、驻场和撤场的时间节点，做好企业与企业，企业与组委会、企业与参加活动群众之间的沟通协调，确保企业顺利完成比赛；开展宣传发动工作，与区委宣传部、区网信办联合制定宣传方案，利用区级媒体平台“指间岳麓”对此次活动进行深度报道，先后发表《我大岳麓这些美味的米粉店，你去过几家》和《“湖南米粉擂台赛”打响！岳麓2家粉店“参战”获大奖》两篇报道。

档案·党史·地方志工作

【概况】长沙市岳麓区档案馆为区委办公室所属正科级公益事业单位。主要职能是负责全区档案管理、保护、利用和宣传教育；负责全区党史、区志收集、整理编纂和宣传教育工作。2020年，区档案馆在服务区委、区政府工作大局、社会、经济、民生事务等方面作出了较大贡献。有力推进档案、党史、地方志工作进一步发展。

岳麓区 2 家粉店分别获“风味米粉”“经典米粉”称号(区接待服务中心供图)

【档案管理】2020年，加大档案资源的开发利用。注重档案收集，完善档案种类，全年收集各种类型的档案以丰富馆藏。加快到期档案的进馆工作，请专人拍摄全区建设新貌。全年为下乡知青查找下乡时间，证实工龄以及调资分房等提供、利用档案资料65人次。为区、街、乡镇企业职工提供利用档案252 人次，解决办理退休、社保等问题。为机关各部门提供文书档案利用502人次。查询婚姻档案4579人次，提供利用公证档案83人次，充分发挥档案的原始证明作用。在档案馆库房容量不足的情况下，克服困难，接收区政府办、商务局、招商局、旅游局等单位文书档案共958卷，审计局业务档案718卷。全年共接收档案1676卷、19038件。2020年末，馆藏档案共计105个全宗、103617卷。数字化档案在第二期扫描（120万页）的基础上，2020年12月完成第三期档案数字化项目（138万页），全部通过验收并投入使用。

【党史宣教】2020年年初，根据党史宣教工作需要，将原《岳麓故事》改版为《岳麓史话》，每周在指尖岳麓公众号上刊发的稿件由1篇增加至2篇，重点推出《回望岳麓》栏目，全年共刊发70余篇讲述岳麓老街、老镇、名山、名水和名人的系列文章，得到良好的社会反响。区党史联络组的老领导积极参加区委宣传部组织的“百人千场大宣讲”活动，区党史联络组组长韩律明、副组长尹定国和陆立人3人，深入各社区（村）和单位部门开展宣讲活动，主讲的《发扬革命传统，传承红色基因》《追寻红色记忆，书写奋进人生》《弘扬湖湘精神，永立时代潮头》等红色党课深受广大干部群众欢迎。深化党史研究，注重加强与其他区县联系，共同推进党史研究工作。2020年与望城区档案馆共同创作《星火燎原——中共古塘湾支部》口述史，再现早期长沙河西第一个基层农村党组织——中共古塘湾支部为湖南解放而坚持地下斗争的顽强精神，传承中国共产党人为人民谋幸福、为民族谋复兴的初心与使命。

【地方志工作】2020年，开展庆祝国务院颁布《地方志工作条例》14周年宣传活动。通过区政务大厅电子显示屏、QQ群、微信群、短信等方式滚动播放地方志宣传标语，宣传地方志工作，营造浓厚的学志、用志氛围。按照“一年一鉴”要求，编纂、出版《岳麓年鉴（2019）》，并启动《岳麓年鉴（2020）》编纂工作，收集文字资料70余万字，图片资料500余张。同时为提高年鉴整体质量，将《岳麓年鉴2020》改为全彩页版，增加随文图片，丰富条目内容，更全面反映岳麓区的发展面貌。12月完成样书，共260页，59万字，彩页22页，送方志出版社审核。推出岳麓特色图志。5月，组织人员编撰完成《大城兴起》样书，重点反映岳麓山国家大学科技城近三年来的蝶变。指导服务莲花镇、麓山景区、岳麓区高新区编撰、修改《莲花镇志》《岳麓山志》《岳麓高新区志》。

【“6·9”国际档案日宣传活动】“6·9”国际档案日期间，区档案馆组织档案宣传小分队在区政府及各街镇的政务服务中心设置咨询台，向群众发放《兰台小红工作记》和印有档案宣传标语的环保袋、扇子，为办事群众宣讲解答有关档案政策法规及查档办事指南等；在区、街镇的政务服务中心大厅和王府井、步步高、览秀城等大型商业广场及西二环、桃花岭、梅溪湖艺术中心等人流量大的地方，利用大型电子显示屏滚动播放档案宣传口号标语、图片、视频等，制作并设置丰富多彩的档案宣传展板，吸引不少群众驻足观看，达到寓教于乐的目的。

【《岳麓年鉴（2019）》出版发行】2020年4月，由中共长沙市岳麓区委、岳麓区人民政府主办，长沙市岳麓区档案馆编纂的《岳麓年鉴（2019）》，经方志出版社审核，公开出版发行。全书分为21个部分，全面记载2018年岳麓区政治、经济、文化等75个方面工作，配置有图片、附录，共计531千字，彩页18页，随书附带光盘。《岳麓年鉴》的连续公开出版发行，成为岳麓区积累和保存年度资料的重要方式，也是国内外人士了解岳麓区的权威性工具书。

长沙市岳麓区人民代表大会

综 述

【概况】2020年区人大常委会紧扣全区工作大局、紧扣人民群众重大关切、紧扣全面推进依法治区，认真执行区五届人大六次会议各项决议，聚焦三大攻坚战、乡村振兴、产业发展、民生实事和基层治理五大工作重点，全年召开35次主任会议、9次常委会会议，听取和审议36项工作报告，作出9项决议、决定，对3部法律法规的实施情况进行检查，开展10次集中工作视察、1次专题询问、2次专项评议、1次工作评估、1次代表约见，各项工作取得新成效。

【坚定正确方向】把学习贯彻习近平新时代中国特色社会主义思想作为首要政治任务，深入学习贯彻习近平总书记关于坚持和完善人民代表大会制度的重要思想和习近平法治思想，认真学习贯彻习近平总书记考察湖南重要讲话精神，不断增强“四个意识”，坚定“四个自信”，做到“两个维护”。常委会党组全年向区委请示报告重大事项、重点工作10件次，提请区委常委会审议议题4项，参加区委专题调研2次，高标准完成人事任免62人次，组织向宪法宣誓5批次。常委会党组切实履行管党治党政治责任，自觉做到坚持党的领导、人民当家做主、依法治国有机统一，自觉将区委的重大决策部署在人大全面贯彻落实，全年开展理论学习中心组集体学习12次、组织专题讲座3次，严格落实党风廉政建设和意识形态工作责任制。法治保障贯穿始终。持续推进“司法公正岳麓行”活动，主任会议成员集体调研人民法院多元化纠纷解决机制，助推审判机关加强与基层自治组织、仲裁机构、行业协会等社会力量的协调联动，形成纠纷化解的合力；集体调研人民检察院未成年人保护工作，关注未成年人检察专业化力量和对未成年人的司法保护；从法定程序上支持检察机关反贪反渎的转隶改革，开展《中华人民共和国人民警察法》执法检查，要求人民政府及公安机关不断完善警力资源配置和警务工作制度。国家宪法日举办广场宪法宣传、民法典系列讲座，开设社区普法超市、建设法治楼道等活动。加强备案审查制度建设，接收、审查、登记区人民政府报备的规范性文件8份。配合市人大常委会开展《长沙市农村村民住宅建设管理条例（草案）》立法调研和《中华人民共和国野生动物保护法》《中华人民共和国传染病防治法》等9项执法检查，调研全区《宗教事务条例》贯彻落实情况，督促政府依法规范指导管理宗教事务。

【依法开展监督】紧盯“三大攻坚战”全程监督，开展“民族团结进步行”扶贫助学活动，组织代表赴怀化溆浦山背等小学慰问困难民族学校教师学生，捐赠12.5万元教学设备及体育器材，捐款20万元。听取和审议区环境状况和环境保护目标完成情况报告，督促各级政府和部门加强法律宣传，明晰责任，强化监督，形成治理合力。视察全区水污染治理工程，大力推进污水处理设施及项目建设，形成常态化治理机制。开展《固体废物污染环境防治法》执法检查，督促政府加大普法力度，加强工业垃圾、医疗垃圾、建筑垃圾、生活垃圾的分类、回收、运输、处理等工作。聚焦高质量发展重点监督，跟踪督办同级审计查出的21个问题，问题整改满意率100%。听取和审议国有资产管理报告，强化国有资产监管。做好“十四五”规划编制的各项法定程序性工作。开展优化营商环境专题询问，有效推动诚信体系建设，惠企政策落实落地，行政审批效率和企业家权益保护等各项工作的服务水平提升。开展财政资金绩效监督，随机抽取2

个政府重点项目，依法开展第三方绩效评价，督促相关部门提高财政专项资金使用绩效。紧扣市委、区委“产业发展年”活动，视察全区中小微企业、高新技术企业和科创企业孵化转化培育情况，助推岳麓山大学科技城建设及科创经济、园区经济、楼宇经济发展壮大，常委会调研报告《推动区域科创经济高质量发展的思考》在《湖南工作》刊发。改善民生事业持续监督，围绕教育、医疗、养老等问题，采取执法检查、专题询问、专题调研相结合的方式，推动民生事业持续改善。视察博才梅溪湖小学、含浦中学等学校和幼儿园建设情况，推动岳麓教育优质资源均衡发展。视察区社会福利中心建设，加快解决道路交通、生态环境、规划设计、工程建设等问题，助推早日投入运营。视察全面取消以药养医、健全药品供应保障制度落实情况，加强医疗监管，促进医疗、医保、医药互动融合。组织加快全区居家养老发展的调研、座谈、考察。视察长沙HSE（健康、安全和环境）体验培训中心、蓝天应急救援队，指导提升全区应急管控水平。视察社区提质改造及老旧小区增设电梯工作，实地查看老旧小区综合改造施工进度和整改效果。开展全区垃圾分类专项评议，从规范选址、设施设备、运营管理等环节推动垃圾分类体系提升。视察社区矫正工作，督促政府落实监督管理、教育矫正和社会适应性帮扶。开展《中华人民共和国旅游法》执法检查，督促各级政府和各部门加大普法力度，提升规划保护建设管理水平，打造旅游品牌、做强旅游产业、建设文旅强区。立足乡村振兴精准监督，出台《区人大常委会评估水利建设三年行动试行办法》，首次引入第三方评估机构，对2018年至2020年水利项目建设进行专项评估，龙王港、靳江河、白泉河、莲花河等河流治理有序有效。督促落实《中华人民共和国公路法》执法检查整改工作，开展“四好农村路”建设。

【保障代表履职】 维护代表主体地位。常委会组成人员直接联系区人大代表232名，邀请38名代表列席常委会会议，组织176名区人大代表参加视察调研、执法检查、工作评议等活动。组织代表参加长沙市及岳麓区“一府两院”半年度工作通报会。组织25名区人大代表参加常委会专题培训3次。选送27名各级人大代表参加省、市人大常委会举办的学习培训。组织85名区人大代表参加优化营商环境、居家养老工作座谈会。组织67名区人大代表参加法院多元化纠纷解决机制、检察院未成年人保护工作调研。组织58名省市人大代表集中视察湘江欢乐城、湘江智谷　人工智能科技城等重点项目建设，从人工智能产业发展、科研成果转化、人才培养等方面为岳麓经济发展建言献策。完善代表平台机制。完善人大代表履职服务平台以及手机客户端等建设，积极推动“互联网＋代表履职”。按照常态化疫情防控形势要求，采取“小规模线下＋线上”的形式，完善代表学习机制。开展“双联”“三讲三做当表率”活动，组织各级人大代表进社区、进站室，接待群众6000余人次，收集群众意见1000余条。出台《区人大代表活动经费使用管理暂行办法》，加强代表履职经费的保障等各项工作。组织57名代表向选民述职，接受选民评议和满意度测评，代表在选民中的满意率均在95%以上。全面推进乡镇人大“民生实事代表票决制”，自来水工程建设、公路建设、小流域治理等一批民生项目得以顺利实施。提升建议办理质效。区五届人大六次会议以来，区人大代表提出的59件建议均已办理完毕，其中确定13件建议，由常委会主任会议成员领衔督办，区人民政府正、副区长领办，7个专门委员会跟踪督办。区长周凡领办的《关于在岳麓山大学科技城加强优质中小学建设，以吸引锁住高端人才的建议》，纳入全区“十四五”规划，从2021年起分步组织实施，还有一批人民群众关注的民生实事建议全部得到有效办理，其中龙王港治理成效获《人民日报》推介。常委会评选出19件优秀代表建议、10个建议办理先进单位、3个建议管理优秀单位。

【强化自身建设】 探索制度创新。制定《区人大常委会预算绩效监督办法（试行）》《区人大代表约见本级国家机关负责人暂行办法》等5项办法，进一步完善人大工作制度。依法及时处理群众来信来访，全年受理来信来访及上级批转信访件36件，接待来访群众158人次，认真办理代表反映或转递的信访事项，有效维护人民群众合法利益。加强内外联动。参加省市人大常委会业务培训15次，承办全市教科文卫委联系交流会议，召开基层人大工作会议6次。赴银川、重庆、甘肃等地考察调研，就养老事业、预算联网监督、文旅产业发展等方面学习交流；接待北京、上海、郑州、南京、贵阳等21批次省内外人大考察组。增强队伍活力。继续推行“四型”人大常委会机关建设，成立并指导机关党组开展相关工作，自觉接受区委巡察，持续开展巡察整改，常委会机关成功创建市级文明单位。举办区人大系统第四届“健康杯”运动会，组织20支参赛队伍，320名代表及人大工作者参赛。2020年省市媒体报道区人大工作48次，《长沙人大》采用稿件7篇，区人大公众号及网站发布信息142篇。

【疫情防控】 区人大常委会第三十一次常委会会议专题听取全区新冠肺炎疫情防控工作情况报告，按照区委统一安排，依法支持政府采取应急管控措施和应急预算资金抗击疫情；常委会主任、副主任第一时间进驻街道、社区、站点、院场，一线督导、一线调研、一线解难，及时帮助解决基层单位防疫物资紧缺、人员返岗复工难等问题；人大常委会全体党员干部下沉社区网格，与基层干部、志愿者共同开展防疫工作；常委会两次就抗击疫情向全区各级人大代表发出倡议，全区广大代表积极响应，立足本职岗位和行业优势参与抗疫，捐款捐物、建言献策，涌现出一大批抗疫先进代表，全区各级人大代表捐款捐物共计1600余万元，汤国华、王毅清、何庆南、苏新平等代表获省级各类表彰。积极投身全市“大干一百天、实现双过半”竞赛活动，常委会主任会议成员分别带队到各联系单位走访调研，助推复工复产复商复市复学百日攻坚。机关派出14名科级干部驻点企业，在统筹常态化疫情防控和复工复产百日攻坚中展现人大担当。区人大常委会授予38名区人大代表抗疫工作先进人大代表称号。

重要会议

【第五届人民代表大会第六次会议】 1月10—11日，长沙市岳麓区第五届人民代表大会第六次会议召开，此次大会应到代表259人，实到258人，区人大常委会主任胡杰夫主持第一次全体会议。会议通过区人民政府工作报告，通过区人民政府关于2019年国民经济和社会发展计划执行情况与2020年国民经济和社会发展计划草案的报告，通过区人民政府关于2019年财政预算执行情况与2020年财政预算草案的报告，是通过区人大常委会工作报告，通过区人民法院工作报告，通过区人民检察院工作报告。

【人大常委会会议】 3月6日，长沙市岳麓区第五届人大常委会召开第三十一次会议。会议听取全区疫情防控工作情况汇报；听取审议并表决通过区第五届人大第六次会议至第七次会议期间常委会工作要点；会议听取审议《关于提请接受杜中塔辞去长沙市第十五届人民代表大会代表职务的议案》的说明；听取审议并表决通过《长沙市岳麓区人民代表大会常务委员会关于接受杜中塔辞去长沙市第十五届人民代表大会代表职务的决定（草案）》；听取审议《关于提请

1月10—11日，召开长沙市岳麓区第五届人民代表大会第六次会议第一次全体会议（区人大常委会供图）

喻寄宏等职务任免的议案》的说明，表决通过任命喻寄宏为长沙市岳麓区监察委员会副主任、免去许文杰长沙市岳麓区监察委员会副主任职务的任免事项；听取审议《关于提请唐南沙等同志职务任免的议案》的说明，表决通过任命唐南沙为长沙市岳麓区人力资源和社会保障局局长、任命余亚锋为长沙市岳麓区科学技术局局长、任命刘志军为长沙市岳麓区民族宗教事务局局长、任命王洪为长沙市岳麓区卫生健康局局长、免去李学军长沙市岳麓区人力资源和社会保障局局长职务、免去钟贵荣长沙市岳麓区卫生健康局局长职务、免去曹成文长沙市岳麓区科学技术局局长职务的任免事项；会议听取审议审计报告中指出问题的纠正情况和处理结果的报告及被审计单位整改情况的报告，表决通过《关于2018年度区本级预算执行和其他财政收支审计工作报告指出问题的整改情况和处理结果的报告》；会议对区财政局、区农业农村局、区文旅体局、区人社局审计查出问题整改情况进行满意度测评。

4月30日，长沙市岳麓区第五届人大常委会召开第三十二次会议。会议听取审议《2019年度岳麓区环境状况和环境保护目标完成情况报告》，听取审议并表决通过《长沙市岳麓区人大常委会关于岳麓区环境保护工作情况审议意见的报告（草案）》；听取审议并表决通过《区人大代表约见本级国家机关负责人暂行办法（草案）》；听取审议并表决通过《关于中小微企业服务工作评议整改落实情况报告》。会议听取审议《长沙市岳麓区人民法院关于提请任免周丹等同志职务的议案》；会议听取审议《长沙市岳麓区人民检察院关于提请任免唐悦喜等同志职务的议案》。

5月9日，长沙市岳麓区第五届人大常委会召开第三十三次会议。会议听取审议并表决通过《学前教育工作评议整改落实情况报告》；听取和审议《关于提请依法补选陈刚为长沙市第十五届人民代表大会代表的议案》，现场以无记名投票方式组织补选，陈刚当选长沙市第十五届人民代表大会代表，其代表资格报长沙市第十五届人民代表大会常务委员会代表资格审查委员会确认；听取审议《关于提请郑浩、董文明同志任岳麓区第五届人民代表大会环境与资源保护委员会委员（兼）的议案》，听取审议并表决通过《长沙市岳麓区人民代表大会常务委员会关于郑浩、董文明同志任岳麓区第五届人民代表大会环境与资源保护委员会委员（兼）的决定（草案）》。

6月30日，长沙市岳麓区第五届人大常委会召开第三十四次会议。会议听取和审议《岳麓区应急管理工作情况专项报告》，通过《关于岳麓区应急管理工作情况专项报告的初审意见》；听取和审议《中华人民共和国老年人权益保障法》执法检查整改落实情况报告，通过《长沙市岳麓区人大常委会关于〈中华人民共和国老年人权益保障法〉执法检查整改落实情况报告的审议意见》；听取和审议《中华人民共和国水污染防治法》执法检查整改落实情况报告，通过《长沙市岳麓区人大常委会关于〈中华人民共和国水污染防治法〉执法检查整改落实情况报告的审议意见》；听取和审议并通过《区人民法院多元化纠纷解决机制工作情况报告》；听取和审议并通过《区人民检察院未成年人保护工作情况报告》；听取和审议并通过《区人大常委会评估水利建设三年行动试行办法（草案）》。会议还表决通过相关人事任免事项。

7月28日，长沙市岳麓区第五届人大常委会召开第三十五次会议。会议听取和审议长沙市岳麓区2019年决算草案和2020年1—6月预算执行情况的报告；听取和审议长沙市岳麓区2019年度区本级预算执行和其他财政收支的审计工作报告，通过《关于长沙市岳麓区2019年决算草案的审查报告（草案）》，通过《长沙市岳麓区人民代表大会常务委员会关于批准2019年决算的决议（草案）》；听取和审议《长沙市岳麓区2019年国有资产管理情况的报告》，通过《关于〈长沙市岳麓区2019年国有资产管理情况的报告〉的初审意见》；听取和审议《长沙市岳麓区2019年及2020年1—6月债务工作情况的报告》，通过《〈关于长沙市岳麓区2019年及2020年1—6月债务工作情况的报告〉的初审意见》；听取和审议区政府关于贯彻执行《中华人民共和国公路法》整改落实情况的报告，通过《长沙市岳麓区人大常委会关于〈中华人民共和国公路法〉执法检查整改落实情况报告的审议意见》。会议还表决通过相关人事任免事项。

9月30日，长沙市岳麓区第五届人大常委会召开第三十六次会议。会议听取和审议《关于贯彻实施〈中华人民共和国人民警察法〉情况的报告》《长沙市岳麓区人民法院贯彻实施〈中华人民共和国人民警察法〉情况报告》《长沙市岳麓区人民检察院贯彻实施〈中华人民共和国人民警察法〉情况报告》《关于〈中华人民共和国人民警察法〉执法检查情况的报告》，通过《关于〈中华人民共和国人民警察法〉执法检查情况的报告》；听取和审议《关于长沙市岳麓区2020年1—8月国民经济和社会发展计划执行情况的报告》《关于长沙市岳麓区2020年1—8月国民经济和社会发展计划执行情况的审查报告（草案）》，通过《关于长沙市岳麓区2020年1—8月国民经济和社会发展计划执行情况的审查报告》；听取和审议《关于提请接受王洪等同志辞去岳麓区第五届人民代表大会代表职务的议案》，通过《长沙市岳麓区人民代表大会常务委员会关于提请接受王洪等同志辞去岳麓区第五届人民代表大会代表职务的决定》；听取和审议《关于提请依法补选长沙市岳麓区第五届人民代表大会代表的议案》《关于依法补选长沙市岳麓区第五届人民代表大会代表工作实施方案（草案）》，通过《长沙市岳麓区人民代表大会常务委员会关于依法补选岳麓区第五届人民代表大会代表的决定》。会议还表决通过相关人事任免事项。

10月30日，长沙市岳麓区第五届人大常委会召开第三十七次会议。会议听取和审议《长沙市岳麓区人民政府关于贯彻实施〈中华人民共和国旅游法〉情况的报告》，通过《关于贯彻实施〈中华人民共和国旅游法〉执法检查情况的报告》；听取和审议《长沙市岳麓区人民政府关于"全面取消以药养医、健全药品供应保障制度"落实工作情况的报告》，通过《关于〈长沙市岳麓区人民政府关于"全面取消以药养医、健全药品供应保障制度"落实工作情况的报告〉的初审意见》；听取和审议《长沙市岳麓区人民政府贯彻落实〈中华人民共和国固体废物污染环境防治法〉情况报告》，通过《岳麓区人大常委会执法检查组关于检查〈中华人民共和国固体废物污染环境防治法〉实施情况的报告》；听取审议并表决通过《岳麓区人大常委会预算绩效管理监督办法（试行）（草案）》。

11月30日，长沙市岳麓区第五届人大常委会召开第三十八次会议。会议听取和审议并通过《长沙市岳麓区第五届人民代表大会常务委员会代表资格审查委员会关于代表异动及补选代表的代表资格审查报告（草案）》；听取和审议《关于提请依法补选长沙市岳麓区第五届人民代表大会代表的议案》《关于依法补选长沙市岳麓区第五届人民代表大会代表工作实施方案》，通过《长沙市岳麓区人民代表大会常务委员会关于依法补选岳麓区第五届人民代表大会代表的决定（草案）》；会议听取和审议《关于长沙市岳麓区2020年预算调整方案（草案）的报告》《关于长沙市岳麓区2020年预算调整方案（草案）的初步审查结果的报告》，通过《长沙市岳麓区人民代表大会常务委员会关于批准岳麓区2020年预算调整方案的决议（草案）》。会议还表决通过相关人事任免事项。

12月18日，长沙市岳麓区第五届人大常委会召开第三十九次会议。会议听取和审议审计报告中指出问题的纠正情况和处理结果的报告及被审计单位整改情况的报告；会议听取和审议关于长沙市岳麓区第五届人民代表大会第七次会议筹备工作方案（草案）；会议听取和审议岳麓区人大常委会专项评估组关于岳麓区水利建设三年行动评估情况的报告；会议听取和审议长沙市岳麓区第五届人民代表大会第六次会议以来代表建议、批评和意见办理与督办工作情况的报告，并进行建议办理满意度测评；会议听取和审议部分区"一府一委两院"负责人、部分区政府组成部门主要负责人、部分街道人大工委主任履职报告，并进行满意度测评。会议还表决通过相关人事任免事项。

长沙市岳麓区人民政府

综　述

【概况】2020年，全年地区生产总值增长4.6%；规模工业增加值增长8%；固定资产投资增长7.4%；社会消费品零售总额良性发展；地方一般公共预算收入增长3.7%，税占比为83.8%；城镇居民人均可支配收入增长4.9%。岳麓区稳居全国综合实力、绿色发展、投资潜力、科技创新、新型城镇化百强区行列。

【众志成城抗疫】坚持人民至上、生命至上，以坚定果敢的勇气和坚忍不拔的决心，统筹有力、科学有序打好疫情防控阻击战，仅用20天实现本地新增病例清零，群众对岳麓区抗疫工作的满意率排名全市第一。构建坚强的人民防线，2000余名医护人员白衣执甲、逆行参战，3000余名党员干部挺身一线、坚守战线，2.4万余名志愿者火线请缨、冲锋在前，值守266个住宅小区，免费发放中药11万份，有力维护人民群众的生命安全，同心必胜、合力必赢的信念激荡岳麓。释放强劲的复苏态势，统筹打好经济发展保卫战，353名干部深入一线，推进复工复产复商复市，帮助企业解决各类问题861个，新增减税降费9.8亿元，区本级兑现政策扶持资金1.3亿元，减免企业租赁国有物业租金1467万元，促进经济迅速复苏、持续发展。岳麓区在全市“大干一百天，实现双过半”竞赛中勇夺中心城区优胜集体。有5名先进个人荣获省级表彰。

【保持发展强势】大科城管委会正式获批，进驻科技型企业1300余家，引进京东智联云等标志性企业35家、树图区块链等标志性平台10个，大科城公共法律服务中心挂牌成立。做大产业集群，引进投资亿元以上项目52个，其中10亿元以上项目12个，进驻楼宇企业680家、总部企业30家、金融机构112家，湘江鲲鹏等76个重点产业项目竣工达效。扩大有效投资，完成41个项目征拆腾地，启动青山路等25条道路建设，拉通坦山路等道路6条，互联互通迈上新台阶。放大消费引力，阳光100凤凰街、洋湖水街投入运营，四季消费节会火热开展，实现旅游收入超百亿元，消费人气持续激增。

【收获丰硕成果】污染防治攻坚战成效明显，第二次全国污染源普查涉区工作获国务院表彰，龙王港流域综合治理经验获《人民日报》推介，大气污染防治十大专项行动深入实施，岳麓区在省纪委“洞庭清波”督察中收获好评，“一江两河”水质稳定达标，全区空气质量优良率为五年来最高。防范化解重大风险攻坚战纵深推进，年度化解隐性债务4.9亿元，麓山控股信用等级跻身AA+，区属平台公司迈出市场化转型坚实步伐，争取13亿元政府专项债用于刚需项目建设，化解非法集资陈案7起，守住不发生系统性区域性风险底线。对口扶贫攻坚战取得决定性胜利，建成洗洛卫生院等帮扶项目17个，助推龙山百合、田溪水果等农产品触网营销，服务龙山物流边贸产业发展，促推龙山县整体“脱贫摘帽”，岳麓担当充分彰显。

【传导为民温度】回应民生关切，提质科学村等老旧小区10个，建成停车场16个、社区门店和农贸市场各2个，创建物业管理标准化小区13个，为既有多层住宅加装电梯202台，居民生活便利度稳步提升。提升公共服务，新建提质雅礼洋湖小学等学校27所、璞丽景园幼儿园等公办园5家，新增中小学学位6315个、幼儿园园位1620个，教育强区内涵更加丰富；提质改造市级标准化社区（村）综合文化服务中心5家，为17家卫生服务中心配备全科医生96名，群众身心健康更有保障；新建社区养老服务设施14处，提质改造村级儿童之家5家，“一老一小”得到有效照护。完善乡村设施，新（改）建农村公路100公里，改造户用厕所2万余座，建成水利项目57个，农村生产生活条件持续改善。

【大科城软件产业生态圈共建计划启动仪式活动】 3月28日，大科城软件和信息技术服务产业发展联盟同步成立。省委常委、市委书记胡衡华出席活动并致辞，中国工程院院士、中南大学校长田红旗，中国工程院院士、中南大学教授桂卫华，中国工程院院士、湖南工商大学校长陈晓红，中国工程院院士、湖南大学电气与信息工程学院院长王耀南，湖南大学校长段献忠，湖南师范大学校长刘起军，湖南财政经济学院校长刘长庚等出席或作主题分享。市领导廖建华、邱继兴出席见证。华为鲲鹏、腾讯云计算、东华软件、湖南航天信息、华锐金融、云天励飞等企业代表出席。大科城软件产业生态圈共建计划的启动，是长沙“软件业再出发”的一个良好开端。

【“6·5”世界环境日长沙市主场活动在岳麓区启动】 6月5日，以“美丽中国，我是行动者”为主题的2020年“6·5”世界环境日长沙主场活动在岳麓区洋湖国家湿地公园启动，市委副书记、市长、湖南湘江新区党工委书记郑建新出席并宣布活动启动。市人大常委会主任谢卫东，市政协主席文树勋，副市长陈澎、朱东铁出席。活动现场发布《2019年长沙市生态环境状况公报》。活动现场展示《让中国更美丽》《森林中的舞曲》主题节目，播放《大美星城 山水为证》和蓝天卫士“环保小技巧”宣传片，并为从事环保工作30年获生态环境部纪念章人员颁发荣誉勋章。

【“创客中国”“麓山杯”5G技术及应用中小企业创新创业大赛决赛】 9月10日，2020工业和信息化部“创客中国”麓山杯5G技术及应用中小企业创新创业大赛全国专题赛决赛在长沙岳麓科创港举行。来自全国的20支参赛队伍分成企业组、创客组展开比拼，企业组湖南奕瀚电子科技有限公司、深圳远征技术有限公司，创客组湖南鼎英信息科技有限公司、灵鹰长空（苏州）团队进入全国200强备选名单。此次大赛由工业和信息化部网络安全产业发展中心、湖南省工信厅主办，岳麓山大学科技城管委会、湖南省中小企业协会承办。比赛以“5G引领时代、5G创造未来”为主题，围绕5G技术及应用产业链，部署创新链，配置资金链，构建产业创新生态系统，着力培育和发展一批具有竞争优势的“专精特新”企业。

【2020世界计算机大会在岳麓区开幕】 11月3日，2020世界计算机大会在长沙梅溪湖国际文化艺术中心开幕。省委书记杜家毫出席开幕式并致辞，省委副书记、省长许达哲主持，中国科学院院士、军事科学院院长杨学军出席并作主题报告。工业和信息化部副部长王志军致辞。国防科技大学校长黎湘，中国科学院院士、中国计算机学会理事长、军事科学院副院长梅宏，省领导谢建辉、张剑飞、陈飞、张大方，17位院士、1位图灵奖获得者以及华为、中国电子、戴尔、阿里巴巴等40多家国内外企业高管出席。此次大会由湖南省人民政府、工业和信息化部主办，以“计算万物·湘约未来——计算产业新动能”为主题，目的

3月28日，岳麓山国家大学科技城软件产业生态圈共建计划在岳麓科创港宣布启动（岳麓区人民政府办公室供图）

在于全面展示计算机及应用领域优秀创新技术与应用成果。

【2020年第四届湘江金融发展峰会】 11月6日，第四届湘江金融发展峰会在湖南金融中心举行。省委常委、常务副省长谢建辉出席并致辞。峰会以“湘江论道·科技赋能 产融共生”为主题，目的在于深入贯彻落实习近平总书记考察湖南重要讲话和中共十九届五中全会精神，充分汲取专家的真知灼见，坚持金融本源，着眼构建金融有效支持实体经济的体制机制，完善现代金融机构体系，做好政企对接、融保合作、财税联动等文章，持续为实体经济发展注入“金融活水”，把湖南金融中心打造成优质金融资源集聚、服务实体经济高效、支撑打造“三个高地”和践行“四新”使命有力的现代金融服务高地。

重要会议

【政府常务会】 1月2日，区政府第48次常务会，研究全区盘活“三资”工作、全区2020年春节走访慰问工作；岳麓高新区与湖南湘江新区国有资产投资有限公司合作设立湖南湘江智谷产业母基金（暂定名）事宜；湖南省检验检测特色产业园项目概算调整事宜；园区白鹤、翰林苑、人工智能保障性住房建设项目招标方案及相关事宜；中铁城建集团总部项目扶植奖励兑现事宜。

1月16日，区政府第49次常务会，研究全区2020年度征拆计划、调整全区项目建设和征拆工作领导小组及下设指挥部相关工作；全区2020年度征地计划、耕地补充计划、土地供应计划项目编制工作；全区松材线虫病防治工作；振业城项目原清水塘中学校舍拆除补偿及教师宿舍24户住户搬迁工作；全区事业单位和国有企业公务用车制度改革工作；全区安全生产工作；京东云“互联网+”数字经济合作项目落户岳麓区有关事宜。

11月6日，2020湘江金融发展峰会在湖南金融中心开幕（岳麓区人民政府办公室供图）

3月5日，区政府第50次常务会，研究全区交通问题顽瘴痼疾集中整治工作；“大干一百天，实现双过半”大竞赛活动有关工作；全区安全生产工作。

3月19日，区政府第51次常务会，研究精准脱贫攻坚战工作（落实乡村振兴战略和防汛备汛工作）；污染防治攻坚战工作；防范化解重大风险攻坚战工作（“三资”工作）；岳麓区软件和信息技术服务业发展三年行动计划及相关政策；博才中海小学学位问题。

4月14日，区政府第52次常务会，审议《长沙市岳麓区省级创新型区建设方案（送审稿）》；研究推进区域智慧教育项目建设工作；研究天顶街道67亩安置用地收购工作。

5月8日，区政府第53次常务会，审议大科城2020年第二批签约项目合作协议和企业上市培育“一企一策”扶持协议；研究泛海统联精密制造股份有限公司MIM+AM研发生产基地、上海莱士南方总部及检测中心基地项目入园事宜；研究全区2020年老旧小区改造工作；研究全区非煤矿山企业关闭以奖代补工作；研究食品安全工作；研究岳麓园林工程有限责任公司改制事宜。

6月4日，区政府第54次常务会，研究2020年教师招聘工作及继续与湖南师范大学附属中学合作办学事宜；研究全区扫黑除恶专项斗争、禁毒工作、反恐怖工作和打击治理电信诈骗犯罪工作；研究全区污染防治攻坚战“2020年夏季攻势”工作；审议《岳麓区2020

年“一江两河”任务清单（送审稿）》《长沙市岳麓区防汛应急预案（送审稿）》《长沙市岳麓区旱灾应急预案（送审稿）》《长沙市岳麓区气象灾害应急预案（送审稿）》；审议《长沙市岳麓区营商环境优化工程2020年行动方案（送审稿）》《长沙市岳麓区优化营商环境指标长工作机制（送审稿）》；研究“领导接访下访推动矛盾化解”攻坚年活动工作；研究“放管服”改革及政务公开工作；研究长沙中建国际发展有限公司增资事宜。

6月24日，区政府第55次常务会，审议《岳麓区城市管理工作考核办法（送审稿）》《岳麓区2020年生活垃圾分类工作方案（送审稿）》《岳麓区建筑垃圾资源化利用特许经营实施方案（送审稿）》《岳麓山国家大学科技城业态管理办法（送审稿）》；研究统计及人口普查工作；研究2020年全区4类重点对象危房改造全覆盖工作；研究麓山控股集团升级AA+工作；审议《岳麓区行政事业单位国有资产管理实施办法（送审稿）》；审议《湖南兴湘投资控股集团有限公司与湖南中医药大学、岳麓区人民政府战略合作协议》；研究2019年度第二批产业政策扶植兑现事宜。

7月23日，区政府第56次常务会，审议《长沙市岳麓区突发环境事件应急预案（修订）（送审稿）》；研究全区稳就业保居民就业工作；研究打击和处置非法集资工作；研究加快推进岳麓区企业上市（挂牌）工作；研究应急管理工作；研究民政工作。

8月26日，区政府第57次常务会，审议《长沙市岳麓区湘江保护和治理第三个“三年行动计划”（2019—2021年）实施方案（送审稿）》；研究民族宗教工作；审议《关于进一步规范财政管理硬化预算约束的通知（送审稿）》；审议《长沙市岳麓区村（社区）财务管理办法（送审稿）》。

9月16日，区政府第58次常务会，研究全区优化营商环境工作；研究全区违建别墅问题清查整治、“月清三地”、自然资源例行督察反馈问题整改和农村乱占耕地建房问题整治工作；审议《长沙市岳麓区关于建立企业破产处置协调联动机制的通知（送审稿）》；研究全区“菜篮子”工作。

9月29日，区政府第59次常务会，研究生态环境保护工作（与岳麓区生态环境保护委员会全体会议套开）；传达学习安全生产有关会议精神和上级有关指示批示精神，研究全区安全生产工作（与区安委会例会套开）；研究中通智慧电商物流园（湖南）项目发展工作；研究岳麓高新区智谷集团关于投资101亩地块商业物业工作；研究审计发现问题整改工作。

10月19日，区政府第60次常务会，审议《长沙市岳麓区国民经济和社会发展第十三个五年规划纲要实施情况报告（送审稿）》；研究岳麓区2020年拟成立社区相关工作；审议《岳麓区智慧教育建设PPP项目实施方案（送审稿）》。

11月19日，区政府第61次常务会，研究全区禁毒工作；研究万科四季花城项目开发建设相关工作；研究航空母舰小区提质改造项目设计变更工作；审议《2020年度预算调整方案（草案）》。

12月9日，区政府第62次常务会，研究“放管服”改革相关工作；审议《长沙市岳麓区残疾人联合会改革方案（送审稿）》；研究全区污染防治攻坚战工作（观看《2020年长江经济带生态环境警示片》，与岳麓区生态环境保护委员会全体会议套开）；研究恢复区级数字化城管系统及生活垃圾分类工作；研究2020年拟调整及拟筹备社区工作。

12月17日，区政府第63次常务会，审议《政府工作报告（送审稿）》；审议《岳麓区关于推进楼宇经济高质量发展的实施意见（送审稿）》；研究食品安全工作；研究观沙岭街道金岭社区（原石岭塘村）“两安”用地申请挂牌工作；研究国有企业董事会、监事会组建工作；研究2021年度预算编制工作。

行政审批服务

【概况】区行政审批服务局于2019年3月成立，为正科级政府工作部门，内设办公室、政策法规科、审批服务管理科、数据资源科、效能监督科，2个副科级公益一类事业单位：区政务服务中心、区数据资源中心。2020年，区行政审批服务局牢固树立以人民为中心的发展思想，紧密围绕中心工作，持续推进多层级全覆盖政

政务服务特色专区（岳麓区行政审批服务局供图）

务服务体系构建、政务服务提质、信息公开透明、数据资源强化，各项工作再上新台阶。全年共接待办事群众218635人次，办结各类许可、服务事项173308件，获评“互联网+政务服务先进单位”。

【行政审批政务服务】推进“放管服”改革，深化“三集中三到位”、“一件事一次办”和“综合窗”改革，坚持在“合”字上做文章，推进政务平台资源整合、线上线下融合、人工服务与自助服务结合，构建“1+3+17+22+N”政务服务体系新格局，全力提升政务服务水平。开展“晨会七步曲”，执行“七大考核”，全面提升服务质量。区政务大厅高效高质服务获得企业群众频频点赞，好评率在99.9%以上。

【回应民生诉求】联合区网格化综合服务中心，对《岳麓区网格化服务民生问题办理责任分解表》进行多轮修订，坚持每月召开效能会、讲评会，定期组织疑难工单办理协调会，构建起各方协同参与的热线工作机制，让责任主体“动起来”。运用大数据分析，全面梳理出群众反映较为突出的保障性住房管理维护、违章搭建监管处置等重难点问题，确立为基层社会治理“十大项目”，促使“老大难”得到有效突破，让问题解决“实起来”。实行“回头看”调查考核制度，设立常年调查队和效能督查小组，对不满意工单进行调查核实，要求2天内现场调查核实到位，让办单质量“高起来”。全年共处理“12345”工单60169件，“12345”市民服务热线群众满意度达98%以上，11个月居长沙市中心城区第一。《市委办公厅简报》第8期点名表扬“岳麓区坚持以务实的作风狠抓政务热线工作切实增强群众获得感”。

【政务服务网络建设】推进市级“互联网+政务服务”一体化平台应用，已覆盖全区所有街道（镇）、社区（村）。圆满完成2020年“我的长沙”App（实名50270人，注册64065人）及小程序（实名53317人）推广应用工作。“智慧岳麓”大数据平台区级总平台竣工验收，实现与市级共享交换平台的互联互通。完成区级《政务信息资源及电子证照梳理服务项目》建设，区本级16万多条合规证照信息已通过市级审核并成功录入市级证照库，共导入和录入6297.6万余条数据信息。完成全区867个电子印章的核查及发放工作，电子证照梳理及应用工作有序推进。全面对标《长沙市新型智慧城市“十四五”规划》《长沙市新型智慧城市示范城市顶层设计和三年行动计划》，制定《长沙市岳麓区新型智慧城市“十四五”区域规划》。严把项目建设技术评审关口，先后完成区教育局智慧教育项目、区公安分局“雪亮工程”视频补盲项目、“AI大科城”云运营管理平台等项目技术评审，进一步规范了项目建设与管理。完成区电子政务外网平台及重要信息系统安全等级保护测评和定级备案工作，以及区门户网站集群系统（二级）、区电子政务外网平台（三级）、超融合虚拟化平台（三级）建设。启动《岳麓区电子政务外网安全防护设备采购集成项目（二期）》建设。2020年被评为长沙市“网络安全先进单位”，岳麓区人民政府网站被长沙市评为“优秀政府网站”，《政民互动》《政府信息公开》2个栏目分别获国家信息协会2020年政府网站“精品栏目奖”。

【“放管服”改革】成立岳麓区人民政府推进政府职能转变和“放管服”改革协调小

组，印发《岳麓区进一步深化“放管服”改革重点任务分工方案》，全面推动全区“放管服”改革工作开展。牵头编制权责清单，形成1个清单、2个目录（《岳麓区权责清单（2020版）》《岳麓区公共服务事项目录（2020版）》《岳麓区审批服务“就近办”事项指导目录（2020版）》），共梳理区直部门权责清单2399项、街道（镇）权责清单158项、公共服务事项449项、审批服务“就近办”事项140项，进一步摸清权力家底，明晰权责范围。再次梳理、确认中介服务事项，形成《岳麓区行政审批中介服务事项目录（2020版）》，全区61项中介服务事项全部进驻市网上中介超市。在全市试点并首个完成基层公共服务“一门式”全覆盖高频政务服务事项梳理工作，印发《岳麓区村（社区）高频政务服务事项目录（2020版）》，42个老百姓需求大、频次高的政务服务事项延伸下沉至村（社区）。

【“一件事一次办”改革】 设立“综合窗”，在“最多跑一次”升级为“一件事一次办”的基础上，2020年持续提升“一件事一次办”办理深度、成熟度、便捷度，纳入政务服务事项1200余项，覆盖所有区直相关单位、街镇、社区（村）。设立跨域通办专窗，落实“一件事一次办”跨域通办、智能导办，“互联网+政务服务”一体化平台办件量26万余件。行政许可事项办理时间压减82.1%，平均跑动次数减少至0.24次，即办率提升至47.1%，全程网办深度提升至76.5%。全区共办理“一件事一次办”事项28万余件。在全市“一件事一次办”工作推进会上，岳麓区作典型经验发言。

【政务公开】 印发《长沙市岳麓区2020年政务公开工作要点》，明确政府信息公开范围、公开形式和时限等内容。率先完成税务管理领域、安全生产领域等5个领域基层政务公开标准目录梳理，经验做法得到市局表扬。梳理26个领域基层政务公开目录，统一编制具有岳麓特色的政府基层政务公开事项目录，填报公开内容5000余条。投入10万余元，对区政务服务大厅的标识标牌、载体配置、资料摆放、公开内容等进行设计和统一规范；投入140余万元，统一规范推进各街道（镇）的政务公开专区建设，形成全区政务公开标准化建设“一盘棋”。在政府门户网站设立基层政务公开专栏，下设《公开领域》《工作动态》《政策文件》《标准体系》4个栏目，建成政务公开第一阵地。将微政岳麓微信公众号、“我的长沙”App、“12345”政务热线、政策解读专栏等渠道建成政务公开的延伸平台，形成多元化传播、全方位覆盖的政务公开集群。区基层政务公开标准化规范工作经验得到省政务管理服务局认可，在“省基层政务公开标准化规范化业务培训推进会”上作典型经验交流，区本级、梅溪湖街道政务公开专区接受示范观摩。《岳麓要情》《长沙要情》对此点名表扬。

【24小时政务自助服务区建成】 2020年4月，将局会议室改建成长沙市首个24小时不打烊政务自助服务区，政务服务时间从5x8小时拓展为7x24小时。省发改委党组成员、省优化办主任陈永实，市委常委、市委统战部部长谭小平出席开通仪式。在“省基层政务公开标准化规范化业务培训推进会”期间，被作为“样板间”接受全省同行现场观摩。全年共办件3万余件，获得国家、省市媒体

24小时政务自助服务区（岳麓区行政审批服务局供图）

复工复产政策兑现（岳麓区行政审批服务局供稿）

多次报道，以及国家、省、市各级优化营商环境工作主管部门的充分肯定，获评国家电子政务理事会“互联网+政务服务”先进单位。

【推动复工复产】 第一时间发布倡议书，全力引导企业“网上办事”和“不见面”审批。在35个区直单位建立“三专”队伍机制［专业热线队伍、专业线上队伍、专业帮（代）办队伍］，做到“随问随答”“即接即审”“一事一人一条龙”全程帮（代）办服务。及时在政务服务大厅和22个重点楼宇工作站开设复工复产政策兑现“一件事一次办”专窗，开辟审批“绿色通道”，对防疫保供重点企业推行容缺审批，加快复工复产速度。按“1+3”模式建设24小时政务自助服务区，实现政务服务从“8小时”向“全天候”的跨越。

数据资源管理

【概况】 2020年，区数据资源中心以助力“知识岳麓、创新岳麓”建设为目标，牢牢把握数据资源建设与管理主线，采取“夯基础、细建管、深应用、推整合、强支撑、保安全”等措施，稳步推进岳麓区数据资源建设。全年全区电子政务外网、专网、内网建设有序推进，共完成70处政务外网点位及15处财务专网点位新增、迁移及关闭工作。完成区委政法委、区委组织部、区委编办、区人武部政务内网汇聚节点建设，为岳麓区政务服务工作开展提供有力的政务网络支撑。

【政府网站建管】 根据长沙市数据资源管理局部署，5月，岳麓区政府网站（1个）及各部门子页面（53个）全部迁移至长沙市集约化政府网站平台。政府网站政务信息公开全面、高效、及时、准确。全年区政府门户网站累计发布（含录入）各类政务信息6.1万余条次，《区长信箱》等互动栏目共收到有效信件654件，回复654件，办结率100%。

【系统应用推广】 2020年，长沙市“互联网+政务服务”平台覆盖岳麓区17个街道（镇），167个社区（村），全年平台办件量达23.85万件。11月1日，岳麓区圆满完成2020年度“我的长沙”App及小程序推广，“我的长沙”App完成实名5.1万人，注册6.4万人，小程序完成实名5.4万人。

【数据整合共享】 岳麓区“智慧岳麓”大数据平台与市级共享交换平台实现互联互通，市级可成功调取岳麓区“智慧岳

智慧岳麓大数据平台登录页面（岳麓区数据资源中心供图）

麓”大数据平台相关子系统数据。政务信息资源及电子证照梳理有序推进，16万多条合规证照信息通过市级平台审核并成功录入市级证照库，完成6298万余条数据信息的导入和录入，核查及发放电子印章868个。

【技术支撑保障】根据长沙市政府投资信息化项目管理相关文件要求，年内完成“AI大科城”云运营管理平台项目等10余个项目前置技术审查，规范岳麓区信息化建设项目管理。强化IT运维支撑，全年受理IT运维事件2200件次，其中，机房运维500件次，终端及辅助设备运维1400件次，省市视频及两办会议保障300件次，区级大型活动保障3次。

【网络信息安全】贯彻落实《中华人民共和国网络安全法》及相关政策法规文件要求，完成岳麓区电子政务外网平台及重要信息系统安全等级保护测评和定级备案，对岳麓区政府网站集群系统实施二级等保、电子政务外网平台实施三级等保、超融合虚拟化平台实施三级等保，启动《岳麓区电子政务外网安全防护设备采购集成项目（二期）》建设。

【岳麓区智慧城市“十四五”区域规划编制】数据资源中心采取实地调研、精心编制、强化衔接、广泛征求等措施，全力推进岳麓区智慧城市“十四五”区域规划编制工作。数据资源中心先后发放“调研问卷”85张，开展“现场调研”18场，召开重点部门座谈会5次，向72家区直部门征求意见，组织召开《岳麓区智慧城市“十四五”区域规划（征求意见稿）》专家咨询会，向长沙市数据资源管理局征求修改意见和建议。12月22日，《岳麓区智慧城市“十四五”区域规划（送审稿）》顺利通过专家评审。

【新型冠状肺炎疫情防控大数据分析】根据岳麓区委、区政府工作部署，数据资源中心通过深化大数据分析、强化应急演练、开发复工复产小程序、推进政府网站信息公开等措施，切实抓好新型冠状肺炎疫情防控大数据分析工作。全年共接收高中风险地区人员到长沙数据2.6万条，核查2.6万条。跨境涉外人员数据8250条，核查8250条。比对分析1000余次，反馈720余次。指导17个街道（镇）防控15035人次。开展大数据桌面应急演练3次，小程序登记企业复工人员2万余人，通过政府网站发布疫情防控信息625条。通过“市级、区级、街道（镇）级、社区（村）级”四级联动联防工作机制精准掌握岳麓区范围内已发病例、有高中风险地区人员接触史暂未出现病况对象及其他重点对象详细信息，为各类人群的风险识别、居家隔离、到院就医等提供有力的大数据支撑。

信访工作

【概况】2020年，区信访局以保稳定、保民生为主基调，围绕“积案化解率、回访满意率、三无创建率”的提升，紧扣工作新要求，细化方案、实化举措、强化统筹，推动查隐患、化矛盾，实现信访形势的明显好转，第一季度退出信访工作重点县市区调度名单。获长沙市信访联席办颁发的“信访积案化解工作优秀单位”“信访‘三无’乡镇（街道）创建优秀组织单位”称号。程宇标、付寅彪被评为长沙市信访工作优秀个人。

【思想政治建设】局党组领导班子始终把政治建设摆在首位，以党组理论中心组学习为龙头，支部学习为主体，深入、全面、多方位地开展政治理论学习。围绕习近平新时代中国特色社会主义思想、中共十九大精神、中共十九届五中全会精神、习近平总书记在湖南考察时的重要讲话指示精神等重要内容，通过领导干部带头学、党建专家辅导学、党支部专题学、研讨交流集中学等多种方式学习，进一步坚定领导班子的理想信念，切实把思想、行动统一到中央的决策部署上来，增强“四个意识”，坚定“四个自信”，做到“两个维护”。班子成员认真落实主题党日、“双重组织生活”、党员领导干部讲党课等制度，能够敞开胸襟、开诚布公地开展批评与自我批评，通过交换意见增进相互理解，增进班子团结。以“主题党日”活动为载体，组织全体党员干部赴芷江受降纪念坊参观学习、组织观看爱国主义教育电影《八佰》《半条棉被》，接受

7月2日，举行全区信访工作业务培训（岳麓区信访局供图）

革命传统教育和警示教育。

【推进“攻坚年”活动】 4月中旬，市委、市政府在全市部署开展“领导接访下访 推动矛盾化解”攻坚年活动。区信访局围绕目标任务，提请区委、政府制定出台具体实施方案，精准对标工作要求，细化强化举措。9月15日，全区“领导接访下访 推动矛盾化解”攻坚年活动推进会召开，区委书记周志凯主持会议并强调，要从讲政治、惠民生、促发展的高度出发，持续深化“领导接访下访 推动矛盾化解”攻坚年活动，切实解决群众关心关切的具体问题，为全区经济社会发展营造良好环境。通过领导下沉督访、公开接访、包案处理，全力推动化解信访积案。攻坚年交办的14个“四重攻坚”信访事项全部化解，化解率为100%，交办的28件重点事项化解2件。

【信访法治宣传月】 5月12日，在河西王家湾步步高商场开展《信访条例》修订实施15周年宣传活动暨2020年岳麓区“信访法治宣传月”活动，各街道（镇）配套展开宣传，有效提高群众对《信访条例》及“信访法治”的认识，极大改变群众“信访不信法”的错误观念，树立办事依法、遇事找法、解决问题用法、化解矛盾靠法的良好法治导向。

【信访干部培训】 为进一步提高岳麓区信访干部履职尽责能力，提升信访工作水平，规范信访业务办理程序，提高信访件办理质量，7月2日在区委党校举行全区信访工作专项业务培训，17个街道（镇）信访专干、信访信息系统操作员及区直相关单位信访专干共50余人参加专题培训。此次业务培训邀请长沙市信访局政策法规处处长禹伟云授课，以《依法分类处理群众诉求、引导多元化解社会矛盾》为题，重点讲授复查复核业务及依法分类处理信访诉求方面的内容。区信访局接访办、案件督查、复查复核等科室主任分别就各线业务工作进行讲解，现场为基层信访干部释疑解惑。

【落实巡察整改】 4月16日至5月22日区委第一巡察组对局党组进行为期一个月的集中巡察。4月16日下午，召开巡察工作动员会，8月3日，召开巡察反馈会议。对照巡察反馈的9个方面25项问题，局党组全面统筹抓好巡察整改任务，对照整改内容，建立整改台账，确

信访局党员干部深入润泽园社区网格排查劝导（抗击疫情）（区信访局供图）

定整改时限，实行销号管理。9月8日组织召开领导班子巡察整改专题民主生活会，深刻剖析问题产生的原因，制定整改措施。巡察整改期间25项问题已全部整改到位，并建立健全相关规章制度20项，形成长效机制，防止问题反弹，确保长效。

【疫情防控】自疫情暴发以来，认真落实区新型冠状病毒疫情防控工作领导小组出台的各项措施，积极主动开展工作。按照国家、省、市信访局要求，2月1日通过区政府网站公布关于暂停接待群众来访的通知，引导群众通过网上、来信和电话信访等途径反映信访诉求。结合全区疫情风险等级情况，3月27日恢复群众来访接待工作。机关党支部积极响应区委组织部和区直机关工委的号召，迅速落实在职党员到社区报到服务，积极参与社区疫情防控志愿活动，主要领导带头履职尽责、党员全面参与。

机关事务

【概况】岳麓区机关事务中心是区人民政府直属事业单位，内设办公室、综合部、后勤保障部、安全保卫部、公务用车服务部、膳食部。有工作人员17人，临聘人员72人，劳务派遣人员54人。2020年区机关事务中心全体干部员工以“围绕中心、服务大局”为宗旨，以机关后勤“科学化、规范化、社会化”为原则，以“精细的管理、坚实的保障、完善的服务”为目标，中心全体干部职工团结一心，抗击新冠疫情，圆满完成各项工作任务。

【新冠肺炎防控】为做好新冠肺炎防控工作，督促物业公司做好机关大院和湘麓金座公共区域的消毒杀菌工作，检测来往人员体温，督促佩戴口罩，确保安全。做好机关人员疫情期间的伙食保障，疫情期间食堂员工春节不休息，坚持上班，保障疫情值班人员伙食。实施错时分散开餐制，食堂工作正常运行。做好机关各部门防疫物资发放，共发放口罩24万支，酒精5000多瓶、消毒液500多桶及部分艾条和中药材等，保证机关防疫物资的供应。

【垃圾分类及节能】负责区直机关、湘麓金座垃圾分类及节能工作。对机关大院和湘麓金座垃圾分类进行重新招标，确定长沙适华保洁服务有限公司为中标方，负责区直机关大院和湘麓金座垃圾分类的指导、分拣等相关工作。湖南现代环境科技有限公司负责区直机关大院可回收垃圾的收集服务工作。全年机关大院处理垃圾总量约26吨，接收上级及相关单位观摩考察20次，圆满完成区机关大院垃圾分类试点工作。2020年机关大院及湘麓金座能耗统计人均综合能耗同比下降2%，单位建筑能耗下降3%，公务用车油耗人均下降3%、基本达到上级节能要求。

【公务用车服务】坚持做好岳麓区事业单位车辆改革，优化车辆结构，完善人员配置，保障公务出行需要。标准化规范化管理，对所有平台管理的193台车辆全部采取“三定、五统一”的管理模式，即车辆统一购置、统一编制、统一标识、统一制度、统一处置，实行定点维修、定点保险、定点加油，有效降低车辆使用和管理成本。细化车辆处置和更新管理，协助做好公务车辆报废13台，拍卖车辆67台，更换车辆3台。启用公务用车管理系统，组织驾驶员安全培训，规范驾

攸县代表团一行参观多宝鱼资源循环驿站（岳麓区机关事务中心供图）

驶员行车，公务出行得到安全保障。

【食堂服务】提高员工素质，提升服务水平。组织员工安全消防学习1次，组织食品安全培训及工会活动2次，机关食堂、湘麓金座食堂服务水平、服务质量不断提升，整体工作得以提高。改善就餐环境，疫情期间，每天对食堂进行一至两次消毒杀菌，检查体温，针对就餐人员多食堂场地小的问题，实施错时开餐，分散就餐，以供应盒饭为主，由各部门派人领取盒饭到各办公室用餐，确保疫情期间食堂正常开餐。重点把好食品安全、环境卫生两大关，确保食堂安全无事故。

【物业监管】为加强对机关大院及湘麓金座物业的监管，严格按照《机关物业考核办法》对两个物业公司进行量化考核打分，有效促进物业服务保障。加强疫情防控，确保机关大院人员安全。加大保洁、安保力度，确保机关大院整洁和安全。提升服务水平。除“人大、政协”两会外，共完成大小会议服务2303场。协助做好信访维稳工作。区直机关各部门及广大干部职工对物业工作满意度进一步提升。

【后勤保障】为确保机关大院、湘麓金座设备完好，加大对设备设施的维护维修工作力度。全年完成区投区建重大项目1个，完成工程类维修项目74个，维保服务类项目19个及其他零星维修任务，确保机关大院湘麓金座设备运行正常，机关办公环境得到改善。

【其他工作】完善计生人口网格化管理，为机关干部职工提供生殖健康状况检查，为机关女士代买计划生育保险；按照公安部门的要求，为区直机关干部职工办理集体户口证明；认真做好机关办公电话新装移机等通信业务；对机关国有资产情况进行清理、统计；继续落实党政机关办公用房清理腾退工作，对办公用房面积不足的单位和新成立部门办公用房进行调剂分配。

【交流观摩垃圾分类】12月10日，攸县代表团到岳麓区参观机关大院垃圾分类，区机关事务中心工作人员介绍机关大院垃圾分类在设施建设、宣传指导、分类收运、管理处置等方面的经验做法。向代表团们展示小黄狗废旧回收系统和多宝鱼资源循环驿站的使用方法，让垃圾分类更简单，让可再生资源得到更好利用，达到生活垃圾减量化、资源化、无害化的处理目标。大家深入交流，分享心得体会，拓宽工作思路，以进一步解放思想，高质量做好垃圾分类治理工作。

【驾驶员安全培训】11月29日，机关事务中心举办公务用车驾驶员安全培训班，邀请岳麓区交警大队陈园君警官授课，陈警官通过播放警示教育片，典型案例剖析、交通事故成因分析，对驾驶员日常行车规范、驾驶技巧、危险预测、应对紧急事件等方面进行系统性培训教育。让驾驶员们知危险避危险，安全文明出行，做一个优秀的“老司机”。通过此次安全教育培训，让驾驶员充分认识违章违规行为的危害性，增强安全责任意识，自觉抵制交通违法行为，安全文明行车，公务出行得到保障。

应急管理

【概况】2020年，区应急管理局认真学习贯彻习近平总书记关于安全生产的重要论述，始终坚持“预防为主、安全第一”，持续开展隐患排查，切实加强综合治理，在完善安全生产责任体系、规范安全生产源头治理、夯实安全生产基层基础、提升应急管理水平等方面取得较大成效。连续6年未发生较大及以上生产安全事故，获评省、市安全生产和消防工作优秀单位。

【完善安全生产责任体系】坚持以人民为中心的发展思想，守牢安全生产底线，切实担负起“促一方发展、保一方平安”的政治责任。强化统筹调度，全年召开区委常委会、区政府常务会12次，安委会例会4次、专题调度会7次、区长办公会2次，听取安全生产工作汇报，认真落实上级重大决策部署、研究解决工作推进的困难问题。建立领导带队检查常态化机制，聘请第三方专业机构协助区领导每季度带队检查安全生产，对发现的问题集中反馈、现场交办、限期整改，共检查重点生产经营单位179家，交办整改问题隐患580条，切实消除隐患问题。强化监管合力。组建特种设备、建筑施工、燃气安全等12个安全生产专业委员会，制定下发《长沙市岳麓区安全生产委员会工作规则》，建立安委会统揽、专业委员会主抓行业安全的工作责任机制，全年由各专业委员会组织开展集中警示约谈89次，约谈企业936家；修订完善《长沙市岳麓区安全生产职责规定》，明晰32个区直部门和17个街镇、园区、景区安全监管职责，全面落实属地监管与分级监管。强化督导巡查。将专项整治三年行动、强执法防事故、标准化班组建设和一会三卡等工作纳入督查巡查、暗访暗查的重要内容，区安委会组织2次安全生产巡查，发现整改问题58处。组建第三方暗访专班，在全区各行业领域开展暗访暗查，发现问题及时交办行业主管、属地监管部门，共下发整改交办函80余份，整改问题494条，有效传导压力，推动工作落实。

【规范安全生产源头治理】抓住重点领域、重点部位、重点环节，着力解决突出矛盾和问题，全面落实安全生产各项重点工作。对标对表细化整治任务。制定“1+4+9+13”全区三年行动工作方案，拿出工作计划表、挂图作战图，组建工作专班，健全工作制度，完善工作经费、办公场所等后勤保障，从相关安委会成员单位抽调专人实现集中办公，从宣传发动、机制运转、隐患排查治理等方面层层推动专项整治三年行动。将履职动态、工作开展情况纳入三年行动工作简报，共发出工作简报45期，通报工作不力单位18家，有效压实党政领导责任、部门监管责任和企业主体责任。对账销号狠抓隐患治理。以两个清单为抓手，在危化、工贸、消防安全、校车安全、燃气安全等方面扎实推进专项整治三年行动，共建立问题隐患清单11项，制度措施清单85项，累计排查整改各类隐患2.8万条，行政拘留19人，移送刑事起诉9人。严格执行重大隐患“一单四制”，拉条挂账，坚决做到闭环整改，银盆岭铜盆湖市场等5个马路市场全部取缔，枫林农贸市场、天穆大酒店锅炉等6个重大安全隐患完成销号，湖南金工房地产开发有限公司（湖南指南针商业广场）等3家重大火灾隐患单位完成销案摘牌。对症施策严格监管执法。聚焦死角盲区、重点行业、薄弱环节，建立“联合打、重点盯、源头追、群众防”工作机制，实现打非治违常态化，全年责令限期改正1511个，罚款1197万元，形成打非治违高压态势。联合区公安分局、天顶街道查办违法销售汽油案件，收缴汽油20余吨，追究刑事责任3人。依法依规开展事故调查。按照“科学严谨、依法依规、实事求是、注重实效”和“四不放过”的原则，全年在区政府授权下，牵头完成事故调查5起，共处罚事故单位6家，处罚涉事人员13人，罚款114.8万元，以零容忍的态度坚决严肃惩处事故责任单位，风险防控效能进一步提升。开展生产安全事故整改措施落实情况“回头看”工作，认真梳理近五年生产安全责任事故发生的原因，抓住安全生产主要矛盾、突出问题、重大隐患，深入细致排查风险，根治重大问题隐患。

【夯实安全生产基层基础】以“大宣传、大教育、大培训”为抓手，完善人防与技防措施，不断夯实安全生产基础，逐步提升基层防控治理能力。落实企业主责。持续推动企业落实安全生产主体责任，深化“一会三卡”制度全覆盖，组织企业在微信群内“晒”安全早会成果，在全区评比“最美班前会”企业，共评出优秀组织单位 10个、优秀企业20个，汽车西站获评全市组班前会特等奖。开展宣教培训。坚持以“安全生产月”为主线，开展“安全生产三湘行”、“平安岳麓 幸福长沙”、“5·12”防灾减灾日、应急知识网络竞赛、专家宣讲等集中宣传活动，扎实推动安全文化进企业、进农村、进社区、进学校、进家庭，营造浓厚安全文化氛围。组织开展全区三年行动大培训和涉农街镇安全生产安全培训，邀请专家专题授课，推动安全理念入脑入心。推进科技兴安。积极探索“物联网+安全生产”技术运用，在洋湖、岳麓、西湖等6个街道25家重点企业开展智慧用电试点，防范电气火灾发生；与京东云合作，建成集接报警、指挥调度、研判预警为一体的综合应急指挥中心，将安全生产网格化管理服务与物联网、大数据、云计算等技术手段结合运用，连接公安天网、水文气象、地灾监控等信息系统，打通国家、省市和各街镇的联系通道，确保快速响应、指令畅通、处置高效。抓实网格安全。依托全区网格化管理体系，实行安全生产问题交办处理，做到社区会商、街道甄别、分类处置，建立健全各类事故隐患的清单式、闭环式管理体系，全年共处置群众反馈的安全生产问题570余条，有力消除监管盲区。

【提升应急管理水平】 深化“大应急”理念，逐步完善体制机制，全方位、多角度打造综合性救援队伍，提升应急管理能力水平。加强队伍建设。组建突发事件应急委员会，明确统一协调的联动机制。按照统一指挥、协同作战、分级负责的原则，对全区5支专业救援队伍、46支社会救援队伍开展培训并授牌，纳入全区应急救援体系建设。全省首个市级航空应急救援基地落户坪塘大王山，有效提升空中联合作战能力和多方救援效率，应急救援实现空地一体化发展。开展预案演练。编制修订新一轮突发事件应急预案，全年指导开展各类事故综合应急救援演练462场。岳麓山森林火灾综合应急救援演练集结森林防火、蓝天救援队等专业救援队伍500余人，重点演练火灾扑救、人员疏散、高空救援等科目，消防无人机灭火、大功率水泵等新设备测试，大力提升了专业救援、精准救援与机动救援能力。推进减灾救灾。高效有序应对自然灾害，及时报送5次洪涝灾害、4次风雹灾害信息。推进因灾倒损住房重建，扎实开展冬春生活救助，下拨自然灾害救助资金148.72万元，救助人口583人，保障受灾群众基本生活。积极创建综合减灾示范社区，梅溪湖街道金茂社区获评全省防灾减灾示范社区。

【岳麓区召开创建省级安全生产示范区动员大会】 3月20日，区委副书记、区长、区安委会主任周凡召开全区2020年第1次安委会例会暨岳麓区创建省级安全生产示范区动员大会。会议听取学士街道、梅溪湖街道、区应急管理局、区市场监督管理局和麓山景区管理处等单位2019年安全生产工作述职报告，通报2019年安全生产和消防工作目标管理考核结果，下发《2020年岳麓区安全生产工作要点》《岳麓区创建省级安全生产示范区活动方案》等文件，并向各街道（镇）、区直相关单位和重点企业下达《2020年度长沙市岳麓区安全生产目标管理责任状》。动员全区上下要认真贯彻落实上级关于安全生产的一系列决策部署，牢固树立安全发展理念，认真落实下发的《2020年岳麓区安全生产工作要点》《岳麓区创建省级安全生产示范区活动方案》和创建省安全生产示范城区任务分解表的各项要求，进一步织密防控网络，紧盯安全隐患，强化执法整治，加大宣传引导，有力推动全区经济社会更加安全、更高质量、更可持续发展。

【岳麓区召开城市道路交通管理工作领导小组会议】 4月27日，区委副书记、区长、区安委会主任、区道路交通工作领导小组组长周凡组织召开全区2020年第2次安委会例会暨区城市道路交通管理工作领导小组2020年第1次会议。会议传达全国、全省安全生产和防汛抗旱电视电话会议精神及省市领导关于交通问题顽瘴痼疾集中整治的指示精神，听取全区安全生产、道路交通管理、交通问题顽瘴痼疾集中整治和城区断头路、瓶颈路改造等工作情况汇报，下发《岳麓区2020年安全生产重点任务分工清单》《岳麓区“安全生产标准化班组”建设实施方案》等文件。

【区安委会召开第3次例会】 8月4日，区委副书记、区长、区安委会主任周凡组织召开全区2020年第3次安委会例会。会议传达7月31日全国、省、市安全生产电视电话会议精神，听取区安委办、区文旅体局、天顶街道等单位的安全生产工作汇报，对当前及下阶段工作进行安排部署，尤其就安全生产专项整治三年行动进行重点强调，精准研判，靶向发力抓安全；精准施策，真抓实干保安全；强化保障，凝心聚力促安全。

【区政府召开第59次常务会议暨2020年第4次安委会例会】 9月29日，区委副书记、区长、区安委会主任周凡组织召开第59次政府常务会议暨2020年第4次安委会例会。会议集中观看“生命重于泰山”电视专题片，学习习近平总书记关于安全生产系列重要论述指示批示

5月12日，湖南省2020年“5·12”全国防灾减灾日宣传演练活动在岳麓分会场展开（岳麓区应急管理局供图）

精神，区安委办通报全区安全生产工作情况，对当前及下阶段工作提出工作建议，与会单位就两节期间的安全生产工作进行汇报，区长周凡、相关区领导分析研判当前全区安全生产形势，并就双节特护期安全工作进行统筹部署。

【岳麓山森林火灾综合应急救援演练】 5月12日，湖南省2020年“5·12”全国防灾减灾日宣传演练活动在岳麓分会场展开。演练假定游客违反景区规定吸烟并随意丢弃烟头引发火灾，景区森林覆盖面积广且游客众多，一旦火势扩大，极易形成新的火点，后果不堪设想。演练中，麓山景区管理处率先行动，迅速启动《岳麓山风景名胜区森林火灾应急预案》，第一时间报告“12119”和区应急管理局值班室。与此同时，景区消防队紧急出动，迅速赶往现场展开灭火，景区工作人员及时疏散游客将其引导至安全地带。岳麓区森林覆盖面积，达28万余亩，此次演练共出动基层应急救援队伍12支，应急救援设备60余台，参演人员450余人，以实战演练锻炼基层应急队伍的救援能力。长沙市消防救援支队支队长温国坤、省应急管理厅应急救援预案管理处处长曾正德、长沙市应急管理局党组书记骆正平、长沙市林业局局长唐曙光等市领导，岳麓区委副书记、区长周凡，岳麓区政协主席袁精华等领导出席此次演练活动。

【岳麓区安全生产专项整治“三年行动”专题培训】 11月5日下午，岳麓区组织召开安全生产专项整治“三年行动”专题培训。市安委办主任、市应急管理局局长胡春山作专题授课。区委副书记、区长周凡主持培训并发表讲话。区委常委、常务副区长蔡锋及区政府全体班子成员参加培训。区安委会成员单位主要负责人，各街道镇主要负责人及重点企业主要负责人等312人现场参加专题培训。“安全生产工作只有起点、没有终点。”培训中，胡春山以案说法，深入浅出地向大家讲解隐患排查、应急处置、相关法律法规等知识，并从安全生产是“中央要求”“人民期盼”“企业发展要求”等方面强调安全生产的重要性。周凡要求要以更高的站位抓落实、要以更实的举措抓落实、要以更强的担当抓落实、要以更浓的氛围抓落实，全力抓好安全生产各项工作。

【岳麓区涉农街镇安全生产专题培训】 12月11日，岳麓区涉农街镇安全生产专题培训在莲花镇举行。邀请市安委办主任、市

11月5日，举办岳麓区安全生产专项整治“三年行动”专题培训（岳麓区应急管理局供图）

12 月 11 日，举办岳麓区涉农街镇安全生产专题培训（岳麓区应急管理局供图）

应急管理局局长胡春山就安全生产工作进行授课。副区长王剑主持会议。区应急管理局、区农业农村局、区自然资源和规划局、区交通运输局、区水利局分管领导和坪塘街道、洋湖街道、含浦街道、莲花镇、雨敞坪镇各学校、敬老院、培训机构、交通运输企业、生产经营单位负责人、安全生产负责人、安全员等约700人参加培训。培训会上，胡春山围绕安全生产的各项法律，结合各类安全生产的案例为大家进行细致深入的讲解，并结合岳麓区的区情实际作具体的工作指导。

消　防

【概况】 长沙市岳麓区消防救援大队下辖麓山门、石岭塘、五星3个消防救援站。共有消防救援人员130人，其中消防指战员51名，政府专职消防员及消防文职人员79名。配有消防登高平台车、举高喷射车、抢险救援车、水罐消防车、水罐泡沫车等16台，后援皮卡车2台。2020年，消防工作立足全区经济社会发展和疫情防控大局，大力推进消防安全责任制的落实，健全公共消防安全治理体系，全力提升消防工作建设水平，为全区经济社会发展创造良好的消防安全环境。

2020 年，全区共发生火灾 495 起，无人员死亡，受伤 1 人，直接财产损失 105.88 万元。与 2019 年相比，火灾起数下降 14.95%，死亡人数净减 1 人，伤人数持平，直接财产损失下降 9.11%。区消防救援大队共检查社会单位 1417 家，发现并督促整改火灾隐患 627 处，下发《责令改正通知书》349 份、《行政处罚决定书》101 份、《临时查封决定书》23 份，责令“三停”9 家，依法对 91 家单位和个人实施行政处罚，罚款 38.297 万元，整治消除一批消防安全隐患，净化辖区消防安全环境。

【思想政治教育】 区消防救援大队以求真务实的精神扎实开展思想政治教育工作。定期深入基层消防救援站调查研究，开展谈心谈话活动100余次，及时了解思想政治教育现状。扎实推进“践行训词精神，担当神圣使命，坚持五个不动摇”主题教育，组织召开大队专题党委会、各支部组织生活会24次，撰写“坚持党的绝对领导，永远做党和人民的忠诚卫士”心得体会240余份。深入推进“弘扬清风正气、凝聚奋进力量”专题教育，开展“追忆革命岁月，传承红色精神”主题党日活动8次，组织开展“天天学、每周考”活动，优秀率达到98%。集中开展“强党性、明规矩”学习教育活动，深入辖区学堂坡社区考察党建工作方面的先进经验和做法，对照自身存在的短板，推进大队党建工作。研究制定“助力百日攻坚”政治工作五条措施，组织召开“百日攻坚”推进工作集体谈心谈话。组建4个指战员兴趣小组，丰富指战员文化生活，缓解工作压力，为激励消防指战员圆满完成大队各项重点工作任务奠定坚实的思想基础。

【消防队伍管理】 区消防救援大队按照准现役、准军事化的建设标准，从日常要求抓起，督促干部积极发挥示范表率作用，认真履行岗位职责。通过召开民主生活会解决干部队伍中存在的工作作风松散和拖沓等问题。充分发挥集体智慧，研究新形势下消防应急救援队伍实战化训练特点，探索适应辖区实际的实战化训练之路，形成主业主抓、主官大抓、上下合抓的良好氛围。强化对辖区重点单位、人员密集场所、易燃易爆、旅游景点的消防演练，组织辖区各微型消防站队员开展联勤联训，提升全区消防救援力量实战攻坚能力。始终把训练工作放在突出位置，以全员岗位大练兵为契机，每周细化训练安排，分层次、分岗位、分阶段明确训练重点和进度，积极开展各消防救援站体能对抗赛和冬训体能九项科目摸底考核。完善“周测评、月考核”制度，通过“以训促练”“以考促练”“以战促练”，做到训练工作标准化、制度化、精细化。聘请专业教练驻队辅导训练，围绕体能、技能、操法等关键环节，全面增强人员力量、速度、耐力、灵敏及柔韧等5个方面的体能素质。强化实战演练，深入阳光新城小区、湖南爱威医疗科技有限公司等单位开展灭火救援联合演练，对辖区“四类场所”逐一开展熟悉演练。

【基础设施建设】消防队站建设对保障百姓安居乐业、服务经济社会快速发展意义重大。区委区政府把消防基础设施建设纳入城市建设“重要工程项目”“民生保障项目”。2020年，麓山门消防救援站改扩建项目全面建成，并驻站投入执勤；区中心消防站于10月开工，12月底主体完工，其他各项相关工作正在紧锣密鼓地进行。各街镇结合辖区实际，建设社区微型消防站25个，村志愿消防队15个，不断夯实基础建设根基，提升辖区抵御火灾能力。

【服务地方经济】区消防救援大队始终将服务地方经济、服务人民群众作为检验消防工作成绩的出发点和落脚点，共办理安全检查130个，行政许可项目人工调查回访满意率达到100%、处理消防安全隐患投诉95个，满意率达99%。灵活利用微信、短信提醒，电话了解情况等形式，对岳麓区港湾宾馆（河西店）、东临阁大酒店、维也纳雷锋大道店等集中隔离点帮扶指导30余次，向有关部门、基层组织及其他社会单位发送消防告知提醒1.2万余条，为全区抗击疫情和经济复苏提供有力保障。

【落实消防工作责任】全区消防工作坚持党委、政府牵头主导、行业部门齐抓共管、社会单位深度参与、群众百姓群防群治的区域消防安全责任体系。区委、区政府高度重视安全生产和消防工作，区领导多次专题听取全区消防工作汇报，主持专题会议研究调度消防工作。区委、区政府主要领导、分管线区领导和行业部门主要领导先后多次带队开展疫情后复工复产和重大节日安全生产和消防安全检查。充分发挥区安委、区消安委平台作用，部署开展“三年行动”等各类专项行动，调度、督导工作开展，并对各街道（镇）、园区和区直部门开展年度安全生产和消防工作考核。教育、民政、文旅体、商务、卫健、应急等重点行业部门打造消防安全标准化管理单位13家；公安部门落实上级文件精神，明确机构改革后派出所消防监督检查和消防宣传职责；市场监管、消防部门联合建立消防产品监督管理联合工作机制；消防部门将消防行政许可和行政处罚纳入信用信息管理，行业部门监管责任不断强化，形成全区“管行业必管安全，管业务必管安全”的氛围。全区384家消防安全重点单位全面开展自主评估风险、自主检查安全、自主整改隐患、向社会公开消防安全责任人、管理人、承诺本场所不存在突出风险或者已落实防范措施的“三自主两公开一承诺”和开展一次消防安全自查、组织一次消防安全培训、对消防设施进行一次维护保养、对电气线路进行一次安全检查、组织一次初起火灾扑救和应急疏散演练、对消防安全管理制度进行一次清理、作出一次消防安全承诺“七个一”活动，消防责任层层压实。

【优化消防安全环境】严格落实国务院安委有关部署和要求，大力开展全区消防安全专项整治“三年行动”。特别是在全年重大节假日和重大活动期间，区委、区政府会同有关部门开展消防安全专项检查，督促落实各项火灾防范措施。按照“一单四制”制度和《重大火灾隐患判定方法》，依法对湖南伊佳人酒店有限公司、湖南天穆大酒店有限公司、长沙市二十二度酒店有限公司、青花池养生馆和长沙市岳麓区嗨乐娱乐城5家存在重大火灾隐患的单位实行跟踪督办，整改销案。依法对长沙市金枫市场管理有限公司（枫林农贸大市场）、湖南金工房地产开发有限公司（湖南指南针商业广场）和湖南湘凯物业管理有限公司（沁园春御园）3家重大火灾隐患单位予以销案摘牌；各街道（镇）专题部署，推进辖区368个居民住宅小区和332家消防安全重点单位完成消防车通道划线。城管、消防、交警加强联动，探讨联合执法机制，依法查处占用、堵塞、封闭消防车通道等违法行为38起；摸排全区423个小区设置电动自行车集中充电，摸清辖区85家电动车销售门店。针对“三合一”场所、培训机构、群租房、冬季取暖等开展消防安全隐患排查和入户宣传；结合“双随机”累计摸排高层建筑1383栋，发现隐患1348处，整改1293处。帮扶通程商业广场开展大型商业综合体标准化管理示范建设。将辖区易燃易爆场所设为“双随机”优先抽查单位，排查加油加气站41家，并指导加油加气站开展火灾扑救演练，完成消防车通道划线；针对辖区民办教育培训机构泛滥，尤其是在高校周边“隐藏”着一些类似艺培的无证办学机构，消防、教育等部门联合辖区街道开展无证办学机构消防安全隐患排查，共受案8起，下发处罚决定书6份，责令“三停”2家，查封4家，罚款9.1万元；各街道（镇）、消防、公安派出所对辖区内623个寄递物流企业、寄递物流中转仓库、寄递物流配送网点、寄递物流分发网点进行全面摸底和隐患排查，发现并督促整改火灾隐患465处；市场监管、消防部门结合“双随机一公开”检查消防产品使用单位553家，抽样送检消防产品15批次，经现场判定产品质量不合格的单位61家，下发《责令限期改正通知书》52份，处理消防产品违法案件9起，罚款2.95万元。

【加强消防宣传】 全区各级各部门围绕“关注消防、生命至上”主题，从构建立体化、多元化消防宣传新格局出发，瞄准防控要地、抢占宣传高地、拓展群防阵地，在“3·15”国际消费者权益日、“5·12”全国防灾减灾日、“11·9”全国消防安全日、“12·4”国家宪法日、开学第一课等特殊时段，开展多种形式的消防宣传活动50多场次，发放宣传资料3万余份。除日常和重大活动的消防宣传之外，培训消防安全网格长和网格员126人次，各街道（镇）公共安全办主任及“三零”社区（村）负责人196人次，组织公安、教育、街道（镇）社区、单位员工、物业公司等重点人群开展消防安全教育培训共计2000余人次，广泛发动各级各部门和社会单位自主开展消防安全培训。各街镇专门印制取暖安全、电动自行车充电安全警示挂图开展入户宣传；望城坡街道工委牵头，消防、应急和河西综合枢纽（西中心）联合开展“安全生产宣传月”活动启动仪式，现场组织消防安全知识宣传和大型城市综合体灭火救援实战演练；教育、消防部门利用“开学第一课”认真组织开展消防宣传教育培训和疏散演练活动；司法部门以宪法宣传日为契机，在望月湖街道开展消防安全咨询活动；消防部门在通程商业广场开展“平安岳麓幸福长沙”为主题的“11·9”消防宣传月活动，还利用周末深入辖区社区、商场、小区等开展消防宣传进社区进企业活动40余次，开展消防实战演练135次。

11月9日，消防部门在通程商业广场开展“平安岳麓 幸福长沙”宣传活动（岳麓区消防救援大队供图）

政协长沙市岳麓区委员会

综　述

【概况】 2020年，区政协常委会高举习近平新时代中国特色社会主义思想伟大旗帜，坚持发扬民主和增进团结有效贯通、建言资政和凝聚共识双向发力，加强专门协商机构建设，认真履行职责职能，在开展重点调研、组织协商视察、专项民主监督、加强提案办理、反映社情民意、助力脱贫攻坚、参与疫情防控等方面均取得较好成绩，为推动全区经济社会高质量发展作出积极贡献。

【把牢政治方向】 深入学习贯彻习近平新时代中国特色社会主义思想。坚持把习近平新时代中国特色社会主义思想作为推动政协各项工作的行动指南。认真制定年度学习计划，健全以党组理论学习中心组学习为引领，以党组会议、常委会议、主席会议和机关党支部集体学习为重点，以专家辅导、政情通报为补充的理论学习制度体系。传达学习习近平总书记在中共十九届五中全会、中央统筹推进新冠肺炎疫情防控和经济社会发展工作部署会议及全国“两会”等会议上的重要讲话精神，引导广大政协委员不断增进政治认同、思想认同、理论认同、情感认同，进一步巩固团结奋斗的共同思想政治基础。共组织党组理论学习中心组学习10次，主席会议集中学习14次，举办常委会议、政情通报会议专题讲座4次。积极参与省、市政协理论征文活动，不断深化对习近平总书记关于加强和改进人民政协工作的重要思想的学习研究，努力形成数量更多、质量更高的理论成果。组织委员提交理论研究成果8篇，其中《加强和改进区县政协界别工作的思考》和《基层政协与基层协商民主有效衔接的路径探析》分别获省政协理论研究优秀论文二等奖、三等奖。把学习宣传贯彻习近平总书记考察湖南重要讲话指示精神作为政协工作的重中之重。在区政协党组、主席会议带头学，区政协常委会议专题学的基础上，组成3个小组，分别由区政协领导带队，深入各街道（镇）政协联络组广泛宣讲，组织政协各界别座谈讨论，带动全区各级政协组织和广大政协委员切实用习近平总书记重要讲话指示精神武装头脑、指导实践、推动工作，努力把习近平总书记的亲切关怀和殷切期望转化为政协工作创新发展的强大动力，转化为政协委员履职尽责的实际行动。贯彻执行中共中央和省委、市委、区委决策部署。全面落实新时代党的建设总要求，旗帜鲜明地坚持中国共产党的领导。自觉坚持在区委领导下开展工作，严格执行请示报告制度，凡是年度协商计划、重要会议、重大活动、重点工作，都及时报请区委批准后实施，确保政协工作始终与区委同心同向。严格落实意识形态工作责任制，加强党组成员、主席会议成员对分管领域意识形态工作的领导，管好用好微信公众号等新媒体平台，严把政治关，传播正能量，确保意识形态工作不落空、有实效。严格执行党组工作规则和议事规则，认真落实民主集中制，凡属“三重一大”事项都经集体研究决定，充分发挥区政协党组把方向、管大局、保落实的领导核心作用，确保中共中央和省委、市委、区委各项决策部署在政协落地见效。

【履行政协职能】 调查研究，助推社会治理能力提升。4—9月，区政协集中时间、集中精力，认真落实区委常委会会议部署要求，围绕“社区干部‘坐班制’转‘值班制’工作”开展重点调研。按照“立足当前、着眼长远”的工作思路，坚持“眼睛向内、双腿向下”和“发扬民主、集思广益”的工作方法，通过问卷调查、实地走访、交流座谈、话题讨论等方式，摸清现实情况、分析问题原因，听取各方意见、提出对策建议，形成较高质量的调研报告，为创新岳麓社会治理工作贡献政协智慧和力量。区委高度重视政协调研工作，区委书记周志凯对调研报告及时作出重要批示，区委常委会议专题听取调研情况汇报，对“调研报告”提出的意见建议进行认真研究，对落实有关意见建议作出部署、提出要求，明确由区委办公室印发全区各级各部门研究学习，并由区民政局作为牵头部门制定具体方案、细化落实举措。“调研报告”得到省、市政协的充分肯定，获省政协优秀调研报告一等奖。协商议政，助推经济社会高质量发展。充分发挥专门协商机构作用，聚焦全区高质量发展的重大问题，精心议政、深度协商，为党委政府集众智、谋良策、抓落实搭建平台、汇聚力量。民主协商促发展。先后对科创经济培育发展、幼儿教育发展、公共卫生服务、公共法律服务、重点提案办理等工作开展主席会议专题协商；组织引导政协各界别重点围绕加强财税建设、推进基层社会治理、加强校园安全建设、推进“儿童友好型”城区建设等8个协商议题，扎实有效地开展界别协商活动。专题视察聚共识。围绕全区重大产业项目建设、龙王港流域综合治理项目建设、小微水体建设管理、农村环境综合整治、公安基层基础建设等工作进行主席会议专题视察；政协各界别、各街道（镇）政协联络组紧扣岳麓区情，结合自身实际，发挥特色优势，开展视察活动80多次，组织委员深入岳麓发展建设现场，体察新变化，感受新成就，促进新发展。议政建言献良策。坚持把大会发言作为政协参政议政的重要形式，突出界别声音，完善遴选机制，发言质量和社会影响进一步提升。全区政协组织和政协委员围绕经济社会发展建设中的热点难点问题，精心选题、广泛调研、深入思考，共提交大会发言材料38篇。民主监督，助推民生福祉持续增进。认真践行人民政协为人民的初心、使命，在认真开展专项民主监督的同时，坚持把加强提案办理和反映社情民意作为增强民主监督实效的重要途径，协助党委、政府不断增进民生福祉。认真开展专项民主监督。聚焦人民群众“急难愁盼”问题，组成2个专项民主监督小组，重点围绕老旧小区提质改造落实情况、城区生活垃圾分类推进情况等开展专项民主监督，务实提出批评性、建设性意见建议20多条，有力助推相关工作的落实和改进。不断提升提案工作质量。设立“提案公开立案日”，加大重点提案督办力度，加强提案办理协商，提案工作整体水平不断提升。区政协五届五次会议以来，共收到提案119件，审查立案84件。其中，区委书记周志凯、区人民政府区长周凡等区党政领导领衔办理10件重点提案，一批关系群众生活的教育医疗、社会保障、城市管理等方面问题得到有效解决，委员满意率为100%。积极反映社情民意信息。召开工作推进会议，开展专题辅导培训，完善特邀信息员工作机制，进一步拓宽社情民意信息反映渠道。共收集社情民意信息110多条，全国、省、市政协共采用22条，其中《关于加强村级卫生室建设的建议》等6篇信息被全国政协采用，《加强机动车维修行业挥发性有机物污染治理的建议》等信息得到省、市领导重视和批示，相关意见建议转化为加强工作的具体举措。反映社情民意信息工作继续保持全市前列。

【服务中心大局】 面对突如其来的新冠肺炎疫情，区政协闻令而动，积极作为，奋力投身疫情防控工作。区政协党组、主席会议切实加强组织领导，迅速召开专题会议，研究制定《关于认真开展“听党指挥，尽职尽责，助力打赢疫情防控总体战和经济发展保卫战”活动的通知》，组织引导全区各级政协组织和广大政协委员主动参与疫情防控的大战大考。根据区委统一安排，区政协党组成员、主席会议成员率先垂范，靠前指挥，深入防控一线，深入联点街道，调研走访企业，切实加强疫情防控工作的检查指导。广大政协委员和政协工作者积极响应号召，或坚守一线、英勇奋战，或发挥优势、积极驰援，或主动发声、传播共识，或同舟共济、守望相助，凝聚起众志成城、共克时艰的强大力量，以实际行动充分展现了在重要关头的担当作为。疫情防控期间，全区政协系统累计捐赠防疫物资价值折合600多万元。投身经济社会发展。全区各级政协组织和广大政协委员，认真落实区委统筹推进疫情防控和经济社会发展的部署要求，积极投身于全区“大干一百天、实现双过半”竞赛活动，为努力实现全区年度经济社会发展目标任务贡献政协力量。按照区委统一安排，区政协主席会议成员深入基层一线，联系楼宇企业，服务项目建设，2位副主席分别参与人工智能科技城、大科城科创服务中心等重点项目征拆建设工作，推动和促进所联项目相关工作的顺利进行。广大政协委员胸怀发展大局，坚守本职岗位，扎实有效工作，特别是企业家委员践行社会责任、彰显企业担当、积极复工复产，在稳就业、促生产中发挥重要作用。巩固脱贫攻坚成果。响应中共中央号召，按照省、市政协工作要求，开展“助力巩固脱贫成果帮扶行动”。召开专题推进会议，制定具体工作方案，采取集中与分散相结合的帮扶方式，全区政协委员和政协机关全体工作人员组成68个帮扶小组，分赴浏阳、怀化等地结对帮扶68户建档立卡贫困家庭，通过谋划致富路径、对接产品销路、提供就业岗位、捐赠助学资金等途径，用心用情帮助结对家庭解决生产生活实际困难，彰显政协组织助力脱贫攻坚的为民情怀。共开展各类扶贫帮困活动100多次，累计扶贫资金800多万元。

【加强自身建设】 强化委员责任担当。认真落实“懂政协、会协商、善议政，守纪律、讲规矩、重品行”的总体要求，研究制定实施方案，定期编发学习资料，持续增强委员的政治把握能力、调查研究能力、联系群众能力、合作共事能力，不断提高委员协商议政、建言献策的履职水平。优化委员履职服务，主动对接省、市政协关于信息化建设的相关部署，组织召开推进会议，不断深化“政协云”应用工作，创新履职方式方法，为委员履职提供更加高效便捷的信息化平台。建立委员履职档案，细化委员履职台账，完善考评激励机制，进一步加强委员履职管理工作。深化“争当‘六好’委员、建设美丽岳麓”主题活动，推选“六好”委员56名。深化基层基础作用。定期召开界别召集人、街（镇）政协联络工作负责人工作会议，组织开展年度政协工作专题调研，切实加强主席会议成员、各专门委员会对政协界别和街（镇）政协联络组的工作联系和具体指导，全区政协系统整体合力进一步增强。研究出台《关于加强委员工作室建设的意见》，推进委员工作室的标准化建设，做好“线上”“线下”结合文章，创新委员值班工作、政协委员联系服务基层群众更加密切。咸嘉湖街道政协委员工作室被授予“湖南省示范性政协委员工作室”称号。

重要会议

【政协全体会议】 1月8—10日，中国人民政治协商会议长沙市岳麓区第五届委员会第五次会议召开。会议期间，围绕岳麓区经济社会发展中的重大问题和涉及人民群众切身利益的实际问题，深入协商讨论，积极建言献策。中共岳麓区委书记周志凯、区人民政府区长周凡等区委、区人大常委会、区人民政府和区人民武装部领导出席会议，听取大会发言，参加项目观摩和分组讨论，与委员们共商岳麓改革、发展大计，共谋民生保障、改善之策。周志凯书记在闭幕会上作重要讲话，充分体现中共岳麓区委对政协工作的高度重视和对政协委员的亲切关怀。会议

1月9日，召开政协长沙市岳麓区第五届委员会第五次会议（岳麓区政协办公室供图）

审议通过袁精华主席代表区政协第五届委员会常务委员会所作的工作报告、刘平副主席代表区政协第五届委员会常务委员会所作的关于五届四次会议以来提案工作情况的报告；会议协商讨论区长周凡所作的政府工作报告，协商讨论岳麓区2019年国民经济和社会发展计划执行情况与2020年国民经济和社会发展计划草案报告、全区2019年财政预算执行情况与2020年财政预算草案报告，协商讨论区人民法院工作报告、区人民检察院工作报告；并对上述报告表示赞成。

【政协常委会会议】 4月8日，区政协召开政协长沙市岳麓区第五届委员会常务委员会第二十次会议。会议就2019年度各项工作考评情况进行说明；传达学习《认真开展“听党指挥、尽职尽责，助力打赢疫情防控总体战和经济发展保卫战”活动的通知》、2020年区政协工作要点、年度协商与监督工作计划等文件；就《加强政协云应用实施方案（征求意见稿）》《关于开展社区干部“坐班制”转“值班制”工作调研协商的实施方案（征求意见稿）》征求意见与建议。

7月23日，区政协召开政协长沙市岳麓区第五届委员会常务委员会第二十一次（扩大）会议暨“助力巩固脱贫成果帮扶行动”工作推进会。会议传达学习全国“两会”重要精神；解读了《“助力巩固脱贫成果帮扶行动”工作方案》；通报“政协云”应用工作情况；协商了有关人事事项。

10月13日，区政协召开政协长沙市岳麓区第五届委员会常务委员会第二十二次（扩大）会议。会议传达学习习近平总书记在湖南考察调研时的重要讲话精神；协商讨论《关于社区干部‘坐班制’转‘值班制’工作的调研报告（审议稿）》。

12月30日，区政协召开政协长沙市岳麓区第五届委员会常务委员会第二十三次（扩大）会议暨集中学习。会议邀请湖南省委党校科社教研部主任，湖南省理论宣讲专家何隆德教授为常委们作“开启全面建设社会主义现代化国家新征程——中共十九届五中全会精神解读”专题辅导报告。会议听取区人民政府关于区政协五届五次会议以来提案工作情况的通报；听取《关于召开政协长沙市岳麓区第五届委员会第六次会议的决定（草案）》、大会议程（草案）、日程（草案）以及大会秘书长、副秘书长建议名单；听取政协长沙市岳麓区第五届委员会常务委员会工作报告（草案）；听取政协长沙市岳麓区第五届委员会常务委员会关于五届五次会议以来提案工作情况的报告（草案）；会议审议通过《关于召开政协长沙市岳麓区第五届委员会第六次会议的决定》、大会议程、日程和大会秘书长、副秘书长名单；审议通过政协长沙市岳麓区第五届委员会常务委员会工作报告；审议通过政协长沙市岳麓区第五届委员会常务委员会关于五届五次会议以来提案工作情况的报告。

纪检监察

区纪委监委

【概况】区纪委监委在市纪委监委和区委的双重领导下进行工作，履行党的纪律检查和国家监察两项工作职能。岳麓区纪委监委机关编制45个，其中行政编制44个、工勤编制1个，实有行政编39名，工勤1名。区纪委监委派驻机构行政编制30个，实有行政编23名。区纪委监委直属事业单位纪检监察信息中心事业编制8个，实有2名。区委巡察机构核定1办3组，下辖1个巡察事务中心，行政编9个，事业编9个，行政编实际有9名，事业编5名。区纪委监委班子成员11人，区纪委领导班子职数9名，书记1正3副，常委5名（1名兼巡察办主任）；区监委班子职数9名，主任1正3副，委员5名（2名为专职委员）。其中纪委副书记、常委为正科职领导职务，2名专职监委委员为副科职领导职务，高配主任科员。2020年，区纪委监委自觉把纪检监察工作放到大局大势中谋划推进，紧紧围绕高质量发展的主题主线，忠实履行党章和宪法赋予的职责，统筹贯通纪律监督、监察监督、派驻监督、巡察监督，一体推进不敢腐、不能腐、不想腐，在大战大考中践行使命担当，充分发挥监督保障执行、促进完善发展作用，以高质量的纪检监察工作保障高水平全面建成小康社会。

【坚守政治定位】深化理论武装，提高政治能力，区纪委常委会开展12次中心组理论学习，持续跟进学习习近平总书记最新重要讲话和指示批示精神，研究具体贯彻落实措施。坚持党的领导，坚定政治方向，严格落实向市纪委监委和区委请示报告制度，区委书记先后11次在纪委专项报告上作出肯定性批示。坚守职能职责，强化政治监督，坚持党中央重大决策部署到哪里、监督检查就跟进到哪里，疫情防控监督检查督促整改问题367个，提出工作意见79条，查处案件5起11人；聚焦“六稳”“六保”、“大干一百天、实现双过半”大竞赛活动等重大决策部署加强政治监督，确保政令畅通；开展村（社区）“两委”换届选举风气监督，推动换届选举风清气正。履行协助职责，当好参谋助手，坚持“课件、师资、培训”三个统一，实现《党委（党组）落实全面从严治党主体责任规定》专题培训全覆盖；协助区委制定《区委落实全面从严治党主体责任清单》；向区级领导发送落实全面从严治党主体责任提醒函23份，通报分管领域联系街道（镇）区管干部问题线索处置情况；督促落实提醒谈话制度，区四大班子成员开展提醒谈话1370人次，乡科级领导班子成员开展提醒谈话12612人次；深入全区17个街道（镇）走访调研，听取意见建议。

【履行监督职责】推行双月监督清单管理制度，深化运用“四种形态”处理311人次，其中第一、二、三、四种形态分别占比65.28%、21.22%、6.75%、6.75%。持续保持反腐败高压态势，一体推进“三不”，处置问题线索269件，立案129件，涉及乡科级干部20人，结案109件，给予党纪政务处分102人，采取留置措施3人，移送司法机关3人，挽回经济损失465万元；深化以案促改，推动办案、整改、治理贯通融合，持续开展以案明纪、以案说法警示教育；开展92名2019年被处分人员纪律处分执行情况监督检查，对受处分党员干部跟踪回访。坚持宽严相济，形成正确导向，对欺瞒组织、对抗组织审查调查、拒绝组织挽救的，坚决依规依纪依法从严从重处理；对主动交代问题、积极配合组织审查调查、真诚认错悔错改错、积极退赔违纪违法所得的党员干部，给机会、给出路、给政策，在强大震慑和政策感召下，有2人主动投案，有3人在函询时主动交代问题，有10人在审查调查时积极配合，依规依纪依法得到宽大处理。

【坚持执纪为民】驰而不息落实中央八项规定精神，深挖细查形式主义、官僚主义和隐形变异“四风”问题，严肃查处西湖卫生服务中心违规公款吃喝、莲花镇违规发放津补贴等问题，共查处“四风”问题33件65人，给予党纪政务处分36人，组织处理29人。深入推进群众身边腐败和作风问题专项治理，开展工程建设项目招投标、人防系统腐败问题、“洞庭清波”等专项整治行动，推进“互联网+监督”工作，继续深挖彻查涉黑涉恶腐败和“保护伞”，查处问题34件68人，给予党纪政务处分28人，组织处理40人。提升处理检举控告质量，制定落实质量评估体系，实行接待日制度，推进检举举报平台建设，发挥领导包案、分片联组优势，推动一批疑难复杂检举控告件化解，受理检举控告150件次，办结133件次。推动构建亲清政商关系，印发省纪委《关于规范政商交往推动构建亲清新型政商关系的意见》5000余份，发现收集20个问题建议，处理问题线索2条。

【落实巡察整改】紧扣“三个聚焦”，启动对36个区直部门、5个街镇的4轮常规巡察，对116个村（社区）的2轮交叉巡察，精准发现问题582个，移交问题线索26条，完成区委一届任期内巡察全覆盖任务；探索巡察与审计部门联合进驻“巡审结合”新模式；驻区教育局纪检监察组协助区教育局党委对4个下属单位开展驻点巡查试点。打好巡察整改组合拳，下达立行立改通知书12份；针对共性问题，向主管部门下达巡察建议书3份；全面落实区级联点主管党员领导参加巡察反馈会、巡察整改专题民主生活会工作机制，层层传导整改压力；落实纪检监察机关和组织部门巡察整改监督检查责任，及时处置移交问题线索，立案7人，给予党纪政务处分7人，组织处理89人，挽回经济损失470余万元；探索建立巡察整改量化评估机制，采用“百分制”进行综合计分。

【提升监督效能】持续推进纪检监察体制改革，向街镇、园区派出监察机构，赋予派驻（出）机构监察权限，派驻机构开展会议监督151次、监督检查179次，处理问题线索32件，立案15件，给予党纪政务处分14人，组织处理24人。整合监督力量，将全区17个街镇划分为3个片区、9个派驻纪检监察组划分为2个联组，片区联组开展交叉检查6次，办理重点疑难信访件3件。推进“四个监督”贯通协同，坚持系统思维，推进机关、派驻、巡察一体运行、一体保障，交流使用干部8人；选派委机关、派驻机构干部4批次27人次、抽调街镇纪检监察干部38人次参加区委巡察工作；突出建立信息共享、成果共用、联合处置机制，实行巡察问题线索会商机制，建立查阅巡察底稿制度；持续巩固“三转”成果，推动“室组巡”贯通，强化“室组”“室街”联动，提升监督效能。

【加强队伍建设】强化党建引领，成立机关党委、机关纪委，优化设置4个党支部，着力提升组织力；坚持“三会一课”制度，打造机关清廉文化长廊，持续推进党的基层组织生活常态化、制度化、规范化。推进高素质专业化建设，深化全员培训，举办专题培训1次、“月末课堂”6期，18人登台授课，1040人次参训；强化实践锻炼，选派8名干部上挂锻炼，安排2批14名基层纪检监察干部到区纪委监委机关跟班学习；规范谈话室使用管理，加强审查调查安全监管。选优配强干部，公开选调充实15名年轻干部，提拔使用3名优秀干部，公开选拔9名机关部门中层副职干部。加强管理监督，关心干部身心健康，举办第二届气排球友谊赛；以提速、提质、提效为中心，建立工作考核制度；为全区140余名纪检监察干部建立廉政档案，召开警示教育大会3次，开展作风建设明察暗访4次，受理问题线索2条，约谈2人。

【召开五届纪委五次全会】3月17日，中国共产党长沙市岳麓区第五届纪律检查委员会第五次全体会议召开，区委书记周志凯出席会议并发表讲话，充分肯定全区全面从严治党取得的显著成效，并紧密结合岳麓区实际，进一步明确当前和今后一个时期全区持续推进全面从严治党的总体思路和工作任务。全区各级党组织和纪检监察组织要按照区委要求，一

3 月 17 日，中共长沙市岳麓区第五届纪律检查委员会第五次全体会议召开（区纪委监委办公室供图）

以贯之、坚定不移推动全面从严治党向纵深发展。区委副书记、区长周凡主持会议。区委常委、纪委书记、监委主任李雪龙做题为《坚持深化改革，完善监督体系，一以贯之坚定不移推进全面从严治党向纵深发展》工作报告，全面总结岳麓区2019年纪检监察工作，部署2020年工作任务，推动新时代纪检监察工作高质量发展。

区委巡察

【**概况**】区委巡察工作领导小组办公室（简称区委巡察办），为区委工作部门，机构规格为正科级。巡察办设主任1名，副主任2名，主要负责全区巡察工作的综合协调、政策研究、制度建设、文档管理、后勤保障等工作。区委设立3个巡察组，机构规格均为正科级，每组配组长1名、副组长1名、联络员1名，承担具体巡察工作任务。2020年，区委巡察办根据中央及省市委关于巡视巡察工作的决策部署和《岳麓区委巡察工作规划（2018—2021年）》要求，全力推进区委一届任期内巡察全覆盖。该届区委一届任期内巡察全覆盖任务数为区管党组织68个，村（社区）党组织163个，截至2020年12月31日，五届区委已组织开展12轮常规巡察，3次村级党组织交叉巡察，全覆盖完成率100%。

【**巡察队伍建设**】充实人员力量。对标对表省委、市委巡察工作领导小组成员组成，印发《关于调整区委巡察工作领导小组组成人员的通知》，领导小组成员由5人增加到7人。5月从全区公开选调工作人员3名充实巡察队伍。区委巡察机构现有13名专职巡察工作人员，平均年龄40岁，研究生学历7人，本科学历6人。区委授权5名区直单位负责人担任巡察组长，20名副科职干部担任巡察组副组长，进一步充实巡察队伍力量。推行“党建+巡察”工作模式，坚持巡察到哪里，党支部“战斗堡垒”就建在哪里。巡察期间，临时党支部与巡察组同步成立、巡察组长与党支部书记同步授权任命、党建与巡察工作同步推进。团结和凝聚巡察组党员干部力量，形成工作合力，充分发挥党员的先锋模范作用，提升党员干部纪律规矩意识，增强巡察组的战斗力与凝聚力，确保巡察高质量推进。

【**巡察制度完善**】结合岳麓区实际，逐步建立健全巡察规章制度，进一步形成较为完善的巡察工作制度体系，为巡察工作规范有序开展，提供有力的制度保证。在贯彻执行《中共长沙市岳麓区委巡察工作领导小组工作规则》《中共长沙市岳麓区委巡察组工作规则》的基础上，制定出台《岳麓区委巡察机构内部管理制度》，创新实施以《巡察建议书》形式向有关职能部门反馈巡察共性问题，探索建立“巡审结合”新模式。通过上下联动、部门协作，为巡察工作有序推进、高效运转夯实制度基础，形成统筹联动、各负其责、整体“一盘棋”的大巡察格局。

【**巡察业务培训**】区委把巡察工作岗位作为培养、锻炼、考验干部的重要平台，坚持学习常态化，将巡察业务培训纳入区委党校和区委组织部总体培训计划。采取年初总训、巡前集训、巡中实训等方式，分批对巡察人才库成员进行系统培训，不断提高人才库成员政治意识和业务素质。全年组织四期培训班，邀请审计、党建、财务等领域资深专家现场讲课，受训人员达300余人次。

根据被巡察对象适时调整培训内容，摒弃“大而全”，确保“专而精”，第十轮被巡察单位主要为涉农街镇，农业农村工作是街镇工作重心，邀请区农业农村局讲授“乡村振兴工作实务”课程，巡察培训的针对性、实用性、指导性进一步增强。通过交流互动，参训实训等方式，全区巡察干部业务能力、综合素质有较大提升。

【巡察动态报道】 在清廉长沙、岳麓新闻网和指尖岳麓公众号等平台，及时报道巡察工作动态，全面解读巡察工作政策法规，深入报道巡察工作开展情况，累计发布各类信息20余篇。每轮巡察时在被巡察单位及其下属二级单位各集中办公点、大型活动场所、公共交通要点等人流集中区域张贴巡察公告，设立巡察工作意见箱；在岳麓新闻网、指尖岳麓微信公众号、被巡察单位微信公众号发布巡察公告和巡察动态，公示各巡察组举报电话、举报邮箱和电子信箱，通过多种途径畅通群众反映问题的渠道。

【推进巡察全覆盖】 2020年专题听取综合情况汇报3次，区委常委会专题研究巡察机构重要事项2次。建立区级领导参加巡察反馈会和巡察整改专题民主生活会机制，及时将每轮巡察反馈意见和整改落实情况分别报送分管（联系）区级领导，强化落实“一岗双责”。全年组织开展4轮常规巡察和2次村级党组织交叉巡察，巡察区直单位（部门）36个，街（镇）5个，村（社区）116个，实现本届区委一届任期内巡察全覆盖。发现各类突出问题582个（其中村级党组织292个），移交问题线索26条，立案 7人，党纪政务处分7人，组织处理 89人，挽回经济损失 470余万元；发出立行立改通知书12份，督促立行立改问题30个，推动完善规章制度93项，巡察成效凸显。10月，区委巡察办副主任参加省委巡视办对凤凰县委巡察工作的指导督导工作；督导浏阳市委巡察工作反馈意见对标整改工作，通过强化领导、立行立改、建章立制，举一反三，对标整改取得显著成效。配合市委第三提级交叉巡察组巡察岳麓区人民法院工作，在办公阵地、后勤服务等方面做好优先保障。区内组建队伍参与完成市委对长沙县人民法院的提级交叉巡察，通过以巡代训，积累经验，提升巡察业务能力。以“常规巡察+交叉巡察”形式，深入开展区内村级党组织交叉巡察，破解熟人社会干扰难题。年内组织2次村级党组织交叉巡察，发现问题线索11条，下发立行立改通知12份，推动解决群众关心关注的问题30个。年内组织2次整改督查，督查成果向区委书记会专题汇报，并原汁原味反馈给被巡察单位，确保巡察整改落实到位。系统梳理被巡察单位问题，把“制度执行不到位”“党务公开不规范”等机关党建共性问题，以巡察建议书形式反馈至区直机关工委等职能部门，推动部门主体责任的落实，达到标本兼治效果。

【提升巡察合力】 按照《关于建立健全区委巡察机构与区纪委区监委有关部门协作配合机制的意见》，运用新出台的纪检监察工作片区（联组）联动协作机制，加强与区纪委监委机关、镇（街）纪（工）委、派驻纪检监察组的沟通协调。坚持巡察监督和纪律监督、监察监督、派驻监督一体推进、无缝对接。选派区纪委监委机关、派驻机构干部27人次，抽调街镇纪检监察干部38人次参与市、区巡察。探索打通办组工作体制和管理体制壁垒，推进办组深度融合。新调入的巡察专干办组共同管理、共同使用；区委第十轮巡察，授权巡察办两位副主任担任副组长，直接进组参与巡察，进一步增强办组凝聚力战斗力。推进巡察与意识形态工作责任制专项检查深度融合，实现巡前充分沟通专项检查工作人选，巡中与巡察组同步进驻、同步工作、同步考核，巡后专项检查成果纳入巡察报告。区委第十轮巡察探索与审计部门联合进驻、同步进驻新模式。区审计局同步进驻望岳街道开展专项经济责任审计与自然资源资产离任审计；通过巡审结合的方式，实现巡前信息、人才力量、谈话成果、发现问题互通共享。

群众团体

岳麓区总工会

【概况】全区共有工会组织3060家，工会会员71834人，有53个区直机关单位、17个街道（镇）、4个行业工会。全年新增工会组织401家，涵盖企业272家，发展农民工会员7495人。2020年，区总工会以习近平新时代中国特色社会主义思想特别是关于工人阶级和工会工作的重要论述为指引，贯彻落实区委和市总在疫情联防联控、助推经济复苏等方面的决策部署，坚持工会工作的政治性、先进性和群众性，将“围绕中心、服务大局；体现关怀、传递温暖；依法依规、保障权益”三项重点内容贯穿于工会工作的主线，坚持党的全面领导，顺应时代要求，切实转变工作思路，坚持以职工为中心，履职尽责，担当有为开展工会工作，取得新的成效。在2020年度绩效考核中，被评为一类单位。

【基层工会建设】全年全区新增工会组织401家，涵盖企业272家，发展农民工会员7495人。4月9日至10日，区总工会班子成员深入17个街道（镇）、4个行业工会分四片集中走访调研座谈，全面了解“小三级”工会组织建设情况、楼宇商圈党工共建情况。建立清单台账，限时予以解释和解决。调研座谈会后，“小三级”工会组织建设得到夯实。按照《中华人民共和国工会法》《中国工会章程》要求，14个街道（镇）、131个村社区工会委员会进行换届选举，并同步开设工会账户，为后段工作的开展打下组织基础。

【企业民主管理】全区工资集体协商任务数为1137家，岳麓区完成工资集体协商任务数1174家。其中单独企业59家，完成区域性工资集体协议59份，涵盖企业1079家。签订行业性工资集体协议1份，其中包含企业36家。选报培树湖南豪布斯卡物业管理股份有限公司为长沙市典型示范企业。

【工会帮扶服务】全年共筹集“送温暖”资金32.76万元，拨付金秋助学资金2.06万元，资助困难职工和农民工子女上大学4人。组织参加医疗互助职工共计17541人，752人次获得补助，发放补助金53.87万元。疫情防控时期，区总工会干部职工投入社区网格一线，参加疫情防控工作；专项下拨区卫健、环卫、交通工会共15万元，用于慰问基层抗疫一线人员；按照区委的工作要求，筹措资金28.08万元购置1800多个爱心杯，发至全区169个村（社区）疫情防控一线工作人员；筹措资金198.56万元，为全区抗疫一线医护人员、支持抗疫工作并作出重大贡献的企业、村（社区）一线抗疫工作人员、市政、园林、环卫参与抗疫一线的工人，复工复产后经费困难的小微企业及建档立卡困难职工，共计8145人发放抗击疫情特别慰问消费券，为复工复产起到重要推动作用；筹措资金110万元，购买22000张华谊兄弟电影小镇参观券，发至53个区直机关单位、17个街道（镇）、4个行业工会、119个小微企业职工手中，帮助企业复工复产，丰富职工会员活动。开展“夏送清凉”慰问。筹集24.66万元慰问物资，对全区17个街道（镇）从事城市市政、园林、环卫维护作业的一线职工（含街镇服务外包的环卫保洁人员）、建筑行业项目工地的一线建筑工人以及外卖快递小哥、建档立卡困难职工其他露天高温作业职工共计86家单位5824人进行慰问。

【履行工会职责】认真履行职责，制定党组及党组成员主体责任清单；规范操作流程，健全工作机制，推动工会业务工作制度化、规范化；完善工作落实制度，量化考核指标，明确责任主体。认真做好区委第九轮巡察工作。全面落实意识形态工作责任制，把握正确的政治方向、价值取向和舆论导向。将意识形态工作纳入重要议事日程、党建责任制和绩效考核，做到与业务工作同部署、同安排、同研究，将意识形态工作纳入班子和个人年度述职报告。开展网络劳动关系领域排查。召开2020年度工会系统意识形态专题研判会、网络意识形态工作情况研讨会。扛牢压实管党治党政治责任，认真履行党风廉政建设责任制。坚持党要管党、全面从严治党，严格落实区总工会党组主体责任，聚焦主责主业，切实做到领导认识到位、监督权力到位、教育管理到位、干部把关到位、执行纪律到位、检查问责到位，以良好的工作作风推动工会事业全面发展。举办街道（镇）、村（社区）工会干部业务培训、企业民主管理培训、工会财务经审人员培训班。完成市级调训8次，全区各级工会干部100余人参加培训。提升全区社会化工会工作者的整体素质，每季度对社会化工会工作者进行业务考试，考试成绩纳入年底考核，并与绩效挂钩。落实中央八项规定，严格控制“三公经费”使用，严格执行《工会预算管理办法》、《工会会计制度》和工会财务内控制度。

【开展文体活动】“爱在金秋·情牵岳麓”岳麓大型优质单身青年联谊活动。11月11日，由岳麓区总工会主办，岳麓区卫生健康局、岳麓区融媒体中心等协办的“爱在金秋·情牵岳麓”岳麓大型优质单身青年联谊活动在谢子龙影像艺术馆举行。300名来自教育、智能制造、IT等行业的单身青年齐聚一堂，品鉴艺术、寻觅知音。

【首届岳麓“工会杯”系列健康跑在西湖文化园首发站开跑】11月14日上午9时，长沙市劳动模范张秀兰等6名劳模领衔男子组、女子组参赛队员在岳麓网红打卡地西湖文化园开跑，来自岳麓区17个街（镇）、3个行业工会、区直机关的26支队伍千名参赛队员参加比赛。

11月14日，首届岳麓“工会杯”系列健康跑在西湖文化园首发站开跑（岳麓区总工会办公室供稿）

【法律援助中心启动】9月29日，举办岳麓区总工会法律援助中心启动仪式，在区行政审批局设立法律援助服务窗口，由湖南天地人律师事务所律师值班，接待区内职工来信、来访，提供法律咨询服务，畅通区内职工诉求表达渠道，及时化解劳动关系矛盾。开展“遵法守法·携手筑梦”公益法律讲座，发挥法制宣传教育在构建和谐劳动关系中的作用。

共青团岳麓区委员会

【概况】2020年共青团岳麓区委员会下辖15个街道、2个镇、6个区直部门、7个直属“两新”组织团（工）委，均配齐团（工）委班子。2020年，团区委深入学习贯彻中共十九大和十九届二中、三中、四中、五中全会精神，认真贯彻落实习近平总书记关于青年工作的重要思想，紧扣中心大局，聚焦主责主业，坚持改革创新并取得一定成效。基层组织建设不断夯实，建立市级团代表联络站，为团代表履职尽责拓宽新渠道。31个“青年之家”累计服务人数超1.7万人，“云平台”录入居全市前列。“智慧团建”平台数据管理全面达标。开展42场“麓山青年说”青年讲师团活动。“奋战双胜利，青年勇担当”纪念五四运动101周年主题活动被《湖南日报》头版报道。新媒体文创产

岳麓区“麓山青年说”示范课暨圆梦行动“晚安学子”奖学金发放仪式（共青团岳麓区委办公室供图）

品精品不断，5个原创视频登陆“学习强国”，《青春梦想，岳麓绽放》作为长沙地区唯一作品获评湖南“青媒奖最佳文化产品”，“百日奋战、青年有为”H5线上打卡活动吸引7.2万余名青少年参与。依托“长青护”心理健康护航计划，创新打造“青益小课堂”青少年心理健康教育品牌，直接服务青少年4500名。平安建设工作有序开展，青少年犯罪、涉罪率创历史新低。全团带队工作不断加强，团区委在全省县级少工委主任培训班作交流发言。“晚安学子”“麓山青年学习社”等青少年公益活动筹集善款近30万元；青年建功热情高涨，团区委在市青年突击队建功竞赛总结表彰活动上作典型发言。培育和链接青年社会组织，在湖南省第四届青年社会组织公益创投大赛中，50个金奖项目中有30%以上项目在岳麓区实施，大爱无疆、上善助残、智天使等青年社会组织获2项国家级荣誉，5项省级荣誉。

【服务中心大局】投身疫情防控。疫情暴发后，迅速组织引领岳麓青年投身疫情防控工作。利用新媒体平台，开展“倡议书”“志愿者招募令”“战‘疫’前线的岳麓青年”等抗疫系列宣传活动，推送微信、微博182篇，阅读量达31.7万余次，持续释放战疫正能量。组织动员青年志愿者6783人次投身信息排查、宣传引导、生活帮扶等志愿服务。在防疫物资最紧缺期间，筹集2700千克消毒液、酒精等物资支援街镇抗疫最前线。精心设计线上公益心理直播，开通线上24小时心理咨询热线，指导3300名青少年阳光抗疫，为186名青少年答疑解惑。助推经济发展。助力企业复工复产。发挥全区“青年文明号”和“青年之家”等团属先进单位的先锋模范作用，组织青年志愿者结对帮扶中小企业、商户200余家，减免租金131万元。主动投入“百日奋战”。在湘江鲲鹏、滨江金融大厦、大科城等重点项目、重点区域组建26支青年突击队，通过集中授旗、责任上墙、交流观摩、线上展示等措施，激励青年突击队二季度完成产值11.2亿元，为80余家企业提供8.6亿元资金支持，相关经验材料被市、区竞赛办简报推介。联合举办岳麓区文旅消费推介会和“新青年·新文旅·新长沙”人文艺术节，在青年群体中推介网红文旅项目。组织开展现代金融产业青

“百日奋战，青年有为”岳麓区青年突击队观摩交流活动（共青团岳麓区委办公室供稿）

年洽谈会，帮助衔接企业客户资源。走访辖区楼宇，听取重点骨干企业的意见建议，现场解决人才引进、员工培训等方面困难。参与社会治理。关注青年活动阵地需求，新建1家省级、2家市级、4家区级“青年之家”，全区31个“青年之家”阵地组织开展青少年活动473场，直接服务青少年1.7万人。探索校校融合、校地融合的高校学生参与社会治理新模式，打造“青春奉献大科城”志愿服务活动品牌，围绕大科城城市管理、文化宣讲、民生服务、科创服务四个方面开展为期一年的志愿服务活动，营造大学生积极参与社会治理的浓厚氛围，活动在全省高校志愿服务论坛上发布。

【助力青年成才】 开展寻找“岳麓新青年”主题活动，面向各行各业和基层一线选树20名在抗疫和复工复产中表现突出的优秀青年，通过青年典型的示范引领作用，激励广大岳麓青年履行时代使命。坚定推进政治建团，开展“麓山青年说”青年讲师团宣讲活动，从党史党章学习、励志典型分享、心理健康科普三个方向为新时代青年养成制度自信、磨砺精神自强、学习成长自护赋能添力。宣讲活动在社区、楼宇、学校共开展42场，直接影响青少年10000余人，深受广大青少年欢迎。结合岳麓特色组织开展“传承红色基因、讲好红色故事——小小讲解员”活动，挖掘并培育一批少先队员典型示范，带动全区青少年儿童铭记革命历史、弘扬革命精神。开展“圆梦行动”“团团送温暖”等活动，为83位优秀大学生、中考毕业生和优秀困难青少年筹集爱心款19.3万元。引导青少年争做“普法小使者”，通过国旗下的演讲、宪法晨读、“故事会”“情景剧”“知识抢答”等形式开展青少年法治宣传教育28场。持续开展“珍爱生命，青春无毒”宣传活动，有效提高青少年防毒、拒毒意识，举办禁毒宣传海报大赛，激励广大青年关注并参与禁毒工作。持续擦亮“靠谱青年汇”品牌，围绕大科城、中铁城建、检验检测园、58小镇等重点产业园区，举办“青春相聚大科城”“爱心实验室联谊派对”“58小镇青年联谊会”系列活动，增强青年人才扎根岳麓的认同感和归属感。关注产业青年业余文化生活，组织岳麓高新区29家政、企事业单位及高校开展50场篮球比赛，促进交流合作。拓宽青年人才发展搭建成长渠道，推荐5家单位积极创建市级青年文明号，引导17位先进青年竞逐“湖湘青年英才”“青年岗位能手”“十佳领头雁”等荣誉称号。切实服务青年就业创业，联合举办第四届“中国创翼”创业创新大赛，引入专业平台举办“团团送公考课”系列活动，持续开展大学生岗位实习，推荐110名高校学生到区直、街道等部门实习。

【强化规范管理】 实施非公经济组织团建攻坚行动，借助党建力量，突出产业园区、商业街区、商务楼宇建团，推动58小镇、楷林国际、妇女儿童医院、梅澜坊商业街区等成立团组织。对照“五个好”标准推进支部整顿工作，抓细抓实“智慧团建”信息录入管理、三会两制一课等基础团务工作，新增4790名团员通过和包支付收缴团费。着力打造高素质团干部队伍，通过“线上”+“线下”的方式，提升团干部理论水平，专题组织学习习近平总书记湖南讲话精神、中共十九届五中全会专题学习等，收集学习心得40余篇，组织开展市内团建观摩交流、区内重点项目观摩等活动，为全区基层团干扩宽工作视野、借鉴先进经验搭建交流平台。破解学生团员“毕业即失联”“口袋团员”等问题，组织区属一级团组织深入排查失联团员情况，清理团员2000余名。有团员7811名全部登记在编在册，实现全区团员信息准确。抓细抓实2532名团员“学社衔接”关系转接工作，对意向转入毕业生团员及时做好信息审查、团籍接收工作，严控系统入口，落实新转入团员常态管理。

岳麓区妇女联合会

【概况】 区妇联下辖15个街道、2个镇妇联，20个机关妇委会，48个村、120个社区、6个新经济组织妇联。2020年区妇联坚持围绕中心、服务大局，充分发挥妇联组织的桥梁纽带作用，团结带领全区广大妇女积极投身“知识岳麓”“创新岳麓”的实践中，圆满完成全年各项工作任务。

【强化政治引领】开展“巾帼心向党·建功新时代”主题学习教育活动。全年组织区妇联机关干部、街道（镇）妇联主席、区直部门妇委会主任和社区（村）妇联主席代表开展“百人千场大宣讲”主题学习教育活动7场，专题培训2次，推动习近平新时代中国特色社会主义思想在广大妇女群众中深入人心。加强妇联机关党建。全面落实新时代“党建带妇建”的工作要求，区妇联认真制定2020年领导班子理论学习中心组专题学习计划，扎实开展中心组学习、讨论发言、个人自主学习。全年，中共岳麓区团委、妇联联合支部召开支部党员大会2次，举行主题党日活动11次。组织区政协妇女界别委员、街道（镇）妇联主席、区直部门妇委会主任和区妇联执委到华谊兄弟电影小镇组织开展“巾帼建功”助力复工复产竞赛活动。为助力全区复工复产，推动经济社会健康发展彰显岳麓巾帼担当。加强信息宣传工作。建立妇联系统网评员、网宣员队伍，区妇联网站更新及时，内容丰富。在区本级政府网站上稿104篇、市妇联网站上稿43篇、省妇联网站上稿51篇。积极组织社区（村）参加市妇联“执委微故事”征集评比，报送稿件27篇，其中（咸嘉湖街道王娟、天顶街道邓淑霞、望城坡街道谷颖娟）3篇入选长沙女性官网。分别在《今日女报》上刊登。组织开展领头雁活动81场，培训人数4271人。

【推进妇女事业】开展创业就业活动。2020年“春风行动暨就业援助月”期间，全区共举办线上招聘会31次，累计上线企业595家，发布岗位信息数8454次，共计参与人数20112人，线上求职人数8127人，达成初步就业意向3177人。组织开展慰问活动。区妇联始终坚持“一进二访”“三服务一线”的工作方法，开展“姐妹守望 邻里相助”妇联执委帮困行活动，结对帮扶贫困妇女489名，开展“情系贫困母亲”的爱心慰问活动。区妇联领导班子分别对全区36户“两癌”及单亲贫困母亲家庭进行入户走访慰问，共发放慰问金近3万元；中国人寿岳麓支公司给每户家庭赠送米、油及防癌保险，让贫困母亲感受到党委、政府的温暖和关怀，增强战胜困难的勇气和信心。为进一步解决社区“妇儿之家”图书资源匮乏问题，促进岳麓“书香润万家”工作，打造“书香妇儿之家”，区妇联向望城坡街道望麓社区“妇儿之家”捐赠价值8000余元新课标等爱心图书。进一步关注妇女民生，深入推进妇女病普查普治和妇女“两癌”检查项目，为全区8867名妇女实施“两癌”免费检查，超额完成上级下达的农村“两癌”检查2060人的任务。培育示范典型。全年共创建区级示范“妇女儿童之家”10个；创建市级“妇女儿童之家”3个，组织“巾帼文明岗”创建活动。咸嘉湖街道李群素、巾帼建功集体天顶街道星湖社区、巾帼文明岗望城坡街道长华社区、岳麓区疾控中心获评长沙市巾帼建功标兵。落实“乡村振兴巾帼行动”。莲花龙洞农业科技有限公司获评市级“巾帼双创示范基地”，推荐雅贝家政参加省第二届手工创业创新大赛。组织参加“湘农荟”“出手吧姐姐 直播带货”等电商助农脱贫活动。

【维护妇儿权益】开展“建设法治长沙·巾帼在行动”普法宣传活动。2020年，开展“建设法治长沙·巾帼在行动”——家庭律师进社区普法宣传（妇女权益、未成年人保护、禁毒知识等）讲座104场。做好婚姻家庭矛盾纠纷化解。重视婚姻家庭矛盾纠纷化解工作，坚持以构建“和谐岳麓”为目标，充分发挥婚姻家庭矛盾纠纷调解的“第一道防线”作用，倡导建立法治、平等、和睦、文明的婚姻家庭关系，从源头上预防和减少婚姻家庭矛盾纠纷的产生，把大量婚姻家庭矛盾纠纷化解在第一时间。全年，婚姻家庭矛盾纠纷调解室接待婚姻家庭矛盾纠纷调解、咨询299对，成功调解58对，提供心理咨询和心理辅导30次。做好信访维权工作。全年共接待来电来访28件，办结率100%。

【家庭和儿童工作】选树正面典型，促进社会和谐。为深入贯彻中共十九大精神和习近平总书记关于家庭文明建设的系列重要指示精神，积极推动社会主义核心价值观在家庭落细落小落实，发挥家庭

区妇联全体在职党员干部积极到所在社区和联点社区参与志愿服务（岳麓区妇联办公室供图）

在传承中华民族传统美德、弘扬良好家风方面的重要作用，在全区深入开展寻找“最美家庭”活动，大力宣传好家风好家训。经过层层筛选，有李良义家庭、周云家庭等10户家庭被评为长沙市疫情防控“最美家庭”；王泽林家庭、谢向前家庭等5户家庭被评为长沙市“五好家庭”。实施“春蕾计划”，关爱困境儿童。“六一”期间，邀请市妇联领导、区政协妇女界别委员与全区40名特困家庭儿童一起聆听励志少年故事、制作手工彩泥饺子、共进节日午餐，并发放慰问金4万余元；区政协委员、区妇联兼职副主席李蜜心特意为她们每人赠送爱心书包、文具、运动鞋和粽子礼盒，价值3万余元，陪伴孩子们度过一个快乐的节日。用心用情帮扶结对贫困户。年内多次走访慰问浏阳市张坊镇田溪村结对帮扶困难户，为其送去生活用品，并为该户争取市妇联“两癌”贫困妇女救助金。积极开展消费扶贫，帮助当地村民销售家禽、大米、鸡蛋等农副产品，切实缓解种养殖户农副产品滞销的燃眉之急；并将购买的600千克大米捐赠给咸嘉新村社区“雷锋超市”。开展“文明家风·科学家教”父母大讲堂巡讲下基层活动。开展“父母成长计划”家庭教育进社区（学校）活动120场，参与垃圾分类宣传，进社区（村）开展垃圾分类知识宣传讲座18场。

【疫情防控】动员巾帼志愿者团队投身疫情防控工作，联合湖南妇女儿童医院巾帼志愿者团队进社区、进家庭开展妇女儿童健康指导志愿服务，为群众进行心理疏导和妇女儿童日常健康指导。为全区165所小学、198所幼儿园提供入园防疫指导。为15所幼儿园3100名儿童进行健康体检。走访慰问区疾病预防控制中心、区妇幼保健所以及各街道（镇）妇联主席等战斗在抗疫防疫一线的基层女干部职工。在疫情防控期间，区妇联全体在职党员干部积极到所在社区和联点社区参与志愿服务，共计捐赠医用酒精50千克，高效消毒液80千克，艾条200盒，支持基层社区防疫抗疫工作。

岳麓区工商业联合会

【概况】区工商联为财政全额拨款的行政单位。现有在职人员8人，临聘人员2人。2020年全区共有街道、镇分会17个，行业商会、协会4家，共有会员1275名。区工商联（商会）是中国共产党领导的工商界组成的人民团体和商会组织，是党和政府联系非公有制经济人士的桥梁纽带，是政府管理非公有制经济的助手。工商联工作是中国共产党统一战线工作和经济工作的重要内容，具有统战性、经济性、民间性有机统一的基本特征。

【宣传培训】9月10日，与天地人律师事务所联合举办“以典护商”民法典培训活动，50余位会员企业家齐聚一堂，共同学习民法典相关知识，为会员企业家学好用好民法典、保障民营企业合法权益提供帮助。11月下旬，联合韶山红色文化教育学院、中南大学商学院等单位举办为期5天的企业家管理素能提升研修班，提升会员企业家综合素质。利用短信、微信、QQ等平台，宣传党和国家对民营经济的关爱、民营经济的发展成就，积极向区委统战部和市工商联推荐基层商会和会员企业的突出贡献，先后推荐青商会、装饰行业协会等4家商会为“四好商会”，装饰行业协会会长吴梁等5人为“最美会长”。建设宣传员队伍，9月，经过自主推荐、商会审核，组成一支政治素质过硬、工作责任心强、文字能力好、熟悉网络工作的工商联宣传员队伍，为提高新闻宣传和舆论引导，增强宣传思想工作实效，提供智力支持和舆论保障。

【疫情防控】疫情发生后，区工商联第一时间发出倡议，号召会员企业积极参与疫情防控工作，广大会员企业积极响应，纷纷支持和抗击疫情工作，先后有数十家会员企业向街道、社区、执勤卡点、医院、武汉疫情重灾区捐款捐物，据不完全统计，共捐赠款物千余万元，涌现出刘军亮、罗烽、陈彦翱等一批先进典型。8月6日，邀请20位会员企业家参加“疫情时期企业发展及营商环境展望专题讲座”，帮助会员企业家充分认清当前营商环境的形势和听取专家对于营商环境的意见建议，受到企业家好评。

【调研民企】深入了解全区民营经济受新冠肺炎疫情影响情况和民营企业在疫情防控、复工复产中遇到的困难、问题，落实区委、区政府关于“大干一百天，实现双过半”竞赛活动的决策部署，促进民营经济高质量发展。3月25日至4月25日，区工商联联合区委统战部开展“民企大走访 同心促发展”活动，采取实地走访、个别访谈、小范围座谈等方式走访民营企业112家，详细询问企业惠企政策落实情况、复工复产遇到的困难问题，认真听取企业对于营商环境的意见建议，宣传、解读各级对于夺取疫情防控阻击战和实现经济社会发展“双胜利”的政策、措施。针对收集的80余个困难问题，调研小组逐个分析，按照“能解决的立马解决，有可能解决的协调解决，本级不能解决的争取上级支持解决”的原则，建立问题台账，逐个对号销账。

【会商调度】会同区委统战部多次召开“民企大走访 同心促发展”暖企活动会商调度会议，梳理企业遇到的困难问题，研究分析共性问题、具体个案，制订解决方案和措施。5月27日，联合区委统战部召开2020年服务民营经济发展座谈会，将22项具体问题向相关职能部门进行交办，跟踪督促落实，截至6月底，交办问题基本得到解决。全年帮助企业解决困难问题86个，有效促进全区民营经济健康发展。

岳麓区工商联（商会）2020 年服务优化营商环境工作暨执委大会（岳麓区工商联办公室供图）

【服务会员企业】与区委统战部建立政企常态化沟通机制，定期召开政企恳谈会、涉企部门座谈会和涉企政策征求意见座谈会，畅通非公有制经济组织、民营企业诉求表达、受理、交办渠道。全年召开4次座谈会，听取企业家诉求和意见建议。联合区委政法委、区委统战部建立协作维护民营企业权益联系机制，定期分析、研究、提交民营企业投诉、起诉、申诉材料，筛选、提供民营企业涉法需求。成立工商联维权中心，安排专人为会员企业提供咨询、培训、协调、调解等服务。聘请湖南天地人律师事务所为工商联（商会）法律顾问，为会员企业家提供法律服务，维护会员企业合法权益。搭建互帮互学平台，以参观学习、座谈交流等方式开展民营企业互帮互学活动，组织、接待3次调研学习活动，推动商会、企业之间相互交流合作。搭建“智慧工商联”企业微信平台，以企业微信为载体，运用互联网、云计算、大数据等核心技术，打破传统的信息孤岛模式，提升工商联信息化管理水平，构建一个信息化、数据化、移动化、平台化的智慧系统。这项工作已完成会员企业基本数据录入，后期将进一步完善，倡议企业家们积极加入“智慧工商联”，加入无门槛，无需支付任何费用，可以在公司内部实现无风险网上办公，获取政策、行情等有用信息，实现资源共享、产品推广。

【基层商会建设】 规范基层商会建立由会员大会、理事会、监事会组成的法人治理机构，督促完善以章程为核心的内部管理制度。召开街镇商会分管领导座谈会，听取各基层商会工作汇报，对基层商会管理和建设提出意见建议。按照全国工商联新版会员数据库录入工作的相关要求，指导、帮助街（镇）商会和行业商会完成会员数据库建设工作，全年完成300余名会员进入全国工商联会员数据库。

【光彩事业】 部分会员企业家投身工商联“万企帮万村”活动，助力脱贫攻坚。圣峰果业有限公司、湖南斯利农业有限公司等企业立足自身优势，在产业扶贫、就业扶贫等方面精准发力，陆续帮助当地村民创收数百万元，提供就业岗位上千个，为打赢脱贫攻坚战贡献力量。区工商联坚持引导会员企业家“饮水思源”，为“光彩事业”做贡献。自2017年开始，年初制定扶贫工作计划，引导、组织会员企业家参与扶贫，在定点帮扶、捐赠扶贫等方面，取得一定成效。2020年组织会员企业家周亭等人赴浏阳市小河乡中学、龙山县洗洛镇开展定点帮扶工作，得到当地民众高度赞扬；9月2日，区工商联利用光彩基金，慰问区环卫中心困难环卫工人代表，发放慰问金；慰问麓山外国语学校的困难教师和困难学生。装饰行业协会会长吴梁立足专业、整合行业资源，长期热心公益事业，多次参加扶贫助学、装修调解、义务助残等活动，获长沙市工商联“最美会长”称号。

9月10日，召开法治新时代的人民法典培训活动（岳麓区工商联办公室供图）

【法律大讲堂】 9月10日下午，岳麓区工商联联合湖南天地人律师事务所组织召开民法典培训活动。培训中，授课老师广征博引，以深厚的理论知识、浅显易懂的授课方式为参会人员讲解民法典的制定、重大意义以及主要内容，重点宣讲民法典中涉及企业部分，并以具体案例展开深刻解读，培训内容重点突出，受到参会人员广泛好评，收到较好预期效果。

岳麓区残疾人联合会

【概况】 2020年，区残疾人联合会下辖17个街道（镇）残疾人联合会、51个专门协会、168个社区（村）残疾人协会，有基层残疾人专（兼）职委员184名、助残队伍42支、服务基层助残志愿者1780名，有各类持证残疾人8904人。全区残疾人工作以“全面小康决胜年”为引领，根据当前疫情防控形势的发展变化，突出重点，统筹兼顾，抓实抓细各项业务工作，形成“政府主导、部门联动、社会参与、残疾人受益”的工作格局。全年举办残疾人专（兼）职委员业务培训班8期，培训500人次，有效提升工作人员业务能力和服务水平。组织开展“扶残助残善行四十佳”创建活动，长沙市岳麓区装饰行业协会获全市“十佳扶残助残爱心机构”称号、周青峰获全市“十佳残疾人自强模范”称号、敖秀军获全市“十佳基层残疾人工作者”称号、唐冬云获“十佳扶残助残爱心个人”称号。

【基层基础工作】推进基础项目建设。开展动态更新工作，更新8904持证残疾人的基本服务状况与需求信息数据；利用每月28号网格日深入开展“大调研、大走访、大排查、大解难、大宣讲”活动，全面掌握驻点社区残疾人就业、康复、社会保障等民生需求，梳理意见和建议，破解重大难题；开展残疾鉴定办证优质服务，全天候办理残疾证审批，全年发放残疾证476本。推进民生项目建设。对全区有康复需求的0~14周岁残疾儿童进行康复救助，完成实事工程360人，完成率为244.44%，确保残疾儿童康复全覆盖；落实高中以上残疾学生和残疾人子女助学政策，共有293人享受助学补助，超额完成助学补助实事工程项目293%；保障困难残疾群体基本生活，为4275名残疾人发放两项补贴955.364万元、为3877名重度残疾人落实医疗保险和养老保险代缴、办理残疾人证476本、为0~17岁残疾儿童提供康复训练592人、为159名残疾人提供居家托养和日间照料、实施免费白内障复明手术50例、免费装配假肢矫形器16人，发放燃油补贴2.964万元、创业补助22.68万元、疫情房租补贴12.4万元、盲人按摩店补贴5万元、助学补助89.4万元、个体工商户养老保险补贴2万元、康复补助901.8万元、办理爱心公交卡85张。

【抗击新冠疫情】将防疫工作下沉到网格社区。深入望麓社区173户居民家中开展防疫宣传，100%完成社区常住居民健康码申领工作；招商引资助推企业复工复产，成功洽商一家食品生产企业入驻望麓社区，创造经济价值的同时解决社区下岗待业人员就业问题，疫情期间为社区2家企业减免租金；元旦、春节期间开展慰问活动，为社区69名残疾人送上米、油物资。根据区委统一安排，3名志愿者深入社区一线，有序开展疫情防控工作。抓好残疾人服务机构复工复训。指导残疾人康复、托养机构做好复训、开托的各项准备工作，机构开训后，要求康复、托养机构按防疫要求做好相关记录，组织工作人员对防疫情况进行督查。对残疾人进行防疫知识宣传。充分发挥基层残疾人工作者和残疾人专门协会队伍的骨干作用，要求街道专职委员做好残疾人疫情防控知识宣传，排查残疾人及残疾人家庭确诊和隔离情况，及时掌握辖区困难残疾人的需求，做好辖区困难残疾人的帮扶工作。防疫期间做好办公室日常工作。坚持做到办公室内每日消毒，保持政令畅通，对残疾人来电咨询及诉求进行细致的答复，对来办公室办理紧急业务的残疾人热情接待，及时解决残疾人疫情期间的特殊需求。

【加强法律救助】采取政府购买服务的方式，进一步发挥残疾人法律救助站和湖南高新律师事务所作用，依法维护好残疾人的合法权益，全年共为40名残疾人提供免费法律咨询服务。加大无障碍改造。按照“以人为本、因地制宜、改造实用、出行方便”的原则，精心组织白鹤咀社区及全区50户贫困残疾人家庭进行无障碍改造工程，得到社区及残疾人朋友的一致好评；召开岳麓区无障碍环境建设工作调研座谈会，总结“十三五”期间工作经验，对“十四五”无障碍环境建设规划建言献策。

【扶贫帮困】开展“联千村帮万户”活动，确定雨敞坪镇泉水湖村10户特困残疾人家庭为帮扶对象，结合帮扶的贫困村和残疾人状况和需求，制定帮扶计划，明确一对一帮扶人员，为残疾人提供个性化服务，做到量体裁衣，一户一策。开展慰问帮扶。开展春节慰问走访活动，全年慰问走访困难残疾人3244名，发放慰问金161.7万元；开展就业帮扶。开展“职来职往、职等你来”残疾人专场招聘会，达成就业意向44人。加强残疾人就业保障金核定工作，共审核企事业单位156家，征收就业保障金1390.9万元。

【宣传助残】加强典型宣传。2020年，中国新闻出版广电报以《诵读经典可以温暖你的心》为题报道吴声湄的事迹。涌现“中国好人”谢向前、长沙市自强脱贫能手黄仕其等先进典型。截至2020年年末，区残联网站发布各类助残信息121条，累计发布930余条，让残疾人和残疾人事业广泛“发声”。组织助残活动。组织以“复工复产、自强脱贫”——残疾人自强脱贫风采展示为主

长沙市第三十次全国助残日主题活动“复工复产，自强脱贫”（岳麓区残联供图）

题的第30次“全国助残日”直播活动。承办长沙市残联第11次“全国肢残人”活动日暨全市第二届残疾人专职委员动态更新知识竞赛。组织开展第37次国际盲人节主题活动。组织开展第29次国际残疾人日“不忘初心，砥砺前行”主题活动。夯实志愿服务组织。在湖南省文明实践助残志愿服务评选中，上善助残服务中心和岳麓装饰行业协会获得2020年度湖南省文明实践助残志愿服务基地的荣誉称号。

【残联改革】 成立领导机构。10月，成立以理事长毛远志为组长的方案起草小组，牵头区残联起草改革方案。开展调查研究。10月，组织理事会成员认真学习《长沙市残疾人联合会改革方案》文件精神，与市内五区残联就改革工作进行交流，对区残联和二级机构事业单位工作职责进行梳理，重点就职能相近者进行优化整合，为制定改革方案提供指导。出台改革方案（征求意见稿）。11月2—16日，方案起草小组多次召开专题会议推进改革进程。参照市残联改革方案，结合岳麓区实际形成区残联《改革方案（征求意见稿）》。11月18—23日，区残联向区委组织部等12个部门就《改革方案（征求意见稿）》去函征求意见建议。对区委组织部、区委编办、区财政局、区司法局等部门提出的意见和建议，全部予以采纳。11月26日，区残联将《改革方案》上报长沙市残联审核、通过。12月9日，区残联按程序将《改革方案》上报岳麓区政府常务会议审议、通过。于12月10日以长沙市岳麓区人民政府办公室名义印发、实施《长沙市岳麓区残疾人联合会改革方案》。

【举办第30次全国助残日活动】 5月15日，由岳麓区残联联合长沙市残联在滨江戴斯十楼观麓厅酒店共同举办“复工复产、自强脱贫”——残疾人自强脱贫风采展示活动，此次活动由长沙市上善助残服务中心承办，全市九区县（市）残联理事长、市五个专门协会主席、助残机构代表、各爱心企业及新闻媒体共160余人参加活动。此次活动以网络现场直播的形式，向社会各界展示残疾人朋友不一样的精神面貌。网络点击量80000余人次。

【举办“携手逐梦新时代，开辟爱心新天地”同心农场开锄仪式】 4月26日，岳麓区残联、岳麓区文明办、岳麓区坪塘街道工委携手长沙市上善助残服务中心举办“同心农场”助残服务项目开锄仪式。仪式在上善助残服务中心前坪启动。区

4月26日，举办“携手逐梦新时代，开辟爱心新天地”同心农场开锄仪式（岳麓区残联供图）

委宣传部部长罗予武、副区长刘雄辉、区残联副理事长周海宁、坪塘街道工委书记陈海军以及区直相关部门负责人、爱心企业代表助残志愿者等80余人参加此次活动。活动中，有50余位爱心人士现场认领签约，成为上善同心农场的“都市农夫”。上善助残服务中心联合三好鲜生电商平台举行销售签约仪式。上善助残服务中心将通过政府搭桥、企业支持、爱心人士参与的方式，帮助残友融入社会，实现就业增收梦想。通过系列活动和服务项目，大力传播践行善德文化，增进社会对善德文化的感知和认同，打造岳麓道德新高地。

【举办“全国肢残人”活动日暨专职委员动态更新知识竞赛】7月31日，与长沙市残联、长沙市上善助残服务中心在岳麓区滨江戴斯酒店举办长沙市第11次“全国肢残人”活动日暨全市第二届残疾人专职委员动态更新知识竞赛主题活动，长沙市残联主要领导、全市九区县（市）残联理事长、岳麓区残联各部室负责人、区肢残协会及各街（镇）肢残人代表共120余人出席活动。此次活动以竞赛的方式进行，全面展示基层残疾人专职委员工作风采。

【举办第29次国际残疾人日活动】12月11日，与长沙市上善助残服务中心在金枫大酒店举办“不忘初心、砥砺前行”为主题的第29次国际残疾人日活动，区残联理事长毛远志、副理事长周海宁及区残疾人专门协会代表、各街（镇）残联、各类残疾人代表共140人参加本次活动。活动以趣味游戏活动的方式举行，10支代表队参与角逐，最后所有代表队都赢得活动奖品。开展此次活动进一步促进全区残疾人的凝聚力，激发残疾人工作者的活力。

12月11日，举办2020年第29次国际残疾人主题活动（岳麓区残联供图）

法 治

政法委及综治

【概况】2020年，面对新冠疫情带来的新挑战，全区政法机关和广大政法干警主动作为，急事难事面前全力攻坚，履行了维护国家政治安全、确保社会大局稳定、促进社会公平正义、保障人民安居乐业职责，助力续写了经济快速发展和社会长期稳定新篇章。全区连续14年保持全省“平安县市区”称号，2020年被评为全市维护稳定红旗区县、平安建设优秀区县。

【维护安保】坚持把维护全区社会大局稳定作为政法工作不可动摇的底线，防范化解各类风险，实现“五个不发生”目标。加强矛盾纠纷常态化排查调处，共调处矛盾纠纷2198起，调解成功率达99%。组织政法干警第一时间投入疫情防控一线，共安排37名政法单位班子成员下沉到社区协助疫情防控，20名企业联络员协助指导企业复工复产，182名志愿者到小区值守卡点，指导近3000家门店复工复产。

【落实条例】坚持党对政法工作的绝对领导，以迎接中央督导为契机，全面贯彻《中国共产党政法工作条例》。落实区委、区政法委和政法单位党委（党组）三类主体责任，配齐配强17个街道（镇）政法委员，坚决把党的领导贯彻到政法工作各方面、全过程，确保党管政法延伸到最基层、第一线。建立健全政法委员会全体会议制度、请示报告制度，提升党领导政法工作制度化、规范化、法治化水平。

【法治建设】推进政法改革，法院检察院内设机构改革全部到位，案件繁简分流机制、“捕诉合一”机制全面推广。加强诉源治理，一站式诉讼服务中心全面建成。实施“四个大抓”警务战略，构建了与现代治理体系相适应的县域警务新模式。推进执法监督，抓好涉法涉诉信访工作，接待群众387批490余人次，上级交办的40起涉法涉诉信访案件已全部办结；开展病犯收押收监专项清理整治行动；全区政法机关开展案件评查12700余件；落实司法救助政策，共救助5案5人，发放救助金15.5万元。推进依法行政，规范重大行政决策法定程序；推进行政执法“三项制度”落地落实，主动开展行政执法案卷评查，推动提升全区行政执法水平。推进法治宣传，在区政府政务公众号、指尖岳麓上开辟“普法战役”专栏；开展以案说法，发布典型案例，把普法工作贯穿到执法、司法管理和服务全过程；成立《中华人民共和国民法典》宣讲团，深入企业、学校、社区进行法律宣讲，打造普法品牌。

【扫黑除恶】聚焦三年为期目标和决胜之年任务要求，打好扫黑除恶收官战。深入开展“线索清仓”“行业清源”“案件清结”“逃犯清零”“网伞清除”“黑财清底”六清行动，全年新增打击侦破涉恶集团9个。督促和协调重点行业领域主管部门开展综合整治，确保一些行业领域的乱象得到及时有效整治。把黑恶势力长期盘驻地区纳入综合治理范围，并联合有关部门开展高校周边重点整治，全区校园刑事案件发案同比下降61.8%。

【平安建设】实现平安岳麓的提质增效。突出治安问题治理，强化治安重点地区整治，全区八类恶性案件、侵财犯罪案件同比下降39.23%；依法严厉打击黑拐抢、盗抢骗、黄赌毒等违法犯罪活动，打击治理电信网络违法犯罪，破获电信网络诈骗案件270起，刑事拘留涉电诈骗犯罪嫌疑人102人。加强社会治理创新，持续开展“三零”社区（村）创建工作，全区共有10个社区（村）

达到“三零”标准，24个社区在零事故、零上访、无八类恶性案件的基础上，可防性侵财案件下降30%以上，创建成效对比2019年有明显提升。学堂坡社区开展的市域社会治理现代化试点工作得到省、市政法委肯定。完善治安防控体系，完成“天网工程”四期建设，推动12个农安小区“雪亮补盲”建设，推广出租房屋智能门锁安装、电动摩托车防盗芯片安装等新技术，全区入室盗窃立案1054起，同比下降6.31%，盗窃电动车立案365起，同比下降22.67%。

【服务发展】 优化营商环境，保护市场主体合法权益，共执结案件11743件；区检察院审查涉企起诉案件29件，依法不批捕涉案企业负责人和企业高管 16人，不诉11人；区公安分局侦办扰乱市场经济秩序案件22起，破获案件13起。区法院加大企业破产审判力度，率先在全省建立企业破产处置协调联动机制。加强知识产权保护，共受理知识产权案件1199件，审结1166件。加强著作权法律保护，加强对老字号、本土知名商标的使用与保护，审结商标案件185件，推动品牌战略实施。服务企业发展，组织政法单位领导干部进企业、问企情、解难题，开辟“12345”“如法网”等平台，让企业多渠道多方式在线获取法律资讯和法律服务。

【队伍建设】 优化政法队伍的政治生态，把政治建设摆在首位，把学习贯彻习近平新时代中国特色社会主义思想作为政法工作的头等大事，引导全体政法干警牢固树立“四个意识”，坚定“四个自信”，坚决做到“两个维护”。把能力建设作为重点，开展精准化、专业化培训，全年先后举办政法系统中青年干部培训班、扫黑除恶办案业务指导培训班、反邪工作专项业务培训班、“三零”社区创建主题培训班等，培训业务骨干400余人。把作风建设抓紧抓严，坚持廉政教育自上而下开展，强化先进典型引领，开展反面案例警示，广泛开展谈心谈话，科学运用“四种形态”，不断强化纪律意识。

公 安

公安工作

【概况】 2020年，岳麓公安分局面对突如其来的新冠肺炎疫情严重冲击、在错综复杂的维稳形势面前，坚持以习近平新时代中国特色社会主义思想为指导，深入学习贯彻习近平总书记重要训词精神和考察湖南提出的“三高四新”战略，紧紧围绕新时代县域警务和“坚持政治建警全面从严治警”教育整顿工作，不断强化全区风险防控能力，筑牢 “五个不发生”屏障，有力助推更高水平的“平安岳麓”“法治岳麓”建设。全区辖15个街道、2个镇，166个村（社区），总面积552平方千米。常住人口约77万人，流动人口约51万人。分局下设5个机关科室，13个实战大队，16个行政派出所。全局在职警力660人，其中派出所警力占总警力的59.76%，万人警力比5.09。辅警501人，其中基层派出所辅警341人，占全局辅警数的77.15%。

【队伍建设】 分局党委严格落实从严管党治警主体责任，围绕纯洁公安队伍和整治顽瘴痼疾两大重点任务，扎实推进“坚持政治建警全面从严治警”教育整顿，通过“第一议题”指导学、红色教育引领学、警示教育反思学，开展政治轮训4场次4000余人次，组织全警教育整顿和县域警务应知应会知识竞赛，制作《心无戒惧终自悔》警示教育片，切实推动筑牢忠诚警魂，队伍建设亮点纷呈。分局获评长沙市文明标兵单位，网保大队获评全省公安机关“净网2019”专项行动成绩突出单位，入境大队获评2019年度全省公安人口与出入境管理工作成绩突出单位，西湖派出所荣立集体三等功，反电诈中心获评长沙市青年文明号。坚持“四个根子”方法论找问题、挖根子、下猛药。对照省厅“双五十”清单认领班子问题140项，全警排查检视问题6756条，自查自纠各类执法问题955起。开展全警“履行主体责任整治顽瘴痼疾打造‘四铁’警队”纪律作风整顿，督察整改问题120余条。全年共提醒谈话22人，诫勉谈话4人，批评教育2人，行政记过3人，党内警告处分1人。

【疫情防控】 分局党委将疫情防控作为压倒一切的重大政治

任务，第一时间成立疫情防控维稳工作领导小组，严格落实战时状态、战时机制、战时思维、战时要求，迅速投入疫情防控和维护安全稳定工作，在隔离封控、人员管控、密切接触者排查等方面发挥了主力军作用。分局党委深入一线、靠前指挥，迅速组建25个党员先锋队、18个党员先锋岗、7个疫情防控卡点临时党支部，4支青年突击队，分局36个党支部全警停休、轮值轮战，以最高政治站位开展疫情防控工作。共投入警力12350人次，查控外地车辆23536辆，检测体温103841人次，发放宣传资料231400余份，劝阻红、白喜事聚餐2716场次，关停娱乐休闲场所、网吧、宾馆、酒店、民宿、麻将馆、小集市10115家，完成对辖区内552平方千米125.3万人次的摸排，疫情防控期间的流动人口和出租房屋清理排查工作质量、数量评估均居全市第一，被评为全市派出所基础工作成绩突出单位。发挥公安机关在情报信息等方面的优势，全面分析研判疫情可能引发的社会治安问题，从铁路购票、民航乘机、旅馆住宿等海量数据中系统梳理汇总，为区疫情防控指挥部科学决策提供了强力支撑。疫情期间，共检查宾馆酒店、娱乐场所600余家，牵头组织13个集中医学隔离点安保工作。根据市疫情防控指挥部及市局的要求，牵头组织2趟共计462名境外航班抵长旅客集中医学观察。在疫情防控取得阶段性胜利的关键时期，分局迅速行动，安排专门警力下沉辖区各商户企业、建设项目，全方位排查各类风险隐患、矛盾纠纷和具体困难，督促指导企业落实内部安全防范，以最快速度做好全区复工人员户籍、住所等相关信息摸排登记工作，对涉疫情的人员信息，第一时间推送、核查，跟进掌握、动态督导，及时堵漏洞、补短板，严防漏管失控，严防形成现实危害。为切实提高见警率，各派出所、巡警大队加强对重点项目工地和复工复产企业集中区域的巡逻防控；对涉企矛盾纠纷，第一时间会同政府相关部门及时介入、妥善处置。其间，共接涉企复工复产警情90起，成功化解矛盾纠纷31起。

【维稳安保】 分局党委始终把维护政治安全和社会稳定作为强化“四个意识”、践行“两个维护”的实际行动，不断强化科技支撑、情报研判、风险排查、重点管控和应急处置水平，取得了“两会零登记、祭扫零滋事、节点零失误”的成绩。为确保市委、市政府的绝对安全，优化应急处突队警力配置，24小时值守市委、市政府安全。严格“星城快警”屯警街面、动中备勤、武装巡逻、快速反应、高效处置机制，联合武警实行常态化武装巡逻，加强对橘子洲头、东方红广场等红色地标以及省委党校等重点部位的安全守护，严防形成政治热点。

针对辖区重点人员多、矛盾纠纷复杂、维稳管控压力大的特点，分局党委专题研究，成立依法治访工作领导小组，配合职能部门开展矛盾纠纷化解、专案侦破打击工作。全年依法治访刑事拘留9人、行政拘留68人。深入开展优化营商环境建设工作，严厉打击非法阻工闹事等恶意阻挠项目建设和影响企业正常生产的违法犯罪活动。妥善解决新银州城、财富岳麓、正荣府小区等项目开发遇到阻工的难题。强力推进恒大旅游文化城建设。成功化解6个群体10次赴省、市“两会”现场集访事件。

贯彻落实县域警务、专项警务、节点警务工作新要求，大型活动安保做到万无一失。以最高标准、最严要求、最实举措做好习近平总书记视察湖南期间专项警卫安保工作；圆满完成省市“两会”、“世界计算机大会”、“湘江欢乐城”、“湖南省妇女儿童医院”开业等91批次、122场重大警保任务。

【刑事侦查】 刑侦工作坚持以打开路，重拳出击，始终保持打击违法犯罪的高压态势，打击效能显著提升，社会治安秩序持续向好。狠抓扫黑除恶专项斗争三年目标不放松，持续推进打击整治“三贷三霸”、传销、娱乐服务场所黄赌毒、网络黑恶犯罪等专项行动，强化破案攻坚、打伞破网、打财断血，确保工作成果。扫黑除恶专项斗争开展以来，分局共破获九类涉恶刑事案件304起，打掉涉黑涉恶团伙13个，刑拘385人，逮捕246人，移送起诉450人。扎实开展大案要案侦办，现行命案连续四年实现100%侦破，成功侦破23年前的“8·22”抢劫杀人积案；不断加大“套路贷”“校园贷”线索摸排力度，通过日常警情研判，打掉以邹某为首的“套路贷”团伙。落实公安部“1·14”会议精神，纵深推进打击治理电信网络新型违法犯罪活动，深入开展“断卡”专项行动，坚决遏制犯罪高发态势。全年共破获电信网络诈骗案件270起，破案数同比提升22.5倍，刑事拘留涉电诈犯罪嫌疑人102人，同比上升10.87%；成功破获“3.27”刷单诈骗案、“大发彩”跨境网络赌博诈骗案等大案要案，其中，“大发彩”平台赌博案受害人多达700余名，遍及全国，涉案金额达1300余万元。全年立经济犯罪案件66起，破案38起，刑事拘留97人，移送起诉76人，云端线索发起5条，积案化解和新发案件起诉率达100%。破获多起经侦专案，刑事拘留犯罪嫌疑人14人，查实涉案资金约1.6亿元。

严格按照省厅、市局工作部署要求，组织开展打击非法捕捞犯罪专项行动，协同长沙渔政站、区市场监督管理局等部门对湘江流域岳麓段、靳江流域等全面禁渔水域开展巡逻、清查和宣传工作，联合执法40余次，侦办非法捕捞水产品刑事案件8起，刑事拘留8人，配合渔政收缴网具30余件、机动木船1艘。被市局打击“非法捕捞”犯罪专项行动办公室通报表扬。

【反恐防恐】 加强涉恐人员摸排和管控，提升主动发现能力。澄清关注人员底数，严格落实措施。对全区重点目标单位进行等级划分，共采集录入368家。不定期对全区医院、学校、旅游景点、文化场馆等人员密集场所开展反恐督导检查，压实各行业主管部门及管理单位责任，督促涉恐重点目标单位、企业严格落实防范标准，加强反恐演练，有效提升反恐社会化整体防范水平。圆满完成重要节点反恐维稳工作。

【治安管理】 坚持“露头就打、打头断根、一查到底、绝不姑息”的工作原则，对群众反映强烈的重点地区和复杂场所开展摸底排查，集中整治，全年侦办各类涉黄赌案件223起，打击处理涉黄赌违法犯罪人员695人。对专业赌博公司、网络跨境赌博、有组织卖淫等违法犯罪行为开展重点打击，侦破“6·29”“5·19”网络赌博专案，刑事拘留35人，扣押赌资110余万元。在全区各主要交通路口及宾馆、酒店、旅店开展集中整治，抓获发涉黄卡片人员17人，侦办涉“发卡招嫖”刑事案件3起、行政案件45起，捣毁卖淫窝点2个，刑事拘留12人、行政处罚141人，清查场所1096家，停业整顿3家，收缴涉黄卡片31960张，整理上报封停涉黄小卡片电话号码58个。

【禁毒工作】 深入推进禁毒人民战争，始终将严打毒品犯罪置于禁毒工作的重中之重，全面深化多警种情报共享、侦查协作工作机制，全力开展破案攻坚。通过5个月的深度专案经营，多地统一收网，彻底摧毁了以桂某、黄某勇等人为首的贩毒团伙，抓获吸贩毒人员42名，缴获冰毒、麻古、海洛因等毒品400余克。创新宣传手段，开展禁毒宣传进高校，特聘中国工程院院士、全国政协委员、湖南工商大学校长陈晓红院士为岳麓区禁毒公益宣传大使，积极引导大学生充分认识毒品危害，提高拒毒、防毒意识和能力。

【规范执法】 立足规范执法，提升执法效能。坚持依法行政、公正文明执法，从具体案件入手，评查整治，说法析理，着力提升公安工作法治化水平和执法公信力。通过预警、查纠、整治，切实纠正整改执法不公、执法不严、有案不立、压案不查、有罪不究，执法不作为、乱作为的问题。全局共清查执法数25157起，查纠有案不立问题135起，压案不查问题22起，执法安全问题7起，其他执法问题804起，共整改955起。对757名取保候审犯罪嫌疑人逐一核查，坚决杜绝保而不侦、保而不诉，不按规定执行以及违规收取、没收、退还保证金等问题。

【县域警务】 紧扣风险防控攻坚战和公安工作现代化两条主线，深入推进县域警务在岳麓区落地见效。区委、区政府出台《岳麓区政治安全和社会稳定风险防控工作实施方案》及十大联动工作机制，属地、部门、行业风险防控责任进一步压实。对全区166个社区（村）开展风险“大起底、大梳理、大排队”，每月实行风险隐患动态清理、对账销号，全年共化解风险隐患377起。创新社会治理，推进共建共治共享新格局。含浦派出所依托街所联动“小安大爱”平台，大力推动社区警务与网格管理深度融合，积极探索县域风险群防群治、联防联控的新路径，被市局确定为首批县域警务示范点。西湖派出所发动“党政、物业、住户”三方力量齐抓共管，彻底消除天峰名苑小区周边无证旅馆泛滥、治安及消防重大安全隐患，小区生态环境焕然一新，得到人民群众广泛赞誉。相关整治工作经验被《人民日报》“人民号”、中国警察网、《人民公安报》、湖湘访谈等多家媒体广泛报道。

【基础建设】 分局基础设施建设工作稳步推进，派出所提质改造任务全部完成，圆满完成省厅、市局下达的各项指标任务，分局在七楼办公区域投资兴建的健身房、儿童小课堂、心理咨询室等五小工程全面投入使用。“天网工程”（四期）建设全面铺开，平台上线摄像头3978个，任务完成率达95%。协调三大运营商接入各类视频7000余路，深入推进“平安乡村”视频建设，有力弥补了农村地区的视频盲区。按照新时代公安派出所建设要求，经多方协调，解决了咸嘉湖派出所长久以来无矛盾纠纷调解室困难；在含浦派出所探索建立警格与网格融合工作机制；完善《莲花镇关于加强全镇“一村一辅警”建设方案》，促使驻村民警进村支“两委”班子；在全市派出所等级评定中，西湖派出所成功申报一级派出所。

交通管理

【概况】 岳麓交警大队有15个中队，其中10个路面勤务中队，另设有综管中队、机动中队、停管中队、122中队、突击中队。全队有民警139人（含借调去其他单位4人）；辅警91人（含借调去其他单位1人）；协警（临聘）158人；劝导员（临聘）145人。

【交通秩序整治】 遵照省、市公安机关工作部署，结合岳麓区道路交通实际情况，全面开展道路交通安全集中整治工作，全年累计投入警力1万余人次，出动警车2800余台次，先后开展高排放车辆整治、全省全市酒驾醉驾集中整治、周末夜查统一行动、2020年文明创建交通秩序整治、交通问题顽瘴痼疾整治等一系列整治行动1000余次，累计纠正道路交通违法行为20万余起，开具强制凭证22034份、机动车简易程序决定39635份。其中，查处机动车违法乱停103470起、货车违法5532起、酒驾1271起（含醉驾324起），查扣电动车16790台，机动车5370台（含摩托车4417台）。最大限度预防和减少道路交通事故的发生，确保辖区道路交通环境安全、畅通、有序。

【交通事故预防及处理】 2020年全区共排查道路安全隐患375起，其中农村公路隐患158处，城市道路隐患137处。下发交办整改通知单30份，向辖区“两客一危”运输企业下达交通违法抄告55份，限期整改通知书14份，约谈企业负责人7人次，隐患已全部整改到位。2020年辖区内机动车、非机动车保有量仍保持快速上升态势，全区年内累计接报警56805起，同比上升21.13%，直接财产损失上升7.92%。交通事故其他指数均有不同程度下降，其中，事故一般程序数下降2.63%，死亡人数下降4.92%，受伤人数下降3.78%。未发生一次死亡3人（含3人）以上的道路交通事故。侦破交通肇事逃逸事故20余起，破案率100%。全区总体道路安全形势平稳。

【重点车辆管理】 2020年岳麓交警大队通过路面巡查、内网核查等方式，对辖区重点人员、重点车辆、重点运输企业开展隐患排查和检查整治。针对已发现隐患，累计向辖区运输企业抄送交通安全隐患通知书139份，下达限期整改通知书35份，约谈重点车辆运输企业15趟次，督促辖区运输企业解聘驾驶人14人，督促辖区重点车辆完成年检（注销）1200余台次。

【交通组织优化】 2020年岳麓交警大队累计向上级有关交通组织优化部门上报优化整改方案30个。在辖区施划标线约56301平方米，标识约4869平方米，除线10484平方米，新增彩色防滑路面4546平方米；新增可变车道1条、人行横道灯8套、非机动车灯56套，铺设电缆线16221米，新装标志牌397套，更换标志110套。新增待驶区LED屏2套、爆闪灯160套、防撞柱49根、广角镜5块，拆除广告牌65块，完善10余所学校门前交通安全设施。另新设置红绿灯管控路口1个，新增路口监控5套，新增智能人行横道1套，新增城市停车位2760余个。年内完成老咸嘉湖路、爱民路城市交通微循环改造，完成金星路岳麓大道路口、金星路银双路口、金星路含光路口、金星路茶子山路口、金星路北二环路口、含光路岳华路口、含光路观沙路口、枫林路麓景路口、枫林路麓谷大道路口、杜鹃路岳华路口、杜鹃路观沙路口、茶子山路岳华路口、茶子山路观沙路口、金星路佑母塘路口、西二环杜鹃路口、映日路麓云路口、金星路杜鹃路口、金星路咸嘉湖路口共18个样板路口改造，有效规范路口通行秩序，提升路口通行效率。城区信号灯路口渠化率、标线施划率，学校、医院周边交通安全设施设置率均同比提升。

【交通警保卫】 2020年完成各类警保卫任务126批次203趟次。其中，一级警卫3批次6趟次，二级警卫2批次8趟次，三级警卫3批次10趟次，其他警保卫118批次179趟次。出动警力4450人次，出动警车426台次，警卫线路总长2460千米，全年警员加班1180小时。每次任务，大队严格遵循提前勘查线路，认真制定方案，合理部署警力，领导亲临督查工作程序，全年未发生一起警保卫责任事故。

【交通安全宣传】 2020年累计发放和张贴宣传挂图5000余张，发放宣传资料15万余份，派出小教员完成授课510余场次，9000余人受到教育，其中对专业运输单位开展针对性交通安全宣传教育74场次（含客运公司40场次、区教育系统校车驾驶人23场次、危爆物品运输单位11场次）。年内发送各类交通安全提示信息10万余条，曝光违法290余起，事故警示50余起。自主组织或配合支队进行媒体宣传报道242场次，完成新闻发稿382篇，其中央媒29篇，省媒232篇。《校园安全教育日，岳麓区13万中小学生收到别样礼物》《戴头盔系安全带！长沙市岳麓区交通安全进校园》《开学第一课，岳麓区为15万学生普及交通安全知识》《妹妹生病男孩敲警车车窗求救，民警一路疾驰送医》等新闻稿分别被新华社、人民网、湖南卫视、《环球时报》等媒体采用。

9月1日，岳麓交警大队联合区教育局在岳麓区白马实验小学开展了开学第一课交通安全知识进校园活动（岳麓区交警大队办公室供图）

【岳麓区交通管理工作调研汇报会】 6月3日上午，岳麓区交通管理工作调研汇报会召开，岳麓区委书记周志凯及区领导张铁炎、杨利成携区委办公室、区发改局、区住建局、区教育局、区交通运输局、区公共工程建设中心主要负责人出席会议，长沙市交警支队政委谭值军、岳麓大队大队长陈纲及其他班子成员参会。会议由岳麓区副区长、区公安分局局长谭应林主持。

【车畅人欢示范区建设】 岳麓交警大队围绕老咸嘉湖示范区建设，制定《岳麓交警大队车畅人欢示范片区创建活动实施方案》，明确交通组织优化、交通安全宣传等多举措推进。交通组织优化方面，完成老咸嘉湖路单行道改造，全路段新增设路侧平行式智慧停车位73个，新增交通标牌10套，电子警察2套，电视监控2套，完善交通指引，规范道路交通秩序。老咸嘉湖示范片区周边，按照长沙样板路口建设要求完成改造。在片区内佳兴世尊酒店LED屏循环播放交通安全宣传片，向沿街店铺、社区居民发放宣传资料3000余份，发放和张贴交通安全宣传海报260余张。联合岳麓区委宣传部，制作“电动车交通事故警示教育”视频，通过各街道微信群广泛转发。老咸嘉湖车畅人欢示范区建设获得各级领导和群众高度评价。

【交通问题顽瘴痼疾集中整治】 2020年，岳麓交警大队依托岳麓区交通问题顽瘴痼疾集中整治办公室，经多部门协调，加大治理超限超载力度，全面取缔马路市场，全年累计查处超限超载违法114起，卸载超限货物2770余吨，走访检查客货运、维修、驾培等相关企业60余家，下达改正通知书13份，针对马路市场发出交办函14份，全区5处马路市场已全部取缔。全年累计查处各类车辆违法事件45000余起，查获非法营运车辆67台、非法改拼装车辆4614台，以上违法车辆及人员均已依法处罚并整改到位。

【创新“线上”培训模式】 岳麓交警大队立足新形势，开拓新思路，以提能力、补短板为目的，在“钉钉”平台成立网络直播培训班。自2月底始，陆续开设课程22学时，培训内容涵盖规范执法、事故处理、科技基础、安全宣传等多个方面，挖掘出一批青年先进骨干，建立健全线上教材库，为深化信息化办公迈出重要一步。

【迅速侦破肇事逃逸案】 3月30日0时30分许，在岳麓区西二环西侧辅道东麟阁酒店附近地段发生一起交通肇事逃逸事故，当事人刘某平因伤势严重，经医院抢救无效于当日上午9时许死亡，肇事车辆逃逸。案发后，岳麓大队122中队处警民警接分控中心派警后，火速奔赴事故现场。民警在现场发现除部分碰撞和伤者残留痕迹外，无明显线索。民警询问现场周边群众及目击者得知，肇事车辆撞到刘某平后，未在现场停留，直接逃离现场，由于事发突然且时间短暂，无车辆相关信息。岳麓大队迅速成立专案小组连夜开展调查。经过排查，专案组最终锁定肇事车辆。专案组迅速赶到该车辆登记地展开抓捕，民警耐心细致地与其家人做思想工作，肇事驾驶员王某于当日15时许主动到岳麓交警大队投案自首，至此，该肇事逃逸案成功侦破，历时不足15小时。

【抗击新冠肺炎疫情】 2020年1月下旬，岳麓交警大队接到防控新冠疫情部署后，全体民辅警立即停止春节休假，倾力投入防疫工作中。1月26日至2月3日，岳麓交警配合卫生等部门在7个高速口防疫检查卡点累计检查车辆18159台，检查人员40384人，发送防疫宣传提示信息1万余条，得到上级领导和人民群众高度评价，荣获“2020年全省公安机关春运疫情防控和交通安保工作成绩突出集体”称号。在抗疫期间，岳麓大队自发成立“党员先锋队”“青年突击队”“巾帼突击队”，全警不畏艰险，人人争先逆行抗击疫情，涌现出大批优秀个人和先进集体。

检　察

【概况】 2020年，区人民检察院全面践行以人民为中心的司法理念，以高度的政治自觉、

2月2日，岳麓交警在岳麓收费站防疫检查点交接班（岳麓区交警大队办公室供图）

法治自觉和检察自觉，服务保障统筹推进疫情防控和经济社会发展，推动各项检察工作稳进、落实、提升。全年受理审查逮捕数832件1290人，同比分别减少1.89%、增加0.08%，审结逮捕案件843件1304人，同比分别增加0.12%、2.11%，受理审查起诉案件1597件2152人，同比分别增加34.88%、22.90%，审结起诉案件1577件2184人，同比分别增加36.77%、30.23%。依法对监察委移送的职务犯罪案件作出逮捕决定2人、提起公诉11人；办理刑事、民事和行政诉讼监督、公益诉讼案件268件。先后获评全国检察宣传先进单位、全国检察机关“法治进校园”巡讲活动先进个人、全省检察机关扫黑除恶专项斗争先进集体、长沙市“巾帼文明岗”等。

【刑事检察】 保持打击黑恶犯罪的高压态势，打掉了横行宁乡的涉黑涉恶团伙，依法起诉案件9件66人，实现在办涉黑涉恶案件全部清零。办理的王某等4人涉恶案被评为全省检察机关扫黑除恶优秀案件。注重“破网打伞”“打财断血”，持续深挖彻查，起诉“保护伞”案件2件2人，追诉犯罪嫌疑人1人，追诉遗漏犯罪事实19笔。坚持以保障社会稳定、人民安宁为出发点和落脚点，坚决惩治故意杀人、故意伤害致人重伤等严重暴力犯罪，批捕51人、起诉37人。积极惩治人民群众反映强烈的多发性犯罪，依法批捕抢劫、抢夺、盗窃等犯罪299人、起诉418人。深入推进禁毒工作，依法批捕涉及毒品犯罪191人、起诉206人，持续打击“套路贷”所涉诈骗、敲诈勒索等犯罪，依法批捕26人、起诉63人。严惩侵害未成年人利益犯罪，依法批捕21人、起诉41人。严格落实未成年人犯罪特别程序和特殊司法政策，依法附条件不起诉21人，落实帮教63人次。

【民事检察】 加强民事审判监督，依法办结民事裁判监督、民事审判活动违法行为监督、民事执行监督和支持起诉等案件80件，监督意见均被法院采纳。携手法院共破执行难问题，通过办案帮助35名下岗职工追回被拖欠两年多的工资及经济补偿金200余万元。办理的郝某某民间借贷纠纷检察监督系列案被评为全省检察机关优秀案件、“全国检察机关办理维护妇女儿童权益优秀案例”。

【行政检察】 积极开展行政非诉执行专项监督活动，着力破解工作难题，依法对51件行政非诉执行案件向法院发出类案检察建议，并督促行政机关整改到位。强化督促履职案件办理工作，检察建议采纳率100%。

【公益诉讼检察】 坚持双赢多赢共赢理念，努力做好公益诉讼检察。把诉前实现维护公益目的作为最佳司法状态，通过诉前程序办理公益诉讼案件77件。与相关行政机关保持常态联系，就主动履职、督促整改等提出建设性意见和建议，为公益诉讼案件办理铺平道路，行政机关对诉前检察建议回复率达100%。切实保护国有财产，协同市检察院督促行政机关追回国有土地使用权出让金2.9亿余元。督促行政机关整顿网络餐饮服务问题商户40余家，监督护送26只国家二级保护野生动物绿海龟回归大海，组织增殖放流鱼苗1万余尾，共同守护碧水蓝天和“舌尖上的安全”。

【诉讼监督】 强化立案监督和侦查活动监督，依法监督侦查机关立案28人、撤案5件，追捕28人、追诉13人。坚持程序正义和实体正义并重，积极发挥检察官主导办案作用，完善办案监督机制，依法对131件刑事案件自行补充侦查，提升了案件质量，增强了人民群众对司法正义的获得感。落实认罪认罚从宽制度，适用该制度办案1455件1845人，量刑建议采纳率、一审服判率达98.9%和90.5%，促进了司法资源的节约和社会关系的修复。认真开展判处实刑罪犯未执行刑罚以及财产刑执行检察监督活动，推动刑事执行检察工作深入开展。深化社区矫正检察监督，通过阅档核对、走访约谈等多种形式，及时掌握社区服刑人员的矫正情况，依法建议收监丧失监外执行条件的社区服刑人员，保障社区矫正依法公正进行。

【深化司法责任制改革】 着力强化检察队伍正规化专业化职业化建设，把内设机构改革作为提升履职能力的突破口，将

88.7%的办案力量充实到办案一线。严格落实司法责任制，入额院领导真办案、办好案，共办理各类案件281件，带动其他检察人员办案水平逐步提升。对标高检院129项业务质量评价指标，制订《案件质量评查工作实施细则》，深化案件质量评查工作，全面覆盖、随机抽检员额检察官所办案件，及时发现和纠正司法活动中的瑕疵错漏问题，定期通报讲评，倒逼办案质效提升。

【打造阳光检察】始终坚持把检察工作置于人大的监督之下，做好代表委员精准联络工作，主动邀请代表、委员参加案件听证、列席检委会等检务活动4次，参与处理案件26件，认真落实区人大常委会对《中华人民共和国未成年人保护法》《中华人民共和国人民警察法》贯彻执行情况等调研活动，通过寄送报刊和推送新媒体信息及时展示检察动态，抓好案件信息公开工作，发布案件程序性信息2326条、重要案件信息85条，公开法律文书1560份。适时开展检察开放日活动，积极向社会传递法治声音，让检察权始终在阳光下运行。

【打造“检察护苗”品牌】打造“检察护苗”工作品牌，强化未成年人司法保护。与区妇联联合制订《关于建立妇女儿童权益保护工作合作机制的意见》，与区公安分局协商制订《未成年被害人“一站式”取证工作实施细则（试行）》，建立未成年被害人“一站式”取证办案场所，共同推进未成年人保护社会治理体系和治理能力现代化建设。深入开展未成年人法治教育，通过“法治课堂”“微电影”等形式，改编真实案例制作法治微视频，通过云课堂向孩子们播撒法治种子、厚植法治信仰。

【内设机构改革】8月31日至9月2日，院党组从确定方案、宣传发动、民主推荐、组织考察、集体研究、民主决策等程序入手，全面落实完成了检察机关内设机构改革的各项工作任务。改革后，该院共设8个内设机构（股级），6名原任科（室）长转任新机构主要负责人，3名原任科（室）长主动让贤，提拔2名80后员额副职任新机构主要负责人、4名80后和1名90后担任新机构副职。

【新冠肺炎疫情防控】新冠肺炎疫情暴发后，紧跟区委战时机制部署，压实防控责任，细化防控措施，多措并举严防死守、排查隐患，持续不断配合街道党政抓 重点、攻难点，并派出企业联络员指导协调相关企业开展复工复产。在防护用品紧缺的情况下，筹措2万余只口罩送到街道社区一线人员手中。高度重视涉疫案件的办理，强化涉疫案件立案监督，加大提前介入力度，采取视频提审、开庭等方式，依法批捕、起诉涉疫犯罪案件3件3人。支持涉案企业参与疫情防控，依法不起诉某生物科技公司2名犯罪情节轻微且认罪悔罪的高管，避免影响企业涉疫药品生产。

法 院

【概况】2020年，区人民法院以“审判质量、效率和公信力巩固年”活动为抓手，受理各类案件34729件，结案33077件，法官人均结案479件，审判质量、效率和公信力稳步提升。区法院被评为“全国优秀直播法院”“全国法院第三十一届学术讨论会暨全省法院第十七届理论研讨会组织工作先进单位”，并在全省法院“审判质量、效率和公信力巩固年”活动推进会上作典型发言。

【维护社会安全稳定】充分发挥刑事审判职能作用，共受理刑事案件1282件，审结1233件。持续加大对抢劫、绑架等恶性犯罪的惩治力度，审结案件99件128人。坚持铁腕禁毒，审结案件132件188人，被告人周某某等人贩卖毒品案入选市中级人民法院“十大毒品犯罪典型案例”。重拳打击人民群众深恶痛绝的套路贷、电信诈骗等侵犯财产犯罪，审结案件49件121人。坚持宽严相济，对符合认罪认罚从宽制度条件的1109人依法从简从快从宽处理。充分保障被告人辩护权，为213名未聘请辩护律师的被告人通知援助律师到庭辩护。严惩侵害少年儿童身心健康的犯罪行为，审结案件10件14人。审结未成年人犯罪案件21件，对27名未成年人犯罪记录予以封存，常态化帮教挽救失足未成年人。

【保障经济高质量发展】守护营商环境，助力民营经济发展壮大，审结涉民营企业案件4552件。助力防范化解金融风险，审结金融借款、保险等案件2791件，向金融机构发出司法建议20份，帮助金融机构实现从“事后维权”到“事先预防”的转变。妥善处理“麓景路”等拆迁腾地案件，稳妥推进“望兴景园”“滨江家园”等烂尾楼纠纷化解。开展涉工程机械行业专项执行活动，执结案件2209件，为中联重科股份有限公司等工程机械制造商挽回损失3.9亿元。疫情期间深入企业纾困解难30余次。全面加强知识产权司法保护，共受理知识产权案件1199件，审结1166件。加大对老字号、知名商标的保护力度，推动品牌战略实施，审结商标案件185件，依法审理“樟树港辣椒”等知名商标侵权案件，审结的“茶颜悦色”商标侵权案入选湖南法院2020年十大案件。加强著作权法律保护，依法审理销售《斗罗大陆》盗版图书案等侵害著作权案。加大企业破产审判力度，受理破产清算案件13件，率全省之先提请区委、区政府建立企业破产处置协调联动机制，企业破产处置工作迈入“政府牵头、法院主导、部门联动、属地管理”的新阶段。守护绿水青山，强化生态环境司法保护，依法审结非法捕捞水产品、非法占用农用地等犯罪案件7件。高度重视涉生态环境非诉执行工作，执结案件6件。

【增强群众司法获得感】服务“六稳”工作、落实“六保”任务，共受理民商事案件17667件，审结16282件。妥善审理由疫情引发的纠纷案件103件。审结劳动争议、人身损害赔偿等纠纷案件2139件。创新治愈式家事审判方式，签发人身安全保护令5份，妥善审结家事案件722件。审理涉“三农”案件311件，为192名农民工追回工资及工程款594万元。审结的物业员工意外坠亡案，不让无辜者替一场意外买单；审结的岳麓山夜骑案，让自甘冒险者自负其责，被评为2020年度长沙市“以案释法”十大优秀司法执法案例。以切实解决执行难为目标，共受理执行案件11934件，执结11743件。使用网络查控系统查询14666名被执行人车辆、房屋、银行账户等信息，发布失信被执行人信息624人次、限制高消费令8152人次，拘留71人次。挂网拍卖标的物1456件，成交率达80.4%。发出律师调查令2957份，更好维护当事人胜诉权益。坚持不懈完善解决执行难长效机制，努力提升执行质效。优化升级司法公开平台，网络直播庭审10334场次，网上公开裁判文书37993份。全面落实“谁执法谁普法”要求，开展“送法五进”活动36次，民法典宣讲进村入户进校园。在新华社、《法治日报》、《湖南日报》等全国各级主流媒体刊发以案释法典型案例1000余篇次，官方微信普法推文单篇阅读量突破10万，创下全省基层法院之最；普法短视频获全国第五届平安中国“三微”比赛“优秀短视频奖”，司法改革创意海报获评全国法院“百优新媒体作品”。

【推进司法体制改革】坚持院庭长办案常态化、实质化、示范化，院庭长共办结案件15027件，占比45%。深化人员分类管理，以员额法官为中心，探索成立审判执行团队30个。坚持速裁案件要素式审判，结案5814件。兼顾集约审理与均衡分案，强力推进案件繁简分流、排期排办。实行财产保全等辅助性事务集中办理，最大限度减少重复劳动。强化对“四类案件”的识别监管，做到放权不放任。坚持把非诉讼纠纷解决机制挺在前面，诉前调解纠纷3516件。新诉讼服务中心建成使用，全方位打造信息化诉讼服务窗口。在辖区各街道、乡镇和岳麓高新区设立“一站一室”，实现诉源治理全覆盖。指导司法所、人民调解组织开展调解78次。建立麓山公证处司法辅助中心，与区侨联联合设立涉侨纠纷多元化解工作室，畅通人民法院与公证机构互为助益的协作渠道，维护归侨侨眷和海外侨胞合法权益。多元解纷工作经验在中国教育电视台《法治天下》栏目播出，并在全省法院诉源治理暨一站式建设工作推进会上推介。让信息多跑路，让群众少跑腿。网上立案8176件，跨域立案128件，在线调解纠纷1779件，在线受理诉讼费缴纳、证据交换等诉讼服务申请10000余件次。电子卷宗随案生成率100%。应用“闪信+”送达，定向发送程序性诉讼文书短信12861条，有效解决送达难题。引进“智能云柜”，部署推广“收转发一体化平台”，诉讼材料收转发逐渐实现动态监管。

【抗击新冠肺炎疫情】新冠肺炎疫情发生后，区法院第一时间通过微信群紧急召开党组会和院务会，及时传达学习贯彻中央和省市区指示精神，成立疫情防控工作领导小组，严格执行24小时值班值守制度和报告制度，班子成员带头在岗，所有值班人员准时到岗，严格履职，确保及时应对突发问题。战疫过程中，区法院切实增强工作主动性、前瞻性，深入分析研判抗拒疫情防控、暴力伤医、制假售假、哄抬物价、诈骗、聚众哄抢、造谣传谣等破坏疫情防控犯罪的审判问题。依法妥善审结合同履行、医疗纠纷、产品质量、劳动争议等各类民事纠纷，平等保护各方当事人合法权益，坚决维护正常医疗秩序、防疫秩序、市场秩序、社会秩序。围绕企业实际需要，班子成员分片深入辖区一线指导复工复产，对企业反映的相关问题现场进行研究解决或答复指导，将惠民惠企司法政策落实到位，全力帮助企业纾困解难、复工复产。及时完善便民利民举措，发布《关于疫情防控期间诉讼及相关事项的通告》等服务通知及流程，引导群众有序进行诉讼。以“湖南移动微法院”、“12368”诉讼服务热线等在线诉讼平台为依托，全面开展“云审判”“云执行”“云调解”等在线诉讼活动，有效满足疫情防控期间人民群众司法需求，确保审判工作平稳有序运行。疫情发生以来，共网上立案8176件、跨域立案128件，在线调解纠纷1779件，在线受理诉讼费缴纳、证据交换等诉讼服务申请10000余件次，定向发送程序性诉讼文书短信12861条。完善矛盾纠纷源头预防、排查预警、多元化解机制，充分发挥一站式多元解纷和诉讼服务体系作用，诉前化解纠纷83件，推动矛盾问题化解在早在小。创新新闻宣传方式，编发新闻报道及微文30余篇次，向公众宣传疫情防控期间诉讼服务相关内容，不断提高网上诉讼服务的接受度和首选率。

【推进多元解纷】2020年以来，区法院诉前调解分流各类民事案件8645件，速裁分流各类民事案件5772件，合计14417件。在4月召开的全省法院“审判质量、效率和公信力巩固年”活动视频会议、全省法院诉源治理和一站式建设工作推进会上，区法院就多元解纷工作两次作典型经验发言。

【锻造高素质法院队伍】始终把政治建设摆在首位，坚决贯彻《中国共产党政法工作条例》《中国共产党重大事项请示报告条例》，主动向区委报告全面工作、请示报告重大事项30余次，把准政治方向。紧跟新时代党的建设总要求，选举产生第一届机关党委和机关纪委，推进机关党建规范化建设。对标对表最高人民法院“两个坚持”专题教育，梳理修订规章制度14项。坚持以案促改，常态化开展案件质量评查工作，评查重点案件9600件。司法警察依法履职，共出警值庭、安检3000余人次，完成提押看管、送达保全等任务2000余次，全年工作实现零事故。日常廉政谈话80人次、提醒谈话15人次，日常督查、专项督查50次。严格执行“三个规定”及最高人民法院任职回避新规，将1名不符合任职回避规定的在编法官助理调离执行岗位，责令18名不符合任职回避规定的合同制干警限期整改，全面铺设防止司法勾兑的“隔离带”。主动接受人大监督，专题汇报民事审判、执行攻坚和司法警察工作，提请任免法官职务45人次。自觉接受政协民主监督，就人民陪审员制度实施情况与区政协开展界别协商。依法接受检察监督，邀请检察长列席审判委员会，听取检察意见，保障监督权有效实施。广泛接受社会监督，邀请代表委员、社会各界参观法院、旁听庭审、见证执行100余场次。初步实现人民陪审员管理工作的规范化科学化经常化，人民陪审员普通程序案件参审率连续三年100%。

【诉源治理，纠纷源头化解】在区政法委的协调推动下，与区公安分局、区司法局、区信访局等部门联合制定《坚持和发展“枫桥经验”实现矛盾不上交三年行动实施方案》。2020年3月，向区委和区政法委递交了《关于请求将万人成讼率指标纳入辖区平安综治评估考核体系的报告》，提请区政法委牵头制定《关于进一步完善矛盾纠纷多元化解机制全面推进诉源治理的实施方案》，制定出台《关于加强诉源治理，进一步推进矛盾纠纷多元化解工作的实施方案》，在辖区各街道、乡镇设立诉源治理工作站或法官联点工作室（一站一室），打通人民法院参与推进基层社会治理的“最后一公里”。2020年以来，已在全区

17个街道（镇）及岳麓高新区设立诉源治理工作站和法官联点工作室，实现诉源治理辖区全覆盖。与市住房和城乡建设委员会、市公安局、高新区综合治理局等12家单位建立提前联动协调、诉中协调化解等机制，增强纠纷化解实效。2020年共联动调解疑难纠纷案件157件。在观沙岭、莲花、咸嘉新村等街道、社区设联络点，委派、委托、指导人民调解委员会开展调解工作。2020年共组织培训人民调解员200余人次，组织开展调解经验交流3次，指导人民调解工作800余人次。在法庭设立“多元解纷调解室”，特邀律师与特邀调解员共驻法庭化解纠纷。2020年成功调解各类纠纷328件。在交通、医疗、物业等矛盾易发、多发领域设立专业调解中心，“一站式”调处常见、多发的民事纠纷。2020年共化解上述三类纠纷2688件。

【联动衔接，纠纷联动化解】 拓展多元解纷渠道，已确定3家行业调解组织、11家行政调解组织、14家人民调解组织、24家其他调解组织为法院特邀调解组织；以辖区“两代表一委员”、人民陪审员、专家学者、人民调解员、退休法官等为主要对象，面向社会遴选特邀调解员151人。诉调对接中心配有法官及助理4人、常驻特邀调解员23人。2020年共诉前分流调解各类纠纷8645件，调解成功2628件；诉中委托调解838件，调解成功510件；平均调解时间仅20天。完善律师调解制度，吸纳122名特邀调解律师形成商事纠纷、知识产权纠纷、劳动争议等专业领域的律师调解队伍；设立“长沙市律协律师调解中心驻岳麓区法院调解工作室”。2020年特邀律师共调解民商事纠纷263件，提供免费咨询5000余人次，参与化解涉诉信访案件44起。

【分调裁审，纠纷高效化解】 落实“调解前置实质化运行”，将涉民生类、修复社会关系、家庭关系、小额民商事债务等11类案件，部分知识产权案件、标的40万元以下的金融纠纷，以及对本地区发生的土地征收、房屋拆迁、棚户改造、生态环境等社会关注度高、涉及面广、不宜由诉讼程序处理的敏感案件，纳入调解前置程序。制定《民商事案件繁简分流和调解速裁规程》，对于调解不成的案件，按案由、案情等设置繁简分流标准，实现案件立体、多层分流，将物业服务、金融借款、民间借贷、商品房预售合同等简单案件转入速裁团队办理。

【巡视动员会】 9月18日，市委第三提级交叉巡察组巡察长沙市岳麓区人民法院党组工作动员会在岳麓区法院召开。市委第三提级交叉巡察组组长杨倩之，副组长陈辉、杨文军，区委常委、区纪委书记、区监委主任李雪龙，巡察组全体人员，部分区人大代表，以及区法院全体干警、近三年来离退休老干部代表参加会议。

【举行“麓山汇讲　百人千场大宣讲”讲座】 10月10日，区法院举行“麓山汇讲·百人千场大宣讲”讲座，邀请长沙市委党校副教授罗凤梅为该院干警作《加强廉政建设，筑牢思想防线》的授课。

【召开执行兑现大会】 11月26日，区法院召开执行兑现大会，在省市区三级人大代表、政协委员以及新闻媒体的见证下，现场为15起案件申请执行人兑付执行案款6328万元。党组副书记、副院长周丹通报了该院2020年以来的执行工作情况，党

11月26日，区法院召开长沙市岳麓区人民法院执行兑现大会（岳麓区人民法院办公室供图）

组成员、执行局局长张卫东公布了三则执行典型案例。

【坪塘人民法庭整体搬迁】 为支持和配合重点工程潭州大道快改项目施工，坪塘人民法庭于2020年7月20日起整体搬迁至长沙市岳麓区坪塘街道潭州大道二段168号（湖南湘江新区投资集团有限公司西侧裙楼），2020年7月23日正式在新址对外办公。

【获评全国优秀直播法院】 2020年1到11月，区法院共计庭审直播案件10105场，在全国基层法院排名第29名，荣获“优秀直播法院”称号。区法院刑事审判庭员额法官彭林霞累计直播案件617场，在湖南省基层法院审理刑事案件的法官中排名第1名，荣获“优秀直播法官”称号。

【获评理论研讨会组织工作先进单位】 在全省法院第十七届、十八届理论研讨会中，区法院均被评为组织工作先进单位，系长沙市法院系统唯一获此殊荣的基层法院。

司法行政

【概况】 岳麓区司法局内设办公室、法制科（行政审批政务服务科）、普法与依法治理科、公共法律服务管理科（律师工作管理科）、人民参与和促进法治科（区矛盾纠纷多元化解协调领导小组办公室）、社区矫正科（区社区矫正执法大队）、政治工作办公室。下辖17个街道司法所，属司法局在街道（镇）派出机构，司法局与各街道（镇）共同管理，以司法局管理为主。全区共有司法行政在编在职干部49人。2020年，区司法局在法治政府建设，疫情期间为企业抗疫、复工复产等方面加强法律服务，以及普法工作方面均取得较大成绩。

【队伍建设】 坚持思想引领，提高政治站位。把学习贯彻习近平新时代中国特色社会主义思想作为全局的头等大事和首要政治任务，持续推进“不忘初心、牢记使命”主题教育，通过三会一课、三服务一线、主题党日、走访调研等方式，全面把握“守初心、担使命，找差距、抓落实”的总要求，引导党员干部自我净化、自我完善、自我革新、自我提高，确保司法行政队伍牢固树立“四个意识”，坚定“四个自信”，坚决做到“两个维护”。加强业务培训，提升司法行政队伍素质。认真选派干部参加省、市、区举办的各类业务培训，定期组织“以案释法”法治沙龙活动，2020年10月，组织全区各司法所长、村（社区）治调主任、专职人民调解员、社区矫正专干等共计150余人参加司法行政业务骨干培训，干部业务素质得到进一步提升。全面落实从严治党和党建工作责任清单，进一步完善了述职述廉、廉政谈话和廉政公开承诺等党内监督制度。加强对法律援助案件指派等关键岗位和重要环节的监督管理，坚决杜绝“吃拿卡要”等损害群众利益的不正之风。班子成员主动承担“一岗双责”，坚持抓早抓小，对苗头性、倾向性问题，注重运用提醒约谈等方式，给干部敲警钟、明纪律。

【法治政府】 强化行政规范性文件管理。通过提前介入、征求多方意见、法律顾问参与等方式，提高对全区规范性文件管理的水平和能力。全区共制

2020 年 1 到 11 月，区法院共计庭审直播案件 10105 场，在全国基层法院排名第 29 名，荣获“优秀直播法院”称号（岳麓区人民法院办公室供图）

定行政规范性文件6件，均按规定统一登记、统一编号、统一公布，并报长沙市司法局和岳麓区人大备案。进一步规范重大行政决策。按照《重大行政决策程序暂行条例》等规定，严格履行公众参与、专家论证、风险评估、合法性审查、集体讨论决定等法定程序。积极发挥公职律师和法律顾问的作用，坚持主动服务、严格把关理念，就重大经济活动、重点建设项目等为区政府和区直各部门出具法律审查意见107份，就各类协议等出具法律审查意见140份，涉及合同标的额38亿元，其中以区政府名义签订的各类政府合同36份，有效防范政府合同法律风险。围绕全区征拆项目，审查房屋征收补偿决定8件，审查雨润小学、王家湾综合整治项目等征收公告39件。规范全区行政复议应诉工作，以加强行政机关负责人出庭应诉为抓手，进一步深化依法行政，接受法律监督。2020年，岳麓区收到行政复议申请43件，审结38件。申请人主动撤回复议申请9件，实现案结事了。以区政府为被告和被申请人的行政诉讼、行政复议案件共106件，已结案件中无败诉案件。行政负责人出庭应诉3次，有力维护了岳麓区依法行政形象，充分体现了岳麓区尊重司法的法治理念。岳麓区司法局报送的《行政复议具有不同于行政诉讼的独特优势——某村委会不服某区城管执法大队行政执法决定案》被评为长沙市2020年度十大典型行政复议案例之一。推动严格公正规范文明执法。推进行政执法"三项制度"落地落实，依据"谁执法谁公示"的原则，在区政府门户网站公示了行政许可、行政处罚决定书等文书、权责清单等。严格督促各执法部门制定重大执法决定法制审核目录，并挂网公示；对于重大执法决定由法制人员对案件进行把关。主动开展执法案卷评查，随机抽取案卷后，通过分组查阅、交叉补充、集中研讨、汇总结果的方式，对评查中发现的问题督促各执法单位整改到位，整体推动提升全区行政执法水平。

【法律服务】针对岳麓区企业复工复产后面临的合同履约、劳资关系等系列问题，区司法局制定并公布了《关于做好疫情防控期间企业公共法律服务的实施意见》，明确企业和群众可通过"12345""如法网""指尖岳麓"等多渠道多方式在线获取法律资讯、解答法律问题，全力支持企业抗击疫情。联合岳麓区天地人、弘一、越一等10家律所组建64人的"战疫公益律师服务团"，就企业关注的不可抗力免责条款适用、合同履行、劳资纠纷调处等法律问题提供无偿、专业的法律服务。为麓山投资控股集团、湖南金诚消防工程有限公司、罗莎食品有限公司等企业及个人出具法律咨询意见800余条。加强根治农民工欠薪法律援助工作力度。深入开展各司法所辖区农民工劳动合同普查与体检。集中开展农民工与劳动合同调研服务活动，通过提供主动服务，完善预防措施，防止集中爆发欠薪现象。深入劳务用工、工程建设属地，对辖区内企业劳动合同与劳务用工情况进行摸底调查，对劳动合同签订与劳务用工中存在的问题，认真排查，提供个性化、多元化法律解决方案。推动村（社区）法律顾问全覆盖，高度重视发挥法律顾问在推进法治政府建设、加强基层法律知识宣传、完善便民服务功能、提高涉法涉诉案件处结率、有效化解各类社会矛盾纠纷等方面的作用。2020年，共计提供法律服务1862次，其中法律咨询1481次，开展法律宣传215场、法律讲座39场，参与调解109件，代理诉讼4件，其他33次。完善公共法律服务窗口建设。公共法律服务中心窗口及咨询热线运转正常，截至12月31日，为城乡受援人群提供法律援助咨询4829人次，受理指派案件490件；办结归档437件，案件回访99例，为当事人挽回损失或取得经济补偿金320万余元；全年安排涉法涉诉和法律援助律师值班458人次。

【普法工作】在岳麓政府政务公众号"指尖岳麓"上开辟"普法战役"专栏，专门进行相关法律资讯和法律知识发布；各职能部门通过官网发布典型案例，有效指导和规范市场主体行为。结合"12·4"国家宪法日、"3·15"国际消费者权益日等重要时间节点和扫黑除恶三年行动等重大活动，到辖区各大商业场所开展涉企普法集中宣传，大力宣传条例及与企业经营有关的法律法规，提高企业作为市场主体依法防范风险、维护自身合法权益的能力。对企业进行释法析理，将普法工作贯穿到司法、执法、服务中。按照规定公示行政执法事项，裁判文书上网，直播庭审工作。各部门根据谁执法谁普法、谁管理谁普法、谁服务谁普法的原则，在执法过程中开展释法说理，加强典型案例的发布和报送工作，发挥案例的指导作用和宣传效应。市场监督管理局、法院、公安等多个部门将相关文书或案例或打击违法行为的资讯进行网上公示，有效打击扰乱市场的违法行为，维护公平公正稳定透明的市场秩序。参与或组织企业进行相关法律法规培训，强化企业及管理者依法治企的观念。疫情期间，区司法局成立律师服务团队，精准服务解决企业遇到的各类法律问题，为企业提供法治保障。积极打造普法宣讲团，树立品牌效应。2020年6月11日湖南天地人律所针对法治营商环境发起成立了《中华人民共和国民法典》宣讲团。宣讲团以律所骨干律师为主，并对《中华人民共和国民法典》全篇及修改部分进行深入研究，共同制定高质量的宣讲内容，深入各级政府、企业、学校、社区进行法律宣传，全力推动《中华人民共和国民法典》贯彻实施。夯实法治文化阵地建设。联合岳麓街道云麓园社区和望月湖街道岳龙社区，开展法治楼道建设，《湖南日报》《长沙晚报》、新闻频道等媒体均有宣传推介；指导督促洋湖街道连山村法治文化长廊建设，积极推动民主法治示范村建设和申报工作，连山村获评省级民主法治示范村，为推进基层依法治理，实现乡村振兴战略夯实法治基础。扎实开展扫黑除恶专项斗争。充分利用疫情防控、“3·15”国际消费者权益日、“6·26”国际禁毒日、农村法治宣传月等主题宣传契机，重点宣传《中华人民共和国宪法》、《中华人民共和国刑法》、《中华人民共和国治安管理处罚法》以及中央和省市区有关扫黑除恶专项斗争的会议精神等，大力宣传对黑恶势力犯罪的打击力度和工作成效，营造浓厚的法治宣传氛围。累计向基层推送微信100余次，开展法治宣传30余场，开展法治宣传讲座20余次，发放宣传资料约30000份，播放宣传视频1000余次，悬挂横幅500余条。

【人民调解】 依法化解矛盾纠纷。充分发挥人民调解职能作用，积极参与街镇、社区（村）的联防联控志愿服务工作，针对受疫情影响产生的劳动用工和工资待遇等问题开展排查走访，积极调处与疫情相关的纠纷案件。2020年，岳麓区17个街镇共调处矛盾纠纷2198件，其中，疑难复杂案件262件，排查纠纷315件，预防矛盾纠纷192件。为岳麓区稳定和谐的社会经济发展环境发挥了积极作用。

【特殊人群管理】 全面深入学习宣传贯彻实施《中华人民共和国社区矫正法》，结合区情，于2020年10月完成区级社区矫正委员会建设和镇街一级的委员会建设，进一步建立健全社区矫正领导体制和工作机构。强化“队建制”建设，组建社区矫正执法大队，在大队下设置中队，各司法所所长兼任社区矫正执法中队中队长。加强部门协调，推进政府购买社会服务、社会力量参与社区矫正、安置帮教。对社区矫正、安置帮教对象开展心理矫正，人性关怀提升矫正效果。深入开展“情暖高墙，关爱孩子”等活动，做好帮困扶助工作。截至12月31日，全区在册社区服刑人员 357人，2020年新接收424名，解除349名。另有刑释解教人员1539名，全部登记建档，并落实有效管控措施。

【疫情防控】 疫情防控期间，区司法局高度重视，迅速做出部署，及时召开专题会议，制定了《关于做好新冠肺炎疫情防控工作实施方案》，成立了疫情防控工作领导小组，严格落实领导带班和24小时值班制度，切实抓好疫情应急处置。积极落实中央和省市区关于做好疫情防控工作部署，通过组建普法宣传车队、喇叭宣传和开辟公众号专栏等方式，宣传疫情防控法律知识，高效安全地把法律知识输送给辖区群众。编印《新冠肺炎疫情防控法律知识简明读本》等宣传手册2万余本，法治宣传海报3000余份，深入乡村、社区、企业进行发放和张贴。组织8名二级网格长和17名三级网格长，积极协助村（社区）开展疫情防控；采用“网格长+党员+志愿者”的服务模式，指导联丰村复工复产，有序组织1000余家门店顺利复业。同时，向联丰村捐赠一次性医用口罩1000个、医用酒精20千克、疫情防控法律知识简明读本200余册，解决了联点村防疫物资不足的问题。

【岳麓山大科城公共法律服务中心挂牌成立】 6月9日上午，岳麓山国家大科城公共法律服务中心正式揭牌成立，这标志着以知识产权“一站式”公共法律服务为主的特色法律服务平台在岳麓山下落地生根。该中心共有8个功能区，设有公证服务、知识产权、法律援助与咨询、行业与人民调解、司法鉴定咨询、知识产权仲裁等服务窗口。新成立的岳麓山国家大科城公共法律服务中心将有效整合全市优质法律服务资源，为各科创企业和科创人员提供知识产权保护、公证确权、仲裁争议、人民调解等专项法律服务，对维护科创企业和科创人员合法权益、助推科创产业高质量发展起到重要保障作用。

【岳麓区首个法官联点工作室揭牌】 9月28日上午，岳麓区首家法官联点工作室“长沙市岳麓区人民法院驻咸嘉湖街道法官联点工作室”在咸嘉湖街道智慧中心揭牌成立。区委常委、政法委书记张铁炎与区法院党组书记、院长张帅出席揭牌仪式并共同为工作室揭牌。该工作室的建立，标志着岳麓区以党委为主导、以法院为主推、以街道乡镇为站点，覆盖辖区多个行业部门，线上线下，横向互通，信息共享的诉源治理新模式正在逐渐形成。

【迎接全国“七五”普法专项检查】 根据全国普法办公室《关于做好“七五”普法总结验收工作的通知》要求，中宣部、司法部、全国普法办2020年10月21日对岳麓区“七五”普法工作开展情况进行专项检查，重点检查了岳麓区区校共建法治文化宣传创意示范基地布展的湖南省法治文化创意设计作品展，基地工作和区校共建大学生法治联盟普法志愿活动开展情况，岳麓区“七五”普法台账资料等。通过此次检查充分展示了“岳麓区区校共建法治文化宣传创意示范基地”及“区校共建大学生法治联盟”普法志愿活动普法成果。

【打造“法治楼道”】 12月1日，在由区委依法治区办、区司法局、区水利局、望月湖街道办事处、岳麓区区校共建大学生法治联盟主办，岳麓区生态环境局、岳麓区市场监督管理局、岳麓区禁毒办、岳麓区妇联等单位协办的“深入学习宣传习近平法治思想 大力弘扬宪法精神”宪法宣传周活动启动仪式上，大家观摩了望月湖街道岳龙社区的“法治楼道”。“法治楼道”是区司法局结合“美丽楼道”建设，把法治元素融入楼道建设而打造的普法阵地。“法治楼道”宣传涵盖宪法、刑法、食品安全、禁毒、涉水法律法规等内容，楼道里的共享书架还配备了通俗易懂的民法典三字经和宣传手册，普法内容丰富且契合群众关注和需求，形式新颖且贴近群众。从2018年启动“法治楼道”建设至今，岳麓区已有20多个社区打造了“法治楼道”。

【区司法局行政复议案例获评长沙市2020年十大典型行政复议案例】 为充分发挥行政复议典型案例的示范和指导作用，长沙市守法普法工作办公室、长沙市司法局、长沙市法学会开展了2020年度全市“以案释法”优秀案例征集评选活动，区司法局高度重视，积极参加评选，推荐的《行政复议具有不同于行政诉讼的独特优势——某村委会不服其区城管执法大队行政执法决定案》最终被评为年度十大典型行政复议案例之一。

军　事

人民武装

【概况】2020年，区人武部紧紧围绕创建一流人武部这一目标，坚定看齐追随听指挥，聚焦主责主业谋发展，切实改进作风抓落实，圆满完成年度工作任务，全区武装工作建设取得新成就、迈上新台阶。

【政治建设】坚决贯彻习近平主席“抓军队建设首先要从政治上看”重要指示，把政治建军落实到人武部。突出政治能力提升，认真组织学习习近平主席原著原文，学习“两报一刊”，学习上级重要文件，努力在思想理论上学懂弄通。党委会跟进学习习近平主席最新讲话精神，确保党委紧紧跟上习近平主席的思想步伐。突出政治实践淬炼，坚决贯彻军委主席负责制，认真贯彻《关于加强军队党的建设的意见》，紧紧围绕警备区党委工作部署，深入开展“传承红色基因，担当强军重任”主题教育，集体决策首先对标对表，落实工作首先从政治上看，敏感问题靠民主集中制解决，党委班子领导力、组织力、执行力不断提升。突出政治生态净化，注重主官团结，平时大事小事都商量，有事没事多沟通，建立起同志加兄弟的感情；注重班子团结，内部不讲你高我低，事业为基，平等相待，和衷共济；注重作风形象，不搞特殊，不谋私利，努力营造人武部风清气正的政治生态。

【战备训练】坚决贯彻习近平主席开训动员令，把练兵备战作为第一要务。强力推进战备建设。年初，组织指挥机构带民兵分队进行全要素战备拉动演练，开设野战指挥所。针对“三室两库”建设落后的情况，下决心进行全面改造，有效提升战备建设水平。强力推进训练落实。组织民兵应急、专业力量分队训练7批次；选派11名教练员参加上级培训，所有训练严格抓好兵力、内容、时间、质量“四落实”，确保训练效果。7月，接受军委训练管理部民兵训练监察，没有出现大的问题，经受了一次重大考验。强力落实演训演练。组织森林防火分队民兵参加“5·12”国家防灾减灾日应急救灾演练；组织新质民兵力量，出动10台大型特种装备，开展处置公共卫生事件行动，在中南大学、橘子洲景区等公共区域开展消杀工作，助力复工复产复学；出动防汛分队民兵、6艘冲锋舟参加区防汛综合应急救援演练。抓紧作战研究，围绕应对强敌国防动员准备问题，到长沙高新区、岳麓高新区进行深入调研，并将调研成果融入民兵建设。3名部领导会同区水利局，对辖区“一江四河”的险要地段进行现地勘察和军地会商，确保一旦有事，能第一时间稳妥有效处置。

【民兵调整改革】区委常委会

2020 年岳麓区基干民兵群众性练兵比武活动（岳麓区人武部办公室供稿）

将深化民兵调整改革纳入区委年度工作要点，人武部党委会6次研究相关工作，把改革工作作为每季度专武干部例会的重要内容，真正做到大事大抓强力推进。针对上年检查通报的4个问题，会同区住建局，组织指挥工程维管连3个编兵单位现场会商，精准解决专业对口率偏低等问题。精准开展潜力调查，从人员、企业、社会组织、行业系统、科研院所、高等院校、大型装备等7个方面，深入长沙银行、新澳燃气、联通公司、中联重科和检验检疫产业园等单位进行重点调研，特别对气象水文、测绘导航、生物支援、网络防护等民兵新质力量，反复协商，切实把潜力摸准。把人员编实编准作为重中之重，压实人员编组。

【兵役征集】“两征两退”命令发布后，第一时间向区委、区政府主要领导进行汇报，立即召开区征兵领导小组会议和征兵工作会议，学习国征1号文件精神，调整征兵办公室成员。2020年春节前就协调区委宣传部，在全区所有户外大型电子广告屏滚动播放征兵图片和视频，组织辖区高校和街镇面向大学生，开展“开学前一封信”活动。受疫情影响两次征兵合并后，召开高校征兵工作会商会，运用现代手段精准发动。针对外地大学生多数意向在户籍地参检的情况，协调高校开辟外地大学生返长沙军检绿色通道，采取外省大学生进站体检发放交通补助500元，省内外市大学生发放交通补助200元的办法，吸引外地未复学大学生克服疫情影响到岳麓区参加体检，尽最大可能留住兵源。

【基层建设】深入贯彻军委基层建设会议和国防动员系统基层建设会议精神，奋力推动人武部全面进步、全面过硬，彰显“岳麓”担当。在机关建设方面，营造政治文化氛围，在楼顶、门楼、侧墙、围墙等区域新建大型宣传标语，在楼道悬挂军事宣传展板；加强营院军事化管控，整修营院绿篱形成相对封闭环境，在营区大门加装车辆识别系统和人脸识别系统，在办公区安装指纹识别系统，打造三层技防线；提升后勤保障条件，重新整修开办内部食堂，对部分公寓房进行维护修缮，完成车场规范改建，改善工作生活环境；打造试点建设样板，对通信机房、保密文印室、兵器室、军事职业教育学习室等场所进行规范化改造，对办公网络系统、视频监控系统全面升级，圆满完成警备区网络和安全保密建设试点任务，广州警备区、河北承德军分区等多个外地单位和长沙各区县市单位来观摩交流后，均给予高度评价。人武部战备、训练、工作、生活“四个秩序”短期内明显改善，正规化建设水平得到跃升。在基层建设方面，联合区委组织部、区人社局下发《关于贯彻省市通知要求开展基层人民武装部全面建设星级达标活动的通知》，全面推进基层武装部“星级达标”建设工作。在望城坡街道、天顶街道2个单位各带1个社区先行试点，下拨试点街道建设经费20万元，争取警备区试点经费，全面规范“三室一站一家”建设。全市所有街镇专武干部分批到望城坡街道武装部和长华社区民兵连进行现场观摩，后续又迎接军委训练管理部军事训练监察组等12批次检查指导，受到各级好评。在抓好试点单位建设的同时，以点带面，强力推动全区基层建设水平，圆满完成2个五星，7个四星，10个三星的基层星级达标建设任务。

【安全发展】坚持稳中求进总基调，把确保安全稳定作为党委保底工程来抓。认真组织学习上级关于安全稳定工作的指示要求，每次交班，都把安全稳定作为重要内容经常督促，第一时间传达学习事故案件通报，引领干部职工树牢防范意识。党委会集中学习重要文件，4次组织安全形势分析，研究部署安全大检查实施方案、“百日安全活动”，盯住“人车枪弹密、水火电钱网、酒油黄赌毒”等重点要素，突出预防“营院管理、车辆事故、人员思想、季节性事故”，对安全隐患进行深查细纠严防。打赢疫情防控攻坚战，成立领导小组，制订防控预案，全面展开防控工作。先后7次召开疫情防控工作领导小组会议和扩大会议，压紧压实防控责任。全面走访营院地方住户，了解人员流动情况，宣传疫情防控常识，签订联防责任状，将防控压力传导到每一个人。协调专业机构为全体干部职工、家属进行核酸检测。及时采购了一批防疫物资，对营区每天进行全面消杀，发放预防中药汤剂180份。从严管控饮食，坚持分餐打包，分散用餐，确保不出现任何疫情隐患。

【党管武装】区委将深化民兵调整改革、落实“一年两次征兵两次退役”改革、国防动员、国防教育、双拥工作纳入年度工作要点。区委常委会会议对落实民兵调整改革及迎检工作、基层武装部星级达标建设、军队转业干部安置等工作进行研究部署，将国防教育纳入区委党委中心组理论学习内容，增强国防意识。区政府常务会议将营院水电纳入老旧小区统筹改造，民兵训练基地纳入区重点项目统筹建设。长沙高新区中层以上干部、岳麓山风景名胜区管理局及部分街镇党政领导干部开展了“军事日”活动。“八一”、春节慰问驻区部队，强化军政军民团结。区委书记多次到人武部指导工作，与上级军事机关主要领导协调联动，为武装工作把关定向。有关部门按规定落实军人军属优待政策，安置转业干部、随军家属、转业士官，安排军人子女就近就便入学，岳麓军人的获得感使命感不断提升。

经济管理

发展和改革

【概况】 区发展改革局核定行政编制12名，事业编制12名。内设办公室、规划发展科、投资管理科（行政审批和政务服务科）、价格管理科（价格认证中心）、能源管理科。下设“两型”社会建设服务中心、重点建设项目事务中心、优化营商环境事务中心3个二级机构。2020年，区发展改革局全面落实中央及省、市相关决策部署，以建设“知识岳麓、创新岳麓”为目标，扎实推进全区规划发展、项目投资、价格监管、能源管理、重点项目建设、优化营商环境、两型社会建设等中心工作，积极发挥部门职能，创新实干，圆满完成了省、市、区部署的各项工作任务。2020年荣获百日竞赛市先进单位、百日竞赛重大项目建设新建项目开工内五区第一名、长沙市信用建设区（县）优秀单位称号。2020年度长沙市对区重大项目考核中获中心城区组一类第一名。

【宏观谋划】 编制《关于长沙市岳麓区2020年国民经济和社会发展计划执行情况与2021年国民经济和社会发展计划草案的报告》并经人大会议审定，提出2021年国民经济和社会发展预期目标和主要任务；组织编制《岳麓区国民经济和社会发展第十四个五年规划和二〇三五年远景目标纲要》并经人大会议审定，为全区经济社会发展制定中长期目标和方向，统筹推进重点专项规划。做好经济运行监测分析，撰写《2020年主要经济和社会指标预期目标情况汇报》《争政策抓项目优服务 助推区域经济发展》等材料，把握疫情期间经济运行中存在的矛盾和问题，做到超前谋划，为区委、区政府领导科学决策提供参考。做好服务业2020年度“省双百”“市三百”工程评选工作；指导企业申报2021年度省市服务业专项资金，并做好2017—2019年三年市级服务业专项资金的审计工作；指导中南大学科技园（研发）总部新一代信息技术示范集聚区成功入选2020年度市级服务业示范集聚区。

【项目投资】 编制全区建设项目502个（其中续建203个，新建204个，预备95个），总投资4000.70亿元，年度计划投资885.60亿元，较上年度增长10.35%。其中政府投资项目314个，年度计划投资149.03亿元，社会投资项目188个，年度计划投资736.58亿元。岳麓区82个项目（其中新建33个，续建40个，预备9个）入选长沙市重大项目，总投资693.24亿元，年度计划投资225.83亿元，较上年度增长9.45%。其中政府投资项目39个，年度计划投资32.12亿元，社会投资项目43个，年度计划投资193.71亿元。截至2020年年底，新建、续建项目全部开工，预备项目开工7个，新建项目开工率100%、总开工率97.56%。完成投资312亿元，投资完成率138.17%。企业投资项目备案实行全过程告知承诺制审批，实现全程网办，即来即办，全年共计办理社会投资项目备案210个，项目投资估算共计670864.52万元；共办理政府投资项目审批267个，项目投资估算共计488090.72万元，其中，立项批复208个、可研批复35个、概算审查24个。

【争资协调】 精准把握国家政策和投资导向，积极向上争取各类专项资金9494万元。其中，争取省预算内投资计划5020万元、老旧小区改造配套项目设施建设专项资金1950万元、保障性安居工程配套基础设施专项资金 1944万元、洞庭湖区安全建设及分洪闸工程专项资金276万元、大湘西地区茶叶和天然饮用水公共品牌建设专项资金45万元、主要支流治理和重点地区排涝能力建设工程专项资金259万元。2020年，岳麓区积极申报多批次国家专项债，获批发行专项债4批共4个项目，发行金额共计

13.01亿元。其中，湖南长沙岳麓高新区大科园配套基础设施项目，发债主体为岳麓高新区，2020年6月、9月分别获批6亿元、1.17亿元；湖南省长沙市岳麓区养老中心项目，发债主体为区民政局，获批1亿元；湖南长沙岳麓区龙王港流域排水管网改造项目，发债主体为区住建局，获批2.99亿元；岳麓山智慧科创园公共基础设施建设项目，发债主体为麓山控股有限责任公司，获批1.85亿元。

【争先创优】 为统筹推进疫情防控和经济社会发展，根据市委、市政府“大干一百天实现双过半”竞赛活动部署，3月至6月，区发改局牵头拟定《岳麓区开展“大干一百天、实现双过半”竞赛活动工作方案》《岳麓区“大干一百天、实现双过半”竞赛活动考评实施方案》等系列文件，按照“统筹推进、条块结合、以块为主”的工作原则，统筹协调全区13个竞赛专班、17个竞赛分队、59个帮扶小分队对标“双过半”任务，瞄准“双胜利”目标，细化责任分解，积极投身“大干一百天、实现双过半”竞赛活动，获评市中心城区竞赛组“优胜集体”。在此次百日竞赛活动中，上半年固定资产投资在全市内五区组唯一实现了“双过半”奋斗目标，固定资产投资增速、固定资产投资增量贡献值、重大项目对投资贡献率均为内五区第一。

【物价监测】 依法依规做好服务价格备案，为江山帝景、卓越浅水湾、保利天禧等13个住宅小区（项目）的前期物业服务收费价格进行备案，为30所中小学（幼儿园）相关政府指导价（代收费）标准进行备案。认真受理价格投诉咨询。全年处理价格投诉219件、咨询756件，较2019年的636件和1231件分别下降65.6%和38.6%；投诉工单和电话（来访）咨询主要涉及物业收费、水电收费、停车收费方面的问题，按时办结率100%，群众满意度100%。及时做好价格监测预警，为加强新冠肺炎疫情防控，加强对71种重点民生商品和7种疫情防控物资的价格监测，坚持一日一报、一周一分析，并将结果及时上报长沙市发展和改革委员会和岳麓区防控中心，全年共上报价格监测日报350期，其中民生商品价格监测上报228期，疫情防控药品价格监测上报122期，为市、区两级对市场价格的动态掌握提供翔实的资料，为稳定价格、稳定民生及上级对价格的调控提供依据。配合做好房地产价格监制，会同区住建局，结合项目楼面地价、建筑工程成本、前期工程费用等三大成本构成要素，配合市发展改革委和市住建局认真做好房价会商会相关资料报送、上会项目筛选工作。认真开展涉刑案件和行政处罚案件的价格认定工作，全年共办理各类价格认定案件238件，认定金额为602.80万元，有力地支持了司法机关和行政执法机关的办案工作。为促进全市“菜篮子”工程建设，确保市民“菜篮子”丰富和“菜盘子”丰盛，在深入基地调查其种植规模、种植品种、产销结构的基础上，为区属7家“菜篮子”农副业生产基地申请“菜篮子”工程价格调控资金58万元并迅速发放到位。

【能源监管】 争取资金支持，获批节能专项资金项目7个，分布式能源专项资金项目1个，“煤改气”清洁能源综合评价项目单位4家，争取专项资金822万元；验收分散式充电基础设施项目78个，共计充电桩437根；成立岳麓区禁燃区燃煤污染整治工作领导小组，建立街道（镇）、社区（村）燃煤整治防控体系，建立工作群，一周一调度；建立暗访督查制度，形成区、局、街三级巡查机制，完成“蓝天办”交办任务7个，查处燃煤污染行为9例，城区街道餐饮门店散煤燃烧已动态清零；督促全区250个公共机构完善垃圾分类软硬件建设，公共机构生活垃圾分类工作有序推进。大抓安全生产，牵头制定《长沙市岳麓区能源安全生产专业委员会工作方案》，成立长沙市岳麓区能源安全生产专业委员会。定期召开局班子成员会议、能源领域安全生产工作会议和企业集中约谈会议，研究部署全区油气管道安全生产工作。深入开展打非治违专项行动，加大隐患排查整治力度，严格落实“一单四制”制度，建立油气管道高后果区“双区长”制。严格履行能源安全生产专业委员会职责，全年开展油气管道安全生产检查36次。依托第十九个“安全生产月”活动，集中开展油气管道领域安全生产宣传教育“五进”活动和“安全生产月咨询日”活动。完成《岳麓区油气长输管道突发事件应急预案》修订。

【优化营商环境】完善统筹调度机制，制定《长沙市岳麓区营商环境优化工程2020年行动方案》《关于建立长沙市岳麓区优化营商环境指标长工作机制的通知》等文件，深入开展“双对标”“指标长”活动，统筹疫情防控和经济社会发展，实施营商环境优化工程，深入推进效能提速、实体经济降成本、政策落地、企业家合法权益保护、执纪执法监督等五大专项行动。聚焦效能提速，构建“1+3+17+22+161”政务工作网络，打通为民服务“最后一公里”，更好地实现“就近办”；全面梳理区直部门和街镇权责事项清单，形成26个试点领域基层政务公开目录，政务公开全省典型推广；落实“7410”改革，推行容缺办、即时办、网上办，获得内五区首个辖区内股份有限公司登记权限，全年新增市场主体2.6万余户，其中新增企业1.3万余户，同比增长22%，增速位居全省前列。按照“一企一册、一企一方案”模式，积极帮助企业开展“入规升高上市”，完成147家高新技术企业申报，促推56家企业跻身规模以上企业，推动16家拟上市企业加快融入多层次资本市场，优质企业发展潜力充分释放。进一步开展“新官不理旧账”专项整治，中铁城建申请兑现扶持奖励资金问题、江滨家园三期项目烂尾遗留问题、长沙华湘房地产开发有限公司借款和望兴景园二期项目因资金链断裂烂尾事宜、湖南斯德尔特泵有限公司土地投资违约纠纷、湖南浦洋节能科技股份有限公司未按合同约定支付相应农民工工资等六个问题已彻底解决，企业同意销号。分两批集成兑现扶持政策，为281家企业兑现新区和区本级产业扶植资金1.3亿元。开展“民企大走访、同心促发展”暖企活动，走访企业497家，收集梳理、协调解决企业各类困难问题66个。建立健全区统战部、工商联与区政法委、法院、检察院、公安局、司法局的联系联络机制，定期分析、研究、提交民营企业涉法需求总体情况，推进企业家权益维护专项行动。聚焦执纪执法监督，区纪委监委印发《关于学习贯彻〈关于规范政商交往推动亲清型政商关系的意见〉的通知》，召开构建亲清新型政商关系座谈会议，走访全区21家基层商会，全面了解各部门、基层单位在复工复产、优惠政策落实、营商环境等方面的情况以及存在的问题，梳理汇总企业意见并督促整改落实到位。率先建成全市首个24小时政务自助服务区，并推广至湖南金融中心政务服务超市、岳麓高新区企业服务中心，实现信息自助获取“全天候”、政务服务24小时“不打烊”，得到市优化办通报表扬，并在全市复制推广；8月25日，国家发改委法规司司长杨洁现场视察时给予充分肯定。创新推出“岳麓政策通”微信小程序，为企业提供政策兑现“找得到、报得上、查得清”的全流程指尖办服务，获得省市媒体广泛报道。在全市率先出台企业破产处置协调联动机制，公检法司与行政机关联手联勤，凝聚了强大工作合力。做好营商环境评价及绩效考核。9月底，全力配合湘江新区做好国家发改委营商环境评价集中填报工作，并积极做好属地疫情防控、环境维护等保障工作，获得市优化办通报表彰。10月底，牵头组织完成长沙市2020年营商环境评价现场集中填报工作。同时，注重总结提升，各指标牵头、责任单位认真梳理，总结工作经验、亮点，查找自身短板不足，列出问题清单和整改清单，切实抓好整改，真正做到以评促改、以评促优。认真研究市对区优化营商环境绩效考核指标，将各指标细化到各责任单位，并对指标完成进度进行定期通报，及时预警。推进“放管服”改革，落实简政放权、管理权限下放，严格按照法律法规和有关规定，依法行使职权。按上级要求梳理、公开政务服务事项、权责清单、中介服务事项、政务公开事项等内容。

【“两型”社会建设】根据省、市“两型”宣传工作要求，结合区域实际，做好市级“两型”公益宣讲工作，市“两型”宣讲团队在学校、社区共开展了10场“两型”宣讲，恒华社区建成“两型”宣教长廊。指导村、社区、学校积极开展“两型”示范创建活动，重点指导长华社区、恒华社区、岳麓实验小学开展省级“两型”示范项目建设。2020

年，湘桥社区、荣华社区、银鸿社区获评市级“两型”示范创建单位。全面贯彻落实绿心保护条例，实行区、街道、村三级联动管理责任机制，确保绿心保护与监管常态化。各部门开展联合巡查10余次，绿心地区未发生违法违规行为。根据《长株潭城市群生态绿心地区总体规划（2010—2030）》要求，对绿心地区老界碑界桩广告牌进行维护更新，确保绿心地区界碑界桩设置完备、字迹清晰。加强绿心保护政策法规、条例文件等宣传，印制5000份宣传手册送至每家每户，提高绿心区村民环境保护意识，形成绿心保护群策群力的良好氛围。深入贯彻落实长沙市绿心地区生态补偿办法，按照“生态优先、主动保护、公开透明”的原则，2020年9月，向坪塘街道下拨区级生态补偿资金129.6万元，主要用于生态绿心地区环境保护、生态修复提质和与生态环境保护有关的民生保障等。指导白泉村成功申报省级绿心专项资金50万元，用于生态宜居乡村建设。2020年3月，市人民政府向岳麓区下达了7000户油烟治理任务。中心迅速制定《岳麓区2020年老旧社区居民家庭餐厨油烟净化治理工作实施方案》，并对重点街道、社区进行调查摸底，明确治理区域。岳麓区已按时按质按量全面完成7000户油烟治理任务。

【车改工作】 改革区事业单位公务交通保障方式，合理确定公务交通费用报销额度和公务交通补贴标准，核定保留车辆，加强保留公务用车管理，妥善安置司勤人员。全区涉改事业单位291家，人员5403人，涉改车辆514台，其中岳麓山风景名胜管理局及其所属事业单位共4家、人员373人、车辆42台；区委、区政府直属事业单位及区直机关所属财务未独立核算事业单位共74家、人员346人、车辆40台；街道所属财务未独立核算事业单位共67家、人员716人、车辆23台；学校共101家、人员3305人、车辆4台；区教育局幼儿园（幼教集团）1家、人员91人；医院1家、人员150人；社区卫生服务中心共13家、人员547人、车辆16台；其他财务独立核算事业单位共36家、人员572人、车辆388台。

【抗击新冠肺炎疫情】 认真学习中央及省、市出台的疫情防控政策，主动梳理汇编成册，并整理出措施要点，明确责任单位及责任人，在区政府政务大厅醒目位置进行公示。开设复工复产政策兑现“一件事一次办”专窗，全年“一件事一次办”总办件量807件，惠及企业267家。坚决落实减税降费惠企政策，岳麓区全年累计减税9.832亿元，为1万余家企业减免社保费用5.4亿元，为291家企业减免国有物业租金1467万元，责令转供电主体清退电费152万元。举办后疫情时期企业发展及营商环境展望专题讲座，邀请各相关职能部门及街镇负责人、20名营商环境特约监督员、22名营商环境监测点企业负责人及20名工商联会员企业负责人齐聚一堂，与民进中央经济委员会副主任、正和岛首席经济学家王林、全国工商联智库首届专家委员、正和岛研究院执行院长兼首席研究员施星辉等专家学者共同探讨后疫情时期营商环境优化的理念与成果。自2月初开始，区发展改革局积极向上级申领新冠肺炎疫情防控物资。从2020年2月初至4月底，共申领防控物资5次，价值300余万元（防护口罩20万只、84消毒液2400千克、电子体温枪4300支），一定程度上保障区属各部门日常防控需求。按区、局领导的指示要求，在区卫健（疾控）部门的帮助下，圆满完成价值450余万元新冠肺炎疫情防控物资采购工作。强化惠民宣传，促进复工复产。落实中央及省、市减费降负促进复工复产工作要求，在政府门户网站及时公布疫情期间一般工商业用电、用气降价，中小微企业减（免）息贷款等优惠政策文件15份，促进区内企业顺利复工复产。

【创信用示范商区】 8月19日，区发改局组织召开岳麓区“信用示范商区”创建座谈会，区发改局、咸嘉湖街道办事处、长沙王府井购物中心、绿盾征信等单位负责人出席座谈。会上围绕王府井购物中心开展“信用示范商区”创建的具体实施细节进行深入交流和探讨，并就相关工作进行部署。

【打造信用示范园区，推动信用岳麓建设】 10月10日，区发改局组织召开岳麓区“信用示范园区”创建座谈会，区发改局、岳麓高新区经济发展局、绿盾征信等单位负责人围绕在岳麓高新区开展“信用示范园区”创建的方向、流程和具体实施细节进行了交流和探讨，并对下一步的工作进行部署。

【“24小时不打烊”政务服务拓展至指尖】 6月29日，岳麓区开发建设的“岳麓政策通”微信小程序上线。“岳麓政策通”包含了看通知、读政策、报项目、阅公示等功能模块。可以实现企业指尖报、部门指尖审，政策兑现从线下向线上转变，24小时全天候受理，让企业少跑腿。同时岳麓政策通还与“长沙扶持通”平台互联互通，减少企业申报材料，部分项目可“零材料”。让信息多跑路，让企业少跑腿，促进惠企政策尽快落地见效，致力“打造一流的营商环境”。

【举办后疫情时期营商环境趋势展望专题讲座】 8月7日，后疫情时期企业发展及营商环境展望专题讲座在科创港举行，区发展改革局邀请区各相关职能部门及街镇负责人、20名营商环境特约监督员、22名营商环境监测点企业负责人及20名工商联会员企业负责人齐聚一堂，共同探讨后疫情时期营商环境优化的理念与成果，聚焦新时代共享新机遇。

6月30日，区发展改革局组织开展节能宣传周活动（岳麓区发改局办公室供图）

【专题调研】 8月25日上午，国家发改委法规司司长杨洁带队到岳麓区专题调研营商环境，省发展改革委党组成员、省优化办主任陈永实，长沙市发改委党委书记、主任夏文斌，岳麓区委书记周志凯，区委常委、常务副区长蔡锋等参加调研。

8月7日，举办后疫情时期企业发展及营商环境展望专题讲座（岳麓区发改局办公室供稿）

【组织开展节能宣传周活动】 6月30日，区发展改革局承办全市“节能宣传周”启动仪式，紧紧围绕“绿水青山 节能增效”的活动主题，开展形式多样、丰富多彩的宣传活动。

【积极推进公共机构节能和垃圾分类工作】 11月27日召开2020年岳麓区公共机构节能暨生活垃圾分类工作培训会议，对公共机构节能和生活垃圾分类工作进行再动员、再部署、再提高，全区216家单位参加会议。

统　计

【概况】 2020年，区统计局认真学习贯彻习近平总书记关于统计工作重要论述及在湖南考察调研时的重要讲话精神，凝心聚力、攻坚克难、深化改革、拓展服务，各项工作取得积极进展，荣获湖南省第四次全国经济普查先进集体荣誉，保持市级文明单位称号，获评区内绩效考核一类单位。

【统计服务】 开展14批次快速调查，收集汇总经济运行情况，分析研判预警疫情对经济发展的影响，撰写《疫情对全区经济的影响分析与措施建议》，为区委、区政府摸清疫情影响、助力企业复工复产提供决策依据。围绕高质量发展，开展专项分析，撰写《经济运行状况分析》《季度经济形势分析》《“四上”企业现状分析及思考》《投资运行分析》等，多个观点建议得到采纳。聚力绩效考核、百日大竞赛活动、全面建成小康等，加强监测预警，真实客观反映发展成果，为区委、区政府科学决策当好统计参谋。编印《统计公报》《统计提要》《季度统计分析》等统计产品，发布《岳麓区第四次全国经济普查主要数据公报》，服务各级党委政府和社会公众。

【统计基层建设】 推进基层建设“标准化”，贯彻落实长沙市相关文件精神，抓典型、树标杆，梅溪湖街道获省级示范统计站，天顶、观沙岭、桔子洲等5个街镇统计站分获全市一、二类统计站，西湖街道统计工作在全市统计站流动观摩中获现场推介。建立完善街镇统计人员动态信息库，对统计人员变动进行备案管理，及时核定发放基层统计人员岗位补助。建立完善企业统计台账并规范其填报、管理、存档和使用，确保数出有源、有据可查。

【统计培训】 制定《区统计局2020年度教育培训计划》，持续坚持月训机制，以开阔视野、更新理念、把握政策、提高素质为主要内容，提升统计队伍整体素质。不定期开展各类专题培训，坚持围绕中心、提高能力、学以致用的原则，组织召开各专业业务、统计分析、“四上”新增等培训，提升统计人员业务水平。全覆盖开展“四上”企业年报直训，从统计法规、方法制度、操作流程、指标详解入手，提升报表对象业务素能。全年组织各类培训60场次，培训人数超万人次。1人到国家统计局跟班学习，11人次参加省统计局组织的专题培训，多人多批次参加市区两级各类培训。

【统计宣传】 通过FM106.1交通广播电台、指尖岳麓、岳麓区政府门户网站等开展线上宣传教育，结合“9・20”公民道德宣传日、人普宣传月、统计法制日等开展线下宣传，增强普法宣传效果。印发《关于配合做好人口普查自主填报工作的倡议书》6000余份，发放《致家长的一封信》12万份，发送普查短信80余万条，宣传普查法规，发动全员参与。举办以“大国点名、没你不行”为主题的第十一届中国统计开放日活动，被“统计微讯”、《长沙晚报》等媒体宣传报道。

【依法统计】 提请区委、区政府集中学习习近平总书记关于统计工作的重要论述，省、市统计工作会议精神。加强入口审核，对新增入库的99家“四上”单位上门核实，现场查验原始凭证和资料，宣讲统计法规及方法制度，提升入库质量。加强企业源头数据审核，分析数据协调性、匹配性和逻辑性，确保数据真实反映经济社会发展情况。开展统计监督检查，规范统计检查流程，年内上门开展数据质量检查企业单位50余家，发放统计法律事务告知书150余份，月均线上开展统计数据质量核查近10批次，涉及调查对象近100家。

【第七次全国人口普查】 贯彻落实习近平总书记在参加第七次全国人口普查登记时的重要指示精神，依法、科学完成普查阶段任务。选聘4848名普查“两员”，签订保密协定，购置意外保险，采取“区级师资集中面授+街道（镇）同步视频”的培训模式，对普查人员进行分层分片培训达万余人次。在做好常态化疫情防控的同时，完成普查区域划分、综合试点、户籍清查、清查摸底、入户登记、比对复查及行业职业编码等各环节工作，在上级多轮数据质量检查中获得肯定和推介。采取“大数据+网格化+铁脚板”的模式，充分利用行政记录，发挥网格管理机制，组织“两员”逐街、逐巷、逐楼、逐门、逐户进行地毯式清查登记。结合电话预约式、晚上集中式、守株待兔式等多种方式，把握入户时间，找准申报对象。采取大数据比对、现场检查、电话回访、数据审核等多种方式相结合，对普查全过程进行数据质量跟踪检查。采取不定期巡回检查方式，组织人员力量随机抽查近100个社区（村）、300余个普查小区、约3000户普查对象，及时发现问题、纠正偏差，确保质量。

【获湖南省第四次全国经济普查先进集体】 2020年1月21日，区统计局获评湖南省第四次全国经济普查先进集体。授奖单位为湖南省人力资源和社会保障厅、湖南省第四次全国经济普查领导小组办公室。

【统计工作会议】 8月31日，岳麓区统计工作会议召开。区统计局局长邓爱武作工作报告，传达学习中央有关文件及国家、省、市统计工作会议精神，回顾统计工作开展情况，并对第七次全国人口普查和下段统计工作进行安排部署。会议宣读了全区第四次全国经济普查先进集体和先进个人的表彰通报。长沙市统计局党组成员、副局长曹敬波对岳麓区统计工作给予充分肯定，对第七次全国人口普查工作作出明确要求。区委常委、常务副区长蔡锋要求准确定位、深刻把握统计改革发展新形势，更好地发挥统计职能，加强经济运行监测，提出精准对策建议；推进统计制度改革，创新创优统计服务；认真开展第七次全国人口普查，确保普查数据质量。区直相关部门、17个街道（镇）、岳麓高新区相关负责人及区统计局全体干部职工约110人参加会议。

【人口普查主题课堂】 2020年9月17日上午，区统计局在麓山兰亭实验小学举办人口普查进校园暨第七次全国人口普查宣传月启动仪式。长沙市统计局局长汤建尧宣布活动正式启动，岳麓区委副书记、区长周凡为麓山兰亭实验小学颁发"人口普查进课堂示范校"荣誉证书，岳麓区委常委、常务副区长蔡锋出席并致辞。在人口普查主题课堂上，老师向同学们讲授人口普查小知识。家长代表、学生代表分别发出"欢迎普查员来我家"的倡议。活动现场发放宣传手册和《致家长的一封信》。岳麓区人普办，区街相关单位负责人，麓山兰亭实验小学部分老师、学生代表200余人参加活动，活动获"统计微讯"、《长沙晚报》等媒体宣传报道。

【人口普查登记工作】 根据国务院发布的公告，第七次全国人口普查以2020年11月1日零时为标准时点开展正式登记。2020年11月2日，区委书记周志凯以普通公民身份接受第七次全国人口普查登记，以实际行动支持全国人口普查工作。区委副书记、区长周凡，区委常委、常务副区长蔡锋先后深入一线调研指导人口普查登记工作，并看望慰问普查人员。

审　计

【概况】 岳麓区审计局内设办公室（行政审批和政务服务科）、财政审计科、行政事业审计科、经济责任审计科和法规审理科等5个职能科室，下设政府投资审计中心和内审指导站2个二级机构。2020年，区审计局依法全面履行审计监督职责，做好常态化"经济体检"工作，共完成审计项目20个，审计查出问题金额12.07亿元，其中违规金额218万元、管理不规范金额12.04亿元，核减工程造价615万元，提出审计建议78条，移送案件线索9条，累计报送审计信息37篇、上级采纳20篇。

【财政财务审计】 推进区级预算单位审计全覆盖，对区本级以及区水利局、区应急管理局、区委党校、区民政局等4个部门2019年度预算执行和其他财政财务收支情况开展审计；依托财政联网审计平台数据资源，采用大数据分析方式，初步实现对全区82个财政一级预算单位的审计全覆盖。对岳麓山大学科技园岳麓分园创业服务中心2018—2019年财务收支情况进行审计，促进完善资金管理制度，提升资金使用效益。

【经济责任审计】 对全区6个单位10名主要领导干部实施了经济责任审计，开展望岳街道主要领导干部自然资源资产离任（任中）审计，促进区管党政领导干部守法、守纪、守规、尽责，推动领导干部切实履行自然资源资产管理和环境保护责任。经区委审计委员会通过，建立岳麓区经济责任审计工作联席会议制度，不断提高经济责任审计的质量和水平。

【政府投资项目审计】 开展区财政投资评审中心抽查审计项目4个，重点关注项目财务管理情况、建设程序执行情况、工程结算评审质量情况、项目建设单位的内部控制制度等情况。另完成政府投资建设工程结算审计项目3个，以及长沙市审计局统一组织的“一圈两场三道”建设两年行动计划专项审计调查，通过审计有效防范政府投资项目建设风险，促进节约财政资金和提高政府投资使用绩效。

【审计调查与联动】 开展岳麓区对口浏阳市张坊镇田溪村、龙山县洗洛镇扶贫资金专项审计调查，助力打赢扶贫攻坚战。做好长沙市审计局对全区政策跟踪审计等多项审计的协调沟通和配合工作，选派2名审计人员参加省级审计机关组织的2020年度社会保障基金审计，抽调3名审计人员参加区委第十轮巡察、第十二轮巡察，选派1名审计人员参加省委巡视工作，选派审计干部3人次参加区委组织部党费收缴情况专项检查和村（社区）换届选举任期经济责任审计调研。

【内部审计工作指导与监督】 印发《加强全区内部审计工作指导和监督的实施办法》，明确对区内各街道（镇），区属各国有企业和下属独立核算单位较多的区直机关单位加强内部审计指导，并开展内审工作检查监督和专项检查。组织区内重点单位内审机构工作人员参加长沙市内审协会组织的学习培训和内审知识抢答赛，不断提高内部审计人员能力水平，推进全区内审工作发展。

【区委审计委员会工作】 履行中共长沙市岳麓区委审计委员会成员和区委审计委员会办公室职责，6月19日区委审计委员会召开第三次会议，听取了区委审计办关于2019年度区本级财政预算执行审计工作情况的汇报，审议通过《岳麓区2019年度区本级预算执行和其他财政财务收支情况的审计报告》。

【疫情防控财政资金和捐赠款物专项审计】 2月，组织开展应对新冠肺炎疫情防控财政资金和捐赠款物专项审计，审计中采取市、县（区）两级审计机关分级立项、上下联动的方式，统筹整合两级审计资源，协同推进审计项目，促进疫情防控资金物资规范管理、高效使用和信息公开。

6月19日，区委审计委员会召开第三次会议（岳麓区审计局办公室供图）

【扶贫资金专项审计】 11月，成立审计组开展岳麓区对口浏阳市张坊镇田溪村、龙山县洗洛镇扶贫资金专项审计调查，助力打赢扶贫攻坚战。

【承办长沙市2020年内部审计知识抢答赛】 12月10日，由长沙市内部审计师协会主办、长沙市岳麓区审计局承办的长沙市2020年内部审计知识抢答赛举行，宁乡市审计局代表队获得一等奖，岳麓区审计局代表队、长沙高新区管委会代表队获得二等奖，长沙晚报社、长沙水业集团、长沙银行股份有限公司代表队获得三等奖。

市场监督管理

【概况】 2020年以来，区市场监管局紧紧围绕疫情阻击战和经济保卫战，一手抓疫情防控，一手抓复工复产，各项工作稳步推进。先后被评为长沙市文明单位、长沙市信用建设区县（市）优秀单位、第四次全国经济普查工作区级先进集体、“大干一百天、实现双过半”竞赛活动区级先进单位、全区健康促进机关。

【筑牢新冠疫情防线】 区市

1月29日，岳麓区市场监管局工作人员督促生鲜市场和大型超市如期开市，保民生保供应（岳麓区市场监管局办公室供图）

场监管局始终将疫情防控工作当作一项重要工作来抓，推行班子成员包片负责制，采取“领导带队、分片督导；机关下所、科结对；清单管理、精准服务”的模式开展疫情防控和复工复产工作。大力推行政务服务“网上办”“快速办”“高效答”等措施，做到办公效率不减，全心全意服务群众，办好实事。严格依法行政，严格执行专人专岗24小时值班制度，做到有询必答、有诉必接、有案必查，以快查严处的高压态势查处未明码标价、乱抬价格、涉嫌假冒的药品医疗器械违法违规行为。严管冷链食品，在疫情防控常态化形势下，将29个农贸市场、18个肉制品生产企业、11个商场超市、16个冷冻肉类和水产品使用量较大的餐饮服务单位设为新冠病毒监测点，每月采样检测冷链食品、食品包装、环境800个样品左右。12月，开始在全区开展为期半年的冷链食品专项整治。印发《新冠肺炎疫苗紧急使用工作方案》，对冷链食品从业人员第一批708名接种对象进行摸底，积极引导生产经营单位与接种点预约接种。2020年11月，先后举办4次食品安全暨疫情防控工作知识培训班，大中型超市、大中型餐饮、学校食堂、食品生产企业、小作坊的负责人和食品安全管理员1100余人参加。对冷链食品生产经营单位进行上门宣传指导，印制张贴公筷公勺公益宣传海报和《致冷链销售门店的一封信》1.4万份。强化应急能力，妥善处理应急事件。落实常态化防控，督促农贸市场做好环境卫生清扫、营业场所消毒、从业人员健康监测等工作；监督和指导各类餐饮服务单位加强通风消毒，控制堂餐人员密度，使用公筷公勺；监督检查学校和托幼机构食堂，全面排查整改疫情防控和食品安全风险；坚持审慎原则引导农村集体聚餐；9月29日开始持续监测海王星辰的退热、止咳、抗病毒、抗生素药品销售情况。

【助推区域经济发展】 优化放管服改革，率先出台《长沙市岳麓区市场监督管理局行政审批事项有关规定》，实现窗口下移至街道（镇）、高新区、大科城、金融超市，贴近市场主体，放宽和降低市场主体入户门槛，对小餐饮和食品销售等市场主体实行告知承诺制，符合法定形式的不进行现场核查，当场办理审批；落实“7410”（企业开办常态化材料不超过7份，不多于4个环节，实现1日办理，0成本办结）改革要求，企业登记1个工作日内办结，个体登记即时办结，促进商事登记高效提速。

11月18日，岳麓区颁发首张“一业一照”营业执照（岳麓区市场监管局办公室供图）

积极对接市市场监管局，获得股份有限公司登记权限，是内五区唯一一个能够办理股份有限公司营业执照的区级行政单位。8月27日，为湖南力得尔智能科技股份有限公司颁发了第一本股份有限公司营业执照。依据相关行业市场主体的申请，对同一行业的经营许可、经营备案和市场主体登记事项合并办理，11月18日，为长沙美洋洋食品有限公司颁发了岳麓区首张“一业一照”营业执照。推行全程电子化办理，开通市场主体登记“24小时不打烊”，推广“互联网+政务服务”，逐步由“最多跑一次”向“一次不用跑”转型，全程电子化审批核准登记10824户，占新设企业的83.3%。实行容缺性审批，对一些可以提供，但因种种原因一时提供不了的非主要材料，在可确认企业登记的合法性、真实性的情况下，通过“容缺审查”可即时办理登记和许可。2020年以来承诺制办理5712件，容缺办理13件。全区新入规“四上”企业完成101家，新增市场主体2.69万户，同比增长22.44%；其中企业1.39万户，同比增长22.14%。完成知识产权质押融资额总量11263.9万元，促成签订中小微企业托管61家。获批1家国家级农业标准化示范区——食用菌药材立体高效循环种植标准化示范区（长沙众益农业开发有限公司）、1家省级农业标准化项目（湖南积善之家生态农业科技有限公司）、2家省级服务业项目（湖南麦田安亲教育科技有限公司、湖南省知识产权信息服务中心）。对参与制定修订国际、国家、行业、地方标准的7家企业发放奖励资金31万元。受理动产抵押登记65笔，变更5份，注销8份，企业通过动产抵押融资金额达22.41亿元。

【守好市场安全底线】 持续推进食品安全示范城市创建工作，组织召开全区食品安全委员会全体会议暨创建国家食品安全示范城市工作推进会、食品安全绩效考核工作调度会，全面调动铺排区食安委成员单位食品安全重点工作任务，扎实开展“护苗”行动、“护老”行动、冷链食品、长江流域禁渔等20余项专项整治行动，圆满完成“第六届中国民营企业合作大会”“世界计算机大会”和省市区三级“两会”“三考”等重大活动食品安全保障任务20余次。抽检食品3772批次，快检食用农产品6万批次，从严核处抽检不合格食品128批次。查办行政违法案件388起（其中大要案件4起），侦办食品安全刑事案件5起，报请省厅挂牌督办2起，刑事拘留9人。开展“5·20”世界计量日系列活动，突击检查电子计价秤620多台，统一销毁60余台不合格秤具。组织开展5G基站用电价格收费检查、转供电环节电价检查，督促辖区转供电主体主动清退多收电费160余万元。积极探索“互联网+监管”智慧电梯建设，“湘江新区智慧电梯”建设已经在梅溪湖街道开展试点，此项工作已列入湖南省电梯管理重点工作计划。开展全区特种设备应急知识网络竞赛活动，参加人数12.95万人次，传播更多特种设备安全常识，减少事故发生。采取政府牵头、购买服务的形式，委托有资质的技术单位对辖区内170余家使用单位的住宅小区电梯进行一次全面的隐患排查治理，结合领导带队检查的方式，抓违法重点和典型问题，对前期排查出的问题严格按要求进行闭环管理，对限期整改不到位的物业单位，由领导上门检查约谈，提高了企业的重视程度和整改效率，

6月28日，2020年岳麓区食品安全宣传周活动暨食品安全网格常态化管理启动仪式在橘子洲街道通程商业广场举行（岳麓区市场监管局办公室供图）

实现全区住宅小区电梯安全状况明显好转。

【维护市场公平环境】开展“双随机、一公开”监管工作，联合商务、交通、文广体、应急、生态环境等五个部门进行部门联合双随机、一公开的抽查工作。2019年度企业共需年报45935户，已年报39161户，年报率85.25%，全区打传开展排查253次，出动执法人员3579人次，清查出租屋39050户、清查流动人口70019人，捣毁传销窝点81个，教育遣返传销人员175人，移送公安机关涉嫌犯罪线索3件；处理各类消费维权工单25310件，挽回经济损失700余万元；大力开展执法办案，立案570起，罚没入库559万余元，其中大要案件10起，涉刑案件1起。

商务管理

【概况】2020年，区商务局党组深入贯彻落实习近平总书记关于统筹推进疫情防控和经济社会发展重要部署，在区委、区政府的坚强领导下，做好“六稳”工作，落实“六保”任务，坚持“四个三”高质量发展理念，发扬和延续“大干一百天、实现双过半”战时作风，全年以“稳外贸、稳外资、促外经、促消费”为工作重点，紧盯目标、凝心聚力、攻坚克难，全区商务和开放型经济发展呈现止跌企稳、稳中有进、进中求胜的良好态势。全年限额以上社会消费品零售额平台统计数据累计完成305.44亿元（含长沙高新区），同比增长14.1%，增速居内五区第一，全年新增限上企业47家（含长沙高新区）。完成外贸进出口额8.1亿美元，同比增长44.64%，完成指导目标任务的115.71%，完成奋斗目标任务的103.85%。实际到位外资6.5087亿美元，同比增长25.7%，实现全市排名七连冠。其中，完成外商直接投资5255万美元，完成实际到位省外境内资金144亿元，同比增长45.2%，均超额完成全年考核任务。完成电子商务交易额86.2亿元，完成年度服务外包执行额3468万美元，完成离岸外包执行额195万美元，各项指标均按计划完成。区商务局在市对区绩效考核中商务线排名第一，2019年、2020年连续两年获评省政府授予的全省真抓实干落实开放崛起等政策措施（开放型经济类）成效明显市区。

【保供稳价】疫情发生后，区商务局成立新冠肺炎疫情防控工作领导小组，先后下发《应对新型冠状病毒肺炎一级响应应急工作方案》《商务领域疫情常态化防控与生活必需品保供工作方案》等，建立对区内28家重点商场超市“点对点联系”“一对一帮扶”工作机制，解决40余个重点问题。疫情期间，区内商贸企业及时制定疫情防控工作预案，建立员工健康监测等各项制度。各企业按照商超疫情防控指南的要求，做好设施设备、操作环节、重点部位、高频用具的卫生、消毒工作，严格落实人员限量、进出管控等防疫要求。即时启动蔬菜、粮油、口罩等生活必需品、防护品日报制度，做好市场运行分析和信息研判。组织指导企业申报大型商超、农贸市场、生鲜门店开业营业的奖励政策，加强货源组织，保障市场供给。指导人人乐、步步高、麦德龙、华润万家等超市开展线上平台配送业务，提高运转效率。为重点保供企业筹集口罩2万余只、消毒液50件、测温枪200把，解决防护物资短缺问题。

【开展促销活动促进市场复苏】全年持续开展“春天有约·夏季有礼·秋天有韵·冬季有味”系列消费节会，搭建“超级乐享卡”线上平台，推出八大精品旅游线路、十大精品民宿、十大网红打卡点，开展百万元奖券刮奖、购车享千元补贴、“岳麓·京东之夜”等系列活动。累计发放消费券3585万元，发放夜间券近100万元，区财政直接投入用于促进消费活动经费累计约700万元，撬动实体消费超5亿元。整合区域内各类宣传资源，持续做好消费提振工作，集中休假和国庆期间，商场客流量同比增长10.9%，营业总额同比增长11.7%。全区16家纳入限上统计的汽车4S店全年共完成销售额61.82亿元，同比增长9%。促进洋湖水街、欢乐天街奥特莱斯、岳麓骏佳雷克萨斯、中升裕丰、河西宝诚等商业网点开业。推进金星路商业街区环境提质和业态升级，中建梅澜坊景区、阳光100凤凰部落景区成功获评国家AAA级旅游风景区。协助凤凰街申报省级示范步行街，2020年5月，凤凰街跻身成为长沙夜间文旅消费集聚区之一，也是长沙唯一获此殊荣的商业街区，斩获了“长沙网红文艺第一街”的称号，市委书记胡衡华、市长郑建新均到阳光100凤凰街指导工作。消费复苏位居全市前列，2020年岳麓区限上社零增速居内五区排名第一。

【保外经外贸增长】 坚持稳存量、挖增量，牵住龙头企业“牛鼻子”，支持瑞升工贸、比扬医疗、湖南艾瑞特等龙头生产型企业，食检通等供应链公司稳外贸订单、稳市场份额，实现全年完成外贸进出口8.1亿美元，同比增长44.64%，高出全省15%增幅30个百分点。推动“破零倍增”工作，全年破零企业36家，倍增企业54家，累计拥有进出口实绩企业140家，进出口贸易额达100万美元以上企业47家，其中，超千万美元以上企业13家。利用京东智联云平台和跨境电商政策利好扶植的“窗口期”优势，促使长沙斯菲曼电子商务有限公司和长沙跨境电子商务有限公司入驻，跨境电商业务全面快速发展，全年跨境电商完成进出口总额600万美元，区内外贸企业单一窗口上线率达85.32%。帮助企业化解融资难问题，通过岳麓高新区与湖南·湘信融资平台对接，帮助区辖外贸企业拓宽融资渠道。积极帮助湖南麓山国际贸易有限公司、湖南百典国际贸易有限公司、湖南瑞升工贸有限公司三家企业争取3000万元和2000万元不等的低息融资贷款，化解企业资金压力。全年共新增备案及变更企业225家，做到当天备案、当天出证。积极参加中国国际进口博览会、中国国际食品餐饮博览会等活动，展现岳麓海纳百川的对外开放姿态。

【发展产业链招商引资】 编制《招商重点目标企业一览表》、《重点在谈项目表》、招商周快讯，制作招商推介册、宣传片、招商地图、重大项目包装手册等相关资料。开展“云洽谈”“云考察”“云签约”，推进以商招商、节会招商等。通过宣传册和产业地图策划包装包括湘江新区和大科城在内的经济片区6个、地块30余处、楼宇70余栋，投资总额超过 1000亿元。建立新区、岳麓区招商联席会议制度和重大项目研商会审决策机制，组建招商工作专班，定期召开招商联席会议。联合京东智联云率先在全市打造招商云平台系统，构建全区平台企业档案和招商推介资料库、靶向招商产业资源库、招商项目管理数据库三个招商数据库，实现招商信息的“内联外通”和随时“查、找、管、看”。全年全区引进重大招商项目百余个，“三类500强”项目16个，其中世界500强项目9个。新引进神漫文化、全美世界、拓普联科、泛海统联等投资亿元以上项目52个，其中包括复星金融科技城、中车智轨、京东南方科创总部、惠博普等投资10亿~50亿元项目11个，通航小镇投资50亿元以上项目1个。引进新注册外资企业40家，其中注册资金1000万美元以上项目8个，新增资项目2个。全年完成实际到位外资6.5087亿美元，同比增长25.7%，实现全市排名七连冠。

【帮扶企业复工复产】 全年先后走访调研企业20余次，组织召开区内重点企业座谈会和相关惠企政策培训会，重点解读惠企政策。组织银政企座谈，搭建银政企连接平台，帮助企业与税务、发展改革局、海关等部门协调对接。梳理汇编中央及省、市、区各级惠企政策，通过区内融媒体网络平台广泛宣传。先后为340余家企业解决选址、核名、增资、汇总纳税等各项问题，为重点企业、重大项目、重要外资项目开展全程帮代办服务，当好服务企业的“店小二”。疫情期间积极做好驻企联络服务，帮助企业筹集防疫物资，解决境外滞留等疑难问题，为重点企业、重大项目开展全程帮代办服务。3月30日，湖南湘江新区管理委员会和岳麓区人民政府携手向德国舍弗勒集团、卓伯根集团、BP集团捐赠医用防护口罩、消毒液、洗手液和防护手套等防疫物资。共向企业捐赠外科口罩20000个、免洗手消毒凝胶2000瓶、一次性医用橡胶检查手套5000双、蓝色丁腈（食品级）手套4000双。BP石油、卓伯根、谊品弘等重点企业均向岳麓区发来感谢信。

区商务局会同区财政局、区科技局、区统计局、区市场监督管理局、区司法局等相关部门，组织实施 2019 年度区级产业政策扶植奖励申报工作，举办产业政策集中兑现活动，先后为两批共 192 家企业兑现区本级扶植奖励资金 4006.25 万元。同时组织申报商贸流通产业稳定发展项目资金、家政信用体系、建设扶持资金等共计 300 余万元；申报发放 2019 年长沙市开放型经济发展专项资金（招商引资）共计 220 万元；申报发放市级外贸发展专项增量奖励资金 80.54 万元、跨境电商省市区三级奖补资金 270 余万元；发放疫情奖补资金、省鼓励类进口贴息和境外展资金223余万元，全年向上争资工作共涉及31个项目5400余万元，真正从送政策上门变为送结果上户，进一步坚定了企业投资岳麓的信心。

【民生保障】 深入推进电商扶贫专项行动，举行“岳麓扶贫·京东同行”直播带货活动，实现精准扶贫。着力打造流通品牌，新增“岳麓生鲜”品牌农贸市场2家，社区生鲜门店2家，谊品弘品牌连锁便利店门店达40家。推进加油站三级油气回收建设和保障油气回收在线监测设备正常运行两项工作，提前部署、自加压力，对区内23家年汽油销售量4000吨以上加油站全面开展油气三级回收建设，建设站点数量居全省首位。目前各站点油气三级回收建设任务已全部完成。落实《长沙市生活垃圾管理条例》文件要求，完成再生资源回收平台建设，筹划可回收物体系建设工作。牢固树立安全发展理念，制定商务安全生产工作方案、安全生产专项整治三年行动实施方案、岳麓区商贸行业安全专业委员会工作规则，定期召开全区商贸安全联席会议，研究商贸行业安全的重大问题。2020年，对全区商超进行了7次全面的安全生产检查，督导各企业进行了52次安全隐患自查自纠，组织开展了5次安全生产教育培训和消防综合演练、2次集中警示约谈，进一步夯实企业安全生产主体责任。

【外贸业务培训会】 11月17日下午，区商务局组织开展中国（湖南）国际贸易“单一窗口”暨外贸业务培训会，积极克服疫情影响，厚植对外经贸发展动力，携手企业“线上突围”。全区实绩外贸企业和新增外贸企业及街道（镇）经贸办主任150余人参加。培训会邀请长沙电子口岸有限公司肖璐及区商务局拟设外贸综合服务中心工作人员袁灿现场授课。

【区产业招商座谈会】 10月16日，岳麓区召开全区产业招商座谈会，区委书记周志凯，区委副书记、区长周凡，区领导刘亮、杨利成、屈志峰，湘江新区产业促进局局长郑平等出席座谈会。会上，区商务局汇报了全区招商引资工作情况。长沙京东云计算有限公司现场演示了“岳麓区招商云平台”的建设思路。招商运营平台负责人就运营项目招商情况、未来规划、待解决的困难进行阐述，针对性提出对全区招商工作的建议。湖南湘江新区产业促进局局长郑平，就全区产业招商工作提出了针对性强、操作性强的意见和建议。

【“福满星城”岳麓专场】 3月18日，“福满星城”岳麓专场——“春天有约·惠聚岳麓”消费季暨汽车消费节活动在阳光100凤凰街帆船广场启幕。长沙市人民政府副市长谭勇，湖南湘江新区管委会党工委委员、副主任罗社辉，长沙市商务局党委书记、局长高伟，区领导周志凯、周凡、蔡锋、李舜、刘雄辉、王海潮等参加活动。宝悦汽车、兰天众天、九城凯迪等24家汽车品牌4S店汇聚，推出系列购车优惠活动，进一步激活经济活力，推动服务业全面复苏。

【“爱的味道”美食汇活动】 5月20日17：30在筷乐潇湘举办“夏季有礼·岳麓有爱”——“爱的味道”美食汇活动。活动邀请了岳麓区抗疫前线医护工作者、当日登记结婚的10对新人、第二批“心跳大奖”中奖消费者、重点商贸企业代表参加，共同见证“心跳大奖”一、二等

6月29日，岳麓区举行产业政策兑现仪式（岳麓区商务局办公室供图）

奖的诞生，品尝岳麓区十大餐饮品牌推介网红招牌菜。

【项目集中签约活动】 6月29日，岳麓区举行2019年度产业政策集中兑现暨百日竞赛产业项目集中签约活动。湘江新区管委会副主任罗社辉、二级巡视员戴中亚、产业促进局局长郑平，市商务局局长高伟、市发改委副主任易鹰，区领导周志凯、周凡、刘亮、胡杰夫、袁精华、蔡锋、屈志峰、李舜、罗政等参加活动。此次兑现为第二批产业发展奖励扶植资金兑现，共涉及企业71家，兑现金额为3362万元。会上国华能源、贵州建工、夏衡天祥、泛海统联等16个产业项目集中签约，总投资达29.9亿元。同步京东直播10家特色楼宇云招商，加强区域价值推广，在线推广产业承载空间。

【“岳麓·京东之夜”嘉年华】 为进一步支持新业态新模式，加快发展带动新型消费，促进经济恢复性增长，激活经济活力，岳麓区联合京东智联云，携手举办“岳麓·京东之夜”嘉年华。9月12日“岳麓·京东之夜”主题嘉年华在岳麓区梅溪湖中建·梅澜坊商业街开幕。省商务厅副厅长王庭恺，湘江新区管委会二级巡视员戴中亚，市商务局党委书记、局长高伟，湘江新区产业促进局局长郑平，区周志凯、周凡、胡杰夫、袁精华、雷凌湘等参加活动。活动设置京东沉浸式体验专区，消费者可在现场感受京东智联云、京东居家、京东母婴、京东运动四大专区带来的智慧消费的乐趣。活动全程在京东平台进行直播，消费者既可以线下体验，同时还能在京东线上购买。直播间更有晚安家居、中南天使、瑞动运动等多家岳麓区商家提供的优质产品，上万张满减优惠券统统免费领取。

9月12日，岳麓·京东之夜活动（岳麓区商务局办公室供图）

现代服务业

【概况】 2019年设立岳麓区现代服务业发展中心，有工作人员6人，内设综合管理科、楼宇经济科、总部发展科。负责全区总部经济发展和楼宇经济管理工作，为编制全区现代服务业（总部经济、楼宇经济）的发展长期规划和年度计划提供技术支持和服务保障，组织协调引进总部企业、楼宇入驻企业，对商务商业楼宇进行差异化引导和业态定位，促进全区经济发展环境优化，负责全区楼宇经济重大项目及楼宇入驻企业的服务工作，引导楼宇物业规范管理、信息综合和数据统计，协助指导全区楼宇规划布局和开发建设，负责楼宇网络信息平台运营及信息发布，发挥政府与楼宇开发商、楼宇运营商、物业管理公司、楼宇入驻企业之间的桥梁纽带作用，参与组织各级政府举办的总部经济、楼宇经济合作活动，参与举办全区现代服务业交流推介、招商合作等洽谈会。

【优化制度建设】 继续在全区推行由区级领导联系重点商务楼宇担任“楼长”工作机制，进一步强化服务保障。动态更新楼宇运营问题清单，纳入楼长日常调度管理。在区级楼长的调度下，街道抓楼宇经济工作的责任得到进一步压实，各职能部门服务楼宇经济的意识进一步增强，一批困扰楼宇运营达效的重点难点问题得到高效务实解决。在大竞赛暖企行动中，区级楼长带领街道楼长和服务团队，走访重点楼宇企业，一对一开展送政策上门和具体帮扶。

【优化营商环境】 对标建设高标准的楼宇服务体系，各街道楼宇服务站积极发挥服务平台功能，进一步做优“政务服务+专业服务+环境保障服务”，围绕企业入驻和注册登记等做好政务服务，围绕企业“入规、升高、上市”做好专业服务，围绕楼宇运营相关配套做好环境保障服务。为打通服务企业政策兑现的最后一公里，开展法制知识讲座、税收新政、政策解读系列活动，实现政策宣贯零距离，在绿地、双子塔楼宇服务站设立了“政策兑现专窗”。

【楼宇价值推广】 以“2020更上一层楼”为主题，开展楼宇价值推介。疫情期间以“打通企业发展堵点”“硬核举措彰显软实力”等系列报道宣传重点楼宇，展现全区楼宇复工复产活力，彰显楼宇企业的社会责任与担当。升级优化“岳麓楼宇”官方公众号，通过与全区重点楼宇营销号建立互动互联机制，打造岳麓楼宇整体推介形象。以“岳麓楼宇——顺势而立”为主题，创新推介方式，开展岳麓十大特色楼宇云招商推介活动，以点带面推介全区各大片区重点楼宇。

【楼宇招商】 发挥科教人才资源优势，建立软件生态圈。积极与驻区高校计算机软件学院开展区校合作，共建软件产业发展基地，同时与区内软件信息类龙头企业共商软件产业生态圈共建计划，打造岳麓楼宇“1+4”软件信息产业发展格局，形成区域创新研发集聚的发展态势。先后办理两批次的总部及楼宇奖励扶植政策兑现工作，共审议奖励资金4000余万元，全美世界、华润瑞格、华阳国际、中南天使、新云网等总部企业都获得相应奖励，提振了企业继续深耕岳麓的信心。

【企业培育】 通过楼宇服务站这一工作平台，开展深度服务，建立重点企业清单，进行对接跟进帮扶。加强楼宇企业走访摸排，建立规上服务业企业培育名录库。在企业迁转方面，共计完成63家存量异地注册企业的迁转，迁转率达95%。精准对接帮扶拟上市规模文化服务业企业——中南天使文化传媒公司，该公司已经启动IPO，计划于2021年冲刺国内A股市场。

工　业

工业和信息化

【概况】2020年，在新冠疫情影响的大环境下，区工业和信息化局紧跟区委、区政府步伐，深入贯彻习近平新时代中国特色社会主义思想，主动适应新常态，围绕区委、区政府的总体部署，认真谋划，落实各项工作举措，全面推进工业经济、企业帮扶、软件经济、电力信息、防疫等各项工作。年度区内绩效考核区工信局入围优秀经济管理类名单，在年度市对区绩效考核中，软件产业发展位列中心城区一等。

【工业经济】2020年，全区规模工业增加值增幅达8%，在内五区排名第一。建材、医疗器械类企业继续保持向上递增趋势；湘江鲲鹏在8月完成月度新增入规，截至2020年11月累计产值17785万元。全年新增湘江鲲鹏、鸿纬机械、锦陆混凝土等规上企业8家。鼓励企业抢抓发展机遇，加快在建项目建设进度，加大技术改造投资力度，2020年全区（不含长沙高新区）共上报市级第7批智能化改造试点企业7家，5家企业列入试点计划，4家企业的智能化改造通过市级评审。推荐企业申报省、市、湘江新区各类惠企政策奖补项目200多家次，向上争取资金超9000万元。

【企业帮扶】根据区委工作部署，将抓好企业帮扶作为优化营商环境的重要举措，成立企业帮扶领导机构，固化帮扶服务工作制度，主要以“四上”企业、高新技术企业、“小巨人”企业为重点服务对象，打好“降成本、提效率、重法制、优服务”组合拳，健全长效机制。将“一单四制”工作机制作为帮扶企业的重要抓手，对收集的企业困难问题进行交办、限期办理、定时回访和通报。全年针对疫情带来的短期阵痛和预期不足，选配优秀干部下沉340家企业开展帮扶，帮助企业解决各类问题近900条；以深化“放管服”“最多跑一次”改革为契机，结合营商环境优化年工作要求，在全区推行区级领导联点企业工作机制，选派30名区级领导联点中小民营企业。围绕企业入驻、企业培育、专业咨询、楼宇运营、配套服务等方面进行全方位服务。举办惠企政策宣传、《领导力修炼》等公益性讲座8场次，提高企业管理水平和发展信心。全年将新增“四上”企业近100家。积极打通金企对接渠道，举办大科城“周周路演”活动23期，已促成30余家企业成功获得近10亿元意向投资。推动政策落地落实，按照“一企一册、一企一方案”模式，积极帮助企业开展“入规升高上市”，完成147家高新技术企业申报，促推56家企业跻身规模以上企业，推动16家拟上市企业加快融入多层次资本市场，优质企业发展潜力充分释放。开设复工复产政策兑现“一件事一次办”专窗，“一件事一次办”总办件量807件，惠及企业267家。坚决落实减税降费，截至2020年10月，岳麓区累计新增减税9.72亿元，为1万余家企业减免社保费用5.4亿元，为291家企业减免国有物业租金2208万元，责令转供电主体清退电费152万元。为281家企业兑现新区和区本级产业扶植资金1.3亿元，在发改、工信、商务、金融、科技等领域为企业争取上级资金1.4亿元，坚定了市场主体留住青山、赢得未来的发展信心。同时强化金融赋能。举办岳麓金融沙龙主题活动30次，为10余家企业向上申请省、市级金融发展专项资金1625.2万元，促成企业知识产权质押融资5628.94万元，促推金融机构向中小微企业发放贷款55亿元，金融链与产业链加快实现深度融合。

【软件经济】通过全力打造一城四区（岳麓山大学科技城，洋湖板块、滨江新区、梅溪湖片区、岳麓高新区）核心产业聚集区，驱动产业升级，助力招商引才。联合中南、湖大、湖师大等5所高校以及湘江鲲鹏、腾讯云等软件行业龙头企业启动大科城软件产业生态圈共建计划，成立软件产业发展联盟。并利用联盟优势开展沙龙活动，推进岳麓区软件再出发和人才交流。坚持每月走访企业，将长沙人才政策带到企业，确保企业人才政策知晓率；出台《长沙市岳麓区促进软件和信息技术服务业高质量发展扶持办法》，“软件再出发”号角吹响。2020年新增承载空间208990平方米，新增从业人员15468人，涉软营业收入超60亿元，入统企业1631家（有税收和社保缴纳记录），全区累计办公研发面积约50万平方米，从业人员超4万人，规模企业营收同比增幅55%，税收同比增幅120%，营收贡献率居内五区第一。腾讯生态初具规模，主要围绕智慧城市、智慧教育、小程序开发等项目建设，全年产值达7亿元，带动东华、腾畅盛等优秀企业回流，链上近50家企业；鲲鹏产业联盟打造全国首个“硬件”+“软件”的生态基地，该生态主打技术自主可控、软硬一体协同发展，全年产值2亿元，吸引省内外知名生态企业78家；智能网联汽车测试区在湘江新区建成开放，并获工信部授予“国家智能网联汽车（长沙）测试区”牌照，以长沙海信智能系统研究院有限公司和湖南阿波罗智行科技有限公司为核心聚集了100多家关联企业。支持项目申报，助推企业转型升级，岳麓区推荐132家企业申报近20批次项目。申报二批次10个软件和信息技术服务产业应用场景建设项目，预计总投资超6亿元。12月14日，推荐中大检测“5G+工业互联网平台在智慧监测中的创新应用”等四个项目成功入选湖南省工信厅30个2020年全省“5G+制造业”典型应用场景；岳麓山大学科技城建立的11000平方米5G加速港，预计2021年投入运营。

【电力信息】 岳麓区2020年电网“630攻坚”全年共铺排电力增容项目23个，投资金额近10亿元，全区供电能力从108万千瓦提升到了150万千瓦，增幅38.9%，为岳麓区的社会经济发展提供了坚实保障。以保障大科城、滨江、洋湖、梅溪湖片区及二环内信号覆盖为重点，以实现岳麓区三网信号全覆盖为目标，全力配合通信运营商和铁塔公司开展5G站点布点建设工作；做好企业及居民的通信保障覆盖，推进湘江金融中心片区楼宇信号优化，组织通信线路整修整改，及时处理群众及街道社区反馈的通信信号覆盖不足、通信设备损毁问题；牵头做好“和包支付”推广工作，提升用户、商户活跃度。全年联通、电信、移动三家通信运营商按照2019—2021年规划三年累计规划新建宏站510个，共享存量宏基站1494个，2020年年底，5G站址考核数量为3279个。截至12月底完成3406个，完成年度任务的103.87%，实现5G网络基本覆盖全区。

【防疫工作】 根据区委防疫工作部署，区工业和信息化局主要牵头负责全区疫情物资保障工作，积极调动各方力量，收集防疫物资信息，全力做好物资采购工作，保障全区机关和卫生防疫系统的防疫需求。严格按岳麓区新型冠状病毒感染的肺炎防控指挥部《关于做好全区2020年春节后开复工工作的调度令》要求，助力企业复工复产，组织全局干部职工参与园区疫情防控，认真开展惠企政策宣传，印发岳麓区企业新冠肺炎防控指南，向企业宣传防控政策，指导企业落实疫情防控制度和措施，全力为全业协调解决防控物资紧缺、用工难等问题和困难。首批引导帮助湖南航天康达塑胶有限公司、长沙平信制药包装机械有限公司、长沙市岳麓区创实机械加工经营部、长沙鸿纬机械制造有限公司、长沙鸿安印刷有限公司等5家规下工业企业复工，为做好口罩等防护用品生产线开工复产需求，促进在疫情期间尽早供应口罩。全区支持近200家企业和项目单位口罩10万个，体温计300支，以及84消毒液、酒精等消毒物资，为全面落实好规上企业员工到岗率、复工率、产能恢复率在规定时间节点达要求。

【企业办社会职能分离】 企业办社会职能分离移交工作在区政府领导下和市联点督导组以及上级业务部门的精准指导下，紧盯目标，稳步推进。区政府召开常务会议，专题研究国有企业退休人员社会化管理工作，为全面启动岳麓区国有企业退休人员社会化管理工作进行周密部署。5月19日，邀请市国资委、市企改办有关领导现场指导并进行业务培训，区直相关部门、各街道（镇）、社区、驻区企业等100余人参训。根据岳麓区实际情况，简化协议签订流程，移交协议文本通过网上对接定稿，减少现场对接次数，从企业提交正式协议文本起，移交人数较少的协议签订实现即到即签，移交人数较多的协议3天左右完成签订，全年岳麓区接管145家企业退休人员移交，其中省企31家、央企114家（101家驻长央企、13家非驻长央企），协议移交退休人员9942人，党员3284人，退休人员和党员接收率100%。非经营性资产4551.47平方米。在国有企业退休人员实行社会化管理后，协助街道社区做好退休人员管理服务工作，规范完善各类社会保障管理服务，提升退休人员社会化管理服务整体水平，提高移交后退休人员的“归属感、获得感、幸福感”。

【安全工作】 2020年，区工信局在区委、区政府的领导和区安委会、上级业务部门的指导下，切实履行行业主管部门安全生产管理职责及强弱电线路安全隐患专项整治职责，落实责任制。制定印发《区工信局2020年安全生产检查工作计划》《关于强弱电线路安全隐患专项整治三年行动工作方案》，明确工作内容和举措，全年对园区企业、重点工业企业和互联网企业开展督促检查70余家次，同时聘请第三方机构加强安全生产工作指导，针对企业安全生产主体责任落实、制度完善、隐患排查、整改建议等方面进行专业指导；对接湘江新区电力公司，开展强弱电线路安全隐患专项整治工作，对具体电力安全隐患问题，积极组织应急抢修、维护保养、优化更换。全年共排查整治弱电线路安全隐患32处，设施设备安全隐患29处，人身类安全隐患1处。

【文明创建】 根据中央及省、市、区文明委的工作部署，按照市区迎接全国文明测评体系新模式要求，在区文明办统一调度下，对岳麓城区各主次干道及周边人行道、绿化带、路灯以及电力、通信等设施开展排查工作，同时与通信运营商、电力部门通力合作，对区文明办交办的70余件问题及督查检查时发现的30余件问题在第一时间进行维护修复、清理移除、美化换新处置工作。

【岳麓区召开2020年5G推广应用发布会】 为加快5G基站在岳麓区的建设进度，推动岳麓区5G技术的推广和应用，2020年1月1日，在岳麓山国家大学科技城推进委员会举行“‘5’动岳麓 ‘G’不可失”为主题的岳麓区2020年5G应用推广发布会。会议由岳麓区委网络安全和信息化委员会及岳麓区工业和信息化局主办，中国电信长沙分公司、中国移动长沙分公司、中国联通长沙分公司、中国铁塔长沙分公司联合举办。发布会上介绍，在三大运营商和中国铁塔公司的支持下，长沙市已建成5G宏、微基站4100个，实现长沙市核心主城区、湘江新区以及重点高校、产业园区重要旅游景点等重点区域5G网络基本覆盖。在行业应用方面主要完成湘江新区智能测试区无人驾驶公交试点路线建设，搭建100千米智慧高速和100千米城市开放道路智能驾驶测试与示范应用环境，完成黄兴路步行街、岳麓山、橘子洲景区、大科城、麓谷、梅溪湖国际新城的网络覆盖。长沙市计划到2021年将建成43100个宏、微基站，大学科技城作为5G信号覆盖的重点示范区，已建成宏站360个，实现5G信号的全面覆盖，智能驾驶、远程医疗等一批应用场景逐步形成示范效应。长沙市工业和信息化局总经济师熊详林在发布会上强调，岳麓区是高校云集和产业聚集区，是长沙经济转型创新发展的“西引擎”，加快5G建设对岳麓区经济社会发展具有特别的意义和作用。活动现场，移动、联通、电信三大运营商在大科城内设置展厅，市民可现场体验5G推广应用场景，包括5G高清看景、16路4K高清直播、5G+VR游戏。

【长沙市国资委赴岳麓区调研国有企业退休人员社会化管理工作】 2020年5月19日，长沙市国资委党委书记、主任，市企改办、市退管办主任王雄文带队赴岳麓区调研国有企业退休人员社会化管理工作。座谈会由市国资委党委委员、工会工委主任、机关党委书记钱军主持。长沙市国资委党委委员、副主任，市企改办、市退管办副主任杨能武，岳麓区政府副区长李舜、副调研员李平、长沙市委办公厅、市委组织部、市人社局、市企改办、市民政局等五个市直专项工作组处（部）长，岳麓区、长沙高新区等相关部门、街道、社区负责人、湖南航天等四家央企相关负责人参加调研座谈会。会上，各相关负责人分别对推进国有企业退休人员社会化管理工作进展情况进行汇报，寻求解决工作推进中存在的困难和问题，并作出下一步工作计划；市直五个专项工作组针对协议签订、退休人员（党员）移交、资产划转、档案接管等工作进行了政策指导，就与会街道、企业提出的问题进行了现场解答。杨能武结合岳麓区、长沙高新区工作开展，总结前段工作，提出下一阶段工作的具体要求和处理意见。会议最后，市国资委充分肯定岳麓区、长沙高新区在推进国有企业退休人员社会化管理工作进展中取得的成效，政治站位高，工作举措实、移交流程优、签约进度快，这项工作走在全市的前列。针对下一阶段工作同时提出了三个方面要求：一是要把握好三个时间节点，继续发挥优势，保持走在前列的态势；二是做好“离退休人员、党员、档案、资产”四个方面移交；三是要实现“接得住、交得稳、管得好、融合得紧、服务得优”五个具体目标，从按期完成任务、全面纳入管理、实现尽快融合、提供更好服务、定期多方协调五个方面着力推进工作开展。

【岳麓山大学科技城软件和信息技术服务业联盟第一次工作会议】根据大科城软件生态圈共建计划，2020年7月17日，岳麓山大学科技城软件和信息技术服务业联盟第一次工作会议在岳麓科创港顺利召开。中南大学、湖南大学、湖南师范大学、湖南工商大学、湖南财政经济学院5所高校和湖南新云网科技有限公司、湖南鲲鹏生态创新中心、腾讯云计算长沙有限责任公司、京东云计算有限公司、湖南航天信息有限公司等25家企业为岳麓山大学科技城软件和信息技术服务业产业联盟发起单位。此次会议投票通过联盟章程，投票选举出第一届理事长单位，执行理事长单位，联盟秘书长单位，副秘书长单位及联盟专家委员会，并颁发牌匾、向15位专家委员发放聘书。会上岳麓区副区长李舜发表讲话，希望联盟发挥好高校、企业、政府桥梁纽带作用，促进各高校加强科技成果就地转化，为全区软件信息企业提供技术支撑和人才培育，帮助企业整合各类资源，实现互利共赢，岳麓区、大科城将为大家提供最优质的营商环境和企业服务。

【举办“创客中国”湖南省中小微企业创新创业大赛岳麓区初赛——大科城区域赛】2020年5月26日，以“围绕产业链、部署创新链、配置资金链”为主题的2020年“创客中国”湖南省中小微企业创新创业大赛岳麓区初赛在岳麓科创港举办。大赛由岳麓区人民政府、长沙市工业和信息化局、岳麓山国家大学科技城推进委员会指导，由岳麓区工业和信息化局、岳麓区财政局主办，岳麓高技术产业开发区管理委员会、湖南岳麓山国家大学科技园创业服务中心、岳麓山国家大学科技城中小企业公共服务平台共同承办。赛程项目重点围绕工业强基工程，聚焦“四基”（核心基础零部件和元器件、先进基础工艺、关键基础材料、产业技术基础）创新，在关键核心技术和工艺等方面有所突破。该次比赛设计分企业组和创客组两评核项，经过

5月26日，2020年“创客中国”湖南省中小微企业创新创业大赛——岳麓区初赛在岳麓科创港举办（岳麓区工业和信息化局办公室供稿）

近3个小时的精彩角逐展示，6家企业荣获奖项。企业组获奖：湖南赛奥维生物技术有限公司生长因子类似物在干细胞产业化中的应用项目获得一等奖，湖南融健基因生物科技有限公司恒温核酸微流控芯片技术平台项目获得二等奖，湖南友道信息技术有限公司全流量网络安全智能运维平台项目、湖南小谷吖科技有限公司小谷吖“互联网+图书”循环电商平台项目获得三等奖。创客组获奖：湖南一程智能科技有限公司火车货厢余料智能清扫系统项目获得一等奖，长沙旅图科技有限公司景区“途拍”智能相机项目获得二等奖。大赛的成功举办，为岳麓区中小微企业提供了交流展示、产融对接、项目孵化的平台，发掘和培育一批“双创”优秀项目和优秀团队，催生新产品、新技术、新模式和新业态，推动中小企业转型升级，促进企业协同创新发展。

【获“创客中国”湖南省中小微企业创新创业大赛优秀组织单位表彰】 2020年“创客中国”湖南省中小微企业创新创业大赛已落幕。湖南省各级工信部门高度重视、精心组织、广泛发动企业积极参与，开展双创服务精准对接，大力促进了湖南省中小企业创新创业上水平上台阶。根据创新创业大赛发动、组织、对接情况和实际成效综合成绩，2020年12月17日，通过湖南省工信厅官方网页公布，岳麓区工业和信息化局等20个县市区工信部门被授予为2020年“创客中国”湖南省中小微企业创新创业大赛优秀组织单位称号，并通报表彰。此次“创客中国”湖南省中小微企业创新创业大赛优秀组织单位授予表彰，目的是进一步增加对中小企业创新创业的支持，大力优化双创环境，服务双创企业，更好地推动中小微企业高质量发展，为着力打造区域先进制造业高地而上新台阶。

【区工信局组织开展企业《领导力修炼》公益讲座活动】 2020年8月18日，由长沙市岳麓区工业和信息化局、长沙市娄底商会主办，卓航教育集团、岳麓区创业创新联合会及长沙市工业互联网协会协办的《领导力修炼》公益讲座，在岳麓山国家大学科技园顺利举办。此次讲座吸引150余家企业代表参加。活动由岳麓山大学科技城副主任曹成文致辞，长沙市娄底商会会长钟菊成发表讲话，邀请长沙市娄底商会执行会长、卓航教育集团董事长杨济铭进行《领导力修炼》的专题讲座，围绕如何提升领导团队能力、认识团队角色、学习人际互动的思维、技能和工具，增强团队凝聚力、掌握团队构建的核心等内容举办讲座。为各企业的交流互动搭建平台，切实帮助企业领导掌握团队构建核心，带领团队实现绩效目标。同时希望在未来能多组织各类专题培训，大力促进企业高质量发展，为岳麓区经济发展做出一份贡献。

【岳麓山大科城软件和信息技术服务业产业联盟沙龙活动】 为凝聚智慧力量、助推技术发展，联盟相关理事单位共聚新云网，围绕软件和信息技术服务业产业相关问题进行讨论，意在加强与联盟各单位的交流，凝聚各单位的智慧力量，为之后进一步深入合作，共同发展奠定基础，助力“长沙软件再出发”。2020年7月31日，在新云网举行岳麓山大科城软件和信息服务业产业联盟沙龙活动（第一期）。湖南大学蒋少华、岳麓区大学科技城周建华、湖南新云网科技有限公司等各企业代表共计27人参加了此次活动。活动由区工信局局长谢俊主持。新云网公司总裁李政军详细介绍了公司与高校产学研密切合作的成果转化情况，以及智能终端产品的设计理念、技术架构。与中南大学建立学研的战略合作关系，专注于张尧学院士“透明计算”技术的产业化发展。与高校的合作，也为公司“透明计算”技术产业化的步伐加快了速度，在透明计算成果转化过程中，市场的需要获得了广阔的发展空间，政府层面给了大力支持，与高校合作也极具优势，提高了公司的市场竞争力。研发团队的勇于攻坚，并融合最前沿的5G、大数据、人工智能、移动互联网、物联网等最前沿技术，以及与国内外顶级IT企业的长期探讨、合作，新云网在各方面都走向了快速发展之路，技术合作链条和产业链条日趋完善。新净信知识产权运营有限公司总经理欧智祯就智慧教育产品的内容谈了自己的看法，同时提出几点建议，并表示愿意通过自己的渠道，向新云网提供相关帮助和便利。杭州安恒信息技术股份有限公司副总裁秦树春、湖南大电能源集团有限公司董事长李胜宁分别对自身企业文化做了简要介绍，并表示在智慧用电的应用管理、平台、仪表传感器 、云端的分析等方面，可以有很多交流合作的地方，同时表达了与新云网开展合作的意向，双方不断进步发展，希望能为岳麓区经济发展做贡献。活动最后岳麓区工信局局长谢俊总结，希望通过联盟的平台，大家多交流、沟通，促成更多的合作，优势互补、共同发展。并借助高校科教人才优势，加强研发与创新力度，打造更多的新产品、新业态、新模式、新服务，充分发挥软件的赋能、赋值、赋智作用，推动岳麓区软件和信息技术服务业飞速发展。

7 月 31 日，在新云网举行岳麓山大科城软件和信息服务业产业联盟沙龙活动（第一期）（岳麓区工业和信息化局办公室供图）

园区建设

岳麓高新区

【概况】岳麓高新技术产业开发区（原岳麓科技产业园），位于长沙西南门户，毗邻岳麓山大学科技城、梅溪湖国际功能区、洋湖总部经济区和大王山旅游度假区，是长株潭自主创新示范区、长株潭两型社会试验区和湖南湘江新区交会叠加的核心区域，坐拥湘江西岸得天独厚的交通、自然、人文、科教优势。绿地覆盖率高达75%，玉赤河、靳江贯穿其中，享有山水俱佳的生态环境；园区道路网络以国、省道为主脉，城区主次干道为支脉，形成“五纵七横”的格局。107国道、319国道交会于此，长潭西高速、长韶娄高速、绕城高速、长沙市二环和三环联络线纵横园区，高速公路通达各地，辐射宽广，享有交通便捷的区位优势。园区有干部职工86人，在编人员25人，聘用人员61 人（含派遣人员5人）。园区内设办公室、行政审批服务局、经济发展局、招商合作局、规划建设局、财政分局、纪律检查工作委员会。

岳麓高新区内的湖南省检验检测特色产业园先后获批国家检验检测认证公共服务平台示范区、国家检验检测高技术服务业集聚区、国家智能网联汽车测试区、国家车联网先导区、国家智能网联汽车质量监督检测中心五大“国家级”战略平台，是全省唯一的检验检测专业园区。2002 年 4 月，经省人民政府批准成立含浦科教产业园；2008 年，园区成建制划归岳麓区管辖，更名为岳麓高新技术产业开发区；2012 年，园区获批省级工业集中区，升格为副县级机构；2014 年，市委、市政府定位园区为检验检测专业园区；2016 年，园区获批湖南省检验检测特色产业园、省检验检测服务业集聚区；2017 年，园区获批全国第十三个、中部第一个“国家检验检测认证公共服务平台示范区”，跻身“国家队”行列；2018 年，园区正式获批“岳麓高新技术产业开发区”，并根据市委、市政府战略部署，确定了“一主一特”发展定位，即以检验检测产业为主导、新一代人工智能技术产业为特色的产业格局；截至 2020 年年底，园区总规划面积 46 平方千米，常住人口 15 万多人。按照市委、市政府“一主一特”产业布局，园区着力打造湘江智谷“一园”（湖南省检验检测特色产业园）、“一区”（国家智能网联汽车测试区）、“一城”（人工智能科技城）产业平台，构建以检验检测产业为主导，人工智能、智能网联汽车等新一代信息技术产业为特色，医药、物流、创意等其他业态为补充的产业体系，拥有各类注册企业 3725 家，规模以上企业 61 家、高新技术企业 38 家、上市企业 25 家，产业工人约 2.1 万人。

2020 年，检验检测产业生态提质增效。集聚检验检测企业 145 家，包括 SGS、夏衡—天祥、苏州苏试等国内外知名企业，继善高科、赛恩斯环保、中大检测等本土行业龙头，中国计量院长沙基地、国网电科院湖南检测中心等重大平台项目，检测服务领域涵盖全省重点产业领域，2020 年检验检测全链产值与中游服务业产值分别达 67.2 亿元与 18.1 亿元。

2020 年园区实现快步高质量发展，在湖南省高新区创新发展绩效评价综合排名中位列全省第二，在全市重大项目流动观摩活动中斩获内五区第二佳绩，在市对园区绩效考核中获得内五区第二，在市营商环境综合评价和全区“百日竞赛”活动中勇夺“双冠军”，园区全年完成规模工业产值 13.76 亿元，增长 85.27%；规模以上服务业营收 12.07 亿元，增长 15.03%；高新技术产业产值 119.45 亿元，增长 14.01%；全社会固定资产投资 134.1 亿元，增长 9.1%；全口径税收 18.41 亿元，增长 31.3%；引进外资 4155 万美元，全年目标完成率 133.82%，主要经济指标实现逆势正增长，态势喜人。

【招商引资】园区大力实施项

目招引，坚持“一主一特”产业链精准招商，瞄准“三类500强”、产业链龙头企业、总部经济等开展云招商、小分队招商和以商招商。组织小分队外出招商12次，参与广洽周、岳麓峰会等节会招商5次，引进鑫高益、华晟医学等检验检测产业链企业30家，舍弗勒、时空基准等人工智能产业链相关企业38家，新增投资约25亿元，园区正成为资本角逐的投资热土和发展高地。

【项目建设】园区铺排项目94个（其中社会投资项目55个、基础设施投资项目39个），总投资226.47亿元，年度投资79.37亿。38个省市重大项目中，湘投天然气等11个新建项目实现竣工，杨柳公园等6个预备项目转开工，涉市项目开工率达到100%，实际完成投资91.98亿元，投资完成率117.9%。市制造业标志性重点项目湘江鲲鹏软硬件生产线项目用120天实现建成投产，创下全市项目建设的“鲲鹏速度”，获央视两次点赞。湘江智谷·人工智能科技城工业一期18栋建筑拔地而起，顺利接受全市项目观摩大检阅；国网电科院一期、中通智慧物流园、星云互联等32个产业项目实现竣工。人工智能安居工程等3个安置房项目有序推进，望江路北片6条市政道路全部进入路基建设，四通八达的路网格局正在形成；临时排污管道完成施工，麦州变110千伏变电站建成，学士路10千伏电力埋管改造工程启动，湘江智谷供水中心临时泵站实现供水，基础配套逐渐完善。园区内有人工智能关联企业68家，包括磐云数据等前端数据运营商，湘江鲲鹏等智能设备制造企业，百度阿波罗、德国大陆、舍弗勒、希迪智驾等技术应用企业，打造了国内道路总里程最长、测试场景类型最多、市场需求结合度最高、国内领先的智能系统测试区，开通试运行全国首条开放道路智慧公交示范线、国内领先100千米智慧高速、100平方千米开放道路，长沙建设“自动驾驶之城”的产业内核在园区加速集聚裂变。

【产业培育】园区全年加大培育力度，推动“一主一特”产业链提质发展，力促碧桂园湖南科技公司、湘江鲲鹏等19家企业晋升“四上”，协助艾科瑞等28家企业获批高新技术企业，希迪智驾等4家企业完成智能化改造，助推力得尔科技受理上市新三板，达嘉维康完成深交所第四轮问询，赛恩斯环保准备IPO资料报送，中大检测有序推进内审、股改等上市进程。出台专属配套政策，支持智能网联汽车产业集聚发展，湖南（长沙）国家级车联网先导区落地揭牌。实施重点培育，推动中小企业向“专精特新”发展，湘江智能等7家企业入选全市第一批“火炬计划”；阿波罗智行获批全国首批智能网联汽车试运营许可；希迪智驾获评2020年度“中国科创企业百强”；磐云数据中心成为长沙新一代数据中心的创新基地；赛哲长沙超级工厂树立公共卫生“新基建”大潮的智造范本。多措并举之下，主特产业持续扩容升级，如医疗器械与医疗检测企业在疫情下实现高速增长，艾瑞特生物和比扬医疗产值分别达到2.73亿元和1.75亿元，增幅达到1068.95%和167.34%，检验检测服务业保持平稳增长，安卓特检、宏特检测营收分别增长171.64%和153.71%。搭乘“软件再出发”东风，人工智能相关产业顺势上扬，新增入规的湘江鲲鹏完成产值2.68亿元，希迪智驾、艾佳通信分别完成营收8096万元和4572万元，同比增长275.67%和357.22%。

【企业服务】全年，园区致力于优化政务服务。完成企业（党群）服务中心整体改造，建成24小时自助政务服务区，开通24小时服务热线，硬件设施不断升级。坚持“一个微笑、一声问候、一次引导、一杯暖茶”标准化服务流程，推行容缺、承诺、集成审批，压缩审批时限、简化审批流程、提升审批质量，每月向企业投送“一封家书”，暖心服务拉近企业距离。培育“全能”型审批队伍，建立“一对一”对口帮扶模式，设立法律诉源治理工作站，市监、税务进驻大厅，实现进窗业务“一窗通办”，让企业“少跑路”，打造最有温度的政务服务体系，全年受理业务5483笔，新增市场主体1865家。在全市省级园区中率先提供职称全流程免费帮代办服务，发证200余本，指导认定通过率100%，为企业减成本10余万元。举办第三届“青春岳麓 才聚湘江”校企人才对接会，为46家企业招聘644人，填补人才缺口。实施人才安居计划，为技术工人提供购房贷款利息补贴，为190位企业人才解决首套房购房资格，为9名企业高管解决子女就学需求。建成188套人才公寓，企业人才实现拎包入住，减轻人才购房负担百万余元。通过构建全方位、最贴心、有温度的服务体系，园区营商环境更加高效便捷，在全市“放管服”和“一件事一次办”改革年度工作中成为唯一被通报表扬的省级园区。

【财政运行】 2020年，园区财政运行规范高效。强化收支管理，严控“三公”经费支出，启动财政绩效评价，严格财评审计、预结算审核和非招标政府采购，核减金额1亿余元。强化税源管理，园街联动协税护税，确保税源颗粒归仓，全年完成全口径税收18.41亿元，同比增长31.3%。强化债务管理，防范债务风险，全年化解隐性债务4400万元。强化财源建设，紧盯税收征管薄弱、企业履约失信、园内生产园外缴税等突出问题，从体制机制上制定长效管理办法，为园区可持续发展提供持久动力。撬动资本市场。搭建银企对接桥梁，设立信贷风险补偿基金，累计向40家企业放款5455万元。智谷公司完成融资授信33.7亿元，新增贷款平均融资利率5.18%；成功发行企业债8亿元，发行利率4.79%，创今年湖南地区AA平台非公开发行公司债最低利率。申报发行专项债券资金7.17亿元，争取广发银行专项资金400万元、上级补助资金5591万元，资金保障更加充沛。盘活物业资产，实现天非楼等闲置物业招租、出售，盘活面积逾5.69万平方米，实现经营性收入2.38亿元。与先导能源、城投能源等达成加油站合作开发意向，资产运营未来可期。

【征拆安置】 全年，园区土地利用科学合理。征拆腾地有力实施，全年拆迁项目投入资金10.18亿元，完成征拆扫尾1654.3亩，10月底新启动东西片16个拆迁项目1325.4亩，东西片分别完成签约356户和80户，实现清零，落实6个项目470亩土地征收审批，高标准完成天和钻具国有土地征收，为后续项目建设和片区开发留足用地空间。土地出让有序推进，顺利出让一宗商住用地及四宗工业用地，全年预计返还土地成本8.66亿元。望江路北片教育综合体地块已实现挂网，长潭西片两宗地块已过市土委会，正筹备挂牌前期工作，白鹤片区一宗商业地块正进行规划调整前研究论证。

【疫情防控】 疫情防控期间严格贯彻落实上级决策部署，全力以赴控制传染源，切断传播途径。抽调29名精兵强将加入高速出口值守盘查，深入167家企业、74个工地指导防疫复工，引导重点人员开展核酸筛查。组建11支帮扶小分队，帮助企业、项目解决实际问题86个，为困难企业减免物业租金341万元，未出现一例新冠肺炎确诊病例或疑似病例，打赢了疫情防控阻击战和复工复产攻坚战。疫情过后，健全“及时发现、快速处置、精准管控”的常态化防控机制，慎终如始落实常态化防控举措，坚决防止疫情反弹。

【园区人工智能产业扶持政策出台】 为加快促进“湘江智谷·人工智能科技城”人工智能产业集聚发展，在国务院、长沙市和湘江新区相关政策的支持下，1月2日，园区正式出台《岳麓高新技术产业开发区管理委员会关于促进湘江智谷人工智能产业发展的意见》，对企业适用范围、补贴标准、扶持力度进行了明确、详细的

园区企业自发组建抗疫先锋队（岳麓高新区办公室供图）

3月31日，岳麓高新区举办“大干一百天、实现双过半”劳动竞赛现场（岳麓高新区办公室供图）

规定，成为2020年园区企业的第一项重大福利，必将加速推动园区人工智能产业和湘江智谷·人工智能科技城的发展。

【园区风补基金设立】 在“大干一百天、实现双过半”活动企业走访过程中，园区收集了不少企业资金困难的问题。为切实解决入园企业“融资难、融资贵”问题，园区管委会分别与交通银行、长沙农村商业银行设立了两支园区信贷风险补偿基金。在园区财政分局的积极对接和主动帮助下，湖南中大检测技术集团有限公司和湖南天云软件技术有限公司以纯信用方式各获批500万元信贷风险补偿基金贷款，用于补充公司流动资金，促进经济恢复增长。

【含浦集团公司举行揭牌仪式】 1月6日上午，长沙含浦科教产业园开发建设有限公司在岳麓高新区管委会举行揭牌仪式，区委常委、区政府常务副区长蔡锋，园区管委会主任罗政，园区管委会常务副主任苏文斌和长沙含浦科教产业园开发建设有限公司董事长张驰共同为公司揭牌。

【举办“大干一百天、实现双过半”劳动竞赛】 3月31日上午，岳麓高新区举办“大干一百天、实现双过半”劳动竞赛启动仪式。中铁城建集团有限公司总承包分公司与中国铁建·京师璟台项目签下竞赛责任状，一场长达3个月的劳动竞赛正式拉开帷幕。京师璟台、洋湖壹品两大项目特别成立了科技攻关型青年突击队、施工型青年突击队、管理型青年突击队等9大青年突击队，将在工程质量、安全生产、工期进度、技术创新、文明施工和环境保护、共建共享、竞赛管理等方面进行大比拼。

【百万职工重点建设项目劳动大竞赛活动启动】 4月29日下午，以“项目高质量、勇夺双胜利”为主题的湖南省百万职工重点建设项目劳动竞赛启动仪式在湘江智谷·人二智能科技城项目举行。省委书记、省人大常委会主任杜家毫出席并宣布活动启动，省委副书记乌兰主持启动仪式。省委常委、市委书记胡衡华在发言中表示，长沙将进一步强化省会担当，激励全市上下积极投身劳动竞赛的火热实践，为全省夺取“双胜利”，建设富饶、美丽、幸福新湖南发挥示范作用。省委常委、省委秘书长张剑飞、省委常委、省委宣传部部长张宏森、省人大常委会副主任、省总工会主席周农等领导出席。作为此次省百万职工重点建设项目劳动竞赛活动的参赛项

湖南省百万职工重点建设项目劳动竞赛活动现场（岳麓高新区办公室供图）

目，湘江智谷·人工智能科技城正积极动员十余家参建单位加大力度推进建设生产，500多名工人在大量机械设备的配合下，科学施工，争分夺秒抢抓工期、有序作业，项目首栋厂房已于4月27日实现封顶。

【央视点赞“鲲鹏速度”】 4月28日，湘江鲲鹏首台服务器下线暨湖南省鲲鹏生态创新中心落成及展厅启用仪式在园区举行。省委常委、市委书记胡衡华，省委常委、常务副省长谢建辉，华为公司高级副总裁、Cloud&AI 总裁侯金龙，市委副书记、代市长、湖南湘江新区党工委书记郑建新出席见证。湘江鲲鹏从产线安装到产品下线完成共计用时20天，以“鲲鹏之势”全速推进，再次刷新“湖南速度”。此前，央视也在黄金档新闻中对该项目进行报道，点赞项目“想办法出实招，化危为机”，从项目筹建到一期厂房交付，以120天建成一栋厂房的高效，跑出了湖南新基建鲲鹏速度。

【中国电信磐云大数据中心启用】 6月5日，岳麓高新区布局的5G“新基建”项目——中国电信磐云大数据中心启用，并被中国电信云计算公司授予中国电信天翼云湖南节点，为湖南大数据产业发展和岳麓高新区新一代信息技术发展再添新动能。启用仪式上，中国电信、腾讯、华为、磐云数据等企业举行了生态伙伴入驻和新一代数据中心创新基地项目签约，相关领导为新一代数据中心创新基地揭牌。启动仪式后，举行了以“磐如基石、云聚潇湘”为主题的新一代数据中心研讨会，与会嘉宾就5G应用、大数据中心运营、新基建投资建设等议题开展深入研讨，共同推动5G时代的大数据交流与合作。

【2020年高考评卷首次使用湘江鲲鹏服务器】 7月6日，湘江鲲鹏合作伙伴深圳市海云天科技股份有限公司成功中标《贵州省招生考试院对贵州师范大学评卷基地服务器进行更新采购》项目，将在贵州省2020年高考网上评卷中部署应用国产化、自主创新、安全可靠的湘江鲲鹏服务器，这也将成为鲲鹏服务器首次在全国高考中的应用。此次中标不仅证明了湘江鲲鹏的能力和实力，进一步展示了在同行业中的竞争优势，更为湘江鲲鹏服务器在考试应用场景的落地奠定了坚实的基础。

【赛哲智造首批国产高通量测序仪下线】 7月29日，赛哲智造首批 Fontosage Miniseq Dx-CN 高通量测序仪在赛哲长沙超级工厂正式下线，赛哲智造高通量设备制造中心项目作为长沙市2020年重点项目和入选长沙市智能制造试点示范企业名单，项目筹建到正式投产共计用时120天，经过前期调试，设备生产至整装下线共计用时15天，以“智造之势”全速推进，在赛哲第二个十年计划启动之际交出了一份亮眼成绩单。

【湖南（长沙）国家级车联网先导区正式揭牌】 11月3日下午，工业和信息化部党组成员、副部长王志军一行调研国家智能网联汽车（长沙）测试区，并与副省长陈飞共同为湖南（长沙）国家级车联网先导区揭牌。湖南（长沙）是工业和信息化部批复的全国第三个国家级车联网先导区。

【长沙市智能汽车产业促进会成立】 11月10日，长沙市智能汽车产业促进会举行了第一届会员大会第一次会议。园区企业湘江智能、湖南阿波罗智行、希迪智驾等作为首届会员单位参会。促进会是由长沙市从事智能网联汽车咨询、研究、开发、生产、销售、集成、服务、监理、评测、应用的单位，以及包括需求方在内的智能网联汽车产业链上下游、生态圈单位自愿结成的全市性、行业性社会团体。此次会议共有中国电信、希迪智驾、湖南阿波罗智行等44家单位代表出席，审议并通过了《长沙市智能汽车产业促进会章程（草案）》，选举产生了长沙市智能汽车产业促进会第一届监事单位、理事单位，并投票选出了首届会长、副会长和秘书长。此次促进会的成立，是长沙积极响应国家11部委《智能汽车创新发展战略》及国家级车联网先导区部署，将长沙智能网联汽车发展先发优势转换为产业优势、经济优势的重要举措。

【7家企业入选2020年度长沙市智能汽车产业火炬计划】 根据长沙市人民政府办公厅发布的《关于印发长沙市智能汽车产业“火炬计划”和“头羊计划”的通知》相关规定，经评

11月3日，湖南（长沙）国家级车联网先导区正式揭牌

审，拟选定31家智能汽车企业入选第一批火炬计划。其中，岳麓高新区智能驾驶研究院、湘江智能、星云互联、阿波罗智行、中车智驭、高深智图、时空基准7家企业入选。

【希迪智驾获评2020年度“中国科创企业百强”】 6月20日至21日，《中国企业家》杂志社在2020（第二十届）中国企业未来之星年会暨中国企业家生态大会上公布了2020年度“中国科创企业百强”评选结果。作为国内率先将自动驾驶技术带入实际商业应用的希迪智驾从2000家参选企业中脱颖而出，入列百强。

【中大检测入选农业农村部生态总站联合攻关检测实验室】 6月23日，依据《农业农村部生态总站关于做好2020年耕地重金属污染防治联合攻关相关工作的通知》有关要求，经联合攻关组推荐、联合攻关办公室组织飞行检查、联合攻关首席审核，农业农村部生态总站选定了中大检测公司在内的7家联合攻关检测实验室。中大检测集团公司的检测实验室持有质量技术监督管理部门颁发的《检验检测机构资质认定证书》（CMA）相应资质，参加过全国性的农产品产地土壤重金属污染普查或农用地土壤污染状况详查等工作，资质齐全，经验丰富，完成全国土壤污染状况详查20455个土壤样品重金属检测，多次参与政府单位第三方环境执法监测。

【玉赤大道获湖南省优质工程奖】 7月2日，湖南省建筑业协会公布，玉赤河流域环境整治及景观工程PPP项目（一期）——玉赤大道获湖南省优质工程奖。

【长沙智能驾驶研究院荣获2020“AI+智能网联”最佳壁垒成长奖】 8月7—9日，由中国计算机学会（CCF）主办，香港中文大学（深圳）承办，深圳市人工智能与机器人研究院协办的第五届CCF-GAIR全球人工智能与机器人峰会在深圳举办。此次峰会上，希迪智驾从452家参评企业中脱颖而出，荣获「AI+智能网联」最佳壁垒成长奖。

【两企业在2020年中国·湖南省创新创业大赛总决赛中获奖】 10月28日，2020湖南省创新创业大赛总决赛举行，湖南阿波罗智行的限定场景低速自动驾驶小车应用项目获得决赛三等奖。在同期举行的第九届中国创新创业大赛上，阿波罗智行的小车应用项目获优秀企业奖。园区另一家企业湖南致力工程科技有限公司的“灾害地质与工程安全智能监测云平台”，也在2020年中国创新创业大赛（湖南赛区）暨湖南省创新创业大赛中荣获新一代信息技术产业优秀企业奖。

【达嘉维康入选民营企业百强】 11月5日下午，2020湖南省民营企业100强名单在长沙发布，园区企业达嘉维康名列第66名。

岳麓山大学科技园岳麓分园创业服务中心

【概况】 岳麓山大学科技园岳麓分园创业服务中心聚焦“最美大科城、领先科技城、一流创业城”总体目标，秉承“专心、专注、专业”的理念，用心、用情、用力构建全周期、全链条科创服务体系，对照任务清单，狠抓工作落实，在为科创企业提供良好服务，加速科技成果转化等方面取得了一定的成效。

【打破围墙加速成果转化】 坚持一手抓平台搭建，一手抓企业引育。与湖南大学在中建智慧谷共建科技成果转化基地，与湖南师范大学在后湖艺术园共建文化创意基地，7个院士项目实现就近转化；联合中南大学科技园（研发）总部、中建智慧谷等园区开展招商活动，协助树图区块链、特玻智造、新再灵科技等企业落户大科城。2020年，大科城范围内新增校友入驻企业13家，新增省级众创空间4家，市级2家；新增高新技术企业62家，新增科创企业1310家，总数达4428家；完成技术交易合同1486件，成交额23.25亿元，同比增长104%。

【打造品牌构建服务体系】 提升政务服务，打造“一站式”政务服务平台，入驻工商、税务、人社、城管、人才等相关服务窗口，链接岳麓区中小企业服务、大科城知识产权快速维权中心等平台，为科创企业提供全生命周期的政务服务。截至2020年年底，办理各类政务服务事项1000余项。科创港已进驻高技术服务企业21家，新引进10家，涉及人才服务、技术转移、财税法商等领域，服务体系初具雏形。完成中小微企业知识产权托管20家，知识产权质押融资1000万元。主办、承办岳麓山国家大学科技城软件产业生态圈共建计划、长沙市人民政府——湖南师范大学科技成果转化对接、2020“创客中国”麓山杯“5G技术及应用中小企业创新创业大赛”等活动70余场次。持续开展周周路演、人才政策宣传等专项活动28期，累计收集、辅导各类创新创业项目200余个。

【搭建平台释放集聚效能】 依托大科城发展机遇，积极推动资源链接与共享。推进5G加速港建设。与金钟集团签署合作协议，明确项目工期和工作要求。建设潇湘科技要素大市场大科城分市场，围绕“资源共享、配套保障、专业服务、交流推介”功能实现科技要素的全方位整合与有效利用，将服务下沉园区，贯穿成果转化全链条。启动粤港澳科创产业园建设，发布粤港澳科创产业园建设规划纲要，香港城市大学（长沙）创新科技中心揭牌成立，助力打造具有核心竞争力的科技创新高地。

【顶层设计金融服务模式】 拟定《大科城科创金融服务体系建设2020年行动方案》，明确构建科创天使基金、融资增信机构、股权投资基金群、金融服务中心的体系框架，对科技成果转化项目和科技型中小企业注入金融活水；加速推进科技金融担保平台组建，探索按“国资控股+民营参股+专业运营”的模式进行组建和运营；开展金融专业服务，全年开展10余次科创项目投资和金融沙龙活动。

【高效运营岳麓科创港】 打造“政务服务+专业服务+活动服务”一体化平台。常态化开展项目路演和成果发布活动，促进项目与资本精准对接。实施人才政策清单式管理，开展高端人才认定培训全程服务。推进AI大科城、书香大科城等建设，打造宜学、宜创、宜居、宜业的优质环境。

农 业

农业农村

【概况】区农业农村局和下属区农服中心、区动物卫生监督所三个单位，共有在编在岗工作人员26人，划转人员7人。有退休人员30人。在职副科级以上实职领导干部7人。有归口管理的涉农二级事业单位8个，其中动物防疫站4个、林业管理站4个，在职在岗工作人员96人（全额人员29人，自收自支人员12人，村级动物防疫员55人），退休人员64人。2020年，区农业农村局深入贯彻落实中央及省、市农村工作会议和一号文件精神，围绕岳麓高质量发展思路，彰显“现代都市农业”主题。在筑牢疫情防线，加快发展都市农业产业、深入改善农村人居环境，对口帮扶精准脱贫，强化农村综合改革，抓实做好两防和农机工作等方面取得较大成绩。

【新冠疫情防控】局里制定《落实新型冠状病毒感染的肺炎疫情防控工作职责实施方案》《新冠肺炎疫情防控期间人员调配工作方案》，成立新型冠状病毒感染的肺炎疫情防控工作领导小组，建立干部联企包线、坐班值班和信息报送等工作机制，进一步明晰责任。开展野生动物经营管理联防联控行动，联合执法5次，检查网络平台11家，发放宣传资料3420份，封控隔离人工繁育场所33家，清理市场、饭店、超市26家，收缴活体野生动物2只。开展重大动物疫病“大清洗、大消毒”专项行动，抓好动物及动物产品检验检疫，有效消灭动物疫病传染源和病原体。疫情发生以来，发放消毒药剂10吨，累计消毒164.5万平方米，发放《禽流感防治明白纸》2000份，出具检疫票证11364张，检疫动物产品65500吨。加强农药管理，开展定性检测瘦肉精198批次，水产品6批次，蔬菜、水果181批次。

【产业发展】通过“稳政策、稳面积、稳产量”举措，确保粮食生产安全。加大财政“涉农涉粮”资金统筹力度，2020年发放耕地地力保护补贴1158.28万元，发放稻谷目标价格补贴447.98万元，发放62吨优质稻种子，储备肥料1340吨、农药4.5吨，培育粮食生产经营主体（大户）169个。岳麓区粮食生产经验做法被《长沙要情》和《长沙信息》重点推介。培育发展博士（硕士、学士）家庭农场，2020年评定湖南省西园村居文化创意有限公司等6家新型农业经营主体为第一批“岳麓区博士农场”，创建市级示范家庭农场7家、示范合作社1家；创建省级示范家庭农场5家、示范合作社1家。创建农业产业融合发展示范2个、农科教结合示范1个、国家级农产品质量安全标准化管理企业1个、粮食生产新型经营主体2家、市种植结构调整工作优秀实施主体2个、省级优质农副产品供应基地1个。农产品质量安全监管深入推进。2020年，全区共开展蔬菜水果农残速测2503批次、瘦肉精速测3449批次，开展农产品定量检测590批次，认真配合完成省、市级例行监测及抽检，蔬菜果品、畜禽、水产品综合抽测合格率均为100%。对规模种养生产企业开展监督检查72人次，对农兽药经营门店检查92人次。全面推进“两证+追溯”制度。为全区4个农产品质量安全监管站和22家规模农业生产企业配备了检测设备，将61家规模生产基地纳入岳麓区食用农产品合格证监管系统平台并列入国家农产品质量安全追溯平台管理。

【乡村环境改善】着力打造美丽乡村示范创建，顺利通过莲花镇桐木村、雨敞坪镇泉水湖村等省级美丽乡村创建验收，完成坪塘街道白泉村白庙子组、含浦街道九丰村车埠岭组、雨敞坪镇泉水湖村石磡子组和雨敞坪镇新卯村陈家冲组2020年市级“美丽屋场”创建工作。深入改善农村人居环境，完成20691座农村户用无害化厕所改造，实现全区农村区域31个村（社区）农村生活垃圾分类减量村创建覆盖率100%。积极开展迎新春“清洁村庄，万人行动”集中整治日行动和“庆国庆、迎中秋”村庄清洁行动等活动。

【对口帮扶】 突出抓产业发展、公共服务、下一代教育“三件大事”，全力巩固龙山县洗洛镇、浏阳市田溪村脱贫成效。洗洛镇产业扶贫基地等17个项目竣工达效，洗洛百合、田溪旅游等特色产业经济附加值增加、市场知名度扩大，常态开展扶志扶智教育和就业技能培训、消费帮扶、促进教师双向交流等活动，切实提升洗洛镇和田溪村的民生幸福指数与产业发展活力。对口帮扶的龙山县洗洛镇9个贫困村，2020年实现全面脱贫。

【农村改革】 推进农村集体产权制度改革，完成全区70个村（社区）清产核资，其中村集体经济组织50个，涉农社区集体经济组织20个。完成集体经济组织成员身份认定工作，全区70个村级集体经济组织，应认定集体经济组织成员身份21.23万人，已完成认定21.22万人，完成率达99.95%。完成70个农村集体经济组织的股权设置、股份量化和登记赋码发证工作。发展壮大新型村级集体经济，21个村收入突破100万元。扶持发展省级主题创意农场5个，建设4个“万亩”特色产业片区；盘活现有闲置资源，大力发展物业经济。进一步规范土地流转。实施“线下联席评审+线上网签审批+交易鉴证并见证”相结合的“三重风控”管理模式，创新土地流转价格评估机制和数据共享机制。强化农村“三资”监督管理，将全区各集体经济组织纳入全省“互联网+监督”平台管理。与中国建设银行达成意向协议，合作推广由中国建设银行总行搭建的农村“三资”监管平台。扎实推进信息进村入户工程建设，采取“政银合作”和“政企合作”的模式，与湖南三湘银行和湖南农民伯伯电子商务有限公司深度合作，已建成信息进村入户区级运营中心，全区50个行政村已完成益农信息社建设任务，培训村级益农信息社信息员150人次。湖南三湘银行可为各经济合作社提供资金放贷服务，湖南农民伯伯电子商务有限公司为各经济合作社产品销售提供信息发布和物流服务。

【两防和农机】 森林防火工作常抓不懈，加大排查巡查，严控野外火源，加强队伍建设、应急演练和物资储备，实行24小时值班制度。2020年，全区未发生重大森林火灾。区森林防火指挥部新制作20块不锈钢森林防火宣传牌，发放宣传资料20000份，张贴宣传标语5000条，出动宣传车辆300台次。重大动物疫病防控严防死守，精心组织春秋季动物集中免疫，组织各街镇协调各免疫点做好春秋季狂犬病集中免疫；对非洲猪瘟等重大动物疫病防控工作做好严密部署，加大物资储备，开展清洗消毒，加强疫情监测，有效消灭传染源；对全区规模养殖场进行监督检查，并对辖区内登记备案的40家动物诊疗场所5家兽药经营点开展专项整治行动。禁捕工作监督到位。成立长沙市岳麓区重点水域禁捕退捕工作领导小组，制定《岳麓区2020年“三无”船舶整治实施方案》；加强非法捕捞监管，2020年，全区联合市农业综合行政执法局等部门在岳麓区流域开展渔政联合执法行动21次，出动监督巡查人员285人次，出动执法快艇41艇次，发放张贴各类宣传资料1580份，立案查处非法捕鱼行为10起，移送公安机关9起；妥善处置24艘“三无”船舶，完成“三无”船舶清零。深入开

莲花镇爱格花卉（农业农村局供图）

展农机安全生产和农村道路交通安全“大排查、大体检、大整治”行动，坚决遏制较大及以上农机事故发生。抓好牌证管理和年检年审。2020年，拖拉机登记业务注册上牌登记共25台，拖拉机转移登记17台，办理拖拉机和联合收割机注销登记683台，办理拖拉机和联合收割机检审180台，办理拖拉机和联合收割机驾驶证检审45本，发放宣传教育手册5000余份，办理购机补贴20台。

【培强农业产业品牌】 加快推进五大园区建设（雨敞坪绿色有机农业园、莲花现代农业公园、学士农趣谷郊野公园、含浦乡村公园、坪塘绿心公园）。长沙市利泽农业科技有限公司、长沙渔斯为盛观赏鱼科技有限公司成功创建农业农村部水产健康养殖场；长沙众益农业评为省级特色农业产业园区，2020年被评为国家级标准化示范基地。

水 利

【概况】 2020年，区水利局认真贯彻习近平新时代中国特色社会主义思想，全面落实习近平总书记调研湖南时“守护好一江碧水”的重要讲话精神，围绕“节水优先、空间均衡、系统治理、两手发力”治水思路，聚焦“水利工程补短板、水利行业强监管”总基调，在江湖治理，防汛抗旱等方面均取得优异成绩。

【防汛抗旱】 2020年，全区汛情总体平稳，未出现较大灾险情，无人员伤亡。辖区内堤垸、水库、山塘均正常运行，圆满完成全年防汛安全工作目标。全区上下高度重视、周密部署，各级各部门协同联动、夯实举措。从压实防汛责任、编制防汛预案、开展防汛演练、落实隐患排查、充实人员物资等方面，做了大量工作。迎接省、市防汛督查共14次，应对19轮强降雨及洪峰过程，3次启动防汛Ⅳ级应急响应，7次召开防汛会商及调度会，确保了全年安全度汛。

【水利工程建设】 落实《岳麓区2020年度冬修水利建设方案》各项要求，扎实推进水利项目建设。2019年延续至2020年的靳江河二期治理工程，东山湾泵站新建工程均已完工，并通过验收。完成了龙王港流域湖大北校区截污控污、含浦街道九江水闸应急处险、龙王港下游出河口段清淤疏浚、靳江河含泰社区段大堤管涌及滑坡治理等重点工程。八曲河河道治理工程完成95%。骨干水毁修复工程完成20处，小农水（小微水体示范片区）项目建设全面完成。共投入900万元，完成了雨敞坪、莲花镇等农村自来水项目2处，新增自来水入户2500户。

【完善河湖长制】 2020年，全区河湖长制工作体系进一步健全，巡河机制不断完善，护河成效持续彰显，水环境治理取得明显成效。各区级河湖长召开工作会商会议40余次，下发交办函136份，各级河长使用巡河App打卡共计7079次，推动解决涉水问题700余个。推动完成西湖文化园汇水区雨污分流改造项目、南园路水系（岳麓大道核心区泵站）污水干管建设等“一江两河”重点治理项目31项。对全区134个排口开展全面排查，对晴天有水下河的14个排口进行了分片整治，同步推进了河道“清四乱”整治、“非法矮围”专项清理、电打鱼专项治理、三无船只清理、非法码头渡口整治等专项行

7月2日，在靳江河（学士街道汀湘十里段），岳麓区举行防汛综合应急救援演练（岳麓区水利局办公室供图）

动。雨敞坪镇泉水湖村、学士街道学华村均打造完成市级小微水体示范片区并通过验收，莲花镇莲花河美丽河流创建获得市级肯定。指挥部统筹治理龙王港经验获中央媒体点赞，全区水生态环境质量稳步提升。

【安全生产】 结合安全生产三年行动专项整治，开展汛前、汛中安全生产大检查，年中考核、国庆中秋特殊时期安全生产大检查，岁末年初安全生产检查等专题行动及多批次安全生产专项检查，排查安全隐患38起，均督促整改到位；依法行政，持续推进“打非治违”，全年开展非法卸砂、非法打井取水、涉水违建、违填、违倒等整治行动34次，出动人员320人次，检查生产经营单位38家，查处水事违法行为8处，责令限期整改企业5个。积极宣教，组织学习习近平总书记关于安全生产的重要论述3次，消防知识培训3次，安全生产应急演练2次，安全知识宣传5次。获评长沙市水利系统年度安全生产考核一类单位。

【水资源管理】 共核查登记取水工程359处，明确需整改类取水户46家，其中退出类26家、保留许可类20家，已全部整改到位。按照取水许可行政审批，对16家备用水源取水户征收水资源费50630元。督促完成水利部反馈水土保持相关问题项目30个，对75个在建项目开展水土保持检查，下达整改通知11个。

【水政执法】 区水利局共7人取得行政执法证，购置移动执法箱2套、无人机1架，选派2人参加无人机操作培训，进一步充实执法力量。巡查湘江、靳江河、龙王港等主要河道70余次，累计8000余千米，及时发现、制止和处理各种涉水违法行为19起，下达执法文书11份，立案1起。积极参加龙王港综合治理联合执法行动，对水事违法行为形成强大震慑。

【龙王港管护治理工作及成功经验被《人民日报》等中央媒体宣传推介】 2020年，成立了以区长为指挥长的高规格龙王港流域综合治理指挥部，统筹推进龙王港综合治理，累计投入财政资金约20亿元，完成了西湖文化园汇水区雨污分流改造、湖大北校区雨污分流改造、南园路水系污水干管建设等治理项目。经过不懈努力，龙王港水质明显提升，龙王港管护治理工作做法及成功经验被《人民日报》等中央媒体宣传推介。

城乡建设

住房和城乡建设

【概况】 2020年，区住房和城乡建设局按照市、区的总体部署，紧紧围绕年度既定工作目标，攻坚克难，创新突破，亮点纷呈。全年新建商品房批准预售437.1万平方米，同比增长4.8%；新建商品房成交425.6万平方米，同比增长8.2%，成交金额483.2亿元，同比增长6.5%。区建筑企业完成产值394.15亿元，同比增长8%。在“大干一百天、实现双过半”竞赛活动中，在统筹疫情防控和复工复产的前提下，克服宏观调控和经济下行的双重影响，群策群力、迎难而上，“高一格”设定目标，“先一步”付诸行动，“深一层”解决难题，挂图作战，专班推进，取得内五区住建类竞赛第一名的好成绩，被评为区“先进单位”。

【维修基金管理】 通过推进“三方共治”化解维修资金矛盾，完善审核监管体系，率先在全市实行过程监理和资金结算审计，公示维修资金办理进度和审计结果，促进维修资金管理规范化。成立岳麓区物业管理行业委员会，为化解小区物业管理和居民矛盾提供了有力保障。2020年以来，化解因启用物业维修资金引发的矛盾纠纷90件；办理维修资金新旧业务143笔，拨付金额约575.6万元；对24个3万元以上的应急维修使用业务进行结算审计，对3个30万元以上的应急维修使用业务实行过程监理，节约资金60万元。2020年，岳麓区涉及小区维修资金的投诉工单同比下降21%。

【整治租房乱象】 通过下沉一线深入调研，走访林海、梅园等社区，掌握真实情况。开展执法月活动，对存在涉嫌违规群租的业主进行集中整治，以重点整治美麓阳光、合能璞丽等新交付小区的群租房乱象为突破口，联合街道开展专项整治执法行动，利用媒体宣传的力量，树立示范标杆，形成有效震慑，增强人民群众的自律意识和法纪意识，扼制群租房乱象蔓延。2020年，出租房管理规范化攻坚项目投诉同比下降11.7%。

【公共设施建设维护】 岳麓区住建局采取定性与定量的方法，委托湖南新湘物探工程有限公司对全区11个街（镇）摸底上报的76处高边坡高档墙进行全面排查，面积约8万平方米。对黄泥岭社区咸嘉湖路535号、桐梓坡路85号、山语林居小区、麓山南路870号4处存在安全隐患护坡进行安全鉴定，鉴定面积3755平方米，排危处置鉴定为D级的咸嘉湖路535号、麓山南路870号2处护坡。2020年，公共设施建设维护规范化攻坚项目投诉同比下降22%。区住建局在2020年启动龙王港流域范围内咸嘉湖排口综合整治项目、金星路污水干管改造项目、南园路水系小区排水雨污分流改造项目和罗家湖泵站重建改造及桃子湖治污项目的建设任务。在实施过程中，区住建局按照“百年大计、质量第一”的要求，压实各方主体责任，创新全过程咨询管理，严把设计关、程序关、材料关、质量关和安全关。坚持“一日一碰头、一周一调度”的工作机制，加强统筹协调，实行正向激励，项目建设强力推进。

【严守质量安全底线】 守住安全底线，深入开展安全生产专项大检查，对20个区监工地和全区57处早期人防工程进行常态巡查和重点排查，消除安全隐患130余处，安全形势稳定向好，未发生任何生产责任事故。严守质量底线，积极创建标准化示范工地，玉赤河流域环境整治及景观工程PPP项目（一期）——玉赤大道项目获“2019—2020年度第一批湖南省建设工程芙蓉奖”。

【房地产业调控】 紧盯68个房地产投资项目，在落实防疫措施和人员管控到位的前提下，优先年度投资额超过2亿元的续建项目全面复工复产，督促新建项目创造条件提前开工建设，帮扶预备项目克服困难争取年内启动建设，确保年度投资强度和规模。紧盯全年40个重点楼盘供应计划，分季分月制定项目开盘预售明细表，从建设进度、预售办证和认筹开盘三个方面实时掌控、积极干预，加速预售开盘成交，实现以月保季、以季保半年的目标。全年新建商品房成交425.6万平方米，同比增长8.2%，成交金额483.2亿元，同比增长6.5%，两项绝对值居全市第一位。

岳麓区委书记周志凯在产城融合，“爽”心“岳”目活动上致辞（住房和城乡建设局办公室供图）

【物业行业管理】 景秀江山家园、洋湖和园等13个小区成功创建市级物业管理和服务标准化小区。指导辖区4家物业企业申报长沙市党建引领物业管理示范项目，12家物业企业申报长沙市优秀项目。全面推进物业小区生活垃圾分类减量工作，达美溪湖湾、中铁·洋湖苑等11个小区被评为“长沙市2020年住宅小区生活垃圾分类先进单位”。

【建筑行业管理】 建筑行业持续发展，建安产值稳步提升，全年共完成建安产值 394.15亿元，同比增长8%。对21个区属在建项目农民工实名制情况进行专项检查，并对项目违反《保障农民工工资支付条例》行为，按照职责责令限期改正，逾期不改正的，给予罚款。

【改善人居环境】 完成国有土地9个新征项目的签约腾地和13个项目的征收结算。完成220户棚改任务计划。完成白沙液街有机更新改造和建设项目；启动锦尚家纺有机更新项目；完成桐梓坡大板房项目土地出让，城市有机更新市对区考核为一类。完成万利新村小区、华侨村小区等10个老旧小区改造；完成202台既有多层住宅电梯加装；完成锦园、德馨、格林等11个街区微改造工作；完成岳麓山景区的6处D级、2处C级危房拆除排危工作，完成岳麓区农村4类重点对象1859户房屋鉴定工作，对其中16户D级危房重建。完成16个停车场改建、停车泊位6970个任务；建设自行车道10条，里程共计25.66千米；建设历史文化步道1.3千米。

【夯实人防基础】 排查早期工程57处，面积4.3万平方米。完成区级地面指挥所改造，成为长沙市首个区（县）级别的人防地面作战指挥中心，实现与省市、军网的互联互通。利用“5·12”应急宣传日重要节点，连续7天开展“学人防知识，赢微信红包”公众微信号人民防空知识答题有奖活动，共计18000余人次参与。维护防空警报器54台，新安装通信警报设施3台，确保防空警报设备设施完好。

【产城融合“爽”心“岳”目】 2020年4月29日，由长沙市住房和城乡建设局、岳麓区人民政府主办，岳麓区住房和城乡建设局承办的产城融合，“爽”心“岳”目——2020岳麓山国家大学科技城区域价值推介暨长沙购房App发布仪式在大科城科创港一楼路演中心盛大揭幕。长沙市人民政府副市长谭勇，长沙市住建局党组书记、局长王伟胜，长沙市岳麓区委书记周志凯等十余位政府领导，湖南大学党委常委、副校长汪卫斌，湖南师范大学党委常委、副校长欧阳峣等出席活动，岳麓区40余家精品楼盘项目参会。

【启动建设雨污分流】 按照习近平总书记的“青山绿水就是金山银山”的指示，根据市委、市政府、区委、区政府的统一部署，以“河畅、水清、地绿、景美”为整治目标，岳麓区住建局迅速制定治理措施，对负责的

6月5日，岳麓区住建局组织相关单位对6个乡镇污水处理厂进行竣工验收（岳麓区住房和城乡建设局办公室供图）

龙王港流域咸嘉湖排口综合治理、南园路水系小区排水雨污分流改造、金星路污水干管完善工程、罗家湖泵站重建改造及桃子湖治污等四个项目采取“四统一分”的举措分期、分步骤实施。

【污水处理提质提标】为全面加强乡镇污水治理，改善城乡人居环境，根据岳麓区委、区政府的部署安排，由岳麓区住建局组织实施莲花镇、雨敞坪镇、含浦街道及莲花镇桐木村、大华村、云盖村6座乡镇生活污水处理厂提标一级A工程。该项目总投资为3588.84万元，2019年8月15日进场施工，2020年6月5日完成竣工验收，提标改造完成后，处理工艺由原接触氧化+人工湿地转变为AAO的处理工艺，排放标准为一级B提升为一级A。

【建筑行业法规宣贯】2020年4月23日上午，区住建局组织召开《保障农民工工资支付条例》宣贯会议，引导企业规范用工和农民工依法理性维权，区监项目、建设单位、施工企业、监理企业共计70余人参加会议。

【召开垃圾分类专题会议】2020年5月9日，区住房和城乡建设局、区城市管理和综合执法局、区市容环境卫生维护中心、区生活垃圾分类工作领导小组联合召开岳麓区物业小区生活垃圾分类工作推进大会，270家物业小区项目负责人分两批次参加。

【物业管理专业培训】2020年10月15日，区住房和城乡建设局举办岳麓区2020年度物业管理行业培训大会。长沙市住房和城乡建设局调研员马代方、长沙市住房和城乡建设局物监处处长王兆韬、长沙市岳麓区政府调研员汪世震、长沙市岳麓区市场监督管理局副局长张健、岳麓区城市管理综合执法大队副大队长陈为、各街道物管办主任，380家物业项目负责人参加会议。

【安全生产专题会议】2020年12月3日，区住房和城乡建设局组织召开“安全生产专项整治三年行动工作会议”。会议由副局长付烈山主持会议，区质安站站长谷德生、质安站全体人员以及区监项目建设、施工、监理单位负责人共80余人参加。

【开展创建节水型城市宣传活动】2020年6月30日上午，区住房和城乡建设局在湖南省节水型居民小区八方小区举行以“养成节水好习惯，树立绿色

12月3日，岳麓区住建局组织召开安全生产专项整治三年行动工作会议（岳麓区住房和城乡建设局办公室供图）

7月30日，岳麓区住建局举办“2020既有多层住宅增设电梯工作培训”（岳麓区住房和城乡建设局办公室供图）

新风尚”为主题的创建节水型城市进小区宣传活动。长沙市住房和城乡建设局供水处处长刘朝阳出席。

【警报试鸣】 2020年11月1日，由市人防办主办，区住建局（区人防办）承办的“11·1防空警报试鸣暨新中国人民防空创立70周年庆祝活动”在岳麓区西湖公园58小镇举行。湖南省人防办党组成员、副主任谢晓清、长沙警备区司令员刘长进、长沙市副市长谭勇、岳麓区副区长张永久、岳麓区人防办党组书记卞劲松出席。活动由市委军民融合办主任、市人防办党组书记、主任李志坚主持。

【既有住宅增设电梯工作培训】 为进一步推进我市既有住宅增设电梯工作，完善既有住宅使用功能，改善老旧小区居住条件，提高人民群众生活品质，2020年7月30日下午，区住建局成功举办“2020年既有多层住宅增设电梯工作培训”。岳麓区住建局副局长朱潇健到会指导并讲话。

住房保障服务

【概况】 2020年岳麓区住房保障服务中心围绕区委、区政府“五篇文章”“十大项目”，以保障性住房管理维护规范化为重点，以“改善民生，服务群众”为首要任务，以“住有所居，应保尽保”为重要目标，突出抓好承接市级审批权限下放和住房保障政策宣传全覆盖、公租房违规整治以及住房租赁试点等工作，岳麓区住房保障工作呈现出重点突破、整体提升的发展趋势，完成了各项工作目标任务。

【项目建设】 长沙列入全国住房租赁市场发展试点城市后，岳麓区第一批通过评审备案的租赁住房奖补项目有14个4952套；第二批通过评审备案的改造租赁住房奖补项目有2个368套。两批共完成租赁住房房源筹集5320套256825.04平方米，完成总任务的89%，在全市排名第三。为规范奖补资金的使用和管理，提高资金使用效率，规范租赁企业行为，住保中心制定《岳麓区住房租赁市场发展试点住房租赁项目奖补资金拨付和后续监管办法》，严格资金使用流程，加强事中事后监管，严控企业的违规行为发生。2020年岳麓区在建公租房项目有金溪湾二期572套30163平方米和八方小区二期F2栋雇员公寓464套32544.77平方米都已竣工交付使用。

【登记审批与政策宣传】 2020年，办理各类住房保障对象资格审核304户，上报区政府认定特殊困难急需救助对象64户，办理经济适用住房购房资格139户，并为卫健、城管等行业的公益岗位住房困难职工共1480人发放住房租赁补贴。10月召开住房保障政策业务培训会议，对政策细节进行解读，对审批权限下放审批注意事项及办事流程进行强调。在全区17个街镇开展住房保障政策宣传“四进”活动，即进街道、进社区、进项目、进单位，每个街镇为期一周进行巡回宣传，通过政策宣讲、现场答疑、发放宣传资料、调查问卷等方式，向居民普及公共租赁住房及经济适用住房准入与退出政策和审批流程。在所有公租房小区设置住房保障政策宣传专栏，发放便民服务卡实行点对点服务，凝聚多方力量，做到政策宣传常态化。

3月25日，召开岳麓区培育和发展住房租赁市场工作领导小组会议（岳麓区住房保障服务中心办公室供图）

【住房管理】 全年办理公租房实物配租入住93户，经济适用房资格解控132户，“半边户”资格审查248户，收缴公租房租金411万元。2020年6月启动新一轮的公租房违规行为专项整治工作，出台《岳麓区公租房违规问题整治工作方案》，并积极与公安、市监、城管、街道对接，联合开展10余次违规整治行动，完成整改259户。认真组织诚兴园、谷山乐园公租房小区示范创建工作，在谷山乐园、诚兴园、山水新城、麓谷锦和四个小区启动摄像头安装、修复入口闸道、电摩托棚、护栏、路面灯光、文化墙建设等项目。年初对公租房小区组织开展春节前安全隐患排查，重点排查房屋水、电、气、消防及配套设备使用情况，对检查发现的安全问题要求各物业公司逐一整改。面对严峻的抗疫形势，中心干部职工分组每天前往9个公租房小区协助疫情防控工作，购买口罩、酒精等防疫物资支援公租房物业公司及联点的社区，协助物业公司对进出人员进行体温测量、车辆登记、对小区进行消毒，当好小区“守门员”，确保公租房小区无一起新冠肺炎病例。6月，联合公租房所在社区、物业公司和宜安消防公司在全区9个公租房小区开展消防安全宣传演练。联合物业公司对公租房小区进行了环境卫生大治理。

【推进住房租赁试点】 3月25日下午，区政府常务副区长蔡锋召开岳麓区培育和发展住房租赁市场工作领导小组会议。会议通报区政府办《关于成立长沙市岳麓区培育和发展住房租赁市场工作领导小组的通知》，成立以区委常委、常务副区长蔡锋担任组长，副区长王剑、区政府副调研员汪世震担任副组长的岳麓区培育和发展住房租赁市场工作领导小组（以下简称区培组）。会上通报了长沙市培育和发展住房租赁市场工作领导小组《关于下达2019—2021年租赁住房房源筹集任务的通知》，明确岳麓区（含岳麓高新区）三年6000套租赁住房的筹集任务。区培组办公室出台了《岳麓区租赁住房房源筹集工作方案》。

【住房保障政策业务培训】 10月29日，召开了岳麓区住房保障政策业务培训会议，会议由区住保中心党组成员、副主任张智权主持，中心干部职工、

10月29日，岳麓区住保中心召开住房保障政策业务培训会（岳麓区住房保障服务中心办公室供图）

各街道、社区住房保障专干共80人参加。会上，就全面落实权限下放工作，按照“谁主管、谁监管”“谁审批、谁负责”原则，对《公共租赁住房保障资格审核管理实施细则》和《推进公租房货币化保障工作实施意见》进行全面解读，并对住房保障工作审批权限下放审核注意事项及办事流程进行了强调。

【消防安全宣传演练】6月22日，区住保中心联合宣安消防公司、观沙岭街道长望社区和物业公司安排端午节前在谷山乐园、谷山庭院和金麓小区三个公租房小区同时开启了2020年上半年消防安全宣传演练活动，活动由社区工作人员、物业人员、辖区居民共同参加。举办此次消防安全宣传演练活动的目的是希望居民提高防灾减灾意识，注意用火、用电安全，努力创建平安、和谐的公租房小区。

城市房屋征收和补偿管理

【概况】2020年长沙市岳麓区城市房屋征收和补偿管理办公室（以下简称区征收办）以“奋战一百天、实现双过半”竞赛活动为契机，全力克服新冠肺炎疫情给征收工作带来的影响，不断提高工作效率，抢抓时间和进度，井然有序、务实高效地开展国有土地房屋征收工作，安全执行房屋拆除，并刷新岳麓区近年来实现单位签约最快纪录的好成绩。

【征收管理】涉及长沙铬盐厂生活区棚改、德智园、白鹤片区环境综合整治工程、湘江新区洋湖垸环境综合整治工程、长沙航天学校整体提质改造建设、王家湾片区综合整治国有土地拆迁（A6、A7地块）、湘雅路过江通道（岳华路——芙蓉中路）、联丰片区环境综合整治工程项目一期、潭州大道快速改造、雨润小学、智义路、大科城科创服务中心（1078亩）一期、原望城县水泥厂生活区及周边零星地块棚改（一期）等国有土地征收项目共13个，其中新征项目9个，扫尾项目4个。完成私房签约170户，单位9家。完成长沙航天学校整体提质改造建设，湘雅路过江通道（岳华路——芙蓉中路）、联丰片区环境综合整治工程一期、潭州大道快速改造、雨润小学、智义路、大科城科创服务中心（1078亩）一期、原望城县水泥厂生活区及周边零星地块棚改（一期）等8个项目的腾地工作，累计支付征收补偿资金4.96亿元。实现航天学校提质改造、联丰片区（天河钻具）、湘雅路过江通道工程、原望城县水泥厂及周边零星地块棚改一期（湘江西岸堤防整治工程地块、采矿生活区地块和矿石粉厂生活区地块）工程、大王山片区交通提质及停车设施配套、绕城高速入口优化工程、雨润小学、智义路、大科城科创服务中心（1078亩）一期（养鹿场）等8个项目的征收房屋安全拆除，全年拆除房屋建构筑物5.81万平方米。

【队伍建设】区委第二巡察组9月4—30日，对区征收办进行为期1个月的巡察，区征收办深入领会区委开展巡察的重要意义，积极主动配合，全面支持区委巡察组对区征收办的监督检查，并认真分析存在问题的原因，明确整改时序和措施，严格按要求整改到位。

【疫情防控】深入贯彻区委、区政府疫情防控工作要求，根据区疫情防控指挥部的部署，提高职工干部对疫情的正确认识、积极防范，并组织多名职工干部参加社区的志愿服务，协助社区做好疫情宣传、值守排查、登记人员信息、发放出入卡等联防联控工作，坚持服务疫情防控大局，为疫情防控工作提供宣传舆论支持。

【刷新单位签约新纪录】联丰片区环境综合整治工程项目一期涉及2家单位征收，于5月21日发布征收决定公告（第五公告），通过前期与被征收单位的有效沟通对接，该项目在发布征收决定公告5天内，即完成签约，刷新了岳麓区单位签约的最快纪录，并于7月完成项目拆除并腾地交付。

人居环境事务工作

【概况】2020年以来，区人居环境事务中心以习近平新时代中国特色社会主义思想和中共十九大精神为指针，加强党的领导，推进政治建设，全面落实上级决策部署，把政治标准和政治要求落实到工作中，全面完成各项目标任务。2020年7月24日中共长沙市委机构编制委员会办公室文件《关于长沙市岳麓区城市建设开发公司更名的通知》、中共长沙市岳麓区委机构编制委员会办公室《关于明确原长沙市城市建设开发公司等单位有关机构编制事项的通知》，同意长沙市岳麓区城市建设开发公司更名为长沙市岳麓区人居环境事务中心，为长沙市岳麓区住房和城乡建设局所属正科级公益一类事业单位，剥离长沙市岳麓区城市建设开发公司相关经营职能。核定长沙市岳麓区人居环境事务中心全额拨款事业编制20名，明确编制控制数为10人，主任（正科职）1名，副主任（副科职）2名，纪检监察负责人（副科职）1名。

【项目建设】积极和观沙岭街道及岳华村洽谈岳华新苑（二期）购地协议同时，多次和资规部门对接土地划拨及调规事宜，并与用房单位正荣公司和三汉矶棚改公司就房源订购事宜达成基本一致；与长沙凯腾、长沙凯恒房地产公司对位于长沙市岳麓区望岳街道谷山村C07、C08地块保障性住房的开发建议达成一致，签订了“四季花城”《保障性住房建设协议》。

【资产管理】对中心现有资产清理重整，统一编号，建立专档。定期对出租资产进行消防安全检查和工程安全检查，保障公司资产安全。2020年已收租金236.4898万元，完成岳华新苑2000平方米商业门面出租，实现了国有资产保值增值。在金麓小区设置产权办理工作小组，实行办证公告全通知、办证政策全公开、办证流程全代办、办证疑问全答复，全年完成不动产权证办理302户。

【项目征拆】完成莲善公路、岳宁公路、麓景路南延线、西二环交通改善工程项目等协议征收项目结算，完成潇湘大道南延线一期项目95户结算。配合观沙岭街道签约4户滨江新城遗留未签协议对象。

【物业服务】下属滨江物业公司优化内部管理、增强基础服务，完成了2-1栋的交房，全年完成各项维修950余起，处理业主问题230余个，更换1560个灭火器，补充20条消防水带，全年无安全事故发生，施家港社区居民对物业满意度和支持度显著提升。

征地服务工作

【概况】2020年，岳麓区集体土地拆迁以签约清零、腾地清零的“两零”为目标，开展“双百”活动（3月“百日会战”、10月“百日攻坚”活动）。全年启动项目75个，涉及2007户，征地面积302.21公顷，实现签约2005户，签约率99.9%，取得历年签约率最好成绩，实现“零上访、零举报、零违纪、零事故”及新程序项目签约清零的“五零”效果。在岳麓区“大干一百天、实现双过半”竞赛活动中荣获先进集体称号，党支部被评为“区域化党建先进单位”。

【拆迁新规设计】按照长沙市资规局《关于贯彻实施新〈土地管理法〉规范用地报批工作的通知》的相关要求，参与会商、编制《新国土法征地程序资料汇编》，组织开展业务培训，促进项目拆迁征地工作有序开展。2020年，岳麓区按新程序签约项目13个，涉及428户，签约腾房率100%。其中潇湘大道三段（巴溪大道——湘潭九华分界）防洪工程、莲花物联港片区安置小区等签约腾地项目13个，涉及428户全部签

区征地服务中心“赛业绩、比服务，赛业务、比作风百日会战”大竞赛活动专题会议（岳麓区征地服务中心供图）

约腾房，腾地面积49.24公顷。

【新拆项目推进】2020年3月制定征拆任务表，各指挥部铺排任务、倒排时序、挂图作战，细化每一个工作节点，明确专人，责任上肩，确保工作实效。围绕时序清单及时调度、围绕任务清单精准调度、围绕责任清单务实调度推进项目拆迁工作。针对重难点项目，区、街道指挥部强化政策宣传，职能部门逐户思想攻坚，坚守政策底线，消除群众拆迁疑虑。2020年启动新拆项目53个（含新程序签约项目13个），涉及1349户，签约1348户，签约率99.9%，取得历年签约率的最好成绩。梅浦联络线项目为线型工程，推进难度大，涉及11大户（15小户）70人，4月8日召开拆迁动员会，5月26日实现“签约之日即清零之时”。谷岳路、观沙路项目涉及128户402人，4月2日启动拆迁，7月6日签约清零，9月21日进场施工，道路建设由以前“建设单位等拆迁清零”变成“拆迁清零等进场建设”，再次刷新岳麓拆迁“速度标杆”。电力服务综合楼项目征地面积0.46公顷，建筑面积5277.54平方米，涉及16户49人，拆迁面积虽小，但历经5号令、60号令、103号令拆迁，群众诉求高，涉及相关利益大，拆迁难度不亚于麓山南路项目，从启动到清零仅用时118天，快速破解复杂小微地块的拆迁难题。

【扫尾项目推进】针对个别拆迁户影响项目全局建设的情况，通过协同攻坚开局、思想攻坚布局、司法攻坚破局的方式推进扫尾工作，实现扫尾任务存量为历年最低。2020年岳麓区集体土地扫尾项目任务数15个（涉及面积240.4公顷），全面清零8个（腾地面积138.93公顷）；私房签约任务44户，完成签约17户；私房拆除任务87户，完成拆除54户；集体（企业）拆除任务8户，完成拆除5户。在“大干一百天 实现双过半”活动中，没有因拆迁问题影响一块地的挂牌出让、影响一个项目的施工建设。

参加湖南省胸科医院位点的疫情防控守卡工作（岳麓区征地服务中心供图）

【安置社保工作】以“拆安同步”为目标，优化审批流程、优化选房分房、优化安置房建设、优化资金保障。2020年，审批货币安置申请874人，审批住房安置申请3087人；社保报批项目审批104批次，6323人全部完成纳入；完成啤酒厂、联丰苑二期、大科城东核（惟泽园）等7个保障性住房小区2000余人的分房工作；全年收缴社保资金6.93亿元，累计收缴77.65亿元，保障社保资金足额到位。

【拆迁资金管理】2020年，收入拆迁资金13.25亿元，拨付拆迁资金11.19亿元，完成60个项目结算报批手续（含10个增补项目结算），对389个已完成结算的项目进行资金清理。

【疫情防控】2020年2月18日至3月23日，岳麓区征地服务中心7名党员、1名预备党员、2名入党申请人及2名工作骨干积极参加湖南省胸科医院位点的疫情防控守卡工作，并于3月9日发布相关文章《风险中挺身 风雨中坚守》进行正面宣传。

公共工程建设

【概况】区公共工程建设中心（以下简称区公建中心）为区政府直属公益类事业单位，编制15名。2020年，区公建中心继续开展全区重大项目建设工作的计划铺排、统筹调度、督

谷岳路施工现场（岳麓区公共工程建设中心供图）

查考核和协调服务等综合管理工作，统筹协调重大项目征拆腾地工作，组织实施观沙路、谷岳路、坪塘派出所等财政投资项目建设，统筹调度推进瓶颈断头路项目，牵头开展市府北片城市更新工作，协调服务轨道交通等省市区重大工程项目，圆满完成全年工作任务，获评2020年度岳麓区绩效考核一等单位。

【征地拆迁】 全区成立2个综合协调指挥部和22个征拆建设专项指挥部，年初共铺排征拆项目98个，下半年由于省自然资源厅“月清三地”任务追加启动项目26个，全年累计共铺排124个项目，总面积16644亩。截至12月31日，共有31个项目实现腾地清零，腾地面积2920亩。其中，扫尾项目有9个实现清零，腾地面积2074亩；新拆项目22个实现腾地清零，腾地面积846亩。

【计划编制】 按照区委、区政府新一年度的工作部署，结合市发改委、市住建委、市重点办的工作要求，区公建中心牵头编制《岳麓区2020年建设项目投资计划》中的城建基础设施项目计划、《岳麓区2020年度项目征拆计划》和《关于调整区项目建设和征拆工作领导小组及下设指挥部的通知》；牵头申报《市2020年度“瓶颈路、断头路”项目计划》和《2020年长沙市市政基础设施项目计划》。

【建设管理】 2020年，区公建中心负责实施建设项目18项（包含办理结算和预备项目），总投资6.94亿元，其中，在建和已完工项目总投资3.19亿元，2020年完成投资1.1亿元。区公建中心严把规划设计关、工程质量关、建设进度关、安全施工关、成本控制关、廉政建设关，严格做到程序到位、手续到位、资金到位、管理到位，全面发挥了政府性投资项目稳增长、调结构、惠民生作用。截至2020年12月31日，科韵路已完成结算审核；望藕路正在办理结算审核；爱民路沿线和老咸嘉湖路沿线微循环改造等2个项目完成建设；观沙路、谷岳路、坪塘派出所、彩虹路南段、桐梓坡S片L–3、月华街等6个项目正在如火如荼建设；西站变110千伏和10千伏配套路由正在挂网，即将启动建设；望岳学校二期、银安路、滐湾路、桐梓坡片I–1、猴子石南二环辅道绿化工程、三汉矶变电力埋管、桃花变电力埋管等7个项目正在办理前期手续，春节后将陆续启动建设。

【综合管理】 开展项目建设常态化管理，对全区重点项目征拆和建设进度实施统一归口统计，全年共发布拆迁

岳麓区副区长张永久（右一）现场调研彩虹路道路建设情况（岳麓区公共工程建设中心供图）

湘府路快速化改造河西段建成通车图（岳麓区公共工程建设中心供图）

周统计信息数据通报34期、月督查通报11期，为领导调度项目征拆和决策提供重要参考，为规范全区征拆秩序、有序推进项目征拆工作做出应有贡献。全年共接到领导批示件42件，“12345”市民热线、区长信箱、问政湖南交办问题121件，涉及产业项目服务、道路修建、轨道交通建设、城际铁路遗留问题等。区公建中心对每项交办工作都高度重视，专人负责、科学调查、按期完成，获得了群众和领导的认可和好评。牵头做好市府北片城市更新相关工作，区公建中心按照区委、区政府统一安排部署，组织区政府办和区直相关部门、街道，对市府北片范围地块开发、用地权属、规划优化、拆迁安置、配套建设、环境整治、成本测算和相关历史问题进行了全面摸底和梳理，委托长沙市规划勘测设计研究院编制了《银杉路西片观沙岭&市府周边单元现状梳理与行动计划》，形成了较为详细的片区优化建议、成本和收益测算报告。市府北片项目已纳入市、区重大项目建设计划，2021年将启动征拆、立项等前期工作，区公建中心将继续配合实施主体做好前期手续办理、征地拆迁等相关工作。

【项目协调】 严格按照区委、区政府的决策部署，加大对市政府和湘江新区道路建设支持力度，不断畅通微循环，坦山路、双塘路（北段）、北津城路、彩虹路南段（岳麓大道至L-2支路）、观沙岭路三标、观沙岭片支路十二等6条瓶颈路拉通。同时，全力服务省市重点道路项目建设，促推湘府路快速化改造河西段、西二环拓改、潭州大道、潇湘大道南延线等4条骨干道路相继竣工并投入使用，城区交通路网循环体系逐步完善，“外成环、内成网、快速便捷”的区域交通格局逐步形成。

协调轨道交通3、4、6号线和2号线西延线二期、湘雅路过江通道、长株潭城际轨道西环线、大学科技城、人工智能科技城、湘雅健康城项目、湖南大学创新园选址等省市重大项目，积极配合并参与各重大项目用地选址、风评稳评、可研编制、初步设计等前期手续，及时妥善解决重大项目推进中征地拆迁、交通疏解、临时占地、管线改迁、道路开挖、绿化迁移等各类问题，切实维护施工环境。其中，对于因项目建设引起周边房屋开裂、地基下沉、房屋漏水、噪声扰民等影响居民生活的问题，区公建中心积极组织建设单位、街道和社区，做好房屋安全鉴定、修缮赔偿及宣传解释等工作，既确保了重大项目顺利推进，又有效维护了居民群众的合法权益。

长沙市人民政府副市长谭勇（前排左一）调研轨道2号线西延线二期工程（岳麓区公共工程建设中心供图）

长株潭城际轨道西环线施工现场（岳麓区公共工程建设中心供图）

做好全区产业项目、农安项目和民生项目涉及的水、电、气、路灯等问题的协调工作，解决了一批市民群众关心的急难愁盼问题。其中，有效解决了金科东方大院路灯安装及道路修复问题；大科城清水路－后湖路交叉口地下通道电梯接收和维护管理问题；支路十二污水乱排和人行道不平问题；组织开展湘雅健康城地下管线摸底调查，完成望岳路、支路九路灯验收等50余个重点项目水电气相关协调工作，为市民群众生活出行提供了便利，得到了企业、群众的一致好评。

【巡察整改】 2020年9月，区委第十一轮巡察第一巡察组进驻区公建中心开展了为期1个月的常规巡察，巡察期间，区公建中心坚决贯彻区委巡察的安排部署，严明纪律、主动接受、全力配合区委第一巡察组开展巡察工作，并顺利完成此轮巡察组进驻工作，对巡察中查摆出来的相关问题，认真做好整改落实，加强自查自纠，建立健全长效机制，切实做好巡察整改工作“后半篇文章”。

【服务群众】 积极开展帮扶关怀活动，2020年春节前走访慰问英才园和银桥社区困难群众12人，“七一”开展走访慰问困难党员10人，累计为社区困难党员和群众送去慰问金和慰问物资1万余元，把党的温暖和关怀送到群众心中。积极开展对口帮扶活动，为解决我区对口援建的洗洛镇卫生院设施设备不足问题，区公建中心拨付帮扶工作经费4万元，并号召干部职工自发购买扶贫物资9000余元，积极助力对口精准扶贫工作。开展支部活动和网格服务工作，以支部结对共建活动、在职党员进社区活动和“联学联创”活动为契机，先后开展结对共建活动10余次，组织党员开展志愿服务活动23次，与新区供电公司开展“联学联创”活动2次，网格日接待来访群众152人次，为联点社区解决路灯不亮、管线整理、路面破损、雨水管锈蚀更换、燃气改造等问题27个，拨付联点的英才园社区专项工作经费5万元，打造美丽楼道建设，消除老旧小区楼道安全隐患，提高居民生活质量。

【观沙路、谷岳路项目顺利开工】 9月21日，谷岳路、观沙路建设开工仪式在谷岳路施工现场举行，市人大常委会主任谢卫东宣布建设开工，市人大常委会副主任罗衡宁，副市长谭勇参加开工仪式。观沙路道路工程北起长望路，南至坦山路（佑姆塘路），全长约840米，为南北向城市次干道；谷岳路道路工程西起金星大道，东至

9月21日，谷岳路、观沙路建设开工仪式在谷岳路施工现场举行（岳麓区公共工程建设中心供图）

岳华路，全长约1209米，为东西向城市次干道。两条道路由湘江新区和岳麓区共同投资建设，总投资5.73亿元，设计车速为40千米/小时，机动车道为双向四车道，预计2021年12月底竣工。两条道路建成后，将极大改善市府北片居民出行和生活条件，缓解日益增长的交通压力，对提升城市品质、保障群众民生福祉、促进区域经济社会发展具有重要意义。

自然资源和规划

【概况】 长沙市自然资源和规划局岳麓区分局为长沙市自然资源和规划局正科级派出机构。内设办公室、党建监察科、自然资源保护利用科、空间规划和项目审批科、征地拆迁和法规科、财务科六个科室。下设征地拆迁事务所和五个自然资源和规划管理所。现有干部职工170人，在职人员143人，退休人员27人。

2020年，分局以习近平新时代中国特色社会主义思想和“三高四新”新发展理念为指引，全面贯彻落实中央及省、市、区工作部署，自觉履行“两个统一”职责，坚持以人民为中心，统筹推进疫情防控和经济建设发展，在保护资源、保障发展、维护权益、服务社会等方面率先探索、攻坚克难、主动作为，并取得优异成绩。

【规划编制】 全力推进多规合一村庄规划编制工作，确定29个村庄规划编制经费指标下达部门和编制主体，协助区政府办公室出台《岳麓区“多规合一”村庄规划编制工作方案》，协调落实编制经费及具体支付问题，组织5个街镇29个村对编制技术单位的招投标工作，并组织召开技术单位和街镇的工作对接会和动员会，组织对6个省级试点村的评审会议，该6个村的规划编制成果已经区政府同意和市资规局审查并上报市政府审批；积极协助各街道（社区）两安用地、麓山城投、岳麓高新区控规修改申报工作，协助开展市府北片区规划优化提升、新湘雅健康城规划，为桐梓坡大板房项目、黄泥岭小学调规、茶子山村安置地调规、望岳村安置地调规、大科城用地规划优化等项目做好规划技术支撑；继续推进15分钟生活圈建设。36个生活圈70个设施已全部完成建设；服务5G设施和电力设施建设，为铁塔公司27个站点提供选址意见，积极协调推进变电站土规城规调整和勘误工作。

【行政审批】 深化“最多跑一次”改革，推进“一件事一次办”，严格用地审批管理，为省市区重点项目提供高效优质的报批服务，全年共核发《建设用地许可证》205份，批准用地面积17425平方米；核发《建设工程规划许可证》2份，批准建筑面积22046.97平方米；核发《临时建设工程规划许可证》2份，批准建筑面积2395.32平方米；协助湘江新区办理规划咨询、方案审查等237个，核发《建设工程规划竣工验收合格证》173份；完成了八方小区、卫技新村等小区共计140个增设电梯项目审批。

【资源管理】 落实第三次国土调查，完成岳麓区国家监测图斑、国家复核反馈意见及统一时点更新检查意见、省级和自主不一致图斑共8249个，调查举证6774个图斑，完成省级八项常规核查和十项重点核查内容的核实修改，三调数据库已通过国家核查。积极开展13个街镇房地一体调查，全区已完成农村宅基地权籍调查55757宗，已完成集体建设用地权籍调查234宗（含3宗农安小区）362栋。已完成调查成果送审36005宗，数据入库736宗，调查成果公示35258宗，分局已联审11068宗，首次登记公告2208宗。积极构建全区地质灾害安全监测平台，牵头组织各基层所会同辖区街镇和社区（村）分片开展地质灾害拉网式巡查，共排查地灾隐患点46处并核定15处为区重点隐患点。汛期严格做好值班值守和监测预警，全区范围内未发生因地质灾害造成的人员伤亡及财产损失。认真做好长江经济带岳麓区段废弃露天矿山生态修复，2019—2020年应实施修复的废弃露天矿山矿点18处总计76.88公顷，已全部完成竣工验收。结合“强执法防事故”行动加强对已关停矿山的监管，发现并报送街道处置非法开采行为3宗，立案查处非法开采案件1宗。

【征地拆迁】 全力参与全市“大干一百天、实现双过半”竞赛活动，在6月区级评比中获评先进单位。2020年分局根据统一铺排，共启动实施项目91个，涉及面积5696.20亩，启动签约项目53个，涉及私房1349户，已完成签约1348户，签约率99.9%，取得了历年签约率的最好成绩，动迁人口6857人，拆除房屋1150栋约50.87万平方米，完成交地项目44个，腾地2572.43亩，完成签约清零待交地的项目4个。顺利实现观沙岭、岳华路、人工湿地、联江公园二期等重点项目的拆迁腾地，其中市委、市人大和市政府高度关注的市府北片道路（观沙路、谷岳路）项目短期内签约清零，创造了“第一奖励期内全面签约清零”的佳绩。2020年铺排扫尾任务项目共15个，涉及面积3606亩，已全面清零8个，腾地面积2084亩，扫尾项目为历年最少存量。通过合力攻坚，梅溪湖街道实现了“103号令”实施以来项目的全面清零。另外，积极配合区征收办等相关部门对岳麓街道城建投公司养鹿场等40栋国有土地上未登记建筑进行了确权认定。

【执法监察】 加强项目批后管理。全年共计受理批后管理卷65个，实施现场批前公示132次。参与放线95次（含变更放线），实施建设位置复验9次，实施竣工检查40次。下达《建设工程整改通知书》3份，下达停工通知5份，出具违法建（构）筑物专业咨询意见75份，向城管部门移送违法建设案件15件，向湘江新区综合执法支队移送违法建设案件15件。严厉查处违法用地。组织开展动态巡查600余次，出动执法人员1300余人次。2020年共立案查处土地违法、非法开采案件17宗，涉及土地面积113.33亩耕地39.7亩，共罚款66.6546万元，没收非法占用土地上建（构）筑物68869平方米，移送纪检监察机关3宗，移送司法机关追究刑责2宗；有序开展2020年前三个季度和2—11月度共542个卫片执法图斑的内外业核查、数据上报等工作，并对核查发现的40个违法图斑开展查处整改；全面推进197宗存量违法用地整改工作，除41宗符合一户一宅的村民建房和16宗村级服务平台外，已整改到位120宗；高效开展52个耕地保护督察和挂账问题的整改工作，已全部按要求整改到位；深入推进“违建别墅”问题专项清查整治，按要求完善整改措施，迎接国家最终验收。落实土地管理月调度机制，开展月清“三地”和“净地”攻坚，按时序积极推进处置。高效开展闲置土地清理处置，部增存挂钩闲置土地任务完成93.4%，在内五区排名第一。深入开展农村乱占耕地建房问题整治摸排工作，部、省、市下发图斑共13517个，剔除后剩余8806个，全部完成外业摸排、系统录入和执行结果公示，形成《长沙市岳麓区农村乱占耕地建房问题摸排工作报告》并经各街镇双签字双背书后呈报区委、区政府。

【信访工作】 严格把关行政复议案件10件，行政诉讼案件33件，依法依规办理政府信息公开126件。及时受理答复中央、省、市、区交办信访件43件，群众来信来访79件，协调区信访局、区征地服务中心、湘江新区国土规划局、相关街道处理多次上访关于拆迁安置不合理诉求问题。受理答复湘江新区和岳麓区“12345”热线工单共573件，市长信箱53件，已全部完成办结，有效推进了八方小区D区108栋加装电梯问题、江山帝景雅典小区垃圾站问题、雨敞坪镇新卯村农村房屋办理不动产权证问题、老虎岭社区“征而未用”等信访问题的处理。

【全员参与疫情防控】 2月3日制定《防控新型冠状病毒感染肺炎疫情实施方案》并在第一时间内下发至各科室督促落实。正月期间千方百计筹备防疫物资，为单位干部职工筹备口罩5100个、消毒液150千克、酒精100千克、一次性手套2000盒。2月14日分局在职党员主动到岳麓区天顶街道航天社区，全力配合社区工作人员开展疫情防控工作。疫情期间，做好公共区域消杀和人员管理，每日对全体干部职工及家属做好排查和信息上报。通过微信群、短信等普及防疫知识。未发生单位工作人员和家属感染的情况。

【推进“多规合一”村庄规划编制】 5月29日，协助区政府制定并印发了《岳麓区“多规合一”村庄规划编制工作方案》，7月30日街道和镇人民政府作为编制主体与规划院分别签订了30个村的规划采购协议，12月3日，分局邀请新区国土规划局和区编制领导小组

社区志愿者开展疫情防控工作

成员单位以及省、市专家，对莲花镇云盖村、东塘村、五丰村和雨敞坪镇泉水湖村、新卯村、麻田村等六个省级试点村进行了规划评审，规划编制成果已上报市政府审批。

【第三次国土调查】 贯彻国家和省三调工作会议精神，按照“真实、真实、再真实”的要求，2020年6月，严密组织实施各项专项调查任务。完成岳麓区国家监测图斑、国家复核反馈意见及统一时点更新检查意见、省级和自主不一致图斑共8249个，调查举证6774个图斑，完成省级八项常规核查和十项重点核查内容的核实修改。

【房地一体调查】 按照“先易后难，稳步推进”的工作方针，严格落实“一日一调度”制度，扎实推进农村宅基地和集体建设用地房地一体确权登记发证工作，完成农村宅基地权籍调查55757宗，完成集体建设用地权籍调查234宗（含3宗农安小区）362栋，完成四级审查14935宗，颁发集体不动产登记权证210本。

【违建别墅专项整治】 2020年2月，收集完善6批次266个疑似图斑的佐证材料，完成部际协调机制对全区范围内共13处19栋违建别墅项目整改落实情况开展的六轮调研的核查反馈，按要求完善整改措施。截至2020年8月，岳麓区范围内共13处19栋违建别墅项目，已全部按要求处置到位，其中拆除15栋，建筑面积合计7597.69平方米，没收4栋，建筑面积合计1823平方米。

【农村乱占耕地建房问题整治】 分局于7月27日召开了农村乱占耕地建房问题整治摸排工作部署会，7月28日制定了《岳麓区农村乱占耕地建房问题整治摸排工作方案》，9月10日再次召开动员部署会，9月11日成立了专项工作领导小组和综合协调、摸底排查、政策会商、宣传督导四个工作专班。9月29日岳麓区召开农村乱占耕地建房问题整治工作调度暨技术培训会议，分局克服重重困难，加班加点推进，采用“以权籍调查为基础、套合叠加已审批数据、乡镇补充摸排确认”三线并进的摸排方法，筛选部、省、市下发三个批次图斑13517个，实地摸排图斑8806个，按时完成系统录入和结果公示，经层层签字背书后，于12月9日形成《长沙市岳麓区农村乱占耕地建房问题摸排工作报告》呈报区委、区政府。

【推进月清“三地”工作】 从2020年6月份开始，分局将月清“三地”工作纳入常态化管理，制定工作方案，成立工作专班，每月召开专题调度会议，积极推进撤批土地、闲置土地、违法用地处置任务月清月结，坚决遏制增量问题，限期消化存量问题。2020年累计接到省厅下达的闲置土地处置任务23宗，已处置16宗1315.90亩；累计接到省厅下达的违法用地处置任务14宗70.38亩（其中涉及耕地24.8亩、永久基本农田8.1亩），已整改到位5宗27.85亩（其中涉及耕地18.2亩、永久基本农田2亩），已移送城管部门视为阶段性月清6宗26.53亩（其中涉及耕地2.6亩、永久基本农田2.1亩），已立案查处到位视为阶段性月清1宗9.3亩；累计接到省厅下达的批而未供项目共计70宗（含与湘江新区共有批单4宗），未供总面积1799.175亩，已供1229.2515亩（含全部供应项目

52个，部分供应项目3个），处置率为68.32%，已达到省厅要求2020年完成50%的目标。

城市管理和综合执法

【概况】2020年，区城市管理工作按照市委、市政府“精准规划、精美建设、精致管理、精明增长”的总体要求，围绕区委、区政府“知识岳麓，创新岳麓”战略布局，以创建国家生态园林城市、卫生城市为重点，以“文明城市提质年”“城市管理品质提升年”为契机，把握文明创建、城管品质提升主旋律，以“争一流、主动干、勇担当、抓落实、聚合力”的城管精神，着力构建“更有颜值、更有气质、更有内涵、更有格调、更有品位”的城市环境，完成全市首个建筑垃圾资源化利用特许经营实施项目，先后承办住建部垃圾分类长沙督导、全省建筑垃圾分类现场经验观摩，在全市建筑装修垃圾处置现场经验观摩会上，岳麓区作为唯一区县做经验介绍，在区人大关于全区垃圾分类专项评议工作中满意率92.9%；率先启动农安小区、老旧社区违规广告招牌整治，完成全市首条户外广告招牌示范街龙柏湾商业街建设，湖南卫视、《长沙晚报》、长沙新闻频道等媒体分别进行了专题报道；在全市率先推广新式占道、占绿施工围挡，保证审批和监管的无缝衔接。2020年，获评湖南省城市管理工作突出单位和湖南省2020届文明单位，城管工作考核在全市排名为一类单位。

【督查考核】建立“区、部门、街（镇）”三级督查网络，与区委、区政府督查室实行定期或不定期联合督查，并整合区城管系统、区市政设施维护中心、区市容环境卫生维护中心、区园林绿化维护中心、区城管执法大队的督查力量，采取日常督查与集中督查、专项督查与全面督查相结合的方式，对全区主次干道、重要广场和街道社区城市管理问题进行督查。全年开展各类线路保障150余次，协调组织各类保障力量6000余人次，实现了重大线路保障工作零失误。根据《长沙市城市管理工作考核办法》，结合工作实际，制定下发2020年《岳麓区城市管理日常考核评价办法》，将层级考核、拆违控违、燃气管理、集镇管理纳入考核范围；同时健全和优化考核体系，制定《岳麓区城市管理考核评分标准》，统一格式、统一标准，形成完整的考核体系。

【数字化城管】市数字化系统岳麓区共接收70236条，结案率100%，市网格化系统岳麓区共上报处置问题15574条，区智慧岳麓系统共上报处置问题33146条。

【垃圾分类】制定出台《岳麓区2020年生活垃圾分类工作实施方案》《岳麓区2020年生活垃圾分类日常考核办法》等系列文件，对城区街道和社区实行分类考核，纳入区对街道的绩效考核并与奖励挂钩。全区全年共收运厨余垃圾2.95万吨、可回收物10.21万吨、有害垃圾10.17吨、其他垃圾39.39万吨、装修建筑垃圾37.91万吨、大件垃圾2548车、园林垃圾0.93万吨，年度垃圾减量5%。投入生活垃圾分类专项经费3900余万元，重点保障街道工作奖补经费、社区示范创建奖励经费、设施设备采购及处置运输经费、各类宣传培训办公经费等。组建1804人的督导员队伍专职负责生活垃圾分类督导，采取政府购买服务方式对全区大件垃圾和装修垃圾处理、有害垃圾和厨余垃圾处置运输等进行市场化外包。建设厨余垃圾转运站132个，厨余垃圾集置点500余处，争取市级支持配备专业运输车辆13台，全区已配备厨余垃圾收集转运车409台，实现专站、专车、专人收运，做到精准溯源。指导、督导社区垃圾分类工作174次，组织全区城管执法、农贸市场、物业公司、机关单位等人员培训20余次。全年办理违反《长沙市生活垃圾分类管理条例》的行政处罚案件102件，罚款5.9万元；在中央及省、市、区级媒体报道垃圾分类工作168次。2020年，创建了望月湖街道、咸嘉湖街道、望岳街道、梅溪湖街道4个市级示范街道及7个市级特色工作社区、20个区级示范社区、20个区级先进物业小区。

【燃气监管】对全区各液化气企业、液化气门店等进行专项整治，取缔关停无证网点，整治不规范行为。对全区105家燃气供应点和其余重点区域进行

7月16日，区委书记周志凯（前排右二）调研区城市管理工作（岳麓区城管局办公室供图）

全方位巡查，下达整改通知100余份，暂扣燃气钢瓶1689个，取缔关停非法供应站点67家，违规经营停业整顿门店2家，罚款14.8万元。

【行政审批】 制定并下发《关于规范全区占道、占绿施工围挡设置的通知》，对施工围挡的设置标准、设置要求、批后监管进行明确，确保全区围挡设置规范。将门店招牌指导审查事项、临时占用街道两侧公共场地行政许可的受理环节延伸至各街道；设立水电气外线审批综合窗，实现了水电气报装外线工程行政审批“一窗受理、一网通办、并联审批”。

【提案批示办理】 认真办理和落实上级和区本级领导批示、交办事项，切实强化工作举措，提高办理质量，全年共计接收、办理领导批示件66件。全年共办理人大建议2件，政协提案8件，协助区政府答复市人大建议、市政协提案各2件。全年共接收信访共计24条，其中接待来电、来信3条；共签收“12345”市民服务热线工单416条，处置率100%，办结工单326条，群众满意度达99.8%以上。

【新冠肺炎疫情防控】 新冠肺炎疫情暴发后，认真组织城管系统干部职工下沉网格，主动服务龙王港综合整治工程勘察等30多个重点项目，解决实际问题45个，全面支持企业复工复产；深入推进网上审批，简化审批流程，压缩审批时间至2.5个工作日。为多家公司主动上门开展精准对口服务，全年共办理行政许可2739件。对接市渣土事务中心，办理渣土项目回填86处；积极对接新奥燃气河西分公司，严格落实燃气欠费不断供政策，为企业复工复产提供保障，累计保障企业3230家，金额4498万余元。

【区委书记周志凯调研区城市管理工作】 7月16日下午，区委书记周志凯调研区城市管理工作。区委副书记、区长周凡，区领导杨利成、张永久、谢德良、陈茂学参加，周志凯一行先后到盛世耀凯小区、梅溪湖街道桃岭社区（万科梅溪郡小区）实地查看垃圾分类现场，到湖南财经学院（体育场）观看区城管执法大队队列会操。随后在区城管综合执法大队三楼会议室召开现场办公会议。

【龙柏湾商业街综合整治】 龙柏湾商业街综合整治项目从“清广告，整店招；洁立面，分颜色；藏空调，隐管线；砍矮腿，留长腿；整车位，扩步道；美天桥，添绿意”六个方

龙柏湾商业街综合整治（岳麓区城管局办公室供图）

面打造可复制、可推广的示范街区。项目由长沙房产（集团）有限公司实施，岳麓区城市管理和综合执法局监管，项目总投资约1800万元，以“户外广告招牌示范路”为抓手，按照“先整治、后提质”实施步骤，于2020年7月28日至8月19日，对龙柏湾商业街设置的所有广告招牌进行了拆除，沿街1.1万余平方米建筑立面清洗及艺术墙漆粉刷、160余块门店招牌统一规整、5栋建筑空调及管线整理规范及格栅安装、底层灌木及地被植物清理提质、人行天桥美化、4000余平方米人行步道修复、相关配套设施增设等，2020年11月底项目完成建设。

【全省首个有害垃圾收运处置项目在岳麓区投入运行】 2020年8月，岳麓区在全市率先完成对有害垃圾收运处置服务项目的招投标，确定湖南瀚洋环保科技有限公司为项目中标单位。2020年9月4日正式启动有害垃圾收运处置项目运营，成为全省首个落地项目。有害垃圾转移站选址在远离居民区的西二环线桥下，实际占地100平方米，于8月1日开工建设，9月3日正式投入使用。转移站严格按照国家环保要求进行密闭建设，设立围堰、地面硬化等“三防”（防扬散、防流失、防渗漏）措施，站内安装了排风净化系统，室内空气统一净化后排放，确保转移站内无有毒有害气体聚集。同时，规范设置了导流沟、沉淀池等应急措施，防止液体有害垃圾在装卸货、分拣、包装时发生泄漏；湖南瀚洋环保科技有限公司购置了2台有害垃圾专用收运车，收运车严格按照环保部门的要求进行箱体密闭处理，达到“三防”措施要求。根据有害垃圾的种类进行合理包装，设置作业界限标志和警示牌安全转移，按照国家相关行业规范和处置标准进行无害化处置。

【全市首个建筑垃圾资源化利用特许经营项目完成】 2020年8月，岳麓区率先在全市完成建筑垃圾资源化利用特许经营权招投标工作，并确定湖南云中再生科技股份有限公司为中标单位，在梅溪湖片区建设建筑垃圾处置基地。这是湖南省第一个综合性的四类建筑垃圾协同处置基地，总投资7000余万元，占地200亩，共规划布局10条各类生产处置线，建筑垃圾年设计处置能力为300万吨。其中，5条建筑垃圾处置分选线，包括2条装修垃圾破碎分选线、1条拆除垃圾破碎分选线、1条工程垃圾破碎分选线、1条道路沥青垃圾破碎分选线；4条再生产品生产线，包括热再生沥青混合料生产线、冷再生沥青混合料生产线、再生水稳混合料生产线、再生低标混凝土生产线；1条专用添加剂生产线，主要生产沥青再生剂、再生水稳复合增强剂等。项目于2020年10月底基本完成。

【区委第三巡察组对区城市管理和综合执法局开展巡察】 9月1日开始，区委第三巡察组由组长吴俊良带队，对区城市管理和综合执法局开展为期1个月巡察。巡察组聚焦基层党组织领导班子和干部队伍建设情况，主要通过听取有关工作汇报、与被巡察单位领导班子成员和其他干部群众个别谈话、受理反映被巡察单位领导班子及其主要岗位负责人问题的来信、来电、来访和调阅、复制有关文件、档案资料、深入调查研究等方式，检查被巡察党组织履行管党治党政治责任情况，担当尽责、为民服务情况，执行中央八项规定及其实施细则精神和整治“四风”情况，党

8月，全省首个有害垃圾收运处置项目在岳麓区投入运行（岳麓区城管局供图）

规党纪执行情况，落实意识形态责任制情况，资金管理、资产处置、资源配置、资本运作和工程项目方面的廉洁情况，领导干部廉洁自律情况和整治侵害群众利益问题情况，以及省委巡视整改落实情况。

【岳麓区人大评议区垃圾分类工作会议召开】 11月5日上午，区人大评议全区垃圾分类、农村人居环境“五治”工作会议召开。岳麓区委书记周志凯、区人大常委会主任胡杰夫、区第五届人大常委会全体委员、区人大常委会专项评议全区垃圾分类和农村人居环境“五治”工作领导小组、区人民政府分管垃圾分类和分管农村人居环境“五治”工作副区长、区人大常委会各街道工委主任、各镇人大主席及区直相关部门负责人、法律咨询专家、各人大委（办）副主任、部分省、市、区人大代表共计100余人参加，区人大常委会副主任王剑鸣主持会议。会上，区城管执法局局长周永作《岳麓区垃圾分类工作情况汇报》、区人大常委会副主任专项评议组长林俐俐作《关于岳麓区垃圾分类工作情况的专项评议报告》，全体与会人员对区垃圾分类工作进行满意度测评，满意率为92.9%。

城市管理综合执法大队

【概况】 2020年，岳麓区城市管理综合执法大队始终以“建一流队伍、创一流业绩”为工作目标，统筹疫情防控和行政执法工作，聚力市容秩序管控、各类专项整治，不断在城管执法科学化、精细化、智能化上下功夫，行政执法办案指标一直位居全市前列，连续四年被评为岳麓区绩效考核一类单位，获评长沙市“最美蓝天卫士”先进集体。针对2020年的特殊情况，大队提前预判、科学分析，按照力度不减、标准不降的原则，统筹新冠疫情防控和市容秩序管控。突出城管执法难点热点，针对垃圾分类执法新运行、违法建设办案新情况、行政处罚案卷评审新规则等开展集中法制专项培训，有力提高了全体执法干部的办案能力。每周安排2次大型夜市、渣土综合整治，每天进行常态化巡控，推广新式占道、占绿施工围挡，从严、从重查处乱停乱放、违规户外广告招牌、流动摊贩、渣土运输处置等违法行为，圆满保障习近平主席视察、互联网岳麓峰会等130余次重大活动市容秩序。当前全区主次干道、主要广场秩序井然，背街小巷正逐步规范。面对全国文明城市测评的“大考”，大队全体停休、全员上路、全时值守，对照标准一项一项查问题，一处一处抓整改，一条一条抓达标，尤其面对共享单车老大难问题，大队组织夜班人员彻夜清理，白天时时值守，实现了不扣分、得高分的工作目标。

聚焦影响城市环境、制约社会发展、群众反映强烈的突出问题，实施专项整治。强力整治共享单车，通过减量限投控制共享单车规模、设置蓝牙道钉和电子围栏技术规范停车秩序、区校联合打造志愿服务团队等措施，在全区范围内开展大排查、大整治、大清理，将共享单车规模由7.5万余辆降低到3000余辆，有效化解共享单车的“围城之困”。强力整治施工围挡，在全区范围内推广新式占道、占绿施工围挡，畅通审批与监管无缝链接，形成事前审批、事中监管、事后恢复的闭环管理，对未按规定围挡行为从严处罚，提升城市管理水平。强力整治户外广告招牌、违法建设、夜间施工噪声污染等问题，提升城市管理精细化、科学化、规范化水平。

充分发扬城管“铁军”精神，全力服务中心工作。聚力大科城治理，持续深化特勤管理先行、综合执法保障、快速处置反应的勤务模式，开展日常精细化城市管理，合力打造大学生志愿者服务平台，确保了常态长效。聚力蓝天保卫战，以餐饮油烟、渣土扬尘、露天烧烤、焚烧垃圾四大整治为重点，在全市率先完成234家在线油烟监控安装任务，执法效果在全区蓝天保卫战执法部门中排名第一，被评为长沙市“最美蓝天卫士”先进集体。聚力社会治理创新。深入贯彻落实社会治理创新“五篇文章”，以群众投诉为重点，坚持24小时值班，第一时间接警、处置、回复，用心用力用情处理群众投诉，全年共处理各类群众投诉1万余件,满意率达99%以上。

以“队伍建设强化年”为主线，强化队伍建设，以党建为引领，打造“书香城管”支部阵地建设，统一制作“争一流、勇担当、主动干、抓落实、聚合力”的岳麓城管精神宣传栏，开展“七一”入党誓词集体宣誓仪式，组织赴刘少奇故居、长沙党史馆等场所进行党的优良传统教育，集体观看《半条被子》《夺冠》等爱国主义电影，动员广大党员深化理论学习，学习强国累计积分排全区第二。以活动为牵引，以建队20周年系列活动为契机,积极开展座谈会、队列会操、整理大事记、录制宣传片等配合活动，凝聚了人心、提振了士气。持续深化“少年城管学校”等特色品牌，积极参加区2020年迎春文艺晚会、篮球比赛、健康跑等活动，组织开展春节走访慰问、“八一”建军节慰问、退休欢送系列活动。以先进为导引，号召广大党员干部在疫情防控和复工复产中当先锋、做表率，组织60余名干部职工义务献血，涌现出了一批抗疫复工先进典型，桔子洲中队被市文明办评为文明窗口示范单位，人民网、学习强国、《长沙晚报》、指尖岳麓等各级媒体宣传报道50余次。

【**行政执法**】年内共办理行政处罚案件24041起，行政处罚985.9万元，执法数据继续在全市排名前列。积极配合对接行政复议、行政诉讼的应诉答辩工作，一年来共收到行政复议案件4起，代理行政复议案件9起，均有效进行处置，维护法律尊严。

【**户外广告招牌整治**】运用科技手段，引进非法小广告持续告知系统，为治理牛皮癣顽疾创新方法手段。在全市率先启动农安小区、老旧社区违规广告招牌整治，整改拆除1085处，完成了全市第一条高标准广告招牌示范街区观沙路的建设，全力推进枫林路的整体打造。全年共拆除违规广告1359处，面积1.26万平方米，充分展现了岳麓最美天际线。

【**拆违控违**】提请区委区政府出台拆违控违工作实施方案，运用无人机开展动态巡违试点，全面完成市下达的8批47处违法建设和36处国土执法整改任务，较好地服务了大科城科创服务中心、麓景路延长线、白沙液街提质改造、观沙岭片区整治等项目拆违工作，全年共拆除违法建设面积2.5万余平方米。

【**燃气执法**】突出燃气安全，深化宣传引导，开展集中宣传活动20余次，发放各种宣传资料8万多份，建立起燃气营业网点巡查制度，全年共开展各类燃气执法行动40余次，暂扣燃气钢瓶1000余个，行政处罚14.8万元，办理一批重大案件，有效维护法律威严，确保安全稳定。

【**岳麓城管执法大队成立20周年**】2000年6月经国务院法制办批准，长沙市成为全国第一批相对集中行使行政处罚权试点城市，成立了长沙市城市管理综合执法支队，岳麓大队也应运而生、扬帆起航；2014年4月随着执法体制调整，重心下移，更名为岳麓区城市管理综合执法大队。到2020年，已经走过了20年的风雨历程。大队组织了座谈会、大事记、制度汇编等“八个一”的庆祝活动，7月16日，区委书记周志凯，区委副书记、区长周凡一行观看建队二十周年队列会操，并在大队召开了座谈会，高度肯定大队取得的工作成绩，并对下一步工作提出了殷切希望。

【**应对新冠肺炎疫情**】面对凶猛疫情，区城管执法大队以疫情就是命令，防控就是责任，动员所有人员投身到抗击疫情的阻击战中，第一时间成立疫情防控领导小组，制定大队疫

岳麓区城管执法大队组织对违规广告进行拆除（岳麓区城管执法大队办公室供图）

情防控工作方案，全面加强疫情防控领导调度，大年初二连夜在7个主要高速路口进行24小时守点防控，后期根据情况，选派87名执法干部参与企业联络员和社区志愿者，负责全区预防中药的发放工作，日常做好农贸市场和市容秩序的保障工作，全力守护群众身体健康和生命安全。后期按照“大干一百天，实现双过半”竞赛活动要求，组建项目施工城管支持专班，安排辖区中队长联点辖区重点项目，组织人员对全区所有工地进行走访，实地了解情况，尽心做好帮扶，多方筹措防疫物资，在助力企业正常运行的同时减少对人民群众的影响，务实的工作得到了相关企业和人民群众的充分认可，先后有湖南妇女儿童医院、恒大旅游城等企业向大队赠送锦旗表示感谢。

【垃圾分类开启执法元年】 2020年《长沙市生活垃圾管理条例》正式执行，标志着垃圾分类由“倡议分类”进入“强制分类”的新阶段。9月10日，岳麓区在滦湾镇通程购物广场组织《长沙市生活垃圾管理条例》集中宣传月活动启动仪式，区委常委、宣传部部长刘雄辉，副区长王海潮，市城管局相关处室负责人，以及区直部门、街镇社区、物业公司和志愿者代表近200人参加。抓实抓细《条例》宣传“六进”活动，构建起宣传的立体网络。区城管执法大队抓好执法保障，在10月1日《条例》正式执行当日，就开具了全市第一张垃圾分类整改通知书，办理了第一批垃圾分类违法案件，三个月来办理生活垃圾分类案件102起，行政处罚5.9万元。

【上线违法小广告语音持续告知系统】 9月15日，长沙市区首个“违法小广告语音持续告知系统”在岳麓区城管执法大队正式投入运行。该系统分为手机端和后台，在街头发现涂写、张贴、刻画非法小广告的行为后，会用手机对现场进行拍照取证，并上传至后台，通过核实后，执法人员会根据具体情节进行处理，对未处置的违法行为将对非法粘贴小广告的电话号码进行追呼，从源头上遏制“街头牛皮癣”再生。违法小广告语音持续告知系统自9月中旬运行以来，全区共将100余条违规小广告电话纳入了持续告知系统，办理违规小广告案件30起，罚款5000余元。

岳麓区城管执法整体列队（岳麓区城管执法大队办公室供图）

市政设施维护

【概况】 区市政设施维护中心，隶属岳麓区人民政府，行业指导归口长沙市城管局。有办公室、政工科等内设机构12个，工作人员164人（含临聘人员97人），各类机械设备增至111台（套）；2020年市政设施维护主要为路面设施（含街道）1109.66万平方米、排水管网（含部分街道）1221.79千米、各类井3.05万个，涵盖全区的各主次干道、桥面、生活广场。

【维护业务】 根据中心维护责任范围与工作实际，实行一周一计划、一例会、一总结的“三个一”模式，有计划、分步骤的维护与管理，以确保维护标准和品质。全年共处置数字化案卷8003条，主动巡查处置28388条，摊铺沥青94662平方米，人行道板维护20057平方米，安装更换障碍柱、麻石球（葫芦球）、U型杆9107根（个），更换平侧石1651套米。根据区政府安排部署，完成好家园小区提质改造项目、老咸嘉湖路

（咸嘉湖路口——金星路口）等5个应急维护项目。

【防涝排渍】完善制定《2020年城区防涝排渍工作应急预案》，于岳麓科技文化园地下车库、西湖文化园、梅溪湖东湖等地组织不同风险级别的防汛应急实地演练；加强城区市政排水管网的日常清淤维护工作，全年共更换、调整、提升各类井座1738座，清掏泄水井3.35万座，排水管网清淤6.14千米，外运淤泥990.6吨；推进全区11处易渍点"台账式"整治，已完成白鹤咀教师村等7处易渍点的改造；开展应急救援，根据预警要求，共处置内涝险情73处，累计出动应急抢险人员2487人次，出动排水应急单元、大型排涝车、运输车辆等应急抢险设备615台。

【路政管理】优化营商环境，在严把资料审查关的同时，简洁材料清单，缩减事项前置审批意见时限，由原来的10个工作日压缩至3个工作日；加强路面巡查，巡查人员上路率达到93%，制止违章无证占道、挖掘施工32起，查处违章顶管施工12起。办理管辖范围内临时占用城市道路前置许可意见416起，挖掘城市道路前置许可355起，协同特勤中队查处市政类执法案卷19起。

【民生工程】积极响应市委、市政府关于城区排水管网提质增效的工作号召，完成南园路水系污水管网完善工程及龙王港流域西湖汇水区控污截污改造项目，工程将从根本上解决南园路箱涵对龙王港水环境的污染问题；完成龙王港流域18个排口截流整治项目，湘江北片区13个排口截流整治项目，完成岳麓大道（西二环——麓谷大道）路面提质改造项目及老咸嘉湖路交通微循环改造项目道路提质改造工程。完成"一圈两场三道"项目杜英路、清水路等4条14.23千米人行道提质改造。

【南园路水系污水管网完善工程验收】11月4日南园路水系污水管网完善工程召开竣工验收会议。此工程共计投资22305.44万元，主要对南园路汇水区东干渠污水主干管进行建设并对部分沿线污水进行截流。工程将补齐南园路水系污水管网缺失的短板，从根本上解决南园路箱涵对龙王港水环境的污染问题，完工后打通南园路箱涵汇水区污水输送主通道，实现入南园路箱涵污水减量约80%，雨污水各行其道，大大削减南园路箱涵入龙王港污染总量，从而从根本上改善龙王港水环境质量。

11月4日，召开南园路水系污水管网完善工程验收会议（市政设施维护中心供图）

交通运输

【概况】区交通运输局为正科级政府工作部门。区交通运输局共有工作人员70人，其中在职干部37人。2020年，区交通运输局优化班子队伍建设，扎实开展疫情防控，完善交通基础设施建设，强化道路运输市场整治，推进城乡公交建设，圆满完成全年工作任务。

【新冠疫情防控】年初新冠肺炎疫情暴发，区交通局迅速部署，取消春节休假，1月26日起，区交通局全员上岗开展卡点防疫，在职干部、协管员46人在全区7个高速公路出入口和湖南湘江新区交通枢纽布防卡点，分三班24小时对入长外籍车辆、人员进行询问和体温检测，检查车辆1.8万余台、随车人员2万余人。派出17名志愿者开展农安（老旧开放）小区疫情防控工作，有效减轻小区疫情防控人员压力。

【交通基础设施建设】继续推进村组公路建设，在街道（镇）上报计划的基础上开展摸底核实、设计、监理、检测招标工作，完成建设里程100千米，投资4000万元；完成望岳街道、含浦街道、莲花镇部分线路大修项目3.7千米，投资396万元；启动G0421许广高速莲花互通——岳宁大道公路项目前期手续办理工作，完成立项及工可批复，启动项目招投标、征地拆迁、用地手续办理等工作；完成黄桥大道（岳麓区段）绿化提质工程5.1千米，投资398万元；完成S41长潭西高速公路白泉、栗山塘收费站出入口绿化、美化及路面提质改造。完成8座2018年、2019年危桥改造续建项目，启动2020年桥梁项目3座，完成投资600万元。分三批完成校车线路安全隐患路段安防工程建设102千米，总投资约700万元。科学运用全区农村公路管养综合服务平台，加强道路巡查，坚持跟踪督查，及时发现和处理道路运行当中出现的各类问题，有效保护了农村公路的使用寿命，农村公路通行能力长期保持通畅安全。认真落实养护考核检查，促进日常养护工作不断提升。

【道路运输市场监管】制定《2020年度跨部门“双随机、一公开”联合抽查工作实施方案》《道路运输行业联合执法专项整治实施方案》《汽车维修行业专项整治实施方案》，在普货运输、汽车维修行业领域开展专项整治，深入排查事故隐患，督促安全生产责任落实到位。对辖区74家普通货物运输企业、95家机动车维修企业进行质量检验和安全检查，着重检查企业安全生产制度、落实企业主体责任、消防设施设备配备及有效期限及驾驶员安全教育培训。落实省、市交通问题顽瘴痼疾集中整治相关工作要求，组织对全区农村地区涉路涉线安全隐患进行一次全面的集中排查工作，完善隐患清单和台账，排查方式为委托第三方专业机构进行排查，排查里程933千米。落实“市区共管、以市为主”交通行政执法工作机制，推动市交通运输综合行政执法局岳麓大队的建立，并于7月底在岳麓区顺利挂牌。区交通局承担岳麓大队的相关后勤保障，为岳麓大队执法工作开展提供支持。2020年，岳麓大队共查处违法违规行为295起，其中城市公共客运非法营运2起，道路客运非法营运65起，道路货物运输违规119起（其中危货1起、超限超载114起），出租汽车违规47起（其中网约车34起），道路旅客运输违规60起，公交线路违规2起。不间断开展在建工地安全检查，要求项目方严格落实负责人现场带班生产制度，严禁违章指挥、违章操作、违反劳动纪律等行为；重点加强关键环节和部位的安全管理，提升施工人员安全意识，严格执行安全操作规程，严防安全事故发生。

【交通综合服务】推进政务服务事项“四级九统”标准化梳理工作，及时更新梳理平台的政务服务事项，通过一网通业务系统按时办结业务；对市局下放的一、二类道路货物运输企业收集档案资料、整理归档，加强对道路货物运输企业的监督检查；政务服务窗口年审车辆2162台，受理新道路运输营运证配发793本，转出车辆198台，受理道路货运经营许可事项245件。对“四街两镇”的建制村通公交情况进行摸底调查，将233路、236路延伸至桐木公交首末站，开通297路公交线路连接莲花公交首末站——金凤村；沟通协调市局开通296路公交线路，连接雨敞坪镇——汽车西站，协调完成雨敞坪公交首末站建设。

莲花镇公交车站（岳麓区交通运输局供图）

环境保护

生态环境

【概况】2020年，原长沙市岳麓区环境保护局正式更名为长沙市生态环境局岳麓分局，为长沙市生态环境局正科级派出机构，由长沙市生态环境局直接管理，主要负责对岳麓区区域范围内生态环境工作实施统一监督管理，在长沙市生态环境局授权范围内承担生态环境保护许可具体工作。核定行政编制12名，实有行政编制人员10名，政府雇员1名，临聘人员13名。内设办公室、综合协调科、党建人事（纪检监察）和宣教科、生态环境管理科、行政审批和政务服务（法制）科。全区生态环境保护工作以改善环境质量为目标，扎实推进污染防治攻坚战，各项生态环保工作目标任务稳步推进并取得明显成效。被国务院第二次全国污染源普查领导小组办公室授予“第二次全国污染源普查表现突出先进集体”称号。积极服务岳麓区委、区政府中心工作，2020年市对区年度环保绩效考核蝉联内五区一类。

【区域环境】2020年全区空气质量优良率监测：师大附中为82.9%，较上年上升9%；中医大为85.8%，较上年同期上升10.5%。$PM_{2.5}$日均浓度值：师大附中为43微克/立方米，较上年同期下降10.4%；中医大为39微克/立方米，较上年同期下降15.2%。臭氧日均浓度值：师大附中为142微克/立方米，较上年下降18.4%；中医大为142微克/立方米，较上年下降16.5%。重污染天数：0天。城区集中式饮用水水源地水质达标率为100%，靳江河、梅溪湖、白泉河、龙王港年均水质稳定达标。

【组织协调】提请区委、区政府主要领导召开区委常委会、区政府常务会、区长办公会等会议专题研究部署生态环境保护工作8次；组织召开区环委会全会4次；向全区人大常委会和主任会议汇报2019年全区环境质量状况和2020年工作思路，2019年《中华人民共和国水污染防治法》执法检查的整改情况；配合区人大开展《中华人民共和国固体废物污染环境防治法》执法检查。提请区政府常务会议研究并下发《岳麓区2020年生态环境保护工作要点》《长沙市岳麓区2020年大气、水、土壤和噪声污染防治工作方案》《长沙市岳麓区湘江保护和治理第三个“三年行动计划”（2019—2021年）实施方案》《长沙市岳麓区突发环境事件应急预案（修订）》等系列文件，解决蓝天保卫战经费2336万元。上报各类工作信息140余篇，在省级以上主流媒体刊发新闻报道25篇，市级各类媒体刊发新闻报道51篇。在《人民日报》《经济日报》《潇湘晨报》《湖南日报》等国家和省级媒体推介岳麓生态环保工作190余次，4月11日《经济日报》以《长沙做好“净水、安水、活水”文章》为题推介后湖综合整治工作；6月5日《湖南日报》以《真抓实干在岳麓绿色发展 宜居岳麓》为题展现岳麓区的湖光山色和宜居宜业；承办长沙市2020年“6·5”世界环境日主场宣传活动，组织发动各街镇开展宣传活动30余场次。

【污染防治】完成市委、市政府下达的生态环境保护重点建设项目30个，其中大气污染防治项目12个、水污染防治项目5个、土壤污染防治项目9个、噪声污染防治项目4个。办理建设项目环评审批25个，出具初审意见19个，办理夜间施工审批1328个，出具立项环保意见10个，核发辐射安全许可证8本；圆满完成第二次污染源普查工作，获评“第二次全国污染源普查表现突出先进集体”；开展五湖、七河、三库水环境质量监测，共取得有效监测数据2200余个；全力推进排污许可清理整顿和发证工作，完成124个行业的清理整顿，填报538家固定污染源管理对象登记，核发89家简化管理对象排污证，重点管理对象排污许可证6家，登记管理和发证完成率100%；积极推进燃气锅炉低氮改造，完成燃气锅炉低氮改造103台，完成率达98.1%。

全区234家餐饮油烟在线监控系统完成安装及验收；完成涉挥发性有机物重点排放的21家汽车4S店和2家印刷厂的污染防治设施安装智能电表并通过验收；开展非道路移动机械编码登记工作，共备案2123台，其中：国三机械1145台、国二及以下机械978台（已有86台由机主自行完成升级改造），现已申领牌照880块、下发牌照775块、二维码信息卡775张；关闭"散乱污"单位27家。

【监察执法】 开展专项执法行动39次，出动执法人员150余人次，对辖区工业企业、汽车4S店、医疗单位、沥青搅拌站、三产业等单位执法检查110余家次；共立案40件，办理一般行政处罚案件26件，处罚金额170万元，办理1个刑事移送案件，1个查封扣押案件；加强网格化环境监管，办理环保类案件2270件，妥善处理各类环境信访投诉482件，有效处理率100%；开展非道路移动机械执法工作，对未登记编码机械、国2及以下机械进行清退与查封，共清退51台，现场查封72台。联合区住建局对24家区管工地非道路移动机械进行巡查，检查77台次，清退15台不合格机械，抽检39台机械，对3家非道路移动机械主违法行为进行处罚，罚款1.5万元；联合市执法局尾气大队、交警、第三方检测公司对机动柴油车开展路检工作，共开展79批次，检测柴油车尾气1579台，其中达标878台，超标701台，超标车辆由交警予以处罚；开展危险废物大调查大排查，共开展核查20批次，出动核查人员50人次，审核自查数据企业56家。完成机构改革前办理执法案件的结案工作，共结案成77件。

【省级生态环保督察"回头看"】 督察进驻前期，提请区委、区政府下发《岳麓区配合省级生态环境保护督察"回头看"总体工作方案》，优化调整区突出环境问题整改工作领导小组，成立配合省级生态环境保护督察"回头看"工作协调联络领导小组，负责督察进驻期间的各项具体工作。督察进驻期间，共收到市突出环境问题整改工作领导小组办公室转办省级生态环境保护督察组交办信访件64.5件，已全部办结，办结率100%。

【长沙市生态环境局岳麓分局获评第二次全国污染源普查表现突出先进集体】 2017年10月，岳麓区率先成立"长沙市岳麓区第二次全区污染源普查工作领导小组"和岳麓区污染源普查工作办公室，制定《岳麓区第二次全国污染源普查实施方案》和《长沙市岳麓区第二次全国污染源普查宣传工作方案》。2017年至2020年，先后组织召开全区动员大会、环保工作会议、工作部署会、调度会、培训会议等20余次，争取专项经费560万元，抽调10名工作专员，成立17个街镇专项工作组。结合岳麓区实际，编印普查工作实施方案、第三方机构考核管理办法、周报制等制度文件，绘制"岳麓区第二次全国污染源普查污染源分布图"，印制3000份《致全省普查对象的一封公开信》和6000册《岳麓区第二次全国污染源普查宣传手册》。为确保普查数据精准有效，开展地毯式清查建库，经街镇核实、区污普办逐级审核、电话确认、现场核查等程序，最终确定清查结果为工业源508家、农业源（规模以上畜禽养殖场）2家、集中

5月7日，市生态环境局岳麓分局邀请专家对远大住工进行燃气锅炉低氮改造项目进行验收（岳麓区生态环境分局供图）

4 月 22 日，长沙市生态环境局岳麓分局联合市监察支队尾气大队、交警、第三方检测公司对机动柴油车开展路检工作（岳麓区生态环境分局供图）

式污染治理设施7座、生活源市政入河排污口4个、生活源非工业企业锅炉56台。推进拉网型入户详查，共完成683家普查对象的调查，其中工业源532家（其中非正常及停产企业97家）、农业源（规模以上畜禽养殖业）2家、集中式7座、生活源锅炉101台、行政村52个、加油站33座、入河排污口4处，调查长沙市新增源岳麓区范围内138家企业，其中，医疗机构54家、汽修及4S店39家、有实验室的中学27家、科研院所及高等院校11家、加气站7座。采取入户调查机构、质量控制机构同步入驻办公，对普查数据、企业现场生产情况实现100%复核；针对37批次国家反馈问题进行全面核实完善，整改率100%，迎接国家及省、市质量核查6轮，整体质量核查达到优秀水平。精心编制工作总结、数据分析、质量控制三个报告，于2019年11月在全市率先通过专家评审，并于2020年9月27日荣获国务院第二次全国污染源普查领导小组办公室授予的“第二次全国污染源普查表现突出先进集体”称号。

【协办2020年“6·5”世界环境日长沙市主场活动】 2020年6月5日，以“美丽中国，我是行动者”为主题的2020年“6·5”世界环境日长沙主场活动在洋湖国家湿地公园白鹭塔前坪成功举办。此次活动由中共长沙市委、长沙市人民政府、长沙市生态环境保护委员会主办，长沙市生态环境保护委员会办公室、长沙市生态环境局、中共长沙市岳麓区委、岳麓区人民政府、长沙城市发展集团有限公司和湖南长沙洋湖国家湿地公园承办。市委副书记、市长、湖南湘江新区党工委书记郑建新，市人大常委会主任谢卫东，市政协主席文树勋，副市长陈澎、朱东铁，长沙城发集团党委书记、执行董事邹特，党委副书记、总经理潘青，党委委员、先导控股党委副书记、董事、总经理胡磊，长沙城发集团副总经理张奋、喻军华，岳麓区委书记司志凯出席活动。活动现场发布了《2019年长沙市生态环境状况公报》，对2019年最美蓝天卫士候选人和市生态环境系统相关荣誉进行了展览，并由市领导给奉献长沙生态环境保护30年的8名工作者代表（其中一位是岳麓区环境监测站李琼）颁发了纪念章。

【生态环境执法大队完成垂直管理制度改革】 根据长沙市委办公厅、市政府办公厅《长沙市生态环境机构监测监察执法垂直管理制度改革实施方

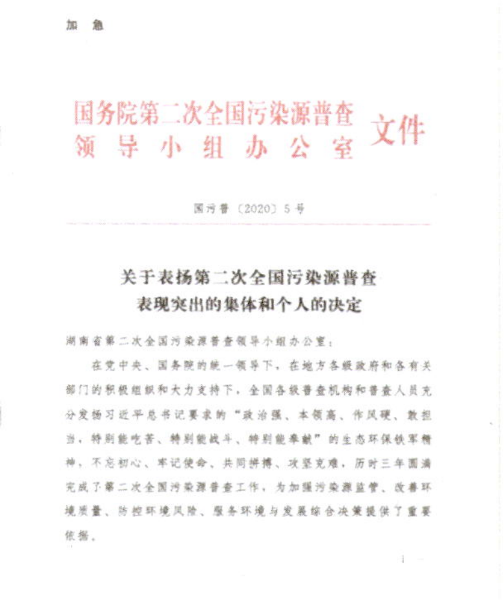

加 急

国务院第二次全国污染源普查领导小组办公室文件

国污普〔2020〕5号

关于表扬第二次全国污染源普查表现突出的集体和个人的决定

湖南省第二次全国污染源普查领导小组办公室：

在党中央、国务院的统一领导下，在地方各级政府和各有关部门的积极组织和大力支持下，全国各级普查机构和普查人员充分发扬习近平总书记要求的“政治强、本领高、作风硬、敢担当，特别能吃苦、特别能战斗、特别能奉献”的生态环保铁军精神，不忘初心、牢记使命，共同拼搏、攻坚克难，历时三年圆满完成了第二次全国污染源普查工作，为加强污染源监管、改善环境质量、防控环境风险、服务环境与发展综合决策提供了重要依据。

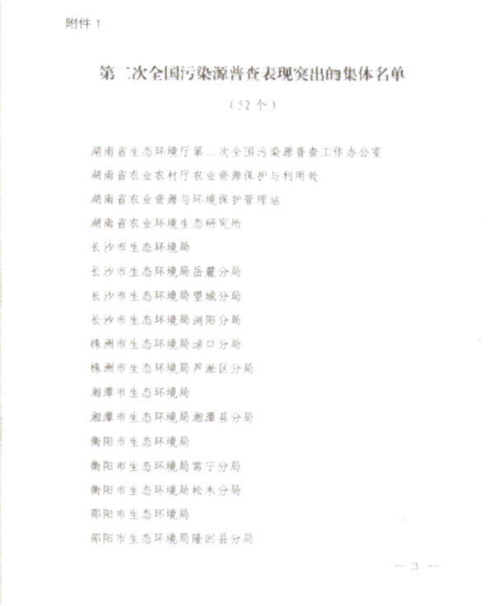

附件1

第二次全国污染源普查表现突出的集体名单

（52个）

湖南省生态环境厅第二次全国污染源普查工作办公室
湖南省农业农村厅农业资源保护与利用处
湖南省农业资源与环境保护管理站
湖南省农业环境生态研究所
长沙市生态环境局
长沙市生态环境局岳麓分局
长沙市生态环境局望城分局
长沙市生态环境局浏阳分局
株洲市生态环境局渌口分局
株洲市生态环境局芦淞区分局
湘潭市生态环境局
湘潭市生态环境局湘潭县分局
衡阳市生态环境局
衡阳市生态环境局常宁分局
衡阳市生态环境局松木分局
邵阳市生态环境局
邵阳市生态环境局隆回县分局

9 月 27 日，荣获国务院第二次全国污染源普查领导小组办公室授予的“第二次全国污染源普查表现突出先进集体”称号（岳麓区生态环境分局供图）

6月5日，以“美丽中国，我是行动者”为主题的2020年“6·5”环境日长沙主场活动在洋湖国家湿地公园白鹭塔前坪举办（岳麓区生态环境分局供图）

案》《关于明确长沙市生态环境保护综合行政执法局机构编制事项的通知》等通知要求，2021年9月4日上午，长沙市生态环境保护综合行政执法局岳麓执法大队举行挂牌仪式，原长沙市岳麓区环境监察大队正式更名为“长沙市生态环境保护综合行政执法局岳麓执法大队”，为长沙市生态环境保护综合行政执法局内设机构，单位级别为正科级，设大队长（正科职）1名，副大队长（副科职）1名。主要职责为承担管辖范围内生态环境保护综合行政执法工作。

【岳麓生态环境监测站完成垂直管理制度改革】 根据长沙市委办公厅、市政府办公厅《长沙市生态环境机构监测监察执法垂直管理制度改革实施方案》和《关于明确长沙市生态环境监测机构编制事项的通知》等通知要求，2020年12月29日，长沙市岳麓生态环境监测站正式举行挂牌仪式，原长沙市岳麓区环境监测站正式更名为长沙市岳麓生态环境监测站，调整为市生态环境局驻区生态环境监测机构，纳入市直事业机构编制管理范围，为公益一类事业单位，机构规格为副科级。主要职能调整为执法监测，支持配合属地生态环境执法，同时按要求做好生态环境质量监测，污染源监测和应急监测等相关工作，具体工作接受长沙市生态环境局岳麓分局领导。核定全额拨款事业编制数15名，副科级领导职数（站长）1名。

【新冠肺炎疫情防控】 面对突如其来的新冠肺炎疫情，长沙市生态环境局岳麓分局高度重视，迅速反应，按照国家及省、市、区疫情防控工作要求，沉着应对，积极行动，组织全体党员及在职干部职工，做好值班值守工作，连续3个月对湘雅三医院等5家重点医疗机构的废水进行监测，及时对全区27个断面水质进行采样分析，切实加强疫情防控期间的医疗废水、污水处理厂水质监测工作；组织班子成员、二级机构共8名负责人对联点网格等开展疫情防控、守点工作；组织全体党员24人、100余人次，参加居住地所在社区公共区域消毒、值守、政策宣传等疫情服务工作；组织8人参加农安小区为期一个月的疫情防控学雷锋志愿服务。

9月4日，长沙市生态环境保护综合行政执法局岳麓执法大队正式挂牌仪式（岳麓区生态环境分局供图）

2月14日，长沙市生态环境局岳麓分局执法人员在长沙市岳麓区莲花镇长沙市素质教育基地新冠肺炎疫情隔离点对其污水处理情况进行指导（岳麓区生态环境分局供图）

市容环境卫生维护

【概况】 区市容环境卫生维护中心，为区城市管理和综合执法局所属正科级公益类事业单位，隶属于岳麓区人民政府的市容环境卫生职能管理部门，业务上接受长沙市城市管理和综合执法局指导，主要负责主次干道清扫清洗、渣土管理、生活垃圾清运、环卫设施设备建设维护及餐厨垃圾集中收运等工作。2020年正式在职在岗职工129人（含重心下移职工40人）。

区市容环境卫生维护中心负责480.69万平方米主次干道、235.55万平方米绿化带的环卫维护，134座垃圾站（含21个收集点）、95座公共厕所、26座地下通道、6座人行天桥以及主次干道果皮筒的清扫清掏和卫生管理以及生活垃圾清运、渣土管理及餐厨垃圾集中收运等工作任务。

2020年，在区委、区政府的坚强领导下，区市容环境卫生维护中心坚持以习近平新时代中国特色社会主义思想为指导，深入贯彻中共十九大和十九届五中全会精神，立足环卫实际，不断创新工作思路，进一步改进工作方法，在市对区环卫类专项季度考核中，区市容环境卫生维护中心在第四季度考核中排名第一，岳麓区蓝天保卫战工作在全市排名第二。

【机制建设】 根据全区主次干道各路段的路幅宽窄、门店数量、人（车）流量、破坏因素、难易程度等具体情况进一步优化清扫网格，实行"6+1"机械化作业新模式（洒水、机扫、机洗、抑尘、人行道水洗、护栏清洗和快速保洁），全面提升环卫维护水平。以"定量、定格、定额、定责、定核"为原则，调整优化运力安排，确保生活垃圾及时清运。通过严格落实渣土管理"三机制"（渣土运输线路审核联席会议机制、渣土运输企业红黑榜管理机制、巡查执法深度融合机制）、对渣土巡查人员实行"三个一"（片区巡查人员一个月一轮换、片区组长两个月一轮换、巡查辖区三个月一轮换）管理、压实"片长责任制"、开展联合整治行动等方式，渣土管理成效显著。

【环卫维护】 严格按照"五无五净"（道路无垃圾、无杂物、无积泥、无积水、无污迹，路面干净、绿地和树圈干净、边角侧石干净、井沟井盖干净、果壳箱等环卫设施干净）市容维护标准和"一天三清洗、三天一精洗"模式实行深度保洁，科学配备人员和设备，全年累计出动人员66.5万余人次、机扫车1.17万余台次、洒水车3.4万余台次、人车组合2.26万余台次、雾化抑尘车0.96万余台次，确保环卫维护常态长效。区市容环境卫生维护中心全年建设垃圾收集站3座、示范性公厕3座、改造厨余垃圾收集站6座，进一步完善乡镇区域站厕布局，有效提升了环卫设施设备品质。2020年累计清运生活垃圾42.33万吨（含厨余垃圾）。

【疫情防控】 疫情期间，严格按照市、区的决策部署，切实做好疫情防控工作。在日常维护的基础上，对主次干道果皮桶、公共站厕、地下通道等环卫设施设备，按要求做好消毒工作。根据疫情防控工作相关会议精神和文件要求，做好全区废弃口罩的集中收运和区新型冠状病毒肺炎病例及感染者的密切接触者集中隔离医学观察点化粪池清空工作。为一线工作人员发放口罩、手套等防疫物资，督促一线作业人员按要求佩戴口罩、穿戴防护手套，严格做好自我防护措施。组建环卫志愿服务队，安排干部职工驻点值守，配合街道做好小区疫情防控工作。

【庆祝环卫工人节】 2020年10月26日，区市容环境卫生维护中心组织中心维护所、市场化维护公司、街道维护所共计14个单位和部门，围绕年度维护业务管理工作目标，结合环卫相关制度及规定，开展了快速保洁、道路冲洗等数个项目的业务竞技，共同庆祝湖南省第二十五届环卫工人节。

【集中学习拓视野】 为进一步浓厚中心学习氛围，推进学习型机关建设，不断提高干部职工的政治素质、理论水平和业务能力，2020年5月起，区市容环境卫生维护中心开展“干部职工集中学习”活动，每月由两名中心部门负责人专题授课，组织干部职工进行集中学习。

园林绿化维护

【概况】 2020年，区园林绿化维护中心发挥绿化维护、保护，园林建设、监管等职能作用，承担绿地602.7万平方米、行道树23.4万株、古树名木828株、主次干道88条、公园广场7个生态维护，维护品质不断提升，取得市城管考核园林专业年度第一名、区绩效考核一类单位的好成绩。截至年底，全区绿地总量3914.78公顷、区绿化覆盖率49.6%、绿地率44.40%、人均公园绿地面积22.52平方米，区园林绿化维护中心圆满完成各项目标任务，绿化工作成效显著，荣获“全省绿化先进集体”称号。

【园林维护】 办结2281条数字化案卷；补植植物201.8万株；修剪绿篱及模纹植物277万平方米，行道树及其他乔、灌木65.5万株，草皮24万平方米；施肥224吨；除杂602万平方米；清运绿化垃圾7033车；整修花坛边8660米，其他园林设施8790处；获长沙市城市管理专业类别考核第二季度第一名、第三季度第三名、第四季度第一名。

【绿化工程】 对标国内先进，实施金星路（杜鹃路-北二环段）道路空间品质提升和街角花园建设；打造岳麓大道、金星大道、咸嘉湖东路、潇湘大道等花卉道路，杜鹃广场、金星广场特色花坛；花化彩化中南大学科技园（研发）总部入口、湘江新区管委会等重要节点。

【绿城建设】 组织7家单位及社会志愿者共计700余人开展义务植树活动，种植绿化面积达10450平方米，树苗共363株；完成453株树木（其中古树287株，后备资源166株）抢救、复壮、修复保护工作；推进金茂府小区园林式小区和长沙市麓山国际实验小学园林式单位创建。

【监管服务】 全年现场查勘321次，办理行政许可初审288项；办结“12345”工单446条；处理绿化“110”报警41次；接待来人来函65人次；查处毁绿案件275次，处理交通毁绿68次；修剪遮挡标牌、碍电树枝70余处；砍伐死危树木186株；参加应急抢险35次。

【助力疫情防控、推动复工复产】 新型冠状肺炎疫情发生以来，区园林绿化维护中心积极应对，全力做好疫情防控，排查返岗来访人员200余人次，选派党员干部15人深入社区一线参与联防联控站岗值守20余

岳麓区市容环境卫生维护中心一线清扫员在擦拭果皮桶（岳麓区市容环境卫生维护中心供图）

天；积极服务湘仪、荣大智能等重点企业，向企业赠送惠企利民政策25项，收集解决企业复工复产难题10余项，助力企业复工复产；落实“精准扶贫”重要指示，捐资10万元支持乡村道路建设；结合工会福利、消费扶贫平台，购买扶贫产品三批次，消费约46万元，促进市场复苏。

【授予“全省绿化先进集体”称号】岳麓区绿化发展势头劲猛，全区拥有森林面积4795公顷，森林覆盖率达到52%；建成区绿地面积3914.78公顷，公园绿地面积1788.11公顷，绿化覆盖率49.6%，绿地率44.4%，人均公园绿地22.52平方米。各项绿化指标均已超过“全面建成小康社会”指标，并达到“长沙市创建国家生态园林城市”标准，成果喜人。从2018至2020年，绿化总量大幅提升，绿地功能不断完善，绿化精品层出不穷，城区颜值有效提升，生态效应日益明显，区园林中心作为绿化建设主力军，以绣花精神实施精细维护、以工匠精神打造精品工程、以规范管理落实监管服务，发挥着重要的作用。省绿化委员会、省人力资源和社会保障厅、省林业局联合下发《关于表彰全省绿化先进集体和先进个人的决定》，长沙市岳麓区园林绿化维护中心作为唯一园林系统单位被授予“全省绿化先进集体”称号。

3月11日，区园林中心（区绿委办）组织义务植树活动（岳麓区园林绿化维护中心供图）

财政·税务

财　政

【概况】2020年，在省政府对2020年度真抓实干成效明显地区表扬激励的通报中，岳麓区被列入“防范化解风险和财政管理工作成效明显县市区”。区财政局获“全省财政工作先进集体”荣誉称号，财政预算绩效管理、暂付款清理、非税收入征管等专项工作获评省财政厅先进，在区直部门绩效考核中获评一类单位。2020年，通过公开竞聘，5名年轻干部脱颖而出，担任局中层干部。面向社会公开招考，事业干部1名，评审员3名，临聘人员5名，选优选强，充实财政工作队伍。为加强人员管理，全面规范合同签订，建立临聘人员人事档案制度，出台《岳麓区财政局临聘人员管理暂行办法》，切实补齐临聘人员管理短板。

【财政收入】2020年，一般公共预算收入142.26亿元，增长1.79%。完成地方一般公共预算收入55亿元，增长3.75%，税收占一般公共预算收入比重达到93.75%。坚决落实减税降费政策，做到应减尽减，应免尽免，累计新增减税降费9.8亿元，国有物业减免企业租金1467万元。落实稳增长措施，依法依规组织收入，企业所得税汇算清缴、土地增值税清算等工作成效明显。税源结构持续优化，金融行业税收支撑作用提升明显，批发零售业、科研技术服务、软件信息等行业税收增长较快，非房地产行业中新增5家纳税过亿企业，纳税5000万元以上企业由上年同期14家增长到23家，收入质量连续多年稳居中心城区首位。产业发展的扶植力度不断加大，区本级财政兑付各类扶持资金1.3亿元，争取上级涉企资金1.4亿元。

【支出保障】对疫情防控工作应保尽保，区本级投入资金5000余万元，打通疫情防控物资采购和收储的绿色通道，落实各项帮扶举措，全力支持企业复工复产。足额保障生均公用经费和教师待遇提标，支持校园建设等软硬件投入。加大民生实事投入，大力实施乡村振兴战略，农村人居环境进一步改善。提升城市品质，支持“五纵五横”道路空间品质提升，启动观沙路、谷岳路等片区重点路网建设，持续保障“一圈两场三道”、岳麓山大学科技城等重大项目建设。社会保障水平稳步提升，人均公卫经费、基本养老和医疗保险、城乡低保补助等标准不断提高，加大养老、文化、体育等民生事业投入，养老中心、公卫中心等项目即将建成投入使用。支持打好打赢“三大攻坚战”。加大对口扶贫力度，安排扶贫专项资金1100万元，促推龙山县整体“脱贫摘帽”，建成洗洛镇卫生院等对口帮扶项目17个。统筹安排专项资金6.7亿元用于龙王港流域综合治理、蓝天保卫战等污染防治项目。大力化解隐性债务，累计隐性债务化解进度超额完成，岳麓高新区平台公司存量隐性债务8亿元置换展期。助推平台转型发展，支持麓山控股集团将信用等级提升至“AA+”。

【财政管理】强化预算刚性约束，加强预算执行分析和财政可承受能力评估。树牢“过紧日子”思想，大力压减一般性支出，切实兜牢保基本人生、保工资、保运转的“三保”底线。科学精细编制预算，完善预算编制与预算执行、预算调整“挂钩”机制。主动落实区人大常委会预算绩效监督工作要求，配合做好第三方绩效评价工作。统筹清理收缴结余指标和往来款项，盘活存量资金4.7亿元。大力包装和储备项目，争取发行专项债券13亿元。加强资金调度和库款管理，全年库款保持合理水平。积极开展直达资金预算执行、资金调拨和资金监控等工作，加快资金分配、拨付和使用。

【深化改革】启动国库集中支付电子化改革，完成电子印鉴采集等基础性工作。大力推广非税收缴电子化，拓宽非税扫码支付等缴费渠道。健全财评中心制度体系，提高评审质效，全年完成838个“概、预、结算”项目评审工作，涉及金额95.1亿元，审减7.3亿元。加强国有资产管理，实现230家单位国有资产管理系统联网覆盖和动态监管。积极推行“阳光采购”，建设电子卖场，营造公开、公平、公正、诚信的政府采购环境。稳步推进预算绩效管理，对22个项目实施重点绩效评价，做好绩效跟踪监控。财政监督检查常态化开展，检查范围延伸至村（社区）和区属学校。修订村（社区）财务管理办法，持续创建街镇星级财政所，提升基层财政财务管理水平。代发“一卡通”惠农补贴项目43个，累计发放25万余人次、1.3亿元。

【助力企业复工复产】为进一步有效降低新冠疫情对经济运行的影响，岳麓区国有资产事务中心根据省、市相关文件精神，拟定《国有房产租金减免政策落实操作细则》，从减免对象、减免流程、减免方式、减免期等几个方面对政策进行了详细解读，通过线上线下的方式对相关单位进行业务指导，对承租区属国有企业经营性物业的非国有企业（不含中小企业）和个体工商户实行2月、3月份租金实行减半扶持。截至2020年4月，全区租金减免共惠及企业179家，减免面积48.9万平方米，减免金额1241.3万元，为支持企业抗击疫情、共渡难关、复工复产提供了坚强保障。

【召开全区2021年部门预算编制工作会议】2020年10月12日，岳麓区财政局组织召开岳麓区2021年部门预算编制工作会议，全区各预算单位主要负责人、财务工作人员和财政局相关科室业务人员200余人参加会议。会上，岳麓区财政局副局长李应怀对预算编制工作和相关要求做了详细解读，岳麓区财政局党组书记、局长王洋就完成好2021年预算编制工作做了讲话。

10月12日，岳麓区财政局组织召开岳麓区2021年部门预算编制工作会议（岳麓区财政局供图）

长沙麓山投资控股集团有限公司

【概况】长沙麓山投资控股集团有限公司（简称麓山控股集团）共有员工161人，内设党群人力部、纪检监察室、战略投资部、资产管理中心、项目管理部、金融融资部、综合管理部、财务管理部、审计法务部9个部室，下辖长沙市岳麓新城保障房屋建设开发有限责任公司、长沙麓山资产运营管理有限公司、长沙市麓湘城乡建设发展投资有限责任公司、长沙麓山城市资源投资有限公司、长沙市麓山城投土地开发有限责任公司、长沙市麓城置业有限责任公司6家全资子公司。其中，长沙市麓湘城乡建设发展投资有限责任公司下辖长沙市麓顺房地产有限公司、长沙市麓创房地产有限公司2家全资子公司。2020年，集团完成投资40.07亿元，其中经营性投资22.2亿元，占比55.4%；实现经营性现金流入25.58亿元，较上年增长59.5%；资产规模达到270亿元，较上年增长22.7%；资产负债率45.6%，较上年下降4个百分点；筹融资52.43亿元，资金年化成本降至4.49%；化解隐性债务3.53亿元；缴纳税费2430万元。

【筹融资及化债】集团抢抓中央出台宽松政策应对疫情冲击的窗口机遇，年内发行6笔债券，发行规模33.07亿元。年内总计融资52.43亿元，融资年化成本降至4.49%，全年节约财务成本约5400万元，化解3.53亿元政府隐性债务。通过不断强化政策学习、加强预算管理、规范资金借用和使用的决策审批流程，切实守住不新增政府债务的“红线”、不违规融资的“底线”和资金不断链的“安全线”。

【片区开发及土地整理】 谷山青山片面向全球“引智”规划及设计全面启动，莲花片区国土空间规划方案编制完成。新湘雅健康城片首开项目桐梓坡棚改价值提升至37.21 亿元，签约世界 500 强企业华润置地，加快打造河西中央商务区“万象城”。完成 899 亩农用地转征审批、242 亩用地权证及划拨手续办理，收购 4 宗共 146 亩“两安”用地。以熔断价出让金星205亩、藕塘325亩2宗土地，实现挂牌收入38.69亿元，引进岳麓区第二家上市公司——惠博普公司。

【资产运营】 盘活物业资产8.2 万平方米，实现物业资产运营收入超 1.25 亿元，回笼安置房资金 1.77 亿元。整合2000余个车位对外运营。岳华新苑6 号栋创税收 2391 万元。精准招商带动产业有效聚集，中建智慧谷（东区）产业平台、德必人工智能产业中心已聚集一批龙头型、成长型科创企业，后湖艺术园引进上海南芝、海象文化等园中园，累计入驻100 余家创意设计企业和名家名室。

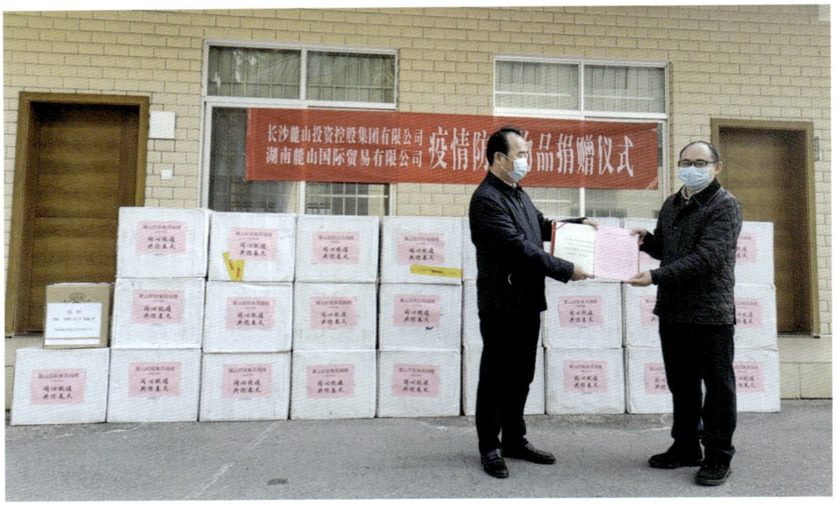

长沙麓山投资控股集团有限公司、湖南麓山国际贸易有限公司疫情防疫物品捐赠仪式（集团办公室供图）

【项目建设】 23个市、区重点建设项目全面完成年度目标。东核、啤酒厂、熊家湾 3 个安置小区先后竣工分房，2400多个家庭喜迁新居。青山路全线拉通，区中心消防站、谷峰安置小区、二里半文化广场、藕塘安置房、中建智慧谷（西区）等项目建设稳步推进，麓山门消防站、区公卫中心交付使用，白沙液街有机棚改、山水新城二期、区图书馆、文化馆基本建成。

【资信等级全面提升】 在区委、区政府的坚强领导下、在岳麓高新区的大力支持下，对标资信评级指标要求，以问题为导向，通过股权划转等举措，集团资信等级晋升“AA+”，融资年化成本降至4.49%，融资成本接近市“AAA”资信等级企业水平。

【新型业务有序推进】 麓山和顺、湘洋广场房地产开发加速一二级联动布局。摘得金星大道西加油站地块，能源业务扬帆起航。麓山楷林中标承接首个物业项目，市场化开疆拓土卓有成效。

【同心抗击疫情】 第一时间启动疫情防控工作，未发生一起疫情事件。集团积极开展员工全员核酸检测，及时发放口罩、酒精消毒液等防疫物资，配置体温计、电子测温枪、立体式测温仪等防疫设备，日常开展病毒消杀，全力做好内部疫情防控。协调各类渠道采购20万个口罩，通过区政府捐赠给一线工作者支援抗击疫情，组织网格长参与社区、党员支援区域、青年志愿者支持一线常态化疫情防控。给在建项目工地发放补贴，引导进行核酸检测，做到应检尽检，确保疫情防控、复工复产两不误。

【组织机构改革升级】 健全党委会、董事会、监事会、经营层、纪委“三会一层一委”架构，配齐“董监高”人员，完善“议事规则”及各线管理制

长沙麓山投资控股集团“三会一层一委”班子成员合影（集团办公室供图）

度36项，各司其职、高效运转、有效制衡的现代化法人治理结构、制度体系全面形成。高效完成集团总部改革，一企一策完成4家子公司市场化转型发展定位，系统建立母子公司核心业务权责清单，实施母子公司全面预算管理。

税　务

【概况】 2020年，国家税务总局长沙市岳麓区税务局共有在编干部333人，平均年龄46岁，在职党员272人，党委班子成员11人；设10个税务分局（所），14个行政、党务机构，征管范围辐射全区17个街镇、1个高新园区，共74351名纳税人。面对2020年突如其来的新冠肺炎疫情冲击和艰巨的税收改革发展任务，区税务局坚持和加强党对税收工作的全面领导，充分发挥税收职能作用，在抗疫情、助复产、稳收入、优服务和强队伍上下功夫，全力服务“六稳”“六保”大局。全年共组织入库各项税费收入1591057万元，其中入库区级全口径税收收入1345725万元，同比增加15562万元，增长1.18%；入库地方级税收收入78.98亿元，全面完成区政府下达的收入预期目标78.98亿元。

【战疫情复工复产】 新冠疫情防控期间，抓好办税缴费引导、服务措施优化、防疫物资配备、场所防疫消毒、应急预案制定等各项工作。组织参加疫情防控爱心捐款活动，共募集善款31600元。开展“战疫情献热血”义务献血活动。加大“非接触式”办税宣传力度，推出政策礼包“二维码”，使纳税人扫码即知最新税费政策。开展第29个全国税收宣传月活动，邀请社区主任、企业代表录制并线上推广“三句半”表演小视频，《湖南日报》“新湖南”、红网、智慧长沙和指尖岳麓等媒体纷纷报道，视频点击量达4万余人次。做好疫情防控期间延期申报、延期缴税的辅导服务工作，核准延期申报64户次，核准延期缴税93户次。成立税企辅导群109个、服务小分队40个，“云”发送政策宣传资料2982次，开展线上辅导3753人次，解决企业难题600余个。与区内困难企业牵手结对，帮扶企业直播卖货，帮助企业打通购销方、上下游供应链，主动帮扶企业复工复产。

【税收征管】 紧盯千户集团和税源大户等经济活跃主体，分片区、分行业挖掘税源增长点。抓好企业所得税汇算清缴，共汇算清缴企业34238户，申报率达100%。加强个人所得税汇算清缴，设置个人所得税汇算清缴专厅。做实社保划转，设立社保费专窗，及时公布社保费业务专线电话。建立缴费服务快速响应机制，明确专人负责收集解答各类缴费问题。全年共开展业务培训32场次，培训人数12500人次，一对一辅导1610人次，培训覆盖率达100%。抓实风险管理，对房地产行业、医药行业、物业管理公司、金融业等行业7户纳税人进行下户评估，完成税务核查283户。完成系统下发的风险应对任务3680户，对2019年已办结的4188户次税收风险应对任务开展自查整改。成立增值税发票内部快反核查工作组，对省局下发的5批增值税发票快反风险数据进行下发核实。落实依法治税，按季度召开依法行政领导小组会议，制定2020年度普法计划和普法责任清单。组织2020年度公务员学法用法考试，邀请法律顾问讲授

《中华人民共和国民法典》。

【营商环境优化】 提质规范服务，深入开展“便民办税春风行动”。加强窗口管理，坚持办税服务厅晨会制度。通过“现场授”“云课堂”“微视频”等形式，确保全员“知政策、懂政策、用政策”，全年共组织开展业务培训5次、考试6次。抽调业务骨干组成4个督导组，到各分局（所）办税服务厅督导检查，对督查结果进行周排名，严格开展绩效考核。推行自助服务提速，大力推行“非接触办”“网上办”“容缺办”、24小时“自助办”。区税务局作为全省税务系统自助办税终端互联网迁移工作试点单位，率先将全局30台自助办税终端接入互联网，加大“自助办”力度，缓解办税窗口压力。开设应急审批“绿色通道”，对重大项目、疫情防控必须等涉及重要国计民生的审批事项优先办理。在岳麓山国家大学科技城、岳麓高新区等增设定点办税窗口，为现代服务业等重点行业及湘江新区、湖南省金融中心、岳麓山国家大学科技城等重点区域、重点项目提供专业、精准、高效服务。大力推行一次性告知、首问责任制、预约服务、预审服务、“最多跑一次”，窗口办税时间提速16%。全年共受理“预约服务”167户次、“延时服务”330人次、“信用服务”21户次、“容缺承诺服务”11户次。畅通涉税咨询渠道，严格办理纳税服务投诉，所有接件均在3个工作日内回复投诉人，办结率100%，未发生一起纳税人回访不满意的情况。区税务局第一税务所等5个单位（窗口）被评为长沙市“文明窗口示范单位”。

【举办“税收体验日”活动】 12月3日，区税务局举行“税收体验日”活动，来自湖南财政经济学院2020级税收班的156名学生分四批参观区税务局办税服务大厅，学习税收知识、体验新办企业纳税人事项，在自助办税区“零距离”体验网上办税厅的办税便利。

12月3日，长沙市岳麓区税务局举行“税收体验日”活动（岳麓区税务局供图）

金　融

长沙市岳麓区金融事务中心

【概况】长沙市岳麓区金融事务中心于2019年在长沙市岳麓区人民政府挂牌，为区政府直属正科级公益类事业单位。

2020年，岳麓区持续开展“产业项目发展年”“营商环境优化年”活动，区金融事务中心主动发力，着力做好“金融+活动”“金融+平台”“金融+资本”“金融+环境”等“四篇”文章，金融机构聚集效应逐步凸现，金融产业贡献度日益显现。截至2020年12月底，湖南金融中心新引进机构112家，其中金融机构31家，金融科技16家，基金60家，专业服务机构5家，截至2020年12月底，实现金融业税收38.75亿元，同比增长达41.69%。

【“金融+活动”解决融资难题】把打破实体经济与金融机构之间的信息壁垒作为工作导向，为企业搭好“舞台”，为项目找到“金主”。举办以“资润岳麓 科创潮涌”为主题的岳麓区拟上市企业专场路演活动1次，参与企业50余家，投资机构10余家，为5家岳麓区中小企业发布项目，达成意向投资近8600万元；以“小而精”的路演活动，增加企业与投资机构交流频率和深度，积极促成资本和项目的多种合作模式；开展以“岳麓金融沙龙”为载体的金企对接品牌特色活动，既有业务合作的沟通交流，也有专业领域的知识讲授，破解了金融机构与企业之间信息不对称、资源不匹配的瓶颈。全年共开展岳麓金融沙龙139期，参与人数达数千余人次，在金融界形成较好的美誉度；开展岳麓区抗疫情助复工复产金企线上线下对接活动8次，为28家企业找“金主”。

【“金融+平台”壮大实体经济】加快推进湖南金融中心政务服务超市建设，创新服务模式，将市场监督管理局、人社局和税务局等部门的服务职能落地到湖南金融中心，为湖南金融中心入驻的金融机构提供商事登记、税务开办登记、单位参保登记等优质、高效、快捷的一站式服务。湖南金融中心聚集金融及金融配套机构454家，汇聚了长沙银行、三湘银行、财信人寿、长银五八消费金融等6家全国法人机构总部，盛世投资、光大控股等知名基金机构，中金支付、森峰科技等先进金融科技企业，湖南金融中心政务服务超市于2019年11月20日正式投入运营，设立了法人机构办理大厅、自助服务办理大厅、业务对接服务区、专业活动服务区等，窗口设置采取“前窗统一收单、中岛提供服务保障、后审快速审批”的一条龙服务。7月15日，湖南金融中心政务服务超市完成各项自助设备的安装调整，成功打印出第一份营业执照。

【“金融+资本”助力资本市场构造】精准聚焦龙头企业、优质企业、潜力企业的发展，积极搭建岳麓区多层次资本市场，出台较有竞争优势和市场关注度的上市奖励政策，针对主板、中小板、创业板、新三板、科创板、海外市场、湖南股交所上市的企业进行奖励、扶持；组织开展“资润岳麓 科创潮涌”中小企业资本市场培训营活动、优选版企业资本市场培训营活动2次，为全区170余家有意进驻资本市场做大做强的企业进行了上市的专业化、系统化辅导，让企业树立金融思维，加快岳麓区资本市场进程。

【“金融+生态”助力金融环境营造】开展“专题宣传、严打非法、平台打造”等一系列活动筑牢金融环境维护防线。2020年新招募47名金融志愿者分赴全区47个宣传点开展防非宣传，通过同讲一堂课的方式将非法集资等专业的金融知识以通俗易懂的方式进行宣传教育；主动对接区城管局等部门，在辖区内重点楼宇及人流量较大区域的电子显示屏上投放防范非法集资公益广告，营造防范和打击非法集资的良好氛围；全年走进60余个社区，开展了300多场宣传活动，参与群众5万余人，宣传活动通过岳麓金融微信小程序、岳麓区政府门户网站、《湖南日报》、《长沙晚报》、湖南金融、长沙打非专线等平台进行宣传报道40余次；整合公安、市监、街镇等各方力量，开展互联网金融专项整治、金融领域扫黑除恶等工作；配合新区探索建立风险控制平台系统，利用大数据手段监测和预警，有力维护了全区金融秩序稳定。2020年完成“打早打小”12起，其中公安立案2起，资金清退10起，共341.73万余元。

【抗疫情助复工复产金企线上对接活动】疫情期间，区金融事务中心借助腾讯会议系统，搭建金企线上对接平台，开展岳麓区抗疫情助复工复产金企线上线下对接活动8次，为28家企业找“金主”。会上，企业负责人抛出“绣球”，简明扼要介绍企业规模、产品等“个人情况”，并提出融资需求等“择偶标准”。金融机构负责人则根据企业经营与融资需求等情况针对性地向其介绍合适的金融产品。通过线上融资渠道，助力解决企业与金融机构信息不对等、不畅通问题，解企业燃眉之急。

【优选版企业资本市场培训营开课】5月22日，“资润岳麓 科创潮涌”2020岳麓区优选版企业资本市场培训营在湘江基金小镇开课。此次培训营开设三大课程，为岳麓区近50家优选板企业提供进驻资本市场的专业化培训与指导。长沙银行总行投资银行部产品研发经理崔杰、湖南省股权投资协会投融资副秘书长陈光怡、湖南启宸孵化服务有限公司总经理毛邓分别以《企业债权融资方案设计》《目前股权投资资本市场现状及企业融资对策》《项目BP的内容逻辑及路演技巧》为题讲课，让参加培训的企业家代表及高管对多层次资本市场拥有更加清晰的认识。

【拟上市企业获意向投资】为了给岳麓区企业提供“资讯更有效、资本更活跃、资源更充裕、氛围更浓厚”的业务合作、资本嫁接、资源整合平台，区委、区政府持续开展“资润岳麓 科创潮涌”品牌活动。9月18日，湘江基金小镇1栋2楼路演厅，由岳麓区委、区政府主办的2020年“资润岳麓 科创潮涌”岳麓区拟上市企业专场路演活动高潮迭起，湖南云中再生科技股份有限公司、湖南中大检测技术集团有限公司、长沙麦可思信息科技有限公司等5家企业进行了项目的融资路演，10余家金融机构争相举牌，为岳麓区拟上市企业抛出橄榄枝。拟上市企业获意向投资8600万元。

【拟上市（挂牌）企业参加中小企业资本训练营】为提高企业进驻资本市场的信心与实力，10月21日，“资润岳麓 科创潮涌”2020年岳麓区中小企业资本市场训练营在岳麓科创港开营，岳麓区邀请6位专家为拟上市（挂牌）中小企业授课。市金融办党组成员、副主任段永松出席活动。湖南省科技金融中心副主任周利平以《企业科创板上市培育与科技金融》为题进行了深入阐述；湖南华税金科税务师事务所执行所长陈立华、湖南金科财智管理集团政策研究部高级研究员魏琰、湖南省工信厅中小企业发展促进处副处长王平、湖南省长沙市委组织部人才处处长杨立志也分别以《大数据人工智能背景下研发项目立项和研发经费规范提升、财税政策享受及风险管理实务》《高新技术企业资质培育与价值应用管理》《精专特新小巨人资质培育与高质量发展》《长沙市人才惠企政策解读》为题授课，让参加培训的120家企业家代表及高管对多层次资本市场拥有了更清晰的认识。

【遏制非法集资宣传活动月启动】岳麓区打非办、区市场监管局、区公安分局联合7个辖内金融机构开展“守住钱袋子·护好幸福家”——岳麓区2020年防范和打击非法集资集中宣传活动。活动以“主会场+分会场”模式开展，全区17个街道（镇）同时开展集中宣传活动。活动通过“宣传点+游戏点”，就地“售卖”金融知识。此次岳麓区防范和打击非法集资集中宣传日活动，共悬挂横幅170张，设置宣传展板100块，发放各类宣传折页6000份，参与人数达2000余人次。活动的开展极大提高了全区居民对非法集资危害及其多样、诡变手段的了解和辨识。

【高新技术、小巨人企业专场路演】12月2日，岳麓区组织开展了“资润岳麓 科创潮涌”高新技术、小巨人企业专场路演，湖南融健基因生物科技有限公司、湖南国华制药有限公司、湖南小谷吖科技有限公司四家企业上台进行路演，展示其产品优势与核心竞争力，将企业价值最大化展现给金融机构，获得银行、证券、保险、基金、创投等多家投资机构不同程度的关注，获意向融资1.27亿元。路演现场，投资回报、商业模式、利润风险等词汇频现，企业和资本的碰撞既有直击问题的火药味儿，又有“我要投你”的脉脉温情。

【区扶持政策公开课开讲】 7月18日，一堂为企业讲解扶持政策的“公开课”在岳麓区湘江财富金融中心开讲。区金融事务中心、区科技局、区统计局等区直部门负责人出席会议，为企业重点解读了金融机构、企业上市、企业入规、高企认定、现代服务业发展等相关扶持政策。岳麓区紧抓产业项目发展和营商环境优化工作，走访调研并建立企业信息库，举办中小企业资本训练营、金企“一对一”会诊等系列特色活动，让10余家企业成功获得近2亿元意向投资，为近百家企业找到“金主”，累计发放资金近亿元。

【防范和处置非法集资培训班】 7月8日，通过“岳麓金融沙龙”，组织各街道专干参加专题培训；7月24日，在咸嘉湖街道开展了金融服务进楼宇工作培训会，指导街道专干分析和防范金融风险、打击非法集资行为；7月29日，以《坚决打赢防范金融风险攻坚战，在务实作为中展现党员干部为民办实事的担当》为题在莱茵社区开展专题培训。8月25日，通过以会代训的方式，组织桔子洲街道、区民政局、区公安分局就养老领域涉非案件如何处置开展了专题培训；9月22日，组织开展了2020年岳麓区防范和处置非法集资工作业务提升培训班，区直相关部门、17个街道、重点社区和重点楼宇的百余名防非处非一线工作人员参加培训。

【金融企业开政务“超市”】 为了更好地服务入驻湖南金融中心的金融机构，提高服务满意率，湘江新区、岳麓区共同打造了湖南金融中心政务服务超市，这家超市“专售”政务服务，包括为金融机构提供商事登记、税务开办登记、单位参保登记等一站式优质、高效、精准服务。现在超市的各类自助设备已完成安装调试，7月15日，湖南艾森得私募基金管理有限公司负责人韩啸在超市24小时自助服务大厅内首度体验了1分钟极速拿证。

2020年“资润岳麓 科创潮涌”岳麓区中小企业资本市场训练营（岳麓区金融事务中心供图）

【防范非法集资宣传进学校、进社区启动仪式暨金融知识宣讲志愿者服务活动】 9月16日，制定《关于招募岳麓金融宣讲志愿者的通知》，面向社会招募选拔了47名金融志愿者，9月27日，制定了《关于组织开展2020年岳麓区防范非法集资宣传“进社区、进学校”活动的通知》，9月28日上午在望岳街道24品省会中心广场举行岳麓区防范非法集资宣传“进社区、进学校”活动节启动仪式暨岳麓区金融知识宣讲志愿服务活动，当天下午，新招募的47名岳麓区金融宣讲志愿者到岳麓区47个宣讲活动点开展金融知识宣讲活动，以“同讲一堂金融课”的方式将专业的金融知识以通俗易懂的方式进行宣讲教育。

湖南湘江新区农村商业银行股份有限公司

【概况】 湖南湘江新区农村商业银行内设18个职能部室，下辖1家营业管理部，29家支行，43家分理处。截至2020年末，各项存款余额274.51亿元、各项贷款余额124.44亿元，不良贷款1.68亿元，实现总收入13.78亿元；利润4.46亿元；全年缴纳税费1.38亿元；资本收益率9.73％，资产收益率0.78％；杠杆率6.55％；拨备覆盖率213.58％，贷款拨备率2.89%，资本充足率14.14%，核心资本充足率13.3%，监管评级二级。

【经营工作】实行“班子联点包片”“机关部室联点”工作制，积极落地实施普惠金融业务发展政策，结合“党建共创、金融普惠”行动，走访区域支柱产业链龙头企业，对接客户金融需求，优化信贷客户结构和投向结构。2020年，累计走访32396户，累计采集信息22857户，累计评级15360户；累计新增贷款客户数2321户；累计授信金额167.64亿元，累计用信金额110.41亿元。开拓创新“循环贷”“经营贷”“兴农贷”“工薪贷”“创业贷”等近20种信贷产品。围绕区域发展规划，合理把握信贷投放总量和节奏，加大对农业龙头企业、特色农产品基地、政府非融资性担保公司创业担保贷款的支持力度。截至2020年12月末，全行涉农贷款101.64亿元，占比81.68%，小微企业贷款余额70.53亿元，较年初增加8.65亿元，发挥了辖区内支持三农、支持小微企业主力军作用。推广便民卡、福祥卡、信用卡、社保卡等各类特色卡，提高自助银行的使用率，改善电子银行应用环境，设立社保卡即时制卡零星申领网点，简化社保卡领取手续，加大对居民社保IC卡的信息采集。根据区域经济发展建设需要及当地民众需求，完成了大王山分理处、和馨园分理处2家新网点建设，雷锋支行、观沙岭分理处2家营业网点搬迁，银山支行营业网点提质改造，进一步优化网点布局，完善功能定位，提升服务水平。

【管理工作】组织修订相关制度，严格制度执行，明确信贷操作与执行要求；组织开展福祥e贷、征信管理、评级授信等培训，提高从业人员综合素质和业务技能水平；组织开展信贷业务全面自查及风险排查工作，进一步提高信贷合规管理水平。严格费用管理，印发《费用管理办法》，继续实行“费用包干限额、严格审批、按季监测、超支自付”的管理制度，费用使用实行年初核定，总数按季平均使用，分季考核，年终结算，超支自理的办法，确保各网点经营和管理费用开支严格执行财务制度。严格资产管理，谨慎经营资金市场，明确交易对手业务品种准入范围、综合授信及限额管理，实时关注分析市场资讯，关注债券发行人的经营状况、财务指标、流动性变化等情况；开展全面清理非信贷资产工作，真实、全面、及时反映非信贷资产风险状况，提高非信贷资产管理水平，增强防范和化解风险的能力；强化不良贷款清收，动态监测、实时掌握到、逾期贷款及欠息贷款，逐笔摸清不良贷款，一户一策，实现不良贷款清收效果最大化。签订目标责任书，强化安全操作、安全教育、内部安全检查，结合现场、非现场管理实行专项评分考核；加强物防、技防设施建设，重点改造部分网点自助区，安全防护门、内部电路进行升级更新等，完成了全行所有网点头寸押运人脸识别系统的安装、验收工作。积极做好对6家村镇银行的内外协调、业务咨询和服务管理、人员招聘等工作，组织村行开展学习培训、召开专题会议，助推村行稳健发展。截至2020年末，6家村行不良率为零，存款共计204017.37万元，贷款共计112305.71万元。

【疫情防控】严格落实党中央、省联社及其各级上级部门关于新冠肺炎疫情防控的工作部署，迅速成立疫情防控领导小组，制定工作方案，指导全行积极融入地方政府的相关工作中。疫情期间，向红十字会、乡镇、街道（园区）、社区捐赠抗击新冠肺炎疫情钱物10.12万元，筹集365名员工捐款合计9.7万元。助力复工复产，积极联系涉及疫情防控的相关企业，带头深入开展走访调研，及时掌握疫情防控相关融资需求。通过开通金融服务绿色通道、简化服务流程、缩短审批时间等措施，做好金融支持新冠肺炎疫情防控及企业复工复产。2020年度该行采取先贷后借形式发放了1.47亿元的小微企业贷款，其中符合5000亿元政策额度支小再贷款6650万元，符合10000亿元政策额度支小再贷款8129万元，且运用该支小再贷款资金发放小微企业贷款利率低于公司自有资金发放小微企业贷款加权平均利率。落实“阶段性延期还本付息及普惠小微信用贷款”政策，按照“应延尽延”及加大小微企业信用贷款支持要求，支持小微企业正常经营和就业稳定，截至2020年末，该行已实施阶段性延期偿还贷款本金13.35亿元，贷款户数174户。为支持复工复产和减轻借款人财务支出，全行共优惠贷款利息近1100万元；全年新放普惠型小微企业贷款平均利率为6.2%，同比降低0.44个百分点，有效降低客户融资成本。

文化·旅游·体育

文化旅游工作

【概况】区文化旅游体育局内设办公室、公共服务科、产业发展科、体育科、文物管理科、市场管理和行政审批服务科6个科室。下辖区图书馆、区文化馆2个二级机构。全区有文旅生产经营单位近3000家，其中规模以上企业49家，A级景区9家，星级酒店5家，拥有岳麓书院、曾国藩墓等全国、省、市重点文物保护单位85处。2020年，全局干部职工以习近平新时代中国特色社会主义思想为指引，以强化党建引领、繁荣文化事业、发展文旅产业为重点，加强文化阵地建设、深入开展群文活动、加强文物保护利用、以提供优质的文化旅游产品和服务为目标，为建设“知识岳麓、创新岳麓”提供强有力的文化旅游体育保障。

【发展文化事业】高标准完成文化阵地建设，把优质公共文化服务等资源延伸到基层，形成“上下联通、结构合理、服务优质、有效覆盖”的服务体系。全年建设完成5个市级标准化社区（村）综合文化服务中心及10个区级“15分钟生活圈”社区（村）综合文化服务中心。科学推进区图书馆、区文化馆新馆建设，将“两馆”建设成知识共建、文化共享和市民休闲于一体的现代城市文化服务综合体。完成2020年度体育重点民生实事工程，新建含浦街道含泰社区健身步道1条，长度6千米；新建岳麓街道科学村社区乡镇（街道）全民健身中心1处及金科东方大院等5处社区智慧健身中心，基本实现全区156个社区（村）的体育设施全覆盖，公共体育场地设施完好率达98.5%，基本实现社区“15分钟体育生活圈”的目标。文化服务增效提质。17个街道（镇）文化站、166个社区（村）综合文化服务中心全面实行免费开放，提升服务辖区群众的深度和广度。精心组织各街道（镇）、社区（村）开展一系列群众文化活动、公益培训讲座，全年组织活动百余场。“温润千家·情满岳麓”“岳麓小小向日葵营地”等文化服务品牌深入人心。组织策划“心理营养”亲子教育、“绘心声·绘阅读”系列公益微课11场，吸引1700余人次参加；开展“足不出户·共庆元宵”猜灯谜、“阅时光·趣品诗词”、“粽香情浓忆端午名师讲坛”等线上活动5场，访问量达1.4万人次，吸引5500余人次参与。积极做好读者服务工作，开展2020年岳麓区图书馆学雷锋文化志愿服务系列活动26场，参与者达1000余人次。采取基层点单政府买单的形式，以“小小向日葵营地”为主题，组织文化志愿者在润龙、麓山南路、龙骨寺、石佳冲等16个社区（村）开展绘本阅读、绘画、朗诵培训3种活动，21场共计32课时，近700名小朋友受益。文物保护管理水平逐步提升，推进文物保护项目，曾国藩墓保护修缮及护坡加固工程完成方案编制及报审。完成《谭钟麟墓保护修缮方案》《甲子桥保护修缮工程勘察设计方案》《云麓宫文物保护修缮工程勘察设计》以及文物保护标志碑说明碑的安装工作。强化文物安全保护，健全文物长效保护机制，定期召开文物安全形势分析会。做好长沙国三陵等重点文物保护单位的安全巡查和消防安全排查整改工作，指导和督促麓山寺编制《麓山寺防雷设计方案》和《麓山寺消防改造设计方案》。开展文物保护宣传，举办“中国文化和自然遗产日”系列宣传活动、开展红色革命文物点保护区相关规划及宣传工作，全年共发放宣传资料3000余份。

【发展文旅产业】按照“理念融合、职能融合、产业融合、服务融合”思路，推动全区文旅产业融合发展。疫情以来，帮扶文旅企业复工复产，做到疫情防控和复工复产两手抓，向省、市争取帮扶资金以及分批次暂退旅行社质保金近1300万元。创新开展文旅宣传。先后举办“花开四季·畅享岳麓”、“激情夏日·网红岳麓”、“秋之颂·赏长沙”文旅季、“首届岳麓山青年戏剧节”等节会，推出八大旅游精品线路、十大精品民宿和十大网红打卡点，发放3万余份“畅游岳麓”“打卡岳麓”宣传折页，畅游岳麓网红打卡点短视频收获300多万次点击量，各类节会活动线上观看人数超百万人次，获《人民日报》、红网、湖南卫视等中央及省、市级媒体宣传推介60余次。推广《岳麓之恋》宣传片，发行欢游岳麓一卡通，打造长沙网红文艺第一街——阳光100凤凰街，推出岳麓十大文创品牌。为深入学习领会习近平总书记——系列关于文化和旅游工作的重要讲话精神，坚持文化铸魂，蹄疾步稳，真抓实干，加快文旅产业高质量发展，由区委书记周志凯主持召开全区文旅产业座谈会，民进中央经济委员会副主任王林，湖南师范大学旅游学院教授、博导王凯等文旅领域专家代表以及城发集团、湘江新区发展集团、洋湖湿地景区等辖区内17家重点文旅企事业单位相关负责人参加，倾听专家教授、文旅企业的建议与意见，补齐文旅发展短板。文旅消费强势复苏，据统计，全区三季度旅游总收入37.19亿元，旅游接待达315.45万人次。岳麓山、橘子洲、岳麓书院等老牌景区热度不减，稳居长沙热门景区榜首。新型景区兴起，继洋湖湿地公园、巴溪洲水上乐园、华谊兄弟电影小镇依次建成开园之后，湘江欢乐城于7月正式开门迎客，洋湖水街于9月正式开街，引发大王山、洋湖片区旅游度假热潮，湘江欢乐城开园当天门票售罄。传统媒体共计发稿近百篇，央广网、人民网、新华网、《中国日报》、央视新闻、《经济日报》、中国新闻网、《光明日报》等中央级媒体进行专题报道，阅读量近百万人次。成立文旅消费联盟。以政府为主导，企业为主体，组建文旅消费联盟，增强区域文旅消费合力。截至2020年末，有400余家文旅企事业单位加入长沙市岳麓区文旅消费联盟，标志着以文旅消费联盟驱动文旅产业发展模式正式启幕，为全区文化旅游市场强劲复苏打下了牢固基础。

【规范发展文旅市场】 深化行政审批改革，持续优化营商环境，文旅体产业高质量发展；开展“扫黄打非”、扫黑除恶、禁毒专项行动，营造和谐向上市场氛围；强化文旅场所安全生产监管，筑牢文旅体市场安全底线，确保全区3000多家文旅体场所安全稳定。坚持依法行政，主动服务，突出抓好文旅体市场“12301”“12318”举报电话与“12345”热线工单办理，核查率、处置率和反馈率均达100%。区文旅体局积极联合街镇，组织开展文旅体行业安全生产和消防工作培训2次，开展联合执法检查60余次，出动执法人员310人次，排查文旅企业1865家次，约谈隐患企业5家次，排查隐患29处。通过各类活动和专项整治，实现全区888家文化市场生产经营单位、48家旅游市场生产经营单位和178处不可移动文物保护点和51家高危体育场馆排查内容全覆盖，有效防范遏制安全生产事故发生。

【疫情防控】 2020年初，面对突如其来的新冠肺炎疫情，区文旅体局支部迅速启动新型冠状病毒肺炎防控应急响应工作。通过电话、微信、QQ工作群等多种形式，组织各部门、二级机构、文旅体企业深入学习上级关于疫情防控工作的重要指示和疫情防控知识手册。购置一定数量口罩、消毒液、医用酒精等医药防护用品发放到局本级、联点社区、文旅体企业。支部6名党员到西湖街道二三管区与社区干部一同奋战在抗疫第一线。创作诗歌《战疫情·立春》、花鼓戏《防疫病毒》、新童谣《月亮粑粑》——抗击新冠肺炎病毒、三句半《大敌当前 全抗敌》、歌曲《相敬的人儿》等防疫作品，收集岳麓区文联上报作品50件，全部入选湖南省文化和旅游厅举办的“艺抗疫情 云游湖南”为主题的文艺作品专题展示。开展“麓风·艺术”大讲堂2020岳麓区群众文化艺术素养公益大课堂——“宅家学艺抗疫情”线上普通话教学活动，分三期在指尖岳麓公众号推出课程，阅读点击量2475人次。

【品牌节会】 2020年，区文旅体局先后开展“花开四季·畅享岳麓”“激情夏日·网红岳麓”“秋之颂·赏长沙”“首届岳麓山青年戏剧节”四大品牌节会，推出八大旅游精品线路、十大精品民宿和十大网红打卡点，发放3万余份“畅游岳麓”“打卡岳麓”宣传折页；发布《岳麓之恋》宣传片，推出区长出镜畅游网红打卡点短视频，收获300多万点击量，各类节会活动线上观看人数超百万人，获央视、《人民日报》、红网等多家媒体宣传推介。

【馆校共建】 7月6日，由长沙市图书馆、岳麓区文化旅游体育局、岳麓区教育局、和阅联盟主办，岳麓区图书馆、雨敞坪分馆、博才雨敞坪学校承办的“阅读，一个都不能少”——“馆校共建”活动在博才雨敞坪学校大操场举行，此次活动共有2000余人参加。市图书馆副馆长张军、博才雨敞坪学校校长刘继承进行“和阅联盟校”授牌仪式，岳麓区图书馆向18个班班长及教师代表分发免押金读者证819张。凭读者证，可以在长沙图书馆及各中心馆、分馆免费借阅书籍。

【书香岳麓】 12月14日，“书香岳麓 文化行走”微视频朗读大赛颁奖展演活动在卡佛书店梅溪湖店举行，活动中，朗诵艺术家与广大朗诵爱好者同台表演，沙画、歌曲等艺术形式穿插其中，一个个感情充沛的朗读者陆续登台、一篇篇优秀朗诵作品“声”入人心！在麓山脚下、梅溪湖畔的这场声音盛宴中，微视频朗读大赛各大奖也在此揭晓。望城坡街道谢星宇朗读作品《栀子花开》、洋湖街道欧阳艳芳朗读作品《洋湖的这些塔吊》、咸嘉湖街道欧阳鼎朗读作品《书香岳麓、文化行走》等10个作品获颁特等奖及一、二、三等奖。

【文物管理】 2月1日至25日，区文物管理科在做好疫情防控的同时加大对全区重点文物开展巡查工作。下发望岳街道《关于加强长沙国王陵墓群庙坡山、马坡山防盗工作的函》。全区在防疫期间对文物安全保护做到不留空白，坚决不给破坏、盗掘文物犯罪分子可乘之机。要求重点街道要在重点文物区域加强排查，进行监控，对外来人员建立台账。对文物每天巡查加入各社区联防联治工作范畴。市局执法督查处到岳麓区督查文物安全工作，市文物局领导对岳麓区文物保护工作给予肯定的同时，要求对重点文物保护单位做好再次督查，确保文物安全。

岳麓山风景名胜区

【概况】 长沙市岳麓山风景名胜区管理局为负责管理岳麓山风景名胜区的正县级财政全额拨款事业单位，2020年在职在编人员36名。下设办公室、财务处、风景资源管理处、旅游发展处、行政审批和政务服务处（政策法规处）、综合执法处6个职能科室，加挂“长沙市岳麓山风景名胜区综合执法队”牌子。下辖麓山景区管理处和橘子洲景区管理处两个二级管理机构，代管望月公园管理处。

2020年，全局从资源保护、综合管理、旅游服务、党的建设四个方面，完成年初既定目标任务，2020年接待游客1027.03万人次，实现旅游经济收入5122.86万元，为疫情下城市经济复苏及旅游业发展，发挥了引擎带动作用。

【完成巡查问题整改】 市委第一巡察组对局党委进行了巡察，针对巡察反馈的13个方面52个问题，局党委进行了全面梳理，建立106个整改措施台账，除总规修编、麓山景区土地确权等受制于客观原因正在抓紧推进外，其他问题已销号。配合市审计局对该局原党委书记吴江（2016.05—2019.11）、局长胡德强（2014.09—2019.12）经济责任履行情况审计，完成审计整改任务。

【严格疫情防控】 落实区委区政府防疫要求，结合景区实际，不盲目关园，加强人员值守，对年关时节稳定社会情绪发挥了积极作用。复工复产期间，引导旅游秩序和产业恢复，组织活动10场，减免租金160.2万元。实行预约入园，强化疫情防控措施，做到复工复产速度快、效果好，防控力度不减，防控措施不松。省委常委、市委书记胡衡华高度肯定并批示。

【提升服务品质】 提升服务“硬实力”，以“文明城市提质年”为抓手，重点对景区标识标牌、旅游厕所、园林景观提质改造，为长沙文明创建工作贡献力量。加快智慧景区建设，人流监控、环境监测、车位实时显示系统投入运行，人脸识别、二维码验证等智能门禁设施上线。提升服务“软实力”，加强讲解员队伍建设，培养一支30人的优秀讲解员队伍。讲解员团队在长沙红色文化宣讲大赛、名师名课竞赛等活动中荣获佳绩。常态化开展景区志愿服务活动20000余人次。组织岗位服务明星评选，近年累计评选季度岗位服务明星457人次，年度服务明星29人，发挥了激励导向、示范带动作用。

【抓实安全生产】 完善安全生产工作领导机构，实行领导干部联点责任制。落实“党政同责”、“一岗双责”和“三个必须”，细化安全生产责任。与景区、企业签订安全生产目标责任书，督促企业悬挂安全生产主体责任和监管责任公示牌，层层落实责任，逐级传导压力。安全生产管理责任全面压实，安全隐患排查落实落细。引入第三方安全专业机构，对设施设备、作业环境和管理体系等进行风险辨识、分级管控。加强景区自查自纠和专项整治，每季度组织隐患排查，跟踪整改，形成隐患闭环管理。2020年组织综合性检查106次，排查小微安全隐患676项，基本整改到位。加强森林火灾防护，协同街道加强火源防控，增设森林监控设备，与联通无人机基地合作侦测巡防。开展学习培训和实操演练15次，发放宣传资料2500余份，接受群众咨询500余人次。通过人防、物防、技防，筑牢了森林防火墙。2020年未出现森林火情，安全生产“零事故”，打造省级安全生产示范区。

【加强资产管理】 加强固定资产管理。全面摸清家底，对尚未办理权证的经营门店，完善相关手续，统一进行经营权招拍挂。2020年收取特许经营费1659万元。成立岳麓山文化创意研究院，探索无形资产有形化管理模式，加强文化知识产权建模，对13大门类900多个名称和图案进行知识产权保护。加大对数字资产的沉淀和管理，目前公众号流量已超过700万人次，吸引粉丝量稳定在100万~110万人之间。全面摸底景区经营性资产，加深与城发集团、湘江集团、产投集团的合作交流，签订战略合作框架协议，探索片区整治、文创产品研发、文化体育赛事活动策划执行、文化内涵传播。科学设计景区游线安排，开通景区至大王山旅游巴士。据市统计局有关数据表明，2019年度，长沙市旅游总收入2028.97亿元，其中岳麓山风景名胜区对全市旅游经济带动总额为155.58亿元，占全市旅游总收入的7.67%。

【推进设施建设】 抢抓机遇破解资金瓶颈，发行麓山景区专项债筹集建设资金3亿元。建立项目规范推进的“5+2”工作小组机制，制定下发《项目建设管理办法》，规范项目建设及审批流程。加快推进项目建设的速度和力度，倒排工期，挂图作战，一个月一调度，一周一汇报，确保重点项目按进度有序推进。麓山景区古游步道建设、旅游厕所改造、坡改缓以及亭台楼阁修缮等项目已完成。肖劲光故居及周边区域提质改造、消防管网二期建设、智慧景区建设、麓山景区西大门及上山游步道建设、索道提质改造、危旧房改造等一批重大项目正在抓紧推进。

【加强资源保护】 严格项目审批监管，配合市行政审批局对全局权力责任清单再次梳理，调整行政权力12项，在长沙市政务网上予以公示。履行景区内项目建设行政许可，对中国五矿麓山科创园等6项风景区内的建设项目审核，行政审批案卷评查优秀率达100%。严格行政执法，查处和打击景区范围内挖山毁绿、污染环境等违法行为。全年查处破坏景区生态环境案件7起，开展执法行动3次，集中拆违行动3次，审核林木采伐6案，达到“打击一个，警示一片”的效果。落实省环保督查“回头看”交办任务，切实解决影响环境保护问题，及时办结信访交办件，办结率100%。严格文物和古树名木的保护管理，把文物古迹保护列为重要议事日程，成立工作小组，推进《文化遗产保护与利用总体规划》编制，对景区文物进行系统调研。完成植物资源普查，形成植物资源图谱、植物资源调查报告等成果。

【实施限流新举措】 按照中宣部、文化和旅游部关于2020年劳动节假期接待游客量不得超过核定最大承载量30%要求，该局在五一期间对岳麓山、桔子洲、桃花岭景区实施游客流量管控，开展网上预约和现场扫码入园，实现“免费不免票”，保障游客出行安全。

【成立岳麓山文创产业研究院】12月30日，岳麓山文创产业研究院在岳麓山步虚楼揭牌成立，《麓山讲堂·湘江夜话》同步开讲。市委常委、市委宣传部部长陈刚出席揭牌仪式并讲话。成立岳麓山文创产业研究院以及创办《麓山讲堂》，旨在搭建文化交流平台、拓展文旅产业空间，将通过组织专题研讨、出版研究成果、推出精品展览、拍摄影视作品、研发文创产品、开发研学线路，挖掘湖湘文化内涵，保护和传承湖南丰厚的历史文化，发挥红色、绿色、古色资源优势，推动文旅融合，加快全域旅游基地建设。

【岳麓山风景名胜区工作调研】11月25日，区委书记周志凯率队调研岳麓山风景名胜区工作，肯定景区工作，对下一阶段工作提出“打造三个标杆样板”目标要求，即打造成为生态文明建设、弘扬历史文化、文旅产业发展的标杆样板。

麓山景区

【概况】2020年接待游客700万人次，比上年减少100万人次，降幅12.5%，完成各项接待任务194批次2202人次。完成经济总收入9964.3万元（含财政拨款3967.3万元）比上年增加114万元，增幅1.15%，受新冠肺炎疫情影响，自营业务全年实际运营时间仅10个月，完成年收入5996.9万元，比上年减少11%。其中索道运营收入2026.5万元，比上年减少4.8%；观光车运营因修路等原因年收入2393.6万元（分成收入1188.28万元）比上年减少23.2%；门店租赁因疫情免租年收入527.6万元，比上年减少29.9%；停车场收入304.3万元比上年增加30%；滑道运营收入636.5万元比上年增加148%；基站管理费55.57万元比上年减少45%；旅游绿化及其他收入52.83万元比上年减少65%。获评“湖南省十大文旅地标”，景区党建工作经验《党建引领5个+，推动红色旅游发展》入围全国基层党建创新典型案例征集活动。

长沙岳麓山获评“湖南十大文旅地标”（麓山景区供图）

【巡察整改】对照市委巡察组反馈意见，按照岳麓山风景区管理局安排，成立整改落实领导小组，制定“意识形态”“网格管理”“经营管理”“三资管理”“机构调整”等11个整改专题方案，对巡察组提出的问题进行细化分解，明确时间节点、工作步骤、整改任务和具体措施，做到一个问题一位牵头领导，在“条条要整改、件件有着落、事事有回音”上下功夫。收回索道营销权，对观光车管理体制进行新调整，对到期的13家经营门店进行统一公开招标，对选人用人存在的问题进行全面整改，除土地确权、门店产权等历史遗留问题正在加紧推进外，其它问题都已整改到位。

【疫情防控】新冠肺炎疫情发生以来，景区管理处制定了《麓山景区启动“新型冠状病毒疫情防控”工作应急预案》《麓山景区复工复产防控工作方案》《麓山景区新冠肺炎疫情应急处置预案》，成立景区疫情防控工作领导小组，投入80余万元，在游客集中区域安装“热力图”，在入园通道建设智慧景区人脸识别系统，落实“预约、限量、错峰”措施，全年在防控物资、防疫设施、抗疫宣传、人员保障、结对援助等方面投入资金450余万元，未发生一起游客和工作人员病毒感染事件，防疫工作得到省文旅厅表扬。在疫情缓解后，投入岳麓区“大干一百天实现双过半”竞赛活动，推动旅游复工复产，通过“减租优惠”政策刺激经营业态，通过基础设施建设项目助推区域投资，通过营销宣传推动旅游复苏。2020年共免除和优惠经营门店租赁费用100万余元。在智慧景区、基础设施、旅游配套等系列工程上投入资金1500万余元。

【项目建设】2020年投资3100余万元，完成基础设施建设项目6个，包括古游道修复项目、东大门厕所扩建项目、爱晚亭厕所重建项目、东门北极峰“坡改缓”工程项目、“蔡锷墓庐”提质改造项目、智慧景区人脸识别系统项目；正在推进的在建工程项目有观景长廊和穿石湖廊阁修缮工程、长廊站台建设，2020年已完成90%的工程量；索道、危房提质改造和文化园建设项目，已经完成立项、可研、设计，正在办理招标手续。

【生态园林景观维护】完成仰天坪牡丹园的景观优化和提质改造。对全山500多棵古树名木和麓山寺、半山亭、爱晚亭、管理处、五轮塔等区域的大树全部进行树干刷白、松土施肥、补充营养；对麓山寺、白鹤泉、麓山叙事等区域的4棵大树进行拉索、换架、扩围、修枝、补充营养等复壮救治措施；做好森林虫情调查、预测预报及松材线虫等病虫害防治工作。悬挂天牛诱捕器共计110个，8次更换诱芯，诱捕松褐天牛成虫12464只，喷洒生物药粉3175千克；白蚁防治8次，施水剂约160千克，粉剂200克；对全山红枫白粉病、杜鹃叶蜂、红蜘蛛、网蝽、蓟马等虫害防治施药30次，确保景区无重大虫情发生。清理废弃物112车。组织计时工928人次清理历年死树枯枝825株。

【安全生产】夯实安全基础。实施安全生产网格化管理，并聘请第三方专业公司负责隐患排查和安全检查，抓好制度制定、制度上墙、台账登记、安全早会等基础内容，交通安全逐步改善，在景区东、南门入口处设置人车分行通道，并实行交通管制、文明劝导和禁车管理三级管控，保障入园通道交通秩序。景区东门线全部更换为生态环保节能车。与驻山单位、责任科室、经营门店层层签订安全生产责任书，并在全景区划定经营门店、公共消防、公共交通、园林绿化、停车场、文物景点、索道、观光车、驻山单位、公共资产等11个网格，组建网格队伍，明确工作职责，制定《麓山景区网格化管理奖惩细则》，建立“预防、应急、激励”三大机制，形成安全生产齐抓共管的局面。安全生产培训常规化。开展“5·12全国防灾减灾日”“6·16全国安全宣传咨询日”“11·9”全国消防安全日为主题宣传活动，和安全生产月、安全知识培训和消防安全技能比武、反恐防暴培训等活动，加强安全巡查力度。构建治安巡逻、消防劝导、巡防护卫三位一体的旅游安全管理体系，针对景区森林防火、游园秩序、旅游交通、入园管理等工作开展综合整治。2020年景区内未发生一起火警，未发生一起安全责任事故，在6月份长沙市迎接国务院安全生产“国考”检查中，得到“国考组”领导的高度评价，在长沙市森林消防7支专业队伍的竞技比武中，荣获“车组”“多级泵组”两项第一，“油锯组”单项第二的成绩。

【机构调整】通过区人社局面向社会公开招录5名工作人员，并为其办理入职、上编及合同签订手续。针对景区内设机构中层干部超编情况，按照巡察整改要求，起草《麓山景区管理处内设机构调整建议》和《内设机构调整论证报告》并呈报上级审批。2020年9月15日市编办以长编办〔2020〕160号文明确了麓山景区管理处机构编制事项，调整后，麓山景区管理处内设机构10个，均为正科级，分别为办公室、党建人事科、文物保护科、园林绿化科、旅游服务科、基础设施科、景区管理科、保卫科、财务科、退休人员管理服务科，设置纪检监察室。科长11名（含纪检监察室主任1名）、副科长13名。经过管理处推荐、管理局考察，24名中层干部全部调整到位。

橘子洲景区

【概况】2020年，橘子洲景区以文明城市提质年、5A等级质量复核年为抓手，中心工作和重点工作有序推进，顺利完成年初既定目标。全年景区接待游客519.2万人次，完成各级接待任务604批次，接待党和领导人到景区参观指导，并获省级文明窗口单位称号。

【巡察整改】对照巡察反馈意见，景区成立整改领导小组，制定整改方案，建立整改台账，明确整改项目、提出整改要求、确定整改期限，从队伍建设、经营管理、项目监理、绿化维护、资金监管等方面梳理整改问题23个，落实整改举措。推进思想政治建设，成立纪检督察室，明确纪检专干，完成纪检“三转”。强化宣传阵地监管，加大红色文化宣传力度。加大工程项目风险防控，完善项目采购程序，规范纪检监管流程，强化招标代理机构、投标单位资格审查，执行业主代表回避制度，实现项目招标全过程监管。以问题为导向，完善35个涉及党建、经营、工程、绿化、资金等方面的制度，从制度层面巩固好、坚持好整改成果。纪检部门精准运用监督执纪“四种形态”，问责处理7名工作人员，实施谈话提醒，深刻剖析问题根源，明确整改方向和措施，规范工作流程。

【安全管理】以“创建省级安全生产示范区”为载体，制定《安全生产专项整治三年行动实施计划》，建立企业安全生产档案，压紧压实安全生产主体责任。聚焦重点领域，强化专项整治，推进道路交通、施工场地、危险化学品、特种设备整治。强化消防安全、应急处置培训，开展消防演练2次，设置5座微型消防站，实施消防专项检查10次，排查整改消防隐患12起。全年景区召开安全生产会议5次，开展安全检查12次，发现和排查各类安全隐患152起，景区安全生产形势稳定向好。坚持问题导向，创新工作举措，联合城管部门成立法制学习室，通过宣传教育、条例学习、签字承诺、拍照存档等举措，实现对“流动摊贩”有效管控。全年处置摊贩、违规发放传单人员487人次，学习教育193人次。坚持源头治理，联合公安、城管部门在地铁口、南北支桥口设置综合整治点，通过定点值守、定时巡查、重点盯防等举措，从源头上实现对黑车、黑摩的、非法传销等违法行为的有效打击。全年开展黑车整治行动7次，处置黑车5台，开展非法传销整治行动10次，抓获处置传销人员57人，教育劝导违规垂钓等各类不文明行为2700余次。健全安保考核制度，实施人员培训常态化，采取“监控+巡查”的举措，提升形象岗服务质量。设置24小时应急处突岗位及24小时应急救援电话，推行安保工作“日台账制”及夜间巡逻打卡制，实现安保管理数据化、痕迹化。全年处理各类应急救助事件117起，游客受伤救援268起，帮助行动不便游客922起，寻人寻物1061起，保障景区正常游园秩序。

【设施维护】如期完成新S路观光车候车广场扩建，解决客流高峰时段游客休憩难、候车难问题。实施中入口预约参观通道建设，启动人脸识别、二维码验证，提升预约参观通行效率。完成南支桥至洲头平面亮化施工，实施主席雕塑广场亮化改造，新增投光灯等亮化灯具2348套，核心区域景观质量得到提升；利用梅园西侧地铁施工恢复契机，实施桂园水塘排水阀清理，勘定堵塞过渡井，破除路面疏通堵点，组织专业队伍及时修复受损路面，破解困扰景区难题。以“文明城市提质年”为抓手，精心组织全洲设施提质，安装中入口张拉膜200平方米，维修中国结、华灯等213套，翻新垃圾桶450个，更换中国结支架500套，油漆翻新座椅、标识牌550平方米，清洗焰火广场喷泉水池5200平方米、清洗灯具4500盏，油漆翻新修补各类建筑、地面7700平方米，景区面貌焕然一新。加强日常巡查维护和项目作业安全监管，推行高空、深井及受限空间作业申请备案制。完善制度建设，健全《零星维修施工队伍管理办法》《设施设备巡查暂行规定》《询价采购流程》等制度，从制度层面规范零星维修工作流程，有效杜绝设施维修及项目施工费用虚高等问题。

【生态环境】因地制宜，对主席雕塑前坪景观带、焰火广场杜鹃带、管理处周边植物群落进行景观空间结构调整，通过局部乔木移栽、灌木修剪等方式，营造通透、精致、层次清晰的园林景观，植物修剪面积达4779平方米。遵循“经济、美观、适用”的原则，持续推进林下空间改造，对庙前街、地铁口等40余处黄土裸露区域进行补绿栽植，种植乔木47株、灌木594株、地被4207平方米、草皮6300平方米，通过“乔、灌、草”的科学搭配，使局部景观质量得到进一步优化。创新卫生保洁管理举措，推行网格管理模式，开发智能环卫App，推广智能胸牌，全轨迹掌握一线人员工作质量，实行末尾淘汰制及先进班组奖励制，实现对“人、车、物、事”的精准考核。完成新一轮厕所保洁公开招标，采用指纹打卡强化人员考勤，推行早晚班巡查制度，公示作业时间及值班人员信息，实现厕所“保洁全天候、服务全时段”。改革绿化标段养护方式，推行班组管理模式，采取“以事测费”的定额制养护模式，设立质量目标管理绩效奖励，鼓励班组合理使用维护经费，实现绿化养护“节约、高效、高质”目标。修订绿化管养制度，进一步明确安全生产、台账记录、人员管理、仓库保管、物资领用等方面的操作流程，增强绿化管理规范化、程序化、痕迹化。

【生产经营】 对照巡察整改要求，聘请第三方专业机构做好经营性资产、健身步道、活动场地市场价值评估。与揽岳亭经营企业签订场地置换协议，腾空房屋恢复建筑基础配套服务功能。采取法律诉讼手段对欠缴费用单位进行追缴，确保国有资产收益。积极策划文旅活动，配合华谊电影小镇开通橘子洲景区区间旅游专线，拓展客源渠道，成功举办长沙文化旅游季启动仪式、全省文旅志愿服务活动启动仪式、市卫健委“2020 抗疫医护英雄集体婚礼”等文旅活动，多措并举，提振经营信心。定期开展经营服务检查，深入推进“日巡查、周通报、月考核”机制，及时发现存在问题，督促指导经营单位做好整改。切实落实食品安全城市创建要求，联合区市场监督管理局等部门不定期开展食品安全执法检查，全年开展食品安全检查12次，建立餐饮单位风险等级评定台账，确保食品采购、加工、流通环节符合标准，做到证照齐全，从源头上保障食品安全。

【旅游服务】 强化标准化建设，完善讲解员培训考核办法，采取讲解词创作、讲解考核、定期读书笔记分享等方式，营造浓厚的学习氛围。做好讲解员招聘考核，选送优秀讲解员外出参赛、培训，在竞赛中磨炼队伍、开阔眼界。细分讲解主题，梳理、编写讲解手册，定期开展普通话、礼仪及文化知识考核，通过内训、外训、以赛代训等方式提升讲解员综合素质。2020年讲解员团队在长沙红色文化宣讲大赛、名师名课竞赛等活动中取得佳绩，为景区赢得了荣誉。发挥红十字医疗救护站功能，依托专业医疗救护团队，组建防疫志愿服务小分队。坚守防控一线，轮班值守指导和协助各一线部门、驻洲单位科学开展防疫工作，录制温馨提示、发放防疫资料、现场测量体温、指导消杀消毒等工作。与社区、街道及防疫部门保持联动，做好重点人群排查。指导观光车及各大主题展馆按标准、按要求有序开展防疫工作，高效排查疫情防控风险点，确保景区安全。结合部门（单位）考核机制，与各驻洲单位保持联动，第一时间做好投诉事件沟通处置，实地了解高频投诉原因，共同商讨处置方式。充分发挥法律顾问作用，制定投诉事件标准处置流程，有效保障事件双方合法权益，实现投诉处置公平、合理、透明。全年景区共受理各类咨询、投诉125起（包含投诉48起），其中"12345"市民热线咨询76起、投诉6起，现场及电话投诉19起，国家旅游“12301”热线平台投诉18起，网络舆情5起，回复满意率达98%以上。

【疫情防控】 自新冠肺炎疫情阻击战打响以来，景区迅速制定应急预案，果断关停观光车、主题展馆、经营门店等公共场所，停止举办节会活动，调整开闭园时间，地铁实施跳站等举措。领导班子靠前指挥，24小时轮流值守，采取限时限流管控措施。景区组织精干力量组成帮扶小分队，指导驻洲企业开展复工复产，建立疫情防控和复工复产协调机制，多方协调物资供应和政策帮扶，减免企业管理服务费99.94万元。

【实行预约参观制度】 2020年5月1日开始，橘子洲景区设置预约参观通道、完善客流控制预案、组建智慧管理平台，开始实行预约参观制度。

【成功举办2020长沙红色半程马拉松赛】 2020年12月26日，长沙农商银行·2020长沙红色半程马拉松赛在橘子洲景区举办，来自全国各地近4500名选手参赛。

望月公园

【概况】 望月公园于1993年建成开园，因1978年发掘西汉长沙王吴著寝墓而闻名，2013年升级为全国重点文物保护单位。2018年7月，根据全市机构改革的相关要求，公园下放至岳麓区，由岳麓山风景名胜区管理局管理。望月公园管理处为差额拨款事业单位（正科级公益二类），核定差额拨款事业编制数82名。2020年底实有在职在编人员68人。内设办公室、人事科、财务科、绿化科、经营科、文保科和保卫科，下设园林班、保卫班和机修班。

【设施建设】 增加视频监控探头16个，实现公园重点区域360度无死角，全天24小时实时监控。针对共享单车入园、车辆乱停乱放乱充电等问题，公园新划机动车停车位20余个，新设非机动车停车区一处，新增电动车智能充电桩停车棚一个，规范园区秩序管理。配合龙王港流域水环境综合治理工作，完成公园排水管网改造，解决排水管网雨污分流问题。引入融合5G通信、3D成像及智能感应等核心技术的3D智慧传媒井盖，提升智能管理水平，为全市首个3D智慧井盖试点公园。

【综合治理】 建立领导班子带队巡园机制及投诉处理制度，组织“开门评园”，梳理游客重点关注问题和投诉意见，召集所属街道、社区、执法部门、游客召开现场调研会，多方联合治理，市民满意度日益提高。2020年较上年投诉减少28条，下降47%。坚持“安全第一、预防为主”的安全生产方针，健全安全生产应急预案，开展消防知识培训2次、现场消防演练2次，结合“风险隐患排查治理三年行动”，开展“安全生产活动月”、森林防火专项宣传等系列活动，及时通报各类重大生产事故，举一反三、汲取教训。联合第三方安全公司，开展安全专项整治，排查安全隐患，下达整改通知书。全年召开13次安全工作会议，组织不定期安全检查14次，查出安全隐患20余处，安全隐患整改率100%。

【绿化管理】 新栽景观植物品类60余种，乔木240株，灌木1700株，地被20000平方米，改造草坪4000平方米，让公园季季见彩、处处有景。在重大节日重点位置摆花16000盆，营造热烈、喜庆，多彩的节日氛围。开展咸嘉湖景区928株乔灌木的栽种工作，成活率达到95%以上。2020年8月，全面接管咸嘉湖景区绿化维护工作，完成景区绿地修剪约80万平方米，除杂约40万平方米，灌木、绿篱修剪约5万平方米，清理死树、杂树，断头树300余株，所有苗木进行病虫害防治3次，景区绿化带内的茅草进行局部防治面积约1万平方米，园林景观品质提升。

【经营管理】 对园内所有经营项目统一制作安全责任公示牌，并悬挂上墙。制作周一安全工作会议记录本，建立经营项目的“一企一档一清单”，规范其服务和管理。整治园内经营乱象和不文明的经营服务行为，杜绝店外经营、占道经营、违规搭建、场地卫生不达标等现象的发生，对园内经营场所证照齐全、亮证经营、诚信经营、文明餐桌、核心价值观广告上墙、消毒记录等内容不定期进行抽查。对经营管理人员进行消防安全、食品安全等业务培训，建立和谐文明的经营秩序。

【疫情防控】 成立新冠疫情处置领导小组，全面排查在职职工、退休人员、经营户工作人员、外包公司人员共计261人，对有身体严重不适或重点疫情区域返长沙人员采取居家隔离方式，共计隔离人员15人，均通过隔离观察排除病毒感染。制定疫情常态化管理工作机制，对所有外出人员均采取主要领导审批制度。利用微信、公园宣传栏、显示屏等开展疫情防控宣传工作，加强对游客的劝导，增强市民防控意识，防止病毒传播蔓延。对园内5家因疫情影响资金困难的经营户进行租金减免帮扶，减免租金20余万元。

教育·科技

教　育

【概况】2020年，岳麓区有区属公办中小学校93所，中小学生11.2万人；街道中心学校4个、二级机构9个；幼儿园218所，其中公办园62所、普惠性民办园120所、非普惠性民办园 36所，在园幼儿5.5万人；在职在编教师3808人，离退休教师2003人，编外合同制教师5232人，下属单位管理干部281人，其中正职171人、副职108人。

区教育局一手抓疫情防控，确保全区师生健康平安，一手抓教育发展，持续擦亮“岳麓山下好读书”品牌名片。2020年获得湖南省文明标兵单位、第五届全国119消防先进集体、2019年度文明行业、湖南省中小学信息技术创新与实践大赛优秀组织单位、湖南省青少年儿童体操类项目总决赛最佳贡献奖、长沙市疫情防控期间“停课不停学”网络教学活动优秀单位、第七批长沙市社区教育优秀微课程优秀组织奖、“寻初心、守初心、践初心”微视频创作竞赛优秀组织奖、长沙市中小学生建制班合唱合奏比赛优秀组织奖等28项市级以上荣誉；获批2019—2020年度全国健康促进县区、长沙市能力提升工程2.0培训实验区、长沙市智慧教育示范创建区；化解大班额的做法被推荐到湖南省教育厅，并作为典型经验向全省推介。

【抗击新冠疫情】成立教育系统防控工作领导小组，出台《长沙市岳麓区教育系统新型冠状病毒感染的肺炎疫情防控工作方案》，建立健全校园防控工作机制和联防联控机制。疫情期间，落实岳麓区及驻区幼儿园、小学、初中、高中、中职学校、民办培训机构“日报告、零报告”制度，及时了解20.8万名师生的身体健康状况和行程动态；积极筹措3万个口罩、医用酒精、消毒液、紫外线灯管发放到校；按不低于5000元/园的标准给予防疫物资和安防设施补贴全区民办幼儿园，共计补贴97.3万元；成立疫情防控线上公益心理疏导站，制作心理防护手册和心理微课，42位心理教师进行防疫心理支持，疏导和干预服务400余人次；派出35名志愿者驻点“岳麓区集中医学观察场所”，全力做好后勤保障工作；550名校长、书记、教师加入各类志愿服务队；2400余名党员教师为防疫捐款近30万元；正月初四，岳麓区教育局党委书记、局长李鸿在“指尖岳麓”上发布《致全体教师的一封信》，1000多名教师报名成为抗疫志愿者。

【学校基础建设】雅礼洋湖小学开学，湘江实验中学、巡抚小学、兴联小学、联丰小学四所新改扩建的项目校完成建设，新增学位5775个，完成博才卓越小学的教学楼改扩建，新增学位540个；完成义务教育标准化学校创建4所，1所获评优秀；新增公办幼儿园18所，新增学位7555个；完成8所配套幼儿园建设移交、启动21所配套幼儿园建设、签订18份配套园移交协议、办理5所配套幼儿园不动产权证；完成62所中小学校厕所改造工程。

【教师队伍建设】面向社会公开招聘教师360名，1位教师被评为湖南省第十一届特级教师，7位教师被评为市级卓越教师，评选第三批区级卓越教师62人，组建9个区级学科名师工作室；组织955名教师参加国培、省培、市培计划。出台《关于进一步加强师德师风建设有效预防中小学生遭受侵害的实施办法》，在农村学校开展4场巡讲活动，836人参加，实现100%教职工接受教育；派出援藏、援疆教师3人，邵阳支教32人，区内支教88人，在全市“三区”支教工作培训动员会上作经验介绍；规范编外合同制教师招聘、管理、工资及福利待遇，在评优、评先等名额分配比例上与在编教师一致，年度考核优秀387人，评选岳麓区师德标兵18名，岳麓区四有好老师48人，面向编外合同制教师举办教学能力比赛，169人获奖。教师资格证办理“足不出户、全程网办”，2020年度办理教师资格证数量6000余人次。

【教育信息化建设】 成立岳麓区人工智能教育联盟，挂牌28所人工智能教育实验基地校，评选出西雅中学等15所区级智慧校园示范校，岳麓区中小学校多媒体教室覆盖率100%；7030人参加岳麓区中小学、幼儿园教师信息素养提升培训和竞赛活动，培训通过率达98.21%；开展“AI智课，引航教育未来”岳麓区智慧教育特色展示系列活动，打造网络教研联盟共同体。在由中央电化教育馆主办，中国电化教育杂志社、国家数字教育资源体系联盟和湖南省电化教育馆承办的湖南省“三个课堂”区域应用专题培训研讨会上，岳麓区教育局党委书记、局长李鸿以《网联未来重构生态，深化“三个课堂”全面应用助推岳麓教育优质均衡发展》为题作典型经验分享。

【教育综合管理】 选聘岳麓区中小学兼职督学16名、幼儿园督学43名，全面推进幼儿园责任督学挂牌督导；新增省级立项课题15项、市级规划立项课题13项、区规划课题162项，教育科研课题覆盖岳麓区各中小学、幼儿园。高度重视义务教育质量监测结果应用，承办2020年度长沙市义务教育质量监测结果应用现场推进会。承办3次长沙市城区小升初联合微机派位工作。疫情期间创新招生政策宣传方式，岳麓区教育局和《长沙晚报》联合举办线上招生政策宣传月活动，《人民日报》予以报道。出台《关于进一步加强中小学劳动教育的实施意见》，劳动教育机制和课程建设取得新进展，《湖南日报》以《劳动教育怎样开展？来看岳麓区中小学探索》为题进行报道推介。新建5个资源教室，实现招收5名以上残疾儿童的普通学校资源教室建设全覆盖，《长沙市岳麓区白泉学校为残疾学生送教上门——小金玉顺利毕业了》被《中国教育报》头版报道。

【校园安全工作】 推进公民办学校和幼儿园封闭式管理、一键式报警系统、视频监控与公安联网、专职保安、平安护学岗“五个100%”建设，完成率达到100%；加大校车督查力度，撤换1名驾驶员，表彰和奖励59名驾驶员；开展9次禁毒宣传教育活动，禁毒教育平台区属学校接入率、学生注册率、课时完成率均达到100%。

【校外培训整治】 召开3次无证办学清理整治联席会议，开展1次区级督查检查，对发现的超前教学行为行政处罚3起，发现新增无证办学机构70所，办理证照50所，取缔关停20所，其中对拒不配合关停的11家无证办学机构进行行政处罚，实现了无证办学机构动态清零；摸排无证幼儿园26所，其中依法取缔1所、审批办证6所、纳入整合监管19所。

【博才教育联盟年会召开】 1月11日，博才教育联盟年会在长沙市示范性综合实践基地岳麓营地召开，博才各联盟学校负责人、教职工代表、退休教师参加，集中展示博才联盟各学校特色教育教学成果，共谋博才系列学校发展大计。博才教育联盟总顾问，岳麓区教育局党委书记、局长李鸿参加并致辞。博才教育联盟主席、博才

1月11日，博才教育联盟年会在长沙市示范性综合实践基地岳麓营地召开（岳麓区教育局供图）

小学校长龙胜做《千年古树万年根》主旨演讲。湖南省教育科学院副院长赵雄辉、湖南师范大学附属中学校长谢永红、湖南第一师范学院继续教育学院院长曾晓玲、湖南省教师发展中心副主任李再湘、湖南师大教育科学院院长刘铁芳、湖南师大教育科学院教授常思亮、长沙市教科院院长孙智明、长沙市教科院副院长章勇、博才联盟前主席杨素群出席会议并受聘为博才联盟顾问。

【岳麓区2019年度教育工作总结会议召开】 1月13日，长沙市岳麓区2019年度教育工作总结会议在长沙市示范性综合实践基地岳麓营地召开，区属中小学校、幼儿园、教育局二级机构、驻区子弟小学、幼儿园及部分民办学校主要负责人，区督学责任区第三届专职责任督学及特邀人员参加会议。会议总结回顾2019年岳麓区教育工作情况，通报2019年绩效考核工作情况，研究部署2020年教育重点工作。

【2017—2019年度教育年会暨校长论坛召开】 1月13日，岳麓区2017—2019年度教育年会暨校长论坛在长沙市示范性综合实践基地岳麓营地召开，岳麓区各中小学、幼儿园、二级机构和教育局机关干部逾600人参加。

【承担长沙市四年级、九年级直播课录制任务】 岳麓区在长沙市率先开播“岳麓教师公益讲堂”，开设直播课572节，访问量达366万人次；承担长沙市四年级、九年级直播课的录制。岳麓区教育局被评为“停课不停学”网络教学活动优秀单位，“停课不停学”典型案例被评为市特等奖。《长沙教育》《疫情防控专报》对岳麓区疫情防控与教育教学两不误经验予以推介。

【邵阳市北塔区考察岳麓区中小学校幼儿园配套建设工作】 3月20日，邵阳市北塔区委副书记杨映林，区委常委、统战部部长向兵，区人民政府副区长张亚云等率专题调研组到岳麓区考察中小学校幼儿园配套建设工作，岳麓区委副书记刘亮，区委常委、统战部部长潘旺明，区人民政府副区长王海潮参加交流会，岳麓区教育局党委书记、局长李鸿介绍岳麓区中小学校幼儿园配套建设情况。

【岳麓区人工智能教育联盟成立】 6月16日，岳麓区中小学幼儿园人工智能教育联盟成立大会在博才寄宿小学举行。区人民政府王海潮副区长出席并致辞，岳麓区教育局党委书记、局长李鸿以《智能时代，未来已来，岳麓区智慧教育的“融合与创新”》为题作岳麓区人工智能教育发展工作报告。

【区人大常委会视察学校建设工作】 6月18日，区人大常委会主任胡杰夫率队对岳麓区中小学校、幼儿园建设情况进行专题视察，现场走访了枫林小学、博才梅溪湖小学、含浦中学、区幼儿教育集团第一幼洋湖园、湖南师大附中博才实验中学（大学科技城校区）。

【庆祝第36个教师节暨教育工作会议】 9月8日，岳麓区委、区政府举行庆祝第36个教师节暨教育工作会议，区委、区人大、区政府、区政协领导及长沙市教育局副局长邓芸出席，区直单位、各街道、镇党（工）委书记、分管教育工作副职，区属中小学、幼儿园、教育系统二级机构党政负责人和部分教师代表，教育工作考核及尊师重教先进个人近600人参加。

【国家统计局开展教育统计督察】 9月20日至23日，国家统

6月16日，岳麓区中小学幼儿园人工智能教育联盟成立大会在博才寄宿小学举行（岳麓区教育局供图）

计局对岳麓区开展教育统计督察，通过对接沟通、个别谈话、查阅资料、实地检查等形式，对岳麓区教育局及下属中小学校贯彻统计有关精神文件、开展教育统计工作的有关情况进行督察。

【博才教育研究院成立】9月19日，博才教育研究院成立大会在长沙人民会堂举行，国家督学、北京十一学校联盟总校校长李希贵出席并做“面向2035年的学校教育”专题报告，湖南省教育厅党组成员、省委教育工委副书记王建华，长沙市教育局党委书记、局长卢鸿鸣，湖南省教育学会常务副会长、秘书长郭荣学，岳麓区人民政府副区长李舜，长沙市教育局基础教育处处长肖碧芳，岳麓区教育局党委书记、局长李鸿出席，岳麓区教育系统及兄弟区县学校代表共计800余人参加会议。

【团省委书记汤立斌调研岳麓区红色文化进校园工作】9月24日，团省委书记汤立斌一行到岳麓区新民小学调研红色文化进校园工作，在肯定岳麓区红色教育的成绩时，提出将红色文化进校园活动更好地拓展和延伸，为孩子们扣好人生第一粒扣子。

【国家义务教育质量监测】9月25日，中国基础教育质量监测协同创新中心数据部姚梦森一行到岳麓区指导国家义务教育质量监测工作。9月28日，岳麓区20所样本学校、600名学生、20位校长、317位教师圆满完成国家义务教育质量监测。

【对口帮扶龙山县学校】10月13日至14日，岳麓区教育局党委书记、局长李鸿一行23人在龙山县开展了“守望相助 携手共进”结对帮扶活动，走访贫困学生、开展送教活动。在帮扶工作交流会上，岳麓区教育局为4所受帮扶学校捐赠50万元帮扶经费、为40名贫困家庭学生提供教育助学金合计2.4万元，龙山副县长梁兴华、政协副主席张青山参加会议，县委常委、副县长张红民主持会议。

10月13日，“守望相助 携手共进”岳麓区与龙山县学校结对帮扶工作交流会（岳麓区教育局供图）

【长郡智谷落户岳麓高新区】10月16日，岳麓高新区与长郡中学合作发展签约仪式在岳麓区人民政府举行，共同打造市教育局直属高中长郡智谷中学，长沙市人民政府副市长刘明理出席签约仪式。学校预计在2023年9月开学，新增学位3000个。

【驻点巡查】10月27日至11月底，中共长沙市岳麓区纪委长沙市岳麓区监委驻区教育局纪检监察组对岳麓区业余体校、湖南师范大学附属滨江学校、岳麓区湘仪学校、岳麓幼儿教育集团第三幼儿园四个单位开展为期两个月的驻点巡查，坚决落实管党治党政治责任，推动全面从严治党向纵深发展，营造良好的“政治生态”和“教育生态”，为岳麓教育发展提供坚强纪律保障。

【AI智课引航教育未来】11月4日，以“AI智课，引航教育未来”为主题的基于“三个课堂”的网络研修活动暨学科课程展示活动在岳麓区第二小学举行，湖南省教育厅发展规划处副处长甘文波，湖南省电教馆副馆长石福新，湖南省电教馆研究室主任王子权，长沙市教育局副局长缪雅琴，长沙市现代教育技术中心主任黄旭，长沙市教育科学院院长孙智明，岳麓区教育局党委书记、局长李鸿与来自区内智慧校园示范校、人工智能教育基地校、课堂教学转型校长工作坊的校长、教研主任、信息技术教师等约200人在主会场共同出席体验多校联动的校园智课网络研修活动，华中师范大学教授刘清堂对活动进行远程点评。

【少先队辅导员风采大赛】2020年岳麓区“传承红色基因，培育时代新人”少先队辅导员风采大赛在长沙市实验小学梅溪湖学校举行。来自16支参赛队伍的80名少先队辅导员通过少先队基础知识测试、主题演讲、少先队活动案例讲解、少先队工作情景问答、少先队活动现场辅导、辅导员技能展示6个项目开展竞赛展示，邀请湖南省少工委副主任、全国首批少先队名师工作室带头人张菁，共青团长沙市委学校权益部部长张国金，长沙市教育局学生工作处副处长、团委书记胡平等担任评委，来自岳麓区中小学校的学校少工委主任、德育主任、团委书记以及大、中队辅导员共100余人参加现场观摩。

【郑建新调研岳麓教育工作】11月9日，市委副书记、市长、湖南湘江新区党工委书记郑建新先后到湖南师大附属滨江学校、岳麓区实验小学（西校区）调研全市教育均衡发展工作。市领导卢鸿鸣、刘明理参加，岳麓区委书记周志凯、区长周凡陪同。

【学前教育实习就业基地】11月12日，长沙职业技术学院学前教育学院与岳麓幼儿教育集团牵手的实习就业基地挂牌仪式在岳麓幼儿教育集团北京御园幼儿园举行，为岳麓幼儿教育集团搭建长期稳定的实习、

12月3日，以“全民智学　助力‘双战双赢’”为主题的2020年岳麓区“全民终身学习活动周”启动仪式在梅溪湖街道润龙社区举行（岳麓区教育局供图）

实训和师资储备平台，促进学前教育专业人才培养与幼儿园职业岗位需求的深入契合。

【全国足球特色园交流】11月25日，湖南省校园足球办公室主任李泽群，长沙师范学院体育科学学院院长、教育部全国幼儿足球专家委员会委员陈捷一行对区2020年全国足球特色园进行复核评审并召开交流会，2019年、2020年获评单位及2021年申报单位有关负责人参加会议。

【“三个课堂”典型经验分享】11月25日，由中央电化教育馆主办，中国电化教育杂志社、国家数字教育资源体系联盟和湖南省电化教育馆承办的湖南省“三个课堂”区域应用专题培训研讨会议在长沙举行，岳麓区教育局党委书记、局长李鸿在会议上作了题为《网联未来重构生态，深化“三个课堂”全面应用助推岳麓教育优质均衡发展》的典型经验分享。

【举行全民终身学习活动周启动仪式】12月3日，以“全民智学 助力双赢双战”为主题的2020年岳麓区“全民终身学习活动周”启动仪式在梅溪湖街道润龙社区举行，长沙社区大学副校长、长沙广播电视大学党委书记林涛，长沙市教育局高教处处长丁郭，区人民政府副调研员吴运国，区教育局党委书记、局长李鸿，梅溪湖街道办事处主任程勇和各社区教育专干，各社区教育优秀工作者及社区工作人员共计180余人参加活动。

【区教育系统后备干部培训班】12月14日至18日，为期5天的岳麓区教育系统第八期后备干部学员培训班在湖南师大举办，80位各学校择优推荐的学员参加，通过系统性学习、主题式研讨、开放式交流，提高理论素养、业务素质和管理能力。

【区学前教育协会成立】12月24日，岳麓区学前教育协会授

牌仪式暨园长培训开班典礼在望月湖一小举行，区教育局党委书记、局长李鸿出席并致辞。

【中国关工委常务副主任张玉台一行到岳麓区调研】 12月25日，中国关工委常务副主任张玉台一行到岳麓区调研，家庭教育“名家百县”巡讲活动走进岳麓区启动仪式暨专题讲座在长沙市实验小学梅溪湖学校线下主会场举行，设岳麓区实验小学、博才梅溪湖小学、周南梅溪湖小学等线上分会场，岳麓区委周志凯书记出席，岳麓区教育局党委书记、局长李鸿致欢迎辞，全区100多所中小学校、幼儿园的近千名学生家长和教师代表参加活动。

【长沙市国家义务教育质量监测结果应用现场推进会召开】 12月25日，长沙市国家义务教育质量监测结果应用现场推进会在岳麓区实验小学东校区举行。湖南省教育厅副主任督学张毅龙，湖南省教科院教育督导与评价研究所所长林宏华，长沙市教育局党委委员、主任督学周灿，长沙市教育科学院副院长章勇以及来自长沙市各区县（市）教育局领导、教育专家代表参加。

科　技

【概况】 岳麓区科学技术局，是主管全区科技工作的政府工作部门。机构改革后，设“一办两科”，即办公室、产业发展科和项目服务科。2020年，全区高新技术产业增加值达499.63亿元，新增高新技术企业135家，同比增长125%；促进技贸合同成交35.5亿元，同比增长107%；216家科技型中小企业入库；全年全区有效高新技术企业236家。

【科创产业】 大科城是长沙市落实中央“中部崛起”、湖南省实施“创新引领、开放崛起”战略的重大平台，是科技创新的核心区域。2020年，大科城获评全国首批科技成果转化和技术转移基地，完成技术交易合同1486件，成交额23.25亿元，同比增长104%；新增“四上”单位45家、新增市场主体3216个、新增科创企业1310家，同比增长30%，科创企业总数达4428家。大科城围绕科创产业源头，促进科技成果转化，制定并发布《关于支持高校、科研院所科技成果就地转化的若干措施（试行）》。中南大学科技园（研发）总部转化企业340家，854项专利与企业实现合作，7个院士项目实现就近转化。湖南大学创新楼（原天马图书城）项目正式交接，已有30余项技术成果完成对接。湖南师范大学“长沙市技术转移转化基地”正式运营。矿冶研究院新材料孵化器投入使用。湘江树图区块链创新中心、特种玻璃国家工程研究中心、航天金刚石研究院、华锐分布式技术实验室、自主可控CAE软件研发中心等一批科学家领衔的突破“卡脖子”技术的创新平台入驻。5G加速港已吸引金钟集团等标志性企业和创新平台入驻，将打造成为全省5G技术创新引领区和产业应用示范区。中建智慧谷（东区）、德必人工智能产业中心入驻企业81家。联合5所重点高校及华为鲲鹏等23家企业，成立软件产业发展联盟，培育引进软件企业616家，同比增长107%。腾讯云、阿里云、包智和宇等35家标志性企业抢滩入驻。

【项目管理】 组建“岳麓科技政策宣讲团”，为全区企业提供科技政策宣讲和咨询服务，组织政策宣讲20余次、培训企业300余家。全力培育高新技术企业，2020年新认定高企135家，同比增长128.8%。6月至8月，面向全区14个街道（含园区）开展了“科技型中小企业评价入库”专题培训活动，全年共216家科技型企业入库，大幅超过往年入库数。认真落实惠企政策兑现和上级扶持政策的争取，2020年已组织15家2019年新认定的高新技术企业申报区级“入规、升高”政策补贴85万元，兑现长沙矿冶研究院科技创新奖励50万元。组织首批67家科创企业申报省级研发奖补，获奖补资金1911万元，第二批22家企业已进入审核程序，相比上年实现翻番。组织科技企业申报市级新认定高企研发补贴，获补贴资金742万元，同比上年提高86%。深入挖掘技术交易资源，做好中南大学、湖南大学、长沙矿山研究院等技术交易大户走访和服务，大力宣传技术合同认定登记奖励政策。克服疫情对认定登记工作带来的影响，通过前期深入发动、积极对接和有力调度，全年技贸登记额为35.47亿元，同比增长107.4%。

【科创服务】 全年累计开展科创服务活动240余场次。承办2020年中国创新创业大赛（湖南赛区）、2020年“中国创翼”创新创业大赛、2020年“创客中国”5G技术及应用中小企业创新创业大赛、“麓山杯”天津大学中西部校友创新创业大赛等系列赛事12场，以赛引智，激发创新创业活力。开展科技活动周、“岳麓·创讲堂”“周周路演”“成果月月发布”等论坛及活动230场，进一步汇聚创新资源、营造创新氛围。2020年岳麓区举办“青春岳麓、才聚湘江”“创新追梦、汇智岳麓”大学生就业服务季等系列活动，完成16批次57名高层次人才认定。推动优秀人才落户长沙，扎根岳麓。全年累计发放高校毕业生租房和生活补贴4403.65万元，留学归国人员租房和生活补贴228.19万元，职业技能晋级奖励200万元。鼓励创新创业，支持众创空间、科技企业孵化器为重点的科技成果孵化基地建设，全年走访考察众创空间、科技企业孵化器十余次，加强业务指导和服务。发动入驻企业参与创新创业大赛，全年共有1家企业获省赛三等奖，5家企业获省赛优秀奖，岳麓区科学技术局获“优秀组织奖”。2020年新增市级以上众创空间11家，新增市级以上科技企业孵化器3家。在全国科技活动周期间，首次举办科普场馆开放日活动，组织海洋采矿科普馆、湖南师范大学天文馆、国家超算中心科普馆等十家科普场馆免费向公众开放，参与群众3000余人。支持科普企业发展，岳麓区推荐的同步者儿童科学馆的“神奇干冰秀”团队在2020年全国科学实验展演会演预赛暨湖南科学实验展演会演决赛中获第2名。连续开展科普场馆开放、科普讲堂、科普展览、科技下乡等16项专题科普活动，安排各街镇组织活动30余场次。派驻市级农业特派员4人帮扶农业企业，组织长沙阡陌休闲农庄等4家农业企业申报市科技助农直通车信息服务站，指导长沙湘润农业科技开发有限公司等2家单位创建市级12396科技助农直通车示范站，推荐长沙市蓝中鲜农业科技有限公司等3家单位申报农业科技特派员需求。

【省级创新型区建设】 2020年1月，岳麓区入选首批14个省级创新型县（市、区）培育建设名单。4月，《长沙市岳麓区省级创新型区建设方案》经反复研讨和征求意见，以区委、区政府名义正式下发。建设方案出台后，就方案的具体实施，区科技局与区财政局、大科城、岳麓高新区等单位深度对接，走访调研相关部门、园区和企业共十余次，围绕研发创新投入、科技园区载体建设、主导产业专项升级、创新创业主体培育、社会化服务体系建设等五大方向，确定了研发费用奖补工程、重点研发机构和成果转化平台建设发展工程、软件和信息服务业产业升级工程等八项工程作为重点，编制《长沙市岳麓区省级创新型区培育建设专题实施方案》，经区政府常务会议审议通过。

【疫情防控与复工复产】 2月12日，按照《长沙市岳麓区复工复产企业疫情防控工作方案》，岳麓区科技局按照职责分工，立即对接市科技局、省科技厅，落实上级工作部署，与各高企保持密切联系，及时传达各项政策、通知，指导四类企业做到疫情防控四到位，共同解决复工复产过程中的困难问题。

【大科城5G建设】 3月12日，中国移动长沙分公司总经理李波一行参观考察岳麓山国家大学科技城。李波一行先后到岳麓科创港、中建智慧谷、麓枫和苑5G项目等地详细了解大科城发展情况，并就5G相关项目与合作进行会商洽谈。

【重点企业座谈会】 4月22日，区人民政府副区长李舜组织召开全区重点企业座谈会，会议由区科技局局长余亚锋主持。来自全区重点高新技术企业、研发经费重点企业、拟申报高新技术企业的20家企业主要负责人参与座谈。区科技局局长余亚锋首先通报了全区科技工作要点，简明扼要的汇报2019年科技工作的成绩及2020年科技工作重点方向，并向企业介绍了2020年科技惠企政策的变化。

【科技政策宣讲系列活动】 3—4月，岳麓区开展“大干一百天、实现双过半”科技政策宣讲系列活动。参加对象有岳麓高新区、14个街道的科技专干及200余家科技企业的代表。宣讲就企业在“升高、入规、上市、扩面”等过程中出现的问题和困难进行答疑解惑，并帮助企业梳理国家、省、市、区各级相关科技奖励扶持政策，为企业提供优质服务。鼓励企业积极申报高技术企业、规模企业。3月27日在岳麓高新区管委会，4月9日在岳麓科创港，4月16日在岳麓区政府，4月29日在湘江基金小镇分

2020年长沙市岳麓区科技活动周（岳麓区科技局供图）

别开展宣讲。

【大科城平台及企业代表座谈会】 5月8日，岳麓山国家大学科技城“守望相助 共谋发展——大科城平台及企业代表座谈会”在大科城召开。会议听取了大科城企业及平台当前发展过程中面临的困难与问题，共同探讨了未来发展规划，平台及企业代表参加此次座谈。座谈中，各企业及平台从自身角度出发，提出了在疫情发生后企业发展面临的困难及问题，并对未来发展规划积极建言献策。

【大科城开启“周周路演”】 6月12日，“相约岳麓山、筑梦科创港、圆梦大科城”科创项目周周路演活动在岳麓科创港举行。湖南省股权投资协会执行秘书长王维民、湖南云法科技有限公司总经理鲍宇辉、湖南省新材料协会秘书长习小明等5位重量级评委现场点评，7个路演项目精彩开讲，共同打造路演活动新品牌。路演由岳麓山大学科技城（以下简称大科城）主办，岳麓山大学科技城科创服务部承办。为充分激活大科城优势资源，加速高校科技成果转化，大科城计划每周五下午固定组织路演活动，每月组织一次集路演和产品发布的活动。通过打造线上路演平台，延伸线下路演服务，联动共享科创要素，使路演成为优质项目与金融投资的桥梁，成为科技成果孵化、转化、产业化的纽带。大科城将持续跟踪对接项目，建立考评机制，将其导入项目库，确保优质企业入驻，优质项目落地。

5月8日，岳麓山国家大学科技城“守望相助 共谋发展——大科城平台及企业代表座谈会”在大科城召开（岳麓山国家大学科技城办公室供图）

【科技型中小企业评价入库培训活动】 6—7月岳麓区科学技术局联合湖南大科城博士科技有限公司，面向全区14个街道（含园区），开展“科技型中小企业评价入库暨科技政策解读”专题培训活动。根据需求，岳麓区科技局前期筛选形成岳麓区科技型中小企业培育名单，名单内企业作为重点培育对象。在岳麓区各街道精心组织下，辖区内企业受邀参会。2个月共举办14场培训会，开展关于国家科技型中小企业政策解读、评价入库系统操作演示、科技政策讲解等培训。培训以“重点辅导、精准服务，帮助科技企业成长”为导向，面向岳麓区中小规模科技企业开展服务，推进科技型中小企业评价辅导工作，推动符合条件的科技型中小企业评价入库，享受优惠政策。

【岳麓区科技活动周】 8月23—29日是2020年长沙市岳麓区科技活动周。在这一年一度的“科技盛典”中，区科学技术局联合区内各科普场馆免费向公众开放，敞开大门迎接“科技迷”。此次科技活动周主题为“科技战疫，创新强国”。岳麓区作为全省知识经济的核心引擎、全国科教创新名片，积极响应市科技活动周“百企百馆”开放活动，组织开展“科普场馆开放日”活动，向公众展示科技创新、科技发展成果，通过科学知识普及引导社会公众科学识疫、科学防疫。

【科普游园进社区】 9月20日，由岳麓区科协、科技局主办，博识科创承办的一场颇具趣味性的“科普游园会”在学堂坡社区举行。“科普游园会”是岳麓区2020年“全国科普日”又一个融合科学游戏和科学实践的科普活动。“科普游园会”分为3大区域20余项内容，涵括物理、化学、生物医学、计算机、工程学等科技知识。微观世界探秘、机器人、制作水果电池、化学魔术台等实验展示最受欢迎，孩子们对有的项目体验一次后仍流连忘返。此次游园会是岳麓区开展科普“三社联动”试点工作的又一次成功尝试，以科协为主导，社区为平台，社会科普组织为载体，社会科普工作专业人才为骨干，创新科普精准化服务模式。

【高新技术企业认定培训】 10月22日，中南大学科技园（研发）总部联合岳麓山国家大学科技园创业服务中心，携手湖南大科城知识产权服务有限公司举办关于高新技术企业认定最新政策解读与申报实操培训活动。科技园平台公司副总经理彭晟，岳麓山大学科技城相关处室负责人，以及来自研发总部科技型企业的20余人参加培训。培训活动中，授课专家分别就高新技术企业最新认定政策和奖励政策、评审标准、认定管理系统操作方法和申报步骤、企业创新方法作了深入浅出的讲解。通过专家的精准解读，参训人员掌握申报高企的方法与流程。培训为2021年全区高新技术企业培育认定工作规范、有序开展提供有力保障，有助于平台做好高新技术企业培育和服务工作，推动园区高新技术企业健康快速发展。

【研发经费基层管理人员业务培训】 11月4日，在岳麓区政府召开了全区研发经费基层管理人员业务培训会。长沙市科技局发展规划处副处长蒋会明，区科技局副局长冯江霞参加会议。区科技局、区工信局、区发改局、区现代服务业发展中心、各街道科技线、统计线负责人共30余人参加了会议。湖南金科财智的王龙云老师，从企业研发投入价值引导、规上企业研发经费统计实务培训两个方面进行授课，以基层研发经费统计人员实际工作的展开作为切入点，深入浅出为受训者答疑解惑，提高基层管理人员专业水平。

【大科城科技活动周暨科技成果展启动】 11月18日，“融合聚力、智汇三湘”岳麓山大学科技城科技活动周暨科技成果展启动仪式在岳麓科创港举行。湖南省委副书记乌兰，湖南省人民政府副省长、党组成员吴桂英，中南大学校长田红旗，省、市、区、各高校及大科城有关领导出席。活动现场，三所高校分别与深圳市开元投资咨询有限公司、中聚福能源科技有限公司等9家企业进行电子签约。中国工程院院士、湖南大学土木工程学院教授陈政清，中国工程院院士、湖南师范大学生命科学学院教授刘少军，分别带来了《永磁电涡流减震缓冲新技术及应用》《我国鱼类种业进展》《电化学脱嵌法盐湖提锂新技术》等科技成果转化报告。活动由湖南省教育厅主办，中南大学、湖南大学、湖南师范大学、岳麓山大学科技城管委会承办，后续陆续举行“中南大学专场”“湖南大学专场”“湖南师范大学专场”“岳麓山大学科技城专场”等系列活动，融合聚力自主创新，积极营造人人关注创新、支持创新、参与创新的浓厚氛围。

【长沙市首届驻长高校知识产权转化表彰活动在大科城举行】 12月22日，长沙市首届驻长高校知识产权转化表彰活动在岳麓科创港举行，以表彰激发高校创新热情，推动高校创新成果与优势产业链匹配融合。湖南省市场监督管理局党组成员、省知识产权局局长段志雄，长沙市人民政府副市长邱继兴，中南大学党委常委、副校长周科朝，中南大学党委常委、副校长郭学益，省、市、区、高校及大科城有关领导见证表彰。大科城簇拥20余所高等院校，50余个国家和省部级重点实验室，出台《关于支持高校、科研院所科技成果就地转化的若干措施（试行）》，完成成果转化技术交易合同1084件，成交额14.35亿元。大科城获批国家首批科技成果转化和技术转移示范基地，为打造具有核心竞争力的科技创新高地示范点奠定基础。

医疗·卫生

卫生健康

【概况】全区总人口（含高新区）93.3万人，其中常住人口69.6万人，流动人口23.7万人，2020年出生人口14408人。全区共有医疗卫生机构807家，全区卫健直属系统共有职工1353人。局机关编制33个，区疾控中心事业编制42个，卫计综合监督执法局参公编制17个，妇幼所事业编制22个。全区卫生健康工作在区委、区政府的正确领导下，全面贯彻落实工作部署，圆满完成绩效考核、民生实事考核指标和其他各项工作，获评全国健康促进区。

【疫情防控】新冠肺炎疫情发生以来，卫健局全力保障辖区人民群众生命安全。根据上级文件精神和区防控形势及时制定相关制度和防控措施，2020年疫情防控指挥部共下发文件91个，召开疫情防控专项会议97次。开展专业、科学、翔实的流行病学调查，协调对密切接触者的追踪监测，做到科学溯源、精准防控。全区公共卫生团队下沉社区，找出防控的关键点、薄弱点和隐患点，按照“早、小、严、实”的原则，严格处置可能发生的聚集性疫情和社区传播疫情。畅通收治转诊渠道，建立接送、转运、救治等全过程应急处置机制，避免次生传染。全面开展核酸检测，对重点人群的核酸检测做到应检尽检，对其他人群核酸检测实施愿检尽检。区疾控中心联合辖区基层医疗卫生机构负责完成疫点消毒、集中隔离医学观察点消毒工作。区疾控中心、区卫计综合监督执法局、各基层医疗卫生机构成立疫情防控技术指导组，共派出700余名医务人员指导和督导高校、中小学校、托幼机构、企事业单位、农贸市场、辖区医疗机构、药店按要求落实各项疫情防控措施。开展应急演练，提升应急处突能力；储备防疫物资，积极应对疫情。

【卫生应急】已组建区本级流调队伍5支，基层（街镇和社区村）流调队伍17支，社区流调协查人员631人，社区消杀人员598人。分级组织了全区街镇、医疗机构及相关部门开展流行病学调查、消毒、核酸采样培训，合计培训合格流行病学调查人员和协查人员746人，社区消杀人员598人，核酸采样人员1457人。全区共设置955个核酸采样场所预留点，并将已培训过后的1457名核酸检测采样人员定位到各核酸采样场所预留点。区卫生计生综合监督执法局对辖区内医疗机构采取分街道（镇）层级培训，全区医疗机构集中轮训的方式，对辖区内800余家医疗机构开展两轮新冠肺炎防控知识培训，提高各医疗机构疫情防控意识及院感控制管理水平。区对接的医疗机构和第三方检测机构常规核酸检测能力达到7万管/天，紧急情况下在24小时内可提升至20万管/天。区本级投入1100万元，按照2020年2—3月份疫情高峰期物资日消耗量30天的储备标准，采购储备了防护服、消毒液、口罩等31项防控防护物资。区级突发公共卫生事件应急体系建设进一步完善。无偿献血完成3856人次。免费产前筛查、免费新生儿多种遗传代谢疾病筛查等4项省市民生实事项目考核指标全部超额完成任务。岳麓区成功创建为全国健康促进区。

【依法行政】根据《中华人民共和国传染病防治法》《中华人民共和国母婴保健法》《中华人民共和国基本医疗卫生与健康促进法》等法律法规，强化依法管理能力建设。广泛开展法制宣传教育工作，充分利用宣传栏、宣传册等宣传工具，以儿童预防接种日、“5·29”计生协会会员活动日等节点活动为载体，广泛宣传卫生计生法律法规，共发放各类宣传资料7万余册，制作宣传展板1000余块，各基层医疗单位发放各类宣传资料（法律法规、健康知识等）15万余份，培训卫计人员2万余人次。健全和完善行政审批制度，制订《岳麓区卫健局行政审批若干规定的通知》《岳麓区社区卫生服务管理办法及设置审批程序的通知》，落实行政审批责任制，卫健行政许可审批全部“一站式服务”。从2019年1月1日至2020年12月31日，共完成行政许可和服务11900余件。推进卫健综合执法，全年共出动执法人员1.5万余人次，检查各级各类相关医疗机构195家次，查处案件113起，结案109起，有效净化医疗服务市场。严格按照相关法律法规执行检验检测，在人员、设施设备、环境条件、试剂、耗材五个环节实施严格监督。2019—2020年累计检测公共场所各种监测样本1000余份，为岳麓区公共卫生安全严把检测基础关。

【基本公共卫生服务】全区建立居民电子健康档案数615225份。发放健教印刷资料498种，共计107399份，播放约126种音像资料共5184次，播放时长36400小时。设立固定的健康教育宣传栏 38个，年更换版面108次；开展健康科普讲座213场次，参与人数 14872人次；开展户外咨询活动297场次，参与人数31509人次。全区预防接种145301人，辖区内乙肝疫苗、卡介苗、脊髓灰质炎、百白破、麻疹、流脑、乙脑、甲肝接种率均达到95%以上。准确扎实做好儿童营养性疾病管理工作，统一按服务规范进行管理。督导辖区内各机构保质保量做好儿童保健工作，严格执行相关文件要求，加强散居儿童的保健管理，切实提高儿童保健的系统管理率及保健覆盖率。全区65岁以上老年人建档人数65575人。全区高血压患者健康管理人数为29030人。2型糖尿病患者健康管理人数为11327人。严重精神障碍患管理人数2518人。

【阵地建设】公共服务阵地建设、卫技人员队伍建设、制度机制建设、健康场所建设、基层医疗卫生机构中医建设得到加强。已全面完成区公卫中心建设，完成3个村卫生室标准化新改扩建，共建立完善《岳麓区卫健系统人事管理办法》《岳麓区社区卫生服务站管理办法及设置审批程序》等制度文件42个，建成59个健康社区（村），396户健康家庭，17个健康单位，7个健康主题公园与步道。

【老龄健康服务】健全工作协调机制，成立了区老龄工作委员会。明确了委员会成员及单位工作职责。将老龄工作纳入岳麓区经济与社会发展“十四五”规划，不断推进完善老年健康服务体系。完成65岁以上老年人体检40374人。建立家庭医生团队，共签约95945人，老年人签约29457人。将区“老年优待证”办理工作从延伸至街道办理继续下沉延伸至村、社区，通过政府采购，为每个村、社区配备了1台打印机和1枚钢印（共170台、枚），并制定《村社区老年人优待证办理流程》。积极推广老年人意外伤害险购买，广泛宣传银龄安康工程的意义。区养老机构总计19家，总计开设养老床位2288床，其中护理床位1060床。鼓励医疗卫生机构与周边的养老机构开展多种形式的合作，促成双方签订合作协议。

【计划生育】全面落实各项计划生育利益导向政策，5.23万余名奖励扶助对象的奖励扶助资金及时准确到位。全面提升技术服务质量，围绕群众生育和生殖健康需求，全面落实避孕节育、优生优育、生殖健康等

岳麓区医疗机构医院感染和质量控制工作会议（卫计综合监督执法局供图）

妇幼健康服务项目。继续加大计划生育特殊家庭扶助关怀力度，在桔子洲、望城坡、观沙岭等街道开展以政府购买服务的方式，帮扶计划生育特殊家庭。重点落实联系人制度、就医“绿色通道”和家庭医生签约服务三个全覆盖，帮助解决他们生活保障、养老照料、医疗服务、精神慰藉等方面的现实问题。

医疗保障

【概况】 岳麓区医疗保健局在职在岗工作人员为13人，下设一个二级机构（医疗保障事务中心）。区医疗保健局在区委、区政府的正确领导下，按照市医疗保障局统一工作部署，牢固树立“四个意识”，增强“四个自信”，践行“四个服从”，以建设求真务实、开拓创新、勤政高效、清正廉洁的党政机关为宗旨，以培养思想过硬、作风优良、业务精湛、团结和谐、服务一流的干部队伍为目标，强化管理和服务，扎实推进各项工作。强化党建引领，狠抓思想建设 。围绕业务工作，做好疫情防控。加强宣传引导，确保应保尽保。强化服务意识，提升服务能力。

【维护基金安全】 落实减征缓征政策，2020年为10476家企业减免基本医疗保险单位缴费共计6716.9487万元。岳麓区城乡居民参保缴费296597人。全年完成异地就医人员医疗费用审核报销2036人次，报销金额350.6 万余元；完成生育保险报销及津贴2057人次，报销金额1930万余元；审核一至六级伤残军人报销医疗费用729人次，报销金额312.25万余元。审批新定点协议医药机构77家，为全区离退休干部做好医疗费用审核，组织全区干部9509人进行公务员体检工作。全区第一批国家谈判药品30个品规、第二批39个品规均已按要求完成约定采购量。严把一级协议医疗机构费用结算审核关，累计智能审核平台扣款18.27万元，医保付费总额控制平台城居医保扣款37万元，城职医保扣款80万元。全区享受健康扶贫一站式结算服务共3048人次，医疗费用累计2316.13万元，报销金额2188.22万元，其中基本医疗统筹支付1376.89万元、大病保险支付176.11万元、医疗救助535.74万元、政府兜底54.19万元；享受城市低保一站式结算服务390人次，救助金额65.75万元；城乡居民大病医后救助956人次，救助金额567.38万元。审核结算精神障碍患者门诊药物救助4954人次，救助金额69.36万元；精神障碍患者“一站式”结算审核73人次，累计26.85万元。

【做好疫情防控】 区医保局作为民生服务部门，直接面向群众、服务群众，应把群众满意度作为重要工作标准，把作风形象、服务水平作为干部职工重要考核指标。疫情期间，放宽业务办理时限，做到非紧急事项“延期办”，大力推进网络、手机App、邮寄等非接触方式办理业务，切实为企业减轻负担，支持复工复产。认真做好减征费用核算，及时做好个人权益记录，确保减征和缓缴期间参保人员正常享受当期职工医保待遇（含个人账户划拨），优化办事流程，不增加参保单位事务性负担。落实减征缓征政策，完善信息平台管理，经办机构优化升级职工医保费征缴信息系统，明确业务办理规则，标识企业（单位）类型，调整征缴比例，确保缴费企业（单位）顺畅办理减征或缓缴业务。配合做好核酸检测，对密切接触者、境外入境人员、发热门诊患者、新住院患者及陪护人员、医疗机构工作人员、口岸检疫和边防检查人员、监所工作人员、社会福利养老机构工作人员等重点人群的核酸检测费用及时由医保基金支付。

【确保应保尽保】 召开2020年度全区基层工作人员城乡居民医保参保缴费工作培训会议，发放长沙市城乡居民基本医疗保险宣传资料，让参保群众了解掌握医保政策，及时参保续保。与区税务局共同印发《长沙市岳麓区基本医疗保险全覆盖专项工作方案》，深入实施全民参保计划，突出未及时参保的新生儿、返乡大学生、复退军人等，加大参保宣传力度，针对特困、低保、重残人员等群体，通过数据比对、送政策入户、便民服务等方式，确保应保尽保。2020年岳麓区城乡居民参保缴费296597人。

【提升服务能力】 积极配合做好“互联网+政务服务”工作，及时上传公开异地医疗生育费用报销、生育津贴申领等办理指南及相关资料，让群众少“跑腿”，进一步优化办事流程，规范审核支付，确保参保人员待遇享受。全年完成异地就医人员医疗费用审核报销2036人次，报销金额350.6 万余元；完成生育保险报销及津贴2057人次，报销金额1930万余元；一至六级伤残军人审核报销医疗费用729人次，报销金额312.25万余元。全力推进异地就医登记备案，为参保群众异地就医即时结算提供便利。严格规范新准入医疗机构的审核工作，审批新定点协议医药机构77家，为全区离退休干部做好医疗费用审核，组织全区干部9509人进行公务员体检工作。

【推进药品集采】 根据长沙市公立医疗机构取消医用耗材加成同步调整医疗服务价格的文件精神，区公立基层医疗卫生机构自2020年1月1日开始落实取消医用耗材加成政策。所有允许单独向患者收取的医用耗材，按实际进价“零差率”销售，公立基层医疗机构不得在实际购进价格之外接受经营者给予的价格折扣或任何其他形式的折扣。积极配合市局完成了辖区内医疗机构药品集采、医用耗材、抗菌药物采购等工作的落地实施，督促医疗机构落实完成医保基金对中选药品药款预付结算工作。截至12月份，第一批国家谈判药品30个品规、第二批39个品规均已按要求完成约定采购量。

【加强医疗监管】 对全区所有定点医疗机构进行监督检查全覆盖，通过联合聘请专家、商保公司稽核，数据分析、自查自纠等措施，上下联动、多措并举，有效遏制欺诈骗保现象，控制医疗费用不合理增长，扎实推进医保基金监管方式的创新和医疗服务目录的规范统一，切实维护医保基金安全。联合辖区社区卫生服务中心通过张贴宣传海报，发放宣传折页、悬挂宣传横幅、走进群众现场答疑和医保“微服务”等形式宣传医疗保障基金监管法律法规与政策规定，组织开展“打击欺诈骗保、维护基金安全”集中宣传月专项活动。通过聘请第三方专业机构相关专家，对辖区内协议定点医药机构进行联合监管，积极发动街道、社区开展打击欺诈骗保宣传活动，深入基层走访参保群众，公布举报邮箱、电话，全面、彻底打击和防范欺诈骗保等违法违规行为。对全区范围内的协议医药机构330家进行基金监管全覆盖检查，配合市局监管飞行检查医疗机构5家，与重大违约违规的8家协议医药机构解除协议，全年约谈27家、整改67家，全面规范协议医药机构的医疗服务行为，守好百姓的救命钱。联动人社部门，核查医保个人账户，追回单位、个人未及时申报异动而导致多划拨的基金9万余元。严把一级协议医疗机构费用结算审核关，累计智能审核平台扣款18.27万元，医保付费总额控制平台城居医保扣款37万元，城职医保扣款80万元。

【关注特殊群体】 按照“两不愁三保障”工作部署，积极开展摸排工作，为特困、低保、重度残疾人员补录参保或续保，核定免缴个人参保费用。持续抓好健康扶贫“一站式结算”工作，全面助推扶贫攻坚。截至2020年12月，全区享受健康扶贫一站式结算服务共3048人次，医疗费用累计2316.13万元，报销金额2188.22万元，其中基本医疗统筹支付1376.89万元，大病保险支付176.11万元，医疗救助535.74万元，政府兜底54.19万元；享受城市低保一站式结算服务390人次，救助金额65.75万元；城乡居民大病医后救助956人次，救助金额567.38万元。审核结算精神障碍患者门诊药物救助4954人次，救助金额69.36万元；精神障碍患者“一站式”结算审核73人次，累计26.85万元。

【专项活动】 为贯彻落实党中央、国务院决策部署，加强医疗保障基金监管，坚决打击欺诈骗保行为，切实保障基金安全，强化定点医药机构和参保人员的法律意识。5月，长沙市岳麓区医疗保障局组织开展“打击欺诈骗保、维护基金安全”集中宣传进医院、进社区专项活动。通过悬挂打击欺诈骗保宣传海报，发放宣传折页、悬挂宣传横幅、走进群众现场答疑等形式集中宣传解读医疗保障基金监管法律法规与政策规定。为进一步强化医保基金特别是对协议定点医院医保基金使用情况的监管，区医疗保障局通过聘请第三方专业机构相关专家，对辖区内协议定点医疗机构进行联合监管，全面、彻底打击和防范欺诈骗保等违法违规现象。

社会生活

人力资源和社会保障

【概况】 2020年，区人社局坚持以习近平新时代中国特色社会主义思想为指导，认真贯彻中共十九大及十九届二中、三中、四中、五中全会精神，不断强化底线思维、提前谋划安排、积极探索创新、注重精准施策，有力有序推动人事人才、社会保障、就业创业、劳动关系等各项工作并取得积极成效。全年全区城镇新增就业7978人，完成全年目标任务的100.98%；城镇登记失业率控制在3.6%；新开工建设项目149个，开设农民工工资专用账户149个，覆盖率100%；开展政府补贴性职业技能培训10503人，圆满完成各项考核目标任务。其中，城乡居民养老保险全覆盖工作全省领先，被湖南卫视《新闻联播》《奋进新征程》栏目作为示范典型报道；以提供全程服务、打造岳麓品牌为特点的大学生就业服务季活动被人民网、新湖南等媒体重点宣传推介。

【就业创业】 全力做好援企稳岗，助力企业复工复产。举办“2020年春风行动暨就业援助月”线上招聘会，派出援企招工小分队赴郴州市安仁县开展劳务协作，赴湖北省襄阳市接回湖北籍农民工，保障企业用工需求。降低企业用工成本，累计拨付和发放各类就业项目资金和补贴资金3425.14万元。优化企业服务。多次赴大科城、岳麓高新区宣讲人才和就业相关政策，选派业务骨干深入企业，帮助企业解决用工困难。加强公共就业服务，精准服务重点人群。服务大学生就业，开展大学生见习培训工作，累计发放就业见习补贴49.3万元。组织2020年“创新追梦，智汇岳麓”大学生就业服务季活动，多维度为高校毕业生提供高质量的就业服务。搭建平台，服务零就业家庭就业。对全区112个社区平台、50个村级平台、1个管区平台强化业务指导和考核，开展“311”服务，确保零就业家庭动态清零。支持创业带动就业，主办第四届“中国创翼”创新创业大赛岳麓选拔赛，9支队伍成功晋级市赛，加强创业指导支持，发放创业担保贷款620万元。推进职业技能提升，不断提高就业能力，累计完成职业培训146期5903人次，拨付职业技能培训补贴266.5万元。开展企业“以工代训”补贴审核工作，累计完成371家企业13650人次的补贴审核，发放补贴321.7万元。

【社会保障】 按时足额发放基本养老金待遇。全区退休人员待遇全部按时足额发放到位，其中，城乡居民养老保险基础养老金提高至每人每月208元，实现“15连调”。严格落实社保费减免政策，共计为10484家企业，减免社保费用5.41亿元。做实做优国有企业退休人员社会化管理工作。共接收144家国有企业退休人员9607人。开展城乡居民基本养老保险全覆盖工作，完成10万人次信息比对工作，新增13750人纳入城乡居民基本养老保险覆盖范围，在全省率先实现100%全覆盖。加强社保稽核，确保基金安全。开展违规领取养老保险待遇问题专项整治行动，追回养老金、丧葬费、抚恤金18.2万元，有效确保基金安全。

【人事人才】 加大引才力度。全年面向社会公开招聘社区、村工作人员39名，优化基层队伍结构。公开选调5名事业编制工作人员。深化人事改革。完成各类职称资格认定260人次。加强事业单位管理，完成18家事业单位的岗位设置工作。“人才新政”服务窗口共办理职业技能晋级奖励、高校毕业生租房和生活等各类补贴4373件。做优人事管理。对全区机关事业单位6792名非领导职务工作人员进行考核；严格规范开展工资审批、乡镇工作补贴审批、事业单位车改审批等工作；向50名区直机关困难职工发放慰问金3.5万元。

【劳动关系】加强投诉举报案件处理。依法处理各类举报投诉案件315件，处理劳动人事争议仲裁案件683件，结案率100%。对786件“12345”市民热线工单、48件省市信访案件做到快速调查、依法处理、及时回复，追回拖欠的工资1531.14万元。加强日常巡查和专项检查。在全区开展在建工程项目落实七项制度大排查，顺利完成国务院农民工工作督查任务。开展2020年度根治欠薪百日攻坚冬季专项行动，最大限度维护劳动者合法权益。加强监察仲裁执法队伍建设。公开招聘20名兼职仲裁员，充实劳动人事争议仲裁队伍。组织开展根治欠薪业务培训7次，有效提升业务水平和工作能力。

【落实高校毕业生就业政策】2019年，岳麓区被省人社厅推荐为全省落实高校毕业生就业政策示范典型。开展高校毕业生就业服务，与湖南大学、湖南商务职业技术学院、湖南工商大学联合举办多场校园招聘活动，校园招聘与政策宣传相结合，在招聘会设置政策咨询展位、发放高校毕业生就业创业政策服务口袋书，向高校毕业生宣传就业创业、就业援助等政策。同时，在区政务服务大厅、岳麓高新区设立人才服务窗口，受理高校毕业生租房和生活补贴、人才购房补贴、职业技能补贴、高校毕业生落户等业务。在每年举办的“麓山杯”创新创业挑战赛中，开设高校比赛专场，为高校毕业生、即将毕业的在校学生以及大学生团队提供展示创业成果的舞台；2020年，连续举办4场“创业服务三湘行系列活动”之高校行活动，深入中南大学和湖南工业职业技术学院，通过邀请知名创业导师授课等方式，将创新创业教育融入人才培养全过程，增强大学生创新精神、创业意识和创新创业活力。通过把创业服务、政策送进校园，帮助区内创业项目与创业资本、创业导师、创业政策有效对接。

【落实降费政策，优化营商环境】根据《长沙市人力资源和社会保障局 长沙市财政局关于印发〈长沙市养老保险缴费费率过渡试点实施细则〉的通知》文件精神，从2019年2月份开始，岳麓区全面启动企业养老保险费率过渡试点工作。按照全市统筹部署，区人社局高度重视，精心安排，积极与园区对接，截至4月底，共有湖南光琇医院有限公司等66家企业获得养老保险费费率过渡试点批复。该项工作的开展，让更多企业能够享受到优惠政策，对优化全区营商环境有很大的促进作用。

民族宗教

【概况】岳麓区民族宗教事务局，是区政府工作部门，为正科级，由区委统战部统一领导和管理。核定机关行政编制4名，下设二级机构岳麓区民族宗教事务中心，核定全额拨款事业编制2名，在职在编人员1名。2020年，区民族宗教事务局以习近平新时代中国特色社会主义思想为指导，认真贯彻落实中央和省委、市委、区委关于民族宗教工作的决策部署，落实习近平总书记湖南讲话精神，紧扣中心，服务大局，以铸牢中华民族共同体意识为主线，深化民族团结进步示范创建工作，全面营造各民族群众共居共学共事共乐的社会氛围，形成“共同团结奋斗，共同繁荣发展”的良好局面。以坚持我国宗教中国化为主题，引导宗教与社会主义社会相适应，坚决制止非法宗教活动，完善宗教工作体制机制，提升依法治理水平，维护全区宗教和谐。

【民族工作】区民族宗教事务局以民族团结进步创建“七进”（进机关、进乡镇、进企业、进社区、进学校、进宗教活动场所、进连队）为主线开展“民族团结进步宣传月”活动，全面营造“中华民族一家亲，同心共筑中国梦”的良好氛围；以示范创建为目标，积极打造先进典型社区。阳明山庄社区通过搭建“五家”服务平台，完善定点接访、重点约访、主动家访、定期回访的“四访机制”，深化“三站一队”服务载体，开展“双向”服务，促进各族居民亲如一家。社区先后获“全国民族团结进步创建示范社区”“湖南省民族团结进步模范集体”“湖南省民族团结进步创建示范单位”等称号。岳龙社区积极开展民族团结进步创建工作，获评“市级民族团结进步示范社区”；以民族团结为共识，充分发挥区民族联谊会积极作用，指导区民族联谊会顺利完成换届，吸纳企业、高校中的优秀人才。组织开展对全区34户少数民族困难群众、生活困难的宗教活动场所教职人员、雨敞坪镇敬老院进行帮扶慰问活动，赴怀化市溆浦县开展“民族团结一家亲”扶贫助学活动；以关爱少数民族群众为根本，提升服务职能。依法开展清真餐厅去“三化”整改回头看工作、依法办理少数民族考生高考加分初审、民族成分更改等事务性工作，切实解决群众矛盾纠纷10起、帮助区内务工少数民族流动人员子女解决入学难问题27起。

【宗教工作】 全年以贯彻落实政策为重点，开展“宗教政策法规宣传月”活动。通过开展党课培训与发放宣传手册相结合的形式，普及法律知识，提升业务水平。谷山宝宁寺建立宗教活动场所“书法工作室”，打造传统文化传承基地、向宗教活动场所赠送价值1万多元的法律法规书籍160余本；以维护宗教和睦为目标，严厉打击非法传教活动。7月，市委统战部到岳麓区高校开展抵御境外渗透专题调研，开展专项整治行动，查处取缔 7起非法宗教活动；以确保和谐为重点，加大对宗教场所的安全管理。全面落实安全生产三年专项文件精神要求，对各宗教活动场所进行消防安全培训，完善建立宗教活动场所消防安全管理规定，协助坪塘街道、岳麓街道平稳顺利拆除潜龙寺、靳江村关帝庙等，麓山寺、灵瑞寺落实消防安全标准化管理。

【疫情防控】 2020年，区民族宗教事务局应对新冠肺炎疫情，坚决贯彻落实上级重要指示精神，实施条块结合，做好疫情防控。积极研究部署防疫应对措施，要求各宗教活动场所和民间信仰活动场所严格落实“两个暂停”，有效阻断宗教领域聚集性交叉感染风险。全区共关闭35处宗教场所（含民间信仰场所）、31处基督教学习小组。充分发挥宗教工作“三级网络两级责任制”作用，实行条块结合、联防群控、宣传教育，各街道（镇）、村（社区）按要求定期到各场所巡查，全力做好疫情防控。宗教团体和各宗教场所积极捐款捐物，共捐赠善款51万余元。

岳麓区宗教活动场所教职人员培训班（民族宗教事务局供图）

民　政

【概况】 2020年，区民政局紧紧围绕区委、区政府中心工作，积极主动做好新冠肺炎疫情防控，全力兜牢基本民生保障，夯实基层社会治理，创新基本社会服务，圆满完成全年民政工作目标任务，被评为“长沙市文明单位”“岳麓区健康促进机关”。

【社会救助】 落实提高城乡最低生活保障标准、城市特困人员基本生活费标准和残疾人两项补贴标准，与区财政局、区残联三部门联合出台《岳麓区2020年残疾人两项补贴重点民生实事项目实施方案》，全年发放低保资金3473.09万元，残疾人两项补贴955.36万元，低保家庭尿毒症患者援助金275人次32.68万元，高龄补贴60059人次1950.64万元。做好特殊困难群体帮扶，联合省肿瘤医院开展“关注癌症、关怀到家”活动，对9名贫困肿瘤晚期患者进行公益扶助。全年开展城市特殊困难群体“五帮扶”1665人次274.6万元。发放城乡特困人员保障金1340.74万元、护理费

166.66万元、丧葬补助44.31万元；临时救助694人次、发放救助金137.68万元。

【养老服务】加快推进养老服务供给侧改革，完善以居家养老为基础、社区为依托、机构为补充、医养康养相结合的养老服务体系。有养老机构20家，养老床位4200张。完成岳麓区社会福利中心主体建设，新建2个街道综合养老服务中心、14个社区居家养老服务中心，新增养老床位1282张。提升敬老院服务质量，强化养老机构和社区居家养老服务中心监管。联合岳麓区发改局制定《岳麓区特困供养服务设施提质改造三年行动方案》，指导敬老院完成特困供养服务设施提质改造，全面提升养老服务质量。

【基层政权和社区建设】依法依规开展社区（村）“两委”换届工作，联合区委组织部、区农业农村局、区财政局、区审计局制定并下发《岳麓区社区（村）财务清查和社区（村）组织成员任期经济责任审计工作方案》，督促落实财务清查和经济责任审计，为换届选举工作顺利进行打下良好基础。组织开展村（居）委会换届工作业务培训，成立4个村（居）委会换届工作指导小组，对换届选举进行业务指导和工作督查。全面完成社区（村）办公服务场所标准化建设，全面落实基层公共服务“一门式”全覆盖要求，协同多部门共同整治岳麓区“挂牌过多过滥”问题，对岳麓区17个街道（镇）169个社区（村）实行统一规范管理，建立完善“一站式”服务大厅及功能室等场所，打造集党务、政务、村务、商务、公共文化和社会服务于一体的综合服务阵地。持续推行社区员额管理人员“坐班制”转“值班制”工作。建立岳麓区社区员额人员信息化管理平台；制定下发《岳麓区2020年社区员额管理人员值班制工作方案》，完成岳麓区26名社区员额人员和11名村主任助理招聘工作。打造长沙市和谐社区示范社区5个、精品社区7个，农村幸福社区建设示范村4个、试点村1个。规范社区惠民项目资金使用管理，联合岳麓区委组织部、区财政局下发《关于进一步规范社区惠民项目资金使用管理办法的通知》，组织开展业务培训和工作督查，督促社区规范使用惠民项目资金。

【区划地名和社会组织】完成长沙市地名普查成果转化图、录、典、志岳麓区部分审核和修改工作，完成岳麓区范围内47条道路的信息核对。做好坪塘与洋湖交界湘江欢乐城项目等5处行政归属相关问题协调。加强社会组织的日常监督，组织开展社会组织法人（负责人）培训，开展社会组织评估活动和打击非法社会组织专项行动，对1家违反国家规定收取费用、筹集资金的社会组织进行处罚，依法注销社会组织43家。新登记注册社会组织22家，变更登记40家，发放行政许可100份。有登记注册的社会组织393家，备案的社区社会组织973家。

【慈善社工】扎实推进慈善事业发展，2020年共收到新冠肺炎疫情防控爱心捐款231.19万元和价值89.8万元的爱心物资。已拨付至岳麓区防疫指挥部用于疫情的防控工作。配合长沙市慈善会资助低保（孤儿）类贫困大学生19人，资助金额9.5万元；资助特困类大学生134人，资助金额40.2万元。认真组织开展第十五个“长沙慈善日”和第五个“中华慈善日”宣传活动，完成代管地退休人员工资及遗属生活费发放工作。为岳麓区“五类老人”（即重点优抚对象、低保、失独、城市三无和农村五保老人）7016人购买意外伤害保险，投入资金31.57万元。推进乡镇（街道）社工站建设，开展国际社工日宣传活动，召开2019年度优秀社工团队及优秀社工表彰大会，提升岳麓区社会工作影响力，为社会工作专业发展夯实基础。岳麓区有持证社工796人，专业社工机构34家，注册志愿者39934人。

【基本公共服务】进一步深化“放管服”改革，加快推进跨域通办，优化行政审批流程，发布民政部门权责清单78项、公共服务事项清单21项、“就近办”事项清单16项、跨域通办事项5项，全年一网通办件量8300余件。注重《中华人民共和国民法典》学习、宣传、贯彻，提升窗口服务意识，全年办理结（离）婚登记10673对，补领结（离）婚登记证件784对（件），补录婚姻登记历史

新型冠状病毒肺炎疫情期间，岳麓区民政局党组书记、局长李思远（左一）到湖南航天医院康复养老中心督查防疫情况。（岳麓区民政局供图）

档案数据3万条，执法合格率100%。积极倡导殡葬新风尚，结合殡改宣传月张贴标语横幅800余幅（条），发放宣传资料3万余份。发放殡葬服务费147.6万元，保持火化率100%，搭棚治丧处置率100%。开展突出问题专项整治。加强儿童关爱保护，开展“政策宣讲进村（居）”活动，全区169个社区（村）实现儿童之家建设100%全覆盖，莲花镇五丰村、含浦街道芝字港村儿童之家被认定为“省级示范儿童之家”。全年发放孤儿生活费、事实无人抚养儿童生活补贴80.4万元。开展“寒冬送温暖”、“夏季送清凉”专项救助行动和“大爱寻亲，温暖回家”为主题的开放日活动，救助生活无着流浪乞讨人员1112人次、定点医院医疗救治37人次、寻亲返乡27人次。

【疫情防控】 区民政局坚决把民政服务对象的身体健康和生命安全放在首位，全力做好新冠肺炎疫情防控工作，确保全区民政系统没有发生新冠肺炎确诊病例和疑似病例。岳麓区养老服务机构实施临时封闭管理，落实测体温、戴口罩等防范措施，在各养老院内设置疫情防控隔离区，落实每日人员身体情况报告制度。各养老服务机构坚决落实“五个最严格”，实行疫情日报告及零报告制度，确保外无舆情、内无疫情。倡导婚事新办、丧事简办，关闭岳麓区坪塘集中治丧点，杜绝红白喜事出现集中扎堆活动。倡议岳麓区市民尽量通过电话和网上预约，分批分段进行婚姻登记，避免“扎堆登记”、人员聚集。关闭岳麓区社区（村）儿童之家，取消所有的儿童集中活动。广泛动员社会组织发挥自身优势，采取依托社区微信群等社区信息平台及入户派发宣传资料等方式协助社区（村）宣传疫情防控知识。发布抗击新型冠状病毒感染的肺炎疫情的捐赠方式，募集善款231.19万元。

【岳麓区民政系统防控新冠肺炎疫情工作会议】 1月27日，区民政局组织召开岳麓区民政系统防控新冠肺炎疫情工作会议。区政府副区长刘雄辉，区民政局全体班子成员、二级机构负责人和岳麓区14家民办养老机构、3家敬老院负责人参加。

【全区民政工作会议】 4月17日，区民政局召开2020年岳麓区民政工作会议，会议总结了2019年民政工作，对2020年民政工作进行安排部署。

4月17日，长沙市岳麓区民政局召开2020年岳麓区民政工作会议（岳麓区民政局供图）

退役军人事务

【概况】岳麓区退役军人事务局坚持以“让军人成为全社会最尊崇的职业”为目标，扛起做好新时代退役军人工作的政治责任，以满腔热忱为退役军人服务，倾情倾力做好全区退役军人的服务保障工作。协调社会各方力量，保障退役军人合法权益，鼓励退役军人踊跃参与到社会治理当中，在抗击疫情、复工复产的关键时刻，全区退役军人捐款2万余元、捐赠救护车辆2辆，坪塘街道兵支书带领村民复工复产事迹受到退役军人事务部官网的推介，退役军人真正成为岳麓经济社会发展治理的排头兵。

【统筹推进退役军人事务】2020年6月19日，区委退役军人事务工作领导小组召开第一次全体会议，并在会上通过下发了《中共长沙市岳麓区委退役军人事务工作领导小组工作规则》《中共长沙市岳麓区委退役军人事务工作领导小组办公室工作细则》《区委退役军人事务工作领导小组成员单位职责》《关于调整长沙市岳麓区双拥工作领导小组成员的通知》《长沙市岳麓区双拥工作职责》5个文件，明确27个成员单位职责职能，统筹推进全区退役军人事务工作落实落细。在全区开展常态化联系工作机制，各级退役军人事务部门联系退役军人，开展走访联系，发放慰问金。推动新时代“枫桥经验”落地扎根，全年“12345”热线工单108个，帮扶救助71人次，发放救助资金25万余元，切实解决部分服务对象的燃眉之急，受到服务对象的一致好评。

【移交安置和就业创业】按时按要求完成阳光安置任务，接收自主就业退役士兵，复员干部，政府安排工作退役士兵，计划分配军转干部，转接党组织关系。把就业工作作为首要任务，依托兰天集团等区内大型企业构建就业创业基地，根据退役军人就业创业需求，适时组织退役军人专场招聘会和“返乡第一面”适应性培训活动，培训人员，推荐就业。

【优抚待遇】按时按点发放优抚资金、临时价格补贴，全省首个区县全面完成换发军人、警察、公务人员残疾证471本，组织优抚对象3批次进行疗养，送达现役军人三等功以上喜报、发放奖励金，核查两参人员，筛查存疑待审核人员，按时完成前期填表和录入系统工作。

【双拥创建】按要求完成双拥公园、双拥宣传桥和双拥街建设工作，打造长华社区作为双拥共建重点单位，组织服务对象参加长沙市双拥模范城测评工作，湖南兰天集团作为长沙市双拥共建基地接受双拥模范城创建工作检查，确保长沙荣获双拥模范城七连冠，中国农业银行岳麓支行也获评省双拥模范单位。开展送政策进军营等活动，努力形成全区双拥工作氛围。

【社保接续】严格按照方案要求推进社保补缴工作，通过发送信息、张贴海报等多种形式进行政策宣传，以应补尽补为工作目标，尽情尽力为每一名服务对象解释政策，代表长沙市接受省社保接续专班工作组的检查调研，工作受到省工作组的一致肯定。全区受理社保申请1536人，养老保险缴费1929万余元，医疗保险缴费8.5万元，财政支出1260万余元。

【“八一”建军节慰问】2020年“八一”建军节期间慰问各类退役军人及优抚对象，由区领导带队慰问驻区现役部队，并发放下拨慰问金。开展各类特色活动，组织部分退役军人前往兰天集团参观，向优秀退役军人模范代表学习借鉴就业创业成功经验，组织50余名退役军人党员代表到韶山开展“不忘初心、牢记使命”主题教育，学习“为有牺牲多壮志，敢教日月换新天”的韶山精神，学习革命前辈大公无私、不怕牺牲的奉献精神，引导退役军人党员积极参与到主题教育学习中，不断弘扬退役不褪色，红心永向党的新时代退役军人风采。

潇湘园管理

【概况】长沙潇湘园管理处是原西区区委、区政府1990年研究决定，1993年3月设立，1997年8月经湖南省民政厅正式批准成立的永久经营性公墓。长沙潇湘园管理处位于长沙市岳麓区望岳街道谷峰村，占地51.13公顷，对外加挂长沙潇湘陵园牌子，正科级自收自支全民事业单位，有干部职工70人，其中在编职工28人，临聘人员42人，退休干部职工9名。内设党政办、规划建设部、综合业务部、财务部、事务维护部等部室。潇湘园紧紧围绕“实力更强、方向更明、生态更美、满意更多、安全更牢、基础更实”六大重点，按照“规范化建设，精细化管理，温情式服务”工作目标，落实“四增一持”（节地增效、创新增收、附加增益、品牌增值、持续发展）发展理念，已开发建成“莲台山庄、仙鹤故里、狮王护珠、龙子福地”等墓区，正启动“谷峰仙源”“谷岳净土”两个墓区。通过不断发展，2019年度荣登中国公墓百强榜第67位。

【**销售经营**】潇湘园在做好疫情防控的同时加快复工复产，及时调整经营策略，确保年度目标任务全面完成。2020年完成墓位销售898座，同比2019年下降69座；实现营业收入6022.06万元，同比2019年增长579.06万元；主营业务利润3784.95万元，同比2019年上升2.7%；整体经营稳定，全年未发生一起森林火灾和安全责任事故，未发生群体性事件。

【**惠民殡葬**】以群众需求为导向，殡葬改革为动力，着力完善殡葬服务体系，打造“便民、规范、阳光、文明”殡葬，增进民生福祉，提升群众满意度。通过上线“互联网+殡葬服务”平台，大力推进节地生态安葬设施建设力度。开展城乡低保、城市三无、农村五保、医护人员、重点优抚对象等群体的惠民活动，为全省城乡居民提供更加优质的殡葬服务，助推全省、全市殡葬服务迈向“互联网+”时代。

【**设施建设**】发挥园区生态环境资源禀赋，全力做好节地生态葬式改革工作。加大老旧墓区、道路边坡等区域隐患排查和综合治理，累计投入300万元专项整治资金，完成老墓区过道栏杆安装、挡墙及过道维修，推进园区边坡地质灾害防护的全覆盖、全治理，促进安全形势持续好转。全力做好园区风险防控，持续保持对“三防”工作的紧逼加压态势，健全完善安全风险防控机制，强化督导检查、抓实问题整改，实现园区网格化、闭环式管理双覆盖，做到防患于未然。打造绿色节地生态葬示范园区，年内已基本完成“沐恩苑”“泽恩苑”“怀湘园”墓区建设，完成龙慧苑565座墓位改造，节约土地约400平方米，新增墓位300余座，丰富壁葬、花坛葬、树葬、纪念墙等多种节地生态葬式。

【**品质提升**】潇湘园坚持高质量发展和高品质定位，按照长沙“四精五有”现代宜居城市的要求，全面提升园容园貌，笃力打造“城市中最美憩息地”。对始建于1993年存在安全隐患且无法满足当前功能需求的老式门楼及配套用房拆除重建，成就中式园林景观，打造标志性建筑，完善公共服务配套，全面提升园区品质和形象。拆除虎进坡老旧石材加工厂，彻底解决审计巡察和群众投诉的噪声困扰、环境污染问题，同时腾出空间，设置标准停车位87个，有效缓解了园区停车难问题。对主要区域进行重点美化，将原中心花坛进行景观提质改造，确保园区建设和环境美化和谐有序。对职工食堂进行内部设施改造升级，提升食堂卫生管理水平，提高

设立宣传展板，向祭扫市民发放文明祭扫倡议书（潇湘园供图）

膳食营养搭配标准，营造良好的就餐环境。加强园林绿化维护和管理，组织专业队伍、使用专业设备对园区绿地进行系统修葺整形、除草除杂。

【项目建设】 按照“抓项目、促发展”的总体思路，扎实推进项目管理规范化建设，不断加大对各项工程项目管理力度。所有工程项目全部严格采用招投标的方式进行，年内完成墓区石材采购、附属设施、抬运安装、安全整治等项目招投标。各项工程建设均以优良工程为标准，全年未发生一起因施工质量引起的安全责任事故。

【疫情防控】 成立疫情防控领导工作小组，制定《长沙潇湘园管理处关于做好新型冠状病毒感染肺炎疫情防控的工作方案》《关于做好2020年长沙潇湘陵园清明节疫情防控与群众祭扫服务管理工作的方案》，确保防控工作有序有控开展。织密织牢防控网络，采取公告、倡议书、短信、公众号、电话预约等形式，加大防疫宣传力度；设立党员先锋岗，参与农安小区疫情防控志愿服务，建筑疫情防控战斗堡垒。在春节、清明两节祭扫高峰时期，设岗体温测量、祭扫预约核验、暂停车辆服务、园区环境消毒，构筑疫情防控“铜墙铁壁”。

【文明祭扫】 加大禁燃禁放工作力度，悬挂宣传横幅、设立告示牌及展板、发放倡议书、开展“鲜花替换鞭炮纸钱”活动倡导文明、绿色、低碳、安全的祭扫新风尚。安排文明劝导员、防火安保员分区分片巡查、劝导，严控火源上山。

在入园门口设立疫情防控、预约祭扫检测站（潇湘园供图）

街道·镇

岳麓街道

【概况】 岳麓街道东临湘江，西靠岳麓山，南接洋湖湿地公园，与洋湖、学士街道毗邻，北望岳麓书院，与橘子洲街道接壤。南二环、丰顺路、靳江路贯穿东西，西二环、后湖路、潇湘大道连接南北。总面积19.66平方千米，总人口16万。岳麓山、桃花岭、寨子岭和后湖四大景区环绕其间。岳麓街道办事处属岳麓区人民政府派出机构，是区财政局管理下的一级预算单位，办事处机关人员编制数60人，在职工作人员76人，离退休人员56人。下辖左家垅、桃花岭、五星、黄鹤4个村，靳江、枇杷塘、云麓园、麓山南路、科学村、麓枫、阳光、中海、湘桥、兰亭10个社区，属于城乡接合型街道，辖区内有中南大学、湖南师范大学树达学院、长沙矿冶研究院等高等院校和科研院所。

【经济发展】 全年完成固定资产投资13.53亿元；限上社会消费品零售总额29.14亿元，同比上年增长5.9%；完成区级税收17018万元，同比上年增长54.86%；建筑业总产值29.13亿元，同比上年增长4.67%；新增市场主体3507家，完成全年任务的132%；新增四上企业7家；新签约引进“三类500强”项目4个；新签约引进重大项目投资在亿元以上项目10个，其中10亿元项目1个。30家企业通过科技部“火炬计划”科技企业认定、16家企业通过“高新技术企业”认定。阳光100凤凰街完成“春天有约·‘惠’聚岳麓”消费季暨汽车消费节启动仪式、“岳夜有礼·璀璨生活”首届夜经济消费节、长沙市岳麓区文旅消费推介会、长沙首届“岳麓山青年戏剧节”等多场大型活动，阳光100凤凰街获评“长沙夜间文旅消费聚集区”，成为长沙市唯一获此殊荣的商业街。

【项目建设】 完成麓枫和苑三期关帝庙交地；麓景路南延线及含浦大道一段项目于8月份实现全面交地施工；王家湾综合整治集体土地拆迁项目实现腾地；国有土地征收项目剩余2户已进入司法征收程序；含浦大道建设用地新增地块（0.245公顷）项目，实现签约第一天全面清零；大科城科创服务中心（71.90公顷）一期建设项目，在第一奖励阶段实现签约基本清零。

【社会治理】 全面深化扫黑除恶专项斗争，持续深化“三零社区”创建，聚焦7个信访及民生重点、难点问题，逐个制定接访处访方案，化解有力；针对7个重点行业领域持续开展安全生产专项整治三年行动，辖区累计开展执法检查单位72家，日常检查124次，排查整改隐患300余条。累计拆除新老违法建筑72处共16365平方米；查封关停“散乱污”企业26家，治理黄土裸露面积

3月18日，“春天有约·惠聚岳麓”消费季暨汽车消费节开幕式（岳麓街道供图）

近3万平方米，开展燃煤整治行动40余次；完成分类垃圾桶改造3148个，举办各类活动460余场，发放宣传资料10万余份；对黄鹤路、麻园路人行道进行提质改造。

【民生保障】 完成云麓园社区、科学村社区、麓山南路文艺村等老旧小区改造；完成10个社区52个惠民项目备案，涉及金额211.83万元；走访慰问380人，发放慰问金17.58万元；零就业家庭动态就业援助率100%，发放低保金145万余元；畅通“12345”市民热线、网格服务热线、网格长收集和“智慧岳麓”App市民通道四大干群联系渠道，处置各类工单2085条，满意率99.2%；街道政务窗口全年办理工商、食药监、老年证及代办等业务3389件。

【大科城科创服务中心一期征拆项目签约清零】 2020年5月岳麓街道启动大科城科创服务中心（71.90公顷）一期征拆项目，涉及桃花岭村藕塘、茶子山、竹林场、古人塘、半边街等5个村民小组238户、涉拆安置人口635人、涉拆土地28.68公顷。项目在第一奖励阶段实现签约清零。

【拆迁群众喜获新居】 12月街道启动惟泽园安置小区分房工作，按照每个征拆项目“先签约先腾房先选房选好房”的原则，以家庭为单位，分四批次进行选房，完成5个征拆项目412户约1500个安置指标的分房工作，1500余名拆迁群众喜获新居。

【第二届“岳麓街道之星”评选】 10月14日，“服务大科城·礼赞岳麓红”第二届“岳麓街道之星”评选活动正式拉开帷幕，按照“挖掘典型、激励先进、弘扬正气、示范引领”的思路，评选街道辖区内先进典型，弘扬和传递社会正能量，树立和发扬社会新风尚。该届“岳麓街道之星”评选出战“疫”之星、服务大科城奉献之星、党员先锋之星、文明风尚之星四大奖项各10名。评选活动微信投票量达180余万票。

【第七次全国人口普查】 7月，岳麓街道启动第七次全国人口普查工作，按照国家及省、市人普办的统一部署和要求，在区人普办的指导下，经过6个月的奋战，完成行政资料整理、普查区域划分及建筑物标绘、“两员”选聘、业务培训、宣传动员、普查摸底、短表登记和长表登记等工作。全街普查登记179982人。

【筑牢疫情防控屏障】 2020年新冠肺炎疫情期间，街道全体领导班子成员身先士卒，带领机关和基层干部，组织2840名党员和志愿者对49个小区进行24小时卡点值守，为人民群众筑起一道坚固的抗疫屏障。

橘子洲街道

【概况】 橘子洲街道办事处下辖9个社区、1个村。总面积16.02平方千米，常驻和流动人口共16.8万人。2020年，橘子洲街道在区委、区政府的正确领导下，围绕疫情防控、复工复产、经济发展等中心工作，在大战大考大赛中彰显使命担当，街域经济社会发展取得新进展。

【经济发展】 2020年完成固定资产投资10.1亿元，完成地方级全口径税收13665万元，完成消费品零售总额4.8亿元；完成规模生产总值8419万元，完成规模工业产值7000万元。全年新增限上企业6家。新增市场主体1127家（企业519家，个体608家）。帮助办结企业诉求34个，为38家企业减免税收或租金共360多万元，为25家单位和企业落实帮扶惠企政策红利8310.34万元。

【城市管理】 以建设“最美大科城”为抓手，采取“定人员、定岗位、定区域、定职责”以及点、线、面全覆盖网格化精细化模式，加强辖区市容秩序常态长效管理。开展整治脏乱差行动30余次。全年市级数字化平台案卷应处置数2464件，按期结案率达100%。改造国控点师大附中实验楼烟囱空气质量项目，改善率在全市排名第一。全年街道共有建设项目22个，征拆项目4个。完成轨道交通征拆任务及所涉矿山院宿舍房屋安全迟滞工作，促成地铁3号线于2020年6月28日实现通车。盘活辖区内闲置资产，协调湖南大学收购天马图书城项目。完成后湖生鲜市场和湖大天马学生公寓事务大厅建设。完成罗家湖泵站重建征拆，协调大科城麓山南路集体土地拆迁项目剩余3户拆迁扫尾。加快湖南大学德智园研究生公寓项目征收，完成房屋腾空、安全拆除12户，剩余3户进入司法强制征收程序。推进师大二里半科技广场、推委会周边提质改造等。

【社会治理】 出台《创建平安大科城联防联控工作方案》，重点提升麓山南路、后湖国际艺术园管理水平。铺排12支队伍全天候摸排及夜间巡逻，开展专项整治240余次，责令整改安全隐患140余处。对天马小区内40多家宾馆、按摩店开展扫黄打非专项整治。浓厚扫黑除恶氛围，防止邪教人员寻衅滋事。加强疫情防控，入户清查出租房屋6000余户，排查108家麻将馆和12家游戏厅、茶室，对237家酒店、旅社、民宿进行24小时摸底排查。化解矛盾纠纷83起，预防纠纷78起。制定街道护学岗实施方案，解决杜家塘小学交通顽瘴痼疾。查处食品安全违法案件16起，罚没入库4.5万元。处理防汛突发应急事件11起，在橘子洲景区抓获涉传人员20人。办理教育投诉6件，取缔关停无证培训机构3家，无证幼儿园备案2家。

【民生福祉】 全年走访群众6000余户，收集民情问题1143个并全部办结。完成第七次全国人口普查。促成辖区内企业提供500余个岗位，新增就业人数630人。实施惠民项目22个，使用资金96万元。发放优抚对象慰问金及物资8万余元。发放低保金、救助金、优抚金、高龄补贴等累计460余万元，惠及4500余人。其中残疾人“两项”补贴59万元。落实各类奖励和扶助资金237.38万元，惠及1942人。加强新冠肺炎防控工作，全年纳入省系统国内中高风险地区管控人员304人、入境人员282人。核对市系统跨界中高风险数据信息2127条，跨境信息443条。排查密切接触及涉鄂人员836人，排查购买发热感冒类药品人员5265人，确保辖区范围零确诊、零疑似。

社区工作人员对菜市场进行消杀（橘子洲街道供图）

【大科城承办国家级创新创业大赛】 7月31日，岳麓山大学科技城启动2020年“创客中国”“麓山杯”5G技术及应用中小企业创新创业大赛。这是湖南省举办的国家级创新创业大赛之一，共吸引全国32个省（市、自治区）及新疆生产建设兵团的162个企业、团队报名，提交项目作品317个，参与人数超过5000人。

【学堂坡社区荣获“湖南省最美志愿服务社区”】 9月15日，橘子洲街道学堂坡社区获“湖南省最美志愿服务社区”称号。学堂坡社区近年来与湖南师范大学外国语学院等院系协作，将高校志愿服务、公益组织、校园文化引进社区，充分利用“三项清单”，启动美丽楼道建设、“语”你同行、社区助理、法律义工等服务项目20余个，打造“爱语得乐”夏（冬）令营、周末公益课堂、“萤火虫”读书会、法律咨询等活动品牌，实现志愿服务由松散到规范、由突击到常态的转变。3年累计开展活动900余次，参与志愿者5000人次，服务居民达16000余人次，收集、实现群众微心愿448个。

【书香之旅启动】 11月11日，为期2个月的主题书香之旅、“2020麓山阅读生活季”开幕式暨“麓山阅读论坛”活动在桔子洲街道举行。湖南省作协名誉主席、作家何立伟，湖南省作家协会主席、作家王跃文等出席。

【粤港澳科创产业园启航】12月30日，粤港澳科创产业园启动仪式在岳麓山大科城岳麓科创港举行。园区规划面积33.97平方千米，省市科技部门为每个引入科创园的高校和科研院所设立2000万元专项资金，用于支持创新平台建设和项目孵化。项目以建设国家级科技示范园区为目标。

望月湖街道

【概况】望月湖街道办事处下辖岳龙社区、荣龙社区、荣华社区、湖中社区、湖东社区、溁湾镇社区6个社区居委会。辖区总面积1.57平方千米。常住人口25258人，户籍人口24425人。全年完成区级税收3034万元，固定资产投资11.13亿元，限额以上社会零售商品销售总额2.3亿元，新增市场主体664家，引进区级重大投资项目1家。

【经济发展】做实做细群众工作，积极处置白沙液街拆迁遗留户扫尾工作，街道干部包干负责，分8个小组开展入户走访，做好374户居民思想工作，收集并解决各类问题121个；腹街改造进入收尾，完成腹街范围9栋楼栋房、17栋私房外立面改造，拆除腹街违建578.349平方米、临建23.46平方米、围墙35.2平方米。绿地湖湘中心项目S16地块2、3号栋完成交付，4、5、6号栋主体封顶；航空母舰小区改造项目全面完成，多次被媒体作为示范工程进行推介报道。完善招商引资、项目协调、企业落地联动机制，成立企业联络员队伍，专人负责全程跟进服务，定期深入企业、一线调研了解情况，共收集整理企业相关问题26条，已答复解决22条，提请上级解决4条，及时帮助企业解决在用工、资金、手续、上下游配套等方面存在的困难和问题。

【提升城市品质】维护市容环境，处置数字化案卷2800余条，有效处置率达100%；提质垃圾分类工作，创垃圾分类市级示范街道及2个区级示范社区；打好“蓝天保卫战”，落实动态巡查，加强源头治理。在望月湖小区全面引进智慧停车管理系统，重新规划停车位及消防通道，完善监控系统，实施小区道路“微改造”，打通小区内部交通微循环，开展辖区道路交通专项整治。打造“醉美重阳日”等传统节日品牌活动，开展长沙好人、最美家庭等表彰评选，全面提质“荣龙之声”广播站，完成全国文明创建迎检任务。

【综合治理】以“自筹+众筹+统筹”模式打造“美丽楼道”69个，迎接省委组织部调研；18个下属党支部“五化”建设全部达标，打造麓山雅苑示范小区党支部；以党建带群团，打造省级基层团建示范点和市级民族团结进步示范社区。推进“扫黑除恶”和“三零社区”创建，整治关停休闲按摩门店52家，收缴拆除各类违规招牌62处；对233名在册吸毒人员管控帮扶。以网格化管理和“值班制”落实为抓手，建立健全走访、巡查、服务制度，绘制精准民情地图；全年走访企业项目825次，走访和接待居民15673户，收集并解决群众问题2844个，办理有效工单419件，群众满意率99.5%，办结率100%。

【民生事业】科学统筹疫情防控，街道全体党政领导下沉社区、一线指挥，始终坚持常态

10月23日，“醉美重阳日 和美望月湖”活动现场（望月湖街道供图）

11月4日，区委宣传部部长刘雄辉（右六）一行调研指导荣龙社区新时代文明实践站建设（望月湖街道供图）

防控，严防外部输入，加强重点场所监管，保持疑似病例、确诊病例零纪录。压实安全生产责任，开展安全生产整治三年行动计划，加强各类隐患排查整治，全年辖区平安无事故。信访工作持续攻坚，出台征收扫尾清零工作方案，实现窑坡山强征户签约3人。全力化解信访积案，加强重点对象管控，实现全年“零进京、零非访”。落实基层公共服务（一门式）全覆盖，开展“街镇吹哨，部门报道”工作，联手联动解决民生问题，实施“百万助老济困益寿工程”，规范惠民资金使用，加强特困群体帮扶，开展民政领域脱贫攻坚专项核查。做好第七次全国人口普查工作。

【推行智慧停车】 在望月湖小区内全面实施智慧停车管理，截至12月底，规范小区停车位2500余个，办理月租车辆3607台，有效解决开放式老旧小区交通拥堵、停车无序的问题，进一步提升基层治理现代化水平，为下一步辖区智慧社区建设奠定良好基础。

【打造美丽楼道】 以整治老旧小区楼道脏乱差为“切入口”，通过社区党组织、共建单位、党员居民共同参与，全街新打造“美丽楼道”67个，做到“一楼道一主题”“一楼道一特色”，形成“五民”工作法、“自筹+众筹+统筹”等好经验好做法，顺利迎接省委组织调研及市区诸多街道观摩学习。

【提质“荣龙之声”，创新特色品牌】 结合新时代文明实践要求，联合湖南人民广播电台和岳麓区融媒体中心对“荣龙之声”广播站进行再次升级改造，建成岳麓区第一个社区广播站，提供政策宣讲、青少年播音培训等服务，顺利迎接区委宣传部调研指导和成都市成华区团干部观摩。

【加强公卫服务】 以“健康岳麓”建设为总揽，加大基本公共卫生服务力度，依托街道社区卫生服务中心，推进健康网格管理员进楼栋进家庭项目，实现辖区居民健康管理全覆盖。11月3日，岳龙社区作为健康社区现场点接受岳麓区全国健康促进区建设国家专家组实地考察评估。

银盆岭街道

【概况】 银盆岭街道办事处位于岳麓区银盆南路，下辖11个社区和1个行政村，辖区面积7.99平方千米，总人口141259人，其中常住人口108260人，流动人口32999人。2020年，银盆岭街道统筹推进疫情防控和经济社会发展，全面落实“六稳”“六保”各项政策措施，全面深化重要领域和关键环节改革，从严落实管党治党主体责任，坚定贯彻“四个三”高质量发展理念，紧扣打造“大河西高端服务业中心”目标，扎实开展各项工作，完成地方级收入4.195亿元、区级收入1.58亿元，完成全社会固定资产投资16.8亿元，社会零售总额5.76亿元，完成规上工业总产值4571万元。产业项目进发活力。25个省市区重大项目顺利推进，引进百斯特、法拉利等高端品牌产业，全年新增商事主体2375家。

【经济发展】 全面推进复工复产，全力以赴抓机遇、解难题、补损失、促发展，做到疫情防控和经济社会发展“两手硬”“两战赢”。楼宇经济转化新动能。按照“两站三单四制”走访重点企业，培育成长企业，整治异地企业，引进优质企业，楼宇综合品质不断提升。2020年楼宇贡献税收约3.51亿元，占比33.72%，新增商事主体2375家，新引入百斯特、法拉利等高端品牌产业，新增创远大厦1栋亿元楼宇，街道楼宇产业效益持续提升。项目建设跑出加速度。全年共铺排25个项目，年度投资约44.7亿元。圆泰国际广场完成建设，保利西海岸C区D区、世贸希尔顿、鲲鹏府主体建成，三湘银行、弘坤君寓、新银州城、滨江1913正加快建设。联合区直部门组成6个小组，采取“保姆式”服务对企业实施精准帮扶，成立专班开展跟踪服务和对接，提供帮代办服务128次，解决企业上下游供应、手续办理、融资信贷、税费减免、用人用工等问题46个，持续优化企业发展壮大的外部环境。

【社会治理】 以小区治理为重点，创新落实岳麓区委“五篇文章、十项举措”，基层社会治理实效不断增强。坚持走党建引领社会治理的创新之路，成立30个小区党支部，全街56个小区实现支部全覆盖，在11个小区试点“小区党组织+业委会+监事会+调委会+物业服务企业+志愿者”的自治委员会模式，培育景秀三期、湘许二期、沁园春等一批治理示范性小区。小区党组织负责人兼任小区业委会、监委会负责人，引导成立自治委员会，实行多方共治机制，不断增强党在小区治理中的主导地位。推动服务下沉，深入网格化管理，实行机关干部进网格每周不少于8小时服务制度，推进社区“坐班制”转“值班制”，全年收集并解决民情问题604个，签收并办结市民热线1664件，办结率100 %，满意率达98.28%。

【民生保障】 2020年投入惠民资金220万元，完成惠民项目45项，落实城市低保对象206人，医疗救助76人，帮助771名群众实现再就业，民生事业更添暖色。推动岳银三村、国安局宿舍、万利新村等老旧小区提质改造，打通彩虹路、双塘路等瓶颈路、断头路，推进街道社区卫生服务中心建设，有效提升街域形象。圆满完成文明城市测评任务，全面清查微型斑点，提升片区整体品质。强化精细管理，坚决打赢蓝天保卫战，开展渣土扬尘、散煤、餐饮油烟、垃圾焚烧等专项整治，处理数字化案卷2869条，拆违25处，聘请专业公司巡查监管餐饮门店油烟问题，油烟投诉同比减少90%。兜住民生底线，严格落实重大隐患“一单四制”制度，开展10余场次培训、宣讲、演练，浓厚安全生产文化氛围。年内安全生产排查单位1090余家，发现并整改安全隐患950余处。落实创建食品安全城市要求，确保群众“舌尖上的安全”。

【抗击疫情】 2020年新春伊始，街道上下闻令出征，迅速打响疫情防控阻击战，以战时思维、战时作风，第一时间投入战斗、第一时间集结力量，400余名党员干部、3000余名志愿者冲锋在一线、战斗在前沿，不畏感染风险，坚守岗位、日夜奋战，筑起阻挡病毒、抵御疫情的钢铁长城。疫情防控期间，联手联动开展地毯式摸排、小区封闭式管理，有力保障广大居民群众的身体健康和生命安全，疫情防控取得重大胜利。2020年3月《长沙通讯》刊登文章《岳麓区银盆岭街道——奋力夺取疫情防控和经济社会发展“双胜利”》；2020年6月《长沙通讯》又刊登文章《岳麓区银盆

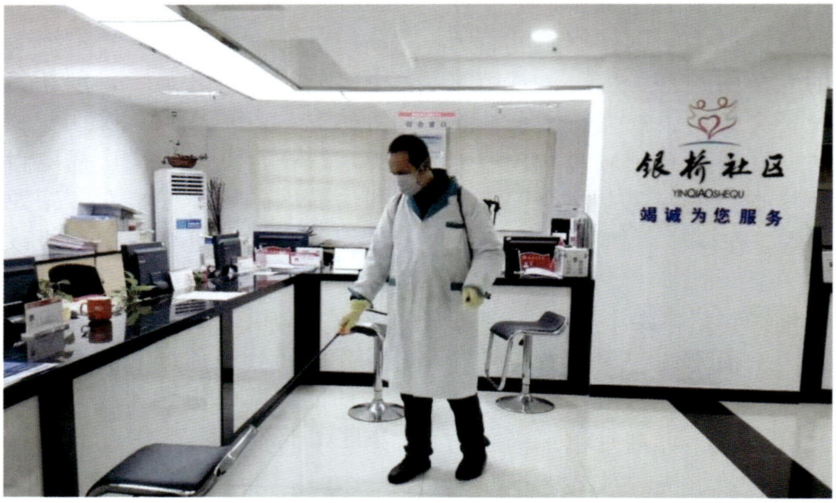

1月25日，银盆岭街道银桥社区进行全面消毒（银盆岭街道供图）

岭街道——争当百日竞赛排头兵 担当幸福银盆建设者》，街道疫情防控和经济社会发展工作先后两次被《长沙通讯》推介，获得充分肯定。

【基层党建】 银盆岭街道银鸿社区沁园春小区以党建引领文化、以文化凝聚人心，打造具有特色和富有时代气息的文化社区，营造社区居民一家亲和谐氛围。小区党支部联动业委会、小区物业，利用小区300平方米的架空层，筹集资金20万元，建成集党群服务、邻里中心为一体的服务阵地，开设轻舞飞扬、漂流书屋、同盟志愿、妙笔生辉等特色活动室，方便自治委员会开展日常服务，为小区老年人、青少年提供娱乐、议事的良好环境。成立"物管联盟"、邻里帮手工作室等志愿者组织，以党员骨干牵头，衍生"传统文化一小时""文明一小时""义工一小时"等自治品牌。2018年至2020年，两年中处理邻里纠纷125起，调解矛盾10起，提升小区居民满意度、幸福感、获得感。2020年7月2日，《智慧长沙》报道《沁园春小区：党建引领文化 文化凝聚人心》，沁园春小区作为银盆岭街道银鸿社区中率先创新小区治理模式的代表，吸引不少小区前来借鉴学习。

观沙岭街道

【概况】 观沙岭街道办事处下辖观沙岭村、岳华村2个行政村，滨江金融、长望、钰龙、岳北、三汊矶、桔洲新苑、金岭、石岭塘、土城、公园里、观裕、滨汇、施家港、金阳14个社区，总面积14.17平方千米。总人口159285人，常住人口74613人。2020年全街实现地方级税收135658万元，完成区级税收48466万元，实现全社会固定资产投资832105万元，社会消费品零售总额完成12163.7万元。新增"四上"企业9家，市场主体1828家。

【产业发展】 2020年街道印发《观沙岭街道开展"大干一百天、实现双过半"竞赛活动工作方案》，成立6个街直专项分队、16个社区竞赛分队，设置企业联络员，明确时间清单、任务清单、责任清单，落实领导联点责任，点对点服务全街道重点项目及企业。楷林国际、浦发银行大厦、福晟大厦、湘江基金小镇、湘江财富已投入使用，广发银行、地宝大厦建设提速。湖南金融中心片区入驻企业693家，新增总部企业6家。湘江基金小镇入驻基金机构 253家，管理资金1715亿。街道围绕"金融产业兴街，总部经济富街"战略，推行全过程、保姆式服务。累计走访企业693家，收集解决企业反映的各类问题73个，完成东莞银行长沙分行、中国农业银行长沙分行、大有期货等25家楼宇企业迁转。全年金融业税收对全街道区级税收的贡献率达72.86%，金融、商贸及配套服务产业潜力进一步释放。

【项目征拆】 2020年街道共铺排征地拆迁项目10个，全年腾地面积约1047亩，新拆迁房屋540户，动迁人口约1600人。街道印发《观沙岭街道2020年度项目征拆计划》，举全力规范高效推动项目征拆，扫尾项目高新电子城、观沙岭路三标、岳华路全部签约腾地，新拆项目观沙岭路、谷岳路完成签约128户，签约率100%，铬污染治理项目涉及35户、47栋全部完成签约腾地工作。

【民生提档】 2020年街道共慰问困难群众929户，发放各类慰问金、慰问品达33.5万余元。为使计生利益导向政策家喻户晓，共发放各项奖扶共1944人（户）2953040元，受理审核城镇奖扶档案并录入系统466本。疫情期间，制定落实重大突发公共卫生事件一级响应工作机制，发放宣传资料20余万份，发动宣传车10辆、小区喇叭广播60余个。筑牢织密"外防输入、内防反弹"防线。开展各类主题健康教育讲座22场次，受益群众1000余人。2020年街道新增城镇就业人数年度任务700人，现已完成865人，办理"就业失业登记证"475本。连续数月积极开展"就业援助月""春风行动"等线上招聘活动，帮助195名失业人员达成求职意向。各网格共走访群众2056户，接待群众1977人次，收集及受理民生问题373个，解决问题373个，解决率达100%。

【城市管理】 2020年街道拆除历史违章建筑面积约2597.5平方米，辖区内近98%的门店使用清洁能源，95%的门店安装油烟净化器。常态化整治辖区环境污染，复绿黄土，养护绿植。街道做好辖区范围内湘江河道整治工作，全面落实“河长制”，配合上级部门联合执法，出动工作人员500余人次。经过多次行动，成效显著，现在岸绿水清，湘江水质得到很大提升。渔人码头江边整洁有序，成为长沙人民休闲的黄金码头。

【社会治理】 2020年街道接待来访群众499人次，受理湖南信息信访系统信访件216条，在特护期约谈、劝返76人次。2020年街道共处理数字化案件7133条，结案率达100%。开展扫黑除恶专题讲座、宣传活动26次，悬挂横幅32条，制作宣传手册12000余份、粘贴海报940余份、发放《致岳麓区居民的一封信》5000余份。全年街道组织力量开展打击传销集中清查专项行动17次，共排查涉嫌传销地点107个，排查回流人员45户，捣毁传销窝点61个，清理传销人员74人，打击工作已显成效。针对辖区治安问题突出的地方，联合派出所、城管办、市场监管所、食安办等部门先后开展执法清查活动20余次。

【网格化管理】 2020年街道根据各网格的实际情况及人员变动、社区管辖楼盘增加等多重因素综合考虑，调整全街道网格布局，优化配备各级网格长。截至2020年底，街道设置16个一级网格（11名一级网格长）、23个二级网格（24名二级网格长）、74个三级网格（76名三级网格长）。2020年，由街道网格化服务中心牵头共发放网格宣传手册15000余份、更换网格工作公示栏4个。各级网格长接待走访群众1977人，进行安全排查237次，收集民生问题358个，完成358个，完成率100%。

【疫情防控】 1月23日街道召开传达全区关于应对疫情防控相关会议精神，并成立街道疫情防控领导小组，制定落实重大突发公共卫生事件一级响应工作机制，明确11个街直部门、社区卫生服务中心和16个村（社区）工作职责，调动全街道力量全力应对新型冠状病毒性肺炎蔓延的严峻形势。全街道各村（社区）利用宣传车、小喇叭、小区广播、宣传单、辖区电子屏视频播放等手段广泛宣传新型冠状病毒肺炎防控知识；通过社区微信群、党员服务群推送疫情防控注意事项，引导居民不信谣、不传谣、不造谣。疫情期间全街道共出动宣传车10辆、小区喇叭广播60余个，发放宣传资料20余万份。对于不同人群严格按照上级文件要求进行管控，确保辖区安全。指导村（社区）用消毒水为小区楼道、电梯、垃圾站点、地下车库等公共设施和公共区域进行消毒；在街道社区卫生服务中心和观沙医院开设2个主要防控点，在长株潭城际铁路观沙岭站和麦德龙超市设置2个临时监测点，成立3支应急小分队在街道机关、门店超市、农贸市场等单位开展消毒工作。深入辖区内物管小区开展疫情防控工作检查。辖区内物业公司用于疫情防控资金约350万元、消毒液约55000升、医用75%酒精约4000升、体温枪约260把、口罩自用和赠送业主约2万个。物业专职社工对小区重点公共区域消杀情况、垃圾清运情况、企业员工自我防护等疫情防控工作进行检查。对各小区封闭情况、外来人员和车辆登记、测温等工作进行检查，发现问题现场指导，督办各物业服务企业整改。加强对辖区内车辆监管，各村（社区）按照街道统一部署对湖北籍车辆严格检查，主动向驾乘人员宣传疫情防控政策，提示驾乘人员戴口罩、少外出，加强自我防护，需要自我隔离的绝不能外出活动。全街道共排查旅馆77家，取消婚丧等宴席63家，关停麻将馆254家、网吧19家、健身房9家、桌球室4家、其他娱乐场所48家，培训机构及托幼机构73家。

疫情发生以来，在街道党工委的带领下，街道机关党员干部、村（社区）500多名党员志愿者奋斗在疫情防控一线，89名在职党员到社区参加疫情防控和志愿服务。党员王险峰、汤海秋、徐曦颖等先进典型事迹先后被长沙文明网、岳麓新闻网、都市一时间等媒体报道。全街道1974名党员自愿捐款187282元。

【湘江基金小镇荣膺“投中2019年度中国最具特色基金小镇TOP10”】 6月11日，由投中信息主办的“第14届中国投资年会·年度峰会”重磅发布投中2019年度榜单，湘江基金小镇再次上榜，荣膺“投中2019年度中国最具特色基金小镇TOP10”。湘江基金小镇地处长沙河西的湖南金融中心核心区内，是全国唯一一个位于城市核心CBD的基金小镇。在湘江国投公司运营下，湘江基

湘江基金小镇（观沙岭街道供图）

金小镇发力金融服务、资本市场、风险防控等，全面赋能实体经济高质量发展，产业基金+基金小镇打造的资本市场“强引擎”，撬动了区域产业发展“满天星”。历经3年发展，小镇已入驻投资机构263家、基金管理规模1747亿元，入驻机构累计对外投资项目385个、投资金额173亿元，成为湖南省金融改革创新的重要平台。

西湖街道

【概况】西湖街道办事处辖1个村（茶场村），1个管区（二三管区），8个社区居委会（咸嘉湖社区、金星社区、黄泥岭社区、龙王港社区、谭家冲社区、先锋社区、省委党校社区、石佳冲社区），常住人口27316人；流动人口15160人。总面积8.22平方千米。2020年完成社会固定资产投资11.4亿元，超额完成90%；软件和信息技术服务业新增从业人员350人，新增承载空间11805平方米，超额完成195%；楼宇企业引进61家，超额完成52%；楼宇企业迁转8家，超额完成33%；地方级税收完成1.96亿元，同比增长98.7%。

【项目建设】西湖街道重点推动已落户项目完成房屋拆除腾地，统筹“202”人防工程指挥部项目早日开工；确保市属重点万豪大酒店项目、即将竣工项目白沙液街有机更新早日投产见效，做好项目后续监管；持续为岳麓山景区西大门建设项目提供服务保障，协助疏通保利壹号公馆、越秀·悦湖台项目建设中的难点堵点。

【招商引资】依托58小镇、金谷大厦、佳兴世尊三大楼宇工作站，明确专人专岗做实做优楼宇服务，深入走访摸底，深化企业帮扶，落实解决问题60个，新引进企业34家。依托大科城优质资源，注入科创资金聚力培育扫地僧、拿云餐饮等重点企业。

【城市管理】严格落实“六控十禁”举措，全面开展“蓝天保卫战”“河长制”工作，以治污控源和保护修复为重点，治理裸露黄土5150余平方米；白沙液街、双塘路、老咸嘉湖路提质改造工作积极推进；岳麓后山片区、谭石路西段片区雨污分流项目建设进展顺利。深入开展生活垃圾分类行动，龙王港社区麓山名园小区以全市第二名的成绩，获评“垃圾分类市级精品小区”，咸嘉湖社区获评“市级垃圾分类示范社区”；茶场村综合服务平台

志愿者开展疫情防控管理工作（西湖街道供图）

成功转型，打造“五务一体”综合服务阵地，获评市级“农村幸福社区”，彰显“精致宜居”的城市特色。

【社会治理】深入开展“六清”行动，对天峰名苑小区153户无证家庭旅馆开展整治行动，已完成整改138户，整改率90.2%，街道以点带面，继续推动冷柜厂、轴承厂共78户无证家庭旅馆整治，完成整改退房37户，整治效果明显；成功化解多起信访事件。

【新冠疫情防控】街道严格落实属地管理，压实“外防输入、内防反弹”的责任，卫生防疫方面按照时间节点完成相关工作，企业员工复工率、产能恢复率在规定时间节点达到要求，各企业已走入正常经营轨道。自3月9日起，西湖街道无新增确诊病例，住院患者实现清零。为加强秋冬疫情防控多次召开调度会议，督促辖区对学校、农贸生鲜市场等重点场所精准化防控，开展农村地区督查检查，排查整改聚集活动，确保常态化疫情防控工作顺利推进。

【“大干一百天 实现双过半”竞赛】街道制订《西湖街道关于开展“大干一百天、实现双过半”竞赛活动的工作方案》，全员作战、组团作战、分区作战、挂图作战，把各项指标按职责分工落实到每一位班子成员、每一个部门，坚持“一周一调度、一周一汇总、一周一交办、一周一通报”，做到目标清、问题清、责任清、时限清、步骤清、方法清，把工作主动权牢牢抓在手上。活动期间深入开展四问活动（即问企业资金运转、房屋租赁、人才支持、疫情管控四个方面），深入企业走访摸底，建立企业需求清单、部门责任清单、服务项目清单，实施动态清零。同时加强税收减免、资金扶持、信贷支持等方面系列政策的宣传力度，助力企业轻装上阵。街道共落实解决企业问题30余个。通过发放辖区门店消费券、和包支付“和包券”、预发工资奖金等形式，积极动员广大职工、工会会员特别是共产党员开展消费爱国活动，使力力渔港、餐谋天下、因味有你等企业消费升级，超额完成社零指标。

西湖街道开展“大干一百天、实现双过半”竞赛活动工作会议（西湖街道供图）

【家庭旅馆整治】天峰名苑小区位于双塘路9号，共有住宅7栋，223户住户。自湖南省肿瘤医院北大门开至桐梓坡路以来，天峰名苑小区住户或租赁户将房屋及车库改造后私开无证家庭旅馆，共有101家，客源基本为医院病患及陪护人员，小区人员出入复杂，存在治安管理混乱、房屋违规改造、线路负荷大等隐患。街道以天峰名苑小区为试点，开展家庭旅馆整治行动。建立3张清单，即问题清单、任务清单、责任清单，做到底数清、任务明、责任实，确保家庭旅馆整治见实效。组建2支队伍，即综合执法队伍和业主志愿者队伍，街道、金星社区联合公安、政法、住建等部门，联动协作，形成执法整治合力，创新基层社会治理方式，聘请小区业主志愿者为警务助理，群防群治，巩固整治效果，建立长效常态的管理机制。用好1个系统，即人脸识别系统，有效控制外来人员出入，把控住家庭旅馆整治的第一道防线。目前，共查封天峰名苑非法家庭旅馆100家、地下车库改建旅馆53家。

【举办垃圾分类宣传志愿服务活动】2020年5月26日下午，西湖街道党总支举办垃圾分类宣传志愿服务活动，组织党员们进行主题学习讲座，会后开展活动实践，深入居民小区入户宣传、分类指导，街道二个支部78名党员志愿者参加活动。

【城区防洪防汛应急演练】2020年6月19日，街道针对即将到来的强降雨天气，开展2020年城区防洪防汛应急演练。街道联点领导、区政府、区水务局、区防办等部门负责人现场参与调度。演练分为风险预警及响应、事故发生及应急处置、演练结束等阶段进行。

【举办人才双选会暨人才新政交流会】2020年12月20日下午，西湖街道联合58科创、58小镇入驻企业和本地部分高校，举办以“人才造梦场”为主题的人才双选会暨人才新政交流会。活动共吸引18家企业和200余名高校应届毕业生参加。

【“西湖楷模”表彰】2020年12月23日下午，由街道主办的“美丽西湖·蒲公英在行动”新时代文明实践系列活动之“西湖楷模”表彰活动，在湖南省委党校大礼堂顺利举行。

望城坡街道

【概况】望城坡街道位于岳麓区中部，辖区范围东至望岳路，西至麓景路，南至金星南路，北至岳麓大道，总面积4.96平方千米。街道下辖望新、湘仪、涧塘、竹马塘、箭弓山、望麓、商贸城、老虎岭、南家塘、长华等10个社区，截至2020年12月，街道机关在职在编工作人员60人，街道工委下辖党委4个、党总支7个、党支部54个，党员总数2010人。辖区内总人口约14万人，其中户籍人口41875人，流动人口近10万人。街道内有达美D6区、长房时代城、西中心等3大商务楼宇，有湘浙小商品、望城坡环球家居、郁金香家具等6个专业市场，包含注册个体工商户9000多家、企业单位近4000家，有长沙市气象局、湘江新区交通枢纽等省市驻街单位70多家，有湖南工商大学、湘仪学校、阳明小学、望新小学、岳麓区第六幼儿园等教育资源，有湘衡康复医院、诚康医院、星灿医院、望城坡社区卫生服务中心等医疗机构。

2020年，望城坡街道围绕“知识岳麓、创新岳麓”建设要求，统筹推进疫情防控与经济社会发展，各项工作再上新台阶。完成“百日竞赛”指标任务，实现限上消费总额2.2亿元、区级税收2.25亿元、固定资产投资9亿元。老旧小区物业管理改革取得实效，矿产品公司小区等实现自治。推进网格化管理创新社会治理，在岳麓区网格化管理工作绩效考核中，连续三年蝉联A类街道第一名。街道刑事立案、侵财案的发案率连年下降，全年同比下降4.00%和25.99%，社会综合治安持续向好。交通顽瘴痼疾整治完成，蓝天保卫战、垃圾分类等专项行动深入开展，2020年城管数字化案件数同比下降3384件、同比下降35.68%，城市管理日趋规范。严格落实疫情防控决策部署，港湾宾馆、汽车西站等重要点位稳定运行，2020年辖区未出现新冠肺炎病例。

【经济建设】加强税收入库调度，督促售罄房地产项目结算，积极协调富湘建筑等岳麓区外分公司税收落地。全年完成区级税收2.25亿元。依托楼宇工作站做实精准招商和服务，狠抓企业入驻和迁转，三大楼宇共实现招商面积15.6万平方米、入驻企业294家、注册率92.53%，长房时代城实现税收3800万元、西中心实现税收4100万元。坚持把项目建设作为经济发展的主抓手，2020年铺排建设项目11个，西站110千伏输变电站项目拆迁实现全部签约，天顶220千伏变电站塔基原址重建工程已完工，奥园城市天骄项目一期已售罄、二期正在施工，全年完成全社会固定资产投资9亿元。提质改造望城坡大市场，“老市场如何闯出新路子”工作经验得到市委常委、常务副市长夏建平，副市长朱东铁的批示推荐，调研文章在长沙市政府内刊上刊登。招商引资引进温德姆酒店亿元项目1个，完成“四上”企业入库10家，全年实现限额以上社会消费品零售总额2.2亿元。

【社会治理】根据街情实际重新制定网格分类考核办法，增加年度考核纵向对比，实现网格全覆盖、工作全融合、人员全下沉，网格化管理创新社会治理始终走在全区前列，接受长沙市委常委、政法委书记廖建华等调研观摩24次，网格走访全年收集解决民生问题

1330个，“12345”热线满意率99.34%，妥善解决物业纠纷等群众关切问题。开展“扫黑除恶”等专项行动，推进“三零社区”创建，落实“矛盾化解攻坚年活动”，初信初访一次性办结率100%，化解矛盾纠纷37件，2起“四重攻坚”事项全部解决。开展“安全生产重点领域专项整治三年行动”，压实街道监管和企业主体责任，巩固省级“安全生产示范”街道创建成效。落实“三大攻坚战”工作要求，辖区“散乱污”企业全部取缔，餐饮门店油烟净化安装率达到100%，76个小区实现垃圾分类全覆盖，龙王港沿线综合治理成效明显。交通顽瘴痼疾专项整治完成，农贸市场周边交通乱象得到解决。

【民生保障】 贯彻社区坐班制转值班制，社区管理人员走访居民42559户、门店4000余家，解决问题6827个。落实基层公共服务一门式全覆盖，缩减政务事项办理环节和时限，实现综合窗口“一窗受理、一站办结”。推进“互联网+政务服务”平台应用，一网通办政服务平台办结事项6436件。全年铺排惠民项目44个，排危加固高危边坡、危房等地质灾害隐患点34处，南家塘社区君士小区完成提质改造，箭弓山社区燕航小区等7个小区启动水管改造和雨污分流工程。

【疫情防控】 压实社区党组织防控责任，累计走访居民群众4万余人次，发放宣传资料5万余份。构建联防联控机制，协调推进驻街单位、市场、学校等重点单位疫情防控。落实重点人员“四包一”管控和小区卡口管理等工作要求，按照网格包栋到户进行全面摸底，做实红、黄码等重点人群的兜底管控。组织开展疫情防控志愿服务，累计发动志愿者1.5万人次。通过群防群治维护复工复产秩序。解决湘浙小商品市场、望城坡环球家居市场复工复产难题，走访帮扶重点企业42家，帮助解决问题13个，惠企政策减免费用1197.77万元，帮扶奖补资金192.51万元。牵头协调公安、交通等职能部门，保障返程高峰期间汽车西站的稳定运营。

【港湾宾馆完成湖北籍旅客定点安置任务】 1月26日，港湾宾馆被长沙市政府指定为湖北籍旅客定点服务场所。街道高度重视湖北籍旅客安置工作，在市委、市政府和区委、区政府的领导下，统筹全街资源保障港湾宾馆安稳运行，围绕人员安置、医疗保障、思想、后勤、安保、宣传等6个方面进行周密部署，自1月26日到4月8日，宾馆累计安置湖北籍旅客272名，未出现新冠肺炎确诊及疑似病例，顺利完成湖北籍旅客定点安置任务，为保障疫情期间社会稳定和人民群众生命安全作出了突出贡献。

【西站110千伏输变电站项目全部完成拆迁签约】 西站110千伏输变电站项目位于望城坡街道老虎岭社区，属于长沙电网“630攻坚”项目之一。项目需征用集体土地6.9285亩，拆迁安置居民16户，拆除房屋17栋共计5277.54平方米，关停门店16家。该项目启动之后，面临用地规模小但拆迁户数多，利益调整大且居民期望高，历史违建多且社情较复杂等问题和困难，望城坡街道高度重视，严格“三榜”程序，开展“三公”征收，抢抓时间进度，敢于攻克堡垒，该项目于2020年6月23日发布征收土地方案公告至10月18日全部完成签约。

【基层社会治理工作调研】 12月23日，长沙市委常委、市委秘书长、政法委书记廖建华率队调研望城坡街道基层社会治理创新工作，区委常委、政法委书记张铁炎陪同调研。街道工委书记肖健从基本情况、创新做法、主要成效三个方面汇报基层网格化管理创新社会治理工作，并进行了网格化综合管理指挥平台案例处置的演示。

望岳街道

【概况】 望岳街道东西宽4.2千米，南北长5.7千米，辖区总面积13.6平方千米，下辖3个村，9个社区，总人口约12.6万人。2020年，完成地方口径税收21378万元，实现固定资产投资20.93亿元；完成限上社零8.91亿元，同比增速达到29.74%以上；实现规模工业产值3580万元。

【项目建设】 2020年实际启动征拆项目21个，其中青山路等8个项目已清表交地，青竹路、岳华路、长望路等5个项目正在施工，藕塘片区实现全面腾地并交付使用。10月启动谷峰片区613亩征拆，12月31日实现签约清零。北辰时光里正在预售，山水新城二期完成主体建设，谷峰安置小区、万象府台、金星205亩正在建设。

【产业发展】 街道持续优化营商环境，紧扣“四率”提升，做实楼宇工作站，为企业提供政策咨询、工商注册、税务登记等“保姆式”服务，开辟绿色通道，实现楼宇综合服务“一站式”办理，支持入驻企业以最快速度投产达效。年内，“亿元楼宇”恒晟湘江中心纳税1.43亿元，引进楼宇企业81家，工商注册及税务登记率达95%以上。全街新增市场主体1830家，新增“四上企业”7家，兑现2019年度产业扶植资金奖励2批次共计357万元。

【城市管理】 望岳街道提升城管工作标杆，全力打好蓝天、碧水、净土保卫战。强化市容秩序管控，开展环境专项整治行动50余次，整治占道摊点369余处，规范店外经营1568家，拆除违规广告招牌103处，铁腕拆违37处，合计面积2554.05平方米；聚力污染防治攻坚，集中力量整治环线两厢“散乱污”企业24家（取缔关闭6家），清退非移动机械12台，处罚渣土和水泥罐子车12台；高标准推进垃圾分类，引进“多宝鱼”资源循环驿站，打造智能分类模式，实现源头把关，科学分类，辖区各机关单位、学校、农贸市场垃圾分类全覆盖。2020年12月，望岳街道获得“长沙市垃圾分类示范街道”称号。

【社会治理】 望岳街道以“平安望岳”建设为抓手，纵深推进“扫黑除恶”和“三零社区”创建。妥善处理信访矛盾，区领导下沉接访，专题研究荣泰广场延期交房、恩孚阳光公司破产等重大信访问题，解决各类矛盾纠纷123起，未发生群体性突发和上访事件。

【文明创建】 开展文明城市创建，服务中心大局。以“悦”文化品牌为抓手，开展“迎中秋 庆国庆”“全民运动会”等主题活动20余场，评选和表彰李甫生等14组“文明家庭”，李鹏等10名“望岳楷模”，弘扬正能量；打造贺国辉蒲公英“好人好店”，树志愿服务品牌。在2020年度文明创建国检中，顺利迎接中央文明委测评组3个项目的测评。

【网格治理】 抓实社区员额管理，推动社区变“坐班制”为“值班制”，实现服务不打烊；探索“一联四网”服务模式，深入推进“网格化+”和“12345”市民服务热线工作。截至2020年12月31日，累计接到“12345”热线工单1995条，办结1979条，其中表扬工单3条，锦旗4面，满意率99.4%。健全最低生活保障制度，落实应保尽保。街道低保对象214户304人，每月发放低保保障金15万余元；特困供养对象8户8人，每月发放特困保障金6760元。

【疫情防控】 街道严格落实疫情防控主体责任，带领全街党员、干部、志愿者，全力做好疫情防控工作。利用报刊、电视、广播、网络等载体，宣传疫情防控知识，营造良好氛围；通过为企业精准解读惠企政策、赠送防疫物资等形式，帮助辖区企业（门店）有序复工复产；根据“四包一”和查人控人要求，统筹1900余名社区工作人员、网格长、志愿者等力量，扫楼排查居民小区、经营性场所2100余家。

【“大干一百天 实现双过半”竞赛】 2020年3月，街道积极参与岳麓区“大干一百天 实现双过半”竞赛活动。制定《“大干一百天 实现双过半”工作实施方案》，确定40余家重点企业名单，实施党政班子成员、街道中层干部、社区两委成员三级联系制度，对工作任务指标逐类别、逐月、逐项目进行分解，采取“一周一调度”督促责任落实。活动期间，走访重点项目和企业100余次，发放政策汇编及宣传资料3000余份，悬挂主题宣传横幅100余条，利用电子显示屏滚动播放宣传标语2000余次，通过长沙新闻频道、红网、岳麓区融媒体中心等自媒体平台广泛宣传报道特色亮点工作信息10余条。2020年7月，获得竞赛“优胜集体”称号。

【“我与望岳有个约‘惠’”文旅消费节暨第三届望“悦”文化节启动】 2020年4月28日上午10点，望岳街道在八方公园举行“我与望岳有个约‘惠’”文旅消费节暨第三届

“我与望岳有个约‘惠’”文旅消费节启动仪式现场（望岳街道供图）

望“悦”文化节启动仪式，辖区网格长、志愿者、商家代表100余人参加。此次活动通过联动辖区企业，制作文旅地图、发放消费券大礼包、设置现金大奖等形式吸引消费者到商家打卡、集赞，带动实体消费，帮助疫情影响下的文旅市场恢复活力，促进文旅消费升级。

【自然资源和经济责任审计】 5月13日，岳麓区审计局对望岳街道开展为期3个月的自然资源资产审计和经济责任审计工作。其间，共提出自然资源资产审计意见12条，提出经济责任审计意见17条，审计建议3条，全部整改到位。

【“文明好人 诚信好店”主题宣传暨文明家庭表彰活动】 5月29日下午，望岳街道在24品生活中心举办“文明好人 诚信好店”主题宣传暨文明家庭表彰活动，“中国好人”贺国辉出席活动并与现场观众交流互动，李甫生、苏志等14个“文明家庭”受表彰。

【巡视巡察】 6月24日，区委第十轮巡察第五巡察组对街道开展为期2个月的巡视巡察工作。期间，巡察组向街道反馈3类18个问题。街道压实责任，对标对表细化分解问题26个，完成整改25个。

【“就业点亮万家灯火 服务连通三湘四水”专场招聘会】 7月27日上午，区人力资源和社会保障局联合望岳街道在长房24品生活中心中央广场举行“就业点亮万家灯火 服务连通三湘四水”现场招聘会。比亚迪、比扬医疗、致力工程科技、万科物业、步步高等50家企业提供岗位1000余个，主要包括工程师、采购、外贸、会计、出纳、人力资源、行政专员、各类技工、仓管、保安、保洁等多个工种，吸引1000余人咨询应聘，168人与用人单位达成意向性就业协议。

【新时代文明实践站授牌】 2020年7月31日上午，望岳街道在24品生活中心一楼举行“亮牌子 展风采 树形象”暨新时代文明实践站授牌仪式，区文明单位代表、辖区群众100余人参加。活动中，岳麓区网信办、岳麓区行政审批局等文明单位代表分别为恒华社区、七里营社区新时代文明实践站授牌，同时，帮助“北辰时光里”项目农民工们实现8个“微心愿”。随后，望岳街道还对

望岳街道“文明好人 诚信好店”暨文明家庭表彰活动现场（望岳街道供图）

9月20日，望岳街道举办“我们的节日——中秋”活动现场（望岳街道供图）

在“学习强国”平台学习中表现突出的粟雯等9名“学习之星”、“优秀组织”（诚兴社区）以及“蒲公英志愿服务之星”进行了表彰。

【举办“迎中秋 庆国庆”暨网络安全宣传周活动】 9月20日，街道在长房24品生活中心举办“迎中秋 庆国庆”暨网络安全宣传周活动。活动分为网络安全知识宣传、原创文艺节目、知识竞答三个版块，精彩的节目、实用的网络安全科普知识，吸引200余名群众参与。志愿者向市民朋友们发放《网络安全知识》宣传折页，普及网络安全知识，帮助提高市民网络防护意识，维护个人财产安全，倡导文明安全过“双节”。

【第二届“望岳楷模”表彰】 10月17日下午，望岳街道在24品生活中心一楼举办“学榜样 树新风”第二届望岳楷模表彰暨“雷锋家乡学雷锋·蒲公英在行动”活动。活动现场，歌舞节目精彩纷呈，“中国好人”贺国辉、街道人大工委副主任陈帅为李鹏、何伏良等10名“望岳楷模”颁发荣誉证书和奖金。

【职业技能培训】 为提升居民就业能力水平，增加居民求职就业机会，2020年11月17日上午，望岳街道人社站分别在金星新村社区、窑塘社区举办2020年职业技能培训班。培训内容含电工、茶艺师、保育员、物业管理员等多个工种，辖区300余名符合报名条件的居民参加培训。

【街道人力资源和社会保障服务平台建设初见成效】 2020年，街道人社站加强对基层工作人员的业务培训和指导，提升基层工作人员的业务素质和服务能力，基层人力资源和社会保障服务质量和工作效率稳步提升。经过建设，望岳街道人力资源和社会保障服务平台达到机构、人员、经费、场地、工作、制度“六到位”要求，建立了区级、街道（镇）、社区（行政村）人社工作三级管理服务体系，实现了全街城乡人力资源和社会保障服务体系全覆盖。

咸嘉湖街道

【概况】 咸嘉湖街道位于岳麓区中部，北与望岳街道接壤，西与望城坡街道接界，南和西湖街道相连，东与银盆岭街道为邻。占地约2.88平方千米，下辖咸嘉新村、润泽园、西大门、白鹤咀、荷叶塘、银谷国际6个社区，人口总数为75537人，户籍人口为32455人，流动人口为37796人。2020年，咸嘉湖街道紧紧围绕打赢疫情防控、复工复产、经济发展“三场硬战”要求，既谋全局、又攻重点，在严峻的疫情形势和复杂的发展环境面前，展现咸嘉干部的定力担当，街区经济社会发展取得新进展，呈现新气象。全街全年完成地方级税收18728万元，完成社会消费品零售总额15.8亿元，完成固定资产投资6.2亿元，新增“四上”企业8家、高新技术企业认定5家、引进总部企业2家，新增商事主体1550家、楼宇企业72家。

【经济发展】 街道积极响应市区“百日竞赛”号召，开展“全链条贴心式服务产业项目”行动，坚持分类施策、专班对接、多方联动、限时办理，助力区域经济全面复苏，在全区“百日竞赛”活动中取得第三组第一名。抓住楼宇经济关键主力，实施“四个一批”工作举措，开展楼宇企业整治行动，迁转异地企业15家，分公司迁转4家，清退非法企业12家，腾出优质楼宇面积3200平方米。全面梳理盘清存量空间，对全街3.4万平方米的空置空间摸底造册，广泛动员招商，引进盒马鲜生、字节跳动、火星文化、希尔顿花园酒店等有影响力有号召力的品牌入驻。加大产业培育力度，其中出头科技、华远机械、星卓珠宝、瑞氏生物等一批先进服务业发展迅猛。全年楼宇企业税收贡献2.3亿元，占比59.2%，增长率为15%。

【重点工程】 旭辉都会山、璞悦府、腾信大厦、中央美郡三期等4个重点项目均稳步推进；咸嘉一组5号栋于2020年7月26日启动建设，咸嘉36亩两安用地规划调整得到市长支持，正在积极推进规划建设，妥善处理历史遗留问题；成立专班启动中央美郡五期的拆迁扫尾，储备建设空间；推进咸嘉商住楼土地挂牌准备工作，督促开发商加快启动手续办理；对万宝山片区、望新片区情况进行全面摸底清查，做好福容地块、天元商贸城地块的拆迁启动准备，盘活存量土地，拓展发展空间。

【城市管理】 深入推进数字化城管工作，处理数字化案卷2709条，在全区月度排名考核中获得2次第一、5次第二。全面打响拆违控违攻坚战，拆除动态违章7处，拆除违章建筑3000余平方米；全年开展综合整治行动90余次，整治门店400余家，暂扣没收店外经营物品80余车，查处教育流动摊担500余个；全面实施居民生活垃圾分类，在白鹤咀社区推出岳麓区首个“撤桶并箱”举措，全区垃圾分类工作月度排名靠前。坚持标本兼治，深入开展蓝天保卫战行动计划，狠抓“六控”“十个严禁”，开展扬尘污染、露天烧烤、餐饮油烟集中整治行动30余次，出动人员400余人次，处理油烟扰民投诉50余个，处理市、区督查交办案件22起，制止、扑灭焚烧垃圾8起，收缴散煤20余千克。开展“散乱污”企业专项整治，对涉汽、涉油企业进行检查摸排，清退“散乱污”企业8家。落实生态文明建设责任，协助办理中央环保督查问题4件，获得区级奖励2次。落实“河长制”要求，建立环境监管网格体系，强化对龙王港河段的常态排查、动态监管。

【社会综合治理】 认真落实信访攻坚年活动要求，街道党政班子通过重点约访、带案下访、上门走访、公开接访等方法方式，为妥善化解信访问题赢得先机。全年排查调处矛盾纠纷80起，调处率达100%。持续推进交通问题顽瘴痼疾专项整治、校园及周边治安综合治理等行动，全面压实安全生产责任。全年检查生产经营单位365家，排查各类安全隐患345条，督促整改339条，下达限期整改文书23份，对8家企业进行行政处罚4047元，对1名企业负责人提出行政警告处罚。

【网格化管理】 着力打造“一张网”的工作格局，自下而上形成联动管理机制，切实解决群众的烦心事、揪心事。街道各网格共计走访群众4万余户次，走访门店企业2000余家，收集民情问题882个，共处理“12345”热线工单713件，上传工作日志2276篇，工单满意度持续保持100%，网格化工作在B类街道排名第一。咸嘉湖西路与谷丰南路的交会口积水问题、西子园车库违建问题、壹号嘉园新疆烤肉店油烟扰民问题被收录在《岳麓区2020年疑难工单经典案例集》。推行小区党支部与业委会“双向进入、交叉任职”，实现楼栋党小组长与楼栋长“一肩挑”，形成“红色楼道长，小区微治理”工作模式，整合资源治理难题，小区自治水平不断提升。11月11日，市委常委、组织部部长张宏益调研咸嘉湖街道湘腾琴岛小区，对咸嘉湖街道基层治理工作高度肯定。

【疫情防控】 街道始终坚持“五个战时”要求，全员逆行出征、下沉一线、连续作战，全力做好战疫情防控工作，并取得阶段性胜利。街道保持常态防控措施，严控口岸入境人员管理，严控中高风险地区人员管理，排查对接中高风险地区人员信息，核酸检测全覆盖100%全部到位。同时，加强辖区进口冷链食品有关重点场所、重点环节、重点人员监管，做好阿联酋迪拜临时商业航班198人旅客酒店隔离工作，做好世界计算机大会、民营企业合作大会等重要会议参会人员入住酒店的疫情防控。

2月3日，长沙市统计局指导小组到咸嘉湖街道协助开展疫情防控工作（咸嘉湖街道供图）

【巡视巡察】 区委第四巡察组于6月23日至8月20日，对咸嘉湖街道进行为期2个月的集中巡察，审计组于9月至11月进行审计。街道主动衔接，全力配合，为巡察、审计组真实了解情况、高效开展工作创造优良环境、提供便捷条件。对照巡察、审计组反馈意见，街道制定整改方案，通过建立细化责任机制、整改限时办结机制、常态调度机制、通报公开机制，明确责任领导和责任部门及单位，明确整改方向，工作一周一梳理，一周一调度，以高度负责的态度、务实过硬的举措抓好巡视巡察整改，做到即知即改、真改实改、全面整改。

【长沙市统计局指导小组深入咸嘉湖街道协助开展疫情防控工作】 2月3日，长沙市统计局党组书记缪晨光带队到咸嘉湖街道协助基层疫情防控工作，并召开工作组见面会，岳麓区委副书记、区长周凡，区委常委、组织部部长彭利芝，统计局党组副书记、局长邓爱武及咸嘉湖街道负责人参加。会后，下派工作组成员迅速投入其联系的各个社区，协助做好一线疫情防控工作，并利用其岗位优势，指导街道数据统计、市场监督执法等工作。

【湖南省委改革办派工作组到荷叶塘社区指导防疫工作】 2月29日，省委改革办改革三处副处长周嘉。带领省委改革办工作组下驻到岳麓区咸嘉湖街道荷叶塘社区指导开展防疫工作。

【咸嘉湖“书记棒棒团”2020年第一次书记论坛】 3月26日，岳麓区咸嘉湖街道在街道智慧服务中心组织召开咸嘉湖“书记棒棒团”2020年第一次书记论坛，召集辖区单位、企业及各党组织就如何推进党建引领复工复产展开讨论。社区书记分别就各社区复工复产的情况展开讨论交流，表示将继续发挥党组织的核心引领作用及“书记棒棒团”的传帮带作用，打好复工复产攻坚战。

【湖南省图书馆视察调研长沙市图书馆咸嘉分馆工作】 6月2日，湖南省图书馆副馆长邹序明、长沙市图书馆馆长王自洋、长沙市图书馆副馆长张军一行到咸嘉新村社区，视察调研长沙市图书馆咸嘉分馆的工作情况。视察组一行详细了解图书馆的运转情况、图书借阅流通情况等，现场查看了朗读亭等智能学习平台。

【咸嘉湖街道开展“蒲公英之‘嘉’”众嘉安志愿服务宣传活动】 6月17日晚，街道开展“凝聚红色力量 让平安走进我们的家”暨“蒲公英之‘嘉’”众嘉安志愿服务宣传活

6月2日，湖南省图书馆副馆长邹序明带队到岳麓区咸嘉湖街道视察调研长沙市图书馆咸嘉分馆的工作情况（咸嘉湖街道供图）

动，咸嘉湖街道党政领导、社区书记、部分党员志愿者、居民群众600余人参加了此次活动。

【省政协为咸嘉湖街道湖南省示范性政协委员工作室授牌】 11月25日，湖南省政协提案委办公室主任唐鸿君、省政协提案委提案督办处副处长孙晓辉，长沙市学习联络委办公室主任任力一行到岳麓区咸嘉湖街道政协委员工作室调研，岳麓区政协学习联络委员会主任徐平，咸嘉湖街道政协联络组负责人谭景佳参加。唐鸿君一行到荷叶塘社区政协委员工作站，现场为街道政协委员工作室授牌。咸嘉湖街道政协委员工作室入选湖南省100个省级示范性政协委员工作室，也是岳麓区唯一获此殊荣的委员工作室。

梅溪湖街道

【概况】 梅溪湖街道成立于2007年4月，位于岳麓山下，梅溪湖畔，总面积20.2平方千米，是梅溪湖片区整体拆迁重建的新城区。下辖阳明山庄社区、润龙社区、桃岭社区、金茂社区、骑龙社区、嘉顺社区、梅园社区、晟秀园社区、云溪湾社区、华茂社区10个社区，居住人口达11.7万人（其中户籍人口5万人，流动人口约6万人）。

2020年，街道全面落实疫情防控工作、经济工作、百日竞赛活动、基层社会治理创新工作推进等市、区会议精神，全力深化“实力、品质、魅力、幸福、人文”五个梅溪建设，确保各项工作任务保质保量完成。全街实现固定资产投资134.17亿元，较上年增长15.67%；区级税收入库3.6585亿元，完成全年任务；实现社会消费品零售总额2.07亿元，较上年增长163.59%；新增市场商事主体1034家、四上企业8家。街道获全省优秀社区学校、长沙市文明标兵单位、全市平安建设红旗街道、长沙市第四次全国经济普查先进集体等荣誉，街道各项工作继续保持全区前列。

【经济发展】 在疫情背景下，街道组织60人帮扶队伍，下沉走访企业142家，解决重点难点问题104个，全面助力复工复产，25个在建房地产项目3月初全部开工，其他项目均如期开工建设。坚持稳房产、优结构的工作思路，着力化解涉房矛盾，中海湖润家园、绿地麓云国际等34个楼盘完成商品房销售面积91.32万平方米、销售收入130.26亿元，各项指标均位列全区第一，晟通国际总部、金茂大厦等商贸写字楼宇加速建设，泰康之家·湘园、绿地医养社区等项目稳步发展，亿达科技一、二期基本建成，引进中科电器等8家高端企业入驻，片区产业税收结构进一步得到优化。

【城市管理】 梅溪湖街道获评长沙市垃圾分类示范街道，治理裸露黄土2.95万平方米，加大路面扬尘治理，加强龙王港、肖河流域河道排污口巡查和沿岸保洁，实现肖河04号排污口长江委挂牌督办整改销号，建立430家餐饮服务单位油烟防治台账，油烟净化设施安装率达100%，并实现常态监管。

【民生实事】 在疫情期间街道374名工作人员、516名志愿者奋战两个月，坚持外防输入、内防反弹，做好疫情防控工作，实现疫情常态化防控，全街未出现本土传染病例；推动企业安全生产，约谈42家建筑施工单位，开展78次整治行动，全年未发生重大安全生产责任事故；试点社区健康小屋建设，将公共医疗服务送到居

云溪湾社区获评2020年度长沙市地震安全示范社区（梅溪湖街道供图）

民家门口；巩固梅溪湖教育资源释放，深入协调学区配套，保障适龄儿童有序入学，群众满意度显著提升。

【社会治理】深入推进“135”社会治理创新模式，依法强力实施别墅拆违和群租房整治；全力推进“智慧梅溪”中心建设，城市管理、安全生产、社会治安等版块效能得到更有效释放；承接湘江新区监管楼盘和城市建设投诉工单，全年市民服务热线满意率达99.18%；深入开展“领导接访下访推动矛盾化解”攻坚年活动，党政领导共接待来访群众160余次，化解信访积案17件，实现了街道全域和谐。

【制定 2020年深化社会治理推进“五个梅溪”建设实施方案】2020年是全面建成小康社会和“十三五”规划的收官之年，是梅溪湖加快建设活力创新之城、全面提升城市品质和核心竞争力的关键之年。梅溪湖街道为进一步深化社会治理，推进“五个梅溪”建设，力争2020年各项工作再上新台阶，街道于5月份制定深化社会治理推进“五个梅溪”建设实施方案。通过狠抓党的建设、产业发展、项目建设、民生实事、平安建设、社会治理网格化服务等重点工作，实现街道产业经济迈上新台阶、基层基础彰显新格局、服务群众体现新关怀、社会治理凸显新成效、人文提升展现新风范。

【街道制定“文明城市提质年”暨城市管理品质提升工作实施方案】为顺应人民群众对美好生活的期待，建设更高水准全国文明城市，切实解决城市“老大难”问题，推动创建工作常态长效与城市品质的进一步提升，根据市、区“文明城市提质年”和城市管理品质提升工作的要求，街道结合实际，于8月份制定“文明城市提质年”暨城市管理品质提升工作实施方案，成立以罗勇刚担任政委，程勇担任组长的专项行动领导小组。切实深入贯彻落实习近平总书记关于城市管理的系列指示精神和精神文明建设的重要思想，坚持以人民为中心的发展思想，紧扣“精准规划、精美建设、精致管理、精明增长”的总体要求，补短板、强弱项、提质量，全面提升文明城市基础设施、生态环境、公共服务、公共秩序等方面的常态长效管理水平，推动建设更高水准全国文明城市走向深入。

【制定2020年物业服务质量评价实施方案】为全面提升梅溪湖街道物业管理水平，营造和谐文明有序的小区居住环境，规范物业管理工作，街道创新物业管理提质，以考评促物业服务提升。对辖区10个社区23个小区物业服务企业工作进行考评，推动全域物业管理服务提质升级。于4月份制定并发布《街道物业服务质量评价实施方案》，成立街道物业服务质量评价领导小组，每月一督查，每季一考评、一排名、一通报，规范物业服务企业行为，提升物业管理水平。每季度对全街物业小区进行实地考核评价，在客服服务、设施维护、安防管理、环境保洁、垃圾分类等方面进行定量评定，对业主满意度情况开展测评，进行定性评价，做到考评内容全覆盖。综合每季考评分值，对全年物业服务单位予以整体评价，排名前五的物业服务单位和项目经理予以奖励，对排名在后的三家单位予以通报约谈，同时将考评结果上报市区行业主管部门，促进各单位以先进为榜样，以问题为导向，补足短板、改进不足，在后续的物业服务中提品质、求突破，提升居民的获得感、幸福感。

【阳明山庄社区获“全国文明单位”称号】阳明山庄社区自2005年7月成立以来，坚持“阳善明礼、你我同行”思路，努力打造环境优美、管理有序、服务完善、文明和谐的宜居社区。于11月20日，荣膺第六届“全国文明单位”称号。

【金茂社区获全省综合减灾示范社区称号】街道以保障人民群众生命和财产安全为重心，坚持预防为主，防御和救助相结合的方针，积极开展综合减灾示范社区创建工作，社区应急减灾网络不断健全，居民灾害防范应对能力日益提升。其中，梅溪湖金茂社区将金茂苑、中海梅溪湖壹号分为13个网格，社区以工作人员、辖区党员、居民代表、防灾减灾志愿者分片负责的形式，对片区内安全隐患进行排查、对居民进行防灾减灾宣传，及时将发现的问题汇总，提交社区防灾减灾领导小组处置；领导小组第一时间联合物业公司，对发现的问题有效整改；对小区内脆弱人群一对一帮扶，及时了解人员变动情况，以便在发生灾害时及时救援。借助区域化平台，调动了各方面资源，发挥专业人才的领导作用；与共建单位湘江新区和博才梅溪湖小学、师大附中梅溪湖中学组织防灾减灾系列活动，设立金茂苑科普e站，通过VR形式让青少年感受逃生演练的实况。2020年，金茂社区获评“湖南省综合减灾示范社区”。

【金茂社区获全省“扫黄打非”进基层示范社区】 街道厚植平安土壤，以党建为引领，深入推进“扫黄打非”工作，其中金茂社区获得“省级‘扫黄打非’进基层示范社区”荣誉。

【“美在金秋”老党员之家示范点】 街道认真落实“认真做好离退休干部工作”的精神，结合实际，形成独具特色的老干部工作模式，在2020年度，金茂社区顺利创建“美在金秋”老党员之家示范点。搭建社区、五老、物业公司代表三方联席会议平台，先后解决了房屋漏水、违章搭建等问题，充分彰显党组织的战斗堡垒作用；与“康养天伦养老服务中心”合作，建立健全了“社会力量投资，社区监督管理”居家养老运作模式，为“五老”开设“老年大学”、健康义诊等全方位、多层次的服务项目，开通为老服务热线电话，做到“小事不出社区，大事有人帮扶”。社区“五老人员”退休不褪色，人老心不老，处处作榜样。其中何星辉、赵硬、蒋茂箴、雷金桂等一批“五老人员”多次获得“长沙好人”“岳麓楷模”等荣誉提名。

【构筑防疫坚固堡垒】 街道认真贯彻落实上级有关精神，落实疫情防控工作，在“外防输入、内防扩散”工作上下足“绣花”功夫，切实推进疫情防控工作，全力保障广大人民群众的身体健康和生命安全。1月22日，街道紧急召开疫情防控工作会议，成立了街道新型冠状病毒感染的肺炎疫情防控应急指挥部，督促各级严格落实防疫工作责任；对辖区23个小区、40家四上企业、23家学校幼儿园、35个项目工地、1800余家各类企业进行地毯式摸排。做好数据核查，充分利用大数据做好防控工作。在街道的严格管控下，全街未发生一起聚集性病例。

【老旧小区加装电梯】 阳明山庄小区始建于20世纪90年代，共有24栋6层楼梯房。随着住户的年岁增长，老年人渴望在家门口加装电梯的事情已成为老年居民关注的焦点与热点。在网格化工作例会上，街道办事处副主任、一级网格长许伟特邀岳麓区住建局、高新区规划局和岳麓区市场监督管理局、梅溪湖街道办事处等相关部门召开阳明山庄老旧小区加装电梯协调会，公示了2018年《长沙市既有多层住宅增设电梯管理规定》和《长沙市既有多层住宅增设电梯办理细则》，明确了增设电梯的相关条件和所需材料、简化办理流程，并告知将一次性给予每部电梯10万元补贴等新政策。阳明山庄18栋增设电梯的费用均由该栋业主全部自筹，在综合考虑楼层和面积后，按逐层递加分摊法的方式进行筹资。社区充分听取业主意见，针对业主关心的通风、采光、噪声等问题进行商议，化解邻里矛盾，最终顺利安装电梯。

【长沙市“我们的节日·春节”暨岳麓区“筑梦新时代 魅力梅溪湖”活动】 1月14日晚，长沙市“我们的节日·春节”主题活动暨岳麓区“筑梦新时代 魅力梅溪湖”活动在梅溪湖国际文化艺术中心拉开帷幕，全场800余人共同感受农历新年将至的节日喜庆，感受文艺志愿者带来的视听盛宴，感受五类“梅溪达人”带来的精神洗礼。

【助力复工复产】 街道一手抓疫情防控，一手抓为企业服务，两手发力打好组合拳，助力疫情后的企业复工复产。街道企业复工组工作人员深入一线，紧扣人员上岗返岗、闭环管理和日常运行管理“三个环节”，对辖区内复工复产企业防疫落实情况开展监督检查，保障企业安全有序复工复产。街道主动对接企业诉求，帮助企业解决复产复工中遇到的问题，坚定企业发展信心。为确保辖区企业“头脑清”“行动明”，街道严格落实好“一企一策”，指导企业制定一套完善的可操作的防疫体系，帮助企业建立一套全面的员工健康管理台账，确保企业复产复工和防疫工作有章可循。同时，通过复工

1月14日，长沙市“我们的节日·春节”主题活动暨岳麓区“筑梦新时代 魅力梅溪湖”活动在梅溪湖国际文化艺术中心举行（梅溪湖街道供图）

复产微信群、电话等方式主动联系企业负责人，告知上级部门有关企业复工复产的相关政策及规定，为企业复工提供详细、精准指导，帮助企业解决疫情防控、复工复产的各类问题，切实当好企业“防疫员”“指导员”“服务员”。

【开展渣土车交通安全整治行动】 为进一步加强对渣土运输车辆的监管和治理，有效遏制渣土车安全事故的发生。街道联合区环卫局渣土办和城管执法中队于3月份开展渣土车道路交通安全整治行动，进一步规范渣土车的通行秩序，净化城市道路交通环境。街道成立渣土巡查小组，加大巡查力度，针对部分渣土车利用夜间躲避执法检查的现象，采取错时监管的办法。对逐步复工复产在建工地和运输企业加强建筑渣土运输管理相关法律法规宣传力度，积极引导施工单位强化责任意识，督促车辆驾驶员在运输过程中自觉遵守各项规章制度。截至3月12日，整治行动出动执法人员20余人，查处违章渣土运输车辆5台，通过多项举措，取得了良好的整治效果。

【长沙市首家社区垃圾分类科普体验馆开馆】 6月8日上午，阳明山庄社区新时代文明实践站内的垃圾分类科普体验馆迎来首批客人，居民们走进科普体验馆感受垃圾分类这个“新时尚”，现场通过寓教于乐体验式互动，普及垃圾分类知识，得到大家一致好评。

【保护美丽家园学雷锋志愿服务活动】 2020年6月10日上午，岳麓区梅溪湖街道在润龙社区先锋文化广场开展“美丽家园，蒲公英在行动”学雷锋志愿服务活动，辖区一二三级网格长、社区工作人员、志愿服务团队、党员、居民群众、物业公司及长沙市好人代表等共计200余人参与活动。启动仪式上，街道工委副书记、一级网格长彭波宣读《梅溪湖街道“最美小区、最佳人气小区网络评选”方案》。此次“美丽家园，蒲公英在行动”活动将通过网络评选方式，评选出4个“最美小区”和4个“最佳人气小区”。

【移风易俗系列活动之大学生升学感恩主题活动】 为大力推进“诚孝俭勤和”新民风建设，弘扬社会新风尚，争当“新民风”的实践者，9月6日上午，“乘风破浪，不负韶华——与新风尚同行”2020年梅溪湖街道移风易俗系列活动之大学生升学感恩主题活动在长郡梅溪湖中学举行。岳麓区志愿者代表宣读“树新风，除陋习，反对办理‘升学宴’倡议书”，引导全体家长为移风易俗做出自己的努力。

【药店药品类易制毒化学品专项检查】 为进一步规范精麻药品、易制毒化学品管理，严防流入非法渠道，强化诊所、药店从业人员的毒品预防教育，严格落实制毒物品“全环节”监督管控，9月15—17日，岳麓区梅溪湖街道禁毒专干、社工对辖区内药店和诊所开展精麻类药品、易制毒化学品排查及禁毒宣传。此次行动共排查辖区内31家药店、11家诊所、1家医院，未发现易制毒化学品、精麻药品流入非法渠道和滥用现象发生。

【《你说话吧》走进梅溪湖街道】 11月13日下午，由长沙晚报社、岳麓区委宣传部主办的《你说话吧》到岳麓区梅溪湖街道，与会者围绕社会治理落到基层该如何创新畅所欲言，共同为构建基层社会治理新格

11月13日，长沙晚报社、岳麓区委宣传部主办的《你说话吧》走进岳麓区梅溪湖街道（梅溪湖街道供图）

局的长沙实践出谋划策。

【交流考察】为提升基层政务公开工作人员业务水平，确保基层政务公开标准化规范化试点工作顺利推进，更好地提升基层政务公开工作，湖南省政务管理服务局召开全省基层政务公开标准化业务培训推进会。11月20日上午，梅溪湖街道政务服务中心作为全省基层政务公开标准化规范化建设示范单位，迎来了省、市、区领导以及各市州、县市区单位政务公开工作分管领导、工作人员等100余人现场考察。

天顶街道

【概况】天顶街道辖区面积18.33平方千米，下辖星湖、航天、清水、燕联、川塘、青山新村、尖山、永恒、天源9个社区和永燕新村1个村，常住人口13万余人。

2020年，天顶街道认真对标区委、区政府的发展思路和工作铺排，统筹推进疫情防控和经济社会发展，紧扣“不忘初心、牢记使命”主题教育，严格遵循“三高四新”高质量发展战略，突出产业发展和创新基层社会治理“两大主题”，凝心聚力，砥砺奋进,各项工作不断深入推进，经济社会发展水平稳步提升，人民群众的安全感、获得感和幸福感持续升级。

全年完成区级税收2.06亿元，完成年度任务的108.66%；完成社会消费品零售额21.52亿元，同比增长17.37%；完成社会固定资产投资额35.46亿元；新增楼宇企业69家；新增四上企业8家；引进2家世界500强区域总部企业，新增市场主体2368个；新增高新技术企业13家。

【产业优化转型】2020年，湘江集团、金茂集团、湖南壳牌能源、腾讯云、华为鲲鹏等总部企业的相继入驻，为街道产业发展打下良好基础。金茂双子塔新增四上企业3家。南塔完成全口径税收89604万元，区级税收18405万元；北塔完成全口径税收7583万元，区级税收1843万元。12月南塔（湘江集团大厦）获评长沙市楼宇经济发展评价特色楼宇，北塔（金茂ICC）获评长沙市楼宇经济发展评价重点楼宇。梅溪湖创新中心在2020年已完成办公区域91.18%的招商，签约企业数量逾92家，进驻办公百余家。迁转湖南和仁湘雅数字医疗技术有限公司等5家企业。梅溪湖创新中心完成区级税收1128.44万元，全口径税收6853.93万元，入选2020年度长沙市重点楼宇。

【项目建设稳步推进】完成中心消防站、阳光之城、长沙航天学校征拆项目扫尾清零；在完成清水社区、川塘社区安置处遗处置工作基础上，总结经验，确定采取“市场化定价，公开性竞拍”的模式，2020年底完成永恒社区安置处遗处置工作；柏家塘小区二期、黄荆小区、尖山小区等农安小区处遗办证办理工作稳步推进。

【城市管理品质升级】认真落实生态环境保护政治责任，守住底线，保卫蓝天碧水净土。全年高质量办结省级环保督察“回头看”主办件9件，协办件5件，开展蓝天保卫战整治行动100余次，狠抓噪声、异味、废气污染问题整治，处置黄土裸露3300平方米。全年组织大小拆违行动24次，拆除违章建筑2518平方米，其中，拆除计划外历史违法建设600平方米，发现并拆除新增在建违法建筑22处共1918平方米。共接收市级数字化案件4786条、区级数字化案卷1529条，案卷全部及时处置到位。开展蓝天保卫战整治行动32次，收缴煤炉200个，查处露天烧烤50处，整治燃煤门店20余家，取缔油烟直排门店2家，处置垃圾焚烧98起。到2020年底，街道城管办联合各社区（村）关闭散乱污企业18家；集中人力物力对梅溪湖北片区开展市容市貌综合整治工作，认真做好2020世界计算机大会、中国民营企业家大会等十余场重大会议、活动的服务保障工作，充分展示岳麓良好的城市形象。

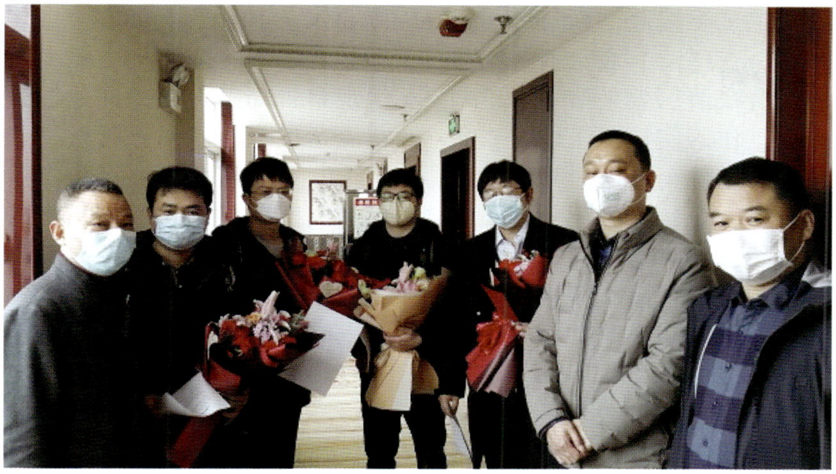

2月27日，献花逆行者，援建火神山医院"五勇士"解除隔离（天顶街道供图）

【创新基层治理体系】深入开展"大调研、大走访、大排查、大解难、大宣讲"活动，在端午节、中秋节前夕对全街低保户、残障人士、孤寡老人和困难党员进行走访慰问；新增每个月第二个星期二为网格工作日，各级网格长积极下沉到相应网格，接待走访群众，为群众排忧解难；对"坐班制"转"值班制"工作进行督查，加快形成"一专多能、一岗多责、全岗兼通"工作格局。星湖社区铺设"13761"服务路径，让居民群众"进一张门、找一个人、办N件事"，进一步推行"1+7+N"基层治理模式（即党建引领，网格+片区，N个服务组织），每年进行为期四个月"访民情、排民忧、解民难、安民心"四民走访，建立"百姓说事"平台，每月召开"居民恳谈会""居民议事会"引导居民自治。

【社会秩序平稳向好】街道成立平安建设工作领导小组，街道党工委书记亲自抓，把平安建设工作纳入重要议事日程；多次组织召开宣传专题会议，联合司法所、派出所开展法制宣传月和综治宣传月活动；全面走访摸排，将辖区10个村（社区）分为3个片区，每个片区安排6~7位综治协管员下沉到村（社区），年内对辖区内开展专项整治行动22次，整治涉"毒黄赌"场所28家，销毁打渔机、电游机80余台，工作人员对存在安全隐患的企业进行督促并限期整改到位；排查、受理各类民事纠纷357起（其中重大矛盾纠纷21起，复杂纠纷26起，一般纠纷300起，意外死亡纠纷10起），接受法律咨询100余人次，调解成功率达100%，实现无矛盾激化、无民转刑案件、无群体性上访"三无"目标；整合项目资源，与湖南省女子强制隔离戒毒所联合建设功能齐全的社区禁毒工作站，对辖区所有吸毒人员建档立卡，录入网格化管理系统，及时跟进管控，做到社区网格管控与系统网格管理"无缝衔接"，确保吸毒人员"零漏登"、涉毒信息"零漏查"、涉毒人员"零失控"；组织消防安全及安全生产教育培训10余次，共发放宣传资料2000余份，教育培训达5000余人次。联合各小区物业全年共开展消防演练8次，发放《长沙市市民家庭防火手册》200份。

【统筹疫情防控】街道严格贯彻落实疫情防控相关决策部署，2月3日以来全街未发生1例新增确诊病例、无症状感染者。成立工作领导小组和分项工作组，向辖区传达长沙市岳麓区防控工作领导小组办公室文件精神，制定工作责任清单落实到人到岗。天顶派出所关停全街辖区内麻将馆、婚丧喜宴、网吧、民宿、影院、KTV、庙会、灯会等人员密集型群众活动场所，街道城管办和天顶街道卫生服务中心对全街范围内营业场所包括大型酒店、宾馆、餐馆、商场、超市、政府部门的公共区域进行全面消毒，天顶街道市场所检查全街农贸市场，重点检查禁售野生动物、哄抬物价行为。

街道纪工委按照“六清”（部署清、责任清、底数清、措施清、台账清、效果清）标准对防疫工作落实情况予以督查督导。街道各个社区对到长沙人员建立台账，详细记录人员往返时间，实时监测人员身体情况。各村（社区）积极发动志愿者开展群防群治，发挥基层党组织战斗堡垒作用和党员先锋模范作用，组织党员和入党积极分子去到疫情防控攻坚战和常态化疫情防控中。

【岁末年初安全生产检查】 1月8日下午，岳麓区副区长王海潮带队到天顶街道开展岁末年初安全生产大检查工作。对青山新村社区青石沟水库、长沙霖湘玻璃有限公司、岳麓大道加油站进行了年前安全生产检查。

【献花逆行者，援建火神山医院“五勇士”解除隔离】 2020年2月27日早上，天顶街道燕联社区梅溪湖国际酒店7楼，街道党工委书记王军，党工委副书记、办事处主任李定一行向支援武汉火神山医院建设的5名志愿者送去《解除集中隔离医学观察告知书》，并向他们献花表达敬意和感激，祝贺“五勇士”安全解除隔离。为支援火神山医院建设，长沙东华医药医疗软件公司的李顺忠、冯亮、李晓光、朱志威、邱先夫5名志愿者于1月29日起先后赶赴武汉，为火神山医院的信息化建设核心系统提供技术服务。2月11日，作为第一批支援武汉返长的志愿者，他们于当晚12点根据安排入住到天顶街道燕联社区梅溪湖国际酒店接受为期14天的隔离观察。

【周志凯率队调研天顶街道经济社会发展情况】 7月3日下午，区委书记周志凯率队调研天顶街道经济社会发展情况，区领导伍少林、曾跃平、谢勇及相关区直部门负责人参加。周志凯一行先后到区中心消防站、金基·芳华、华润·琨瑜府等项目现场实地查看，详细了解天顶街道项目建设及产业发展情况。随后召开的座谈会上，天顶街道相关负责人就全街经济社会发展情况进行汇报。与会区直部门负责人分别就街道下一阶段发展提出意见和建议。

7月3日，区委书记周志凯（第二排右一）率队调研天顶街道经济社会发展情况（天顶街道供图）

【天源社区成立】 天源社区于2020年11月3日经岳麓区政府批复正式成立，是基层居民自治组织，隶属于岳麓区天顶街道办事处，辖区面积0.7平方千米，管辖天麓小区、金科世界城美苑、静园山庄、天泰怡园四个楼盘。

【召开村（社区）“两委”换届选举工作动员暨业务培训大会】 12月6日，天顶街道召开村（社区）“两委”换届选举工作动员暨业务培训大会，区领导伍少林、雷凌湘，街道全体党政班子、机关干部，各村（社区）“两委”班子成员、专职社区工作者、村（社区）书记主任助理以及此次公开遴选合格的社区工作人员参加。

坪塘街道

【概况】 塘街道地处长沙市岳麓区南端，东临湘江，南抵湘潭九华工业园，西与岳麓科技产业园毗邻，北接洋湖街道，是岳麓区的南大门。全街总面积约90.13平方千米，总人口4.6万人，辖狮峰山村、红桥村、莲花山村、太平村、白泉村、兴合村、双湖村等7个行政村和桐溪港、观音港2个社区。是长株潭城市群“两型社会”建设综合配套改革试验的长沙大河西先导区核心区域。通过坪塘大道、潇湘大道南延线、地铁3号线、长益常城际轻轨和长岳、长潭城际轻轨等与外界快速联系，区位发展优势明显，自然人文资源丰富，拥有得天独厚的山（大王山）、水（湘江、观音港、桐溪港）、洲（巴溪洲）等自然禀赋和曾国藩墓园及桐溪寺等人文景观。

【在疫情防控中发挥先锋模范作用】 坚持把党的领导贯穿疫情防控和经济社会发展各项工作之中，充分发挥党组织和各级党员的战斗堡垒和先锋模范作用。坚持以人民为中心，疫情防控期间街道累计走访5.2万人次，摸排重点对象、“四包一”对象，疫情防控取得全街零确诊、零感染、零疑似的显著战果。坚持把增强班子政治敏锐性和政治鉴别力、防范化解政治风险隐患作为重要工作，全面落实意识形态工作责任制。坚持正面引领，全年主动策划并在中央和国家级媒体发稿20篇、省市区媒体发稿200余篇。

【经济建设】 街道全年完成固投621699万元，同比增长24.4%，规模工业总产值60606万元，同比增长3.9%，原区级税收7559万元，同比增长64.1%，引进市外境内资金完成固投257645万元，新增市场主体400家，获评全区“大干一百天、实现双过半”百日竞赛优胜集体。省首个世界级特大创新型综合旅游项目“湘江欢乐城”顺利实现开园运营，华谊电影小镇恢复开园，至2020年年底累计接待游客超120万人次；聚焦营商环境优化，召开政企银商座谈会，帮助2家重点企业取得金融贷款支持2000万元，解决企业发展难题14个，麓山水泥、防洪搬迁、保障房三期、大王山互通等拆迁项目全面完成拆迁腾地，全街经济全面复苏、逆势上扬。

【党建引领社会文明】 坚持以党风带政风淳民风，严肃党内政治生活，落实“三会一课”、民主生活会、民主评议党员等各项制度，38个党支部“五化”建设全面达标；充分发挥廖月娥、谢芳、谢海华和谢向前等全国道德模范和中国好人示范作用，以上善助残“同心农场”打造为牵引，打造乡村文明集中地和全省道德高地。坪塘街道获评市级文明单位，新增白泉村为市级文明村，街道上善助残中心获评市级最佳志愿者服务组织和省文明实践助残志愿服务基地。

【乡村振兴全域拓展】 白泉村市级乡村振兴示范创建顺利通过市、区年度验收，上善助残“同心农场”乡村振兴道德建设示范项目广受好评，原润泉山庄破产资产成功实现转产盘活，“三个统筹”抓实河长制做法得到省河长办考核组的高度肯定，开展农村“五治”和道路顽瘴痼疾整治，率先完成4306户农村旱厕改造任务，下辖7个行政村集体经济年收入全部提升至20万元以上，乡村振兴全域拓展。

【综合治理提质创新】 创新社会治理，学好新时代“枫桥经验”，深化“平安坪塘”建设。妥善化解信访积案和矛盾纠纷，深入开展“下沉接访推动矛盾化解”工作，11个历史遗留问题9个取得重大突破；深入推进扫黑除恶专项斗争，继续开展禁毒人民战争和“七五”普法教育；完善街道综治管理指挥中心建设，探索综治、城管、巡防队伍一体化能力建设，提升“人防、物防、技防”信息化水平；完善源头防控、排查梳理、纠纷化解、应急处置的社会矛盾综合治理机制，妥善解决处理“12345”市民热线工单386起，群众满意率100%。

【近1100位志愿者坚守战“疫”一线】 面对新冠疫情大考，街道近1100位志愿者坚守战“疫”一线。组织志愿宣传服务40余次，出动志愿者1600余人次，发放温馨提示、防疫常识等各类宣传资料29000余份；46名网格长带领240余名志愿网格巡逻员线上交流、线下走访，定点值守防疫检测、动态巡逻排查隐患、耐心悉心妥善处置，共成功劝导疫情防控期间集体聚餐69起，为居民解决实事102件。采取“一张责任清单、一份温馨提示、一个具体要求、一项动态监管”的“四个一”驻企联络机制和联防联控机制，深化主体责任、行业责任和属地责任落实，确保疫情防控和复工复产两促进、两加强。

【统筹推进春耕生产】 街道在积极做好疫情防控的同时，统筹推进春耕生产，做到疫情防控严抓不懈，春耕生产不误农时。工作人员通过逐一向农户传达政府惠农政策，在引导村民尽早确定种植意向的同时，鼓励农户及早备耕、抢抓农时、抓紧生产。通过安排“联络员”逐一走访辖区农资店，要求严格把控农资产品质量关，备足物资，全力保障辖区农户生产需要。

【全方位服务返岗工人】 作为岳麓区和湘江新区拆迁建设的主战场、主阵地，其建设发展离不开项目工人的辛苦付出。随着项目陆续复工，返岗工人数量日益增多。街道妥善安排，搞好生活保障，精选图书，送上精神食粮，让务工人员感受浓浓的爱心和温暖。

【开辟绿色通道解决企业办证难题】 为助力复工复产，坪塘街道市场监管所采取点对点服务指导、开辟绿色通道、简化审核流程等多种方式，为街域项目工地食堂办理《食品经营许可证》，由原来办理完成最长时间需要10天，缩短到办证仅需2天。

【志愿服务活动推进新时代文明实践】 为推进落实坪塘善德文化长廊建设，坪塘街道组织各村（社区）负责人商议，对上善助残服务中心农耕文化馆建设、田间道路修缮、周边环境整治、中心内部打造等帮扶项目进行现场认领。5月9—13日，10支志愿服务队共200余名志愿者开展了形式多样、富有成效的志愿活动，服务时间累计达600余小时。

【白泉村盘活闲置资产，壮大村级集体经济】 白泉村以打通发展堵点为导向，盘活原润泉山庄闲置资产，通过依托大王山文旅发展优势，开拓职业教育与发展现代农业，探索职业教育与乡村旅游的深度融合；实现利用近郊的区位优势，举办学生夏令营等活动，引导文旅产业向南部辐射，拓展经济发展圈，创造更多就业岗位，不断壮大村集体经济。

【举行“见证爱情最美的模样”残障人士集体婚礼】 11月30日，一场以“见证爱情最美的模样”为主题的特殊婚礼在长沙市岳麓区坪塘街道上善助残服务中心举行。这场集体婚礼，经过前期报名、推荐、遴选，最终有12对新人参加。这些新人来自社会的各行各业，他们虽在身体上有各种各样的缺憾，但在生活中却阳光向上、自强不息，在拼搏奋斗中实现人生价值、展现自我风采，集体婚礼生动展示了残疾人追求幸福、追逐梦想的精神面貌。

【欢乐雪域、欢乐水寨7月开园】 作为湖南首个世界级特大创新型综合旅游产业项目，位于湖南湘江新区核心片区大王山湘江欢乐城的两大主题乐园——欢乐雪域、欢乐水寨于7月11日试营业。

【湖南首家心智成长青年就业示范岗正式挂牌】 10月13日，湖南首家心智成长青年就业示范岗在长沙市岳麓区坪塘街道的一家中国福利彩票投注站正式挂牌。此项目为湖南广播影视集团芒果V基金发起的公益项目，拟在湖南省残联的指导下，与长沙市福利彩票发行中心等爱心机构和企业合作开发就业岗位，对心智成长青年提供从技能培训到实现就业的全方位服务，通过在餐馆、商超等社区场景的适应性训练，帮助他们真正融入社区。并采用一对二辅导的形式，在就业辅导员辅助下，帮助“心智成长

10月13日，湖南首家心智成长青年就业示范岗在坪塘街道挂牌（坪塘街道供图）

青年”逐渐胜任工作岗位。

洋湖街道

【概况】 洋湖街道是2013年1月由原坪塘街道析置后成立的新街道，辖区范围东至湘江，西、北沿靳江河与学士街道相邻，南与坪塘街道交界，区域面积23.88平方千米，人口约9万人，辖3个行政村（洋湖村、连山村、蓝天村），6个社区（山塘社区、白庙子社区、新生社区、龙骨寺社区、白鹭府社区、金线巷社区）。随着湘江新区城市化建设的快速推进，洋湖街道凭借区位、生态、配套等方面的优势，坚持征地拆迁与产业发展并举、基层党建与民计民生并举、城市管理与城乡统筹并举、当前与着眼长远并举，各项工作实现稳步发展，先后获“省级安全生产示范街道”“长沙市经济社会发展综合实力十强乡镇街道”“长沙市文明单位”“全区‘大干一百天、实现双过半’百日竞赛活动优胜集体”等众多荣誉。

2020年，街道紧扣区委“四个三”高质量发展路径，矢志不渝讲政治、树正气、守底线、创一流，毫不松懈抓防控、只争朝夕促发展、全力以赴上项目、精准施策兴产业、担当作为强治理、久久为功夯基础，洋湖街道各项事业取得新进展新成效。湖南妇女儿童医院建成开诊，湘府路快改工程河西段建成通车，地铁3号线正式载客运营，洋湖国际社区筹备委员会正式挂牌，新生社区完成单位型社区向社会型社区转型，岳麓一幼洋湖园、雅礼洋湖小学正式开学，洋湖水街开门迎客，辖区公共服务配套不断完善。2020年洋湖街道完成全社会消费品零售总额8.69亿元，同比增长351.82%；新增“四上”企业12家；实现建筑业总产值16.66亿元；实现商品房销售面积83.41万平方米，销售额99.4亿元；实现地方级税收7.50亿元，其中楼宇企业全年产生税收3.06亿元。

【疫情防控务实有效】 面对突如其来的新冠肺炎疫情，洋湖街道始终坚持人民至上，第一时间响应、第一时间部署，持续聚焦楼盘小区、楼宇企业、项目工地三个重点，紧紧依靠党员干部、物业公司、志愿者三支力量，做细做实小区防控、核酸筛查、宣传引导三项举措，内防反弹、外防输入。100余名医护人员白衣执甲、逆行参战，400余名党员干部挺身坚守一线，600余名志愿者火线请缨、冲锋在前，值守29个住宅小区，排查流动人口4万余人，登记外来复产复工人员18830人，有力维护辖区人民群众的生命安全。

【社会治理推进有力】 着力“三同三改”，全力推行“吹哨报到”网格化管理新机制，引导机关干部进小区、进楼宇、进项目，及时回应和解决民生诉求。全年成功调处矛盾纠纷98起，办理市长信箱130余件，办结“12345”市民热线工单1202件，满意率达100%。龙骨寺社区“时间银行”志愿服务项目、白鹭府社区“睦邻同心·议起向前”居民议事会平台、金线巷社区“红色物业”等党建引领小区治理模式亮点纷呈，洋湖街道成功创建省级民主法治示范街道，连山村成功创建省级民主法治示范村，居民群众法制意识得到提升。

【营商环境提质提档】 认真落实岳麓区委、区政府关于优化营商环境的工作要求，以创造最优发展环境为目标，坚持打击与引导、服务与整治相结合，持续开展优化营商环境整治行动，对各类破坏营商环境的人和事“零容忍”。以楼宇工作站为载体，整合工商、税务、党建、社区等职能，提升楼宇服务站工作水平，推动各项政策入企惠企、落地落实，持续为入驻企业提供优质高效服务。

【产业发展增速增效】 奋力投身“大干一百天、实现双过半”大竞赛，精准落地各项帮扶政策，全力推进项目企业复工复产。依托楼宇经济主阵地，充分发挥湘江时代税收亿元楼宇的容器作用，引进区域性总部企业3家，软件信息类企业10家，奇安星城、高创新能源、京东南方科创、海信智能系统等科创企业先后落户，腾讯云启产业基地正式启动，洋湖片区总部集聚效应显著增强。扎实推进综合治税，点对点促成中建五局、中铁建设、水电八局等“中”字头建安企业成立岳麓分公司。

【项目征拆强力推进】 按照

“一统四分”的工作思路，坚持新项目与扫尾项目共同发力，集体土地项目与国有土地项目同步推进。全年铺排集体土地新项目9个，腾地1129亩、涉及私房391户；续拆扫尾项目15个，涉及私房25户。湖南湘江新区2017年度第十七批次、联江公园二期、清风路和大王山动漫城等项目均在奖励期内实现签约清零。续拆扫尾项目已拆除11户，洋湖财经广场等5个项目实现清零腾地。主动为平台公司发展担当和服务，接手片区国有土地征收项目，腾地298亩、涉及单位11家，坪塘法庭、洋湖街道、山水节能、润隆华通用机械等单位全部拆除到位并交建设单位。

【生态环境日益改善】 坚持宣传教育、巡查引导、整治整改三管齐下，严格落实“六控十严禁”和“8个100%”要求，宜居在洋湖的生态优势不断释放。针对项目工地多、居民小区多、餐饮门店多的情况，建立动态监测机制，将渣土运输“跑冒滴漏”问题与工地管理结合起来，从源头上消除隐患。全年开展100余次巡查，督察企业工地50余家，排查整改各类环境污染问题213处，蓝天保卫战取得明显成效。积极依靠和发动群众，引导全民参与垃圾分类及生态保护等重点工作，牢牢守住城市绿心和景区生态红线。湘熙水郡、洋湖和园小区获评长沙市垃圾分类示范小区。

【社会大局和谐稳定】 发动社会力量共建平安洋湖，积极开展安全隐患线索有奖征集，全面开展交通安全顽瘴痼疾整治行动，强力打击传销和电信诈骗。全年开展安全生产执法检查550批次，开出《限期整改通知书》191份，排查隐患485处，整改隐患465处，警示约谈违法违规企业12家次，立案处罚经营单位9家，停工停产企业31家，行政罚款3.62万元；查处各类交通违法行为3000余起，整改街道交通安全隐患43处；捣毁非法传销组织6个，破获电信诈骗案2起，刑拘20人。龙骨寺社区获评岳麓区首批“三零社区”，洋湖景园、洋湖和园安置小区先后获评市级文明小区，群众获得感、安全感不断增强。

【腾讯云启产业基地（长沙）正式启动】 4月27日，腾讯云启产业基地（长沙）启动仪式暨腾讯生态项目签约仪式在长沙市洋湖总部经济区柏宁地王广场成功举行。长沙市委副书记、市长、湖南湘江新区党工委书记郑建新，副市长彭楠，湖南湘江新区管委会副主任（兼）、岳麓区委书记周志凯等领导出席。

【湖南妇女儿童医院正式开诊】 7月29日，位于长沙市岳麓区潭州大道的湖南妇女儿童医院正式开诊，省市领导、中国工程院院士马丁教授为首的众多医疗专家、医药合作单位领导等500余位嘉宾出席开诊庆典。

【洋湖水街开门迎客】 9月28日，长沙洋湖水街开街启动仪式举行，湖南省委常委、省委宣传部部长张宏森，湖南省委宣传部副部长、省委网信办主任周湘，湖南省委宣传部副部长、省文化和旅游厅党组书记、厅长禹新荣，微博党委书记王祥，亚洲财富论坛执行主席、秘书长韩剑锋，商务部国际贸易经济合作研究院副院长李钢以及湖南省委网信办、湖南省文旅厅、长沙市委、市政府、湘江新区、岳麓区委、区政府领导和全省各市州文化旅游主管部门、旅游景区、旅行社、网络名人等近200名嘉宾参

9月28日，长沙洋湖水街开街启动仪（洋湖街道供图）

加活动。

学士街道

【概况】 学士街道地处城乡接合部，总面积42.28平方千米。东倚洋湖总部经济区，西邻含浦街道，南沿靳江河，与洋湖街道相邻，北抵梅溪湖国际新城。全街总人口约25万人，其中常住人口约13万人，流动人口约12万人。街道办事处下辖7个社区、3个村。有驻街单位25个、大专院校4所。已连续八年跻身全区绩效考核街道类一类单位序列。

学士街道生态资源充沛，国家AAA级旅游景区学士农趣谷坐拥15000多亩山林、近1000亩天然水库，森林覆盖率高达75%，是长株潭城市居民休闲好去处。

学士街道人文底蕴浓厚，承袭湖湘岳麓深厚的文化底蕴，全街拥有始建于明朝距今547年历史的学士桥遗址、市级文化保护单位“刘琨墓”、见证新中国50年代农业大生产并保存完整的“渡水槽”及千年古樟、百年古井、北魏罗汉洞、东晋天竺寺等历史自然景观。

街道努力创建和谐社会，首创“一体两翼”平安格局，在打造“大安全”监管体系上始终不遗余力，“小安大爱”云平台为安全生产保驾护航，始终强内在、拼细节、树品牌，力促云服务中心实战力不断提升，力争全面实现安全隐患排查全覆盖、零发酵，街域平安和谐。

全街在乡村振兴、产业集聚、项目征拆多点开花，产业和经济发展稳中有进。2020年学士街道在全区“百日竞赛”活动中勇夺第一组优胜集体荣誉称号。

【经济发展】 2020年1—12月实现限上社会消费品零售总额26.25亿元，累计同比增长28.3%（区考核指标增速为10%）；实现完成固定资产投资42.88亿元，完成全年任务100%；实现区级税收2.01亿元，完成全年任务100%。新增“四上”企业16家，超全年任务2家，在库企业73家，其中建筑业10家，服务业20家，工业13家，批零住餐12家，房地产18家。2020年岳麓高新区（学士街道）片区共计铺排新拆项目23个，其中集体土地21个（项目中涉及按新《土地管理法》实施项目17个），国有土地2个。上半年铺排6个项目，下半年铺排17个项目。征拆面积共计1649.3公顷，其中东片区1033.59公顷，西片区615.71公顷。征拆范围涉及学士街道4个村（社区）。涉及拆迁群众共计519户，1724人。确保了人工智能科技城工业一期、碧桂园展示馆、梅浦联络线等项目顺利施工建设。学士街道与园区联合组队，划分东、西片区同台竞技、双轮驱动，强力推进产业发展提速、项目建设提质和营商环境提标三大行动，守牢安全、环保底线，主要经济指标均超额完成目标任务，街道既抓统筹又抓重点，在项目建设、招商引资、税源挖潜等方面重点发力。

【项目建设】 在疫情防控常态化前提下，街道坚持稳中求进的工作方针，坚持以推进产业发展和项目建设为主线，已申报入库房地产新建项目2个（碧桂园计划总投资18亿元，2020年计划投资4亿元，截至12月完成投资8.2亿元；玉润公馆计划总投资3.2亿元，2020年计划投资1.6亿元，截至12月，完成投资2.1亿元）；省网固投新建项目1个（湖南工业职业技术学院实训基地，计划投资9200万元，截至12月已全部完成投资）；市网固投新建项目3个，总投资8801万元。湘江新区项目——中塘片区安置房项目9月

梅浦联络线项目签约（学士街道供图）

份开工，计划总投资13亿元，一期计划投资额5.4亿元，截至12月完成投资1.6亿元。同时整合优质资源推动特色产业，紧紧围绕“产业兴旺、生态宜居、乡风文明、治理有效、生活富裕”的总要求，发展了现代化农业公司——“长沙市蓝中鲜农业科技有限公司”；开启了幸福田园农家乐——“国家级示范养殖场龙溪湖农家乐”；培育了国家食用菌药材立体高效种植基地——“长沙众益农业开发有限公司”。围绕岳麓农趣谷特色休闲农业定位，街道学华村打造了特色民宿“唯月民宿”，坚定走品牌兴农、特色立业之路。

【综合治理】结合安全生产专项整治三年行动计划，联动各行业主管部门和村（社区）开展9个行业领域专项整治、13个专项隐患排查治理，9月16日专题召开“学士街道安全生产专项整治三年行动暨国庆中秋节前安全大检查工作部署会议”，强化企业主责、强化监管执法、强化执纪问责，坚决杜绝事故发生，维护人民群众生命财产安全。通过多种渠道开展农村道路宣传工作，利用“村村通”广播、微信群、横幅、宣传车等形式广泛宣传，达到家喻户晓的宣传效果。全年共悬挂宣传横幅147条，发放宣传手册1300本，粘贴宣传标语120份，同时每日出动道路安全宣传车4辆在辖区内主次干道、农村道路进行大喇叭宣传教育。全年新修农村公路6.5千米。对学华村、学泰村共计14.208千米乡管道路进行全面养护维修。治理安全隐患23处。建立拖拉机、摩托车、农机、农村道路安全隐患台账，实行销号制。加强联合执法，查处违法驾驶行为。街道整治办联合交警每月最少开展2次路面执法检查，全年共开展联合执法18次，查处拖拉机无牌无证上路、摩托车（电动车）不戴头盔等违法行为40余起。加大整治力度，牵头完成整治3处重点街道交通顽瘴痼疾。接区整治办关于《长沙绕城高速西南段K56梯都家园交通顽瘴痼疾问题》交办单后，学士街道整治办第一时间组织调度，对长潭西高速旁违规菜地进行清除，封堵小区围墙高速出入口。重点整治学华村左栗线过水管道堵塞导致学士安置小区积水问题。利用涉高速路路域环境整治行动，对涉高速路15米范围内违章建筑进行拆除。对出租屋及校园周边经营场所进行集中检查30余次，发现安全隐患30处，现场整改19处，其余11处均责任到人跟进处理。开展消防通道专项治理行动，督促辖区内25家物业对小区消防通道进行划线100%覆盖。对电动自行车“进楼入户”“人车同屋”“飞线充电”等突出问题交由派出所进行严厉批评与惩戒。辖区范围内26家在建工地开展5次安全生产专项检查并进行整改。解决政府投资项目因拖欠工程款引发欠薪问题，切实维护广大劳动者的合法权益，维护社会安定。对辖区内酒店、餐饮店使用醇基燃料的单位进行摸排，签订安全责任状37份，从根本上消除城区危险化学品安全风险。辖区平安建设稳步推进，将“12345”热线作为听民声、知冷暖的重要途径，及时预防和解决多起群体性事件，确保社会稳定。全年共签收工单1803条，已办结1380条，满意率为99.78%。

【社会保障】街道成立了打击整治非法集资专项行动领导小组，组织召开联席会议，提高广大干群对非法集资危害的认识，组织专门力量加大防控。为被征地农民办理“就业创业证”305本，为单位失业人员办理失业登记178人；办理就业失业登记证年审1658本。城镇新增就业844人，完成年度目标任务的120.57%；失业人员再就业732人，完成年度目标任务的133.09%，就业困难对象再就业402人，完成目标任务的182.72%。新增农村劳动力转移就业368人，完成目标任务的920%。办理灵活就业人员社会保险补贴668人，补贴金额23.6745万元；完成享受疫情期间延长政策社保补贴30人，补贴金额4.1330万元。完成就业创业小额担保贷款3笔，发放贷款金额115万元。收集、审核辖区内创新创业带动就业项目11家，场地租金补贴1家，一次性开办费创业补贴2家。收集辖区内用人单位招聘岗位信息23603个。全面推进“311”就业登记服务工作，确保失业人员至少得到一次有效的岗位信息。疫情期间，统计农民工集中出行人数128人。2020年以来已办理23个项目被征地农民社保审批手续，共计1586人纳入被征地农民社会保障体系。2020年街道办理城乡居民养老保险参保总人数6321人，办理城乡居民养老保险领取待遇认证1918人；办理城乡养老保险丧葬费补助135人，补助金额44.145万元，办理城镇职工丧葬费补助80人，办理被征农民社保医保续保续费265人；办理灵活就业医保退休96人，被征地农民等待期内医保报销27人；办理社会养老金社会化发放离退休人员到龄新增异动95人；办理被征地农民第四年龄段长沙市社会保险养老金社会化发放离退休人员异动198人，办理异地居住离退休（职）人员领取养老金资格认证4人。全街道在建项目工地26个，在建工地农民工人数达4900余人。2020年以来学士街道配合司法调解所调解处理拖欠农民工工资案件18起，涉及人数210余人，涉及金额385万元。

【防疫复工，援企稳岗】 街道紧扣“外防输入、内防扩散”两条工作主线，全力以赴控制传染源，切断传播途径，全面落实常态化防控措施。联合园区及区直部门，在长潭西、长韶娄线高速进口设卡守点，扎实开展“四包一”重点人群管控，织密“防控网络”，做到“零输入”。年初全员坚守52天，发动党员、群众、志愿者1200余名，在商场、学校、农贸市场等重点场所指导防疫，未发生一起本地传染病例和聚集性病例，筑牢“防控堤坝”，做到“零扩散”。坚持防控工作常态化，定期组织对超市及农贸市场进行冷链食品卫生检疫。卫计专干对街道内的入境人员进行登记，落实集中隔离要求，及时跟进情况，快速精准识别和管控风险源、风险点，筑牢严密防线。疫情期间，联合园区成立帮扶小分队，全力指导企业防疫复工。街道规模以上服务业企业总户数15户，到岗人数2634人，达产率100%户数有 6家，达产80%以上户数有4家，达产50%~80%户数为3家，达产50%以下户数为2家，未发生减薪、裁员现象。复工复产前景向好。先后举办多次消费活动助推市场复苏。联合晚安集团举办“暖春产业游暨第四届晚安国际樱花节”，组织9家汽车4S店参加“美食汽车商务消费节”。走访中铁城建、湖南建工等重点项目企业，指导防疫复工。

复工复产防疫帮扶小组督导走访联东U谷物业公司，指导企业按防疫工作要求规范登记相关数据（学士街道供图）

【优化营商环境】 稳步推进“一门式”全覆盖，按照“一网通办”要求，街道“互联网+政务服务”一体化平台事项接入率达到100%，街道全年录入办件4577件，均在承诺时限内办结，未出现红黄牌情况。及时公布村（社区）高频政务服务事项和“就近办”政务服务事项目录及办事指南，印制分发办事指南手册6620册。对下放事项及时做好业务承接工作，组织街道骨干对村社区工作人员进行系统业务培训一次。街道积极配合“岳麓政策通”网上申报工作，协助辖区企业申报经理扶持资金；同时积极融入园区同步发展，学士市场监督管理所搬至园区服务大厅，做到惠企政策查询、申报受理、反馈兑现只进一扇门，最大限度为企业提供“零距离”“全方位”“一站式”服务。全面落实执纪执法监督。学士街道纪工委为落实优化营商环境要求，采取片区联动、服务上门、调研走访等方式，督促落实整改优化营商环境相关政策和问题，全年辖区内无违规违纪、失职失责、贪污腐败等被追责问题。

【落实农业农村优先发展】 以农趣谷为核心，探索打造乡村振兴、城乡融合发展路径。因地制宜摸索创新学士街道新农村发展模式，继续指导美丽乡村学华村创建了市级农业集聚休闲示范村，充分利用生态环境资源优势，大力发展安全、生态的农产品葡萄、油茶、羊肚菌等特色项目。着力培育金霖合作社、聚龙湾生态农庄、湘实观赏鱼、蓝中鲜智能化蔬菜种植基地、湖南西园村居等龙头企业引领带动辐射街道新农村农业产业发展。重点培育农趣谷民宿，让民宿成为乡村旅游“新宠”。强力推进人居环境治理。学士街道农村户厕摸底总数为1827户，已于2019年9月20号超额完成区定的第一阶段90户改厕任务，并完成验收拨付；第二阶段按区定现浇方案完成改厕462座（2019年9月至2020年6月），已完成344座验收，资金拨付90%；2020年9月起第三阶段按照新国标完成改厕937座。全年超额完成省定1237户民生实事任务。全面开展玉赤河沿线综合治理工作，沿线砍青扫障，部分河段清淤，部分地跨护砌，维护好全街小微水体管护工作。继续完善大棚房整治工作遗留问题。完善农村生活垃圾处理设施，基本实现垃圾无乱堆乱放现象。以整治婚丧嫁娶大操大办、铺张浪费为突破口，大力推进移风易俗工作，遏制陈规陋习，弘扬时代新风。抓好动物防疫工作，春、秋两季防疫共进行家畜口蹄疫免疫2180头次；禽流感免疫72145只；家犬进行狂犬病免疫428只；开展了人禽共患病的牛羊布氏病的防控，共检测牛羊血样86批次。做好动物流通监管，对出入境畜禽进行检疫检验工作，检疫率达90%以上；做好病死动物的无害化处理工作，全年共处理病死畜禽46批次。在2019年非洲猪瘟防控的基础上进行后期监测排查，全年共排查203户，2425次，消毒面积42965平方米，使用消毒药物102件、生石灰8吨。确保了2020年全街涉农区域无动物疫情发生。进行农产品质量安全监管检测工作，全年共对种养殖场进行巡查监管46次，发现问题及时整改。畜禽违禁药物检测692批次，水果蔬菜药残检测592批次，水产品药物残留检测75批次，确保了全年全街无农产品质量事故发生。成立森林防火工作领导小组、成立100人以上的防火常备队。加强农机安全排查，发放农机安全手册，增加农机驾驶员的安全意识。做好隐患排查，召开街、村两级防汛调度工作会，制定防汛抢险应急预案。度汛期严格按照预案值守，与相关部门对接建设防汛物资储备库，筹备各类防汛物资。按照“湖南省第1号总河长令”要求进行巡河，运用河长制App进行电子打卡巡河，填写好巡河日志，将巡查问题整改到位。全面深化农村集体产权制度改革，促进农村持续健康发展。按照《中共中央、国务院关于稳步推进农村集体产权制度改革的意见》要求，街道及时动员部署，周密制定方案，成立农村集体产权制度改革领导小组，在街道农口线强力调度下，按照区统一部署，学士街道涉农四村（社区）在2019年清产核资的基础上，到2020年8月全面完成20457人集体经济组织成员认定、股权量化设置、成立机构、登记赋码发证等改革工作。

【打好“蓝天保卫战”】 截至12月31日，学士片区优良天数314天，同比增加39天，全市排名第3；$PM_{2.5}$累计浓度39微克/立方米，同比降低7微克/立方米，全市排名第2；臭氧累计浓度142微克/立方米，同比降低28微克/立方米，全市排名第1；PM_{10}累计浓度51微克/立方米，同比降低2微克/立方米。在全片区推行村（社区）巡查打卡制，对辖区在建工地每2小时进行一次不打招呼的上门暗访巡查，按照“8个100%”标准，发现问题，拍照留证，并上报执法部门处罚。针对中医大国控站点周边环境问题进行精准治理，以问题为导向、治理为手段，杜绝污染扩散。街道城管办对54家在建项目单位建立“一户一档”，并将每日巡查情况记入工地巡查台账；对在建工地的渣土运输实行报备制度，要求各运输单位采用新型环保渣土车，运输过程中保持运输线路的干净、整洁、湿润。对黄土裸露整治完成地块实行清单销号，在征拆腾地中坚持环保底线。运用科技手段，强化生态环境治理。通过使用3D可视型激光雷达扫描仪进行污染位置精准定位，积极调整洒水降尘频次等有效方式进行治理。面对秋冬特护期，空气受污染传输和高湿等不利气象扩散条件影响，$PM_{2.5}$和PM_{10}浓度较难控制，通过使用无人机等高科技手段进行科学监测，实现全天候、全方位、全覆盖巡查，为精细治理“导航定向”。

含浦街道

【概况】 含浦街道位于长沙市岳麓区西南，除干子村与宁乡市道林镇、湘潭市雨湖区响塘乡毗邻外，其余辖区与岳麓区学士街道、洋湖街道、坪塘街道、莲花镇相连。总面积51.17平方千米，下辖九丰村、含泰社区、大坡村、干子村、芝字港村4个村1个社区，共有190个村民小组和31个居民小组，总人口2.87万人。全街全年完成税收3300万元，完成固定资产投资17544万元，完成工业总产值94181.29万元，同比增长76.5%；成功申报规上企业1家。

【经济发展】 坚持一手抓疫情防控，一手抓产业发展，扎实开展“奋战100天、实现双过半”竞赛活动。成功举办第五届含浦油菜花节，成立含浦街道家庭农场联盟。厚德农场被评为全省百强家庭农场，正汉农业专业合作社成功创建为国家级水产健康养殖示范场，能翔“稻花鱼”获得绿色食品认证，月里藏桃等民宿成为网红打卡点。区福利中心项目主体竣工，合邦养老等农村康养项目生意红火。积极发展集体经济，大坡村集体经济年收入达到140万元。

【环境整治】 完成集镇污水处理厂管网改造，实现了“全截污、全收集、全处理”。深入实施垃圾分类和上门回收，芝字港、大坡、九丰获评全省卫生村。高标准建设美丽屋场，刘家湾屋场获评全市四星级美丽屋场。完成无害化厕所改造3076座，完成率达到107.3%，建成公共卫生厕所4座。新修、改造通组公路22.7千米，群众出行更加便捷。认真开展蓝天保卫战，道路交通、小散污企业等专项整治行动取得明显成效。推进农村房地一体化登记，全面开展农村违规占用耕地建房情况摸排，加大违法建筑查处力度，做到“发现一处拆除一处”。

【社会治理】 严格落实网格化管理工作要求，将中心工作和网格化工作有机结合，提升网格化服务水平，全年共收集问题217个，接“12345”市民热线工单166条，办结率和满意率均为100%。积极探索“村落共建、村务共商、问题共治、幸福共享”的“屋场党建”模式，召开“屋场暖心会”45场，解决群众关心的问题180个。建立科学、规范、高效的安全生产网格化管理机制，充分整合村（社区）、机关办（所）和辖区企业安全生产监管力量，全年检查企业241家次，发现并处置一般隐患62处，重大隐患1处，约谈企业负责人14人，累计罚款4500元。保持扫黑除恶高压态势，利用横幅、流动宣传车、“村村响广播”等载体广泛开展宣传，引导群众参与到“扫黑除恶”专项斗争中来，辖区全年未发生一起恶性案件和阻工闹事、强揽强卖行为。深入开展“好山好水好人”评选活动，周石冬获评湖南好人，阎茂林获“岳麓楷模”提名奖。第五届含浦油菜花节开幕式上，表彰了12名持续坚守在疫情防控一线的优秀志愿者。九丰村新时代文明实践站、“含浦好人馆”基本建成，利用本地好人文化资源，以人民群众喜闻乐见的方式，教育引导广大群众自觉听党话、跟党走，夯实基层治理的政治基础。巩固移风易俗工作成果，疫情期间取消辖区内红白喜事40余起，节俭办红白喜事成为乡村新风尚。

【民生保障】 扎实推进基层公共服务“一门式”全覆盖，充分发挥网格长、村（社区）干部服务职能，积极主动做好政务服务。积极推动实体大厅与网上政

刘家湾美丽屋场航拍图（含浦街道供图）

务服务平台深度融合，全面启用“一网通办”网络办事流程，全街通过“一网通办”办事3103件，未出现红黄牌。认真贯彻“大民生、大健康、大卫生”工作理念，加大助残、助孤、助困、助学帮扶力度，全年完成低保和特困供养审核共408户669人，发放救助金143万元，完成城乡居民基本养老保险征缴基金205.94万元，芝字港村“妇女儿童之家”获评长沙市示范妇女儿童之家。5月7日《人民日报》对街道民政干部张智为低保户送温暖进行了专题报道。

【“花海健行·田园欢歌”第五届含浦油菜花节成功举办】 3月18日，“花海健行·田园欢歌”第五届含浦油菜花节在岳麓区含浦街道含泰社区拉开帷幕。堤垸里，2000余亩油菜花争相竞放，蔚然成海。含浦街道在花海里表彰了12名持续坚守在疫情防控一线的优秀志愿者，并向冲锋在前的全街600余名志愿者表示衷心感谢。街道还成立“含浦街道家庭农场联盟”，旨在帮助疫情期间涉农企业高效复工复产，实现家庭农场之间资源共享、信息交流、互帮互助，提高含浦家庭农场竞争力和知名度，打响含浦农业品牌。活动期间，市民游客可在含浦街道家庭农场联盟中23个农场消费时享受特别优惠。

【九丰村曲江公路提质改造完成】 含浦街道九丰村的曲江公路原来是水泥路面，近年来道路破损严重，曾给过往村民的出行造成不便。面对群众诉求，含浦街道积极与多方进行沟通对接，最终，岳麓区交通运输局将该路段纳入2019年岳麓区乡村振兴战略通组公路项目建设范围内，开始长达半年的路面白改黑提质改造工程。2020年4月，工程全面完成，提质改造公路共5.1千米，曲江公路在原路宽3.8米的基础上加宽至4.5米，并将破损的路面进行路板更换。

【含泰社区刘家湾打造小微水体治理样本】 刘家湾是一处典型的群众自然聚集屋场，共有常住人口34户110余人。屋场周边共有山塘6口，水渠1条。多年来，因年久失修、群众环保意识不强等，导致山塘沟渠淤塞、水质变差，这一度成为困扰当地村民最大的“心病”，也威胁到靳江河水质。为打破屋场周边生态困局，街道从网格入手，重点做好水系连通、环境靓化美化等工作。街道、社区健全河（湖）长制，积极引导当地群众自觉加入河湖保洁行动。建设刘家湾污水处理站，主要集中处理附近29户村民家的生活污水，日处理量达30立方米，经处理后达到Ⅲ类水质标准。经过3年系统治理和维护，刘家湾水系面貌焕然一新，靳江河水质常年达到三类以上，刘家湾屋场也因此获评长沙市“四星级美丽屋场”。

【含泰社区获评“2019年度全省美丽乡村建设示范村”】 含泰社区地处靳江河中游，占地15.82平方公里，辖61个村民小组，8600人，水田面积6000余亩。东南有绵延起伏、景色宜人的大王山景区，北面有层林叠翠、郁郁葱葱的观音山相依托，西面有近几十个大小各异的林木山头，植被茂密，景色秀丽。含泰路与长潭西线纵横交错，交通便捷。靳江河穿村而过，形成五星垸和花塘垸两个千亩以上的堤垸。近年来，含泰社区按照“突出重点、以点带面、串点成线、打造精品”要求，以“乡韵含浦，美丽官埠”为主题，以四季花节、社区公园、官埠港、组级示范片区为建设重点，高标准推进，严要求落实，加快建设体现“乡韵含浦，美丽官埠”的一幅美景画卷、一方养生福地。含泰社区基础设施得到极大改善，环境优雅，山青水绿，经济发展，社会和谐，群众安居乐

3月18日，“花海健行·田园欢歌”第五届含浦油菜花节在岳麓区含浦街道含泰社区拉开帷幕（含浦街道供图）

九丰村新时代文明实践站基本建成（含浦街道供图）

业，生活水准大大提高，各项工作都走在全街道的前列，并连续七年获得全街道年度目标管理考核一等奖。2020年3月获评“2019年度全省美丽乡村建设示范村”。

【周志凯率队调研含浦街道经济社会发展情况】7月14日，岳麓区委书记周志凯率队深入含浦街道调研经济社会发展情况。周志凯一行先后到车埠岭美丽村落、芝字港村区福利中心、月里藏桃民宿等地实地查看，详细了解含浦街道乡村振兴和村级集体经济发展情况。街道负责人汇报了全街经济社会发展情况。与会区领导及区直部门负责人就街道经济社会发展提出意见和建议。

【“湖南好人”周石冬】街道千子村村民周石冬，22年来毅然担负起照顾患有智力残疾的困难户周寿泉的责任。已年过八旬的周石冬夫妇依旧坚持每天给周寿泉送去三餐，照料他的日常生活。在周石冬的坚持和感染下，家人也加入照顾周寿泉的队伍中来，谱写了一支孝老爱亲、诚实守信的乡村和谐曲，成为村民最贴心的“中国好邻居”。2020年7月，周石冬获评孝老爱亲“湖南好人”。

【疫情防控和复工复产】疫情发生以来，街道充分发挥基层党组织战斗堡垒作用，动员党员群众积极参与疫情防控，指导企业复工复产、抢抓节令春耕备耕，做到防疫高效、复工有序、春耕及时，疫情发生以来无一例确诊和疑似病例。在排查上做到不留死角、不留盲区；在宣传上做到家喻户晓、人尽皆知；在管控上做到严防死守、严格监管；在保障上做到组织有力、责任上肩。班子成员主动联系辖区内7家规上企业、其他干部联系其余62家涉农企业、小微企业，了解辖区各企业疫情防控中遇到的实际困难，开展“一对一”指导与帮扶。各基层党组织先后成立6支疫情防控“党员突击队”，发动600余名党员志愿者参与摸排防控、消毒防疫、物资运送、动员宣传。第七届全国道德模范提名奖获得者许志礼、“湖南好人”阎茂林、“中国好人”周雪红等“含浦好人”们纷纷用实际行动展现文明风采，带动身边的乡亲邻里积极参与疫情防控工作。

莲花镇

【概况】莲花镇下辖11个行政村、1个社区，总人口52132人，镇域面积11300公顷。2020年完成地方级税收2846万元，同比增长108.4%；完成外贸进出口45万美元；新增市场主体415家（其中个体户283家，农业专业合作社1家，企业131家）；新增“四上”企业1家，另有迁转至莲花“四上”企业1家。莲花镇被评为“长沙市十佳文旅特色小镇”。桐木村被评为省级“精品乡村”、市级“四星”美丽屋场，桐木村、莲花社区被评为岳麓区“健康村（社区）”，云集村被评为湖南省卫生村、长沙市示范性农家书屋、长沙市移风易俗十佳村、长沙市市级示范儿童之家，莲花社区被评为岳麓区和谐精品社区、长沙市妇女儿童之家，五丰村被评为市级平安农机示范村，云盖村获得市级农村幸福社区、卫生村称号。

【产业发展】扎实开展“大干一百天，实现双过半”竞赛活动，取得连续三个月全区第一名以及半年度优胜集体好成绩。坚持精准招商，天泉草业与湖南中医药大学、湖南兴湘投资控股集团有限公司强强联手，共建“中医药文化产业园”项目。高标准完成中南大学智能交通前沿科学研究基地配套道路建设，以及龙洞农商行项目征拆。推进龙台渣土消纳场项目建设。积极解决岳宁大道、污水处理厂、“地跑跑”项目遗留问题，将原恩孚和四季田园项目3000亩流转土地退田到户。主动对接湘江新区、麓山城投等单位，加快物联港项目、垃圾热处理中心、莲花110千伏变电站、5G基站等重大项目建设进度。抓住长沙市“一县一特”产业发展契机，以花卉、苗木、果业和蔬菜4个千亩基地为龙头，大力发展都市农业、特色产业，积极创建省、市农产业标识，年新增花卉苗木面积1000亩。深化三产融合，做强文旅经济，大力推广乡村游、特色游、科普游、民宿游，新增莲花山宿、田园居等品牌民宿、农家乐近10个。严格规范管理建材企业，促进健康有序发展。2020年，立忠等6家建材企业正式投产或试运营。实施上门帮扶企业，线上线下帮助推销产品、拓宽市场，疫情期间帮扶企业申请奖补资金50余万元，减免或缓交税费上百万元。2020年1月，承办“龙腾盛景 洞藏花溪”2020长沙（莲花）新春园艺花会，2020年4月承办了“春暖花开‘乡’约岳麓”2020岳麓区都市田园旅游节等乡村旅游节会，接待省内外游客10余万人。圣峰果业房车露营基地入选创建乡间经济示范项目。通过盘活闲置土地资产、引进合作项目、入股产业项目等形式，大力发展“四型”村级集体经济，云集村、东塘村、云盖村、五丰村集体经济收入均超过50万元。

【美丽乡村建设】以农村“五治”为抓手，提质提优镇村环境。提档建设云盖村、莲花社区等4个污水处理厂。严格落实河湖长制，实现小微水体管护全覆盖，扎实做好农村塘渠沟坝等小微水体日常保洁、清淤疏浚等工作。创建莲花河五丰至云集段市级美丽示范河湖和打造云集小微水体示范片。先后组织拆除三和村、莲花社区、云盖村违章建筑292平方米、云盖栩栩艺术学校非法搭建钢架棚500平方米、东塘村港边上组非法搭建钢架棚500平方米、龙洞村非法洗沙场违法搭建60平方米，捣毁莲花社区非法混凝土搅拌站一家。全年完成农村户厕无害化改造7250座，实现应改尽改。持续治理农村垃圾，全年每月生活垃圾总产量约900吨，其中879.4吨生活垃圾送往填埋场填埋处理，其中有可回收物产量约为20.6吨（包括金属类6吨、塑料类3吨、玻璃类4吨、泡沫类2吨、纸张类3.6吨、低值类2吨）进行资源回收再利用。垃圾总量相比2019年减少600多吨，减幅5.3%，可回收物增加约150吨，资源再利用率达2.3%。评选表彰莲花“新乡贤”14名，成立莲花乡贤联谊会，修订完善村规民约，推动移风易俗，汇聚向上向善“正能量”；狠抓美丽乡村建设，创新开展“三美”创建（美丽村庄、美丽村组、美丽庭院），桐木村获评中国美丽休闲乡村，曾家桥村获评省级美丽乡村示范村，五丰村获评省级两型村庄。抓好省环保督查组反馈5类11个问题线索的核查整改，坚决守住环保红线。将蓝天保卫工作纳入村（社区）绩效考核，不间断进行广播宣传、巡查检查和调度讲评，开展全民义务植树2万余人次、植树7万多株。全年查处露天焚烧垃圾32起，露天焚烧秸秆22起。加强对运输企业、混凝土搅拌站和露天堆场等监管治理，清理整治“散乱污”企业6家，取缔1家。扎实推进第二次全国污染源普查工作，获评普查工作区级先进单位。

1月12日，“龙腾盛景 洞藏花溪”2020长沙（莲花）新春园艺花会在莲花镇龙洞花卉谷正式开幕（莲花镇供图）

【综合治理】加强网格化社会治理创新，主动上门协调解决各类矛盾纠纷，全年调解矛盾纠纷100余件，调处成功率100%，解决200多件惠民实事，“12345”热线工单满意率99%。整顿镇村环境秩序，消除店外经营、流动摆摊、违规搭建、噪声扰民、油烟污染等环境卫生脏乱差现象，坚决取缔非法洗砂场、非法赶集市场。围绕烟花爆竹、教育、住宿餐饮、文化娱乐等行业，定期开展安全生产专项整治，全年未发生安全生产责任事故。因交通事故致死1人，同比下降91%。积极创建“三零”村（社区），推行专职巡逻、义务巡逻、封闭式治安防范等多种治安防范模式。不定期对公共场所、交通路口等重要部位进行检查，督导企事业单位严格落实安全生产、防火防爆措施，坚决整治乱象、消除隐患，先后开展隐患大排查8次，整治治安乱点10处、交通安全隐患点35处。运用科技手段进行治安防控，房前屋后安装摄像头1200多个，主要路口、人员密集场所装设高清摄像头200多个，高标准建设综治中心，构建全时域无死角治安防控网络。深入推进“禁毒两打两控”“净边”专项行动，开展“集群打零”专项工作。落实吸毒人员“出所必接”、社区戒毒社区康复工作。加强经营服务性场所禁毒管理。利用培训讲座、学习参观、喇叭广播等形式进行宣传教育，人员覆盖率超过95%。严格精神病人管理，签订监护人有奖监护协议。深入推进扫黑除恶专项斗争，鼓励广大群众举报侵害群众利益的各种违法犯罪行为，在镇域内显著位置张贴扫黑除恶公告500余张，悬挂横幅100余条，各村（社区）均设立举报箱，营造浓厚宣传氛围。

【民生保障】 热心做好低保、社保、救助、助学等工作，居民养老保险、医疗保险参保率达100%。加大食品安全监管，开展较大规模食品安全宣传4场次，查办案件13起，罚款3.4万元。铺设自来水管网20千米，改造沿线5个村（社区）村内管道，新建龙洞村、三和村、新中长村公共服务中心大厅，创建云集村、东塘村、桐木村省级卫生村，开通297公交线路，延伸233、236公交线路。加大基础设施建设投入，提质改造镇养老院、各村（社区）卫生室，新建村组公路29.7千米。积极筹措资金，对重大地质灾害点进行治理，对辖区危房进行重建。突出抓好春耕备耕工作，加强农资保障供应。组织农技人员深入村组开展技术培训10余场次，培训人员1000余人次，发放资料8000多份，及时调运种子1.85万千克免费供给受灾群众，配合开展农业保险查勘定损理赔，赔付资金30多万元。对龙台村、龙洞村、桐木村、五丰村、曾家桥村和三和村共900亩种植结构进行调整。云集村和莲花社区3018.377亩休耕期满顺利交地复耕。积极开展健康讲座、文艺会演、送戏下村、农民趣味运动会等活动。

【长沙（莲花）新春园艺花会开幕】 1月12日，长沙（莲花）新春园艺花会在岳麓区莲花镇龙洞花卉谷开幕。

【设立密切接触者集中隔离医学观察点】 按照区疫情防控工作安排，2020年2月，在莲花社区设立新冠疫情密切接触者集中隔离医学观察点，莲花镇积极做好观察点的服务保障工作。

【“大干一百天，实现双过半”竞赛活动】 3月10日，召开“大干一百天，实现双过半”竞赛活动动员会暨2020年工作部署会，全力以赴统筹推进疫情防控和经济社会发展，誓夺疫情防控总体战和经济保卫战“双胜利”。

【森林防火应急演练】 3月28日，为做好森林防火工作，进一步提高应急突击队员应对突发事件、处置森林火灾的综合素质与业务能力，莲花镇举行森林防火应急演练。

【岳麓区都市田园旅游节开幕】 4月28日，“春暖花开 乡约岳麓——2020岳麓区都市田园旅游节”在岳麓区莲花镇开幕，长沙市副市长李蔚参加，区委副书记、区长周凡致辞。

【公交车进村】 7月1日，莲花集镇至三和村的297路进村公交车开通运营，圆了沿线村民“便捷安全出行”的梦。

【莲花镇入选长沙十佳文旅特色小镇】 12月，莲花镇获评长沙市十佳文旅特色小镇。

【涉农街镇安全生产专题培训】 12月11日下午，岳麓区涉农街镇安全生产专题培训在莲花镇举行，市安委办主任、市应急管理局局长胡春山就安全生产工作进行授课。副区长王剑主持会议。区应急管理局、区农业农村局、区自然资源和规划局、区交通运输局、区水利局、坪塘街道、洋湖街道、含浦街道、莲花镇、雨敞坪镇约700人参加培训。

雨敞坪镇

【概况】雨敞坪镇东与莲花镇相连，西面、南面与宁乡市夏铎铺镇、花明楼镇交界，北邻望城区白箬铺镇。镇域面积77.052平方千米，境内森林资源丰富，森林覆盖率71%，有1座中型水库、10座小型水库，其中泉水冲水库为中型水库，水面166.67公顷。完成第七次人口普查工作，普查率100%，辖7村1社区，11832户，38522人。2020年，雨敞坪镇党委坚持以习近平新时代中国特色社会主义思想为指导，以乡村振兴为总揽，围绕区委决策部署，推进疫情防控和经济社会发展工作，持续保持零确诊、零疑似的疫情防控成效，并在党的建设、产业发展、环境整治和基层治理上取得成效。

【经济建设】全年全镇完成财政总收入3120万元，其中地方级税收300万元，100%完成任务；完成社会固定资产投资3.3亿元，超额完成10%；注册市场主体162家，超额完成16%；3家规模以上建筑公司及1家规模工贸企业超额完成任务，在全区“大干100天、实现双过半”竞赛活动中荣获竞赛分队“第三组”优胜集体奖。各村（社区）集体收入全部达到20万元以上，经济实力增强。产业融合升级，农业转型发展。推进绿色有机农业园建设，做优做强韭黄、龙虾、小水果等特色产业，打造乡村振兴岳麓样板。强化宣传推介，培育本地农业品牌，湘润农业被认定为长沙市农业产业化重点龙头企业，“果趣谷”获评省休闲农业与乡村旅游五星级企业，“积善之家”完成国家级健康养殖示范场项目验收。在果趣谷举办“诗路花语”雨敞坪暖春诗会，吸引游客1000余名，观看直播人数达40余万人，旅游、消费、带货均迎来高峰；“岳麓韭黄”获湖南卫视《天天向上》栏目专题推介，收获长沙餐饮龙头企业“文和友”合作意向。完善产业配套，优化营商环境，利用“莲雨含”农村板块定位和岳宁公路交通优势，协调上级部门，吸引商家企业投资入驻，吉航交通、长沙市张公岭建筑工程分公司、格林生鲜等企业先后落户雨敞坪；完善岳宁公路雨敞坪段2处出入口建设，完成社区互通红绿灯安装，促推雨敞坪融入长沙市“15分钟经济圈”。推进全域土地综合整治，成功申报国家级试点项目，合理产业配套用地布局，招商引资填充产业。提升服务水平，解决农贸市场老大难问题，帮扶辖区内重点企业解决问题12起，疫情期间减免租金2个月。

【环境治理】聚焦乡村“五治”，突出抓好垃圾分类精细化管理，深化落实“农户分类、上户收集、村级运转、镇级统筹”原则，垃圾分类减量6000吨；推进农村“厕所革命”，完成改厕任务4430座，完成8104户，无害化户厕率达90%；推进小微水体整治47处，泉水湖村寺塘小微水体管护建设片区获评市级示范片区；开展私搭乱建行为专项整治，完成拆违任务4起，拆除违章建筑940平方米，送审房地一体化确权颁证3680户，农民建房秩序好转；深化移风易俗，婚丧喜庆操办较去年同期减少约600起，1人获评市级移风易俗十佳乡贤。按照“1346”模式推进新时代文明实践工作，组织迎新春文艺会演、趣味运动会、科普进社区、庆中秋等文明实践活动70余次。打造“尚贤馆”，发挥乡贤示范作用，做实做亮乡贤文化品牌。落实“雷锋家乡学雷锋·蒲公英”志愿服务项目，培育“心手相牵 护苗成长”志愿服务项目。细化迎检工作，科学精准协调联络，开展“文明创建·百日迎新”行动，打造标准的省级文明村镇，完成2020年度全国文明城市测评任务。加强生态保护，严格对“散乱污”企业执法管控，整顿垃圾、秸秆焚烧行为，完成蓝天保卫战三年行动，空气质量提升。整治挖山采石、破坏基本农田事件等违法行为7起，恢复基本农田0.52公顷，对超限超载、挖山毁林等违法违规行为立案39起，农村“新三乱”现象好转。按照河长制要求落实日常巡查、水体保洁等工作，麻田村栗山水库防汛工作获水利部检查组肯定，泉水湖村大石塘水库获评长沙市“百座放心满意小型水库”，八曲河综合治理工程有序推进，生态治理能力稳步提升。

【民生保障】完成公路硬化16千米，白改黑改造14千米，排查整改辖区内急弯、陡坡、临水临崖等隐患路段154处，增设护栏13千米，警示桩955根，交通条件持续改善。完成镇污水处理厂提质改造项目，完成低、五保户等“四类人员”的危房排查和检测549户，落实危房改造整治3户。完成集镇交安设施安装、镇派出所提质改造建设、泉宏村地质灾害搬迁、土地增减挂钩项目等任务。完成两个美丽屋场建设，其中石塅子获评市级五星美丽屋场、陈家冲获评四星美丽屋场。优化民生服务，兜牢基本民生保障底线，开展低保、特困供养、大病医疗救助、临时救助、特殊困难群体帮扶、奖学助学等民生服务。率先超额完成义务献血、“两癌”筛查、孕前优检等工作指标。抓好公共服务（一门式）全覆盖工作，完成一站式公共服务中心大厅建设。深化网格服务，处理“12345”热线工单238条，办结率和满意度均为100%。关爱退役军人，精心组织“八一”慰问，对部分退役军人开展优抚和扶持。开展交通安全专项整治11次，暂扣无牌无照摩托车68台，劝导摩托车不戴头盔行为200余起。完成第七次全国人口普查工作，泉宏村作为市级试点先行先试，为岳麓区打造优质样板。

【社会治理】 推行“四共”模式。排查矛盾纠纷，加强源头治理，切实把矛盾化解在基层，全年调解矛盾纠纷109 起，化解信访积案3起，社会大局和谐。开展平安建设、禁毒人民战争和扫黑除恶专项行动，4个村（社区）完成综治中心视频监控室建设，社区在册戒毒和康复管控率均达到100%，扫黑除恶宣传不留死角、实现镇域全覆盖；深入落实安全生产、食品安全等底线工作，强化对烟花爆竹、液化气等行业的管控，关停1家食品安全不达标的无证办学机构，群众安全感增强。探索实践基层治理新模式，引导群众参与村级建设和管理，新卯村“四共”治理模式获《半月谈》、新华网、学习强国等媒体报道。

【疫情防控】 开展疫情防控专项督查，重点针对辖区内医疗机构、重点场所、超市、快递点、四小门店等督促落实防控措施，对落实不到位的19家单位提出整改意见。针对国内疫情防控形势，加大宣传力度，做到疫情防护知识全覆盖，制作宣传横幅200多条，农村疫情防控宣传海报2000多份，致全镇人民的公开信12000余份，加强疫情防护知识宣传普及，引导返乡人员遵守疫情防控规定，如实报告个人行程，配合健康监测，做到疫情防控形势人人知晓，防控行动人人参与。严格按照“喜事缓办，丧事简办，宴会不办”要求，控制减少人员聚焦。取缔农村集市，落实有关场所管控要求，引导居民不参与聚集性活动，劝导群众不串门、不聚集、少外出和非必要不返乡。加强人员管理，对中高风险地区人员进行摸排管控，建立台账，落实镇、村责任制，对重点人员实行网格化管理，纳入五包一管控。按照重点人员核酸检测规定，做好医院，养老机构等重点工作人员的定期核酸检测。疫情防控保持零疑似、零确诊。

【举办“五彩田园　诗路花雨”暖春诗会】 2020年4月19日，举办“五彩田园　诗路花雨”雨敞坪暖春诗会。此次诗会由岳麓区人民政府主办，区委宣传部、区农业农村局、区文体旅局、雨敞坪镇共同承办，来自湖南省文联、省书协、省作协、省美协、长沙市文联、岳麓区文联等单位的艺术家们会聚雨敞坪镇果趣谷农庄，现场挥毫泼墨、创作交流，共同感受田园魅力，书写心中诗意。

【长沙市第七次全国人口普查工作试点】 2020年5月21日，长沙市第七次全国人口普查试点工作动员会议在雨敞坪镇召开。泉宏村被定为市级试点村，成立人口普查领导小组。

4月19日，雨敞坪镇成功举办“五彩田园　诗路花雨”暖春诗会（雨敞坪镇供图）

人 物

先进模范

【刘习明】男，汉族，1959年4月出生，民进会员，研究生，长沙生殖医学医院院长，他先后创办三家医院。长沙生殖医学医院于1995年创建，是长沙市社会资本投入办医院规模较大、实力较强、社会信誉较好的一家医院。他坚持诚信立院，通过26年的努力，研制3种专病专药，打造一套中医中药、康复理疗、西医手术、宫/腹腔镜微创手术、人工授精、试管婴儿的不孕症治疗体系；建立试管婴儿中心、国家级院士专家工作站，是全国近500家开展试管婴儿技术医院中唯一一家拥有省级、市级院士专家工作站的医院。2018年认定为国家高新技术企业、湖南省三级生殖与遗传专科医院。为3万个不孕症家庭实现生儿育女的梦想。

宁儿妇产医院于2019年开业，集医疗、科研、预防、保健于一体的五星级三级妇产医院。以安全、省心、优质的医疗服务，创立一条科学孕育→安全分娩→舒适坐月子→康复形体→抗衰防老的完整“宁儿幸福链”，为广大妇女儿童全生命周期健康保驾护航。

2018年在湘西吉首投资兴建湘西宁儿生殖医学医院，让民族地区的不孕症患者能在家门口看病治疗，享受国家级专家的医疗服务。

26年来，刘习明为家庭的稳定、社会的和谐和民族的健康繁衍，为实施健康中国战略做出积极贡献，赢得社会认可和不孕症患者的信任，医院先后获得“全国文明单位”“全国百姓放心示范医院”“全国巾帼文明岗”等140余项国家、省、市级荣誉称号。刘习明相继获得“中国优秀医院院长”“全国最美志愿者”“全国百姓放心示范医院优秀管理者”等多项殊荣。2020年11月，中共中央、国务院授予刘习明“全国劳动模范”称号，中央文明委授予刘习明家庭为“全国文明家庭”。

【李琼】女，1979年3月出生，中共党员，是湖南省未成年犯管教所六监区教导员，十年来6次被评为“优秀公务员”，3次被评为“优秀党员”，2020年立三等功，被评为“全国抗击新冠肺炎疫情先进个人”，在全国抗击新冠肺炎疫情表彰大会接受表彰。

她是单位第一个报名出征驰援武汉疫区的干警。2020年2月初，司法部决定从全国各省抽调女警驰援武汉，省未管所紧急召集各监区教导员会议，要求各监区立刻推荐一名40岁以下有基层工作经验的干警参加援鄂抗疫工作，20分钟后，六监区教导员李琼第一个找到所领导，报名出征。就这样，李琼成了湖南监狱援鄂工作队的一员，并担任副领队、临时党支部副书记。

她是第一批带队进方舱医院的人。她率先进仓，带领平均年龄27岁的湖南监狱援鄂队成为司法部进仓执勤的“第一军”。她是勇敢的战士。3月6日，因丰富的改造经验和过人的监管魄力，李琼被任命为方舱医院三监区监区长，承受着抗疫与监狱监管双重压力的她，必须在舱内不停地巡视，并对罪犯进行谈话教育和心理疏导，40多天里进舱将近20次，每一次进舱正常是6个小时，她基本都要推迟交班时间，最长一次在舱内呆了8个多小时，加上穿脱防护服，一个班至少10个小时不吃不喝不上厕所。回到驻地还要处理大量的事务性工作，经常忙到半夜。

40多天里，她团结带领来自5个省10多个单位素不相识的几十名女警，在条件简陋的临时监狱方舱医院里，对确诊罪犯进行管理和救治，实现罪犯零违规监管零事故，圆满完成了监管安全和疫情防控的重任。作为湖南省司法行政系统唯一代表，李琼光荣入选省委宣传部组织的“最美逆行者”抗疫事迹宣传团。她的事迹也被中国政法文化网、《人民日报海外版》、红网等中央、省市媒体报道。

【陈天锡】男，汉族，中共党员。1979年6月出生，退伍军人。1997年12月至2002年12月服役于湖南武警总队第一支队。在部队里他严格要求自己，积极争取进步，成长为一名优秀士兵、优秀班长、优秀“四会教练员”。一是为了人民利益奋勇争先，舍生忘死冲在前。在1998年、1999年抗击长江流域特大洪水的战斗中，他奋战在保卫人民群众生命财产安全第一线，荣立集体二等功，并被批准火线入党。在部队因制止重大犯罪嫌疑人自杀荣立个人三等功；在通程商业广场上班时，他先后抓获了30多名小偷。2008年，陈天锡跳进激流救人，他差点为此付出自己的生命。当闻讯赶来的记者现场采访时，问他叫什么名字，他回答说“我是中国共产党党员”。事后，他又将“见义勇为”奖金全部捐给了贫困学生。二是敬业奉献，争当时代排头兵。他所居住的和苑小区，是安置小区，针对居民的就业困扰，他开展了面对面、一对一的就业指导，并通过讲述自己的职业经历，以此唤起居民的就业意识。他协助有关部门解决了润龙社区20多名待业青年的就业问题。获首届岳麓楷模见义勇为提名奖；获2019年第二季度见义勇为长沙好人、2020年3月“湖南好人”等荣誉称号。

【邓利雄】女，汉族，1969年出生，群众，高中文化，长沙市岳麓区雨敞坪镇嵇家山村村民，2019年被评为雨敞坪镇“孝老爱亲”新乡贤，2020年被评为“长沙好人”和“湖南好人”。1999年，丈夫李军强发生严重车祸，下半身基本瘫痪。那时儿子才7岁。邓利雄每天五点起床，照顾好丈夫、儿子和公婆后，兼职去做洗碗工，节衣缩食撑起了这个家。邓利雄每天夜里都要为丈夫翻身、按摩三四次，瘦弱的她几乎没睡过一个好觉，腰累得几乎直不起来，一坚持就是21年。丈夫邓利雄因为脊椎损伤影响到一部分脑神经，头痛难忍时还会乱发脾气。邓利雄不但没有责怪丈夫，反倒还耐心开导丈夫。在邓利雄的细心照料下，丈夫从没长过褥疮，下半身也能进行简单的移动了。2013年，邓利雄的婆婆、公公相继病倒。邓利雄要照顾3个病人，每天从清早忙到深夜，短短一个月她瘦了19斤。尽管生活充满磨难，但邓利雄始终对生活充满希望。20多年过去，她送走了公婆，帮儿子娶亲成家，并在亲戚朋友和当地政府的资助支持下翻修新楼房，生活越过越红火。

优秀志愿者

【唐海洋】女，汉族，1941年10月出生，中共党员，初中文化，岳麓区长望社区党旗飘扬工作站站长。先后获“岳麓好人”“2020年长沙市雷锋家乡学雷锋防疫防控我先行最美逆行志愿者”等荣誉，她退休后坚持发挥余热，带领工作站志愿者积极投身文明城市创建活动，成为文明城市创建中的一颗永不生锈的“螺丝钉”。唐海洋对待居民更是贴心相助、亲密无间。长望社区居民中空巢老人多，她尽心尽力做好志愿服务，成为居民的知心人、贴心人、孤老的暖心人。在沟通和劝导居民时，大家也都很配合，她是社区志愿者中的“灵魂人物”，所有志愿者都信服于她，她振臂一呼，便能集中一批志愿者，这不仅源于她在志愿者中年龄最大、资历最老，更源于她多年来无私奉献、任劳任怨的言行感染了身边的志愿者。在文明城市创建活动中，她带领志愿者积极参加“文明在楼道”“周末大扫除”环境整治行动，宣传文明城市创建知识，及时纠正居民不文明行为，助力文明城市创建。

【陈树冬】男，汉族，1958年12月生，中共党员，高中文化，是岳麓区望月湖街道湖东社区的一名普通退休党员。2014年获评“岳麓区优秀党员志愿者”；2016年、2017年、2019年获评“望月湖街道优秀党员志愿者”。

十几年前陈树冬下岗在家，平日无事就在小区里转悠。湖东社区属于老旧开放式小区，长期缺乏物业管理，楼道灯泡经常不亮，陈树冬之前在建湘瓷厂上班，擅长水、电、木工等各种手工活儿，他看到这种情况后，便利用休息时间义务为湖东社区 50 栋房子，132 个单元，759 盏楼道灯进行修理，这一做，便是十年。他也开启了自己 10 余年的志愿服务生涯。他揽下了社区的各种修理活及楼道灯的维护。社区里哪个楼道的灯是什么原因不亮，他都心中有数。他在社区准备了一个专门的报修登记本，平时利用工作午休时间和节假日，到社区查看，再一一对照修理。在他的影响下，越来越多的人也加入了志愿服务队伍，社区的志愿服务氛围更加浓厚了。

附　录

榜上有名

（排名不分先后）

2020 年岳麓区国家（部委）奖励（命名）单位一览表

表 1

获奖单位	获奖名称	授奖单位
梅溪湖街道阳明山庄社区	第六届全国文明单位	中央文明委
区司法局	“大排查 早调解 护稳定 迎国庆”专项活动表现突出集体	司法部
区人民法院	全国优秀直播法院	中国法院国际互联网络
梅溪湖街道润龙社区	全国气象科普教育基地	中国气象学会
区行政审批服务局	“互联网 + 政务服务”先进单位	全国电子政务理事会
区科技局	2020 年全国科技活动周及重大示范活动优秀组织奖	全国会计活动周组委会、科技部引进国外智力管理司
区政府网站“信息公开”栏目、“互动交流”栏目	2020 年政府网站精品栏目奖	全国电子政务理事会
中南大学麓园青年志愿服务站、岳麓街道	“守望科学的天空”项目荣获 2020 中国志愿服务项目大赛金奖	中国青年志愿者协会
区委组织部	湖南省文明单位	省文明委
梅溪湖街道金茂社区	湖南省文明社区	省文明委
橘子洲景区管理处	湖南省文明窗口单位	省文明委
咸嘉湖街道政协委员工作室	湖南省示范性政协委员工作室	湖南省政协
洋湖街道武装部	湖南省四星级基层武装部	湖南省军区

2020年岳麓区获国家（部委）奖励（命名）个人一览表

表2

所在单位	获奖人	获奖名称	授奖单位
长沙生殖医学院	刘习明	全国劳动模范	中共中央、国务院
岳麓区司法局望岳司法所	李金武	全国模范人民调解员	司法部
区生态环境分局	陈　刚	2020年蓝天保卫战重点区域秋冬季监督帮扶工作第一轮次表现突出人员	生态环境部
区公安分局刑侦大队	莫　琪	公安部刑事技术破案会战优秀现场勘查人员	公安部
区人民法院	彭林霞	优秀直播法官	中国法院国际互联网络
区委组织部	彭利芝	湖南省先进工作者	湖南省委、省政府
含浦街道干子村	周石冬	湖南好人	湖南省文明委
梅溪湖街道	陈天锡	湖南好人	湖南省文明委
望岳街道	周梦玲	湖南省新冠肺炎疫情防控学雷锋志愿服务最美志愿者	省文明委、省学雷锋志愿服务工委
望城坡街道老虎岭社区	刘长明	湖南省抗击新冠肺炎疫情先进个人	湖南省委、省政府

2020年岳麓区获省（厅局）奖励（命名）单位一览表

表3

获奖单位	获奖名称	授奖单位
区财政局	全省财政工作先进集体	省人社厅、财政厅
区统计局	省第四次全国经济普查先进集体	省人社厅、省第四次全国经济普查领导小组办公室
区人民法院	湖南省直非税收入执收工作先进单位	省财政厅
区司法局	湖南省疫情防控普法宣传先进集体	中共湖南省委全面依法治省委员会办公室
望月湖街道	湖南省疫情防控普法宣传先进集体	中共湖南省委全面依法治省委员会办公室
梅溪湖街道金茂社区	湖南省综合减灾示范社区	湖南省地震局
麓山景区管理处	湖南十大文旅地标	省委宣传部、省文化和旅游厅

续表 3

获奖单位	获奖名称	授奖单位
含浦街道含泰社区	湖南省美丽乡村建设示范村	省委农村工作领导小组
雨敞坪镇泉水湖村	湖南省美丽乡村建设示范村	省委农村工作领导小组
洋湖街道连山村	湖南省民主法治示范村	省司法厅
九丰村福润家庭农场	湖南省家庭农场 100 佳	省委农村工作领导小组
洋湖街道工会	湖南省百佳乡镇（街道）工会	省总工会
岳麓街道工会	湖南省百佳乡镇（街道）工会	省总工会
望月湖街道	全省基层团建工作示范点	共青团湖南省委基层建设工作领导小组
岳麓山风景名胜区管理局	湖南省 2020 年度风景名胜区行业先进单位	湖南省自然保护地协会
梅溪湖街道	湖南省优秀社区学校	省教育厅
阳明山庄社区	湖南省优秀社区学校	省教育厅
区科技局	第七届湖南省创新创业大赛长沙市赛优秀组织奖	省科技厅
梅溪湖街道金茂社区	湖南省“扫黄打非”进基层示范点	省“扫黄打非”工作办公室
咸嘉湖街道荷叶塘社区	湖南省计划生育基层群众自治先进单位	省计划生育协会
洋湖街道龙骨寺社区	湖南省计划生育基层群众自治先进单位	省计划生育协会
区人民法院	在全省法院第十七届理论研讨会中被评为组织工作先进单位	湖南省高级人民法院
区人民法院	在全省法院第十八届理论研讨会中被评为组织工作先进单位	湖南省高级人民法院
中南大学麓园青年志愿服务站、岳麓街道	“守望科学的天堂”项目获全省“雷锋杯”青年志愿服务项目品牌赛金奖	团省委、湖南青年志愿者协会
区公安分局	长沙市文明标兵单位	长沙市文明委
梅溪湖街道	长沙市文明标兵单位	长沙市文明委
望月湖街道	长沙市文明单位	长沙市文明委
望月湖街道湖东社区	长沙市文明社区	长沙市文明委
岳麓街道靳江社区	长沙市文明社区	长沙市文明委
洋湖街道莲山村	长沙市文明村	长沙市文明委
梅溪湖街道阳明山庄社区	2020 年湖南省书香社区	省图书馆学会

2020 年岳麓区获省（厅局）奖励（命名）个人一览表

表 4

所在单位	获奖人	获奖名称	授奖单位
市生态环境局岳麓分局	陈志勇	全省生态环境保护先进个人	湖南省生态环境局
市生态环境局岳麓分局	胡　晓	湖南省第二次全国污染源普查工作表现突出个人	湖南省生态环境局
区人民法院	姚映姝	省直非税收入工作先进个人	湖南省财政厅
天顶街道川塘社区	艾　伟	湖南省第四期中国妇女社会地位调查优秀个人	湖南省妇女联合会
区税务分局	唐雯雯	“潇湘杯”税收公益作品征集活动脚本类作品优秀奖	省税务局、中国税务杂志社
望岳街道	周梦玲	长沙好人 身边雷锋	长沙市文明委
望岳街道	文裕祥	长沙好人 身边雷锋	长沙市文明委
梅溪湖街道	易晓玲	长沙好人	长沙市文明委
望岳街道	周梦玲	长沙市“雷锋家乡学雷锋疫情防控我先行”最美逆行志愿者	长沙市文明委

2020 年岳麓区获省（厅局）以上奖励文章一览表

表 5

所在单位	作者姓名	文章标题 / 奖项	报刊名称
区政协		《关于社区干部“坐班制”转“值班制”工作的调研报告》获优秀调研成果一等奖	湖南省政协
区人民法院		微视同《生活需要章法》在全国法院第七届微电影、微视频金法槌评选中获“百优微视频”	最高人民法院政治部、新闻局等 7 个单位
区政协		反映社情民意信息工作二等奖	长沙市政协
区政协	曾高杰	《应重视公务员招录中唯“全日制、高学历”倾向》	全国政协采用
区政协	杨国春	《关于规范药品带量集中采购的建议》	全国政协采用
区政协	邓凌云	《关于加快推动健康城市规划建设的建议》	全国政协采用

续表 5

所在单位	作者姓名	文章标题 / 奖项	报刊名称
区政协	曾高杰 董彦宏	《关于加强村级卫生室建设的建议》	全国政协采用
区政协	吴　慧	《促进湿地公园由景观孤岛向生态赋能提升的建议》	全国政协采用
区政协	杨国春 李蜜心 董彦宏	《在公共危机事件中加强统一战线应急能力建设的建议》	全国政协采用
区人民法院	赵云冲	《检视与探索：建立与多元解纷机制适度衔接的司法确认程序研究》获全国法院第 32 届学术讨论会优秀奖	最高人民法院
区政协	杨国春	《加强和改进区县政协界别工作的思考》——获省政协理论研究优秀论文二等奖	省政协
区政协	董彦宏	《基层政协与基层协商民主有效衔接的路径探析》——获省政协理论研究优秀论文三等奖	省政协
区人民法院	许振兴	《风险社会理论视域下的应急管理体系——基于本次新型冠状病毒肺炎疫情的思考》在第十五届泛珠三角合作与发展法治论坛征文中获优秀奖	中国泛珠三角合作与发展法治论坛组委会
区人民法院	李金城	《电子送达的模式创新及其内置逻辑——以“闪信”送达方式为视角》获“京 E 杯”网络空间治理体系和治理能力现代化主题征文三等奖	《法律适用》编辑与北京互联网法院
区人民法院	赵云冲	《检视与探索：建立多无解纷机制适度衔接的司法确认程序研究》获全省法院第十八届理论研讨会二等奖	湖南省高级人民法院
区人民法院	张帅龙 志　宇	《民事诉讼电子送达规范体系构建 -- 以当事人中心主义为视角》获全省法院第十八届理论研讨会三等奖	湖南省高级人民法院
区人民法院	张　帅 皮艳红	《党政联合发文信息公开案件裁判的偏差与归位》获全省法院第十八届理论研讨会三等奖	湖南省高级人民法院
区人民法院	李金城	《电子送达的模式创新及其内置逻辑——以“闪信”送达方式为视角》获全省法院第十八届理论研讨会优秀奖	湖南省高级人民法院
区人民法院	肖　娟	《民事立案登记制异化风险解析及规范——司法公信力提升为视角》获全省法院第十八届理论研讨会优秀奖	湖南省高级人民法院
区人民法院	舒秋膂	《“以言取效”：多元调解中“打破僵局”的路径选择——基于哈贝马斯“交往行为理论”的反思》获第八届长沙中游城市群法治论坛一等奖	长江中游城市群法治论坛组委会
区人民法院	许振兴 成　功	《自媒体语境下裁判公信力提升路径探析——以涉法网格舆情治理为视角》获第八届长沙中游城市群法治论坛二等奖	长江中游城市群法治论坛组委会

续表 5

所在单位	作者姓名	文章标题 / 奖项	报刊名称
区人民法院	赵云冲	《论个人破产免责制度构建的风险与防范》获全省法院第十七届理论研讨会三等奖	湖南省高级人民法院
区人民法院	龙志宇 陈湘桃	《小额诉讼案件诉前强制调解的理论阐释和具体构建》获全省法院第十七届理论研讨会三等奖	湖南省高级人民法院
区委党校	周清华	《坚持科技创新引领，推动岳麓经济高质量发展——关于岳麓区科技创新引领经济发展的调查和思考》获全省党校行政学院系统理论研讨会二等奖	省委党校
区委党校	王　敏	《岳麓区优化企业营商环境的主要做法与重要启示》获全省党校行政学院系统理论研讨会三等奖	省委党校
区委党校	邓　璐	《产业扶贫视域下市场化逻辑与社会道德逻辑的冲突及消解——以湘西州 X 镇为列》获全省党校行政学院系统理论研讨会三等奖	省委党校
区人民法院	李金城	《电子送达的模式创新及其内置逻辑——以“闪信”送达方式为视角》获湖南省第六届“永雄优秀诉讼法论文奖”优秀奖	湖南省法学会诉讼法学研究会
区人民法院	张　帅 皮艳红	《审判中心视域下公诉变更制度的异化与复归——以司法场域运行为视角》获湖南省第六届“永雄优秀诉讼法论文奖”二等奖	湖南省法学会诉讼法学研究会
区人民法院	张　帅 皮艳红	《党政联合发文信息公开案件裁判的偏差与归位》获湖南省第六届“永雄优秀诉讼法论文奖”三等奖	湖南省法学会诉讼法学研究会

长沙市岳麓区主要机构及负责人名录

中共长沙市岳麓区委员会

区委书记　周志凯
区委副书记、区长
　　　　　周　凡
区委副书记、岳麓山大学科技城党工委书记
　　　　　刘　亮
区委副书记
　　　　　秦梅鸯宗
　　　　　（2020.12任，挂职）
区委常委、区委宣传部部长
　　　　　罗予武（2020.6止）
区委常委、区纪委书记、区监委主任　李雪龙
区委常委、区委组织部部长
　　　　　彭利芝
区委常委、常务副区长
　　　　　蔡　锋
区委常委、区委政法委书记
　　　　　张铁炎
区委常委、区委办主任
　　　　　杨利成
区委常委（挂职）、岳麓高新区党工委书记
　　　　　屈志峰
区委常委、区委统战部部长
　　　　　潘旺明
区委常委、区委宣传部部长
　　　　　刘雄辉（2020.7任）

区委办公室

主　　任　杨利成
常务副主任
　　　　　王　军（2020.6止）
　　　　　潘雄健（2020.6任）
副 主 任　蒋卓源
　　　　　刘海岸
　　　　　谢　前（2020.11任）
区纪委驻区委办
纪检组长　彭　阳
区委机要局
局　　长　石　健
副 局 长　阳　卿
区直机关工委常务副书记
　　　　　张湘君（2020.6任）
区委改革办
主　　任　杨利成
副 主 任　唐　浩（2020.6任）
区委督查室
主　　任　郭亮伦（2020.6任）
区委政研室
主　　任　杨利成
专职副主任
　　　　　李　斌（2020.12任）
区委区校合作办
主　　任　周丽娟
副 主 任　郑旭辉（2020.6任）
区档案馆
馆　　长　周义娟
副 馆 长　谭　波（2020.6任）
党员服务中心
主　　任　李　丹
区接待服务中心
主　　任　戴晓辉
副 主 任　朱　雍
　　　　　于冠英

区委组织部

区委常委、组织部部长
　　　　　彭利芝（女）
常务副部长
　　　　　何宗晔（女）
副 部 长　齐坚真
副部长、区委基层办主任
　　　　　顾　虎
区委非公有制经济组织和社会组织工委书记
　　　　　陈　烨
副科级组织员、区老干部服务中心主任
　　　　　周娴静（女）
区委基层办副主任
　　　　　张湘君（女，2020.6止）
区委非公有制经济组织和社会组织工委专职副书记
　　　　　包　宁（女）
区委非公有制经济组织和社会组织工委专职副书记
　　　　　崔　佳（女）
区绩效考核办副主任
　　　　　吴晓东（女）
区委组织部党员教育中心主任
　　　　　戴　迪

区委宣传部

区委常委、宣传部部长
　　　　　刘雄辉（2020.7任）

常务副部长

雷云飞

副 部 长　谭　玲

潘振兴

区委统战部

部　　长　潘旺明

常务副部长

胡　斌

副 部 长　陈　忠（女）

廖科仁

区侨联主席

曾琼柳（女）

区侨联副主席

黄友良

邓　薇（女）

长沙市岳麓区委政法委

区委常委、政法委书记

张铁炎

常务副书记

佘一夫

副 书 记　张俊雄

陈海东（2020.6任）

朱若平（2020.6止）

区河西交通枢纽综合事务中心主任

赵　赢

驻区委政法委纪检监察组组长

段　敏（女）

政工室主任、委员

杨　柳（女）

政法委委员

吴沥湘（女）

李治光

张石山

李育瑷

区河西交通枢纽综合事务中心

副 主 任　黄　平

网信办公室

主　　任　朱　珠

副 主 任　李　波

区民族宗教事务局

局　　长　刘志军

副 局 长　曾志勇

虞蓓蓓（女）

区委机构编制委员会办公室

主　　任　谈玉璜（女）

副 主 任　李昕彤（女）

何喜春

机构编制电子政务中心主任

罗　茜

区委巡查办公室

主　　任　喻春晓（女）

组　　长　张　祥

曾　伟

吴俊良

副 主 任　叶　兰（女）

陈　洪

副 组 长　雷敏飞（女）

彭红辉（女）

程庆荣

区委党校

常务副校长

冯　莹（女）

副 校 长　黄林峰

王　敏

教 育 长　杨　登

长沙市岳麓区人民代表大会常务委员会

长沙市岳麓区第五届人大常委会

主　　任　胡杰夫

副 主 任　王剑鸣

林俐俐（女）

曾跃平（女）

江　南

张　淳

区人大专门委员会及常委会工作部门

主　　任　谭　幸（女）

副 主 任　刘　娜（女）

李宏兵

黄　珀（2020.11止）

刘紫春（2020.11任）

选举任免联络工委

主　　任　龚毅夫

副 主 任　谌　健

民族华侨外事委员会

主　　任　曾　炼

监察和司法委员会

主　　任　彭庆余

财政经济委员会

主　　任　杨新军

教育科学文化卫生委员会

主　　任　张智余

环境与资源保护委员会

主　　任　刘正文（2020.4止）

邹　杰（2020.11任）

副 主 任　赵　宾（女）

农业与农村委员会

主　　任　何红兵

社会建设委员会

主　　任　彭新伏

政协长沙市岳麓区委员会

政协长沙市岳麓区第五届委员会

主　　席　袁精华

副 主 席　曾高杰

喻英姿（女）
刘　平
卜茂荣
彭首志
秘 书 长　杨国春
常务委员　丁　刚
马涌奇
文志斌
王如民
宁联芳（女）
刘　湘（女）
刘世雄
刘红艳（女）
刘国才
吴小宁
吴松祥
张　浪（女）
张晨阳
张湘华
张　伟
李　杰
李万安
李蜜心（女）
杨正龙
周　立（女）
周铁军
范　璐（女）
郑明方
禹明华（女）
禹海慧
胡　斌
饶　艳（女）
唐湘辉（女）
徐　平（女）
顾　虎
盛文硕
彭志军
曾　斌
谢　芳（女）
释演法
谭　旭
魏志波

区政协工作部门

办公室
主　　任　范　璐（女）
副 主 任　杨　凡（女）

委员学习联络委员会
主　　任　徐　平（女）
副 主 任　陈正文

提案委员会
主　　任　刘红艳（女）

经济科技和外事委员会
主　　任　盛文硕

农业农村和人口资源环境委员会
主　　任　杨正龙
副科级干部
易炼红（女）

文教卫体和文史委员会
主　　任　周铁军

社会法制和民族宗教委
主　　任　张　伟

中共长沙市岳麓区纪律检查委员会

区纪委监委

区委常委、纪委书记、监委主任
李雪龙
区纪委常务副书记、监委副主任
万　千（2020.6止）
熊颖佳（女，2020.12止）
区纪委副书记、监委副主任
张晨阳
喻寄宏
区纪委常委、监委委员
刘　波（女）
张卫名
赵权峰（女）
区纪委常委
黄继承
区纪委常委、区委巡察办主任
喻春晓（女）
区监委委员
谢力兵
皮广林

区人民法院

党组书记、院长
张　帅
党组副书记、副院长
胡　忠（2020.4止）
周　丹（2020.5任）
副 院 长　谌晓宇（2020.4止）
曾梦佳（女，2020.5任）
党组成员、副院长
罗中东
党组成员、机关党委书记、工会主席　李亮球
党组成员、政治部主任
罗开颜（女）
党组成员、执行局局长
张卫东
审判委员会专职委员
曹　祥
谢　澍

区人民检察院

党组书记、检察长
谢　勇
党组副书记、副检察长
唐悦喜（2020.12止）
党组成员　夏　忠
党组成员、副检察长
吴冠勋（2020.4任）

廖剑聪
党组成员、政治部主任
陈晓东
副检察长　周叶芝（女）
区纪委派驻兼职纪检组长
段　敏（女）
检察委员会专职委员
卜雪凡（女）
检察委员会专职委员
彭　君

长沙市岳麓区人民政府

区委副书记、区长
周　凡
区委常委、常务副区长
蔡　锋
副 区 长　李　舜（女）
谭应林
张永久
王　剑
王海潮
雷凌湘（2020.12止）
区政府党组成员、区政府办主任
万　千（2020.12止）
区政府办副主任
黄大勇（2020.12止）
罗　纯（女）
杨　懿（女）
许　博
舒　平
刘　娜（2020.12止）
谭　言
喻　凯（2020.12止）
区纪委监委驻政府办纪检监察组长　刘　娜（女，2020.12止）
区政府督查室主任
王　兴
区政府研究室专职副主任
丁永剑（2020.12止）

区发展改革局

党组书记、局长
彭　浩
党组成员、副局长
周华平
周　明
李　莉（女，2020.11止）
党组成员、纪检组长（派驻）
谭　楠（女）
党组成员、工会主席
虢刁全
党组成员、总经济师
谢　承

区教育局

党委书记、局长
李　鸿
副 局 长　周利群（女）
雷　亮
黄瑾辉（女）
区纪委监察委驻区教育局纪检监察组组长
黄　海
区人民政府主任督学
李晓丽（女）

区科学技术局

党组书记　曹成文
局　　长　余亚锋
党组成员、副局长
刘时香（2020.6止）
冯江霞（女）
党组成员　欧阳李欢
杨　伟

区工业和信息化局

党组书记　殷智勇
局　　长　谢　俊
副 局 长　龙　波
冯　熙（女）
党组成员　叶　剑

区民政局

党组书记、局长
李思远
党组成员、副局长
黄奇刚
周　沫（女）
张振华
党组成员　陈汉先

长沙潇湘园管理处

管理处书记、主任
李扬波
管理处副主任
刘　婷（女）
梁荣伟
李　宇（女）
许名贵
黄　婵（女）
刘特珍

区司法局

党组书记、局长
李明清
党组成员、副局长
周　益
陈治国
副 局 长　陈丽娟（女）
党组成员　夏弟华
党组成员、政工室主任
倪　伟（女）

区财政局

党组书记、局长
王　洋
党组副书记、副局长
喻林辉（女）
党组成员、总会计师
汪树德
党组成员、区纪委派驻区财政局纪检组长
刘艳群（女，2020.6止）
吴漫红（女，2020.6任）
党组成员、副局长
刘艳群（女，2020.7任）
李应怀（女）
党组成员　雷素平（女，2020.11止）
区国库集中支付中心主任
雷素平（女，2020.12止）
区国有资产事务中心主任
贺越强（女）
区财政预决算（投资）评审中心主任
程　艳（女）
区财源建设协调事务中心主任
周　专
区财政事务中心主任
汤　律（女）

湖南湘江新区农村商业银行股份有限公司

党委书记、董事长
黄立新
党委副书记、行长
危志成
纪委书记　周松柏（2020.11止）
黄铁强（2020.12止）
监 事 长　周松柏
党委委员、副行长
陈　盛
黄铁强（2020.11止）

区人力资源和社会保障局

党组书记、局长
唐南沙（女）
党组成员、副局长
李　晔（女）
康景洋
崔　凯
党组成员、纪检组长
肖　虎
党组成员　朱能文

区住房和城乡建设局

党组副书记、局长
杨　军
党组书记　卞劲松
副 局 长　郭忠祥（2020.6止，改非）
党组成员、副局长
付烈山
杨映红（女）
曾向阳
赵耀方（女）
朱潇健
总工程师　黄雅玲（女）
党组成员　彭海波
向　军
黄　程

区住房保障服务中心

党组书记、主任
曹志武（2020.6止）
付烈山（2020.6任）
党组成员、副主任
张智权（女）
李治祥
党组成员　文伟林

城市房屋征收和补偿管理办公室

主　　任　李　磊
副 主 任　郑明方
黄　浩

区城市建设开发公司

经　　理　彭国宏
支部书记、副经理
彭晔凯
副 经 理　龙立新
李喜明（女）
章　谦（女）

区交通运输局

局　　长　程继华
副 局 长　陈　萍（女）
文双红（女）
左　丹
党组成员　魏拥军

区水利局

党组书记、局长
谢茂华
副书记、副局长
谭　敏
副 局 长　陈　良（女，2020.6任）
总工程师　宾建光
党组成员　孙荣来
陈志良
区水旱灾害防御中心主任
文　亮

区农业农村局

党组书记、局长
张献文
党组副书记、副局长
刘　潮

党组成员、副局长
周　辅
党组成员　艾向前
农办副主任
彭海军
农业综合技术服务中心主任
刘永全
动物疫病预防控制中心所长
谢荣志

区商务局

党组书记、局长
谢英姿（女）
党组副书记、副局长
周定友
党组成员、副局长
申利荣（女）
副局长　樊　勇
党组成员　杨海兵
濮　硕

区文化旅游体育局

党组副书记、局长
李玲艳（女）
党组书记　邓浩宇
党组副书记、副局长
付杜娟（女）
党组成员、副局长
赵洪卫
鲁　婷（女）
党组成员　黎中华
陶季君
李启国

区卫生健康局

党组书记、局长
王　洪
纪检组长　黄　海

红十字会常务副会长、党组成员
蔡震宇
康　勇
欧　舟
副局长　徐　进（女）
李国华
周　燕（女）
计生协专职副会长
宋荣芳（女）

区审计局

党组书记、局长
张武强
党组成员、副局长
吴　文
李　盼
党组成员、副科级纪检员
喻亿平（2020.11止）
党组成员、总审计师
王　霞（女）
政府投资审计中心主任
刘小曲（女）

区退役军人事务局

党组书记、局长
刘　勇
党组成员、副局长
周　庆
张红光
党组成员　马团学

区应急管理局

局　长　周　波
党组书记　徐　勋
党委委员、副局长
刘智慧
党委委员　邓德辉
臧金冠

党委委员、总工程师
李建钢
副局长　尹异凡
政工室主任
刘　婵（女）

区市场监督管理局

党组书记、局长
吴　卫（2020.11任）
党组书记　李　季（2020.7止）
党组副书记、副局长
沈建明（2020.11止）
谭建军
党组成员、副局长
邓　敏
黄　文
戴世文
伍　进（女）
文国良
谭德明
颜铁坚
党组成员　袁　蕾
李建红
覃　亮
副局长　张　健
副科级纪检员
杨辉宇
市场监管综合执法大队长副科实职干部
彭志军
陈　力
申向群
郭　晟

区统计局

党组副书记、局长
邓爱武（女）

党组副书记、副局长
刘宏宇
党组成员、副局长
李　耀（女）
石　锋（女）
副 局 长　梁娇娇
（女，挂职，2020.7任）
区统计普查中心主任
曾　敬（女）

区城市管理和综合执法局

党组书记、局长
周　永
党组成员、副局长
余新跃
党组成员　邹永忠
尹新生
邹品德
副 局 长　刘味珍
晏海元

区城市管理综合执法大队

党委书记、大队长
周　永
党委副书记、教导员
吴　君
党委委员、常务副大队长
李凌云
党委委员、副大队长
朱　斌
彭　成
陈　为
党委委员　刘　畅
宋长辉

区行政审批服务局

党组书记、局长
刘双知
党组副书记、副局长
刘孙成
党组成员，副局长
葛建武（2020.7任）
吴　广（2020.6止）
谭水清（2020.6止）
党组成员　李哲鹏
伍振伟
区政务服务中心
付　滔
区数据资源中心
葛建武（2020.6止）
胡　磊（2020.12止）

区信访局

党组书记、局长
廖　曦
党组成员、副局长
鲁爱华（女）
刘　忠
程宇标
党组成员　黎　明

区医疗保障局

党组书记、局长
吕　瑛（女）
党组成员、副局长
李朝东

区机关事务中心

党组书记、主任
曹志武
党组成员、副主任
刘定见
邓志勇
副 主 任　欧阳均

区征地服务中心

主　　任　黄　硕
副 主 任　李　伟（女）
黄　海
李　敏（女）

区金融事务中心

主　　任　罗　纯（女）
副 主 任　陈　欢（女，2020.6任）

区公共工程建设中心

党组书记、主任
杨桂华（女）
党组成员、副主任
张立清
王芝萍（女）
党组成员　王　颖
伍国裕

区现代服务业发展中心

主　　任　龚　常
副 主 任　周　旋（女）

麓山控股集团

党委书记、董事长
黄　兴
党委副书记、董事、总经理
李　曼（女，2020.12任）
党委委员、纪委书记
闵志群（2020.10任）
监事会主席、工会主席
闵志群（2020.12任）
董事、副总经理
谢　力（2020.12任）
党委委员、副总经理
周育林（2020.10任）
雷　凌（女，2020.10任）
董　　事　张　志（2020.12任）
副总经理　张　志（2020.2任）
任亿文（2020.2任）

刘益娇（女，2020.11任）
财务总监　薛　俊（2020.2任）

区市政设施维护中心工作
主任、党组副书记
单旭红
党组书记　梁　鼎
副主任、党组委员
周　锋
徐国泉
曾国军
潘文军
曾世凡

岳麓区市容环境卫生维护中心
主　　任　周　宇
副 主 任　周雨成
李　军
宋　芳（女）

区园林绿化维护中心
党组副书记、主任
谢立华
党组书记　戴铁华
党组成员、副主任
周　哲
陈代辉
陈金祥
唐金花（女）

区总工会
区人大常委会副主任、区总工会主席
张　淳
区总工会党组书记、常务副主席
钟贵荣
副 主 席　王莲霞（女）
王德生

共青团岳麓区委员会
书　　记　魏镇男（女）
副 书 记　周　浪（女）

区妇女联合会
主　　席　刘　湘（女）
副 主 席　李　红（女）
申　瑗（女，挂职）
李蜜心（女，兼职）
段星南（女，兼职）
赵文琳（女，兼职）

区残疾人联合会
理 事 长　毛远志
副理事长　周海宁（女）

区工商业联合会
主席（会长）、区政协副主席
卜茂荣
区工商联党组书记、第一副主席（第一副会长）
李学军
副主席（副会长）
赵　俊（女）
党组成员、副主席（副会长）
刘　成
党组成员　邓余良（2020.5止）

岳麓公安分局
岳麓区人民政府副区长、分局党委书记、局长
谭应林
党委副书记、政委
刘志敏
党委副书记、常务副局长
佘朝晖
党委副书记、副局长
丁鹏飞
党委委员、纪委书记兼副政委
杨明军
人境支队副支队长（履行副局长职责）
唐　江
周辉煌
党委委员、副局长
苏强军
谢展翅
张　勇
党委委员、副局长兼政工室主任
万　蓓（女）

长沙市生态环境局岳麓分局
党组书记、局长
陈志勇
党组副书记、副局长
杨　彪
党组成员、副局长
刘熙靖
党组成员　甘建文
陈跃辉
党组成员、总工程师
胡　晓

区自然资源和规划分局
党组书记、局长
夏小兰（女）
党组副书记、副局长
张志伶
党组成员、副局长
黄　腾
张　翔
苏宇林
易　擎

区消防大队

党委书记、政治教导员
潘　磊
党委副书记、大队长
李　振
党委成员、副大队长
刘　武
党委成员、高级工程师
谢力能
党委成员、助理工程师
徐效陵
党委成员、助理员
张宇环
党委成员、麓山门消防救援站指导员
徐　瑜
党委成员、石岭塘防救援站指导员
杨松坤
党委成员、五星防救援站指导员
向心仪

区税务局

党委书记、局长
杨　军（2020.12止）
朱浩光（2020.12任）
党委副书记、副局长
井晓宇（2020.12止）
党委委员、副局长
易礼文（2020.1任）
陈建强（2020.1任）
陈雄伟（2020.1任）
彭文凯（2020.1任）
廖　玮（2020.1任）
丁　胜（2020.1任）
赵道军（2020.1任）
李　明（2020.1任）
党委委员、纪检组长
李正强（2020.1任）
副调研员　刘志然（2020.1任）
工会主席　田培忠（2020.1任）

岳麓交警大队

大 队 长　陈　纲
教 导 员　陈　杰
副大队长　刘亚一（2020.12止）
冯勇奇
张　震
郑小飞

街道·镇

岳麓街道

工委书记　侯朝阳
工委副书记、办事处主任
张　康
工委副书记、政协联络处主任
刘志装
工委委员、人大工委主任
彭　轶
工委委员、纪工委书记
李昌遐（2020.6任）
工委委员、办事处副主任、武装部长
凌　云
工委委员、宣传委员
李　诚
工委委员、组织委员
曾　蓉（女）
工委委员、办事处副主任
罗勇谋
办事处副主任
滕　云（女）
人大工委副主任
庚　群

橘子洲街道

工委书记　肖　弘
工委副书记、办事处主任
钟昭华
工委副书记
陈　灿
工委委员、人大工委主任
陈　斌
工委委员、办事处副主任、兼政协联络工作负责人、武装部长
李　志
工委委员、办事处副主任
范　彪
工委委员、纪工委书记
陈海清
工委委员、组织委员
王　菁（女，2020.6任）
工委委员、宣传委员
易江泉
办事处副主任
孔　明
人大工委副主任
余海艳（女）

望月湖街道

工委书记　许望兴（6.8—）
王　洪（1.1—1.11）
工委副书记
廖建兵
工委委员、人大工委主任
唐　凯
工委委员、办事处副主任、政协联络工作负责人
彭跃武
工委委员、纪委书记
朱继忠
工委委员、宣传委员
黄　琼（女）
工委委员、组织委员
蒋　敏（女）

工委委员、办事处副主任、人武部长
虢　旭
办事处副主任
葛　昊
人大工委副主任
张海双

银盆岭街道

工委书记　文注桃
工委副书记、办事处主任
王　军（2020.6任）
工委副书记
徐佳帅
工委委员、人大工委主任
廖　宇
工委委员、纪委书记
刘晓林
工委委员、政协联络工作负责人
陈松林
工委委员、宣传委员
佘劲光
工委委员、组织委员
戴校丰
工委委员、办事处副主任
高　勇
办事处副主任
陈　良（女，2020.6止）
刘　卓（女，2020.6任）
人大工委副主任
龚　城

观沙岭街道

工委书记　李　江
工委副书记、办事处主任
邹士朴
工委副书记
陈　裕（女）
工委委员、人大工委主任
郑　浩
办事处副主任
李尚武
工委委员、纪委书记
胡继军（2020.11止）
工委委员、办事处副主任
邱　铭
工委委员、办事处副主任、人武部长、政协联络工作负责人
李　戒
工委委员、组织委员
魏养亲（女）
工委委员、宣传委员
凌　君（女）
人大工委副主任
罗　列

西湖街道

工委书记　沈　毅
工委副书记、办事处主任
吴　卫（2020.11止）
工委副书记、武装部长
王　山
工委委员、人大工委主任、党政办主任
王钟元
工委委员、办事处副主任、政协联络处主任
张亮宇
工委委员、纪委书记
周应辉
工委委员、办事处副主任
楚未平
丁海龙
办事处副主任
曾　炼
朱彬彬（2020.6任）
工委委员、组织委员
卞　庄（女）
人大工委副主任
林　文

望城坡街道办事处

工委书记　肖　健（2020.6任）
工委副书记、办事处主任
吴静波
工委副书记
朱　军
工委委员、政法委员、人大工委主任　刘　坤
工委委员、办事处副主任
李胜宏
工委委员、纪工委书记
肖　然
工委委员、办事处副主任、武装部长、政协联络工作负责人
黄英廓
工委委员、组织委员
邓倩倩（女）
工委委员、宣传委员
文　丹
办事处副主任
饶　艳（女）
人大工委副主任
刘　钰（女）

望岳街道

工委书记　龙明星
工委副书记、办事处主任
周　云
工委副书记
赵　嫚（女）
工委委员、人大工委主任
肖春华
工委委员、办事处副主任、政协联络处主任
陈利华（女）

工委委员、办事处副主任
曾利民
工委委员、纪工委书记
李毅飞
办事处副主任
谭水清（2020.7任）
工委委员、宣传委员、武装部长
何剑波
工委委员、组织委员
田万里
人大工委副主任兼党政办主任、团工委书记
陈　帅（女）

咸嘉湖街道

工委书记　李群素（女）
工委副书记、办事处主任
潘绍辉
工委副书记、武装部长
熊　杰
工委委员、人大工委主任
钟兴志
工委委员、办事处副主任、政协联络处主任
谭景佳（女）
办事处副主任
黄　巨
工委委员、纪工委书记
谭　旦
工委委员、宣传委员
何鑫华
工委委员、办事处副主任
欧阳文中
工委委员、组织委员
刘焕鑫（女）

梅溪湖街道

工委书记　罗勇刚
工委副书记、办事处主任
程　勇
工委副书记
彭　波（女）
工委委员、人大工委主任
王　华
工委委员、办事处副主任、政协联络工作负责人
许　伟
工委委员、办事处副主任
李志刚（2020.7止）
办事处副主任
伍志坚
工委委员、纪工委书记
刘建新
工委委员、宣传委员、人武部长
钟　凯
工委委员、组织委员
杨　晴（女）
人大工委副主任
陈　宇（女）
工委委员、办事处副主任
杨江舟（2020.12止）

天顶街道

党工委书记
王　军
党工委副书记、办事处主任
李　定（2020.6止）
席文诗（2020.6任）
党工委副书记
卢　艳（女）
党工委委员、人大工委主任
康腾飞
党工委委员、办事处副主任、政协联络处主任
刘虎踞
党工委委员、宣传委员、武装部长　赵国亮
党工委委员、办事处副主任
卢　毅
党工委委员、组织委员
伏　灿（女）
党工委委员、纪工委书记
刘华维
人大工委副主任
王　燕（女）
办事处副主任
胡　忻

坪塘街道

工委书记　陈海军
工委副书记、办事处主任
吉文斌
工委副书记
邬　炼
工委委员、人大工委主任
方　强
工委委员、政协联络工作负责人
吴　浪
工委委员、纪委书记
徐云武
工委委员、组织委员
钟宏亮
工委委员、宣传委员、人武部部长　黄炼钢
工委委员、办事处副主任
谷佳伟
工委委员、组织委员
周亿金（2020.7任）
人大工委副主任
黄　捷（女）
办事处副主任
欧卫中

洋湖街道

工委书记　刘振乾
工委副书记、办事处主任
李泽亮
工委副书记
丁　玲（女）
工委委员、人大工委主任
刘　辉
工委委员、办事处副主任、政协联络工作负责人
陶华山
工委委员、纪委书记
彭勇智
工委委员、办事处副主任、武装部长
刘正武
工委委员、宣传委员
周　晗
工委委员、组织委员
周　慧（女）
办事处副主任
侯　光
人大工委副主任
黄强远

学士街道

工委书记　宾哲强
工委副书记、办事处主任
李　定
工委副书记
曾　兵
工委委员、人大工委主任
殷建国
工委委员、办事处副主任、政协联络组主要负责人
曹春辉
办事处副主任
刘金顶
纪委书记　林长茂
办事处副主任
周海波
组织委员　代惠琼（女）
宣传委员　张凯博
人大工委副主任
李　洁（女）

含浦街道

工委书记　肖盛辉
工委副书记、办事处主任
夏　峰
工委副书记
熊海江
工委委员、人大工委主任
严民意
工委委员、办事处副主任、政协联络处负责人
杨岳军
办事处副主任
伍永华
党工委委员、纪委书记
骆红勇
工委委员、宣传委员
邓　超
人大工委副主任
黄立刚
工委委员、组织委员
陈星宇（女）
工委委员、办事处副主任、人武部长　郝志刚

莲花镇

党委书记　文志龙
党委副书记、镇长
黄　伟
党委副书记
刘建中
党委委员、人大主席
李建成
党委委员、政协联络处主任、政法委书记、副镇长、武装部长
何权刚
副 镇 长　张　恩
周海波
党委委员、组织委员
张铁映（女）
党委委员、纪委书记
史　愿
党委委员、宣传委员
黄　鹤
人大副主席
杨华英（女）

雨敞坪镇

党委书记　曾英姿（女）
党委副书记、镇长
易　佳
党委副书记
王桃兵
党委委员、人大主席
余劲松
党委委员、副镇长、政协负责人
刘　锋
党委委员、人武部长、政协联络工作负责人、副镇长
熊　高
党委委员、组织委员
黄　静
党委委员、副镇长
胡海彬
党委委员、纪委书记
虢　星
党委委员、宣传委员
夏　珊

人大副主席
何桂莲（女）

长沙市岳麓山风景名胜区管理局

党委书记　喻中文
副书记、局长
胡德强
副 局 长　易克彪
胡　佳（女）
纪委书记　施柏林
总工程师　曾常清

长沙岳麓科技产业园

区委常委、党工委书记
屈志峰
党工委副书记、管委会主任
罗　政
党工委委员、副书记（兼）
宾哲强（2020.11任）
党工委委员、副书记
周建华
党工委委员、管委会常务副主任
苏文斌
管委会副主任
方胜昔（女）
党工委委员、管委会副主任、机关支部书记
舒　拉
党工委副书记、纪工委书记、监察工委主任
厉雅硕
党工委委员、管委会副主任
吴清萍（女）
管委会副主任
向成承（女）

麓山景区

管理处主任
周竹平（女）
党委书记　高春波
党委副书记、管理处副主任
刘金亮
党委委员、纪委书记
姚凤仙（女，2020.7止）
杨妍花（女，2020.12止）
党委委员、管理处副主任
郑　伟
龚延春
刘　赞（2020.12止）
工会主席　李艳娓（女）

橘子洲景区

书记、主任
彭　浩
副书记、副主任
盛　泽
副 主 任　彭　柯
屈卫国
纪 检 员　何晓华（女）
工会主席　李怀全

望月公园管理处

党支部书记、主任
刘黎励（女）
支部委员、副主任、工会主席
李鸣文
支部委员、副主任
陈荣富
胡添石
支部纪检员
谭　捷（女）

2020 年岳麓区重点民生实事项目完成情况公示

根据长沙市统计局《关于认真做好 2020 年全市重点民生实事考核指标数据评估认定工作的通知》（长统〔2020〕13 号）要求和市实事办验收要求，现就 2020 年岳麓区重点民生实事项目完成情况予以公示：

类	序号	区直牵头单位	考核项目	工作目标	计量单位	累计完成情况	完成进度
省考项目	1	区教育局	增加公办幼儿园学位	1613	个	7555	468.4%
	2	区人社局	开展政府补贴性职业技能培训	3500	万人次	10503	300.0%
	3		其中农村转移就业劳动者培训	350	万人次	1371	391.7%
	4	区卫健局	开展农村适龄妇女和城镇低保适龄妇女“两癌”免费检查	2060	人	2604	126.4%
	5		所有建制乡镇医院配备 2 名全科医生全覆盖	4	人	6	100.0%
	6	区卫健局	村卫生室运行经费任务数	30	万元	全面完成	390.0%
	7		孕产妇免费产前筛查	9510	人次	9743	102.5%
	8	区民政局	新改扩建特困人员集中供养机构	—	所		—
	9		新增特困人员床位	—	张		—
	10		其中护理床位占新增床位 80% 以上	—	张		—
	11	区住建局	城镇老旧小区改造	4	个	全面完成	100.0%
	12	区交通局	自然村通水泥（沥青）公路	16.9	千米	17.682	104.6%
	13		提质改造农村公路	3	千米	3.539	118.0%
	14	—	巩固和新增农村通自来水人口	—	万人		—
	15	—	10 千伏及以下行政村配电网改造	—	万元		—
	16	区农业农村局	改（新）建农村户用厕所	20691	个	20691	100.0%
	17	—	改（新）建农村公用厕所	—	个		—

类	序号	区直牵头单位	考核项目	工作目标	计量单位	累计完成情况	完成进度
省考项目	18	区民政局	提高农村低保标准	7800	元/人/年	已达标	100.0%
	19		提高农村低保人均救助水平	322	元/人/月	已达标	100.0%
	20		困难残疾人生活补贴不低于65元/人/月	120	元/人/月	已达标	100.0%
	21		重度残疾人护理补贴不低于65元/人/月	80	元/人/月	已达标	100.0%
	22	区残联	解决残疾儿童救助	180	名	440	244.4%
一圈	23	区资规分局	扩面提质“15分钟生活圈”	38	个	全面完成	100.0%
两场	24	区住建局	新改建停车场	6970	个	全面完成	100.0%
	25	区商务局	新改建生鲜市场	2	个	已完成	100.0%
	26		新改建社区门店	2	个	已完成	100.0%
三道	27	区市政中心	新改建人行道	14.06	千米	14.06	100.0%
	28	区住建局	新改建自行车道	25.66	千米	25.66	100.0%
	29	区文体新局	新改建健身步道	6	千米	6	100.0%
	30	区住建局	新改建历史文化步道	1.3	千米	1.3	100.0%
其他市考项目	31	区教育局	增加公办幼儿园学位	2912	个	7555	259.4%
	32		增加义务教育学校学位	5775	个	6317	109.4%
	33	区人社局	开展政府补贴性职业技能培训	3500	万人次	10500	300.0%
	34		实现城镇新增就业	7900	万人	7978	101.0%
	35	区卫健局	开展农村适龄妇女和城镇低保适龄妇女“两癌”免费检查	1880	人	2604	138.5%
	36		孕产妇免费血清学产前筛查	4750	人次	9743	205.1%
	37		每个建制乡镇卫生院（社区卫生服务中心）配备全科医生2名	34	名	96	100.0%

类	序号	区直牵头单位	考核项目	工作目标	计量单位	累计完成情况	完成进度
其他市考项目	38	区民政局	区县（市）社会福利中心主体工程建设	1	个	全面完成	100.0%
	39		建好社区养老服务设施	16	家	全面完成	100.0%
	40		提质改造村级儿童之家	5	家	已完成	100.0%
	41	区住建局	城镇老旧小区改造	8	个	全面完成	100.0%
	42	区城管执法局	老旧小区天然气改造	841	户	–	–
	43	区公建中心	打通城区瓶颈路、断头路	1	条	全面完成	100.0%
	44	区住建局	既有多层住宅加装电梯	200	台	202	101.0%
	45	区交通局	新改建农村公路	50	千米	60	120.0%
	46	—	新增农村自来水入户人口	—	万人	—	—
	47	区农业农村局	新改建农村户用无害化厕所	20691	座	20691	100.0%
	48	区文体新局	建设标准化村（社区）综合文化服务中心	5	个	5	100.0%
	49	区文体新局	文化惠民演出	20	场	30	150.0%
	50	区残联	扶残助学	100	人	269	269%

特此公示。

公示时间为2021年1月7日至1月15日（七个工作日）。如有异议，可通过来信、来电、来访形式向岳麓区实事办反映。

岳麓区实事办地址：岳麓区人民政府1栋115办公室，联系电话：88999030

邮编：410013

备注：举报材料需签署真实姓名及留下联系地址、邮编和联系电话。

长沙市岳麓区为民办实事考核办公室

2021年1月7日

岳麓区重点民生实事工作情况汇报

长沙市岳麓区为民办实事办公室

（2020年12月20日）

2020年，区委区政府高度重视重点民生实事工作。区委就改（新）建农村户用厕所等重点民生实事项目组织现场调研调度；区政府多次召开专题会议，研究、调度重点民生实事项目；各线分管领导现场指导督办。全年，区政府组织专项督查5次，下发督查通报1份。现将全区重点民生实事项目进展情况汇报如下。

2020年，全区重点民生实事考核项目43项，其中省考项目16项，市考项目27项。增加公办幼儿园学位等20项任务超额完成年度任务，具体如下：

一、省考项目

1. 超额完成任务的项目9个

（1）完成增加公办幼儿园学位项目完成7555个，完成进度468.4%；

（2）完成开展政府补贴性职业技能培训10503人，完成进度300.0%；

（3）完成其中农村转移就业劳动者培训1371人，完成进度391.7%；

（4）完成开展农村和城镇低保适龄妇女“两癌”免费检查项目完成2604人，完成进度126.4%；

（5）完成村卫生室运行经费任务数项目117万元，完成进度390.0%；

（6）完成孕产妇免费产前筛查9743人，完成进度102.5%；

（7）完成自然村通水泥（沥青）公路17.682公里，完成进度104.6%；

（8）完成提质改造农村公路3.539公里，完成进度118%；

（9）完成解决残疾儿童救助440人，完成进度244.4%。

2. 保质保量完成的项目7个

（1）完成所有建制乡镇医院配备2名全科医生全覆盖6人，完成进度100%；

（2）完成城镇老旧小区提质改造项目4个，完成进度100%；

（3）完成新改建农村户用厕所项目20691个，完成进度100%；

（4）完成提高农村低保标准实现7800元/人/年，完成进度100%；

（5）完成提高农村低保月人均救助水平322元/人/年，完成进度100%；

（6）完成困难残疾人生活补贴不低于65元/人/月，完成进度100%；

（7）完成重度残疾人护理补贴不低于65元/人/月，完成进度100%。

二、市考项目

1. 超额完成任务的项目11个（含老旧小区天然气改造）

（1）完成增加公办幼儿园学位项目7555个，完成进度259.4%；

（2）完成增加义务教育学校学位6317个，完成进度109.4%；

（3）完成开展政府补贴性职业技能培训10500个，完成进度300%；

（4）完成实现城镇新增就业7978个，完成进度101%；

（5）完成开展农村和城镇低保适龄妇女“两癌”免费检查项目完成2604个，完成进度138.5%；

（6）完成孕产妇免费血清学产前筛查9743人，完成进度205.1%；

（7）完成老旧小区天然气改造874户，完成进度104%；

（8）完成老旧小区既有多层住宅加装电梯202户，完成进度101%；

（9）完成新改建农村公路完成建设60千米，完成进度120%；

（10）完成文化惠民演出30场，完成进度150%；

（11）完成扶残助学269人，完成进度269%。

2. 保质保量完成的项目16个

（1）完成扩面提质“15分钟生活圈”38个，建设项目70个，完成进度100%；

（2）完成新建停车场项目16个，建设停车位6970个，完成进度100%；

（3）完成新建生鲜市场建设2个，完成进度100%；

（4）完成新建社区门店2个，完成进度100%；

（5）完成新改建人行道项目14.06千米，完成进度100%；

（6）完成新改建自行车道项目25.66千米，完成进度100%；

（7）完成新改建健身步道项目6千米，完成进度100%；

（8）完成新改建历史文化步道1.3千米，完成进度100%；

（9）完成每个建制乡镇卫生院（社区卫生服务中心）配备全科医生2名项目96人，完成进度100%；

（10）完成区县（市）社会福利中心主体工程建设项目建设，完成进度100%；

（11）完成社区养老服务设施16家建设，完成进度100%；

（12）完成提质改造村级儿童之家5个，完成进度100%；

（13）完成城镇老旧小区改造8个，完成进度100%；

（14）完成打通城区瓶颈路、断头路建设1条，完成进度100%；

（15）完成新改建农村户用无害化厕所完成20691个，完成进度100%；

（16）完成建设标准化村（社区）综合文化服务中心5个，完成进度100%。

索 引

说明：

一、本索引把年鉴的条目（特载、大事记、人物、附录、彩页、随文表格、类目、概况、概述除外）用主题分析的方法，按汉语拼音字母顺序排列。

二、分目用黑体字标明。

三、索引名称后的阿拉伯数字标识内容所在的页码，拉丁字母（a、b、c）表示栏别（从左至右分别为1、2、3栏）。

主题索引

A

B

C

D

E

F

G

H

K

L

M

N

P

Q

R

S

T

Y

Z

B